HEYNE BIOGRAPHIEN

In der Reihe »Heyne Biographien« sind bereits erschienen:

1 Sieburg, Napoleon
2 Blunt, Ludwig II. König von Bayern
3 Gutman, Richard Wagner
4 Fraser, Maria – Königin der Schotten
5 Corti, Die Rothschilds
6 Lekachman, John Maynard Keynes
7 de Beer, Hannibal
8 Peters, Lou Andreas-Salomé
9 Eyck, Bismarck und das Deutsche Reich
10 Crankshaw, Maria Theresia
11 Sieburg, Robespierre
12 Gooch, Friedrich der Große
13 Oldenbourg, Katharina die Große
14 Heuss, Robert Bosch
15 Maser, Adolf Hitler
16 Castelot, Maria Antoinette
17 Pahlen, Johann Strauß
18 Brown, Der heilige Augustinus
19 de Madariaga, Kolumbus
20 Brion, Die Medici
21 Noyes, Voltaire
22 Jacob, Mozart
23 Shub, Lenin
24 Sieburg, Chateaubriand
25 Benoist-Méchin, Kleopatra
26 Cowles, Wilhelm II.
27 Hug, Schubert
28 Williams, Elisabeth I. von England
29 Guth, Mazarin
30 Clark, Albert Einstein
31 Fay, Ludwig XVI.
32 Maurois, Balzac
33 Auernheimer, Metternich
34 Lewis, Ludwig XIV.
35 Grant, Caesar
36 Wessling, Beethoven
37 Lavater-Sloman, Jeanne d'Arc
38 Wadepuhl, Heinrich Heine
39 Raddatz, Karl Marx
40 Corti, Elisabeth v. Österreich
41 Fox, Alexander der Große
42 Troyat, Tolstoi
43 Horst, Friedrich II. d. Staufer
44 Héritier, Katharina v. Medici
45 Manchester, Krupp
46 O'Connell, Richelieu
47 Jordan, George Sand
48 Payne, Stalin
49 Siegmund-Schultze, Johann Sebastian Bach
50 Charles-Roux, Coco Chanel
51 Ritzel, Lessing
52 Henderson, Prinz Eugen
53 Grant, Nero
54 Madelin, Fouché
55 Pisa, Schopenhauer
56 Drewitz, Bettine von Arnim
57 Wessling, Franz Liszt
58 Parkinson, Blücher
59 Brinitzer, G. C. Lichtenberg
60 Stern, C. G. Jung
61 v. Wiese, Eduard Mörike
62 Hiller, Friedrich Barbarossa
63 Bernard, Talleyrand
64 Bellonci, Lucrezia Borgia
65 Krause, Richard Strauss
66 Nadolny, Louis Ferdinand
67 Gervaso, Casanova
68 Herre, Freiherr vom Stein
69 Alvarenz, Karl V.
70 Gavoty, Chopin
71 Krischke, Ödön von Horvath
72 Wocker, Königin Victoria
73 Prause, Herodes der Große
74 Brook-Sheperd, Edward VII.
75 Wessling, Gustav Mahler

Ernle Bradford

NELSON

Admiral – Diplomat – Liebhaber

Wilhelm Heyne Verlag
München

Titel der englischen Originalausgabe
NELSON – The Essential Hero
Deutsche Übersetzung von Götz Pommer

Genehmigte, ungekürzte Taschenbuchausgabe

Printed in Germany 1980
Das Register wurde erarbeitet von Dr. Hubert Fritz
Umschlagfoto: Bildarchiv Preußischer Kulturbesitz, Berlin
Bildnachweis: Archiv für Kunst und Geschichte, Berlin
Umschlaggestaltung: Atelier Heinrichs & Schütz, München
Satz: IBV Lichtsatz KG, Berlin
Druck und Bindung: Presse-Druck, Augsburg

ISBN 3-453-55077-3

Inhalt

1 Ein Junge aus Norfolk

Das Land, in dem er geboren wurde, ist seltsam. Der Nordsee ausgesetzt, erhellt von den merkwürdigen Wasserhimmeln, die sich über dem Wash und den Fens wölben, hebt sich Norfolk deutlich von den benachbarten Grafschaften ab. Die Windmühlen, die das Korn mahlen und die Fens trockenlegen halfen, sind zwar verschwunden, aber trotzdem hat sich Norfolk seit Nelsons Kinderzeit wenig gewandelt. Es widerstand größtenteils dem Eindringen und den Übergriffen des 20. Jahrhunderts. Vor allem ist der beherrschende Wind gleichgeblieben, der schneidend kalte Ost. Sein Gegenspieler, der Westwind, prägt das Wetter in England, bringt das Meeresklima, die großen, rollenden Wogen, die die Küsten von Cornwall und Devon bespülen, die dunklen, drohenden Wolken, die ein herannahendes Tief anzeigen, und die grauen Regenwände mit ihren pfeilartig hervorschießenden Ausläufern, wirbelnden Böen, die Bäume ausreißen. Der Westwind wirft die brüllende Brandung des Kanals gegen die Insel, in der manche Hoffnung ertrunken ist. Doch der Ost ist der rauheste von allen Winden, die Englands Küsten bestürmen. Er peitscht in die große Bucht des Wash und treibt die Nordseefischer an Land, an einen Friedhofsstrand. Doch wenn er freundlicher ist, bringt er die blaßblauen Himmel Ostenglands und die wechselvollen Wolkenbilder, die Constable gemalt hat. Er beherrscht die Grafschaft, die Heimat des *North Folk* – Nachfahren jener Angreifer, die im 5. Jahrhundert von Deutschland herüberkamen und auf den Flüssen ins Land vordrangen, nachdem sie sich Stützpunkte an der Küste gesichert hatten. Norfolk ist ein Bauernland, das Seeleute geschaffen haben.

Nelson wurde an einem schönen Herbsttag, dem 29. September 1758, geboren. Seine Mutter war die Frau des Rektors von Burnham Thorpe, einem Dorf am Rand der großen Salzmarschen, die den Wash umsäumen. Er war das sechste Kind und der fünfte Sohn – zwei ältere Brüder starben allerdings schon sehr früh. Sein Vater, Reverend Edmund Nelson, war der Sohn eines Geistlichen und hatte das Caius-College in Cambridge besucht. Beiderseits handelte es sich um gute Familien – was man zu dieser Zeit bei einem Landpfarrer nicht unbedingt erwarten konnte. Das alte Wort vom ungebildeten Priester niederen Standes traf damals noch auf einen Großteil des ländlichen Klerus zu, besonders in Nordengland. Die Pfründen lagen seinerzeit oft bei fünfzig Pfund oder weniger im Jahr. Doch Reverend Edmund kam aus einer Familie, die früher einmal stattliche Ländereien besessen hatte (was in Norfolk damals viel zählte und heute noch zählt), und er heiratete standesgemäß. Seine Frau war eine geborene Miss Suckling, Tochter des späteren Domherrn von Westminster und Großnichte von Sir Robert Walpole, der einundzwanzig Jahre lang Premierminister von England gewesen war. Sir Robert hatte den wichtigen norfolkischen Seehafen und Handelsplatz King's Lynn im Parlament vertreten, bis er als Earl von Orford in den höheren Adelsstand erhoben wurde. Aus der Familie Walpole stammte auch der Name Horatio. Der zweite Träger dieses Namens, jener Horatio, der von Strawberry Hill her berühmt war (man hat ihn auch »den besten Briefschreiber englischer Zunge« genannt), zog es allerdings vor, Horace zu heißen – »ein englischer Name für einen englischen Mann«. Es möchte scheinen, daß der junge Nelson ähnlich empfand, denn im Alter von elf Jahren, als Trauzeuge, trug er sich ins Kirchenbuch von Burnham als »Horace« ein. Sein Vater änderte die Unterschrift in »Horatio« um und gab damit zu verstehen, daß er die wichtige Verbindung zu den Walpoles nicht austilgen wollte. Und später, als der dritte Earl von Orford starb, sagte er zu einer seiner Töchter, ihre Familie solle Trauer tragen wie die seine, da ihre Urgroßmutter und Sir Robert Geschwister gewesen seien.

Der junge Horatio wuchs also in einer Welt der Frömmigkeit auf, in einer Welt, wo Gesellschaft und Verwandtschaft eine große Rolle spielten. Außerdem hielten die Kirche und ein stiller, liebevoller Vater die Hand über diese Welt – ein Vater, der das Vorbild für Goldsmiths Vikar von Wakefield abgegeben haben könnte: »(Er) vereinigt in sich die drei größten Charaktere auf Erden; er ist Priester, Ehemann und Familienvater ... Wer das Wohlleben liebt, wird sich geringschätzig von der Schlichtheit seines ländlichen Kaminzimmers abwenden; wer lästerliche Reden mit Humor verwechselt, wird keinen Witz in seiner unschuldigen Art zu reden finden; und wer gelehrt worden ist, die Religion zu verspotten, wird über den Mann lachen, der seinen reichsten Trost aus dem zukünftigen Leben gewinnt.« Ganz wie Reverend Edmund in einem der Briefe schrieb, in denen er das Leben in Burnham Thorpe schilderte: »Die Mannigfaltigkeit, der große Götze, hat hier kein Heiligtum.«

Von Nelsons Mutter wissen wir wenig, nur, daß sie »die Franzosen haßte«, wie ihr Sohn später erzählte. Sie starb, als er neun Jahre alt war. Elf Kindern hat sie das Leben geschenkt. Drei starben schon im Säuglingsalter. Die Nelsons waren arm, und der Rektor betrachtete das Leben eines Witwers mit jener stillen Ergebung, die anscheinend seinen Charakter kennzeichnete. Doch stellte er sich der schwierigen Zukunft mit einem Mut, den er aus seinem tiefen Glauben und aus seiner strengen Auffassung von der Disziplin gewann – Nelson erbte beide Eigenschaften. (Zum Beispiel duldete Reverend Edmund lässiges Benehmen nicht und meinte, man solle sich beim Sitzen so gerade halten, daß der Rücken nicht die Lehne des Stuhls berührte.) Neben seinen sieben älteren Kindern hatte er sich auch noch eines Säuglings von neun Monaten anzunehmen. Die Kinderfrau Blackett, die später einen Mr. High heiratete, den Wirt des »Alten Schiffs« in Brancaster, spielte jetzt zweifellos eine große Rolle im Leben der Familie. Außerdem waren zwei Bedienstete da, und es dürften auch Mädchen aus dem Dorf im Hause mitgeholfen haben. Dieses Haus, ein altes, aus zwei Katen bestehendes Gebäude, das im Grundriß wie ein »L« aussah, wurde einige Jahre vor Nelsons Tod abgerissen. Die zeitgenössischen Bilder vom Geburtshaus des Helden zeigen uns ein schlichtes, zweigeschossiges Gemäuer mit roten Dachziegeln, das unter einem ostenglischen Himmel schläft. Es war ein Haus, wie man es auch heute noch in diesem Teil der Welt findet. Dazu gehörten etwa dreißig Morgen Land, durch die ein klares, rasch fließendes Wasser strömte. Nelson wuchs fast bäuerlich auf, und in seinem späteren Leben sehnte er sich oft nach dem Frieden und der Ruhe, die er aus seiner Kindheit kannte. Die Allerheiligenkirche von Burnham Thorpe lag mehr als anderthalb Kilometer vom Pfarrhaus entfernt. Obwohl sie etwas restauriert worden ist, dürfte sie heute noch fast genauso aussehen wie zu Nelsons Zeit – mit einem verwitterten alten Taufstein und Säulen aus der Mitte des 13. Jahrhunderts, die das Hauptschiff tragen. Die auffälligsten Ergänzungen sind ein großes Kruzifix und ein Lesepult, die aus Eichenholz von der *Victory* geschnitzt wurden. Hier ist es friedlich, ein Teil von dem England, das sich nicht ändert. London, wo er begraben liegt, scheint weit, weit entfernt. An einem Sommertag abseits der Straßen zeigt sich das ewige ländliche Antlitz so, wie es sich Nelson und seinem Vater gezeigt hat, der liebevoll von Norfolks »bezaubernden freien Wiesen und Feldern« sprach.

Bald nahm die Schule den Heranwachsenden in Anspruch. Er besuchte insgesamt drei Schulen: die Mittelschule in Norwich, eine Schule in Downham Market und eine weitere in North Walsham. Hier erinnert ein Ziegelstein an ihn, in den seine Initialen eingeritzt sind. Wie alle Schuljungen, wollte er sich einen Namen machen, und dieses erste Zeugnis seines Wunsches, den Menschen im Gedächtnis zu bleiben, ist rührend und prophetisch. Seine Ausbildung war einfach, aber solid – das ganz besonders. Wie G. M. Trevelyan von dieser Zeit schrieb: »Es gab keine großen, halbgebildeten Klassen, und deshalb war das geistige und literarische Niveau unserer Vorfahren in mancher Hinsicht höher als das unsere... Die modernen und antiken Klassiker nahmen im allgemeinen Bewußtsein sehr viel mehr Raum ein als heute. Shakespeare und Milton waren fast allen vertraut, die lesen und schreiben konnten.« Ein preußischer Pastor, der England im Jahre 1782 besuchte, beschrieb einen Aspekt von Nelsons Kindheitswelt in Norfolk: »Jene frei gewachsenen Hecken, welche in England mehr als in jedem anderen Lande die Umgrenzungen der grünen Kornfelder bilden und dem ganzen weiten Gelände das Aussehen eines großen und edlen Gartens verleihen...« Und was die Bildung betrifft, so meint er bestätigend: »Die englischen Nationalschriftsteller sind in jedermanns Händen. Meine Wirtin, welche eines Schneiders Witwe ist, liest ihren Milton; und sie erzählt mir, daß ihr verstorbener Gatte sich in sie verliebte, weil sie Milton mit so eigentümlicher Emphase las.«

Wie es bei allen berühmten Männern der Fall ist, gibt es über Nelsons Jugend Legenden in Hülle und Fülle, doch da die wichtigste Quelle dieser Geschichten seine eigene Familie war, kann man sie nicht völlig außer acht lassen. Die früheste berichtet, wie er als kleines Kind bei seiner Großmutter in Hilboroug war und mit einem anderen Jungen umherstreifte und Vogelnester suchte. Er blieb stundenlang fort. Die Dunkelheit brach herein, man war besorgt und schickte Leute, die ihn suchen sollten. Dann fand man ihn. Er saß an einem Fluß, der so breit war, daß er nicht hinüberkonnte. Man brachte ihn zu seiner Großmutter zurück, und die Großmutter sagte zu ihm: »Es verwundert mich, mein Kind, daß Hunger und Angst dich nicht nach Hause getrieben haben.« »Mich kam keine Angst an«, erwiderte der Kleine. Ob man das für erdichtet oder für den Unverstand eines Kindes halten will, das nicht weiß, was das Wort »Angst« bedeutet, es bleibt jedenfalls die Tatsache bestehen, daß Nelson in seinem späteren Leben nicht zu den blinden und unwissenden »Helden« gehörte, die sich in Situationen stürzen, ohne sich der Gefahr bewußt zu sein. Er meinte selbst: »Der Tapfere verspürt eine Unruhe *circa praecordia*, wenn er in die Schlacht zieht.«

Eine andere Anekdote erzählt von seiner Schulzeit in North Walsham. Der dortige Direktor, genannt »Klassiker-Jones«, war bekannt dafür, daß er freizügig Gebrauch von der Rute machte. Die schönen Birnen in seinem Garten weckten natürlich die Begierde aller Jungen, aber sie hatten Angst vor diesem »scharfen Zuchtmeister« und ließen wohlbedacht die Finger von den Früchten. Nur Nelson, der in der Nacht an zusammengeknoteten Bettlaken aus dem Fenster des Schlafraums herabgelassen wurde, wagte sich in den Garten von »Klassiker-Jones«. Er kehrte mit den ersehnten Birnen zurück und verteilte sie unter die Jungen. Für sich behielt er keine. »Ich habe sie nur geholt, weil die anderen alle Angst hatten«, sagte er. Am nächsten Morgen wurde die stattliche Belohnung von fünf Guineen für denjenigen ausgesetzt, der den Dieb aufspürte, »doch die Jungen liebten Nelson zu sehr, als daß sie ihn verraten hätten.« Man kann sich kaum gegen die Abneigung vor der scheinheiligen Dünkelhaftigkeit solcher Geschichten wehren, doch man muß ein wenig Nachsicht walten lassen, denn sie wurden im frühen 19. Jahrhundert geschrieben und waren als Zierde für einen Volkshelden gemeint.

Eine weitere Anekdote, die sein älterer Bruder William in späteren Jahren voll Bewunderung erzählte, schildert, wie er und Horatio eines Tages im Winter auf ihren Ponys in die Schule geschickt wurden. Wenn der Schnee, den der Wind von der Nordsee in Wirbeln vor sich her treibt, in diesem Teil von Norfolk fällt, schichtet er sich zu hohen Wächten auf und läßt die Hecken, die den Weg weisen, verschwinden. Selbst heute schneidet er noch manchmal Dörfer von der Umwelt ab. Im 18. Jahrhundert, als nur Mann und Pferd oder, wie in diesem Fall, Junge und Pony unterwegs waren, konnten die Straßen schnell unpassierbar werden – das fanden die beiden jungen Nelsons jetzt heraus. Sie kehrten nach Hause zurück und erzählten ihrem Vater vom vielen Schnee, aber er forderte sie auf, es noch einmal zu versuchen. Wenn es gefährlich würde, sollten sie umkehren, meinte er, aber es sei Ehrensache, das nicht ohne guten Grund zu tun. Wieder machten sie sich auf den Weg, und nach einer Weile fand William, sie sollten es aufgeben. Aber davon wollte Horatio nichts hören. »Denk daran, Bruder, es ist Ehrensache.«

Die übrigen Familienmitglieder führten ein stilles, unauffälliges Leben, und wir wissen von ihnen nur aufgrund von Horatios späterem Ruhm. Trotzdem waren sie in mancher Hinsicht typisch für Hunderte von ähnlichen Familien im England des 18. Jahrhunderts. Maurice, fünf Jahre älter als Horatio, wurde Schreiber im Ministerium der Kriegsmarine. Susannah, drei Jahre älter als er, heiratete einen gewissen Thomas Bolton aus Suffolk. William stand ihm in seiner Kindheit am nächsten, war nur ein Jahr älter als er, und er wurde schließlich wie sein Vater Geistlicher. Anne, eine jüngere Schwester, starb mit Anfang Zwanzig. Edmund, vier Jahre jünger, starb vor Vollendung des dreißigsten Lebensjahrs. Ein weiterer jüngerer Bruder, der gutartige, aber träge Suckling, trat ebenfalls in den Priesterstand ein, wurde Kurat seines Vaters und starb im dritten Lebensjahrzehnt. Das Nesthäkchen, Catherine, die Nelson am meisten liebte, war neun Monate alt, als ihre Mutter starb. Sie heiratete später George Matcham, einen recht vermögenden, aber entschlußschwachen Mann, und gebar ihm viele Kinder. Zuvor hatte es eine Weile so geschienen, als würde ihr Vater sterben, und sie würden heimatlos werden. Damals schrieb Nelson aus dem Ausland, wenn das geschähe, werde er »unverzüglich nach England kommen und ganz sicherlich eine möglichst erfreuliche Bleibe für die arme Kitty beschaffen. Meine bescheidenen Einkünfte stehen ihr immer zur Verfügung, und sie wird nie einen Beschützer und ehrlichen Freund brauchen, solange ich bin.« Er war tatsächlich bereit, seine Karriere aufzugeben, um sich um das Wohl seiner kleinen Schwester zu kümmern. Im 18. Jahrhundert waren die Familienbande sehr eng und die familiären Verpflichtungen sehr real, besonders bei Menschen vom Lande wie den Nelsons.

Der Winter in Ostengland ist rauh, lang und kalt. Reverend Edmund hatte die Gewohnheit, wann immer er konnte, im Winter nach Westen zu reisen, in den berühmten Kurort Bath, um dort Trinkkuren zu machen, das wärmere Klima zu genießen und – obwohl er sich gut in das stille Gleichmaß seiner Pfarrei in Norfolk eingewöhnt hatte – um auch ein wenig von der großen Welt zu sehen. Wie er in einem Brief mit seiner üblichen Selbstverkleinerung schrieb, habe er wenig zu bieten »außer dem Willen, es so einzurichten, daß meine Familie sich wohl fühlt, wenn sie in meiner Nähe ist, und mich nicht ganz vergißt, wenn sie mir ferne ist, und da auf mich das Los gefallen ist, die Fürsorge und Zuneigung eines ganzen Elternpaares zu üben, werden sie es mir hiernach verzeihen, wenn ich dem nicht immer nachgekommen bin und die Aufgabe zu schwer gewesen ist.«

Im Winter 1770 – Reverend Edmund hielt sich in Bath auf – erhielt er einen Brief von seinem Sohn William, der ihn wahrscheinlich ein wenig erleichterte. William schrieb nicht in seinem Namen, sondern für den jungen Horatio. Die beiden Jungen hatten in der Zeitung gelesen, ihr Onkel, Kapitän Maurice Suckling, sei mit dem Kommando der *Raisonnable* betraut worden, eines Kriegsschiffs von 64 Kanonen, das im Hinblick auf den drohenden Krieg mit Spanien wieder in Dienst gestellt worden sei. Horatios Bitte an seinen Vater, er möge Kapitän Suckling fragen, ob er ihn an Bord nehmen wolle, wurde von Suckling mit einer jovialen, wenn auch etwas zynischen Antwort bedacht: »Was hat der arme Horatio, der so schwächlich ist, getan, daß er auf See geschickt werden und ein hartes Leben ertragen soll? Doch laßt ihn nur kommen. Aber das erste Mal, da wir ins Gefecht müssen, kann ihm schon eine Kanonenkugel den Kopf vom Leibe reißen, und damit hat er ein für allemal ausgesorgt.« Suckling, der später Inspektor der Marine und Parlamentsabgeordneter für Portsmouth wurde, erwies sich für den jungen Nelson als guter Freund, doch machte er sich gewiß keine Illusionen über die Physis des Knaben. Alle Nelson-Söhne scheinen gekränkelt zu haben, und Nelson war zartknochig, kleiner als der Durchschnitt und auf den ersten Blick ein junger Mann, der kaum Aussicht hatte, in einer Welt zu überleben, die fast übermenschliche Kraft und Ausdauer verlangte. Sein ganzes Leben lang litt er denn auch, ganz abgesehen von seinen Verwundungen, unter seiner Kränklichkeit.

Im Alter von zwölf Jahren und drei Monaten wurde Nelson als Seekadett in die Mannschaftsliste der *Raisonnable* eingetragen. Er mußte sich keiner Prüfung unterziehen und hatte, oberflächlich betrachtet, nicht die geringste Qualifikation – aber das war nichts Ungewöhnliches. Sein Onkel war der Kapitän, und das reichte. Er hatte sich jedenfalls sein eigenes Schicksal ausgesucht, und obwohl er kaum gewußt haben dürfte, wie das Leben auf einem Kriegsschiff schmeckte, hatte ein Etwas, das tief in seiner Natur verwurzelt war, diese Wahl getroffen. (Er hätte sich vielleicht auch für das Priesteramt entscheiden können, es hätte wohl ähnlich gut zu ihm gepaßt – einige seiner Charakterzüge offenbaren das.) Auf jeden Fall mußte er ein weiteres Trimester an der Schule hinter sich bringen, denn die *Raisonnable* war noch nicht vollständig überholt. Erst im März 1771 sah der kleine, verwirrte Junge London zum ersten Mal und hörte das tiefe, leise Rauschen der Hauptstadt, die unter einem schmierigen Dunst aus Steinkohlenruß vor ihm lag.

Sein Vater, der ihn von King's Lynn herbegleitet hatte, brachte ihn zur Postkutsche nach Chatham. Zum ersten Mal in seinem Leben war Horatio vollständig von seiner Familie getrennt, in einer Welt aus Fremden und für eine Welt bestimmt, von der er wenig wußte außer dem, was er sich aus den Klatschgeschichten und Zeitungsberichten zusammengesammelt hatte, die in die stillen Gesellschafts- und Wohnzimmer Norfolks gedrungen waren. Er bekam sehr schnell einen Vorgeschmack auf das rauhe Leben, das ihn erwartete, denn niemand rechnete mit ihm, und sein Onkel war nicht auf dem Schiff, zu dem ihm ein freundlicher Offizier den Weg gewiesen hatte, ihm, dem kleinen Jungen, der mit weichem, gutturalem Norfolker Akzent nach der *Raisonnable* fragte. Nelson erhielt einen Imbiß und wurde seiner Wege geschickt. Später erinnerte er sich daran, daß er die ganze Nacht über auf dem Deck umherging. Zum ersten Mal roch er das feuchte Eichenholz, die geteerte Takelage und hörte, wie sich der Wind über der großen Werft regte, die Heinrich VII. in der Anfangszeit von Englands maritimer Expansion gegründet hatte. Erst am nächsten Morgen fragte ihn jemand nach seinem Namen und hatte Mitleid mit ihm – wahrscheinlich nahm er ihn mit nach unten und gab ihm einen Teller grober Hafergrütze, das Mahl, mit dem der Tag an Bord meistens begann. Im Frühlicht, als Nelson das ungewohnte Bild um sich her betrachtete, mag er durchaus ein Linienschiff erster Klasse von hundert Kanonen bewundert haben, das in der Nähe lag. Es war erst vor sechs Jahren vom Stapel gelaufen, noch nicht im Einsatz gewesen – es wurde in Reserve gehalten. Auf dem Heck stand in gelben, 30 cm hohen Lettern der Name des Schiffs – VICTORY.

Kapitän Suckling, der sich schon 1757 in einem Gefecht gegen eine große Übermacht bei den Westindischen Inseln ausgezeichnet hatte, galt als vorzüglicher Marineoffizier, der sein Schiff sauber und straff führte. Es ist möglich, wenn auch etwas unwahrscheinlich, daß seinem kleinen Neffen einige Härten in der Messe der Seekadetten erspart blieben. In diesem eisernen Zeitalter war man allgemein der Ansicht, daß die Jungen, da das Leben an Bord für alle fast gleich unerfreulich war, einen besseren Start hätten, wenn sie gleich von Anfang an hart angefaßt würden. Viele Jahre später, in seinen *Erinnerungen* (1843), erzählte Leutnant George Parsons, wie er einmal als Kadett auf der *Foudroyant* am Jahrestag der Schlacht von St. Vincent am Tisch von Lord Nelson speiste.

»Nachdem seine Lordschaft einen Becher zu Ehren des ruhmreichen Sieges im Jahre 97 geleert hatte, sprach er mich mit gütiger Stimme an:

›Sie müssen in sehr jungen Jahren in den Dienst getreten sein, wenn Sie bei dem Gefecht von St. Vincent dabei waren.‹

›Mit elf Jahren, Mylord.‹

›Viel zu jung‹, murmelte Seine Lordschaft.«

Und nun sollte Horatio, der auch nur ein Jahr und wenige Monate älter war, das Leben auf See kennenlernen, wie es sich anfangs denen dartat, die nach Rang, Ruhm und Glück strebten – was immer nur einige wenige erreichten.

2 Schiffe und Männer

Ein Schiff von 64 Kanonen, wie die *Raisonnable*, auf der Nelson Bekanntschaft mit jener Welt schloß, in deren Dienst er den Rest seines Lebens verbrachte, war der Konstruktion nach auch typisch für alle anderen Schiffe, die er später kennenlernte – ob Fregatte, Schoner oder riesige Linienschiffe wie die *Victory*. Sie hatten sich im Lauf der Jahrhunderte nicht allzu erheblich verändert, und ein Matrose aus Drakes Zeit hätte sich, wenn auch anfangs verwirrt durch die Größe der Schiffe und die Vielfalt ihres stehenden und laufenden Guts, bald auf ihnen heimisch gefühlt. Eichenholz war der Hauptbestandteil dieser Schiffe. Zum großen Teil wuchs es in den königlichen Wäldern, etwa im New Forest in Hampshire oder im Forest of Dean in Gloucestershire. Theoretisch sollte man es erst verwenden, wenn es richtig abgelagert war, frühestens nach einem Jahr. Doch während der Napoleonischen Kriege, als die Flotte enorm vergrößert wurde, war es nicht zu umgehen, daß man grünes Holz nahm, auch baltische Eiche, die nie so gut war wie das heimische Produkt. Zum Bau eines Schiffes wie der *Raisonnable* brauchte man annähernd zweitausend Bäume.

Die führenden Werften des Landes befanden sich in Chatham, Deptford, Plymouth und Woolwich. Hier wurden die Schiffe von Schiffszimmermeistern in geräumigen Schnürböden entworfen. Sie zeichneten den Plan in voller Größe auf den Boden des Schuppens, an den Wänden wurde die Seitenhöhe auf ähnliche Weise aufskizziert. Wenn der Plan genehmigt und das Holz bestellt war, wurde zuerst der Kiel gelegt. Anders als die meisten anderen Teile des Schiffes bestand er aus Ulmenholz, oft wurde er mit einem falschen Kiel, ebenfalls aus Ulmenholz, umkleidet, damit das »Rückgrat« des Schiffs bei Grundberührung gut geschützt war. Kleinere Schiffe wurden im Freien gebaut, gewöhnlich auf Hellingen, von denen man sie nach der Fertigstellung gleich zu Wasser lassen konnte. Sehr große Schiffe, etwa Linienschiffe Erster Klasse, entstanden dagegen meist in Trockendocks. Wenn es soweit war, konnte man sie einfach hinausgleiten lassen, indem man das Dock flutete.

Da diese Begriffe in Nelsons Lebensgeschichte immer wieder auftauchen, müssen wir hier einiges erklären. Ein Linienschiff Erster Klasse wie die *Victory*, bestückt mit hundert und mehr Kanonen, war an der Wasserlinie etwa 62 m lang, maximal um 17 m breit. Es hatte einen Tiefgang von 7 m und nahezu 2200 Tonnen. Linienschiffe Zweiter Klasse waren 57 m lang, die übrigen Maße verringerten sich entsprechend, Linienschiffe Dritter Klasse waren 53 m lang, die Vierter Klasse 48 m, und so ging es weiter bis zu den kleinen Briggs und Schonern, die als »Mädchen für alles« eingesetzt wurden. Die Linienschiffe der Ersten, Zweiten und Dritten Klasse bildeten die Kampfflotte der Marine. Sie hießen so, weil sie vor dem Verband in Linie kämpften. Alle übrigen Schiffe, von denen mit 50 bis 60 Kanonen bis zu den schnellen, verhältnismäßig leicht bewaffneten Fregatten, operierten »hinter der Linie«.

Neben dem Feuer – der größten Gefahr in der Seeschlacht, einer Gefahr, die aber auch durch Nachlässigkeit drohte – war der ärgste Feind des hölzernen Schiffes der Schiffsbohrwurm *(Teredo navalis)*, den die Seefahrer schon seit der Antike kannten (bereits die Griechen und Römer schützten den Schiffsrumpf unterhalb der Wasserlinie durch Metallverkleidungen). Der Schiffsbohrwurm setzt sich unauffällig am Rumpf fest und gräbt sich Gänge durch das Holz. Hunderte von diesen Würmern fressen sich ihren Weg, und nach gewisser Zeit ist eine Planke, die von außen völlig heil aussieht, nicht viel mehr als eine leere Honigwabe. Der Schiffsbohrwurm kam in warmen Gewässern häufiger vor als in kälteren Klimaten, wurde aber im Lauf der Jahrhunderte von Schiffen, die in fremde Länder fuhren, in solchem Ausmaß eingeschleppt, daß kein Teil und kein Hafen Europas vor ihm sicher waren. Zeitweise hatte man bei großen Schiffen Bleiverkleidungen benutzt, doch das war erstens äußerst teuer und zweitens eine erhebliche Gewichtsbelastung, und schließlich entdeckte man, daß den besten Schutz feine Kupferplättchen boten, die man auf dickes Packpapier aufnagelte, das vorher mit Pech am Rumpf aufgeklebt worden war. Ein weiterer Vorteil des Kupfers bestand darin, daß es nicht nur den Wurm abhielt, sondern es auch Muscheln und anderem Bewuchs erschwerte, sich am Rumpf festzusetzen. In den Tagen, da selbst ein schnelles Schiff, etwa eine Fregatte, bei guten Segelbedingungen nicht mehr als neun Knoten machte, war eine solide und saubere Kupferverkleidung sehr wichtig. Algen und Muscheln am Schiff konnten die Geschwindigkeit um etwa zwei Knoten verringern.

Wenn das Schiff verkleidet und vom Stapel gelaufen war, wurde es zu einer Hulk mit Mastkran geschleppt – gewöhnlich ein ausgedientes Kriegsschiff, von dem man die beiden Oberdecks entfernt hatte. Auf dem ehemaligen unteren Kanonendeck waren Schwenkkräne und andere Hebebäume angebracht. Nun begann das Setzen der Masten. Die Masten, von denen alle Werften einen bestimmten Vorrat hatten, bestanden aus Föhre und wurden in einem Solebecken aufbewahrt, bis man sie brauchte. Abgesehen von kleinen Schiffen, für die schon ein Föhrenstamm als Mast ausreicht, wurden die Masten aller Schiffe aus zwei oder mehreren Längen zusammengesetzt, die mit eisernen Beschlägen verbunden wurden. Sobald der Mast fertiggestellt war, wurde er von Mastkränen gehievt und in das Schiff eingesetzt. Der Mastfuß wurde auf dem Kiel des Schiffs von einer außerordentlich starken Mastspur aufgenommen. Die Hölzer, die die Mastspur bildeten, lagen quer zum Kielschwein, dem im Schiffsinnern befindlichen Teil des Kieles. Sobald Fock-, Groß- und Besanmast standen, gingen die Takelmeister und ihre Gehilfen ans Werk. Zuerst wurden die Masten von unten nach oben und der Bugspriet aufgeriggt, dann wurden die Stengen vorgeheißt und getakelt. Es gab in jenen Tagen keine Drahtseile, und darum hing das ganze komplizierte System von Hanftauen ab, die zum Schutz gegen Wind und Wetter geteert wurden. Dann wurden die Rahen, ebenfalls aus Föhre, aufgeheißt und mit Racks an den Masten aufgeschlagen. Die Rahen trugen später die großen Segel, die »treibende Kraft« des Schiffes.

Schiffe wie die *Raisonnable* und ihre weitaus größeren Schwestern wären dem Seemann des späten 19. Jahrhunderts schwerfällig und plump vorgekommen, denn damals hatte man den Clipper entwickelt, die Perfektion des Segelschiffbaus. Doch der Sinn des Kriegsschiffs war es schließlich, als schwimmende Plattform für die Kanonen zu dienen, und so betrachtet, hat es in der Geschichte des zur See fahrenden Menschen wahrscheinlich nie einen schöneren Anblick gegeben als diese Schiffe, wenn sie mit voll genutzter, gewaltiger Segelfläche über die Meeresstraßen der Erde kreuzten. Die Kanonen – alle arbeiteten für die Kanonen, für ihre Bedienung, und das Geschick und Können der Crew, der Offiziere, Kapitäne und Admirale war darauf ausgerichtet, sie in die beste Position zu bringen, um die Schiffswände des Gegners zu zerschmettern. Kanonen vor sich – den Anblick, den Geruch, den Geschützdonner –, so lebten oder starben sie alle. Die berühmte Breitseite, von der man so oft in der Geschichte und später in der Dichtung hörte, war kein gleichzeitiges Abfeuern aller Kanonen auf einer Seite des Schiffs. Zwar waren die Planken, Decksbalken und Hauptspanten des Schiffes stark, aber sie hätten den ungeheuren Rückstoß, die ungeheuren Erschütterungen wohl kaum sehr lange Zeit ausgehalten. Normalerweise bediente man sich des sogenannten »Kabbel-Feuers«, das heißt, die Kanonen wurden nacheinander vom Bug bis zum Heck abgefeuert. Wenn sie gefeuert hatten, ließ man sie zurückrollen, reinigte sie (um sämtliche Verbrennungsrückstände im Rohr zu beseitigen), lud nach, rollte sie wieder aus, und der ganze Ablauf begann von neuem. Wenn eine tüchtige Mannschaft die Kanone bediente, konnte sie drei Salven in kaum mehr als zwei Minuten schaffen.

Seit Elizabeths Zeiten hatten sich die Kanonen wenig verändert, allerdings waren sie, wie die Schiffe auch, schwerer und kampfstärker geworden. Man wußte seit langem um die Vorteile des Hinterladers, aber die technische Entwicklung war noch nicht weit genug fortgeschritten, um ein brauchbares Verschlußstück zu konstruieren, das der Erschütterung der Explosion standhielt. Die Kanonen von Nelsons Kriegsmarine waren Vorderlader. Sie bestanden größtenteils aus Eisen (einige wenige noch aus Bronze). Das Metall wurde im Block gegossen und dann mit einer glatten Bohrung versehen. Die Kanonen wurden nach dem Gewicht der Kugeln benannt, die sie abfeuerten – also Zwölf-, Achtzehn-, Vierundzwanzig- und Zweiunddreißig-Pfünder. Auf größeren Schiffen hatte man es auch schon mit Zweiundvierzig-Pfündern versucht, aber sie hatten sich als zu schwerfällig in der Bedienung herausgestellt, und demnach war der Zweiunddreißig-Pfünder die standardmäßige Großkanone auf den Linienschiffen Erster Klasse. Er wog zwei Tonnen, war fast drei Meter lang und mußte von fünfzehn Mann bedient werden. Dazu gehörten Jungen (gelegentlich auch Frauen, die sich an Bord aufhielten), die das Pulver aus den Magazinen heraufholten. Schießpulver war das einzige Treibmittel, und die maximale Reichweite betrug nicht einmal 2500 Meter. Die tatsächliche Reichweite lag um einiges niedriger, und das Seegefecht bestand vor allem darin, daß man den Feind so lange beschoß, bis er aufgeben mußte: Das geschah in der Hauptsache durch Entmastung und Zerstörung der Rahen, damit er nicht mehr manövrieren konnte und nicht einmal mehr steuerfähig blieb. Kettenschüsse (zwei ganze oder halbe, mit einer Kette verbundene Kanonenkugeln) wurden gegen die Takelage gerichtet, Hagel- und Kartätschenschüsse gegen die Crew.

Unabhängig von der Größe der Kanone lief das Abfeuern immer gleich ab. Zuerst mußte Schießpulver aus dem Hauptmagazin geholt werden, das tief im Inneren des Schiffes lag (ein Linienschiff Erster Klasse wie die *Victory* führte 35 Tonnen Schießpulver mit), dann kam es ins Bereitschaftsmagazin, wurde in Flanellsäckchen abgepackt und zu den Kanonen gebracht. Gleich nach dem Abfeuern wurde die Kanone mit einem korkenzieherähnlichen Instrument gereinigt, dem sogenannten Wurm, dann ging man mit dem Wischer nach. Nun füllte man Treibladung und Kugel ein. Beides wurde mit dem Ansetzer ins Rohr geschoben. Manchmal gab man auch zwei Schüsse in die Kanone (Doppelschuß). Stets wurde ein Ladepfropf nachgestopft, damit alles an seinem Platz blieb. Währenddessen reinigte der Kanonier das Zündloch (er »bohrte es aus«), öffnete den Kartuschbeutel und führte schließlich eine mit feinem Pulver gefüllte Zündwurst ins Zündloch ein. Die Kanone wurde mit Hilfe von Taljen ausgefahren und mit Hilfe von Handspaken nach links oder rechts justiert – eine ziemlich primitive Methode, die sich über die Jahrhunderte hinweg nicht geändert hatte. Da in der Marineartillerie dieser Zeit alles vom Kurs des Schiffes abhing – deshalb war auch das Kurshalten des Schiffes so wichtig –, hatte der Kanonier wenig Möglichkeit, das Geschütz zu richten. Er hatte nur eine sehr primitive Visiereinrichtung, nämlich die Differenz zwischen Visierlinie und Seelenachse, die er mit Hilfe einer Kimme auf dem Verschlußstück der Kanone bestimmte – ähnlich wie bei einem Sportgewehr. Neben der Möglichkeit, die Kanonenmündung durch die Geschützpforte nach rechts oder links zu richten, konnte er sie auch ein wenig heben oder senken, was ebenfalls mit Handspaken bewerkstelligt wurde, oder einfach mit einem Holzkeil unter dem hinteren Teil der Kanone. Wenn der Befehl zum Feuern gegeben wurde – und das hing sehr davon ab, ob das Schiff rollte oder nicht –, entzündete der Kanonier das Schießpulver in der Zündwurst mit einer Lunte oder mit einem Steinschloß. Als eine der wenigen artilleristischen Neuerungen seit Elizabeths Zeiten wurde es 1755 bei der Kriegsmarine eingeführt.

Ein intelligenter junger Mann konnte sich mit Theorie und Praxis des Artilleriewesens in wenigen Wochen vertraut machen, aber was Kanonaden bewirkten, lernte er eigentlich erst im Gefecht.

(Und Nelson erlebte erst nach vielen Jahren eine Seeschlacht.) Anders als nach der Erfindung der Granaten konnte die schwere Kanonenkugel bei der direkten Konfrontation kaum ein großes Leck ins gegnerische Schiff reißen und es so versenken. Es wurde stückweise beschädigt. Kugel auf Kugel prallte gegen die Seiten. Doch am wichtigsten war das Entmasten. Im Zweiten Weltkrieg (lange vor der Entwicklung der Raketen und Kernwaffen) konnte ein Seegefecht schon nach wenigen Minuten vorüber sein; im 18. und 19. Jahrhundert zog es sich manchmal über Stunden hin. Man denkt dabei am ehesten an einen Boxkampf, vor allem an einen Boxkampf alten Stils ohne Handschuhe (dieser Sport war zu Nelsons Zeit einer der populärsten in England), bei dem sich zwei Schwergewichtler gegenüberstehen und aufeinander einschlagen, bis einer, manchmal auch beide, bewußtlos zu Boden geht. Vor Trafalgar etwa wurde ein Schiff durch Beschuß versenkt, alle anderen wurden manövrierunfähig gemacht oder derart demoliert, daß sie weder Fahrt machen noch kämpfen konnten. Die Männer auf Deck wurden oft (wie Nelson dann auch) durch Scharfschützen, die in der Takelage saßen, durch Kanonenkugeln, Ketten- oder Kartätschenschüsse niedergemäht, doch zum größten Teil rührten die Verletzungen von Holzsplittern her. Es fetzte sie aus den Seitenwänden des Schiffs heraus, sie jaulten über Deck und verursachten gräßliche klaffende Wunden, deren man meistens nur Herr werden konnte, wenn man Arm oder Bein amputierte. Verletzungen am Magen oder anderen inneren Organen waren fast immer tödlich.

Wer selbst segelt und weiß, wie schwierig es ist, auch nur ein kleines Boot allein unter Segeln in den Hafen zu steuern oder aus dem Hafen auszulaufen (und wenige tun das heutzutage, schließlich gibt es Motoren), wird sich eine kleine Vorstellung davon machen können, was es bedeutete, ein Linienschiff *nur* mit Segeln zu manövrieren. So benötigte man beispielsweise bei Wendemanövern ein solches Aufgebot an Leuten, dazu ein Gefühl für Wind, Wetter und See, wie es sich nur wenige Seeleute unserer Tage vorzustellen vermögen. William Falconer widmet dieser Operation in seinem meisterhaften *Marine Dictionary* (1780) zwei Seiten. Ein Auszug wird zeigen, was Matrosen und angehende Offiziere wie der junge Nelson sich mehr durch Praxis als durch Theorie aneignen und was sie behalten mußten wie das instinktive Wissen eines Vogels: »Die erste Maßnahme zum Wenden des Schiffes wird durch das Ruder eingeleitet, welches luvwärts gelegt wird. Dies wird durch den Rudergänger oder kommandierenden Offizier kundgetan, welcher nun ruft: *Ruder liegt luv.* Dann läßt man die Vorsegel ohne Verzug im Winde flattern, indem man ihre *Schoten* oder *Bolinen* loswirft. Sodann ruft der Rudergänger: *Geitaue und Schoten los,* welchselbes ausgeführt wird durch das Losmachen sämtlicher Taue, welche die Ecken der unteren Segel festhalten, auf daß sie geschwinder nach der anderen Seite bewegt werden können. So das Schiff den Bug direkt nach windwärts gedreht hat..., gibt der Rudergänger Order, die Rahen der Segel am Groß- und Besanmast zu brassen, was angezeigt wird durch das Kommando: *Großsegel dicht!* Die Bolinen und Brassen werden nun ohne Verzug auf der einen Seite losgeworfen und ebenso hurtig auf der anderen Seite dichtgeholt, damit die Rahen um ihre Masten drehen. Die untere Ecke des Großsegels wird vermittels eines Geitaus auf ihren Ort an der Dwarssaling herabgezogen, und alle hinteren Segel werden gleichzeitig gerichtet, so daß sie nach der anderen Schiffsseite stehen. Wenn das Schiff nun schließlich fünf oder sechs Strich leewärts abgefallen ist (ein Strich entspricht 11° 15′ in einem Kreis), ruft der Rudergänger: *Alles dichtholen!* oder *Fieren und dichtholen!,* und dann werden die Segel des Fockmastes vermittels ihrer Brassen gedreht; und da das Schiff nun die Tendenz zeigt abzufallen, hält man durch das Ruder dawider, welches zu diesem Zweck *hart* nach Lee gelegt wird. Nachdem das Haltetau des Focksegels oder dessen unteres Ende an seinem Platze festgemacht ist, werden die Bolinen angeholt, und die anderen Segel, welche in der Hast des Wendens vernachlässigt wurden, werden nach dem Winde ausgerichtet, welches man das Brassen der Segel nennt.« Das klingt nicht einfach. Es war auch nicht einfach, und es richtig zu machen erforderte großes Geschick und Können.

Was die Männer betrifft, die als menschliche Maschinerie diese Schiffe in Fahrt hielten – Schiffe, die so schön anzusehen waren und doch solche harten Anforderungen an die Mannschaft stellten –, so dürften es auf einem Schiff wie der *Raisonnable* etwa 500 gewesen sein. Hier muß man wieder einmal Dr. Johnsons bekannten Ausspruch zitieren: »Wer genug Witz hat, ins Gefängnis zu kommen, wird nicht Seemann werden; denn auf einem Schiff fahren ist wie im Gefängnis sitzen, und man hat obendrein die Aussicht, zu ersaufen.« Das stimmte einerseits gewiß, doch muß man immer im Gedächtnis behalten, daß die Lebensbedingungen eines Knechts oder eines Städters im späten 18. Jahrhundert fast unvorstellbar jämmerlich und brutal waren. Nelson wurde später mit dem Dasein der Landleute vertraut und tat, was er konnte, um die Armut der Landarbeiter in seinem eigenen Bereich zu lindern. Doch auch als Junge, der er noch war, dürfte er gesehen haben, daß es den Matrosen an Bord besser ging als vielen »Landratten«. Eines der informativsten Bücher, die in dieser Zeit geschrieben wurden, war *Nautical Economy; or Forecastle Recollections of Events during the last War. Dedicated to the Tars of Old England by a Sailor politely called by the officers of the Navy Jack Nasty-Face.** »Jack« war, wie der Titel schon ahnen läßt und der Inhalt des Buchs bestätigt, kein Freund der Marine, doch seine Schilderung der Versorgung an Bord schneidet sehr günstig gegen die Verpflegung ab, die ein Knecht in Norfolk zur damaligen Zeit erhielt – sie bewahrte ihn kaum vor dem Hunger. »Das Frühstück besteht für gewöhnlich aus Haferbrei, der aus grobem Hafermehl und Wasser gemacht wird; andere nehmen Schottischen Kaffee zu sich, das ist Röstbrot in etwas Wasser gekocht und mit Zucker gesüßt.« Mittags kam dann »der erfreulichste Teil des Tages ... jeder Mann und jeder Junge erhält eine Gil, das heißt 0,14 Liter, Rum mit Wasser, zu welchem man Zitronensäure, gesüßt mit Zucker, hinzufügt«. Gepökeltes Rindfleisch mit Erbsbrei war das Hauptgericht. Das Abendessen bestand aus »einer halben Pint Wein oder einer Pint Grog für jeden Mann, dazu Schiffszwieback und Käse oder Butter«. Das Leben an Bord war primitiv und rauh, aber wenn man bedenkt, daß damals selbst Großstädte kein funktionstüchtiges Abwassersystem hatten und daß die meisten Familien in nur einem Raum wohnen mußten, dann brachten es die Notwendigkeiten der Disziplin und einer gewissen prinzipiellen Reinlichkeit mit sich, daß die Matrosen oft besser gestellt waren als die arbeitende Bevölkerung an Land. Man hat viel Aufhebens gemacht von der Härte der Disziplin auf See, und tatsächlich kann niemand sie guten Gewissens verteidigen. Doch man muß auch daran denken, daß der Schmerz damals ein allgegenwärtiger Wesenszug des Daseins war: Bei Operationen konnte man keine Zuflucht zu Anästhetika nehmen, die meisten Menschen hatten verrottete Zähne, viele litten unter Geschlechtskrankheiten und Tuberkulose, und schon eine Geburt war höchst riskant. Das Leben war in der Tat »häßlich, brutal und kurz«, und wenn man von der Marine sagt,

*Maritime Wirtschaft oder Back-Erinnerungen an die Ereignisse im letzten Kriege. Den Teerjacken Englands gewidmet von einem Matrosen, den die Offiziere der Kriegsmarine galant den Kerl mit dem garstigen Gesicht nannten.

sie habe bloß aus »Rum, Homosexualität und Peitsche« bestanden, dann ist das ungefähr ebenso wahr, als würde man das Tun und Treiben der Menschen von heute nur anhand der Klatschspalten in der Regenbogenpresse beurteilen. Selbst »Jack«, der mit Recht die meisten Disziplinarmaßnahmen der Kriegsmarine verurteilte, mußte gelten lassen, daß es auch einige humane Kapitäne gab: »Bei einer Flotte von neun Linienschiffen, zu welcher ich gehörte, hatten wir nur zwei Kapitäne, die sich so (durch ihre Menschlichkeit) auszeichneten. Sie hielten Ordnung an Bord, ohne oft und unnötig den Bootsmann mit seiner neunschwänzigen Katze herzubeordern, wie es die anderen sieben immer taten; und was war die Folge davon? Diese beiden Schiffe schlugen uns im Reffen und Bergen der Segel; denn sie lebten nicht in Angst und Schrecken, sie wußten wohl, daß sie nicht ohne echten und gerechten Grund bestraft wurden.« Nelson war zwar immer für strikte Disziplin, doch wie viele der Offiziersgeneration, die mit ihm heranwuchs, zeichnete er sich dadurch aus, daß er dieser neuen Richtung anhing.

Die Französische Revolution, gegen die sie mit Erbitterung kämpften und die Nelson als konservativ gesinnter Mensch verabscheute, hinterließ ihre Spuren selbst bei den Männern, die so sehr zum Scheitern der imperialistischen Träume Frankreichs beitrugen. Für die Offiziere des alten Schlages war es schwer zu begreifen, aber allmählich merkten sie, daß auch der gemeine Matrose seine Rechte hatte und daß das tüchtige Schiff ein fröhliches Schiff war, auf dem man möglichst selten Gebrauch von der neunschwänzigen Katze machte.

3 Kadett

Nelsons Karriere begann unauffällig. Der Krieg zwischen England und Spanien, der wegen eines Streits über die Falklandinseln gedroht hatte, konnte abgewendet werden, und die *Raisonnable* wurde außer Dienst gestellt. Nelson hatte fünf Monate und einen Tag auf ihr gedient. Das war recht wenig, aber es reichte aus, um ihn mit dem Leben eines Kadetten der königlichen Kriegsmarine gut bekannt zu machen. Da er noch nicht einmal fünfzehn war, wurde er in die Kategorie der Offiziersanwärter eingestuft, die mit ihren Hängematten in der Offiziersmesse einquartiert waren und unter die Zuständigkeit des Stückmeisters fielen. Dieser stand wie der Oberbootsmann und der Zahlmeister im Rang eines Deckoffiziers und mußte für gewöhnlich mindestens zwölf Monate als Maat gedient haben. Er hatte die Aufgabe, sich um die Versorgung und Pflege der Schiffsgeschütze zu kümmern, für ihre Wartung zu sorgen und sie in ständiger Gefechtsbereitschaft zu halten. Und damit befand er sich in einer recht maßgeblichen Position. Männer wie er stellten die Verbindung zwischen Offizieren und Mannschaften her und bildeten das Rückgrat der Kriegsmarine. Von einem, der sich von unten hochgedient hatte, konnten die Jungen, sei es Segeln, sei es Manövrieren im Gefecht, mehr über das Schiff lernen als durch Spezialkurse an Land. Von dem Augenblick an, da er die Messe betrat, war Horatio Nelson so wesentlich am Ganzen beteiligt, wie es nur wenige Seeleute unserer Tage mit ihrer hochspezialisierten Ausbildung sind.

Die Kadetten wurden jeden Vormittag von einem amtlich zugelassenen Lehrer in terrestrischer und astronautischer Navigation sowie in Trigonometrie unterrichtet. Der »Schulmeister« achtete auch streng auf ihr Benehmen und auf ihre Moral und erstattete dem Kapitän regelmäßig Bericht über den Charakter seiner Schützlinge und über das, was möglicherweise in ihnen steckte.

Meistens war der Lehrer gleichzeitig Schiffspfarrer. Wenn man auf See war, mußten die Jungen mittags auf dem Oberdeck antreten, um mit ihren Quadranten die Mittagshöhe zu messen. Der Quadrant, mit dem man den Stand der Sonne, des Mondes und der Sterne maß, war in einfacherer Form seit dem 13. Jahrhundert bekannt. Schon damals hatten ihn die portugiesischen Seefahrer bei ihren heroischen Entdeckungsreisen verwendet. Zu Nelsons Zeit war er ein sehr zuverlässiges Präzisionsinstrument geworden. Man hielt ihn allgemein, wenn auch fälschlicherweise, für eine britische Erfindung. (Im Anhang zu seinem 1758 erschienenen Buch über Navigationsinstrumente stellte Edmund Stone kategorisch fest: »Das erste Instrument dieser Art... hat vor langer Zeit Sir Isaac Newton erfunden.«) Dann wurden sie nach unten geschickt, um die Breite zu berechnen und mit Hilfe des gegißten Schiffsortes die Position des Schiffs zu berechnen. Nelson dürfte bald herausgefunden haben, daß es wenig Ruhe gab, egal, ob man auf See war oder im Hafen lag. Auf See wurden sie bei den Wachen eingesetzt, damit sie die Pflichten des Offiziers kennenlernten; man erwartete aber auch von ihnen, daß sie sich unter die Crew mischten und sich an allen Segelmanövern beteiligten, ob an Deck beim Brassen oder in den Masten beim Bergen der Segel. Morgens gehörte es zu ihren Pflichten, sich darum zu kümmern, daß die Hängematten der Matrosen ordentlich festgezurrt und verstaut wurden, und im allgemeinen mußten sie bei allen Manövern die Aufsicht führen. Im Hafen wie auf See hielt sie der Erste Offizier ständig als Kurier beschäftigt, und eine ihrer wichtigsten Pflichten war der Bootsdienst. Es war ein hartes, aber gesundes Leben, und das kam Nelson zweifellos zugute.

Da er ein Offiziersanwärter war und sich an Bord eines Schiffes befand, das von seinem Onkel befehligt wurde, ist es unwahrscheinlich, daß Nelson viel von dem rauheren oder schmutzigeren Leben der »Oldsters« sah, der länger gedienten Seekadetten, die über fünfzehn Jahre waren und ihre eigene Messe hatten. Ihre Lebensumstände sind oft beschrieben worden und selten besser als von Frederick Chamier in seinem Buch *Life of a Sailor* (1833): »Statt Gläsern nahm man Tassen. Die Suppenterrine, ein schweres, plumpes, aus Blockzinn zurechtgehämmertes Gerät, wurde in Ermangelung einer Schöpfkelle mit einer Teetasse geleert; wer Gebrauch von der Gabel machen wollte, wischte sie zuerst am Tischtuch ab, und da man vom Essen mehr haben wollte als den Dreck an der Gabel, bohrte man sie durch das Tischtuch, damit sie zwischen den Zinken sauber wurde... Die übrige Einrichtung war nicht viel reinlicher; ab und zu diente eine leere Flasche als Kerzenhalter; und ich habe erlebt, daß ein Schuh und das Gehäuse eines Quadranten als Suppenteller verwendet wurden... (Die Kadetten) zogen sich vor allen an und aus; das Waschbecken war stets aus Hartzinn; und die nassen Handtücher, die schmutzigen Haarbürsten etc. wurden nach Gebrauch in der Kommode darunter abgelegt. Eine Hängematte diente als Bett, und im Krieg lebten wir auf so engem Raum, daß die Hängematten einander stets berührten; vierzehn Zoll, hieß es, seien genug Platz für einen müden Kadetten.« Kapitän Chamier vergißt in seinem bedrückenden Bericht über das Leben der Kadetten zu erwähnen, daß die Hängematte bei Seegang sehr viel bequemer war als eine Koje oder ein Bett. Hängematten waren, einmal abgesehen von dem, was sonst in den Räumlichkeiten der Kadetten fehlte, ungeheuer praktisch. (Bei der britischen und bei der amerikanischen Kriegsmarine blieben sie bis nach dem Zweiten Weltkrieg in Gebrauch.)

Nachdem die *Raisonnable* außer Dienst gestellt worden war, erhielt Kapitän Suckling das Kommando über die *Triumph* (74 Geschütze), ein Wachtschiff am Nore, jener berühmten Sandbank in der Themsemündung. Dabei handelte es sich um trübselige Routinearbeit, die einem jungen Menschen praktisch keine Gelegenheit bot, seemännische Erfahrungen zu sammeln oder überhaupt etwas zu lernen – abgesehen vom Segeln mit den Beibooten des Schiffes. Maurice Suckling kam zu dem klugen Schluß, daß sein Neffe seemännische Praxis brauchte, und das Verhalten und die Eigenschaften und Fähigkeiten, die Horatio während der kurzen Zeit auf der *Raisonnable* an den Tag gelegt hatte, müssen ihn davon überzeugt haben, daß er es wert war, sich wirklich bewähren zu dürfen. Nelson wurde in der Mannschaftsliste der *Triumph* als »Bedienter des Kapitäns« geführt – das war damals durchaus üblich, auf diese Weise konnten die Kapitäne junge Leute aus der Verwandtschaft mit auf See nehmen, und höchstwahrscheinlich sollte diese Anstellung auch gewährleisten, daß man sie gut im Auge behalten konnte. Aus pädagogischen Gründen empfahl Maurice Suckling seinen Neffen Horatio an John Rathbone, den Kapitän eines Westindienfahrers, der über die Bahamas und die Antillen, über all die sonnigen Zuckerrohrinseln, Venezuela anlief. Zum ersten Mal erlebte Nelson auf diesem Kauffahrteischiff wirklich das Meer, und diese Erfahrung hinterließ bleibende Wirkungen.

Das wenige, was er auf der *Raisonnable* vom Seemannsleben gesehen hatte, dürfte den sensiblen Jungen schockiert haben, der frisch vom Land kam, der die Stille Norfolks und die jahrhundertealten guten und anständigen Formen der Kirche und der Familie in Burnham gewohnt war. Die Worte, die er 1799, achtundzwanzig Jahre später, in Port Mahon niederschrieb, zeigen, daß die Eindrücke, die er nach der Anfangszeit bei der Kriegsmarine auf dem Kauffahrteischiff gewonnen hatte, nicht verblaßt waren: »Ich wurde auf einen Westindienfahrer geschickt, welcher zum Hause Hibbert Purrier Horton gehörte, und zwar zu Herrn John Rathbone, der früher mit Kapitän Suckling auf der *Dreadnought* gewesen war. Von dieser Reise kehrte ich im Juli 1772 auf die *Triumph* in Chatham zurück, und wenn ich auch meine Bildung nicht verbessert hatte, so kam ich doch als geübter Seemann zurück, hatte einen Abscheu vor der Royal Navy und führte eine Redensart im Munde, die damals unter Matrosen geläufig war: *›Achtern die größte Ehre, vorne der bessere Mann.‹* Es dauerte viele Wochen, bis ich mich auch nur ein wenig mit den Kriegsschiffen befreundet hatte, so tief war das Vorurteil verwurzelt; und welche Mühe machte man sich, dies irrige Prinzip einem jungen Menschen beizubringen!« »Irriges Prinzip« – so konnte es Nelson nach all den Jahren und Triumphen leicht nennen, doch es muß sich ihm tief eingeprägt haben, sonst hätte er sich in seiner sehr kurzen Selbstbeschreibung wohl nicht daran erinnert.

Nun sah er zum ersten Mal die Stelle, wo der Kanal in den Atlantik übergeht. Das Kauffahrteischiff fuhr mit geblähten Segeln vor dem Nordostpassat her, und er spürte die lange Dünung des Ozeans. Unter voller Beseglung ging es auf die prachtvolle Reise. Europa blieb weit zurück, und eines Tages tauchten am scheinbar unendlichen Horizont plötzlich die windumwehten Inseln des Westens auf. Der Junge, der nichts weiter kannte als das schlichte und einfache Land und dann den kurzen Aufenthalt im »geschwätzigen Chatham« an Bord der *Raisonnable,* sah das Karibische Meer funkeln, sah fliegende Fische, das Immergrün der Tropen und eine völlig neue Welt. Die Disziplin an Bord war streng, aber längst nicht so sehr wie auf einem Kriegsschiff. Kapitän Rathbone war freundlich zu dem jungen Mann, und das Leben, das sich mit dem harten Geräusch einer fallenden Stückpforte vor ihm verschlossen zu haben schien, tat sich auf wie eine Blüte, eine Blüte von Inseln. Seine wachen Augen sahen schwarze Gesichter, makellos gekleidete weiße Pflanzer, alle möglichen Typen von Hafenarbeitern, auf den Booten der Händler unbekannte Früchte, schlanke dunkle Körper, die nach kleinen Münzen oder Knöpfen tauchten, Orchideen und Tabak, die üppigen Plantagen, die Europa Zucker gaben, und die Boote der Eingeborenen, Einbäume, die unter einem winzigen Segel auf den leuchtenden, vom Passat bestrichenen Wellen tanzten. Ein Jahr darauf, als er zurückkehrte und wieder auf die *Triumph* ging, hatte er unauslöschliche Erinnerungen an diese Welt. Er hätte vielleicht die Worte des großen Entdekkers nachsprechen mögen, der Jahrhunderte vor Nelsons erster Reise nach dem Westen geschrieben hatte: »Es ist wie der April in Andalusien. Außer den Nachtigallen fehlt nichts. Welch eine Lust ist jeder Morgen!«

Kapitän Suckling entdeckte bei seinem sonnengebräunten Neffen vielleicht eine gewisse Feindschaft gegen die Kriegsmarine (Nelson konnte nie verbergen, was er dachte). Jedenfalls beschloß er klugerweise, ihn möglichst viel mit den Booten arbeiten zu lassen. Auf diese Weise kam der junge Mann an die frische Luft und entwickelte ein Gefühl der Unabhängigkeit und der Verantwortung. Nelson beschäftigte sich erst mit Navigationskunde und durfte sie dann auf dem Kutter, später auch auf dem gedeckten Großboot der *Triumph* in die Praxis umsetzen: Diese Erfahrung kam ihm sehr zustatten, denn bis zu einem gewissen Grade verdankte er den nächsten und bis dahin wichtigsten Schritt in seiner Karriere den Fähigkeiten, die er beim Kommando über die Boote bewiesen hatte. Kutter und Großboote waren besegelt und mit Riemen ausgerüstet. Der Kutter diente als Mädchen für alles, transportierte Material, Proviant und Passagiere. Das Großboot war das größte Boot, das ein Kriegsschiff mit sich führte, oft gedeckt oder halb gedeckt; manchmal fuhr es Leute zum Entern eines feindlichen Kauffahrteischiffs, es brachte auch Schmuggler auf oder setzte bei Landgefechten Truppen am Strand ab. Wenn ein junger Mann ein solches Boot befehligte, lernte er *in nuce* alle Feinheiten des Segelns und des Lotsens und den stets nötigen Einsatz von Lot und Lotleine in flachen Gewässern.

1773 hörte Nelson eine Neuigkeit, die jeden Seemann faszinierte – eine Arktisexpedition wurde vorbereitet. Zwei Kanonenboote wurden bereits mit Material und Proviant ausgerüstet. Man hatte sie wegen ihrer massiven Bauweise gewählt, massiv, weil sie den Rücklauf und Rückstoß der schweren Kanonen im Bug aushalten mußten. Des Eises wegen wurden sie zusätzlich verstärkt. (Kanonenboote dieses Typs waren Zweimaster mit Groß- und Besanmast, hatten 100 bis 250 Tonnen und waren zur Beschießung von Festungen gedacht. Falconer sagt in seinem *Marine Dictionary*, sie seien eine französische Erfindung und erstmals bei der Beschießung von Algier eingesetzt worden. »Bis dahin«, fügt er hinzu, »hatte man es für unmöglich gehalten, ein Ziel an Land von See aus zu bombardieren.«) Das eine Kanonenboot war die *Racehorse* unter Kapitän Constantine Phipps, das andere die *Carcass* unter Kapitän Skeffington Lutwidge. Nelson zauderte nie in seinem Leben, wenn er die Gelegenheit hatte weiterzukommen. Seine Entschlossenheit hatte er bereits mit jenem Brief bewiesen, den sein Bruder William für ihn an den Vater schrieb, und nun, da er diese seine Karriere gewählt hatte, wollte er sie mit derselben Bestimmtheit vorantreiben. Schwer lastete der Friede über den Meeren, und man hatte bei der Kriegsmarine wenig oder gar keine Chancen, befördert zu werden – schon gar nicht als junger Kadett. Momentan war nur diese Arktisexpedition greifbar, und Horatio würde Himmel und Hölle in Bewegung setzen, damit man ihn zumindest in Erwägung zog. Besser allerdings, man nahm ihn. Allein die Tatsache, daß es ausdrücklich hieß »keine Jungen«, spornte ihn noch mehr an.

Wie immer gab es in den Vorschriften und Bestimmungen eine Lücke, ein Hintertürchen. Man wollte zwar keine Jungen, weil sie »nicht zweckdienlich« waren, aber die Kapitäne konnten Bediente mitnehmen, die ihnen persönlich aufwarteten. Und so plagte Horatio Nelson denn Kapitän Lutwidge (zweifellos legte Maurice Suckling ein Wort für ihn ein – er dürfte nicht nur den Enthusiasmus seines Neffen, sondern auch dessen Fähigkeiten beim Umgang mit den Booten hervorgehoben haben). »Nichts konnte mich davon abhalten, daß ich alles in Gang setzte, um mit Kapitän Lutwidge auf der *Carcass* fahren zu dürfen; und da ich dachte, ich könne schon meinen Mann stehen, bat ich ihn, sein Bootsführer sein zu dürfen. Kapitän Lutwidge sah, wie glühend mein Wunsch war, mit ihm zu kommen, und willigte ein. Bis zu diesem Augenblick ist er mir ein sehr treuer Freund geblieben.« Nelson verstand es nicht nur, überzeugend zu wirken, er bewies auch so viel Elan und Tüchtigkeit, daß kein dienstälterer Offizier, den er je um eine Ernennung ersuchte, seine Wahl bereute.

Die Expedition, die zur Erkundung der Möglichkeit einer Nordwestpassage zu den südlichen Meeren dienen und die Wissenschaft fördern sollte, war an sich nicht sehr denkwürdig. Die Schiffe kamen bis auf zehn Grad an den Pol heran, wurden jedoch vom Eis aufgehalten. Vom Standpunkt der Wissenschaft aus betrachtet, war die nützlichste Errungenschaft der Expedition eine kunstvolle Maschine, die Salzwasser in Süßwasser verwandeln konnte – eine Vorwegnahme der Kondensatoren, die aufkamen, als das Segelzeitalter dem Dampfzeitalter wich. Für Nelson und seine Gefährten muß es jedoch eine intensive und denkwürdige Erfahrung gewesen sein. Sie fuhren durch Gewässer, die nur wenige Menschen kannten, und sahen vor der Küste von Westspitzbergen die Gletscher mit ihrem blendenden Glanz. Von Zeit zu Zeit brachen mit gewaltigem Krachen große Stücke heraus und klatschten ins Meer. Und die ganze Zeit über kündeten das Blinken des Eises, die Frostschleier und Wasserhimmel von einer Welt, in der Kapitän Pell bei dem Versuch, ihr die Geheimnisse zu entreißen, spurlos verschwunden war.

Von Spitzbergen aus, wo es Robben in Hülle und Fülle gab und wo sie Blauwale sahen, fuhren die Schiffe weiter durch die ölige See und steuerten den Nordteil von Nowaja Semlja an. Oft stießen sie jetzt auf Nebel. Durch Signalschüsse behielten sie miteinander Kontakt und verständigten sich über ihre Position. Die beiden Lotsen, Kapitäne von Grönlandfahrern, die man eigens für diese Reise verpflichtet hatte, waren ständig oben und steuerten die Schiffe durchs Packeis – das ist heute schon schwierig, aber damals war es unglaublich kompliziert: Man hatte nur Segel und mußte ständig auf leichte, umlaufende Winde gefaßt sein. Schließlich saßen die beiden Kanonenboote im Eis fest. Die Takelage glitzerte vor Eis, und die Leute von der Crew tollten wie Schulbuben über die Eisfelder, als seien sie sich der Gefahr, die ihnen drohte, gar nicht bewußt.

In dieser Zeit ereignete sich ein Zwischenfall, den wir, obwohl ihn alle Nelson-Biographen schildern, aus einem ganz bestimmten Grunde nicht auslassen können. Er beleuchtet einen Aspekt von Nelsons Charakter, der oft mißdeutet wurde – und im allgemeinen zu seinen Gunsten. Wir geben ihn hier mit den Worten seiner ersten Biographen, Clarke und M'Arthur, wieder: »Unter den Herren vom Achterdeck, die nicht zu den Kadetten zählten, befand sich neben dem jungen Nelson ein mutiger Schiffskamerad, den er liebgewonnen hatte. Eines Nachts kamen sie während der Mittelwache überein, sich vom Schiffe zu stehlen, und zwar wollten sie versuchen, sich ein Bärenfell zu verschaffen. Die Klarheit der Nächte in diesen hohen Breiten erschwerte ihr Vorhaben auf das äußerste; doch scheinen sie einen herannahenden Nebel ausgenutzt zu haben und unbemerkt entwichen zu sein. In gehobener Stimmung, bewaffnet mit einer rostigen Muskete, ging Nelson voran und bahnte sich den Weg über die furchtbaren Spalten im Eise. Doch es dauerte nicht lange, bis man die Abenteurer an Bord vermißte, und da der Nebel mittlerweile sehr dicht war, war Kapitän Lutwidges und seiner Offiziere Besorgnis äußerst groß. Zwischen drei und vier Uhr morgens lichtete sich der Nebel ein wenig, und man entdeckte die Jäger in beträchtlicher Entfernung; wie sie gerade einen großen Bären angriffen. Sofort gab man ein Signal, daß sie zurückkommen sollten, doch Nelsons Gefährte drang vergebens in ihn, er möge gehorchen. Zu diesem Zeitpunkt trennte ihn eine Spalte im Eise von seinem zottigen Widersacher, was ihm wahrscheinlich das Leben rettete, denn die Muskete hatte versagt, und ihre Munition war aufgebraucht. ›Mach dir nichts draus‹, rief Horatio, ›ich will diesem Teufel nur noch einen Schlag mit dem Gewehrkolben versetzen, und dann haben wir ihn.‹ Sein Kamerad fand, daß sein Flehen vergebens sei, und ging zum Schiffe zurück. Der Kapitän sah, daß der junge Mann in Gefahr war, und ordnete an, man möge eine Kanone abfeuern, um das rasende Tier zu erschrecken. Dies hatte die erwünschte Wirkung; Nelson allerdings mußte ohne seinen Bären zurückkehren und war in Erwartung der Folgen dieses Abenteuers etwas beunruhigt. Kapitän Lutwidge, der eine so kühne Veranlagung nur bewundern konnte, tadelte ihn gleichwohl ziemlich streng für seine Unbesonnenheit und für ein solches Verhalten, das der Stellung, die er innehatte, so wenig würdig war, und wünschte zu wissen, was ihn dazu veranlaßt habe, einen Bären zu jagen. Daß sein Kapitän von ihm dachte, er habe sich in Anbetracht seiner Stellung würdelos betragen, beeindruckte den hochherzigen Bootsführer tief; er spitzte die Lippen, was er immer zu tun pflegte, wenn er erregt war, und erwiderte: ›Sir, ich wollte den Bären erlegen, damit ich das Fell meinem Vater mitbringen konnte.‹« Diese Geschichte erzählt man oft voll Bewunderung, sie gilt als Beweis für seinen Wagemut und für seine Kühnheit. Aber wir ersehen daraus noch mehr. Wie viele Jungen war Nelson schneidig, unbesonnen und tapfer. Doch hier gehorchte er dem Befehl eines Offiziers nicht, der nach Rang und Alter turmhoch über ihm stand, er rennt statt dessen spontanen Ambitionen hinterher. Daraus geht auch klar hervor, daß er leichtsinnig sein konnte, wenn ihn leidenschaftlicher Ehrgeiz übermannte – das kam ihn viele Jahre später in Teneriffa teuer zu stehen. Und es offenbart sich uns ein weiterer Charakterzug –

Nelsons innige Liebe zu seinem Zuhause und zu seiner Familie, denn was ihn zum Ungehorsam trieb, war die Vorstellung von einem schneeweißen Bärenfell, das sich leuchtend von den dunkelbraunen Holz- und Ledertönen im Arbeitszimmer seines Vaters abhob.

Nachdem die beiden Kanonenboote sich endlich vom Eis befreit hatten (reines Glück übrigens, der Wind drehte günstigerweise auf Nordnordost), kehrten sie im Herbst 1773 nach England zurück und wurden außer Dienst gestellt. Für die Kriegsmarine war es eine Zeit der Untätigkeit, und es wäre durchaus möglich gewesen, daß Nelson sich wie viele andere auf langweilige Pflichten verwiesen gesehen hätte – etwa den Dienst auf dem Wachtschiff am Nore. Doch er hatte doppeltes Glück – sein Onkel besaß einen gewissen Einfluß, und ein Flottengeschwader bereitete sich gerade darauf vor, nach Ostindien zu fahren. Es stand unter dem Oberbefehl von Kommodore Sir Edward Hughes auf der *Salisbury*, und ihm unterstellt war Kapitän George Farmer mit der Fregatte *Seahorse* (20 Kanonen). Farmer hatte zusammen mit Maurice Suckling als Kadett gedient, und so war es ganz natürlich, daß er ihm als alter Freund half, einen Posten für seinen Neffen zu finden. Sucklings Einfluß kam Nelson zugute, und er hatte obendrein Glück mit den Bereichen, die ihm dieser Einfluß erschloß. Er hatte Westindien und die Karibik erlebt, das ewige Eis gesehen und sollte nun den Osten kennenlernen, aus dem Großbritannien und viele andere europäische Länder Reichtum und Luxus schöpften. Glück hatte er auch mit seinem Kapitän George Farmer, der strikt auf Disziplin hielt, und mit dem Lehrer Surridge, dem es im Gegensatz zu manchem anderen wirklich am Herzen lag, den jungen Leuten ihre Pflichten näherzubringen, und der außerdem ein erstklassiger Astronavigator war. Viele Jahre später sagte Nelson von ihm, er sei »ein sehr kluger Mann« gewesen, und er erzählte: »Wir nahmen regelmäßig Mondhöhen« – das war damals, als es die Tabellenwerke unserer Tage noch nicht gab, die schwierigste astronomische Beobachtung, die ein beträchtliches trigonometrisches Wissen erforderte. George Farmer starb 1799 beim Gefecht mit einer französischen Fregatte den Heldentod. Sein Schiff stand in Flammen, seine Leute waren von Bord gegangen, aber er weigerte sich, und nachdem er ihnen zum letzten Mal mahnend zugerufen hatte: »Siegt oder sterbt!«, blieb er auf den Ankerflügeln sitzen. Abgesehen von diesen beiden Offizieren und ihrem Einfluß hatte er auch Glück mit seinem Gefährten Thomas Troubridge, einem

Altersgenossen, der die St. Paul's School besucht hatte und zwei Jahre später als Nelson in die Kriegsmarine eingetreten war. Troubridge gehörte zu Nelsons lebenslangen Freunden. Er war einer aus dem »Bund der Brüder«, der England während des langen Kampfes mit Napoleon zur Herrschaft über die Meere verhalf.

Fregatten wie die *Seahorse* hatten ganz ähnliche Funktionen wie die Zerstörer des 20. Jahrhunderts. Die Fregatte war der »Späher« der Flotte, so gebaut, daß sie rasch segeln und gut manövrieren konnte – »ein leichtes, bewegliches Schiff«, wie es ein zeitgenössischer Autor formulierte. Ursprünglich hatte man die schnellen und nicht gedeckten Schiffe, die durch Riemen und Segel angetrieben wurden und im Mittelmeerraum in Gebrauch waren, Fregatten genannt. Als erste wandten die Franzosen diese Bezeichnung auf voll betakelte Dreimaster an, die zwanzig bis vierzig Geschütze mit sich führten und als »Aufklärungskreuzer« eingesetzt wurden. Zur Geltung kamen sie während des Siebenjährigen Krieges (1756–1763). In den Napoleonischen Kriegen sollten sie dann eine ungeheuer wichtige Rolle spielen – Nelson bedauerte es mehr als einmal, daß wenige oder gar keine Fregatten verfügbar waren. Nachrichtenübermittlung und Verständigung erfolgten damals ausschließlich visuell, und so hing denn die Entdeckung feindlicher Schiffe völlig von den schnellen »Vorreitern« der Flotte oder des Verbandes ab. Die Fregatte hatte daher eine Bedeutung, die in krassem Mißverhältnis zu ihrer Feuerkraft stand. Der junge Offizier, der auf einer Fregatte diente, lernte alle Feinheiten der Navigation, hatte seine Freude an ihrer leichten Handhabung und an ihrer Schnelligkeit, kurz, er genoß das Vergnügen des Segelns.

Die *Seahorse* lief kurz Funchal auf Madeira an, wo sich bereits eine britische Gemeinde gebildet hatte, die vor allem im Weinhandel tätig war, und fuhr dann weiter über die abgelegenen Inseln Amsterdam und St. Paul. Sie waren jetzt am Wendekreis des Steinbocks angelangt, das Schiff segelte vor dem stetigen Wind und der weiten Dünung – rauhes, aber anregendes Seemannswetter. Nelsons Gesundheit muß sich in den wenigen Jahren bei der Marine gebessert haben, denn Kapitän Surridge, der Lehrer, der Gefallen an diesem eifrigen und intelligenten Schüler gefunden hatte, erinnerte sich später, er sei »ein Junge von recht blühendem Aussehen« gewesen, »ziemlich kräftig und athletisch«. Die Farbe kam zweifellos von den langen Tagen voll Wind und Sonne, denn Nelson war an sich hellhäutig. Daß er jetzt »ziemlich kräftig und athletisch« war, verdankte er dem gesunden Leben der letzten Jahre und der vielen Bewegung an der frischen Luft. Auf die Empfehlung des Lehrers hin stufte Kapitän Farmer ihn als Kadetten ein, und Nelson erfuhr zum ersten Mal, wie erhebend es ist, am Ruder zu stehen: Bei schönem Wetter und unter dem aufmerksamen Blick des wachhabenden Offiziers durfte er seine erste Wende fahren. Die Erinnerung an diesen frühen Moment der Macht, an den Anblick der fliegenden, knatternden und wieder zu Ruhe kommenden Segel, und nun lief die *Seahorse* auf den neuen Bug an – diese Erinnerung wird ihn wohl nie verlassen haben.

Sie änderten den Kurs nach Norden, Indien entgegen. Erster Anlaufhafen war Madras, dann ging es zum Hugli*, dann wieder nach Madras und von dort aus nach Bombay. Nelson befand sich jetzt in der Welt, aus der England einen Großteil seiner Reichtümer bezog, und Schiffe wie das, auf dem er fuhr, ermöglichten den sicheren Transport dieser Reichtümer. Man kann leider nur wünschen, daß ein Joseph Conrad an Bord gewesen wäre und das Bombay jener Tage oder auch Bushire geschildert hätte, wo sie am 25. Mai eintrafen. Fast zwei Jahre lang war Nelson in Ostindien, wurde vertraut mit einer Welt, die so weit vom stillen Burnham entfernt zu sein schien wie die erdabgewandte Seite des Mondes. Zweifellos frönte er auch dem, was andere junge Männer taten, den kurzen Landgängen in heißen, fremden Häfen, die derart fremd waren, daß man den konventionellen Verhaltensregeln mit einer gewissen Gleichgültigkeit gegenüberstand. Viele Jahre später vertraute er in Neapel einer Dame an, er habe sich einmal abends in Ostindien zu einer fröhlichen Runde gesetzt, Karten gespielt und 300 Pfund dabei gewonnen. Am nächsten Morgen dachte er – vermutlich mit Kopfschmerzen – darüber nach, daß es hätte anders kommen, daß er sich auch hätte ruinieren können, und daraufhin beschloß er, nie wieder zu spielen. Von diesem Entschluß konnte ihn später selbst Emma Hamilton schwerlich abbringen.

Er sah viele Orte, unter anderem Trinkomali, eine blühende Hafenstadt, wo es Perlen aus Tambalagam gab, die sich ein Kadett allerdings nicht leisten konnte – trotzdem meinte er, Trinkomali sei »der schönste Hafen der Welt«. Gänzlich unversehrt verließ er den Osten nicht. Im Dezember 1775 streckte ihn eine »heimtückische Krankheit« nieder. Eine Weile war er halb gelähmt und dem

*Westlicher Mündungsarm des Ganges (Anm. d. Übers.).

Tod sehr nahe, und wahrscheinlich wäre er gestorben, wenn der Arzt der *Salisbury* nicht zur baldigsten Heimkehr mit dem nächsten verfügbaren Schiff geraten hätte. Im März 1776 ging ein leichenblasser blonder Kadett schleppend die Laufbrücke zur Fregatte *Dolphin* empor. Ihr Kapitän James Pigot nahm ihn in seine Obhut und sorgte so gut für ihn, daß Nelson der festen Überzeugung war, ohne ihn wäre er längst gestorben. Bei seiner Krankheit handelte es sich fast mit Sicherheit um Malaria, damals eine der größten Geißeln Ostindiens, deren Nachwirkungen ihm fast sein ganzes Leben lang zu schaffen machten. Von nun an lebte er beinahe ständig unter Schmerzen, litt an diesem Fieber, später an anderen Fiebern, an Wunden und zahlreichen Verletzungen.

Die *Dolphin* brauchte sechs Monate für die Heimreise, sechs Monate, in denen er langsam zu genesen begann. In der Kabine, in der er lag, beobachtete er, wie das Licht über die Decke wanderte, sah er Sonnenaufgänge und Sonnenuntergänge und das Dunkel der Nächte, nur erhellt von fahlem Laternenschein, wenn jemand bei ihm hereinschaute, um ihn zu besuchen. Er hörte das Stampfen und Schlurfen nackter Füße auf dem Oberdeck, Rufe und Befehle, das Knarren der Blöcke, spürte die Richtungsänderungen, wenn sein Körper zur Seite rutschte, weil die Fregatte kreuzte und einen neuen Kurs steuerte. Oft hatte er Fieber und Schweißausbrüche, Delirien fast, und einmal auch eine Vision, die seiner späteren Überzeugung nach der Wendepunkt in seinem Leben war. Er lag in einem tiefen Wellental der Niedergeschlagenheit, in einer finsteren Nacht der Seele, es kam ihm vor, als sei alles gegen ihn – seine Krankheit, der Mangel an wirklichem Einfluß, unüberwindliche Hindernisse, die ihm den Weg zu versperren schienen. »Ich vermochte kein Mittel zu entdecken, mit dem ich das Ziel meines Strebens hätte erreichen können. Nach einem langen und düsteren Tagtraum, in welchem ich mich fast über Bord wünschte, wurde plötzlich die Glut des Patriotismus in mir entfacht, mein König und mein Vaterland wurden als Beschützer und Wohltäter dargestellt. Meine Seele jubelte über diesen Gedanken. ›Gut denn‹, rief ich. ›Ich werde ein Held sein und im Vertrauen auf die Vorsehung jeder Gefahr trotzen.‹« In späteren Jahren erzählte er Kapitän Hardy oft, er habe einen »Strahlenkreis« vor sich schweben sehen, der ihn vorwärtstrieb. Er war noch nicht ganz achtzehn Jahre alt.

4 Leutnant

Der Kadett, der auf der langen Heimreise so krank und verzweifelt in seiner Koje gelegen hatte, entdeckte bald, daß sein guter Stern ihn nicht verlassen hatte. Während seiner Abwesenheit war Kapitän Suckling zum Rechnungsprüfer der Kriegsmarine ernannt worden. Da zu diesem Amt die Aufsicht über den gesamten Schiffsbau, über die Reparaturen und die Bemannung der Flotte gehörte, ließ es sich in mancher Hinsicht fast mit der Position des Ersten Lords der Admiralität vergleichen. Entgegen dem, was oft behauptet wurde, war Nelsons Aufstieg – zumindest am Anfang – größtenteils dem Einfluß und den Beziehungen von anderen zuzuschreiben. Wenn er sich nicht als fähig und eifrig erwiesen hätte, hätte ihm natürlich aller Einfluß nichts geholfen, aber trotzdem verdankte er schon seiner toten Mutter viel, denn sie kam aus der Familie Suckling (hinter der wie ein Schattenbild die Familie Walpole stand).

Am 24. September 1776, zwei Tage, nachdem die *Dolphin* in Woolwich außer Dienst gestellt worden war, beorderte Admiral Sir James Douglas, der in Portsmouth das Kommando führte, den rekonvaleszenten Kadetten auf die *Worcester* (64 Kanonen). Er solle dort als diensttuender Leutnant antreten. Kapitän Mark Robinson, der das Schiff befehligte, nahm seinen neuen Offizier begeistert bei sich auf. Mit Genugtuung stellte er bei ihrer ersten gemeinsamen Fahrt nach Gibraltar fest, daß der junge Nelson tüchtig genug war, das Deck zu übernehmen und Wachführer zu werden. Kein Zweifel, er hatte in den beiden Jahren in Ostindien viel gelernt.

Die *Worcester* wurde als Geleitschutz eingesetzt. Ein Jahr zuvor war in Amerika der Unabhängigkeitskrieg ausgebrochen, und Frankreich hatte sich zwar noch nicht auf die Seite der revolutionären Kolonisten gestellt, aber niemand zweifelte daran, daß es das in allernächster Zukunft tun würde – und dann war jedes britische Kauffahrteischiff auf See in Gefahr. Admiral Lord Charles Beresford meinte zu diesem Thema: »Still und stetig schmiedete man eine Waffe, mit welcher man das britische Empire niederschlagen wollte. Die französischen Werften wurden neu organisiert. In Brest gab es schließlich 3000 Schiffbauer, wir dagegen hatten in Portsmouth nur unbedeutende 800. Mit höchst erstaunlicher Schnelligkeit bauten sie ihre Linienschiffe. Die *Pégase* wurde innerhalb von acht Tagen auf Kiel gelegt, vom Stapel gelassen und auf See geschickt!« Frankreich hatte sich von den Katastrophen des Siebenjährigen Krieges erholt und war jetzt fest entschlossen, seinen alten Widersacher anzugreifen, sobald sich die Gelegenheit dazu bot. Und die Revolte der Kolonisten war eine solche Gelegenheit. Die Franzosen waren nicht nur in der raschen Herstellung neuer Schiffe führend, sondern auch in der Ausbildung ihrer Offiziere und Mannschaften. Außerdem hatten sie die am schönsten geformten, die schnellsten und am besten bewaffneten Schiffe der Welt. Es ist bezeichnend, daß viele der berühmtesten »britischen« Kriegsschiffe eigentlich gekaperte französische Schiffe waren.

Während Nelson auf Geleitschutz nach Gibraltar fuhr, ging es in den spanischen Werften fast ebenso geschäftig zu wie in den französischen. Die Spanier erinnerten sich nur zu gut an alte Kriege und ungerächte Niederlagen und versuchten angestrengt, die Lücken in ihrer Seemacht zu schließen. Das gelang ihnen in solchem Maße, daß sie 1779 bereits 62 Linienschiffe aufbieten konnten. Im Gegensatz zu den Franzosen begriffen sie jedoch nicht, daß auch das bestgebaute, stärkste und bestbewaffnete Schiff nichts nützt, wenn Offiziere und Mannschaften nicht dasselbe Format haben. Nelson merkte später an, der »Don« könne schöne Schiffe machen, verstünde aber nicht, mit ihnen umzugehen. Die Offiziere wurden aus dem Adel ausgewählt, die Mannschaften waren leibeigene Bauern. Beide eigneten sich nicht zum Dienst auf See. Nelson haßte die Spanier nie, wie er die Franzosen haßte. Man darf vermuten, daß er eine gewisse Sympathie für sie empfand; sie waren Monarchisten, und das achtete er; ihre Offiziere kämpften und starben mit Würde; und letzten Endes hatten sie kaum mehr getan, als daß sie auf Napoleons imperiale Ambitionen hereingefallen waren. (Die spanische Haltung gegenüber Frankreich in den Napoleonischen Kriegen war der italienischen Haltung gegenüber Deutschland im Zweiten Weltkrieg sehr ähnlich.)

Bei seinem ersten Besuch – der Kommandeur hatte ihn mit Depeschen und Briefen an Land geschickt – bewunderte Nelson den großen, zur Festung ausgebauten Felsen von Gibraltar, das Symbol von Großbritanniens Macht über die Seewege der Welt. Er dürfte die Geschichte Gibraltars gekannt haben. Admiral Sir George Rooke, der eine kleine englisch-niederländische Flotte befehligte, hatte 1705 den Felsen gestürmt und ihn den Spaniern weggenommen. Und nun war Gibraltar ein Eckpfeiler des Empire geworden. Es hatte die »Große Belagerung« durch die vereinigten französischen und spanischen Streitkräfte durchgestanden, die 1779 begonnen und drei Jahre, sieben Monate und zwölf Tage gedauert hatte – die längste kontinuierliche Belagerung der Geschichte. Die Wendung »fest wie der Fels von Gibraltar« ist in die englische Sprache eingegangen. Der junge Leutnant ging an Land, und über ihm, auf den Galerien, die aus der gewaltigen Kalksteinmasse herausgehauen waren, ragten allerorten Kanonenrohre in die Luft, und drüber wehte die britische Flagge im Wind. Die Spanier konnten diesen Übergriff auf ihr Land weder vergeben noch vergessen. Der Fels ragt über der Straße von Gibraltar auf, beherrscht sie. Ihm gegenüber liegt auf marokkanischer Seite, nur 32 km entfernt, der Berg Ceuta. Nelson kannte die Schriftsteller des klassischen Altertums wohl nur oberflächlich, dürfte aber gewußt haben, daß die beiden Berge damals als Säulen des Herkules gegolten hatten. Hier hörten vor langer Zeit für die Menschen des Mittelmeerraums die Seereisen auf; sie betrachteten ängstlich den großen Ozean dahinter und meinten, am Ende der Welt angekommen zu sein.

Nelson schrieb, er sei »bis zum 2. April mit Geleitzügen auf See gewesen«, also erlebte er einen harten Winter und das Wetter, das im Golf von Biscaya manchmal den Seemann heimsucht; riesige Wellen, in denen selbst das stabilste Schiff untergeht. Aber hier konnte man sich gut üben. Nelson kehrte oft in diese Gewässer zurück, lernte die unheildrohende Dünung kennen, die starke Winde und Stürme ankündigt, und erfuhr, wie man mit dem Schiff umgeht, wenn es in solche Situationen gerät. Sträubten sich ihm die Nackenhaare, fiel ein Schatten über seinen Weg, als er zum ersten Mal den Fuß auf den Felsen setzte? Hier, in »diesem finsteren Winkel der Erde« – so nannte er Gibraltar später –, lief am 28. Oktober 1805 die *Victory* ein, um seinen Leichnam an Land zu bringen. Doch jetzt, da er wieder genesen und sich glücklich der Würde seines Ranges bewußt war, wird er um sich geblickt und in den Uniformen der Militärs und der Marine die erfreuliche Bestätigung gesehen haben, daß das Empire weit reichte – er hatte es selbst in der Arktis vertreten und es mit all seinem Zeremoniell im sonnigen Westindien erlebt. Als Seemann dürfte er auch bei der einen oder anderen Gelegenheit das Phänomen bemerkt haben, das den Ostwind, Levantiner genannt, begleitete. Wenn er vom Mittelmeer wehte, schleppte er eine aschgraue Wolke hinter sich her, feuchte Luft, die an der steilen Ostflanke des Felsens hochwirbelte, gute dreihundert Meter und mehr aufstieg und sich dann zu einer Wolke verdichtete, die nach Westen zog und Gibraltar und dahinter die Bucht von Algeciras verfinsterte. Er stand an der Stelle, wo sich das Mittelmeer zum Atlantik hin öffnet und blickte vom großen Ozean auf das gekräuselte, uralte Meer hin. Aus eigener Erfahrung und durch Unterweisung wird er die zwei bis drei Knoten schnelle Strömung kennengelernt haben, die ständig ins Mittelmeer fließt – der Atlantik gleicht aus, was dieses Binnenmeer durch Verdunstung an Wasser verliert. Er stand am Tor zu jener Welt, in der er sich einen Namen machen, in der er es erreichen würde, daß die Fahne seines Landes den Fahnen aller anderen Länder voranflatterte.

Anfang April 1777 wurde die *Worcester* in Portsmouth außer Dienst gestellt. Nelson hatte jetzt die erste größere Hürde seiner Laufbahn vor sich: die Leutnantsprüfung. Mittlerweile verfügte er über die nötigen Qualifikationen, mit denen er den Nachweis erbringen konnte, daß er mehr als sechs Jahre auf See gewesen war (er hatte, um genau zu sein, seit er in Chatham an Bord der *Raisonnable* gegangen war, sechs Jahre, drei Monate, eine Woche und sechs Tage gedient). Seinen Patenten zufolge stand er schon im einundzwanzigsten Lebensjahr, in Wirklichkeit waren es noch fünf Monate bis zu seinem neunzehnten Geburtstag – Rechnungsprüfer Suckling, der zu dem Kollegium gehörte, das ihn prüfte, dürfte das wohl gewußt haben. Clarke und M'Arthur behaupten, Suckling habe den anderen Kapitänen des Prüfungskollegiums seine Verwandtschaft mit Nelson absichtlich verschwiegen. »Als sich sein Neffe von der anfänglichen Verwirrung (darüber, daß sein Onkel zum Prüfungskollegium gehörte) erholt hatte, erfolgten seine Antworten prompt und zufriedenstellend; sie ließen die Gaben erkennen, welche er in so hohem Maße besaß. Die Prüfung endete für ihn sehr rühmlich; woraufhin der Onkel seine Zurückhaltung aufgab und, sich vom Sitze erhebend, seinen Neffen vorstellte. Die Kapitäne des Prüfungskollegiums verliehen ihrem Erstaunen darüber Ausdruck, daß er sie nicht schon vorher in Kenntnis gesetzt habe. ›Nein‹, erwiderte der selbstbewußte

Rechnungsprüfer, ›ich wollte nicht, daß der junge Mann bevorzugt behandelt wird; ich war überzeugt, daß er bei der Prüfung gut abschneiden würde; und wie Sie sehen, meine Herren, bin ich nicht enttäuscht worden.‹ «

Der erste noch existierende Brief, den wir von Nelson kennen, wurde nach diesem wichtigen Ereignis geschrieben und ist an seinen Bruder im Christ's Church College in Cambridge gerichtet: »Vater traf am Freitagabend bei leidlich guter Gesundheit in der Stadt ein; Bruder und Schwester sind beide wohlauf und wünschen Dir alles Liebe. Ich nehme an, daß Du noch nicht von meiner Ankunft in England erfahren hast, doch wir sind am Donnerstag vor einer Woche angekommen... Den 9ten habe ich sogleich meinen Magister der freien Künste bestanden (das heißt die Leutnantsprüfung abgelegt) und am Tage darauf mein Patent für eine schöne Fregatte mit 32 Kanonen erhalten. So muß ich mir denn nun in der Welt selber weiterhelfen, was ich mit Erfolg zu tun hoffe, damit ich mir selbst und meinen Freunden Ehre machen möge.« Trotz aller Hochstimmung ist der Ton steif und formell. Es dauerte noch einige Jahre, bis Nelson Diktion und Stil dieser Zeit ablegte, »persönlich« wurde und sich mit seinen Gefühlen über das Dickicht der Konvention hinwegsetzte.

Er hatte Glück mit seinem Schiff, der *Lowestoffe*, denn sein Kapitän war William Locker, der im letzten Krieg unter Admiral Hawke gedient hatte. Locker war beim Gefecht mit einem französischen Kaperschiff verwundet worden – deshalb hinkte er. Er war ein in jeder Hinsicht vorbildlicher Seeoffizier, der sich von der Kriegsmarine und anderen Dingen nicht den Humor und die Liebe zur Bildung hatte nehmen lassen. Nelson schätzte ihn später wie einen Vater, und Locker behandelte ihn wie einen Sohn. Doch bevor die »schöne Fregatte« in See stach und mit vollen Segeln nach Westen fuhr, dem Karibischen Meer entgegen, mußte Nelson die Kehrseite der Medaille kennenlernen, die Belastungen, die mit dem Privileg verbunden waren, ein Leutnant zu sein.

Einen Aspekt davon verdeutlicht uns das Porträt, für das er John Francis Rigaud saß, einem aus der Schweiz gebürtigen Mitglied der Royal Academy Rigaud war ein tüchtiger Künstler, der sich seinen Lebensunterhalt mit solchen »Darstellungen« ehrgeiziger Offiziere und Zivilpersonen aus der Mittelschicht verdiente. Heute würde die Kamera Nelson vielleicht bei der Ausfahrt aus Dartmouth wirklichkeitstreu festhalten, das Foto stünde im Silberrahmen zu Hause, und die Eltern könnten stolz darauf zeigen und sagen: »Das ist unser Sohn.« Nelson gab das Porträt bei Rigaud zweifellos mit der Absicht in Auftrag, es seinem Vater zu schenken. Doch es wurde erst vollendet, als er nach Westindien fuhr. 1781 schenkte Nelson das Bild Kapitän Locker. Er war mittlerweile selbst zum Kapitän befördert worden. Die Kehrseite der Medaille – vielleicht konnte Nelson deshalb im Jahre 1777 nicht mehr mit den Sitzungen zu Ende kommen – bestand darin, daß es manchmal auch zu den Pflichten eines Leutnants gehörte, die Preßpatrouille zu leiten. Da der Erste Leutnant, der normalerweise diese Aufgabe übernommen hätte, auf Urlaub war, fiel es an den jungen Horatio, die Gruppe anzuführen, die die Hafenanlagen, Bordelle und Seemannskneipen abkämmte, um die Besatzung zu vervollständigen. Die übel beleumundeten Preßpatrouillen waren notwendig, weil Mangel an Freiwilligen herrschte und weil diejenigen, die dem Gesetz gegen Landstreicherei gemäß automatisch an Bord mußten, unzulänglich oder gar untauglich waren. Dieses Gesetz bestimmte, daß »alle anrüchigen Personen« zum Dienst bei der Kriegsmarine verpflichtet werden konnten; ebenso verhielt es sich mit Fischern, Matrosen bei der Handelsmarine und Binnenschiffern. Nahe beim Tower von London war ein Sammelplatz für die Preßpatrouille eingerichtet worden. Von hier aus brachen Nelson und seine Leute auf und kämmten die einschlägigen Stadtbezirke ab, um die Crew zu vervollständigen. Die Preßpatrouille war bei diesen Streifzügen nur mit Knütteln bewaffnet. Der Offizier und die höheren Dienstgrade trugen für gewöhnlich kurze Säbel, doch das diente eigentlich dazu, »um ehrfurchtgebietend auszusehen und den Feind einzuschüchtern«; allerdings machte man Gebrauch von der Waffe, wenn jemand ernsthaft versuchte, die Opfer der Preßpatrouille zu befreien.

Die Mannschaft der unteren Decks war mehr als bunt gemischt. Kapitän Marryat berichtet von einem Schiff, dessen Crew aus Angehörigen von neunzehn Nationen bestand, denn jeder, der bei diesen Streifen aufgegriffen wurde, konnte zum Dienst gepreßt werden. John Masefield, der auf Segelschiffen gedient und von den »alten Hasen« authentische Berichte über die Zustände zur Zeit ihrer Väter gehört hatte, schrieb 1905: »Schneider, Krämer, Herumtreiber – alle waren Freiwild. Sie wurden zu den Booten gezerrt, an Bord geschafft, und wenn sie sich wehrten, zog man ihnen einen Knüttel über den Schädel.« Sie wurden unter Deck eingesperrt, von Matrosen bewacht und zur gegebenen Zeit vom Arzt und vom ranghöchsten Offizier an Bord untersucht. Nur wer beweisen konnte, daß er das Recht auf Freistellung vom Wehrdienst hatte – Lehrlinge zum Beispiel oder Seeleute von der Handelsflotte, die bereits auf einem Schiff angeheuert hatten –, blieb verschont. Die anderen kamen in die Stammrolle. Name, Aussehen, besondere Kennzeichen wie Tätowierungen wurden säuberlich verzeichnet. Falls jemand desertierte, hatte man die Unterlagen und konnte die Personalien an die Admiralität weiterleiten. In einer kalten, feuchten Nacht am Themseufer, mitten bei einem Einsatz, der für jemand von seiner Natur nur demoralisierend gewesen sein kann, wurde Nelson plötzlich krank. Höchstwahrscheinlich handelte es sich um einen Malariaanfall, doch man darf vielleicht vermuten, daß auch psychische Gründe dahintersteckten. Er mußte von einem kräftigen jungen Kadetten zum Sammelplatz zurückgebracht werden. Dieser hieß Bromwich, wurde später Leutnant und diente etliche Jahre unter Nelson.

Die Franzosen stellten es klüger an als ihre alten Feinde. Sie nahmen, um ihre Schiffe zu bemannen, zwar auch Zuflucht zu solchen mehr schlechten als rechten Methoden, wenn die Zeiten hart waren, im allgemeinen versuchten sie jedoch, geeignete Leute für die Kriegsmarine zu gewinnen. Sie taten das auf sehr praktische Weise. Fischer und Handelsschiffer wurden auf Kriegsschiffen ausgebildet und erhielten in Friedenszeiten eine Prämie dafür. In den Napoleonischen Kriegen waren die französischen Matrosen und Offiziere qualitativ meist schlechter als die Briten. Doch dieser Umstand war zum großen Teil den Auswirkungen der Revolution zuzuschreiben. Sie hatte die Offiziersränge dezimiert. Der Leistungsabfall wurde daneben durch die absurde Idee bewirkt, *liberté, fragternité, égalité* könnten auch auf See und selbst auf Kriegsschiffen gelten. Außerdem wurden die besten Kanoniere zum Heer eingezogen und mußten für Napoleons Ehrgeiz in dem Bereich herhalten, in dem er am besten war: im Landkrieg.

Nach einer wunderbaren Fahrt über den Nordatlantik – diesmal auf einer Fregatte, die achtzehn Kauffahrteischiffen Geleitschutz zu geben hatte – traf Nelson im Juli 1777 auf Jamaika ein und lernte die Karibik wieder kennen. »Geh immer an die Franzosen ran, du wirst sie schon schlagen« – so lautete einer von Kapitän Locker lakonischen Befehlen an seinen jungen Offizier (der ihn nie vergaß), und wahrscheinlich dachte Nelson oft daran. Jedenfalls bewog ihn seine »aktive« Natur dazu, etwas Aufregenderes zu suchen als den Dienst auf einer Fregatte auf Wachdienst. Nun erhielt er das Kommando über den Schoner *Little Lucy*, ein Begleitschiff der *Lowestoffe*, das nach Lockers ältester Tochter benannt war. Das hatte er auch verdient. Bei ihrer zweiten Ausfahrt von Port Royal war die *Lowestoffe* im November auf ein amerikanisches Kaperschiff gestoßen. Das Wetter war schlecht, es herrschte schwerer Seegang. Die Prise mußte aufgebracht werden, aber der Erste Leutnant, der das Unternehmen leiten sollte, blieb unmäßig lange unter Deck und war damit beschäftigt, seinen Degen umzuschnallen. Das Beiboot lag schon längsseits und drohte vollzulaufen. Locker brüllte zornig nach unten: »Gibt's denn hier keinen Offizier, der die Prise entert?« Der Kapitän der *Lowestoffe* begab sich zum Fallreep, doch Nelson wies ihn mit den Worten »Jetzt bin ich an der Reihe« zurück. Das Boot erreichte das amerikanische Schiff, das halb mit Wasser vollgelaufen war und sich beim Versuch zu entkommen fast selbst versenkt hatte. Nelson und seine Leute machten dieselbe unangenehme Erfahrung wie viele Crews von Rettungsbooten in späteren Jahren: Sie näherten sich dem Schiff auf einem hohen Brecher, fegten übers Deck und wurden zur anderen Seite wieder hinabgespült. Schließlich gelangten sie doch an Bord und brachten den Gegner auf, doch weil es trüb war und der Gischt der Wellen zusätzlich die Sicht verdeckte, verloren sie die Verbindung mit der *Lowestoffe*. Trotzdem brachte es der junge Leutnant fertig, seine Prise sicher in den Hafen zu bekommen. »Vater« Locker meinte, sein junger Schützling habe bewiesen, daß er des Vertrauens würdig sei, das man jetzt in ihn setzte, indem man ihm das Kommando über die *Little Lucy* gab.

Sein erstes Kommando ... Er, der große Flotten im Gefecht befehligen würde, Kumuluswolken aus Segeln am Horizont, lernte jetzt die Freude kennen, auf einem Schoner zu stehen, auf dem jedes Tau, jede Pechnaht des Decks, jedes Bändsel und jeder Quadratmeter Segel ihm direkt vor Augen und ihm unterstellt waren. Wie gut er sich daran erinnerte! »Auf diesem Schiff entwickelte ich mich zum perfekten Navigator für alle Passagen zwischen den Inseln, die nördlich von Haiti gelegen sind.« Diese Worte erinnern an Drake. Obwohl Jahrhunderte zwischen den zwei Männern lagen, waren sie sich in einigen Dingen sehr ähnlich. Beide waren Söhne von Geistlichen, beide hatten das Seemannshandwerk auf Beibooten an der Ostküste erlernt und beide sahen im Feind ihres Landes fast einen persönlichen Feind, den sie verabscheuten. Dem strenggläubigen Protestanten Drake galt Philipp II. als Antichrist, und Nelson betrachtete Napoleon als Verkörperung des Bösen in Gestalt des revolutionären, atheistischen Frankreich.

1778 traf Sir Peter Parker als Oberbefehlshaber auf Jamaika ein. Kapitän Locker empfahl Nelson wärmstens an ihn – mit dem Ergebnis, daß Sir Peter Nelson als Dritten Leutnant auf sein Flaggschiff *Bristol* holte. Im selben Jahr brachte er es zum Ersten Leutnant, und am 8. Dezember wurde er zum Kommandeur der Brigg *Badger* ernannt. Der Krieg mit Frankreich hatte begonnen, der Marinestützpunkt Westindien war im Hinblick auf die amerikanische Revolution bereits aktiv, und Nelsons zugegebenermaßen sehr rascher Aufstieg war doch ein wenig vorauszusehen, zumal nicht nur Kapitän Locker ihn schätzte, sondern auch der neue Oberbefehlshaber und seine Frau Gefallen an ihm gefunden hatten. Einfluß zählte eben, aber es ist klar, daß mehr dahintersteckte als nur das. Die letzte Beförderung Nelsons in diesem Jahr erfolgte nach Maurice Sucklings Tod – Suckling hinterließ ein Testament, in dem er allen seinen Neffen fünfhundert Pfund und allen seinen Nichten tausend Pfund vermachte. Der reiche und kinderlose Rechnungsprüfer hatte den jungen Nelson nach Kräften gefördert, ihm in nicht zu unterschätzender Weise den Weg geebnet. Doch mit seiner glänzenden Laufbahn vergalt Nelson es ihm tausendfach. Mit Suckling ging auch sein Einfluß dahin, und es gereicht Admiral Parker zur Ehre, daß er Nelson vollständig aufgrund seiner eigenen Beurteilung förderte.

Nelsons erste Aufgabe als Kommandant bestand darin, den Golf von Honduras und »die Moskitoküste* vor den Raubzügen amerikanischer Kaperschiffe zu schützen«. Ein Brief aus dieser Periode seines Lebens sagt uns mehr über den jungen Mann, über seine Begeisterung, seine Zuneigung zu Freunden und die Hingabe an seinen Beruf, als viele Worte es könnten. Kapitän Locker war erkrankt wie die meisten Menschen, die sich längere Zeit in Westindien aufhielten, wo seit der Zeit, da Kolumbus zufällig auf diese scheinbar harmlosen und sonnigen Gewässer gestoßen war, alle möglichen Krankheiten vom Gelbfieber bis zur Malaria, Manzinellavergiftung und Pocken unter den Europäern gewütet hatten. »Einen saumäßigen Krieg und viele Krankeiten« – so hatte lange ein Trinkspruch bei denen gelautet, die auf den küstennahen Inseln der Neuen Welt stationiert waren und auf ihre Beförderung hofften.

Nelson schrieb seinen Brief an Locker am 30. April 1779 von Bord der *Badger:*

*Sumpfige Küstenniederung an der Ostküste von Nicaragua (Anm. d. Übers.).

»Ich hoffe von ganzem Herzen, daß Ihr Euch sehr viel wohler befindet als damals, als ich Euch verließ, und daß Ihr aufgrund Eurer Krankheit nicht gezwungen sein werdet, nach Hause zurückzukehren. Ich wünschte aufrichtig, es stünde in meiner Macht, Euch ein wenig die viele Gunst zu vergelten, die Ihr mir erwiesen habt, doch ich bin sicher, daß Ihr nicht glaubt, ich sei undankbar. Wenn Ihr auf die Nordseite (von Jamaika) kommt und ich davon erfahre, werde ich mich bei Euch melden. Ich weiß, daß Ihr mit diesem kleinen Unterpfand des Erfolges zufrieden sein werdet, aber wir haben uns auch redlich mit ihr geplagt. (Er hatte einen Achtzigtonner, die *La Prudente*, gekapert.) Es dauerte zwei Tage, bis wir die Papiere der Franzosen fanden, schließlich entdeckten wir sie in einem alten Schuh. Eine Polake (ein dreimastiges Kauffahrteischiff ohne Stengen) wird dieses Weges kommen; ich hoffe, wir können sie abfangen. Ich wollte, ich könnte Euch ein gutes Zeugnis über Herrn Capper ausstellen; er ist ein Trinker; mehr brauche ich nicht zu sagen. Wir werden uns trennen, sobald wir einen Steuermann von einem Handelsschiff bekommen haben. George Cruger führt sich sehr gut. Falls Ihr von Eurer Gemahlin gehört habt, so hoffe ich aufrichtig, daß sie und die ganze Familie bei guter Gesundheit sind; und daß es Euch und ihnen weiterhin wohl ergeht und Ihr Euch aller Segnungen dieses Lebens erfreuen möget.«

Einige Jahre später schrieb ein Kapitän, der Nelson um den Charme beneidete (es war allerdings sehr viel mehr als nur Charme), mit dem er seine Vorgesetzten für sich einzunehmen verstand, in einem Brief an ihn: »Zu Lord Hoods Zeit verhieltet Ihr Euch so, wie es Euch gerade gefiel, zu Admiral Hothams Zeit ebenfalls und jetzt wieder unter Sir John Jervis; es macht Euch nichts aus, wer Oberbefehlshaber ist.« Und obwohl Kapitän Locker seiner Krankheit wegen nach England zurückkehren mußte und obwohl Maurice Suckling tot war, kam Nelson weiter voran, mit einer Stetigkeit, als seien die beiden alten Freunde noch in seiner Nähe, als förderten sie ihn noch wie früher.

Sir Peter Parker und seine Frau fühlten sich derart zu Nelson hingezogen, als sei er ihr eigener Sohn. Lady Parkers Wertschätzung bedeutete in dem Stützpunkt, den ihr Mann befehligte, fast noch mehr als die ihres Mannes (so war es oft im Lauf der Jahrhunderte). Am 11. Juni 1779 wurde Nelson der Fregatte *Hinchinbrooke* (32 Kanonen) zugeteilt. Er war jetzt wirklicher Kapitän, das heißt, man hielt ihn für fähig, ein Schiff mit mehr als zwanzig

Geschützen zu führen. Der alte Kapitän der Fregatte war durch einen Zufallstreffer ums Leben gekommen. Nelson stand jetzt als »gemachter Mann« da. Kein rangjüngerer Offizier durfte ihm vorgezogen werden, und wenn er bloß am Leben blieb und sich kein schweres Vergehen zuschulden kommen ließ, konnte ihn nichts daran hindern, zu gegebener Zeit zum Flaggoffizier aufzusteigen. »Ich haben diesen Dienstgrad durch einen Schuß erhalten, der einen wirklichen Kapitän tötete«, schrieb er, »und ich hoffe aufrichtig, daß ich, wenn ich diese Welt verlassen muß, sie auf dieselbe Weise verlassen werde.« Er war immer noch keine einundzwanzig Jahre alt.

Zur selben Zeit, da er Nelson mit der *Hinchinbrooke* betraute, berief Admiral Parker Leutnant Cuthbert Collingwood, der auf der *Lowestoffe* in Nelsons Fußtapfen getreten war, zum Kommandanten der *Badger*. Zwei Freunde fürs Leben kamen gemeinsam einen Schritt weiter. Ein und derselbe Mann übertrug ihnen ein neues Kommando, beide hatten am Ruhm von Trafalgar teil, denn sie waren es, die zusammen die zwei Formationen der britischen Flotte ins Gefecht führten. Collingwood starb schließlich ausgelaugt von den Anforderungen und Belastungen des Kommandos über das Mittelmeer, das seinen Chef fast zum Krüppel gemacht hätte, und der 82jährige Admiral Parker nahm als Hauptleidtragender an Nelsons Leichenbegängnis teil. Die Schicksale der drei Männer waren seltsam miteinander verwoben.

5 Wirklicher Kapitän

Im Sommer 1779 traf der französische Admiral Graf D'Estaing auf Haiti ein, und man rechnete mit einem Angriff auf Jamaika. Da er zweiundzwanzig Linienschiffe und etliche Transporter mitbrachte (die angeblich 20000 Soldaten an Bord hatten), herrschte in der Kolonie höchste Besorgnis, zumal man schätzte, es könnten nicht mehr als 7000 Soldaten zur Verteidigung aufgeboten werden. Nelson nahm rege an diesen Aktivitäten teil. Man hatte ihm das Kommando über die Hauptbatterien von Port Royal anvertraut, die Kingston und Spanish Town verteidigte und daher die Schlüsselstellung der Insel war. D'Estaing hatte es jedoch nicht auf Jamaika, sondern auf Savannah abgesehen. Sein Unternehmen schlug fehl, und er kehrte nach Frankreich zurück. Nelson hatte einige Erfahrungen mit Küstenbatterien gesammelt, doch ansonsten wenig von diesem kurzen Intermezzo an Land profitiert. Als sein Schiff, das auf Kreuzfahrt gewesen war, nach Port Royal zurückkam, wurde er abgelöst. Sofort war er wieder auf See. Er freute sich auf sein erstes größeres Kommando und hoffte auf Prisengelder. In dieser Hinsicht wurde er auch nicht enttäuscht. Die *Hinchinbrooke* brachte mehrere kleine Prisen auf, an denen Nelson etwa 800 Pfund verdiente. (Collingwood, der Nelsons Posten auf der *Lowestoffe* übernommen hatte, kam zu noch mehr Geld, denn sein Schiff konnte eine Reihe von spanischen Schatzschiffen kapern, die im Golf von Honduras lagen.) Diese Phase in Nelsons Leben hatte mitsamt den Orten, an denen sie spielte, etwas Elisabethanisches an sich, obwohl seit der Regierungszeit der Königin drei Jahrhunderte verstrichen waren.

Seine nächste größere Aufgabe hätte auch einem Drake gefallen.

Im Januar 1780 entwickelte der Stab des Hauptquartiers in Port Royal ein ehrgeiziges Projekt. Wie viele Planer davor und danach konnten die Verantwortlichen ihre Karten lesen und die Vorteile abschätzen, die man sich im Fall eines Erfolgs einhandelte, doch sie vermochten nicht im mindesten, sich die klimatischen Bedingungen und das Terrain vorzustellen – und das, was auf dem Papier so einfach aussah, erwies sich in der Praxis als fast unmöglich. Das Ziel der Expedition war von scheinbar bestechender Logik: Streitkräfte sollten an der Mündung des Rio San Juan landen, flußabwärts vorstoßen, Fort San Juan erobern und sich somit die Kontrolle über den Nicaraguasee verschaffen. Wenn sie den Nicaraguasee in der Hand hatten, »Spanisch-Amerikas Gibraltar im Binnenlande«, würde ihnen der Weg bis zum Pazifik offenstehen. Sie würden die Städte Grenada und Leon einnehmen, von denen man zu berichten wußte, sie seien sagenhaft reich. Und wenn sie erst am Pazifik angelangt waren, hatten sie Amerika in zwei Machtsphären aufgeteilt. Der Traum, der Gouverneur Dalling in Port Royal beflügelte, war so ehrgeizig wie die Pläne, von denen sich später Napoleon verlocken ließ: die Errichtung eines neuen Reiches im südlichen Amerika, das mindestens die Größe des Reichs im Norden erreichte, das die Briten zu verlieren im Begriff waren. Unglücklicherweise standen für dieses ehrgeizige Vorhaben weder genügend Männer noch genügend Material zur Verfügung. Noch schwerer fiel ins Gewicht, daß man die Beschaffenheit des Terrains, auf dem die Expeditionsstreitkräfte vordringen sollten, kaum kannte. Der Gouverneur von Jamaika konnte wenig mehr als 500 Mann erübrigen, die in der gesundheitsschädlichen Regenzeit die Moskitoküste erreichten. Die Indianer, von denen man zuversichtlich geglaubt hatte, sie würden Transportmittel für die Flußfahrt und Führer bereitstellen, verschwanden bei der Ankunft der Soldaten – sie glaubten, man wolle sie als Sklaven nach Jamaika verschleppen. Nelson, der dazu bereit war, die Truppen mit der *Hinchinbrooke* zu eskortieren und sie an Land zu setzen, meldete sich freiwillig für das Kommando über das kleine Kontingent aus Matrosen und Marinesoldaten. Er schilderte es so: »Ich verließ mein Schiff, brachte Soldaten mit Booten auf einem Fluß, den seit der Zeit der Piraten niemand als die Spanier hinaufgefahren war, an die hundert Meilen landeinwärts ... kaperte (wenn mir dieser Ausdruck verstattet ist) einen Vorposten des Feindes auf einer Insel im Flusse; stellte Batterien auf, befehligte sie später im Kampfe und war eine Hauptursache für unseren Erfolg.« Nelson neigte nie dazu, sein Licht unter den Scheffel zu stellen, er sang immer sein eigenes Lob, wenn er es für richtig hielt. Die »Bescheidenheit«, jenes »Nicht mir, sondern Herrn Soundso gebührt die

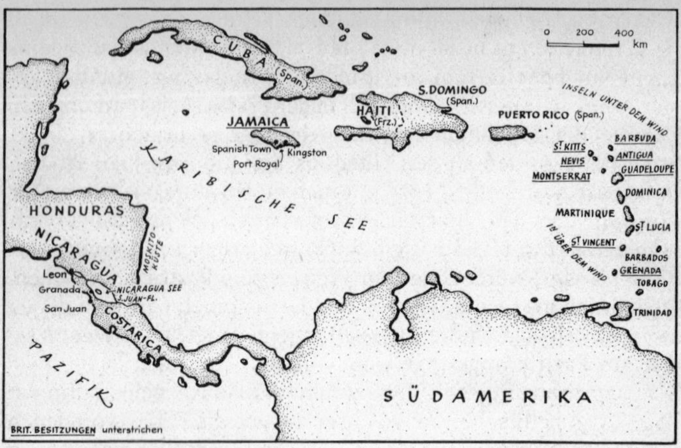

Westindien im Jahre 1780

Ehre«, diese Haltung, die man so oft mit den Briten in Verbindung bringt, ist ein vergleichsweise junges Phänomen. Sie kam im 19. Jahrhundert, in den Tagen des Empire, auf. Damals gebot es der »Anstand«, man müsse tapfer, aber zurückhaltend sein (vielleicht war das auf das kraftvolle Christentum eines Dr. Arnold, eines Thring und ähnlicher Männer zurückzuführen). Diese Vorstellung beherrschte das 18. Jahrhundert in keiner Weise. Alle sangen ihr eigenes Lob, denn sie wußten nur zu gut, daß das beim harten Kampf um Aufstieg, Einfluß und Macht herzlich wenig Leute für sie tun würden. Nelson brauchte sich hier wie bei anderen Gelegenheiten kaum Hemmungen aufzuerlegen. Was er sagt, bestätigt uns Major Polson, der die Soldaten befehligte: »Ein hellhaariger Junge stieß mit einer kleinen Fregatte zu mir«, schrieb er. »Binnen zweier oder dreier Tage bewies er seine Fähigkeiten und kommandierte danach alle Operationen.« Und im offiziellen Bericht hielt er folgendes fest: »Er (Nelson) war bei jedem Unternehmen der erste, sei es bei der Nacht oder am Tage. Ich bin verlegen um Worte, um das auszudrücken, was ich diesem Herrn schulde und verdanke.«

Sie arbeiteten sich mühselig voran. Üppige, verfaulende Vegetation, das Pflanzengewirr über ihren Köpfen verdunkelte die Sonne, und die Soldaten und das kleine Kontingent aus Matrosen und Marinesoldaten waren schutzlos dem tödlichen Gelbfieber ausgesetzt, das diese Friedhofsküste heimsuchte. Es war schon schlimm genug an Bord eines Schiffes, das vor diesem Küstenstrich kreuzte. Nelson schrieb später in einer Notiz für seinen Freund Dr. Benjamin Moseley, in der er sich mit dessen *Abhandlung über Tropenkrankheiten* befaßte: »Auf der *Hinchinbrooke*, deren vollständige Crew zweihundert Mann zählte, mußten sich in einer Nacht siebenundachtzig zu Bette legen.« Und dann meinte er abschließend: »Sehr wenige, nicht mehr als zehn von der Schiffsbesatzung, überlebten.« Um wieviel schlimmer war es dann für die Männer an Land, deren Uniformen sich für die Tropen überhaupt nicht eigneten, die zwar einen Arzt dabeihatten, aber so gut wie nichts von Medizin verstanden und nicht ahnten, in welche Gefahren sie sich begaben. Sie mußten sich damit abplagen, die Boote durch seichtes Wasser zu schleppen, bis sie lendenlahm waren – und ein kleines Stück flußaufwärts warteten schon steinige, unwegsame Ufer und Wasserfälle auf sie. Es ist überraschend und es spricht sehr für die Führer und für die Unverwüstlichkeit ihrer Leute, daß sie Fort San Juan überhaupt erreichten.

Erst nach siebzehn entsetzlichen Tagen – einmal hatte Nelson mit gezücktem Degen eine Attacke auf eine kleine befestigte Insel geleitet, die ihnen im Weg war – langten die Soldaten durchnäßt, schmutzig und erschöpft an ihrem Ziel an. Viele waren todkrank und nicht mehr zu retten. Nelson verfügte noch über Kampfesmut, obwohl sich bei ihm bereits die ersten Anzeichen der Krankheit geregt haben dürften, und sprach sich für einen sofortigen Angriff aus. Und er hatte recht damit. Die spanische Garnison, die von ihrem Wachdienst demoralisiert und zweifellos nicht weniger krank war als die Angreifer, hätte wohl nicht sehr viel Widerstand geleistet. Doch so kurz und bündig gingen die Militärs des 18. Jahrhunderts nicht vor. Man hatte sie in den »wissenschaftlichen« Methoden der damaligen Zeit unterrichtet und ausgebildet, will sagen, in der Belagerung nach Vorschrift, die bei europäischen Geländeverhältnissen im allgemeinen zweckdienlich, aber in Südamerika völlig unangebracht war.

Napoleon hätte zweifellos so gehandelt, wie Nelson handeln wollte, aber die weniger fähigen Köpfe halten sich immer starr an den Regelkanon. Nelson sah zwar, daß diese Methode unsinnig war, verhielt sich jedoch seiner untergeordneten Position entsprechend und gehorchte den Anweisungen des Militärbefehlshabers. Bei den Sturmangriffen war er immer der erste. Langsam brachte man die Zickzackgräben hinter sich, kämpfte sich näher an das Fort heran und, so Major Polson, »es gab kaum ein Geschütz, das er (Nelson) und Leutnant Despard nicht ausfindig gemacht hätten«. Das Fort fiel schließlich am 24. April, doch Nelson erlebte es nicht mehr mit, denn er war nach Jamaika zurückbeordert worden, um das Kommando über die *Janus* (44 Kanonen) zu übernehmen. Bei seinem ersten Landgefecht hatte er wie üblich Begeisterung und Unternehmungsgeist gezeigt; er hatte gelernt, mit der Armee zusammenzuarbeiten, was ihm später auf Korsika gut zustatten kommen sollte. Und er hatte außerdem die Erfahrung gemacht, daß es, sei es an Land oder auf See, am besten ist, den Regelkanon außer acht zu lassen, wenn es der Mann, der an Ort und Stelle zu entscheiden hat, für nötig hält. Weil die Expeditionsstreitkräfte unter ungeeigneten Bedingungen die vorschriftsmäßige und schwerfällige Belagerungstaktik anwandten, gerieten sie in die Regenzeit hinein. Durch die sintflutartigen Wolkenbrüche kamen alle Tätigkeiten zum Erliegen, die Krankheit grassierte noch mehr als zuvor. Das Unternehmen San Juan war ein Fehlschlag. Nur wenige kehrten zurück, und die Überlebenden wurden vom Gelbfieber geplagt.

Auch Nelson litt an dieser Krankheit. Man brachte ihn in Jamaika an Land, und es ging ihm so schlecht, daß er das Kommando über die *Janus* nicht übernehmen konnte. Auf der *Lowestoffe* hatte sich wieder einmal die Malaria gerührt, einmal hatte er sich auch eine Manzinellavergiftung zugezogen. Sie gehörte zu den kleineren Gefahren Westindiens, war aber lästig genug – bereits Kolumbus' Leute hatten das erfahren müssen. Das ätzende Gift der Blätter oder der Frucht greift das Zentralnervensystem an. Die Indianer der Karibik wußten das seit langem, denn sie tränkten die Spitzen ihrer Pfeile mit dem Saft dieser Pflanze. Nun war Nelson an Gelbfieber erkrankt, das von der Gelbfiebermücke übertragen wird. Eine moderne klinische Diagnose schildert viele von den Symptomen, unter denen Nelson während seiner Genesung litt: »Kopf- und Rückenschmerzen, Fieber, Entkräftung, Erbrechen und Gelbsucht.« Dann heißt es: »Gegen Gelbfieber gibt es keine spezifische Behandlung. Man sorge für gute Pflege und ruhige Umgebung. Dem Kranken sollen alkalische Säuerlinge und Fruchtsäfte verabreicht werden.«

All das fand Nelson auf Jamaika. Wenn er länger in San Juan geblieben und nicht zurückbeordert worden wäre, hätte er höchstwahrscheinlich sterben müssen. Am 30. August 1780 richtete er ein formelles Gesuch an Admiral Parker: »Nachdem ich in den letzten Monaten bei sehr schlechter Gesundheit war, bei so schlechter Gesundheit, daß ich meine Pflichten an Bord der *Janus* nicht erfüllen konnte, und nachdem die Ärzte mich davon in Kenntnis gesetzt haben, daß ich in diesem Klima nicht genesen kann, ersuche ich Euch hiermit um die gütige Erlaubnis, nach England zurückkehren zu dürfen, um dort meine Gesundheit wiederherzustellen.« Lady Parker (die viele Stunden damit verbracht hatte, den jungen Offizier zu pflegen) und Sir Peter, ihr Mann, waren sehr betrübt. Sie sahen ihn so ungern gehen, als sei er ihr eigener Sohn. Und sie vergaßen ihn nicht. Es spricht für die medizinische Pflege, die man Nelson angedeihen ließ, daß er weder jetzt noch später seinen Krankheiten oder Verwundungen erlag. 1794 schrieb er an den Herzog von Clarence: »Ich verfolge ein Ziel, nämlich, nie einem Doktor Arbeit zu geben. Die Natur tut alles für mich, und die Vorsehung wird mich schützen.« Vielleicht... Doch ungefähr viereinhalb Jahre vor Nelsons Geburt hatte das Haslar-Marinehospital in Portsmouth seine Pforten geöffnet, und dessen Unterlagen weisen aus, daß sich dort zu verschiedenen Zeiten seines Lebens etwa fünfundzwanzig Ärzte seiner annahmen.

Nelson kehrte mit der *Lion,* deren Kapitän »Billy Blue« Cornwallis sich ebenso gut um ihn kümmerte wie Kapitän Pigot von der *Dolphin,* nach England zurück. In London stattete er Kapitän Locker und anderen Freunden einen kurzen Besuch ab. Im Herbst 1780 reiste er nach Bath weiter. Anders als den meisten Gästen dort war es ihm weder um vornehme Kurzweil noch um Liebesabenteuer zu tun. Es ging ihm nicht einmal um die Heilquellen, die Bath schon zur Römerzeit zum Badekurort gemacht hatten. Er suchte ein Klima, das für einen soeben aus Westindien zurückgekehrten kranken Menschen nicht allzu unerträglich war. Von Bath aus, wo er sich langsam erholte und »unter den qualvollsten Torturen zu Bett gebracht und aus dem Bette geholt werden« mußte, schrieb er an Kapitän Locker: Er könne seinen linken Arm fast nicht mehr rühren. Später, als er wieder in London war, schrieb er an seinen Bruder William: »Ich kann meinen linken Arm überhaupt nicht mehr, mein linkes Bein fast nicht mehr bewegen und befinde mich gegenwärtig in der Behandlung eines Herrn Adair, eines bedeutenden Londoner Chirurgen.« Das Interessante an diesen beiden Briefen ist, daß der an Locker vom 15. Februar 1781 stammt, der an Nelsons Bruder aber vom 7. Mai. Entweder hatte Nelson einen Rückfall, oder er verbarg vor Locker für den Fall, daß ein neues Kommando winkte, wie es wirklich um ihn stand.

Bis dahin unterschied sich sein Leben nicht wesentlich vom Leben vieler anderer Seeoffiziere, ausgenommen vielleicht sein schneller Aufstieg zum wirklichen Kapitän. Viele erkrankten an irgendwelchen Fiebern, und viele wurden wieder gesund, aber wenige beeindruckten die ranghöheren Offiziere, mit denen sie in Verbindung kamen, so prompt, daß bei diesen ranghöheren Offizieren die Bereitschaft geweckt wurde, sie eines Tages, wenn das Glück oder eine gute Gelegenheit es wollte, vor anderen Menschen auszuzeichnen. Nelsons Leben verlief weiterhin etwas eintönig, obwohl er ein neues Kommando bekam, diesmal über eine Fregatte mit 28 Kanonen, die *Albemarle*, mit der er im Winter 1781 auf Geleitschutz zur Ostsee und zurück fuhr. Sein letzter Posten schien himmelweit entfernt, doch die Kälte der Nord- und Ostsee – über die er sich beklagte – war für seine Gesundheit wohl sehr viel besser, als wenn man ihn nach Westindien zurückgeschickt oder in den fernen Osten beordert hätte. Danach wurde er noch einmal zu Geleitschutzaufgaben abgestellt. Diesmal sollte es nach Quebec gehen, und er schrieb verbittert: »Ich möchte so gern um diese verd...e Reise herumkommen. Herr Adair hat mir gesagt, daß es mir schlechter gehen würde denn je, wenn man mich in ein kaltes, feuchtes Klima schicken würde.«

Nelsons Erkrankungen waren durchaus real. Es sind nicht weniger als vierzehn Anlässe verzeichnet, bei denen er unter anderem an Malaria, an Schmerzen in Brust und Lunge, an »rheumatischem Fieber« und an schweren physischen Zusammenbrüchen im Verein mit Depressionen litt. Dazu kamen noch die späteren Verwundungen und die Seekrankheit (»Rauhe See, sterbenselend – diese Seekrankheit, die ich nie überwinden werde.« Und das noch im August 1801). Er mußte sich mehr Operationen unterziehen als jeder andere Flaggoffizier. Doch trotzdem stand er mit seinem schwachen Körper vieles durch, was Menschen mit scheinbar kräftigerer Konstitution nicht aushielten. Nelson war – das bestätigt uns seine Korrespondenz – leicht hypochondrisch. Seine Kindheit, in der er gekränkelt hatte, seine nicht allzu gute Verfassung in den Jugendjahren führten zu einer Sorge um seine Gesundheit, die man bei robusteren Naturen nie antrifft. Doch »eine knarrende Tür hält ewig« – so sagt ein altes Norfolker Sprichwort.

Nach einer unerfreulichen Fahrt über den Atlantik – keine Seltenheit im Frühling, wenn die Nordostwinde manchmal derart übers Meer fegen, daß es nicht wie eine Folge von Stürmen erscheint, sondern wie ein einziger Sturm – fand sich Nelson mit einem Teil seines Konvois am wenig anziehenden Tor zu Großbritanniens ältester Kolonie wieder. Er hielt nicht viel davon – »ein widerlicher Ort«, sagte er von St. John's – doch er mußte zugeben, daß »die Reise mir mehr zusagt, als ich erwartet hatte«. Der Ton seiner Briefe aus dieser Zeit ist lustlos, fast erbittert, was nicht wunder nimmt, wenn man sich vor Augen hält, daß der Dienst in Westindien, der ihn fast das Leben kostete, ihm heutzutage etwa ein Jahr Krankheitsurlaub eingebracht hätte. Vielleicht hätte man ihn nicht als tauglich für die *Albemarle* befinden sollen, aber er konnte es sich andererseits einfach nicht leisten, an Land zu bleiben, solange Krieg war, solange es Gelegenheit gab, sich im Kampf auszuzeichnen und Prisengelder zu verdienen. Mit einer Beförderung war jetzt natürlich viele Jahre nicht mehr zu rechnen. Er hatte bereits erreicht, was man als junger, 23jähriger Seeoffizier erreichen konnte.

In Kanada, in Quebec, schüttelte Nelson zum ersten Mal die Krankheiten ab, die ihn plagten, und hier verliebte er sich zum ersten Mal. Bis dahin deutete in seinen Briefen alles darauf hin, daß er nicht nur sexuell unerfahren war – eine ziemliche Seltenheit damals –, sondern auch niemals zärtliche Regungen verspürt hatte. Seine Erlebnisse bei den Kadetten mit ihrem ungenierten Sexualleben, seine Bekanntschaft mit Chatham und Portsmouth, mit den Seeleuten und ihren Frauen (die auf größeren Schiffen recht oft mit zur See fuhren) hatten dem Pfarrerssohn wohl einen ausgeprägten Widerwillen nicht gegen das andere Geschlecht, aber gegen die »Fleischeslust« eingeflößt. Nelsons Einstellung zu Frauen entsprach anscheinend der schlichten Meinung, die bis in die jüngste Zeit viele Engländer seines Typs und seines Standes teilten. Es gab zwei Kategorien von Frauen: die einen höheren Wesen, die aufs Podest gestellt wurden, die von feinerer Gesittung und Art als Männer und zur Gattin und Mutter bestimmt waren, die anderen Huren, leichte Mädchen, Flittchen und Schlampen, mit denen die Offiziere und Mannschaften beim Landgang der »Fleischeslust« frönten. Erst nach vielen Jahren entdeckte er, daß sozusagen eine »Zwischenstufe« existierte, Frauen, die eine Tischgesellschaft oder andere gesellige Anlässe zieren und außerdem sinnliche und aktive Geliebte sein konnten. Nelsons erste

Liebe war fast zwangsläufig romantischer Natur. Er war tatsächlich ein großer Romantiker, wenn auch nicht in dem Sinne wie Lord Byron, hinter dessen romantischer Fassade sich ein tief verwurzelter Zynismus verbarg, in dem sich eher die Einstellungen des 18. als die des 19. Jahrhunderts widerspiegelten. Nelson konnte nicht zynisch sein – in seinem ganzen Leben nicht.

Seine Zuneigung galt Mary Simpson, der sechzehnjährigen Tochter eines gewissen »Sandy« Simpson, der schottischer Abstammung und eng mit Alexander Davison befreundet war, einem weiteren Nordengländer, der eine große Rolle in Nelsons Leben spielen sollte. Als man ihm befahl, einen Truppenkonvoi nach New York zu eskortieren, war Nelson mit der ganzen leidenschaftlichen Begeisterung eines naiven jungen Mannes, der zum ersten Mal himmelhoch jauchzend verliebt ist, durchaus dazu bereit, sein Schiff zu verlassen, den Dienst zu quittieren und sein Herz dieser »schönen Diana« zu Füßen zu legen. Zu seinem Glück überzeugte ihn der praktisch denkende Davison davon, daß eine solche Handlungsweise vollendet töricht sei, und schickte den ernüchterten Kapitän auf sein Schiff und zu seinem Konvoi zurück. Die Heftigkeit von Nelsons Leidenschaftlichkeit, die sechs Jahre später von der Ehe verschüttet wurde, trat lange Zeit nicht mehr in Erscheinung. Für einen kurzen Moment haben wir die Spitze eines Eisbergs gesehen, der ein Schiff zerstören kann, um dann im frostigen Dunst eines nördlichen Meeres wieder zu verschwinden. Doch die dem Blick entzogenen Teile des Kolosses können jederzeit wieder zur Gefahr werden.

Am 11. November 1782 ging die *Albemarle* mit ihrem Konvoi in der Nähe des Leuchtturmes Sandy Hook vor Anker. Nelson, der in Quebec über seine Pflichten geklagt hatte – »eine *sehr nette Sache* zu dieser späten Zeit im Jahr, unsere Segel sind nämlich im Augenblick vereist bis zu den Rahen« –, konnte sich dazu beglückwünschen, daß er eine jener routinemäßigen und undankbaren Aufgaben, aus denen der Krieg zu neunzig Prozent besteht, zu Ende gebracht hatte. Gleichzeitig betrachtete er mit neidischen Blicken ein Geschwader der Westindienflotte, das im New Yorker Hafen vor Anker lag. Es hatte am 12. April dieses Jahres an Rodneys siegreichem Gefecht, an der »Schlacht der Heiligen«, teilgenommen und stand unter dem Kommando des ehrfurchtgebietenden Lord Hood. Bei diesem Geschwader wollte er sein, nicht in seiner derzeitigen Position, die ihm sein Oberbefehlshaber als »gute Gelegenheit für Prisengelder« empfohlen hatte – eine Bemerkung, die Nelson zu der Antwort veranlaßte: »Jawohl, aber Westindien ist gut für die Ehre.« Nelson war in späteren Jahren zwar sehr auf seine Prisengelder bedacht, übergenau, gelegentlich sogar habgierig, wie mancher sagen würde, doch es ging ihm nie in erster Linie ums Finanzielle. Jener »Strahlenkreis« hatte ihn zu Ruhm und Ehre, aber nicht unbedingt zum Reichtum berufen. Wie immer ließ er Chancen nicht ungenutzt, und an einem kalten Novembertag, kurz nachdem Nelson vor Anker gegangen war, sichtete der wachhabende Kadett auf Hoods Flaggschiff *Barfleur* eine Barkasse mit einem Kapitän, die näher und näher kam. Es wurde Seite gepfiffen, und er blickte mit der üblichen Nervosität des normalen Kadetten der Gegenwart eines jener Götter entgegen, die einen weiterbringen oder vernichten konnten. Doch es handelte sich hier um keinen normalen Kadetten, wenn er auch nur mit wenig mehr Rücksichtnahme behandelt wurde als die anderen, sondern um den Prinzen William Henry, den Sohn Georgs III. und zukünftigen Herzog von Clarence, aus dem dann schließlich Wilhelm IV. wurde, der »Matrosenkönig«.

Viele Jahre später – die Schlacht von Trafalgar war geschlagen, Clarke und M'Arthur trugen Materialien zu Nelsons Leben zusammen – erinnerte sich Wilhelm IV. noch lebhaft an diese erste Begegnung. Auch wenn wir ein paar Beschönigungen in der Rückschau abziehen, ist seine Schilderung des jungen Kapitäns Nelson plastisch und authentisch: »Ich war damals Kadett auf der *Barfleur*, die in der Meerenge zwischen Staten Island und Long Island lag, und hatte Bordwache, als Kapitän Nelson von der *Albemarle* mit seiner Barkasse längsseits kam. Er schien mir ein solches Bübchen von einem Kapitän, wie ich es nie zuvor gesehen hatte, und auch seine Gewandung war beachtenswert. Er trug eine Uniform mit vielen Litzen, sein dünnes, ungepudertes Haar war zu einem steifen, hessischen Zopf von außerordentlicher Länge zusammengebunden. Die altmodischen Rockschöße an seiner Jacke verstärkten die Wunderlichkeit seiner Gestalt und machten einen Eindruck, welcher meine Aufmerksamkeit in hohem Maße erregte, denn ich hatte niemals zuvor etwas Vergleichbares gesehen, noch konnte ich mir denken, wer er war und weshalb er kam. Meine Zweifel wurden jedoch zerstreut, als Lord Hood mich ihm vorstellte. Seine Art, jemanden anzureden, und seine Konversation waren unwiderstehlich angenehm, und die Begeisterung, mit der er über Angelegenheiten unseres Berufes sprach, zeigte, daß er kein gewöhnlicher Mensch war.«

Nelson gab seinerseits wohlbedacht seiner herzlichen Anhänglichkeit an den König und an die Kriegsmarine Ausdruck. Das waren nicht nur die Lippenbekenntnisse eines ehrgeizigen Offiziers. Nelson bewies im Laufe seines Lebens immer wieder, daß er dem König, der Marine und seinem Vaterland treu ergeben war. Der Schlüssel zu Nelsons Wesen ist seine ursprüngliche und unverfälschte Schlichtheit. Nun, da er an Bord der *Barfleur* war, sah er in dem Prinzen einen angenehmen jungen Mann. Außerdem meinte er – wie viele damals –, er könne sich als nützliche und machtvolle Bereicherung der Kriegsmarine erweisen. Später sagte er anerkennend, der Prinz werde sicher einmal »streng auf Zucht halten«. Er konnte nicht wissen, daß ihm Autorität und Disziplin zu Kopf steigen würden und daß er sich zu einem einzigartig uninteressanten Offizier entwickeln würde, dessen Laufbahn durch eine pedantische Detailversessenheit und kleinliche Betonung der eigenen Bedeutung gekennzeichnet war. Doch das lag noch in der Zukunft. Nelson akzeptierte den Kadetten, und der Kadett nahm an dem jungen, altmodisch gekleideten Kapitän die seltsame Mischung aus Feuer und Charme wahr, die stets einen Kreis von Freunden und Bewunderern anlockte. Die Hochachtung des Prinzen blieb in all den Jahren unverändert, und er bewahrte sämtliche Briefe auf, die Nelson ihm schrieb. Doch die Freundschaft des Prinzen war nicht immer ein Geschenk, über das man sich freuen konnte. Das erwies sich, als der unbestechlichste Prüfer von Menschen und Schiffen seinen wahren Charakter enthüllt hatte, und dieser Prüfer war die See.

6 Ein Kapitän mit Problemen

Die *Albemarle* war von Admiral Digbys Flotte freigestellt worden, ebenso ihr junger Kapitän (dessen Aussehen gewiß die Vermutung nahelegte, daß er die Prisengelder, die er verschmäht hatte, indem er darum ersuchte, unter Admiral Hoods Flagge dienen zu dürfen, gut hätte brauchen können). Am 22. November brach das Geschwader nach Westindien auf. Doch Nelsons Hoffnung auf spektakuläre Aktionen – wir müssen im Gedächtnis behalten, daß er bis jetzt noch kein richtiges Seegefecht mitgemacht hatte – ging nicht in Erfüllung. Hood und sein Geschwader kreuzten vor Kap François am Westzipfel Haitis, um die französische Flotte abzupassen, die von Boston nach dem Karibischen Meer unterwegs war, doch die Franzosen entwischten, indem sie durch die Mona-Passage nach Osten auswichen und Kurs auf Curaçao nahmen. Es war eine ereignislose und frustrierende Phase in Nelsons Leben, und selbst der Versuch, Turk's Island* von den Franzosen zurückzuerobern, schlug fehl. Der Friede kündigte sich an, und 1783 wurde der Vertrag unterzeichnet, durch den Großbritannien die Vereinigten Staaten und die Baleareninsel Menorca verlor, die während Nelsons Dienstzeit im Mittelmeer eine gewisse Rolle gespielt hatte.

Admiral Lord Charles Beresford kommandierte um die Jahrhundertwende, als das britische Empire in voller Blüte stand, die Ereignisse des Jahres 1783 folgendermaßen: »Die Nation hatte ihre Ehre in keiner Weise verloren. Sie hatte hartnäckig und zäh einen hoffnungslosen Kampf gekämpft. Die Kriegsmarine, wiewohl schlecht verwaltet und ohne große Führer, hatte sich behauptet.« Das stimmte zwar, doch die Nation hatte immerhin einen erheblichen Teil ihres Stolzes verloren und war nicht nur von den ehemals britischen Kolonisten, sondern auch von den alten

*Diese Insel gehört zu den Bahamas (Anm. d. Übers.).

Feinden, von den Franzosen, gedemütigt worden. Und das tat weh. Obwohl Nelson in seiner damaligen Korrespondenz nicht davon spricht, rührte sein Haß auf die Franzosen – der freilich durch ihre späteren revolutionären Exzesse verstärkt wurde – höchstwahrscheinlich von dem Wissen her, daß sie in so maßgeblicher Weise zum Verlust des britischen Empire in Amerika beigetragen hatten. Er hat wohl nicht geahnt, daß die industrielle Revolution all das reichlich ausgleichen würde, daß Pitts Stern im Steigen begriffen war, daß Indien, das Warren Hastings für Großbritannien gerettet hatte, ein Juwel in der Krone des Empire werden sollte und daß seine Landsleute tief im Süden, in der einstmaligen *Terra incognita* Australien, erste Siedlungen in Neusüdwales schufen. Im Augenblick muß es für einen strebsamen Seeoffizier, der einen Blick in die ungewisse Zukunft warf, so ausgesehen haben, als sei eine Karriere bei der Kriegsmarine nicht sehr vielversprechend. Friede bei halbem Sold, selbst wenn man ein Kommando hatte – das konnte sich ein Kapitän ohne eigene Mittel kaum leisten.

Wieder ließ er Westindien hinter sich, niedergedrückt zwar, aber bei guter Gesundheit. Lord Hoods Flotte war nach Hause zurückbeordert worden, und nun sah Nelson den vertrauten Hafen von Portsmouth vor sich: einen Wald von Masten und Spieren – lauter außer Dienst gestellte Schiffe. Das seine würde bald dazugehören. Am 26. Juni 1783 erfuhr er, daß die *Albemarle* binnen einer Woche abzumustern habe. Kein glücklicher Moment für einen Offizier, besonders für einen so gewissenhaften Offizier, wie er es war. Nun zeigte er, wie immer in der Zukunft, daß ihm das Wohl der Männer, die unter ihm gedient hatten, am Herzen lag. Diese Freundlichkeit, dieses gute Verhältnis zu seinen Leuten – beides war damals äußerst selten – machten aus ihm einen Ausnahmemenschen, einen Kommandanten, den die unteren Chargen nicht nur achteten, sondern wirklich liebten. Der Grund dafür geht klar aus einem Brief hervor, den er am 12. Juli von London aus an Kapitän Locker schrieb:

»Seit ich in der Stadt eingetroffen bin, habe ich meine ganze Zeit mit dem Versuch zugebracht, für meine *guten Kerle*, die im Kriege auf verschiedenen Schiffen gedient haben, den ihnen zustehenden Sold zu bekommen. Der Widerwille der Matrosen gegen die Kriegsmarine rührt vollends von der teuflischen Methode her, sie von Schiff zu Schiff wandern zu lassen, so daß die Mannschaften ihre Offiziere nicht liebgewinnen können oder die Offiziere sich nicht um sie scheren.

Mein Schiff hat letzte Woche abgemustert, und das auf eine Weise, die jedem Offizier schmeicheln muß, besonders in diesen aufgeregten Zeiten. Die gesamte Besatzung des Schiffes bot an, falls ich ein Schiff bekommen könnte, sich für dieses zu melden.«

Das war in der Tat eine bemerkenswerte Huldigung für Nelson. Die Hast, mit der die Schiffe abgemustert wurden, und die Unfähigkeit, festzustellen, wie lange die Männer auf welchen Schiffen gedient hatten, hatten auf einer Reihe von Schiffen in Spithead fast zur Meuterei geführt. Was Nelson aufgrund von Mitgefühl und Gespür wußte, was auch Drake schon vor einigen hundert Jahren gewußt hatte, daß nämlich die »Gemeinen« im vorderen Teil des Schiffes um kein Jota weniger Rechte hatten als die »Herren« im hinteren Teil des Schiffes, begriff die Admiralität erst, nachdem ernstzunehmende Schwierigkeiten sie dazu gezwungen hatten, den Blick, wenn auch widerwillig, auf die Realitäten des Seemannslebens zu richten. Und noch etwas muß Nelson gefallen haben. Lord Hood, weit davon entfernt, den jungen Offizier zu vergessen, der in Sandy Hook auf Kaperfahren und Prisengelder verzichtet und sich für Kampf und Ehre entschieden hatte, führte Nelson bei Hofe ein und stellte ihn dem König vor. Der König war entzückt, einen Freund seines Sohnes kennenzulernen, und lud Nelson nach Windsor Castle ein – dort könne er Abschied von dem Prinzen nehmen, der im Begriff sei, zu einer Europareise aufzubrechen. Es gab viele Kapitäne bei der Kriegsmarine, wenn auch nur wenige, die so jung waren wie Nelson, und Lord Hoods Gunst und die Sympathiebekundung des Königs bedeuteten nicht bloß für Nelson viel, sondern auch für die anderen, die den Glücksstern eines Mannes nach dessen Auftritt bei Hofe beurteilten.

Georg III., ein moralisierender Familienvater, der die Tradition hochhielt, erinnerte Nelson stark an seinen eigenen Vater. Mit tiefer Genugtuung schrieb er an seinen Freund Hercules Ross, einen Großkaufmann aus Jamaika: »Ich bin aus dem Kriege ohne ein Vermögen zurückgekehrt, doch ich vertraue darauf und nach der Aufmerksamkeit, die man mir entgegengebracht hat, glaube ich es auch, daß mein Charakter ohne einen Makel ist. Wahre Ehre, das hoffe ich, kommt für mich weit vor Reichtümern.« Aus dem Mund eines anderen klängen diese Worte vielleicht scheinheilig, doch bei ihm wirken sie echt.

Im Oktober 1783 ersuchte er die Admiralität um einen sechsmonatigen Urlaub. Er wolle »in privaten Angelegenheiten« Frankreich besuchen. Der Wunsch, das Land zu sehen, mit dem man bis vor kurzem im Krieg gelegen hatte, war ganz natürlich. Wichtig war es auch, das Französische zu erlernen, nach wie vor die Sprache der feinen Gesellschaft, die auch für einen Seeoffizier von großem Nutzen sein konnte, wenn er eines Tages Gefangene vernehmen oder Papiere und Dokumente entziffern mußte, die man an Bord eines gekaperten Schiffes entdeckt hatte. Man hat den Verdacht, daß eben dieser Aspekt Nelson mehr interessierte als die Schönheiten der französischen Sprache (die er übrigens nie erlernte). Aus seinem ersten Brief an William Locker, den er in St. Omer schrieb, tritt uns das vertraute Bild des sturen Seeoffiziers entgegen, dessen Normen und Vorstellungen vom Leben an Land größtenteils durch ein klassisches London oder durch ein provinzielles, enges Burnham geprägt sind. Nelson konnte sich nicht Sternes Meinung anschließen, daß »die Dinge in Frankreich besser geregelt« seien, obwohl er, wie aus seinem Brief hervorgeht, die *Empfindsame Reise* und Hogarths Kupferstiche kannte: »Um halb elf waren wir in Monsieur Grandsires Haus in Calais. Seine Mutter führte das Hauswesen, als Hogarth sein *Tor von Calais* schrieb (sic!). Sternes *Empfindsame Reise* ist die beste Schilderung, die ich von unserer Reise geben kann.« Er war mit einem alten Schiffskameraden von der *Lowestoffe* unterwegs, mit James Macnamara, der ein paar Brocken Französisch sprach und auf dieser Reise sein Mentor war. Nelson blieb von Frankreich entschieden unbeeindruckt. Ähnlich mißbilligend war seine Einstellung den meisten Engländern gegenüber, die er dort traf. Er äußerte sich zwar beifällig über das Essen – »Rebhühner kosten zweieinhalb Penny das Paar, Fasane und Waldschnepfen auch nicht viel« –, aber die meisten anderen Dinge, die Verkehrsmittel eingeschlossen, schnitten im Vergleich mit England schlecht ab. »Sie sagten uns, wir reisten *en poste*, doch ich bin sicher, daß wir in der Stunde nicht mehr als vier Meilen vorankamen. Es belustigte mich sehr, zu beobachten, welch eine kuriose Figur die Postillions mit ihren Reitstiefeln und ihren kläglichen Gäulen machten. Ihre Chaisen sind nicht gefedert und ihre Straßen im allgemeinen nicht gepflastert wie die Straßen in London; deshalb werdet Ihr Euch denken können, daß wir tüchtig durchgeschüttelt waren, als wir die zweieinhalb Poststationen, das sind fünfzehn Meilen, bis Marquise gefahren waren.« Die Gasthöfe seien auch nicht besser: »Wir wurden in ein Zimmer mit zwei Strohlagern geführt, und unter großen Schwierigkeiten trieb man reine Bettwäsche für uns auf; zum Abendbrot gab man uns zwei Tauben, das Tischtuch war schmutzig, die Messer hatten Griffe aus Holz – *O welch ein Unterschied zum schönen England.*«

In St. Omer, das »Mac« als geeigneten Ausgangspunkt für die Fortführung ihrer Studien vorgeschlagen hatte, fühlte sich Nelson besser – nicht nur, weil sie bei einer angenehmen Familie logierten, sondern auch, weil es dort zwei attraktive junge Töchter gab. Er billigte jedoch die Art und Weise nicht, mit der viele seiner Landsleute französische Sitten und Gebräuche übernahmen, und das sogar, was die Kleidung betraf. »Hier halten sich zwei vortreffliche Kapitäne auf, Ball und Shepard, die Ihr, wie ich glaube, beide nicht kennt; sie tragen feine Epauletten, weswegen ich sie für ausgemachte Gecken ansehe: Sie haben mich nicht besucht. Ich werde ihre Bekanntschaft nicht suchen, dessen könnt Ihr versichert sein.« Hier spricht unüberhörbar der Provinzler, und Ball und Shepard waren zweifellos nicht der Meinung, daß dieser mehr als unelegant gekleidete Kapitän ihrer Aufmerksamkeit wert sei. Es ist amüsant, wenn man sich überlegt, daß nur zwei Jahre später bei der Uniform der britischen Kriegsmarine Epauletten vorgeschrieben waren, amüsant auch, daß Alexander Ball später Konteradmiral, Baronet, erster Gouverneur von Malta und einer von Nelsons besten Freunden wurde. Balls gleichermaßen übertrieben angezogener Freund James Shepard brachte es zum Vizeadmiral. Doch zu dieser Zeit dachte Nelson über schmückende Zutaten und elegante Kleidung schon anders.

In St. Omer verliebte er sich wieder, diesmal in eine der beiden Töchter eines hier auf Besuch weilenden englischen Geistlichen. Die Älteste fesselte den leicht zu beeindruckenden flachsköpfigen Kapitän, der viel Zeit mit dieser Familie zugebracht zu haben scheint – »Mit dem Französischen geht es nur langsam voran« – und der schließlich erklärte, sie sei »die vollkommenste junge Frau, die meine Augen je gesehen haben«. Er ging sogar so weit, daß er an seinen Onkel William Suckling schrieb und ihn darum bat, er möge ihm, falls er heirate, »hundert Pfund im Jahr« zuschießen, »bis mein Einkommen entweder durch ein Dienstverhältnis oder auf andere Weise sich bis zu diesem Betrage erhöht hat«. Seine Gesamteinkünfte lagen damals nicht einmal bei 130 Pfund im Jahr.

Onkel William war sicher bereit, ihm zu helfen – er tat es auch, als Nelson 1787 heiratete –, doch bevor er diese seine Bereitschaft bekunden konnte, war Nelson schon wieder nach London zurückgekehrt. Man hat verschiedene Gründe dafür angegeben, darunter den, daß seine dreiundzwanzigjährige Schwester Anne kurz zuvor in Bath gestorben war. Doch Nelsons Schreiben an seine Briefpartner sind alle uneinheitlich, und das in solchem Maße, daß man den Eindruck hat, er könne nicht die rechten Worte finden, um die plötzliche Änderung seiner Pläne zu erklären. Am nächstliegenden möchte es scheinen, daß ihm die bezaubernde Miss Andrews eine Absage erteilt hatte, schließlich war ein wirklicher Kapitän ohne Vermögen und mit halbem Sold in Friedenszeiten keine sehr gute Partie. Allein die Tatsache, daß Nelson nicht mehr von ihr spricht, deutet auf den Ärger eines abgewiesenen Freiers hin. Man fragt sich unwillkürlich, ob sie in späteren Tagen ihren Entschluß nicht bereut hat. Und was Nelson betraf, hätte ein Mädchen, das er derart anziehend fand – »so gebildet und vollkommen, daß ich ihr, hätte ich eine Million, das Geld gewiß auf der Stelle schenken würde« – und das überdies einen ähnlichen Hintergrund hatte wie er, durchaus die ideale Frau für ihn sein können. Bemerkenswerterweise bekundete er seiner späteren Gattin gegenüber nie eine solche Leidenschaft. Mittlerweile spiegelte sich in seinen Briefen die Stimmung der Ungewißheit wider, in der er sich seiner Zukunft wegen befand. An seinen Bruder William schrieb er: »London hat so viele Reize, daß es deine ganze Zeit in Anspruch nimmt« – was wohl heißen sollte, daß er, soweit es seine Finanzen erlaubten, das Dasein eines Lebemanns führte. Ein weiterer Brief vom 31. Januar ist aufschlußreicher. Die allgemeinen Wahlen des Jahres 1784 hatten stattgefunden, und es ist offensichtlich, daß Nelson sich eine Zeitlang für einen potentiellen Parlamentskandidaten gehalten hatte. Enttäuscht im Hinblick auf die Beziehung zu den Walpoles schrieb er an Hochwürden William: »Was Deinen Dienst unter dem Banner der Walpoles betrifft, so hättest Du Dich genausogut auf die Seite unserer Großmutter schlagen können.« Daß Fox ins Parlament gekommen war und nicht sein Held Pitt, betrachtete er als harten Schlag, doch er meinte: »Herr Pitt, verlaß Dich darauf, wird sich gegen allen Widerstand behaupten: Ein ehrlicher Mann muß zu guter Letzt die Oberhand über einen Schurken gewinnen; doch ich bin fertig mit der Politik; mag ins Parlament kommen, wer will, ich werde draußen bleiben.« Zum Glück wurde Nelson bald wieder vom Dienst auf See in Anspruch genommen. Ein derart aufrichtiger und treuherziger Mann, so unfähig zur Verleumdung und hinterlistigen Intrige, die nun einmal zur Politik gehören, hätte sich als unwissendes Werkzeug oder als betrübliche Katastrophe entpuppt.

Am 18. März erhielt er das Kommando über eine Fregatte mit 28 Kanonen, die *Boreas*. Miss Andrews' jüngerer Bruder George kam mit ihm; er dürfte also noch gute Beziehungen zur Familie Andrews gehabt haben, obwohl von einer Ehe nicht mehr die Rede war. Nelson hoffte, diesmal werde es nach Ostindien gehen, doch er wurde enttäuscht. Er sollte wieder nach Westindien, und er hatte sich nicht nur um eine Menge auszubildender junger Kadetten, sondern auch um die Frau des die Inseln unter dem Winde kommandierenden Admirals zu kümmern, die als Gast an Bord weilte. Das war das schlimmste, denn Lady Hughes und ihre Tochter Rosy erwiesen sich als wahre Heimsuchung. Die Mutter war von unendlicher Redseligkeit, die Tochter gehörte offensichtlich zur »Fischereiflotte« – sie sollte sich am Standort ihres Vaters einen Mann angeln, wenn sie nicht schon vorher einen fand. Sie stachen in See, und Nelson war fast schon von diesem Augenblick an schlechter Laune, außerdem mit Recht besorgt über die Kosten der standesgemäßen Bewirtung von Lady Hughes und deren Tochter (die er zu tragen hatte). Ein kleines Schiff war nicht der rechte Ort für Frauen, und zu allem Überfluß mußte er sich auch noch seines Bruders William annehmen, dem plötzlich eingefallen war, daß das Leben auf See ganz nach seinem Geschmack sei.

Nelsons Laune besserte sich durchaus nicht, als »der verd... Lotse – ich fluche innerlich, wenn ich daran denke – das Schiff auf Grund setzte, wo es mit so wenig Wasser festsaß, daß die Leute drum herum gehen konnten, bis das nächste Hochwasser kam.« An der Reede vor der Stadt Deal hatte er eine Auseinandersetzung mit einem holländischen Ostindienfahrer, auf dem illegal sechzehn britische Matrosen gegen ihren Willen festgehalten wurden. Um dem ein Ende zu machen, schickte er einen Trupp von Bewaffneten hinüber. Der holländische Kapitän meldete das an die Admiralität, doch diese – Glück für Nelson – billigte seinen Standpunkt: »Es ist kaum ein schuldhaftes Vergehen, wenn die Möglichkeit einer Auseinandersetzung besteht.« Doch als sie erst mit Kurs auf Madeira auf hoher See waren, übten die ruhige Routine und die Ordnung und Disziplin an Bord ihre gewöhnliche beruhigende Wirkung aus, mochte das Achterdeck auch voll von unerwünschten Passagieren sein. Nach den Enttäuschungen in der Liebe und in der Politik war er glücklich in diesem Element, das ihn ebenso gewählt zu haben schien, wie er es gewählt hatte. An seine Begeisterung, an seine Freude am Detail bis hinunter zur Ausbildung der Kadetten, erinnerte sich Lady Hughes viele Jahre später in einem Brief an George Matcham, der Nelsons Lieblingsschwester Kate geheiratet hatte: »Als Frau«, schrieb sie, »konnte ich nur das beurteilen, was ich verstand – so etwa seine Aufmerksamkeit den jungen Herren gegenüber, die das Glück hatten, auf seinem Schiff zu weilen. Man darf wohl annehmen, daß sich unter den dreißig Ängstliche wie Mutige befanden; die Ängstlichen tadelte er nie, sondern wünschte ihnen immer zu zeigen, daß er nichts von ihnen wollte, was er nicht auf der Stelle selbst tun würde; und ich habe erlebt, wie er sagte: ›Gut denn, ich steige jetzt schnell zum Mastkorb hinauf und bitte Sie, sich dort einzufinden‹ ... Seine Lordschaft achtete nicht im mindesten darauf, mit welcher Schnelligkeit dies geschah, doch wenn man sich oben traf, begann er sogleich auf die heiterste Weise zu sprechen und sagte, wie sehr ein Mensch zu bedauern sei, der da glaube, es sei gefährlich oder es zu versuchen sei unangenehm. Nach diesem hervorragenden Exempel habe ich gesehen, wie der ängstliche junge Mann einen anderen führte und die Worte seines Kapitäns wiederholte. Ebenso begab er sich jeden Tag in den Unterrichtsraum und sah zu, wie sie ihre Navigationsübungen machten, und um zwölf Uhr war er der erste, der sich mit seinem Quadranten auf Deck einfand.« Als die *Boreas* in Barbados war, mußten sie und Nelson dem Gouverneur einen kurzen Besuch abstatten. Nelson, so berichtet sie, habe darum gebeten, einen der Kadetten mitbringen zu dürfen, und dies folgendermaßen begründet: »Ich habe es mir zur Regel gemacht, sie, soweit ich es kann, in gute Gesellschaft einzuführen, denn während der Zeit, da sie auf See sind, können sie zu wenigen aufblicken außer zu mir.« Es nimmt nicht wunder, daß »diese Freundlichkeit und Aufmerksamkeit ihm die Verehrung der jungen Leute eintrugen«.

Nelson schien Lady Hughes also zu gefallen, und das erst recht in der Erinnerung. Er dagegen gewann keinen günstigen Eindruck von ihr und ihrem Mann. Sir Richard Hughes war ein liebenswürdiger, aber unbedeutender Mensch, auf einem Auge blind – was ihm wahrscheinlich Respekt eingetragen hätte, wenn es eine Kriegsverletzung gewesen wäre, doch man wußte, daß er die Sehkraft durch einen unglücklichen Zwischenfall in seiner Jugend verloren hatte: Er wollte damals mit der Gabel eine Küchenschabe aufspießen. Nelson ging später mit der Bemerkung »Ganz leidlich, aber ich mag ihn nicht, für meinen Geschmack katzbuckelt er zuviel« über ihn hinweg, und bei näherer Bekanntschaft fügte er hinzu: »Der Admiral und alle um ihn sind große Dummköpfe.«

Es kann keinen Zweifel daran geben, daß er in diesem Flottenstützpunkt von Anfang an unglücklich war. Wären Cuthbert Collingwood und dessen Bruder Wilfred nicht dagewesen, so hätte er kaum jemand von seinen Gedanken und Gefühlen erzählen können, ganz zu schweigen von den großen Problemen, denen er sich bald gegenübergestellt sah. Hochwürden William reiste nach kurzer Zeit wieder ab, was Nelson nicht besonders bedauerte. Sein Bruder war für das Leben als Schiffspfarrer nicht geeignet und fand wie so viele, daß ihm das schwüle Klima Westindiens nicht bekam. Der ewige Nachmittag der Tropen, das leise Rauschen des Winds in den Palmen, die Eintönigkeit der Brecher auf der windwärts gelegenen Seite der Inseln und das schläfrige Wellengeplätscher auf der windabgewandten Seite, all das wurde Menschen, die in kälterem und anregenderem Klima aufgewachsen waren, oft zum Verderben. Wie Nelson von einem seiner Offizierskollegen, von Charles Sandys, berichtete: »Es tut mir leid, sagen zu müssen, daß er sich regelmäßig jeden Tag mit Rotwein traktiert.«

Antigua, bekrönt von einer Reihe von Forts auf dem Kraterrand seines gewaltigen, uralten Vulkans, bot der Westindienflotte mit English Harbour – dieser Hafen ist mittlerweile für die letzten, die mit Segelschiffen reisen, für Yachtbesitzer, wiederhergestellt worden – einen idealen Platz zur Überholung und Wartung der Schiffe. Nelson war oft auf dem Werftgelände, ebenso der Regierungskommissar und seine Frau. John Moutray, ehemaliger Kapitän zur See, lebte im Ruhestand und war um einiges älter als Nelson. Er fungierte als Kommissar bei der Kriegsmarine, hatte den Status eines Zivilisten und war außerdem an der Führung der Werft beteiligt. Für seine Frau hegte Nelson eine jener empfindsamen und romantischen Passionen, die völlig harmlos blieben und auch von beiden Seiten als völlig harmlos betrachtet wurden, ihm aber einen Lebenszweck zu geben schienen. Während die *Boreas* neu gestrichen wurde, weilte Nelson als Gast bei den Moutrays, und seine Bewunderung für die Dame des Hauses nahm immer mehr zu. Nelson wußte, daß sie unerreichbar war. Er hatte außerdem – zumindest im beruflichen Sektor – ein etwas gestörtes Verhältnis zu Kommissar Moutray, und es war ihm bekannt, daß sie mit ihrem Mann binnen eines Jahres nach England zurückkehren würde, und so erlaubte er sich denn eine romantische Schwärmerei, die an den jungen Werther erinnerte. Später schrieb er an seinen Bruder William: »Du kannst mir glauben, daß ich English Harbour nie verließ, ohne einen kurzen Besuch gemacht zu haben, doch leider ist mir nur wenig Trost beschieden. Meine liebe, süße Freundin kehrt nach Hause zurück. Ich bin tatsächlich ein Tag im April; glücklich um ihretwillen, aber voll Gram, wenn ich an mich denke. Ihresgleichen habe ich in keinem Land und zu keiner Zeit gesehen.«

Nelson geriet mit Moutray aneinander, weil Sir Richard Hughes dem Kommissar erlaubt hatte, als Oberbefehlshaber zu agieren, sofern kein ranghöherer Offizier zur Stelle war. Moutray hatte damit fast die Position eines Kommodore inne. Nelson hielt das berechtigterweise, wenn auch etwas sehr pedantisch, für völlig inkorrekt, denn der Kommissar war zwar wirklicher Kapitän gewesen, hatte jetzt aber den Status eines Zivilisten. Nun entspann sich ein Briefwechsel zwischen Nelson und Sir Richard und zwischen Nelson und dem Staatssekretär bei der Admiralität. Das Problem löste sich schließlich von selbst, als die Moutrays nach England abreisten und die Admiralität beschloß, daß in Zukunft alle Kommissare bei der Marine ein volles Gehalt und das nominelle Kommando über ein Schiff oder eine »Steinfregatte« (so nannte man dann solche Stützpunkte an der Küste) bekommen sollten. Der Zwischenfall an sich hätte den trägen Sir Peter warnen müssen – er hatte in seinem Befehlsbereich einen »Störenfried«, einen Mann, der fest entschlossen war, dafür zu sorgen, daß die Vorschriften peinlich genau eingehalten wurden. Es fällt schwer, hier und bei Nelsons nachfolgenden Aktionen nicht einen übertriebenen Diensteifer am Werk zu sehen, der bei einem derart jungen Kapitän wenig anziehend war. So beurteilten es jedenfalls die meisten Zivilisten und selbst etliche Seeleute in Westindien. Bei dem daran anschließenden großen Disput über die korrekte Anwendung der Navigationsakte hat man dagegen einen Offizier vor sich, der seinen Dienst so ernst nimmt, daß er bereit ist, seine ganze Karriere und alle seine Aussichten für das zu opfern, was er für jenes Recht und Gesetz hält, zu dessen Verteidigung er berufen wurde. Nur von Briten gebaute und in britischem Besitz befindliche Schiffe durften mit den britischen Kolonien Handel treiben; das bedeutete, daß die Amerikaner, die bis vor kurzem britische Kolonisten gewesen waren, durch die Unabhängigkeit ihrer britischen Staatsbürgerrechte verlustig gingen. Dagegen ließ sich eigentlich nichts einwenden, doch die Bewohner der westindischen Inseln und die Amerikaner sahen die Sache in einem anderen Licht. Die ehemaligen Kolonisten hatten einen blühenden Handel mit Westindien betrieben und vermochten nicht einzusehen, warum sie jetzt davon ausgeschlossen werden sollten, nur weil sie mittlerweile Staatsangehörige einer fremden Macht waren; und die Mehrheit der Großkaufleute Westindiens, die seit langem mit ihren amerikanischen Freunden Geschäfte gemacht hatten und gut eingeführte Beziehungen zu ihnen unterhielten, dachten nicht anders als die Amerikaner.

Nelson konnte sich in seiner kurzen »Lebensbeschreibung« ohne weiteres leidenschaftslos dazu äußern, schließlich hatte er zu dieser Zeit den Ort seiner jugendlichen Empörung längst verlassen und brauchte seine Sache nicht mehr zu verfechten. Nachforschungen haben erwiesen, daß seine Darstellung richtig ist, und obwohl das Ganze aus so großer zeitlicher Distanz wie ein Sturm im Wasserglas wirkt, war es für den jungen Kapitän, der seine Zukunft für die korrekte und gerechte Interpretation des Gesetzes aufs Spiel setzte, ein echtes Problem. Über Westindien schrieb er: »Der Stützpunkt eröffnet den Offizieren der Kriegsmarine eine neue Szenerie. Die Amerikaner hatten, als sie noch Kolonisten waren, den gesamten Handel zwischen Amerika und Westindien in ihrem Besitze gehabt; und als der Friede wieder eingekehrt war, vergaßen sie, daß sie Ausländer geworden waren und selbstverständlich nicht das Recht hatten, in britischen Kolonien Handel zu treiben. Unser Gouverneur und unsere Zollbeamten behaupteten, kraft der Navigationsakte hätten sie das Recht zu handeln; und alle Bewohner Westindiens wünschten sich das, was ihnen so sehr zum Vorteil gereichte.«

Nelson tat, was er für rechtmäßig hielt, und beschlagnahmte viele amerikanische Handelsschiffe. Dadurch zog er sich viel Unwillen, ja Haß zu: »Ich wurde von einer Insel zur anderen verfolgt, so daß ich mein Schiff nicht verlassen konnte.« Admiral Hughes sollte sein Urteil dazu abgeben, konnte oder wollte sich aber nicht entschließen. Er hatte auf eine ruhige und problemlose Zeit in diesem Stützpunkt gehofft und nicht damit gerechnet, daß er soviel Wirbel um die Ohren haben würde – und an alledem war ein junger Kapitän schuld. Nelson wiederum machte sich auch sein Bild vom Admiral: »Unser Kommandeur hat nicht die eigene Meinung, die er haben sollte. Der Rat der Inselbewohner bewegt ihn dazu, daß er die Yankees zum Handel zuläßt oder zumindest ein Auge dabei zudrückt. Er tritt nicht mit dem Nachdruck auf, den ein englischer Admiral meines Erachtens haben sollte. Ich für mein Teil bin fest entschlossen, es nicht zu dulden, daß die Yankees dorthin kommen, wo mein Schiff ist; denn ich bin sicher, daß hier Anschauungen der Königstreuen betreffs Neu-Schottland nichts mehr zählen, sobald die Amerikaner zu irgendwelchem Geschäftsverkehr mit diesen unseren Inseln zugelassen werden. Sie werden erst die Verfrachter werden und dann unsere Inseln in Besitz nehmen, wenn wir je wieder in einen Krieg mit Frankreich verwickelt sind. Die Bewohner dieser Inseln sind ihren Konnexionen und Interessen nach Amerikaner und sind gegen Großbritannien feindlich gesinnt.« Mit alledem hatte Nelson recht, aber wie sollte er das den maßgeblichen Leuten klarmachen, die Tausende von Kilometern entfernt in England saßen, und wie sollte er es denen erklären, die stille Teilhaber oder einflußreiche Finanzgrößen des westindischen Handels waren?

Zum Glück hatte er Collingwood, der ihm zur Seite stand. Sonst wollte in diesen schwierigen Tagen kaum jemand etwas von ihm wissen. Man hat ganz treffend von ihm gesagt: »Ein besonnener Mann, der nur seinen Vorteil vor Augen hat, hätte die Auseinandersetzung mit diesem ranghöheren Offizier vermieden; nur ein Mann, der völlig furchtlos ist und die Pflicht über alle anderen Erwägungen stellt, riskiert einen solchen Disput, der ihn für den Rest seines Lebens ruinieren kann.« Gewiß hören wir in späteren Jahren viel von Nelsons körperlichem Mut, doch auch der moralische Mut, den er in Westindien bewies, wo er niemand hinter sich hatte, der ihm den Rücken stärkte, und wo er im Streit mit seinem Vorgesetzten lag, läßt ihn in einem strahlenden Licht erscheinen – und das ganze ohne Kanonendonner und Knattern von Segeln, ohne das unerbittliche Herannahen von Flotte auf Flotte, die der Wind vor sich her treibt.

7 Hochzeit in Westindien

Sturmwolken brauten sich zusammen. Nachdem Nelson und Collingwood Sir Richard Hughes' Aufmerksamkeit auf das Seerecht gelenkt hatten, mußte er schließlich handeln. Seinem Charakter entsprechend ließ er erst an alle Schiffe unter seinem Kommando die Weisung ergehen, sie sollten dem Gesetz Geltung verschaffen und die Amerikaner als Ausländer betrachten, doch dann beugte er sich den Umständen und dem Rat der Freunde aus seiner Umgebung. Am 11. Januar 1787 änderte er seine ursprünglichen Anordnungen ab und befahl Nelson, er möge die ausländischen Kauffahrteischiffe lediglich dazu veranlassen, in seiner Nähe zu ankern, und dem Gouverneur der Kolonie, in deren Gewässern er sich befand, Meldung davon erstatten. Sir Richard ergänzte dies mit folgendem Zusatz: »Wenn der Gouverneur oder dessen Stellvertreter es nach einem solchen zu ihrer Kenntnis gebrachten Rapport für richtig halten, den besagten Ausländer in den Hafen der Insel zu lassen, wo Ihr Euch gerade aufhaltet, sollt Ihr *auf keinen Fall ein solches ausländisches Schiff daran hindern oder davon abhalten, in den Hafen einzulaufen, auch sollt Ihr, was die weiteren Angelegenheiten dieses Schiffes betrifft, in keiner Weise mehr eingreifen* (Hervorhebung von mir. E. B.).« Damit stand es jedem Gouverneur frei, die Navigationsakte in seinem Sinn zu interpretieren. Die Kriegsmarine wurde aus der Verantwortung entlassen, diesem Gesetz Geltung zu verschaffen, was eigentlich *ihr* Auftrag war. Nelson protestierte sofort bei seinem Oberbefehlshaber. Er wies darauf hin, daß es in Friedenszeiten wie jetzt die Aufgabe der Kriegsschiffe Seiner Majestät sei, den Handelsverkehr Großbritanniens zu schützen. Mithin habe sie auch dafür zu sorgen, daß Ausländer nicht dort Handel trieben, wo es ihnen untersagt sei. Er führte weiter aus, daß Landratten leicht vom Kapitän eines Kauffahrteischiffs übers Ohr gehauen werden könnten, der behauptete, sein Schiff sei in Not oder reparaturbedürftig. Doch »für die Beurteilung eines solchen Notstands ist niemand mehr kapabel als die Seeoffiziere. Den Gouverneuren mag man falsche Vorspiegelungen machen können, uns, die wir an Ort und Stelle sind, nicht«. Nelson weigerte sich, den neuen Befehlen zu gehorchen. An Locker, dessen Erfahrung er fast ebenso schätzte wie seine Freundschaft, schrieb er: »Es war eine heikle Sache mit Sir Richard Hughes. Entweder gehorchte ich seinen Befehlen nicht, oder ich gehorchte denen des Parlamentes nicht, denen wiederum er nicht gehorchte. Im Vertrauen auf die Redlichkeit meines Wollens entschloß ich mich zum ersteren. Kurz, ich schrieb dem Admiral, daß ich es ablehnen würde, seinen Befehlen zu gehorchen, bis ich Gelegenheit hätte, ihn zu sehen und mit ihm zu sprechen, und entschuldigte mich gleichzeitig bei ihm.«

Bald geriet Nelson auch mit General Shirley in Streit, dem Gourverneur der Inseln unter dem Wind, der wie Sir Richard dazu neigte, ein Auge zuzudrücken, wenn es um den Handelsverkehr mit Amerika ging. Auf Nelsons Vorhaltungen reagierte er mit der folgenden scharfen Erwiderung: »Alte, respektable Offiziere mit hohem Rang, langer Dienstzeit und einer gewissen Lebensdauer sind sehr argwöhnisch, wenn ihnen hinsichtlich ihrer Pflichten junge Herren Vorschriften machen wollen, deren Dienstzeit und Erfahrung sie dazu nicht berechtigen.« Nelson entgegnete darauf laut Leutnant Wallis von der *Boreas*, er habe die Ehre, so alt zu sein wie der Premierminister von England (Pitt) – »Ich halte mich für gleichermaßen fähig, eines der Schiffe Sr. Majestät zu kommandieren, wie dieser Minister fähig ist, den Staat zu lenken.«

Nelson bekam noch mehr Schwierigkeiten. Die Bewohner von Nevis, die darüber erbost waren, daß er vor ihrer Insel vier amerikanische Schiffe aufgebracht hatte, stellten eine hohe Summe zur Verfügung, damit die Schiffseigner Nelson gerichtlich belangen konnten. Nelson durfte sich hier nicht an Land wagen, man hätte ihn festgenommen. Es ist bedeutsam, daß John Richardson Herbert, der Präsident des Rats von Nevis, ihm anbot, notfalls bis zu einem Betrag von zehntausend Pfund für ihn zu bürgen – bedeutsam insofern, als er der Onkel einer jungen Frau war, an der Nelson nicht wenig Interesse zeigen sollte. Der langwierigen Auseinandersetzung über die Navigationsakte wurde schließlich von England aus ein Ende gemacht. Nelson erfuhr, daß die Staatskasse seine Prozeßkosten tragen würde. Gleichzeitig – und das war eine böse Ironie – wurden der Gouverneur und der Admiral für den Eifer belobigt, mit dem sie den britischen Handel in Westindien geschützt hatten. Nelson dürfte diesem humoristischen Effekt keinen Geschmack abgewonnen haben... Doch er hatte jetzt trotz aller Schwierigkeiten, auf die er immer noch stieß, ein amtliches Plazet. Die Obrigkeit in England stellte sich schützend hinter ihn. Er blieb natürlich unpopulär. Das Schicksal entschädigte ihn dadurch, daß er die Bekanntschaft einer Nichte von Präsident Herbert machte. Herbert war verwitwet, hatte eine Tochter und bekam von Zeit zu Zeit Besuch von Nichten aus England, die in Westindien einen Mann finden wollten und meist auch fanden. Eine von ihnen, Frances Herbert Nisbet, war eine junge Witwe mit einem fünfjährigen Sohn namens Josiah. Zu der Zeit, da Nelson auf Nevis mit Herbert in dessen geräumiger Villa Montpelier dinierte, war sie mit Freundinnen auf der Insel St. Kitts. Zum ersten Mal hörte sie von Nelson – der in Westindien allgemein verachtet und verabscheut wurde – in einem Brief, den eine Cousine an sie schrieb: »Endlich haben wir den Kapitän der *Boreas* gesehen, von dem soviel geredet wird. Er kam kurz vor dem Essen ganz erhitzt herauf und war sehr still; schien aber, wie das alte Sprichwort sagt, um so mehr dafür zu denken. Er wollte keinen Tropfen Wein; doch nach dem Essen, als der Präsident wie üblich Toasts auf ›den König‹, ›die Königin und die königliche Familie‹ und ›Lord Hood‹ ausbrachte, füllte dieser seltsame Mann jedesmal sein Glas und bemerkte, bei diesen Toasts schenke er sich immer ein; nachdem er getrunken hatte, reichte er die Flasche weiter und versank wieder in Schweigen. Während dieses Besuches war es uns allen nicht möglich, Einblick in seinen wahren Charakter zu bekommen; sein Benehmen war so reserviert und strenge, mit gelegentlichen, wenn auch flüchtigen Geistesblitzen eines überlegenen Verstandes. Ich saß neben ihm und versuchte, mit allen Artigkeiten, die mir zu Gebote standen, seine Aufmerksamkeit zu wecken, doch ich entlockte ihm kaum mehr als ein ›Ja‹ oder ein ›Nein‹. Wir glauben, wenn Du da gewesen wärest, Fanny, hättest Du etwas aus ihm herausbekommen; denn Du pflegtest Dich dieser seltsamen Art von Leuten zu widmen.« Eine »seltsame Art von Leuten« waren die meisten Kapitäne zur See. Die mit ihrem Kommando verbundene Einsamkeit machte sie introvertiert, und obwohl viele von ihnen freundlich, ja gesellig waren (wie Nelson), haftete ihnen doch eine Reserviertheit an, die sich schwer definieren ließ, aber ein wenig der Teilnahmslosigkeit der See ähnelte, in deren Dienst sie standen. Ein junger Kapitän wie Nelson neigte leicht zur

Schweigsamkeit. Das nimmt nicht wunder, wenn man die Beziehung zu den Zivilisten bedenkt, die er auf diesen Inseln traf – oder nicht traf.

Eine bestimmte Seite seines Charakters – die man ihm sein ganzes Leben lang anmerkte und die sich zweifellos darauf zurückführen ließ, daß er in einer großen, glücklichen Familie herangewachsen war – nahm der Präsident von Nevis wenige Monate später mit einiger Verblüffung wahr. Nelson hatte Frau Nisbet noch nicht kennengelernt, aber eines frühen Morgens wollte er, nach Nevis zurückgekehrt, Präsident Herbert seine Aufwartung machen und fand in dem Zimmer, in das er geführt wurde, ihren fünfjährigen Sohn vor. Kurze Zeit später kam Herbert von oben, um seinen Besuch zu begrüßen ... »Guter Gott!« rief er danach beim Frühstück mit den Hausbewohnern aus. »Guter Gott! Da entdecke ich doch diesen großen kleinen Mann, vor dem alle Angst haben, im Zimmer nebenan, wie er mit Frau Nisbets Kind unter dem Eßtisch spielt.« Wenn er um die Mutter hätte werben wollen – einen sichereren Weg zu ihrem Herzen hätte er kaum finden können. Und als die beiden sich wenige Tage später bei einem Diner zum ersten Mal begegneten, bedankte sich die junge Witwe auch sofort bei Nelson für »die große Zuneigung, die er ihrem Söhnchen erwiesen habe«.

Frances Nisbet war eine geborene Woolward, die Tochter von William Woolward, dem Oberrichter von Nevis. Ihre Mutter starb früh; sie war die Schwester von Präsident Herbert. Kurz nach dem Tode ihres Vaters heiratete sie Josiah Nisbet, den Arzt, der ihn behandelt hatte, und ging mit ihrem Mann nach England zurück, wo er anderthalb Jahre später starb. Sie blieb mit ihrem Sohn zurück, hatte wenig Geld und keinerlei Besitz. Ihr Onkel löste das Problem, indem er sie bat, nach Nevis zu kommen und ihm bei der Führung seines großen Haushalts zu helfen. Sie war ein paar Monate älter als Nelson, im selben Jahr wie er geboren und seit vier Jahren verwitwet, als sie sich zum ersten Mal sahen. Alle Umstände begünstigten die Liebesgeschichte, die sich jetzt entspann: die Einsamkeit der Witwe, die noch größere Einsamkeit des Junggesellen, die angenehme Atmosphäre im eleganten und komfortablen Hause ihres Onkels. Die Porträts von Frances Nisbet zeigen eine schlanke Frau mit zarten Gesichtszügen, schönen tiefgrauen Augen und dunklem Haar. Sie erinnerte Nelson unwiderstehlich an sein Ideal, an Madame Moutray, doch sie hatte den Vorteil, daß sie jünger und unverheiratet war. Außerdem besaß sie alle die

Merkmale von Bildung und Würde, die ihn ansprachen. Sie beherrschte fließend das Französische, das ihm unüberwindliche Schwierigkeiten gemacht hatte, konnte gut nähen und hatte eine etwas porzellanhafte Grazie, die schwerlich ihre Wirkung auf einen Seeoffizier verfehlen konnte, dessen Alltag durch die völlige Abwesenheit alles Weiblichen gekennzeichnet war. Seine Welt bestand aus hartgesottenen Matrosen und nicht weniger rauhbeinigen Offizieren, die fast ausnahmslos einen Hang zum Trunk oder zu Eingeborenenfrauen oder zu beidem hatten. Noch in den vierziger Jahren des 19. Jahrhunderts forderte ein Fregattenkapitän in Westindien dreihundert Negerinnen an, damit jeder Mann an Bord eine Geliebte hatte, solange das Schiff im Hafen lag. Eine der Plantagen stellte die Frauen. Rum und Geschlechtskrankheiten spielten den Seeleuten übel mit. Ein Schiffsarzt berichtete 1826 von etlichen Toten, die, wie er sagte, an »verderbten Gewohnheiten« zugrunde gegangen waren. Die Syphilis, die in Westindien zur Zeit von Kolumbus' Fahrten fast mit Sicherheit ständig auftrat, wurde durch Geschlechtskrankheiten europäischen Ursprungs noch verstärkt. Das Seemannsleben in der Karibik gegen Ende des 18. Jahrhunderts war wie eh und je seit den Tagen der Freibeuter von Krankheiten gezeichnet. In der Villa Montpelier hatte man eine ganz andere Welt vor sich. Frances Nisbet war »vornehm«, wie es damals hieß, und Nelson ebenso.

Ihr Liebeswerben spielte sich in einer Umgebung ab, die auch einer Jane Austen vertraut gewesen wäre – tatsächlich könnten die beiden Hauptfiguren durchaus aus einem ihrer Romane sein. Nur der exotische Hintergrund von Nevis gab dem Ganzen einen fremdartigen Beiklang. Kolumbus hatte diese Insel nach dem spanischen Pico de las Nieves benannt, weil ihr Gipfel mit den vom Passat herangetriebenen Wolken, die ihn fast ständig umlagerten, so aussah, als bedecke ihn Schnee. Nevis war die Spitze eines erloschenen Vulkans, und das Grün seiner Hänge hob sich leuchtend gegen die blauen Wellen des Karibischen Meers mit ihren weißen Kämmen ab. In ungewöhnlichem, aber bezauberndem Gegensatz zu dieser Welt der Naturschönheiten stand das Haus des Präsidenten, das fast wie ein kleiner »Hof« wirkte. Und dort entwickelte sich die Liebe des schüchternen Seeoffiziers zu der stillen jungen Witwe, als folge sie einem wohlgeordneten Plan. In Nelsons Briefen finden wir die konventionellen Artigkeiten dieser Zeit, doch obwohl aus ihnen der sehnliche Wunsch nach der Heirat spricht, mangelt es ihnen an dem Feuer und der Spontaneität der Betrachtungen, die er über Madame Moutray und die Pfarrerstochter in St. Omer anstellte. Man hat den Verdacht, daß ihn die Einsamkeit in die Ehe trieb – ebenso das Gefühl, daß er das Alter erreicht habe, in dem die Ehe die passende und gute Lösung für seine persönlichen Probleme sei. Was Frances Nisbet betraf, die junge Mutter und Witwe, die von ihrem Onkel abhängig war, so wußte sie Nelsons Werben um sie zu schätzen. Sie betrachtete es zurückhaltend, aber dankbar, und einmal bemerkte sie, er sei »von überlegenem Verstande«. Das schlimme dabei war, daß ihr Freier, wie wir bereits sahen, nichts als seine Dienstbezüge hatte.

Nelson hielt im August um ihre Hand an. Im Juni hatte er sich dazu entschlossen, im März war er seiner zukünftigen Braut begegnet. Doch alles hing davon ab, wie sein Onkel William Suckling die Bitte des Neffen um finanzielle Unterstützung aufnahm. Noch mehr kam es auf die Reaktion von Präsident Herbert an, der natürlich ungern seine Haushälterin verlor. Seiner Ansicht zur finanziellen Seite des Problems gab er auf folgende Weise Ausdruck: »Nelson, ich bin ein stolzer Mensch und muß leben können, wie ich will, deshalb vermag ich bei Lebzeiten nicht viel zu tun; wenn ich sterbe, soll sie zwanzigtausend Pfund haben; und wenn meine Tochter vor mir stirbt, wird sie den größten Teil meines Vermögens besitzen. Ich beabsichtige, 1787 nach England zu gehen und dort zu bleiben; wenn ihr zwei bis dahin glücklich miteinander leben könnt, habt ihr mein Einverständnis.« Bis zu einer endgültigen Antwort von William Suckling und einer konkreteren Meinungsäußerung des Präsidenten mußten sich Nelson und »Fanny« – so nannte er sie mittlerweile in seinen Briefen – in Geduld fassen. Sie warteten achtzehn Monate lang. In dieser Zeit war Nelson von seiner Verlobten getrennt, weil die Pflicht ihn rief und er zwischen den Inseln hin und her pendeln mußte. Für kurze Zeit hatte er im November 1786 sogar den Oberbefehl über den gesamten Stützpunkt. Sir Richard Hughes, sein ehemaliger Gegenspieler, war nach England zurückberufen worden, und der neue Kommandeur, Sir Richard Bickerton, war noch nicht eingetroffen.

Bei einem verliebten Mann erwartet man Illusionen, doch Nelsons Briefe, seien sie an seine Verlobte, an seinen Bruder William oder an seinen Onkel gerichtet, sind alle äußerst sachlich, und was man an Leidenschaft ausmachen kann, ist in die starren konventionellen Wendungen der Zeit gekleidet. So schreibt er etwa am 3. März 1786 auf See vor der Insel Deseada: »Wie soll ich mich freuen, da ich von Dir getrennt bin? All mein Glück bist Du, und wo Du nicht bist, bin ich nicht glücklich... Ich danke Gott jeden Tag für unsere Verbindung. Es ist sein Wille, das glaube ich fest, daß sie mir zum Segen gereichen soll; und ich bin überzeugt, daß Du seine gütigen Pläne nicht vereiteln wirst.« Und so weiter. An seinen Bruder schreibt er: »Das holde Wesen mußt Du lieben. Du wirst ihre Vernunft, ihre gesittete Art und – Dir darf ich es sagen – ihre Schönheit sehr bewundern.« Und an Onkel Suckling: »Ihre Geistesgaben sind denen der meisten Personen beiderlei Geschlechts überlegen... Meine Neigung zu ihr gründet auf ein festes Fundament der Wertschätzung und Hochachtung, die sich, wie ich zuversichtlich glaube, durch längere Kenntnis ihrer Person nur vermehren können.« Gegen die Empfindungen, die er ausspricht, kann man nie etwas sagen, sie sind nur ohne Feuer, und so schien denn alles auf eine ruhige konventionelle Ehe hinzudeuten, die zu gegebener Zeit durch gesunde Kinder noch weiter gefestigt würde. In einem einzigen Brief aus dieser Lebensphase bekommen wir flüchtig den wirklichen Nelson zu sehen, der sich auf seinem Schiff alleine fühlt, begreifen wir die Monotonie, die das Dasein des Seeoffiziers in so hohem Maße bestimmte. Die *Boreas* wurde in English Harbour überholt, und vor uns steigt andeutungsweise Antigua auf – Trägheit, schweißüberströmte Matrosen, Geruch von frischem Pech in den Fugen, ferne Geräusche von der Seilerbahn und das Hämmern des Kalfaterers. Der Brief ging an Fanny Nisbet und war am »Montag, dem 21. August (1786), sieben Uhr abends« geschrieben: »Du fängst ja an, etwas von Seeleuten zu verstehen – hast Du nicht oft gehört, daß Salzwasser und Abwesenheit die Liebe wegspülen? Nun bin ich ein solcher Ketzer, daß ich diesem Glauben nicht anhänge; denn schau, seit meiner Ankunft sind mir allmorgendlich, sobald es hell war, sechs Eimer Salzwasser übers Haupt geflossen, und statt daß ich das, was die Seeleute für wahr halten, bestätigt finde, bemerke ich die gegenteilige Wirkung; und wenn es so wider die Vorschrift weitergeht, mußt Du mich vor meinem festgesetzten Termin sehen. Am Anfang habe ich die Trennung leidlich vertragen, doch nun ist es fast unerträglich; ich rechne damit, daß es mit der Zeit vollends unerträglich wird. Doch Geduld ist eine Tugend, und in dieser muß ich mich jetzt üben, wieviel es mich auch kosten mag. Ich bin allein im Hause des befehlshabenden Offiziers, während mein Schiff überholt wird, und von Sonnenaufgang bis zum Schlafengehen habe ich kein menschliches Geschöpf um mich, mit dem ich sprechen könnte; ich denke, Du wirst ein wenig Mitgefühl für mich empfinden. Ich habe niemals allzu gern alleine dagesessen. In dem Moment, da die gute alte *Boreas* mitsamt meiner Kajüte bewohnbar ist, werde ich ihr entgegenfliegen, um den Moskitos und der Melancholie zu entrinnen. Hunderte von Moskitos fallen im Augenblick gierig über mich her und stechen durch alle Kleider. Du wirst mich jedoch bei besserer Gesundheit antreffen (er litt immer noch an gelegentlichen Fieberanfällen), aber wenn Du mich siehst, werde ich einer ägyptischen Mumie gleichen, denn die Hitze ist unerträglich. Doch abends gehe ich, ohne zu ermüden, eine Meile weit, und den ganzen Tag über bin ich im Hause. Auch nehme ich jeden Tag einen Liter Ziegenmilch zu mir und erfreue mich eines gesunden Schlafs, ertrage stets die Moskitos, die trotz aller Sorgfalt, die Frank meinem Netz angedeihen läßt, gegenwärtig nicht ferngehalten werden können.« (Frank Lepée war mit Nelson in Nicaragua gewesen und begleitete ihn später nach Norfolk.) Einen »gesunden Schlaf« hatte er auch in Burnham gehabt, und genau das brauchte er. Er war ständig krank in Westindien, »zum Skelett abgemagert«, wie er im Juli an Onkel Suckling schrieb; und einige Monate später berichtete er in einem Brief an Locker, der Arzt habe »gedacht, daß ich an der Auszehrung litte und hatte mich schon aufgegeben«.

Die Ankunft der *Pegasus* unter dem Kommando von Prinz William Henry stellte für Nelson – trotz der gelegentlichen Peinlichkeiten, die für ihn, den glühenden Royalisten, damit verbunden waren – einen Antrieb dar, der ihn davor bewahrte, daß er sich gehen ließ, erschlaffte und abstumpfte, und der ihn tatsächlich fast völlig von der bevorstehenden Heirat ablenkte. Der Prinz, von dem Nelson soviel erwartet hatte (und vor dessen nur zu offensichtlichen Fehlern er die Augen verschloß), erwies sich als eine rechte Plage. Beim Umgang mit ihm mußte man über viel Takt verfügen. Der Leuteschinder, der im Prinzen schlummerte, war unter dem Einfluß seines Kommandos hervorgetreten. Außerdem entpuppte er sich als großer Herumtreiber. Von dem Arzt und Offizier, der ihn behandelte, erfahren wir, daß Prinz William sich im Mai 1787 einer Quecksilberkur unterziehen mußte – es handelte sich um »ein Leiden, das ich mir in höchst ausgefallener Weise bei meiner Jagd auf die *Dames de Couleurs* zugezogen hatte«. Und im Februar 1788, kein Jahr war vergangen, teilte Williams Arzt seinem Vorgesetzten, Kapitän Elphinstone, der vorgeschlagen hatte, der Prinz solle noch einmal nach Westindien gehen, folgendes mit: »Ich kann es nicht empfehlen, daß Seine Königliche Hoheit an einen Ort zurückkehrt, wo er so erheblich gelitten hat.« Die (wenigstens oberflächlich betrachtet) bewundernswerte Idee Georgs III., seinen Sohn den harten Beruf des Seeoffiziers erlernen zu lassen, hatte ganz offenkundig ihre Nachteile. Trotzdem wurde sie von einigen Menschen gutgeheißen, und Friedrich der Große meinte dazu: »Da unsere jungen Adeligen im allgemeinen nie etwas lernen, sind sie natürlich äußerst ignorant. In England hat sich einer von des Königs Söhnen, der sich für etwas interessieren wollte, nicht gescheut, sich als gemeiner Seemann zu versuchen.«

»Gemeiner Seemann« – diese Wendung verrät die kontinentaleuropäische, aristokratische Einstellung zum Dienst auf See. Doch Friedrich der Große konnte auch treffend jenes England schildern, das den Prinzen und Männer wie Nelson hervorgebracht hatte: »Wenn Ihr seht, wie in diesem glücklichen Lande auch das niedrigste und gemeinste Mitglied der Gesellschaft das Interesse bezeigt, das es an allen Dingen öffentlicher Natur nimmt, wenn Ihr seht, wie Hoch und Nieder, Reich und Arm, kurz, alle einhellig ihrer Empfindung und Überzeugung Ausdruck verleihen, daß auch ein Fuhrmann, ein gewöhnlicher Matrose, ein Straßenfeger ein Mensch, nein, ein Engländer ist – dann, mein Wort darauf, werdet Ihr ganz anders berührt sein, als wenn Ihr unsere Soldaten in Berlin beim Exerzieren beobachtet.«

Nelson verbarg wohl meist vor Fanny, was er vom Benehmen des Prinzen hielt, schrieb aber am Heiligabend 1786: »Ich denke mir, daß ebenso viele Menschen glücklich waren, Seine Königliche Hoheit abreisen zu sehen, wie sie glücklich waren, ihn in St. John's (Antigua) ankommen zu sehen, denn noch ein oder zwei Tage Spektakel hätten einige Angehörige des schönen Geschlechts zutiefst erschöpft. Drei Nächte Tanz waren zuviel, und es hörte nie auf, bis der Tag anbrach... Wenn wir uns treffen, habe ich Dir viel zu erzählen, denn man weiß ja nie, wie gefährlich es ist, zu viel schwarz auf weiß zu sagen.« Später, am 13. Januar 1787, gesteht er, daß er es satt hat – Kapitän auf den Inseln unter dem Wind zu sein war kein stiller Posten, wenn der Prinz um die Wege war: »Ich hatte gehofft, die ganze Woche über Ruhe zu haben; aber heute speisen wir bei Sir Thomas (Shirley), morgen hat der Prinz eine Gesellschaft, am Mittwoch veranstaltet er in St. John's ein Essen für das Regiment, abends ist ein Mulattenball, am Donnerstag ein Hahnenkampf und ein Ball, und wir speisen bei Oberst Crosbies Bruder, am Freitag woanders, aber ich habe vergessen, wo, am Samstag bei Herrn Byam, dem Präsidenten...« Ein großer Wandel in seinem Leben bestand darin, daß man den einstmals verhaßten Kapitän nun als guten Freund und als Vertrauten eines Prinzen aus königlichem Geblüt betrachtete. Damit änderte sich alles. Türen, die man seit dem Wirbel um die Navigationsakte mit Vorbedacht vor ihm verschlossen gehalten hatte, taten sich jetzt weit auf, und auf der Straße, wo man sich früher von ihm abgewandt, ja ihn zeitweise sogar ins Gefängnis geworfen hätte, wenn er so unklug gewesen wäre, an Land zu gehen, zog man den Hut vor ihm.

Andererseits brachte ihm die Bekanntschaft mit dem Prinzen auch Ärger. Da war die Affäre um Leutnant Schomberg, einen gestandenen vierunddreißigjährigen Offizier, der einige Erfahrung mit Westindien hatte und zum Ersten Leutnant der *Pegasus* ernannt worden war, um diskret als Mentor seines zweiundzwanzigjährigen Kapitäns zu agieren. Und das war gar nicht nach dem Geschmack des Prinzen, denn er hatte viel von einem hannoveranischen Autokraten an sich, ebenso eine großspurige Unbekümmertheit, die an die Grille aus der Fabel erinnerte. Von den betrüblichen Schwierigkeiten an Bord der S.M.S. *Pegasus* erhielt Nelson durch einen formellen Brief des Ersten Leutnants Kenntnis, der darum ersuchte, vor ein Kriegsgericht gestellt zu werden, weil sein Kapitän ihn der Pflichtvergessenheit beschuldigt habe. Nelson war in einer sehr peinlichen Lage. Er ließ Schomberg unter Arrest stellen und hoffte darauf, daß der neue Oberbefehlshaber bald eintreffen und ihm diese Verantwortung abnehmen würde. Im Moment waren jedenfalls nicht genügend ranghohe Offiziere verfügbar, die ein Kriegsgericht hätten bilden können. Nelson erfuhr in der Zwischenzeit, daß auch andere Offiziere, die unter dem Prinzen dienten, kurz davor standen, ebenfalls eine Kriegsgerichtsverhandlung gegen sich zu beantragen. Da kein hoher Vorgesetzter auf der Szene erschien und ihn aus dieser unmöglichen Situation befreite, verlegte Nelson die *Pegasus* schließlich nach Jamaika, nach Port Royal. Dort gab es einen Geschwaderkommandanten, dort konnte man der Sache auf den Grund gehen oder warten, bis die Aufregung sich gelegt hatte. Später wurde er von der Admiralität für seine Handlungsweise gerügt, was kaum mehr als eine Formalität war, doch zu dieser Zeit mußte er sich schon wieder mit anderen Problemen herumschlagen. Schomberg verlor zwar seinen Posten auf der *Pegasus*, ging aber als Erster Leutnant auf die *Barfleur* zu Lord Hood (der gewiß weder Unfähigkeit noch irgendwelche Versäumnisse duldete) und stieg schließlich zum Kommissar der Admiralität auf.

Viel schwerer wog für Nelson ein Fall, bei dem es um Anschuldigungen ging, die zwei Kaufleute aus Antigua gegen Beamte der Krone vorbrachten – sie hätten Unterschlagungen begangen. Die beiden Männer traten mit der Sache an Nelson heran, weil man mittlerweile wußte, daß er die Rechte der Krone gegen alle verteidigen würde. Es erwies sich, daß die Affäre um keinen Deut weniger ärgerlich war als der Wirbel um Schomberg, überdies zog sie sich über viele Monate hin. Nelson wurde schließlich gerechtfertigt: »Da der Vorratsverwalter der Kriegsmarine mit einer Geldbuße und mit einer Gefängnisstrafe belegt wurde, steht zu hoffen, daß somit künftigen Unterschlagungen Einhalt geboten ist.« Dem war natürlich nicht so, und es wird auch nie der Fall sein – das liegt in der menschlichen Natur. Doch der Pfarrerssohn hatte ein Gewissen, und der Seeoffizier duldete niemals die schmierigen Sitten der Landratten, Hafenarbeiter und Zivilisten. Wie die meisten Seeleute konnte er die harmlosen kleinen Sünden angetrunkener Matrosen vollkommen verstehen – obwohl er keinerlei Disziplinlosigkeiten durchgehen ließ –, aber wenn er Korruptheit vor sich hatte, hörte die Toleranz auf.

Ganz abgesehen von seinem Gesundheitszustand, der stets mittelmäßig oder gar ausgesprochen schlecht war, fand Nelson wenig Glück in Westindien. Er besuchte die Inseln nur noch einmal wieder, und das war in seinem Todesjahr. Und er fand damals (wie Jahrhunderte vor ihm Kolumbus), daß sie letzten Endes wenig oder gar kein Glück brachten. Aber immerhin winkte es ihm, wenigstens oberflächlich betrachtet, am 12. März 1787, einem Sonntag, als Kapitän Horatio Nelson und Frances Nisbet, beide achtundzwanzig Jahre alt, vom Pfarrer von St. John's in Präsident Herberts Villa Montpelier getraut wurden. Prinz William, der Nelson vorher im Scherz mit der Bemerkung gehänselt hatte, der zukünftige Bräutigam empfände für seine Frau nur »große Wertschätzung« und nicht das Gefühl, »welches man im allgemeinen Liebe heißt«, brach mit seinem Prinzip, niemals Privateinladungen anzunehmen, und übernahm die Rolle des Brautvaters. Das Paar wußte, wenn auch aus verschiedenen Gründen, zweifellos die Ehre zu schätzen, daß Seine Königliche Hoheit bei der Hochzeit anwesend war. Doch vielleicht fühlten sich beide dabei ein wenig unbehaglich: Frances Nisbet, weil die Jovialität des Prinzen seinen Zynismus kaum zu überspielen vermochte; Nelson, weil er gemerkt haben muß, daß im Scherz des Prinzen ein Körnchen Wahrheit steckte. Hatte er nicht Fanny davon berichtet und hinzugefügt: »Er hat recht, meine Liebe gründet sich auf Wertschätzung, das einzige Fundament, welches der Leidenschaft Dauer verleihen kann«? So mancher wird sagen, daß er sich da keineswegs irrte, doch bei einem derart jungen Mann kommen einem solche Worte ein wenig kühl und allzu gemessen vor.

Im Mai 1787 verließ die *Boreas*, nachdem sie ihre Pflicht in Westindien getan hatte, die Inseln unter dem Wind und nahm Kurs auf Portsmouth. Fanny und ihr Sohn reisten mit einem Westindienfahrer nach England. Nicht lange zuvor hatte Nelson an seinen alten Freund Locker geschrieben: »Kein Mensch hat auf einer Station mehr Krankheit und Verdruß erfahren als ich, doch laßt mich auch die andere Seite berücksichtigen – ich bin mit einer liebenswürdigen Frau verheiratet, was alles leicht bessert, tatsächlich habe ich, bevor ich sie geheiratet habe, nicht gewußt, was Glück sei. Und ich bin sicher, daß sie auch für den Rest meiner Tage damit fortfahren wird, mich zum glücklichen Manne zu machen.« Kapitän Pringle, ein Freund von Nelson seit der Zeit auf der *Albemarle*, verlieh einer anderen Meinung Ausdruck: »Die Kriegsmarine«, so bemerkte er traurig, »hat gestern durch Nelsons Heirat eines ihrer größten Schmuckstücke verloren. Es ist ein nationaler Verlust, daß ein solcher Mann heiratet; wenn es diesen Umstand nicht gäbe, so würde ich gesagt haben, daß Nelson der Größte in der Marine wird.

8 An Land

Schweigen ist enthüllend und vielsagend. Nelsons Leben in den fünf folgenden Jahren ist in der »Kurzen Darstellung meines Lebens«, die er 1799 John M'Arthur gab, in zwei knappen Sätzen zusammengefaßt. Der erste bezieht sich auf das Jahr 1787: »Und im März dieses Jahres heiratete ich Frances Herbert Nisbet von der Insel Nevis, die Witwe des Dr. Nisbet, von welcher ich keine Kinder habe.« Und der zweite liest sich so: »Nachdem die *Boreas* am 30. November in Sheerness abgemustert hatte, lebte ich in Burnham Thorpe, Grafschaft Norfolk, im Pfarrhause.«

Es stimmt, daß der Sieger vom Nil, als er diese kurze Darstellung in Port Mahon auf Menorca abfaßte, nur daran interessiert war, seine Laufbahn bei der Marine und vor allem die Höhepunkte in großen Zügen zu schildern. Doch es muß einen seltsam anmuten, daß er, der später so oberflächliche und unwichtige Punkte hinzufügte wie den, daß »Seine Sizilianische Majestät mir ein Schwert geschenkt hat, welches wunderbar mit Diamanten geziert war«, mit einem Satz seine Ehe abtat. Die Lösung des Rätsels ist nicht allzu schwer. 1799, als er diese Zeilen schrieb, hatte er bereits Emma Hamilton kennengelernt und sich in sie verliebt, die Ehe war für ihn schon vorbei. Eine ungeheure Traurigkeit, ja Bitterkeit steigt uns wie eine Welle aus den knappen Worten entgegen »von welcher ich keine Kinder habe«.

Wenn wir uns nur an diesen lakonischen Bericht halten würden, hätte Nelson die *Boreas* verlassen und wäre gleich danach nach Burnham Thorpe gegangen, um dort ein stilles und nicht sehr aufregendes Leben zu führen. Das war jedoch nicht der Fall, denn außenpolitisch sah es so aus, daß wieder Krieg zwischen England und Frankreich zu drohen schien; und die *Boreas* mußte, falls es dazu kam, erneut in Dienst gestellt werden. Und diesmal blieben Nelson nicht die Ärgernisse erspart, die so oft mit dem Ende eines Kommandos einhergingen, denn die Besatzung des Schiffes wollte ausbezahlt werden und ein wenig von den Freuden der Heimat genießen. Fahnenflucht kam häufig vor, und die Namen und Personenbeschreibungen der Deserteure mußten an die Admiralität weitergeleitet werden. Nelson hatte ebensowenig von den Vergnügungen des Lebens an Land wie seine Leute. Und er blieb von seiner Frau getrennt. Die *Boreas* wurde in die Themsemündung, zur Sandbank Nore, beordert, und von hier aus mußte er sich darum kümmern, daß Fanny und der kleine Josiah eine Bleibe in London fanden. Es war eine unglückliche Zeit. Die *Boreas* sollte als »Empfangsschiff« fungieren, und das konnte einem Offizier, der sich schon früher dagegen gesträubt hatte, Männer gewaltsam zum Dienst bei der Flotte zu pressen, ganz und gar nicht behagen. Das Empfangsschiff hatte alle vorbeifahrenden Schiffe, groß oder klein, zu entern und möglichst viele von der Crew an Bord zu holen, ohne daß die Funktionstüchtigkeit des betreffenden Schiffes gefährdet wurde. In der Praxis sah das meist so aus, daß dem geenterten Schiff derart wenig Leute blieben, daß es kaum mehr tun konnte, als den nächsten Hafen anzulaufen. Erst Ende November – die Kriegsgefahr war gebannt – wurde die *Boreas* endgültig außer Dienst gestellt. Jetzt konnte Nelson zu seiner Frau. Es ist jedoch nicht unwichtig, daß er in dieser Periode, als der Krieg unmittelbar bevorzustehen schien, einmal folgende Worte geschrieben hatte: »Wenn es Tumult geben sollte, so möchte ich nicht an Land; ich beginne zu glauben, daß mir das Meer lieber ist denn je.«

Man kann verstehen, daß Nelson sich, obwohl er jung verheiratet war, vor allem nach dem Dienst auf See sehnte. Der Ehrgeiz trieb ihn, die innige Liebe zu seinem Beruf – es möchte scheinen, daß sie sehr viel tiefer ging als das, was er für seine Frau empfand –, doch im Vordergrund stand ein ganz bestimmtes Problem: Geld. Es würde nicht einfach sein, Fanny und seinen Stiefsohn mit halbem Sold zu ernähren. Als wirklicher Kapitän verdiente er kaum mehr als hundert Pfund im Jahr, und wenn William Suckling und John Herbert nicht geholfen hätten, wäre der Familie Nelson nichts anderes übriggeblieben, als in ehrbarer Armut im Burnhamer Pfarrhaus zu leben. Doch Fanny erhielt hundert Pfund im Jahr von ihrem Onkel, der sich wie beabsichtigt nach England zurückgezogen hatte, und Nelson bekam einen ähnlichen Betrag von William Suckling. Wieviel das Geld damals in England wert war, ersehen wir daraus, daß die Nelsons von diesen Einkünften sorgenfrei leben konnten. In den Anfangsmonaten in Großbritannien waren sie über Weihnachten bei John Herbert in London, außerdem reisten sie nach Exmouth und Bath. Während er sich in Westengland aufhielt, fuhr Nelson überdies auf Einladung von Prinz William nach Plymouth. Doch daß man reisen und sich ein achtbares Ansehen geben konnte, muß man in einem Kontext sehen, mit dem Nelson bald sehr vertraut wurde: den Einkünften eines Landarbeiters in Ostengland, der kaum mehr als zwanzig Pfund im Jahr verdiente.

In einem Brief an William Locker, den er am 27. Januar 1788 von Bath aus schrieb, finden wir einen Hinweis darauf, warum sich Nelson in das Pfarrhaus in Norfolk zurückzog: »Euren freundlichen Brief habe ich gestern erhalten, und ich bin Euch für Eure freundlichen Erkundigungen wegen eines Hauses sehr zu Dank verpflichtet. Ich fürchte, daß wir gegenwärtig den Gedanken aufgeben müssen, so nahe bei London zu leben, denn die Lungen meiner Frau werden durch den Qualm in London so stark in Mitleidenschaft gezogen, daß ich ihr London, wie wünschenswert es auch sein mag, nicht zumuten kann. Im nächsten Sommer werde ich drunten in Norfolk sein, und dort muß ich weitersehen.« Obwohl sie Nelson und praktisch alle, die im Epos seines Lebens eine Rolle spielten, um viele Jahre überlebte, scheint es Fanny in England nie gutgegangen zu sein. Die Kälte und die Feuchtigkeit (die auch Nelson zu schaffen machten – »Durch den Regen und die Kälte habe ich anfangs eine Halsentzündung bekommen«) waren fast unerträglich für eine Frau, die den größten Teil ihres Lebens in Westindien verbracht hatte. Sie litt an Rheuma oder Arthritis oder an beidem (es existieren keine Krankenblätter).

Fanny scheint nach der Geburt ihres Sohnes unfruchtbar geworden zu sein und außerdem ständig zu dem geneigt zu haben, was man in jenen Tagen *Vapeurs* nannte. Heute würde man es wohl als Hysterie oder psychosomatische Erkrankung diagnostizieren. Es ist äußerst unwahrscheinlich, daß jemals handfeste Hinweise auf die wahre Natur ihrer nervösen Beschwerden ans Licht kommen werden. Und wir halten es für sinnlos, mit freudianischen oder sonstigen psychoanalytischen Methoden über Fanny Nelsons Probleme zu spekulieren. Alle Unterlagen einschließlich der vielen Briefe an sie zeigen, daß sie in Nelson einen liebevollen und sehr zuvorkommenden Mann hatte. Die Leidenschaft fehlte, aber vielleicht wurde sie zurückgewiesen? Seine früheren Gefühle und Reaktionen auf attraktive junge Frauen beweisen, daß er ein völlig gesunder und normaler Mann war, fähig zu einer solchen

Glut, daß er sogar erwog, seine Karriere um eines Mädchens willen aufzugeben, das er erst seit kurzem kannte. Bei Fanny war das nie der Fall gewesen. Seine Reaktionen waren trotz aller Herzlichkeit und Unverfälschtheit immer durch materielle Überlegungen bestimmt gewesen, ebenso durch Betrachtungen über die Vorzüge ihres Charakters, die eine gute Frau aus ihr machen würden. Was Nelsons Sexualität und Fruchtbarkeit betrifft, so steht beides außer Frage, denn seine körperliche Leidenschaft für Emma Hamilton war grenzenlos, und sie gebar ihm zwei Kinder.

Zu dem Entschluß, bei seinem Vater in Burnham Thorpe zu bleiben, veranlaßten ihn nicht nur finanzielle Erwägungen und der (wie sich später herausstellte, irrige) Glaube, das Norfolker Klima werde Fanny gut bekommen, sondern auch der Wunsch des alten Pfarrers, seinen Sohn und seine Schwiegertochter um sich zu haben. Nun, da alle Kinder das Vaterhaus verlassen hatten, fühlte Hochwürden Edmund sich einsam. Mit zunehmendem Alter verschlechterte sich seine Gesundheit, und die Winteraufenthalte in Bath waren jetzt mehr eine Notwendigkeit als eine kleine Nachgiebigkeit gegen sich selbst. Für die arme Fanny hätte man allerdings keinen schlechteren Ort wählen können als Burnham. Nicht, daß es dort kein geselliges Leben gegeben hätte; im Gegenteil, man machte ständig Besuche bei der Familie – bei den Matchams und Horatios Lieblingsschwester Kitty; bei der Familie William Nelson, bei Schwester Susannah und ihrem Mann Thomas Bolton. All das war nach dem Glanz des Hauses des Präsidenten auf Nevis vielleicht ein wenig eng und beschränkt. Fanny mag nicht viel von diesem kleinen Kreis gehalten haben, aber das war nichts verglichen mit der Wirkung, die das Klima auf sie hatte. In einem Norfolk-Führer heißt es ganz treffend: »Hier stehen wir und blicken geradewegs in Richtung Nordpol über die Nordsee hinweg. Nichts außer den Eisfeldern und Eisklippen, die ihn umgeben, hält die mächtige Bewegung der aufgewühlten See auf. Und all das merken wir sehr deutlich, wenn jeden Tag vom Januar bis zum Juni die Nordostwinde von unserem stahlgrauen Meer hereinpfeifen und uns den Nacken steif werden lassen und uns den Mund verschließen.« Dann kam der Schnee – »ganz unvermerkt, beim Mittag wie bei Mitternacht«, wie Nelsons Vater sagte –, und die zarte Frau aus den Tropen mußte sich ins Bett flüchten, manchmal tagelang. Ihren Sohn Josiah sah sie nur in den Ferien, denn man hatte ihn in ein Internat geschickt.

Der Pfarrer entwickelte eine große Zuneigung für seine

Schwiegertochter. Es bekümmerte ihn, daß sie so wenig Gesellschaft hatte, er sah, daß sie Horatio eine gute Ehefrau war, und er sorgte für sie, wie sie dann wiederum für ihn sorgte. Es war ein seltsam stilles Leben im Winter. Nelson brütete über Seekarten oder las Dampiers *Seereisen*, die er für das interessanteste Buch hielt, das er je zu Gesicht bekommen hatte, oder er schrieb an die Lordschaften, um sie daran zu erinnern, daß es ihn noch gab. Irgendwann in der nahen Zukunft, so hoffte er, würden sie ihm eine Gunst erweisen. Doch sein Westindienaufenthalt war ihm nicht zugute gekommen. Er hatte sich mit seinem hartnäckigen Bestehen auf der korrekten Anwendung der Navigationsakte die Feindschaft etlicher einflußreicher Personen zugezogen, außerdem mit seinem Admiral gestritten und ihm den Gehorsam verweigert und schließlich für noch mehr Wirbel gesorgt, als er wegen der Unterschlagungen von Beamten der Krone auf den Insel unter dem Wind zur Tat geschritten war. Auch war er wegen seiner Freundschaft mit Prinz William bei König Georg III. nicht gerade gut angeschrieben. Früher schien sie ihm genützt zu haben, aber jetzt gereichte sie ihm nur zum Nachteil, denn der Vater des Prinzen erboste sich fast täglich mehr über die Skandale, Streitereien und kleinen Sünden seines Sohnes.

Langsam kam der Frühling. Das erste Grün leuchtete im Gezweig, das so lange kahl gewesen war, lebhafter regten sich die Vögel auf den Wiesen oder in den Hecken, und Nelson wurde wieder der Junge von damals. Es war fast, als sei in den Jahren dazwischen nichts geschehen – keine Aufenthalte in Ost- und Westindien, keine langen Atlantikpassagen, kein Schmachten unter der Tropensonne. Seine ersten Biographen zeichnen das folgende Bild: »Es ist höchst interessant, auf diesen großen Mann einen Blick zu jener Zeit zu werfen, da er sich von den Stätten der Geschäftigkeit, wo er eine so hervorragende Rolle gespielt, nach dem entlegenen Dorfe Burnham Thorpe zurückgezogen hatte. Doch er konnte, wiewohl so gänzlich von seinem eigentlichen Element und Handlungsbereich abgeschnitten, nicht untätig bleiben. Bald beschäftigte er sich denn mit beträchtlichem Eifer im Garten seines Vaters und lernte, das daran angrenzende Feld zu bestellen; aber der Garten war sein hauptsächlicher Aufenthaltsort: hier brachte er oft den größten Teil des Tages zu und grub, gewissermaßen um zu ermüden, die Erde um. Zu anderen Zeiten widmete er sich wieder den Belustigungen seiner Kindheit und brachte, sofern er nicht von den bedeutenden Gegenständen der Pflichten seines Standes in Anspruch genommen wurde, mit jener Schlichtheit, die ihm eigen war, den größten Teil des Tages in den Wäldern mit der Suche nach Eiern von verschiedenen Vögeln zu, welche er, sobald er sie gefunden, seiner Gemahlin gab, die ihn auf seinen ausdrücklichen Wunsch stets begleitete. Gelegentlich, *wenn seine Augen es ihm erlaubten* (Hervorhebung von mir, E. B.), verwandte er seine Zeit auf das Lesen, insbesondere auf die Periodika des Tages, welche er sich verschaffen konnte, öfter aber auf das Studium einer Vielfalt von Karten und auf das Niederschreiben oder Zeichnen von Plänen.« Den interessantesten Punkt stellt der Verweis auf seine Sehkraft dar. Die allgemein verbreitete Ansicht, daß die Verletzung, die er sich später bei der Belagerung von Calvi zuzog, das einzige war, was er an den Augen hatte, ist nämlich völlig unzutreffend. Tatsächlich zeigten sich bei ihm schon im Alter von dreißig Jahren die ersten Anzeichen eines Pterygiums. Dabei handelt es sich um eine krankhafte Veränderung der Bindehaut: die Schleimhaut, die die Innenseite der Augenlider und die Vorderfläche des Augapfels bis zum Hornhautrand überzieht, wird von einem Pterygium oder »Flügelfell« überwachsen, einer Wucherung, die die Bewegung des Augapfels einschränkt. Acht Jahre später, als die Symptome bereits sehr viel deutlicher ausgeprägt waren, meinte Lord Elgin, es habe »so ausgesehen, als hätte er ein dünnes Häutchen über beiden Augen«, und Thomas Trotter sprach 1801 von einer »häutigen Substanz, die sich rasch über die Pupillen auszubreiten schien«.

Aus den Jahren in Norfolk geht klar hervor, daß Nelson sich zwar gern auf dem Land aufhielt und sich im späteren Leben oft nach der Schlichtheit dieses Daseins zurücksehnte, nie aber Landmann in dem Sinne wie ein kleiner Gutsbesitzer oder gar ein Junker aus dem niederen Landadel war. Er machte in Norfolk, einer Grafschaft, wo seit unvordenklichen Zeiten eifrig gejagt und gehetzt wurde, eine äußerst schlechte Figur – er versuchte es auch nie zu verbergen. Es heißt, er habe einmal ein Rebhuhn geschossen, aber es wäre in jenen Tagen schwierig gewesen, nicht viele Rebhühner zu schießen… »Schießen kann ich nicht«, das gab er zu, »und deshalb habe ich keine Jagdlizenz abgeschlossen; doch ungeachtet der Gleichgültigkeit, der ich begegnete, bin ich glücklich« – das Wort von der Gleichgültigkeit dürfte sich wohl auf seine Nachbarn beziehen, die vermutlich der Ansicht waren, daß dieser Seeoffizier ein schlechter Schütze und obendrein eine ziemliche Gefahr sei. Das kann man jedenfalls daraus schließen, daß er die Gewohnheit hatte, bei seiner Flinte stets den Gewehrhahn gespannt zu halten und sofort zu schießen, sobald irgendwo ein Vogel aufflog, ohne sich die Mühe zu machen, die Flinte anzulegen und präzis zu zielen. Solche Gäste sind bei einer Jagdgesellschaft selten oder nie willkommen.

Er kannte natürlich die berühmte Familie Coke von Holton Hall, und einmal im Jahr besuchte er zusammen mit seiner Frau Lord Walpole auf dessen Landsitz in Wolterton. Doch man konnte Nelson in keiner Hinsicht »aristokratisch« nennen, um jene Nuance zu gebrauchen, mit der die Engländer diejenigen bezeichnen, die wirklich zu den obersten Rängen des Landes gehören. Auch wenn es seine Mittel erlaubt hätten, ist es sehr zweifelhaft, ob er den Ehrgeiz hatte, so eingeordnet zu werden, aber er war und blieb bis zu letzt ein echter »Landmann« und nahm wirklich Anteil an den Lebensbedingungen der arbeitenden Bevölkerung in seiner Umgebung. Trotz seiner konservativen Gesinnung, der Gesinnung eines hundertprozentigen Tory, der den Reformen der damaligen Zeit zutiefst mißtraute (etwa dem berühmten Dr. Joseph Priestley, der sich für mehr Rechte und bessere Bezahlung für die Arbeiter einsetzte), wünschte er sich dringend eine Verbesserung der Lebensbedingungen der arbeitenden Bevölkerung – immer vorausgesetzt, daß dies auf legalem Wege und von oben erfolgte.

Und so schrieb er denn im Dezember 1792 an Prinz William, der mittlerweile Herzog von Clarence geworden war: »Daß der arme Arbeiter tatsächlich mit Versprechungen und Hoffnungen auf bessere Zeiten verleitet worden ist, wird Eure Königliche Hoheit nicht mehr verwundern, wenn ich Euch versichere, daß sie wirklich alles entbehren müssen, was das Leben behaglich macht. Ein Teil ihrer Nöte ist vielleicht unvermeidlich wegen der Kostspieligkeit aller zum Leben erforderlichen Gegenstände; doch vieles rührt auch von der Nachlässigkeit des Landedelmannes her, der die Bauern nicht dazu bestimmt hat, die Löhne um ein weniges, entsprechend dem gestiegenen Preise der zum Unterhalt notwendigen Dinge, zu erhöhen. Das beigefügte Schriftstück wird Eurer Königlichen Hoheit einen Begriff von ihrer Lage geben... Ich habe große Sorgfalt darauf verwandt, daß es in keines Landedelmannes Macht steht zu sagen, ich hätte die Nöte der Armen größer gemacht, als sie tatsächlich sind.« Das »beigefügte Schriftstück«, das Nelson einige Mühe gekostet haben dürfte, zeigt, daß »ein Arbeiter in Norfolk mit einer Frau und drei Kindern, vorausgesetzt, er sei keinen einzigen Tag im Jahre an der Arbeit gehindert«, vielleicht ein Jahreseinkommen von 23 Pfund und einem Schilling hatte. Nelson führte sorgfältig alle unumgänglichen Ausgaben auf, verglich sie mit den Höchstbeträgen, die man verdienen konnte, und zog daraus den folgenden Schluß: »Nicht ganz zwei Pence pro Tag und Person; und nichts zu trinken als Wasser, denn Bier bekommen unsere armen Arbeiter nie zu schmecken, es sei denn, sie sind versucht, was nur allzuoft der Fall ist, in die Bierschänke zu gehen.«

Sein Mitgefühl und seine Anteilnahme unterschieden ihn vom »Landedelmann«, und diese Eigenschaften machten ihn auch zu einer Ausnahme unter den Offizieren eines brutalen Jahrhunderts. Einen sehr zutreffenden Kommentar, der vielleicht dazu beiträgt, daß wir Nelson in diesen Jahren auf dem Lande besser verstehen, finden wir in Ronald Blythes *Aktenfield*, das im großen und ganzen dieselbe Region Englands, wenn auch im 20. Jahrhundert, behandelt: »Die Ostengländer sind ein eigenes Volk, das ist der Unterschied. In Westengland und Wales redet man wie ein Wasserfall, aber in Ostengland sind die einzigen, die frei von der Leber weg sprechen, die Fischer. Wenn ein Junge vom Dorf zur Marine geht, kann man immer wieder feststellen, daß er sich jetzt leichter tut mit dem Reden. Das liegt an der Freiheit des Meeres, die die Menschen übernehmen. Die Bewohner des Landesinneren haben kein solches Freiheitsgefühl.« Wenn Nelson nicht zur See gegangen wäre, hätte er vielleicht wie seine Nachbarn nichts Ungewöhnliches in der Armut gesehen, die ihn umgab.

Er grub Erde um, bestellte den Garten, ertrug die kalten Winter, wußte mittlerweile, daß seine zarte und nervöse Frau ihm wohl keine Kinder schenken würde, war aus dem aktiven Dienst ausgeschieden, obwohl wieder Krieg zu drohen schien – und diese Situation hätte Nelson durchaus auch zur Verzweiflung treiben können. Es war ihm bekannt, daß man ihn höheren Orts nicht schätzte. Hatte nicht Lord Hood auf eine Anfrage von ihm gesagt, »der König habe eine schlechte Meinung« von ihm? Diese Bemerkung vergaß Nelson nie, Schlimmeres konnte ihm sein König nicht antun. Und er hatte geglaubt, ihm mit der Wahrung der britischen Interessen in Westindien ehrenvoll und treu gedient zu haben. Im Dezember 1792 – sein langes Exil ging allmählich zu Ende (was er freilich nicht wissen konnte) – schrieb er an den Herzog von Clarence, der sich nach seiner Beziehung zu Lord Hood erkundigt hatte: »Ich darf Euch sogleich und aufrichtig antworten. Wir haben lange Zeit keine Verbindung miteinander gehabt. Der Briefwechsel, den wir pflegten, wurde wegen einer Meinungsverschiedenheit eingestellt. Doch in Anbetracht unserer früheren Vertrautheit habe ich es bisher, wann immer ich nach London kam, für richtig gehalten, mich bei Seiner Lordschaft in Erinnerung zu bringen. Ich kann Lord Hood gewiß nicht als meinen Freund betrachten, doch habe ich die Genugtuung zu wissen, daß ich Seiner Lordschaft niemals begründeten Anlaß gegeben habe, mein Feind zu sein.«

Seit dem Winter 1791 lebten Fanny und Horatio allein im Pfarrhaus. Hochwürden Edmund, dessen Augenlicht immer schwächer wurde und dessen Gesundheitszustand sich allgemein verschlechterte, hatte ein Häuschen im nahen Burnham Ulph gemietet, von wo aus er seine Pflichten leichter erfüllen konnte. Jedes Frühjahr ging Nelson nach London, um an einem *Levee** teilzunehmen, denn obwohl er in Ungnade war, sollte man ihn nicht vergessen; auch konnte er es nicht ertragen, daß die Jahre dahingingen und er seine Offizierskollegen weder sah noch sprach. Das Leben des kinderlosen Ehepaars in Burnham verlief nach heutigen Maßstäben unglaublich ruhig. Es folgte einem routinemäßigen Muster, das für das ländliche England völlig normal war. So hatte man es seit Jahrhunderten gehalten, und man meinte, es würde auch immer so weitergehen. Keine Briefe oder Tagebücher in englischer Sprache vermitteln uns ein besseres Bild von diesem Dasein als die des James Woodforde, der von 1776 bis 1803 Pfarrer von Western Longeville war, einem anderen verträumten Dorf in Norfolk. Doch selbst hier begann nach Einträgen im Winter 1792 wie dem folgenden: »Heute zum Mittagessen gekochte Zunge mit weißen Rüben und zwei schöne gebratene Enten« die Außenwelt allmählich einzudringen. Sogar im abgelegenen Ostengland spürte man den Sturm, der bald über Europa losbrechen sollte und der sich mit der französischen Besetzung der österreichischen Niederlande und der Verbreitung revolutionärer Ideen ankündigte: »Es ist viel die Rede von Pöbelhaufen, welche sich in vielen Teilen des Königreichs, vor allem in Norfolk und in Norwich erheben, von einer großen Anzahl von Clubs in Stadt und Land, die sich als Männer der Entschlossenheit alias Männer der Revolution bezeichnen.« Und am 8. Dezember wurden Pfarrer Woodforde und zweifellos auch die Nelsons in Burnham Thorpe aus der ge-

*Audienz am englischen Hofe am frühen Nachmittag, bei der nur Männer empfangen wurden (Anm. d. Übers.).

wohnten Geruhsamkeit herausgerissen: »Besorgniserregende Berichte in den Zeitungen, täglich ist mit Aufständen in vielen Teilen des Königreiches, London etc. zu rechnen. Eine neue Proklamation des Königs zu den gegenwärtigen Affären ... Alles deutet momentan auf unruhige Zeiten hin, welch letzteres von den Scherereien in Frankreich ausgeht.«

Fünf Tage später schlug der König in einer Rede, die fast jedermann bewunderte und die alle Kennzeichen von Pitts Stil trug, warnende Töne an. Die Friedenszeit würde bald zu Ende gehen, das Lebensmodell, das Europa jahrhundertelang geprägt hatte, würde in Stücke brechen, und unter den vielen, vielen Tausenden, die kurz darauf in den Heeren und Flotten der kriegführenden Mächte kämpften, würde sich auch ein vergleichsweise unbekannter Kapitän zur See aus Norfolk befinden. Im Hinblick auf die gegenwärtige Welle der Unruhe meinte der König: »Der Geist des Tumultes und der Unordnung ... hat sich mit aufständischen und aufrührerischen Handlungen bezeugt, welche das Einschreiten des Militärs zur Unterstützung des Magistrates nötig werden ließen. Die Industrie machte sich daran, unter mannigfaltigen Vorwänden Unzufriedenheit zu schüren, und scheint in verschiedenen Teilen des Königsreiches von einem Plane ausgegangen zu sein, der dem Versuche dient, unser glückliches Befinden zu zerstören und alle Ordnung und Regierungsgewalt zu untergraben; und dieser Plan ist offensichtlich in Verbindung und Übereinkunft mit Personen im Auslande verfolgt worden. Bisher ist die Neutralität in kontinentaleuropäischen Angelegenheiten gewahrt worden, doch die französischen Bemühungen, in anderen Ländern zur Unruhe aufzustacheln und ›Eroberungs- und Erweiterungspläne zu betreiben‹, verursachen mir ein ernstliches Unbehagen.« Er sagte weiterhin, er müsse daher die See- und Landstreitkräfte zu Zwecken der Landesverteidigung präventiv vergrößern. »Ich bin überzeugt, daß diese Aufwendungen beim gegenwärtigen Stande der Angelegenheiten vonnöten und am besten geeignet sind, sowohl die innere Ruhe aufrechtzuerhalten als auch ein gefestigtes und maßvolles Betragen herbeizuführen, welches der Bewahrung der Segnungen des Friedens förderlich ist.«

Unter den vielen Schiffen, die dazu bestimmt waren, in dem Krieg zu kämpfen, der dann bald ausbrach, befand sich auch die *Agamemnon* (64 Kanonen). Sie lag in Chatham, wo Nelsons Laufbahn bei der Kriegsmarine begonnen hatte

9 Die Agamemnon

Die anfängliche Begeisterung, mit der die Französische Revolution in einigen Teilen Großbritanniens begrüßt worden war, hielt nicht lange an. Daß eine autokratische Monarchie, die sich durch Extravaganzen und törichte Handlungen hervorgetan hatte, zerschlagen wurde, war das eine, und nicht nur Männer wie Charles James Fox* jubelten über das, was sie für eine europäische Morgenröte hielten. Doch das andere waren die Hinrichtung Ludwigs XVI. im Januar 1793, die Greueltaten in Frankreich und die Gefahr, daß sie auf England überspringen und die republikanisch Gesinnten anstecken würden. All das reichte aus, um eine weitverbreitete Entschlossenheit herbeizuführen und zu stärken, die Entschlossenheit, die Ausbreitung einer weiteren »Franzosenkrankheit« (eine Umschreibung für die Syphilis) zu verhindern. Der Konvent in Paris, der »allen Völkern, die ihre Freiheit zurückgewinnen wollen«, seinen Beistand versprochen hatte, war für die Briten nicht akzeptabel. Wie miserabel auch viele von ihnen behandelt wurden, sie suchten keine ausländische Hilfe.

Die nachfolgenden Handlungen des Konvents bewiesen dann, daß »jede Revolution etwas vom Bösen an sich hat«. Männer wie Nelson hätten der Rede beigepflichtet, die Edmund Burke vor etwa neunzehn Jahren gehalten hatte: »Die Freiheit, die ich meine, ist eine Freiheit, die mit Ordnung einhergeht; Ordnung und Tugend gesellen sich nicht nur zu ihr, sondern sie kann ohne diese nicht existieren.«

Nelson, der entweder eilig nach London berufen worden oder aus eigenem Antrieb dorthin gegangen war (er wußte, daß man bei der Vergrößerung der Flotte einen wirklichen Kapitän mit vierzehn Jahren Dienstzeit kaum übergehen würde), schrieb am

*Englischer Staatsmann, geb. 1749, gest. 1806, Führer der Whigs, Gegner Pitts und Anhänger eines entschiedenen Liberalismus (Anm. d. Übers.).

7. Januar 1793 einen überschwenglichen Brief an Fanny: »*Post nubila Phoebus* – Dein Sohn wird Dir den Sinnspruch erklären –, auf Wolken folgt Sonnenschein. Die Admiralität lächelt mir derart freundlich zu, daß ich wahrhaftig so überrascht bin, wie wenn sie die Stirne runzelte. Lord Chatham entschuldigte sich gestern bei mir vielmals dafür, daß er mir nicht schon vorher ein Schiff gegeben habe, doch wenn ich zunächst ein Schiff mit 64 Kanonen haben wolle, sollte ich, sobald es fertig sei, das Kommando bekommen und, sobald es in seiner Macht stünde, auf ein 74er versetzt werden.« Am 26. Januar teilte ihm Lord Hood mit, daß er die *Agamemnon* in Chatham befehligen würde. Sie war in Buckler's Hard am Beaulieu-Fluß in Hampshire gebaut worden, und Nelson verkündete fröhlich, sie sei »ohne Ausnahme eines der schönsten 64er in der Kriegsmarine... mit bemerkenswert guten Segeleigenschaften«. Fanny nahm die Nachricht nicht eben begeistert auf, und die Ankündigung, daß der Krieg jederzeit ausbrechen könne, dürfte sie kaum heiterer gestimmt haben. Sie sorgte sich immer ängstlich um die Sicherheit ihre Mannes, was zwar für ihre Liebe sprach und ganz natürlich war, aber schlecht für die Frau eines Seeoffiziers paßte. Jedenfalls wollte sie nicht alleine im Pfarrhaus wohnen, und Nelson mußte dafür sorgen, daß sie in dem Marktflecken Swaffham unterkam, bevor er sich eiligst an Bord der *Agamemnon* begab. Ein Schiff! Wieder auf einem Schiff nach all den Jahren, in denen es so ausgesehen hatte, als müßte er für immer an Land bleiben und das langweilige, trübselige, eintönige Leben im Pfarrhaus ertragen, ohne den Trost zu haben, Kinder großzuziehen... Am 1. Februar erklärte die Republik Frankreich England und Holland den Krieg. Sechs Tage später war Nelson an Bord der *Agamemnon*.

Er hatte in Verbindung mit seinem alten Freund Locker gestanden, der mittlerweile Kommodore in Sheerness war. Locker half ihm, seine Crew zusammenzustellen. Nelson hatte bereits getan, was er konnte, um in Norfolk und Suffolk Freiwillige zu finden: »Ich habe einen Leutnant und vier Kadetten auf den Weg geschickt, damit sie in allen Seehäfen Norfolks Männer suchen und sie nach Lynn und Yarmouth spedieren.« Im Stammrollenbuch des Schiffes, dem Verzeichnis seiner Crew, standen somit bald viele ostenglische Namen, und da ein Freiwilliger leicht eine beliebige Anzahl zum Dienst gepreßter Männer aufwog, konnte Nelson nicht nur mit seinem Schiff, sondern auch mit seinen Leuten zufrieden sein. Nun war er in der Lage, einem Suckling zu helfen, und er nahm seinen Vetter Maurice Suckling als Leutnant an Bord, während Fannys Sohn Josiah, mittlerweile zwölf Jahre alt, in der Kadettenmesse mitfuhr. Arme Fanny! Sie war jetzt, abgesehen von den Besuchen bei Hochwürden Edmund und anderen Verwandten in der Nachbarschaft, völlig allein. Was dagegen Nelson betrifft, so spricht aus seinen Briefen das reine Glück. Am 15. März 1793: »Wenn der Wind nach Nordwest dreht, segeln wir morgen den Fluß hinunter und sind so schnell wie möglich nach Spithead befohlen, da wir, wie Lord Hood mir schriftlich mitteilt, unverzüglich in Dienst treten sollen; er gibt zu verstehen, daß wir auf Kreuzfahrt gehen und dann zu seiner Flotte in Gibraltar stoßen sollen: deshalb bin ich sehr darauf bedacht, nach Spithead zu kommen. Ich war niemals bei besserer Gesundheit und hoffe, Du hast ein neues Leben im Sinn.« (Fannys Onkel, John Herbert, war gestorben und hatte ihr ein Erbe hinterlassen.) Nelson war außer sich vor Freude über sein Schiff, seine Offiziere und Männer und den neuen Abschnitt in seiner Beziehung zu Lord Hood. »Spithead, den 29. April. Wir sind gestern abend in Spithead angekommen, und heute morgen habe ich Order erhalten, bis zum 4. Mai in See zu stechen, zu welcher Zeit ich in Portsmouth sein werde: Lord Hood wird dort sein, und es ist jetzt gewiß, daß ich mit ihm gehe. Wir befinden uns alle gut: In der Tat kann niemand verdrossen sein bei meiner Schiffsbesatzung, es sind so prächtige Leute.«

Die Schiffe, die im Mittelmeer unter Lord Hoods Kommando stehen sollten, sammelten sich im Kanal. Ein Konvoi aus Westindien mußte sicher nach Hause geleitet werden, und erst im Juni segelten elf Linienschiffe, »Fregatten etc.« in Richtung Süden. Die Spanier hatten sich noch nicht schlüssig werden können, wie sie sich Frankreich gegenüber verhalten sollten, und waren zu dieser Zeit nicht abgeneigt, die andere Möglichkeit in Erwägung zu ziehen – die Briten. Aus diesem Grund wurde ein Teil der Flotte, darunter auch die *Agamemnon*, zu einem Freundschaftsbesuch nach Cadiz eingeladen, und dadurch bekam Nelson Gelegenheit, über die Schiffe und Männer nachzudenken und zu schreiben, mit denen England, nachdem sich Spanien mit Frankreich verbündet hatte, dann im Krieg lag. Die Spanier bauten gute Schiffe, das gab er bereitwillig zu: »In Cadiz haben sie vier Linienschiffe Erster Klasse in Dienst, sehr schöne Schiffe, aber entsetzlich bemannt... Ich bin sicher, wenn die Crew unserer sechs Barkassen, welches ausgewählte Männer sind, an Bord eines ihrer Linienschiffe gelangten, würden sie es aufbringen, die ›Dons‹ mögen schöne Schiffe bauen, aber sie haben keine guten Leute.«

»Nicht die Schiffe zählen, sondern ihre Besatzung« – das wußte niemand besser als dieser Beobachter, der nun angewidert fortfuhr mit einem »Stierkampf, wofür die Spanier berühmt sind; und nach der Geschicklichkeit, mit welcher sie diese Tiere angreifen und töten, wählen die Damen ihre Gatten aus«. Man sieht förmlich, wie sich der sensible Mund verzieht, hört den mißbilligenden Ton in der Stimme des Pfarrersohns. »Daß Frauen diesem Schauspiel bis zum Ende beiwohnen können und gar Beifall klatschen, ist erstaunlich. Uns wurde übel davon, und wir konnten es kaum ertragen: die toten, zerfleischten Pferde mit den herausgerissenen Eingeweiden und die blutbesudelten Stiere waren zuviel.« Es handelte sich um ein Spiel, es geschah zur Unterhaltung. Man spürt Nelsons abfälliges Verdikt, doch genau die Engländer, die sich durch dieses Spektakel abgestoßen fühlten, würden all das und sehr viel mehr ertragen können als die Spanier in der Stierkampfarena, darunter ihre eigene Vernichtung, die Vernichtung ihrer Kameraden und ihrer Feinde. Er sah sein Urteil bestätigt, als Lord Hoods Schiffe einige Wochen später mit 24 spanischen Linienschiffen zusammentrafen, die gemeinsam mit den Briten im Mittelmeer operieren sollten. Eine spanische Fregatte schickte eine Botschaft herüber. Man könne sich den Briten nicht anschließen, da man so viele Kranke an Bord habe, daß man gezwungen sei, Cartagena anzulaufen. Der Kapitän der Fregatte fügte hinzu, »es sei kein Wunder, daß sie krank seien, denn man sei sechzig Tage auf See gewesen«. Nelson fand das völlig absurd. »Diese Rede erschien uns lächerlich; denn dem Umstand, daß wir länger als sechzig Tage auf See gewesen sind, schreiben wir es zu, daß wir mittlerweile gesund und kräftig sind. Das hat mir fest das Ausmaß ihrer seemännischen Fähigkeiten eingeprägt: Mögen sie lange in diesem ihrem gegenwärtigen Zustand verbleiben.«

Am 27. Juni 1793 lief die *Agamemnon* gemeinsam mit Lord Hoods Flotte aus Gibraltar aus. Es waren mit Lord Hoods Flaggschiff, der *Victory*, neunzehn Linienschiffe. Sie gaben fünzig Kauffahrteischiffen Geleitschutz. An den Flanken und als Vorausabteilung waren flinke Fregatten eingesetzt. In der Straße von Gibraltar wimmelte es von Segeln, als die Briten, die hereinfließende Strömung unterm Kiel, ins Mittelmeer einfuhren. Es sollte für viele Jahre das Zentrum von Nelsons Leben und der Schauplatz der großen Siege sein, die ihm Ruhm brachten. Die *Agamemnon*, auf der er jetzt das Leben und die Verantwortung eines Kapitäns genoß, würde ihrem anspruchsvollen Namen gerecht werden.

Auf der *Agamemnon* war Nelson glücklich wie nie zuvor und selten danach – zumindest nicht im selben Maße. Sie war sein letztes Einzelkommando, sie segelte gut, und er hatte Vertrauen zu ihren Offizieren und zu ihrer Crew. An Bord dürfte er vermutlich nicht so viel Platz, aber ebensoviel Komfort gehabt haben wie in dem bescheidenen Pfarrhaus von Burnham. Seine Kajüte hatte etwa die Maße eines kleinen Zimmers mit niedriger Decke. Sie wurde von Fenstern erhellt, und bei Tag hatte er stets das stille und glatte oder vom Wind bewegte Meer vor sich. Nachts, wenn der Kapitän Gäste bewirtete, spiegelte sich auf seinem Tisch die Lampe mit ihrem sanften Schein. Doch meistens führte er wie alle Kapitäne auf See ein sehr einsames Leben: das war mit ungeheuren Belastungen verbunden (von denen des Kommandos einmal abgesehen), die so manchen Kapitän zum grausamen Tyrannen oder zum betrunkenen Exzentriker machten. Zum Glück hatte sich Nelson schon als Junge unter dem Einfluß seines Vaters in Selbstdisziplin geübt und außerdem gelernt, wie man mit Einsamkeit, Stille und Monotonie fertig wird. Das Leben auf einem Kriegsschiff konnte man freilich nicht monoton nennen, denn am Tag fanden Übungen statt, um die Crew in Form zu halten und um zu gewährleisten, daß alle Manöver so präzise und reibungslos durchgeführt wurden, wie es der Admiral der Flotte forderte. Und Lord Hood war bekannt dafür, daß er viel verlangte. Doch auch abgesehen davon gab es stets Bewegung auf dem Schiff: die Wachablösung, das »Alle Mann an Deck!«, wenn der Wind auffrischte und die Segel gerefft werden mußten, die täglichen Schießübungen und die ständigen Wartungsarbeiten am Schiff. Die Mahlzeiten und die Pausen nach dem Abendessen, in denen die Matrosen zur Musik von Flöten und Fiedeln tanzten, rundeten den Tag ab. Und all das wurde begleitet vom Rhythmus des Windes und der See, vom Trappeln nackter Füße, vom Schlagen und Knattern der geblähten Segel, wenn das Schiff wendete, vom Knarren der Leinen in den Blöcken und Taljen und von den ersterbenden Seufzern, wenn es auf neuem Kurs lag. Doch die absolute Einsamkeit des Kommandos blieb. John Masefield, der das Meer kannte wie wenige Dichter, der auf Windjammern gedient und Kap Horn umsegelt hatte, schrieb davon in seinem *Sea Life in Nelson's Time* (1905): »Der Kapitän eines Schiffes auf See ist nicht nur Kommandant, sondern auch ein Richter des Obersten Gerichtshofs und eine Art von menschlichem Pendant zur Gottheit... Fast hatte er Macht über Leben und Tod seiner Untertanen. Ihr Leben durfte er ohne das Einverständnis von seinesgleichen nicht antasten, doch er konnte einen Mann bis zur Bewußtlosigkeit auspeitschen lassen und seine Offiziere degradieren oder befördern. Er hatte die Macht zu binden und zu lösen, und vielleicht hatte kein einzelner je so viel Gewalt über das Schicksal seiner Untergebenen gehabt, wie sie ein Kapitän auf See während der Napoleonischen Kriege über seine Leute hatte. Er lebte allein wie ein kleiner Gott, den Blicken durch die Wände seiner Kajüte entzogen und stets behütet von einem Posten im roten Rock, der mit einem blanken Degen bewaffnet war. Wenn er auf Deck trat, stoben die Leutnants aus Respekt vor dem großen Mann sofort nach der Leeseite hinüber. Niemand an Bord wagte es, ihn anzureden, es sei denn, man hatte ihm eine Frage zu den Pflichten des Tages zu stellen. Kein Matrose konnte mit der Kappe auf dem Kopf zu ihm sprechen. Man entblößte das Haupt vor seinem Kapitän wie vor seinem Gott.« Das stimmte wohl, aber es gibt viele Beweise dafür, daß Nelson keiner von den unnahbaren und gleichgültigen »Göttern« war, die sich nur zeigten, um Donnerkeile zu schleudern. Er kümmerte und sorgte sich um seine Leute, weil er wußte, daß ein »krankes« Schiff nichts leisten kann. Mit strengen Vorschriften regelte er die Belüftung der Räume unter Deck, die Verproviantierung mit Wein (sofern Wein verfügbar war), den er für gesundheitsfördernd hielt, und die Ausgabe von Limonen oder Zitronensaft zur Vorbeugung gegen Skorbut. Im Juli – die Schiffe fuhren nach Norden, der französischen Küste entgegen – schrieb er fröhlich an den Herzog von Clarence: »Gesund und kräftig macht unsere Flotte ihren Weg: wir segeln in drei Divisionen, geführt von *Victory, Colossus und Agamemnon.*«

Hoods erstes Ziel bestand darin, die große französische Flotte, die in Marseille und Toulon lag, in Schach zu halten oder in ein Gefecht zu verwickeln. Zunächst sollte Toulon belagert werden, die wichtigste Werft der französischen Flotte im Mittelmeerraum. Es wurde berichtet, daß an die dreißig Linienschiffe unter dem Befehl von Konteradmiral Trogoff bereit zum Auslaufen seien. Das erwies sich als etwas übertrieben (ihre Zahl lag näher bei zwanzig), außerdem waren wenige in der Lage, sich auf See zu wagen und ein Gefecht zu liefern. Bei der französischen Kriegsmarine herrschten damals chaotische Verhältnisse. Die Disziplin war vollständig zusammengebrochen, viele royalistische Offiziere hatte man fortgeschleift und geköpft. Toulon befand sich in einem verzweifelten Zustand, die Stadt hungerte, und ihre Bürger waren in bitter verfeindete Fraktionen aufgespalten, in Revolutionäre und Royalisten.

Die Blockade wurde den langen, heißen Sommer über fortgeführt, die Flotte kreuzte vor der gelbbraunen Küste hin und her, es gab wenig Abwechslung – bis auf einen Besuch in Genua: Man protestierte bei der genuesischen Republik, weil sie die Franzosen mit Getreide belieferte. Tag für Tag fuhren die Schiffe hin und her – mit schlagenden Segeln, wenn der Wind nachließ und nur die Dünung blieb; mit gerefften Segeln, wenn der Mistral scharf und kalt vom Norden, vom Land her blies. Am 4. August schrieb Nelson vor Toulon an Fanny. Ein Schiff, das von der Flotte abkommandiert war und nach England zurückkehrte, nahm den Brief mit: »Ob die Franzosen die Absicht haben, sich zu zeigen, scheint ungewiß: Sie haben eine Streitmacht, welche der unseren gleichkommt. Unsere Matrosen würden sich sehr freuen, sie zu sehen; und da unsere Flotte ganz bei Kräften und gesund ist, wage ich zu behaupten, daß wir sie wohl abfertigen würden. Ich glaube kaum, daß der Krieg lange dauern kann, denn worum geht's in diesem Kriege? Ich sehne mich sehr nach einem Brief von Dir, neben Deiner Gesellschaft ist das die größte Freude, die mir zuteil werden kann. Mit einem so guten Weib verehelicht zu sein, betrachte ich rückschauend als die glücklichste Zeit in meinem Leben; und da ich hier nicht meine Zuneigung zu Dir zeigen kann, zeige ich sie doppelt Josiah, der es um seiner selber willen wie um Deinetwillen verdient, denn er ist wirklich ein guter Junge ... Lord Hood hat mir ein 74er angeboten, doch ich habe abgelehnt; da die Admiralität beliebt hat, mich mit einem 64er zu betrauen, bleibe ich hier. Ich kann meine Offiziere nicht im Stiche lassen.« Er war glücklich auf der *Agamemnon,* die ihrem Ruf als schneidiges Schiff gerecht wurde, »denn da wir schnell segeln, sind wir stets beschäftigt«. Selbst ein Schiff mit 74 Kanonen konnte ihn nicht dazu verlocken, die *Agamemnon* aufzugeben.

»Der Hunger zähmt auch einen Löwen« – dieses alte Sprichwort zitierte Nelson in einem anderen Brief. Die Blockade und die Auseinandersetzungen in der Stadt zeitigten Ende August das gewünschte Ergebnis: Die weiße Flagge wurde gehißt und die revolutionsfeindliche Fraktion Toulons ergab sich den Briten. Die Fotte, die Werften, »die tüchtigsten in Europa«, fügten sich kampflos. Lord Hood war es jetzt darum zu tun, genügend Soldaten zu bekommen, damit Toulon für den unvermeidlichen Gegenangriff gerüstet war. Da die *Agamemnon* so vorzügliche Segeleigenschaften hatte, fiel Lord Hoods Wahl auf sie: Sie sollte Sir William Hamilton, dem britischen Gesandten und Generalbevollmächtigten am Hof des Königreichs beider Sizilien in Neapel, einige Depeschen überbringen. Hood ersuchte darum, man möge möglichst viele Soldaten zur Verteidigung von Toulon abkommandieren. Das geschah in Übereinstimmung mit einem Vertrag, den Sir William und Sir John Acton ausgehandelt hatten. Acton war ein Engländer französischer Abstammung und Premierminister von König Ferdinand I. und seiner Frau Maria Carolina, der Schwester von Marie Antoinette. Nach diesem Vertrag zwischen Großbritannien und Neapel stand die neapolitanische Kauffahrteiflotte unter dem Schutz der britischen Kriegsmarine im Mittelmeer, solange sie keinen Handel mit Frankreich betrieb. Außerdem durfte Neapel ohne britische Zustimmung keinen Separatfrieden schließen. Dieser Vertrag gehörte zu den Triumphen in Sir William Hamiltons diplomatischer Laufbahn, und es nimmt daher nicht wunder, daß die Ankunft des ersten britischen Kriegsschiffes nach Abschluß des Vertrages als Ereignis angekündigt wurde. Einen langen Brief an Fanny – »Begonnen vor der Insel Sardinien den 7. September, beendet vor Neapel den 11. September 1793« – beschloß Nelson mit den Worten: »Wir sehen jetzt den Vesuv, der uns sein schönes Licht über der Bucht von Neapel zeigt, wo wir die Nacht über beigedreht liegen und hoffen, morgen früh vor Anker gehen zu können.« Fünf Jahre später war Nelson tief in die Angelegenheiten des Königreichs beider Sizilien verstrickt, und dabei erfuhr er sehr viel mehr von den Verwicklungen des Ganzen, von den Hauptdarstellerinnen und -darstellern auf der Bühne – freilich bemerkte er auch dann noch auffallend wenig von den opernhaften Komplotten in seiner Umgebung. Als wirklicher Kapitän, der das Libretto kaum oder gar nicht kannte, sah er in wenigen Tagen in Neapel nur, wie bezaubernd die Vorstellung war. Und darum ist es am besten, wenn wir zunächst versuchen, die Personen mit den Augen des Kommandanten der *Agamemnon* zu betrachten, der keine Erfahrungen mit der großen Welt hatte. Der dreiundsechzigjährige Sir William zum Beispiel war wohlwollend und distinguiert, ein Diplomat, wie er im Buche stand, und ein Mann mit Geschmack, der Antiken sammelte. Seine Frau, Lady Hamilton, hatte ein schönes Gesicht und eine sinnliche Gestalt. Was den König und die Königin betraf, so schloß allein ihr hoher Stand es aus, daß Nelson sie kritisch zu beurteilen versuchte. Die

Tatsache, daß König Ferdinand ein derber Possenreißer und Königin Maria Carolina (trotz ihrer zahllosen Schwangerschaften) die eigentliche Macht hinter dem Thron war, dürfte ihm sicher entgangen sein. Sir John Acton, der 1791 zu seinem englischen Titel und zu seinen englischen Besitzungen gekommen war und in der toskanischen Kriegsmarine gedient hatte, hatte wenigstens etwas seemännische Erfahrung mit Nelson gemeinsam – aber kaum mehr. Er war Politiker bis in die Fingerspitzen, ein tüchtiger Politiker dazu, und er hatte gemeinsam mit Sir William den Schachzug durchgeführt, den spanischen Einfluß in Neapel durch den britischen zu ersetzen. Sir William und Nelson fanden Gefallen aneinander, und Lady Hamilton war reizend zu dem jungen Josiah – sie zeigte ihm die Sehenswürdigkeiten der Stadt. Nelson wiederum wurde von Sir William Hamilton mit außerordentlicher Liebenswürdigkeit behandelt. Sir William brach sogar mit seiner alten Gewohnheit, Menschen, die Neapel besuchten, nicht als Hausgäste aufzunehmen. Er stellte Nelson ein schönes Schlafzimmer zur Verfügung und bewirtete ihn mit allem, was sein Heim, der Palazzo Sessa, bieten konnte. König Ferdinand ließ den vierunddreißigjährigen Kapitän der *Agamemnon* bei einem Diner, das ihm zu Ehren im Königlichen Palast gegeben wurde, zu seiner Rechten sitzen (die Königin nahm nicht daran teil, weil sie wieder kurz vor einer Niederkunft stand). Nelson schrieb an Fanny: »Wir werden von ihm die Retter Italiens geheißen, und besonders Retter seiner Ländereien.« Über Lady Hamilton bemerkte er: »Sie ist eine junge Frau (sie war damals etwa 28 Jahre alt) mit gewinnenden Manieren und macht der Stellung Ehre, zu welcher sie aufgestiegen ist.« Ihre niedrige Herkunft dürfte ihm natürlich bekannt gewesen sein, aber er konnte nicht wissen, wie sie, die Tochter eines Hufschmieds, ihren Weg gemacht und Sir William geheiratet hatte. Die Geschichte, die Emma später erzählte – ihr Mann habe gesagt, bevor er ihr Nelson vorstellte, aus »diesem kleinen und beileibe nicht gutaussehenden Menschen« würde »der größte Mann« werden, »den England je hervorgebracht hat« –, diese Geschichte muß man für sehr suspekt halten. Sir William ehrte diesen bis jetzt unbekannten Kapitän vielleicht auch deshalb, weil er sein offenes Wesen schätzte, aber in erster Linie wohl, weil es in diesem historischen Augenblick politisch klug war, so zu handeln. Mit der Ankunft der *Agamemnon* – Beweis der britischen Präsenz im Mittelmeer – wurde gewissermaßen der Vertrag besiegelt, den Neapel und Großbritannien soeben geschlossen hatten. Die praktische Ratifizierung des Abkommens bestand darin, daß sich sechstausend Soldaten sammelten, die, Lord Hoods Wunsch entsprechend, nach Toulon transportiert werden sollten.

Nelson wollte die Liebenswürdigkeit des Königs erwidern und ihn, die Hamiltons und andere wichtige Persönlichkeiten offiziell auf sein Schiff einladen und sie dort bewirten. Doch bevor Ferdinand eintraf – alles wartete auf die königliche Barke –, lief die Meldung ein, vor Sardinien sei ein französisches Kriegsschiff gesichtet worden, das einen Geleitzug eskortiere. In der Bucht lagen zwar einige neapolitanische Kriegsschiffe, aber Nelson stellte fest, daß sie nicht geneigt waren, die Anker zu lichten und die Verfolgung aufzunehmen. »Im Hinblick auf die Ehre unseres Vaterlandes blieb mir nichts übrig, als in See zu gehen, was ich zwei Stunden danach auch tat.« Die vornehmen Gäste wurden an Land gebracht, und die *Agamemnon*, Repräsentantin der schützenden Hand Großbritanniens, zeigte, wie schnell ein diszipliniertes und gut bemanntes Schiff die Trivialitäten wie die Artigkeiten des Festlands hinter sich lassen und in See stechen konnte. Der Umstand, daß Nelson seinen Gegner erst einholte, als dieser im neutralen Livorno sicher vor Anker lag, tat dem Eindruck, den sein rasches Handeln gemacht hatte, keinen Abbruch. Das zeugte von einer Tüchtigkeit, die Sir William Vertrauen eingeflößt haben muß. Nelson war nur vier Tage in Neapel gewesen. Fünf Jahre vergingen, bevor er und die Hamiltons sich wiedersahen.

10 Kampf

Am 5. Oktober stieß die *Agamemnon* wieder zur Flotte in Toulon. Sie traf fast zur selben Zeit ein wie die Soldaten aus Neapel, etwa viertausend Mann. Lord Hood war hocherfreut darüber, daß man seiner Bitte um Hilfe so prompt entsprochen hatte. Zweifellos glaubte er, man habe dies bis zu einem gewissen Grad Nelsons Tüchtigkeit als Kurier und Unterhändler zu verdanken. Er wollte Nelson belohnen und wußte außerdem, daß die *Agamemnon* (die eigentlich schon längst überholt werden mußte) trotz einiger krankheitsbedingter Ausfälle bei der Besatzung das schneidigste Schiff seiner Flotte war. Darum kommandierte er Nelson mit versiegelter Order ab – er sollte zu einem Geschwader stoßen, das unter der Führung von Kommodore Linzee vor Sardinien operierte. Hood ahnte bereits, daß die Belagerung von Toulon durch die Revolutionsstreitkräfte, die täglich an Intensität zunahm, trotz des zusätzlichen Kontingents aus neapolitanischen Soldaten alle Aussichten hatte, letztlich ein Erfolg zu werden. Es war ihm daran gelegen, daß die britische Flotte in diesem Fall auf einen anderen Stützpunkt ausweichen konnte. Seiner Meinung nach war Korsika dafür geeignet. Wenn man auf der Insel erst einmal Fuß gefaßt hatte, konnte man sie leichter halten, denn das französische Festland war ein gutes Stück entfernt, und was die Korsen betraf, so stand zu erwarten, daß sie konservativ waren oder zumindest nichts für die Revolution übrig hatten. Kurioserweise wurde zu der Zeit, da man diese Aktion erwog, ein junger Artillerieoffizier aus Korsika, der »Bürger Bonaparte, ein voll ausgebildeter Kapitän«, nach Toulon geschickt. Man brauchte ihn bei der Artillerie, der frühere französische Kommandeur war verwundet worden. »Buona Parte« (man schrieb seinen Namen gelegentlich noch italienisch) wurde von seinen Fürsprechern, die ihm schließlich den Oberbefehl über die Artillerie und faktisch auch über die Durchführung der Belagerung verschafften, als »der Artillerie-Offizier« bezeichnet, »welcher fähig ist, diese Operation zu planen«.

Auf dem Weg nach Süden erlebte Nelson seinen ersten wirklichen Zusammenstoß mit den Franzosen. Der *Agamemnon* fehlten Leute, sie hatte einige Besatzungsmitglieder in Toulon an Land setzen müssen, und da die Crew jetzt nur noch 345 Mann zählte, konnten nicht alle Geschütze bedient werden. Der Augenzeugenbericht von William Hoste, einem zwölfjährigen Kadetten aus Norfolk, ebenfalls Pfarrerssohn, vermittelt uns einen lebendigen Eindruck von diesem kleinen Gefecht, das so typisch für viele andere Auseinandersetzungen ähnlicher Art war, die in den folgenden Jahren überall auf der ganzen Welt stattfanden: »Am 22. Oktober, als wir in südlicher Richtung die Küste der Insel Sardinien passierten, sichteten wir um zwei Uhr morgens auf der Höhe von Monte Santo, zwanzig Meilen nördlich von Cagliari, fünf Schiffe, die NW-Kurs liefen. Sowie sie uns bemerkten, änderten sie den Kurs und steuerten ostwärts. Kapitän Nelson argwöhnte, daß sie ein französischer Konvoi seien, und setzte ihnen gleich nach. Gegen drei Uhr waren wir dem hintersten Schiffe sehr nah, und um vier Uhr hatten wir es in Schußweite. Wir riefen es auf französisch an, doch da wir keine Antwort erhielten, feuerten wir einen Schuß ab, um es zum Beidrehen und Bergen der Segel zu veranlassen. Nun bemerkten wir, daß es seinen Begleitschiffen, die in einiger Entfernung luvwärts lagen, vermittels Raketen Signale gab. Nachdem wir es zu wiederholten Malen vergebens angerufen hatten, feuerten wir einen unserer Achtzehnpfünder ab, um es zum Streichen der Segel zu nötigen...« Gleichzeitig gingen die unteren Geschützpforten auf. Die Franzosen – es handelte sich um eine Fregatte – merkten, daß sie es mit einem Linienschiff zu tun hatten, und setzten alle Segel, um sich davonzumachen. Bei Tagesanbruch holten die Briten sie ein. Es entwickelte sich ein lebhaftes Gefecht, bei dem die Fregatte ihre größere Geschwindigkeit und bessere Manövrierfähigkeit einsetzte, um der vollen Breitseite der *Agamemnon* zu entgehen. Außerdem brachte sie es fertig, etliche Treffer bei ihrem Gegner zu landen. William Hoste wußte die Leistung der Franzosen durchaus anzuerkennen: »Auf diese Weise attackierte es uns tapfer drei Stunden lang, wobei beide Schiffe mit einer Geschwindigkeit von sechs Knoten liefen... Die anderen Fregatten kamen bei einer frischen Brise auf; demzufolge rechneten wir mit einem heißen Kampfe, weshalb wir darauf bedacht waren, diesen Herrn wegzuputzen, bevor sie da waren; doch gegen acht Uhr geriet unser Gegner, da der Wind sich geändert hatte, außer Reichweite unserer Geschütze. Unsere letzte Breitseite richtete gewaltigen Schaden an; doch was wir einstecken mußten, war ebenfalls nicht unbeträchtlich, denn unsere Takelage war zerschossen und unsere Großstenge gebrochen, was uns daran hinderte, die Fregatte zu verfolgen.«

Die *Agamemnon* war auf vier große Fregatten, eine Korvette und eine Brigg gestoßen. Insgesamt stellten sie den 64 Kanonen und 345 Mann der *Agamemnon* eine Streitmacht von 170 Kanonen und etwa 1600 Mann entgegen. Nelsons Kommentar ist deutlich: »Wenn sie Engländer gewesen wären, hätte ihnen ein 64er niemals entkommen können.« Doch die Fregatte *Melpomene*, gegen die er ins Gefecht gezogen war, hatte großartigen und bewundernswerten Kampfgeist gezeigt. Obwohl sie so stark beschädigt war, daß man sie hätte versenken oder dem Feind überlassen müssen, wenn ihr die Begleitschiffe nicht zu Hilfe gekommen wären, hatte sie bewiesen, daß die französische Kriegsmarine trotz der zerrütteten Verhältnisse im revolutionären Frankreich nicht zu unterschätzen war. Die *Agamemnon* hatte nur einen Toten und ein paar Verwundete zu beklagen, aber ihre Takelage war so beschädigt – vom Verlust der Großstenge ganz zu schweigen –, daß sie das Gefecht, selbst wenn die Franzosen es gewollt hätten, nicht ohne eine Atempause fortsetzen konnte. Es traf sich zufällig, daß die anderen Schiffe zu sehr mit der Rettung der *Melpomene* beschäftigt waren, die 24 Tote und viele Verwundete hatte und fast völlig manövrierunfähig war, um ihrerseits den Kampf fortzusetzen. Nelson rechnete jedoch damit und rief seine Offiziere zusammen, um sie nach ihrer Meinung zu fragen. Sei die *Agamemnon* »imstande, ohne eine kleine Erholung und Erfrischung für unsere Leute den Kampf gegen eine so überlegene Streitmacht aufzunehmen«? Allein das beweist uns ein Vertrauen zu seinen Untergebenen, das in jenen Tagen äußerst selten war und das er auch noch als Admiral in alle setzte, die unter seinem Kommando standen. Nachdem er ihre Meinung gehört hatte – das Schiff, so sagten sie, brauche gewiß eine Ruhepause –, gab er den folgenden Befehl aus: »Abdrehen und Kurs West! Einige von den besten Leuten sollen die Takelage ausbessern, und die Schiffszimmerleute sollen mit Brechstangen und Spillspaken die beschädigten Spieren sichern, damit sie nicht von oben kommen, und für die Leute soll Wein und etwas Brot von unten geholt werden; denn es kann eine gute halbe Stunde dauern, bis wir wieder den Kampf aufnehmen.«

Nach der Ankunft in Cagliari, wo man Kommodore Linzee Hoods versiegelte Order überreichte, war die Crew »die ganze

Nacht lang« damit beschäftigt, »unsere Masten und Rahen zu laschen, die von Schüssen gerissenen Löcher zu schließen, Segel zu flicken und Takelwerk zu spleißen«. Obwohl die *Agamemnon* gerade ein Gefecht hinter sich hatte, gab es keine Zeit zum Ausruhen, denn aus den Befehlen ging hervor, daß das Geschwader sofort nach Tunis segeln und dem Bei wegen seiner franzosenfreundlichen Politik Vorhaltungen machen sollte. (Die fünf Schiffe, mit denen Nelson im Kampf gelegen hatte, waren direkt von Tunis gekommen.) William Hoste beschloß seinen Brief mit dem Bericht über dieses Gefecht mit den folgenden Worten: »Kapitän Nelson wird als eine der führenden Persönlichkeiten der Kriegsmarine angesehen und allgemein von seinen Männern und Offizieren geliebt.« Nur Hostes Vater sollte den Brief lesen. Er war nicht im Hinblick auf die Nachwelt geschrieben, und es gab in jenen Tagen keine Zensur.

Der Bei von Tunis hatte wie der Bei von Algier eine Position inne, die als erste die Brüder Barbarossa geschaffen hatten, jene berühmten türkischen Glücksritter, die im frühen 16. Jahrhundert entlang der nordafrikanischen Küste eine Reihe von Königreichen und Fürstentümern aufbauten, die den europäischen Handel störten. Diese Herrscher lebten vom Plündern, Rauben und Erpressen – sie nahmen zahlungswilligen Nationen ungeheure Gelder dafür ab, daß sie deren Schiffe ungehindert ihre Küste passieren ließen. Im Augenblick begünstigte der Bei die Franzosen, wie ein großer französischer Konvoi bewies, der, eskortiert von einer Fregatte und einem Linienschiff, im Golf von Tunis lag. Linzees Befehl lautete, den Bei davon zu überzeugen, daß er gut daran täte, die französische Revolutionsregierung nicht zu unterstützen und keine freundschaftlichen Beziehungen zu einem Volk zu unterhalten, das seinen König und seine Königin ermordert hatte. Darauf erwiderte der Bei gewandt, daß ein Volk natürlich falsch handle, wenn es dergleichen verübe, doch glaube er, die Geschichte des Volkes, das seine Besucher repräsentierten, wisse davon zu berichten, daß auch die Engländer einmal ihren Monarchen geköpft hätten. Nelson, der gemeinsam mit den anderen Kapitänen bei diesem Gespräch zugegen war, äußerte sich sehr unzufrieden über das Ergebnis: »Die Engländer erzielen durch Verhandlungen selten mehr, als daß sie ausgelacht werden, was auch bei uns der Fall war; und ich schätze das nicht. Um wieviel besser hätten wir verhandeln können, wenn wir das getan hätten, was wir meiner Meinung nach hätten tun sollen, nämlich die Kriegsschiffe samt Konvoi aufbringen, welche mindestens 300000 Pfund wert waren: – 50000 Pfund an den Bei, und er hätte diese Beleidigung für seine Würde glücklich hingenommen.« Doch Linzee war von Lord Hood aus lediglich zum Verhandeln befugt. Er besaß nicht Nelsons stürmisches Temperament, das den Briten, wenn ihm freie Bahn gelassen worden wäre, höchstwahrscheinlich zum Erfolg verholfen hätte. Man muß aber gerechterweise sagen, daß man sich damit womöglich im Süden Feinde gemacht hätte, während alle verfügbaren britischen Schiffe im Norden eingesetzt waren. Nelson freute sich jedenfalls darüber, daß er diesen Ort verlassen konnte: »Gott sei Dank! Lord Hood, der von Linzee um Order ersucht worden ist, wie er sich nach den Verhandlungen verhalten solle, hat mich von dessen Kommando freigestellt...« Er erhielt den Oberbefehl über ein Fregattengeschwader, das vor Korsika operieren, den Handel Englands und seiner Verbündeten beschützen und alle Schiffe hindern sollte, Genua anzulaufen. Dieses Kommando war ein großes Kompliment von Hood, denn es gab bei der Flotte fünf Kapitäne, die eine längere Dienstzeit aufzuweisen hatten als Nelson.

Erleichtert ließ der Kapitän der *Agamemnon* den schwülen Golf von Tunis hinter sich. Er wußte bereits, daß seine Stärke das Handeln und nicht das Verhandeln war. Und dies unabhängige Kommando gab ihm Gelegenheit, seinen Unternehmungsgeist und Wagemut einzusetzen. Zu seiner Enttäuschung mußte er feststellen, daß sich die französischen Schiffe, die er suchte – und mit denen er vor Sardinien ins Gefecht geraten war –, in San Fiorenzo und Bastia verkrochen hatten. Die stark beschädigte *Melpomene* lag in Calvi. Auch die *Agamemnon* war reparaturbedürftig, außerdem, so schrieb er an Kapitän Locker, »sind wir, seit wir von Nore abfuhren, bloß vierunddreißigmal vor Anker gegangen, und dies auch nur, um Wasser und Proviant an Bord zu nehmen«. In dieser Epoche waren die Kriegsschiffe länger auf See als die Amerikaner im Pazifik und die Briten im Atlantik während des Zweiten Weltkriegs. Und die Crews hatten damals keine Zerstreuungen, kümmerliches Essen, das mit jedem Tag, den der Einsatz dauerte, kümmerlicher wurde, und mit ihrem Zuhause konnten sie nur in Verbindung treten, wenn eine Fregatte mit Befehlen auf den Weg geschickt oder ein Schiff von der Flotte freigestellt wurde, um nach Gibraltar oder England zu segeln. Sie kannten und erfuhren das Meer, wie kein Seemann unserer Tage es vermag; auch die Einhandsegler nicht, die alleine reisen und trotz ihrer selbstauferlegten Einsamkeit immer noch über Funk mit der Außenwelt kommunizieren können. Andererseits hatte das Segelschiff ein gewisses Eigenleben, und obwohl es für viele erbärmlich gewesen sein muß, dürfte es für die Mehrheit seine Würde und seine schlichten Vergnügungen besessen haben. Unter diesen Umständen war es der Kapitän, der das Dasein an Bord in den vielen Monaten auf See angenehm oder unerträglich machen konnte, denn sein Einfluß erstreckte sich auf alles. Seit alters sagte man bei der Kriegsmarine: »Wenn der Kapitän mit Kopfschmerzen aufwacht, läßt er's am Ersten Leutnant aus. Und so geht es weiter bis zum jüngsten Matrosen, der die Schiffskatze mit einem Fußtritt über Bord befördert.«

In Toulon war es mittlerweile offensichtlich, daß alles von Fort L'Eguilette abhing, das den Hafen beherrschte. Bonaparte hatte, als er das Kommando übernahm, darauf gedeutet und gesagt: »*Da* ist Toulon!« Sein Urteil sollte sich bald als richtig erweisen. Während Nelson auf See war, Kauffahrteischiffe schützte und vergebens nach den französischen Fregatten suchte, stand die französische Armee, die Toulon belagerte und aufs beste von Major Bonapartes erbarmungslosen Artillerieangriffen unterstützt wurde, kurz davor, den Hafen unhaltbar zu machen. Die *Agamemnon* lag in Livorno und nahm Proviant an Bord, als Nelson vom Fall Toulons erfuhr. Kurz darauf trafen die ersten Schiffe mit Flüchtlingen, Verwundeten und erschöpften Soldaten im Hafen ein. Nelson umriß in verschiedenen Briefen die nur allzu vertrauten, traurigen und verwirrenden Szenen, die solche Evakuierungen begleiten: »Soeben ist eine Familie, bestehend aus einer Frau und fünf Kindern, hier angekommen; der Mann hat sich selbst erschossen ... die Schilderung ihres Elends ist zu bedrückend, als daß man dabei verweilen wollte. In dieser Szenerie des Grauens sah sich Lord Hood gezwungen, Feuer an die französische Flotte mit ihren zwanzig Linienschiffen, ebenso vielen anderen Kriegsschiffen sowie an das Arsenal und die Pulvermagazine legen zu lassen; im Berichte heißt es, daß der traurige Ort zur Hälfte in Schutt und Asche liegt.« Die Soldaten der Rvolution, die in Toulon eindrangen, schonten auch ihre Landsleute nicht – kein Krieg ist so entsetzlich wie der Bürgerkrieg. Nie vergaß Nelson die Geschichten, die er in Livorno von Flüchtlingen und danach von Offizierskollegen gehörte hatte, die beim Fall von Toulon dabeigewesen waren. Napoleon schwelgte in späteren Jahren vor seinen Zuhörern in der Siegesfreude, die er empfunden hatte, als Stadt, Hafen und Schiffe in Flammen aufgingen und die rote Flut durch die Straßen brauste,

Nelson dagegen erinnerte nur an das Elend und nannte den wahren Schuldigen: das revolutionäre Frankreich. »Kurz, es ist alles grauenhaft. Ich kann nicht alles schreiben: Meine Seele ist von tiefem Gram erfüllt. Mit jeder Geschichte wird das Geschehen entsetzlicher.« Wie Lord Hood bereits vorausgesehen hatte, wurde Korsika jetzt noch wichtiger. Die Aussichten darauf, die Insel den Franzosen zu entreißen, verbesserten sich durch den Umstand, daß General Paoli, ein korsischer Patriot und Freund von James Boswell*, sich von Frankreich lossagen und die Insel Großbritannien angliedern wollte. Hood war in diesem Punkt sehr vernünftig und sah die Dinge mit größerem Scharfblick als der kampflustige Kapitän Nelson (der irrtümlicherweise angenommen hatte, daß »der Seekrieg in diesen Gewässern vorbei« sei). Doch eben diesem fähigen Untergebenen befahl Hood nun, auf Korsika eine Reihe von Kommandounternehmen durchzuführen. Solche schnellen Überfälle ließen sich, wie die Geschichte immer wieder bewiesen hat, dank der Überlegenheit der Seestreitmacht bewerkstelligen. Im Krieg zwischen Elefant und Wal, der die nächsten elf Jahre über andauerte, erkennt man sofort die Vorteile beider Seiten: Die Landmacht verfügt über große Massen, kann zentral organisieren und herrschen, während es der Seemacht – freilich in Grenzen – möglich ist, den Gegner aus jeder beliebigen Richtung anzugreifen. Die Nachteile des Bündnisses mit einer Seemacht hatten die unglücklichen Bürger von Toulon erfahren müssen (ähnlich ging es den Franzosen im Zweiten Weltkrieg – sie waren den Deutschen preisgegeben, während die Briten ihre Streitkräfte von Dünkirchen abzogen). Und das gab den kontinentaleuropäischen Mächten natürlich Anlaß zum Nachdenken, wenn es darum ging, die Vorteile einer Allianz mit Großbritannien oder mit Frankreich gegeneinander abzuwägen und sich zu entscheiden.

Während Hood das Gros seiner Flotte in die Bucht von Hyères verlegte, einige Seemeilen östlich von Toulon, begann Nelson mit den ersten Überfällen auf Korsika, mit denen man das Ziel verfolgte, die Insel zum wichtigsten Stützpunkt der Briten im Mittelmeer zu machen. Vor der Nordküste Korsikas ist das Wetter selbst in den ruhigeren Jahreszeiten oft unberechenbar, ja gefährlich, und im Januar stießen Nelson und die *Agamemnon* auf alles, was diese ungemütlichen Gewässer dem Seemann zumuten können. Aus seinen Briefen an Fanny – er schrieb ihr zuverlässig und re-

*Englischer Jurist und Schriftsteller, geb. 1740, gest. 1795 (Anm. d. Übers.).

gelmäßig – erfahren wir einiges über diese Tage: »Den 28. wurde ich mit dem gesamten Geschwader vom beinahe stärksten Sturme, an den man sich hier erinnert, unglücklich von meinem Standort abgetrieben. Die *Agamemnon* hat sich wacker gehalten, aber alle Segel dabei verloren. Lord Hood war tags zuvor vor Korsika zu mir gestoßen und hätte die Soldaten an Land gebracht, aber der Sturm hat sie in alle Winde zerstreut. Die *Victory* ist fast verlorengegangen.« Im selben Brief, der in Livorno geschrieben und auf den 30. Januar 1794 datiert ist, berichtet er auch vom ersten jener kleinen Erfolge, die, wie er mit übertriebener Zuversicht glaubte, den Briten binnen »einer oder zweier Wochen« die Herrschaft über Korsika verschaffen würde. »Vor einigen Tagen hat sich etwas ereignet, das mich mit tiefer Genugtuung erfüllte. Den 21. Januar hatten die Franzosen ihre Mehlvorräte bei einer Mühle in der Nähe von St. Fiorenzo gelagert. Ich nutzte den günstigen Augenblick, setzte 60 Soldaten und Matrosen an Land. Trotz des Widerstandes, als sie an Land gingen, warfen die Matrosen alles Mehl ins Meer, zündeten die Mühle an, welche die einzige ist, die sie haben, und kehrten, ohne daß sie einen Mann verloren hätten, an Bord zurück. Die Franzosen schickten mindestens tausend Mann, Kanonenbote etc. gegen sie, doch während die französischen Schüsse über sie hinwegstrichen, waren sie genau in Reichweite meiner Geschütze. Lord Hood hat's gefallen, wenn es ihm dieser furchtbare Sturm nicht aus dem Kopf geblasen hat.«

Nelson fuhr mit den blitzschnellen Überfällen auf Küstenschiffahrt und Verteidigungsanlagen fort, die die Aufmerksamkeit von San Fiorenzo ablenken sollten, wo Hood eine Streitmacht von viertausend Mann an Land zu setzen plante. Zwölf Schiffe, die Wein geladen hatten, wurden in Brand gesteckt, weitere vier als Prise genommen. In L'Avisena, etwas nördlich von Bastia, eroberte man ein Fort und zwang dessen Garnison zum Rückzug. Außerdem nahm man eine kleine Burg ein, wobei Nelson die Landungstruppe führte und mit eigener Hand die verhaßte französische Trikolore einholte. Ein Kurierboot wurde geentert und »in noblem Stil« aufgebracht, und überall setzten Nelson und seine Leute kleine Nadelstiche an, die die Verteidiger in Atem hielten und sie davon überzeugten, daß die Briten zuerst Bastia angreifen würden. Das entsprach Hoods Intentionen, denn obwohl der Hafen von Bastia letztlich von entscheidender Bedeutung für seine Pläne war, hatte er zunächst San Fiorenzo als ersten Stützpunkt für die Briten und ihre Flotte ins Auge gefaßt. Mitte Februar 1794 fiel San Fiorenzo. Ernstzunehmender Widerstand war nur vom Martella-Turm gekommen, der sich nach zweitägiger Beschießung aus nächster Nähe ergab. (Dieser Turm, anglisiert zu »Martello«, verlieh später den kleinen runden Forts ihren Namen, die entlang den britischen Küsten als Schutz gegen Napoleons geplante Invasion errichtet wurden.) Lord Hood kommandierte Nelson jetzt zur Blockade von Bastia ab. Das war eine wichtige Aufgabe, denn von ihrem Erfolg hing es ab, ob die Armee diese stark befestigte Stadt einnehmen konnte, die Nelson folgendermaßen schilderte: »(Sie wird) geschützt von einer Batterie im Norden und im Süden, einer Zitadelle in der Mitte, verteidigt von dreißig Stück Kanonen und acht Mörsern, vier steinernen Schanzen in den nächstgelegenen Hügeln und darüber drei weiteren Stellungen.« Die Blockade war so erfolgreich, daß kein Schiff durchkam, und Nelson glaubte zuversichtlich, daß man Stadt und Hafen bald im Griff haben würde, wenn man entschlossen angriff. In dieser Ansicht bestätigte ihn am 23. Februar ein Gefecht, in dessen Verlauf die *Agamemnon* und zwei Fregatten Bastia fast zwei Stunden lang beschossen. Zwei Tage später notierte er in seinem Tagebuch: »Leewärts ist Lord Hood mit fünf Schiffen. Zwei korsische Bote kamen hierher, um etwas Munition zu erbitten und mir zu sagen, daß unsere Truppen auf den Hügeln seien.« Genauso verhielt es sich auch, doch Hood mußte verärgert und Nelson erzürnt feststellen, daß General Dundas, der Kommandeur der in San Fiorenzo stationierten Armeesoldaten, der Meinung war, daß man Bastia nicht ohne erhebliche Verstärkung einnehmen könne – er forderte zusätzliche Einheiten in Gibraltar an. Nelson, der sich zweifellos an seine Erfahrungen mit dem Militär bei der vor Jahren mißglückten Expedition in Nicaragua erinnerte, beklagte sich über Dundas' Weigerung, ohne lange Vorbereitungen und eingehende Planung loszuschlagen. »Was hätte der unsterbliche Wolfe getan?« rief er aus. »Tausend Mann würden Bastia mit Sicherheit einnehmen. Mit 500 und der *Agamemnon* würde ich es selbst versuchen...« Doch es sollte nicht sein, und Dundas' Nachfolger, Brigadegeneral D'Aubant, hielt an der Meinung seines Vorgängers fest. Nelson wußte von verschiedenen Gewährspersonen, daß sein Bombardement die Moral derart untergraben hatte, daß St. Michel, der französische Kommissar, gezwungen war, sich vor dem Volkszorn zu verstecken. Er konnte die Leute von Bastia nur an Friedensverhandlungen hindern, indem er ihnen mit der Sprengung der Zitadelle drohte. Und daher rührte Nelsons Überzeugung, daß die Armee nicht nur saumselig, sondern völlig im Irrtum sei. Mitte März – die *Agamemnon* war seit drei Monaten auf See – schrieb Nelson an Lord Hood, kein Mann an Bord könne im Trockenen schlafen (das lag an der mittlerweile mangelhaften Abdichtung des Decks, das ganze Schiff war seit längerer Zeit nicht mehr im Hafen überholt worden), außerdem sei das Brennmaterial für die Kombüse ausgegangen, es fehle an »Wein, Rindfleisch, Schweinefleisch, Mehl« und man habe »fast kein Wasser. Das Schiff ist so leicht, daß es nicht mehr am Wind segeln kann«. Er fügte hinzu, wenn man sie für ein paar Tage freistellen könne, werde er nach Portoferraio und Livorno fahren, binnen vierundzwanzig Stunden Wasser und Proviant an Bord nehmen und sehr rasch wieder auf seinem Posten sein. Nelson war fest entschlossen, beim Angriff auf Bastia mitzumachen. Er wußte, daß seine Crew vor Eifer brannte. Sie war »fast unschlagbar. Sie scheren sich wirklich so wenig um Kugeln, als seien es Erbsen«.

Der Frühling zog nur langsam in Korsika ein. Das Wetter war wechselhaft, oft auch rauh, und die Schiffe mußten ihre Positionen verlassen und zu ihrer Sicherheit den Schutz der Küste suchen. Doch tagaus und tagein hielten sie ihre unbarmherzige Blockade aufrecht – die schon ein wenig von jener Blockade ahnen ließ, mit der England später die Zufahrtswege zum gesamten Kontinentaleuropa sperrte. Lord Hood, der mit D'Aubant nicht mehr übereinstimmte als vorher mit Dundas, glaubte ebenso zuversichtlich wie Nelson, daß man Bastia auch ohne die von der Armee geforderte kunstvolle Planung und ohne Verstärkung einnehmen könne. Schließlich stellte er eine Streitmacht von etwa tausend Soldaten und Matrosen auf die Beine. Nelson ließ in Neapel um Geschütze und Munition bitten, denn die Armee hatte sich geweigert, damit auszuhelfen. In der Nacht des 3. April landete diese kleine Truppe unter dem Kommando von Oberstleutnant Villettes und Kapitän Nelson knapp fünf Kilometer nördlich von Bastia. Sie traf auf keinen Widerstand. Die Militärs in San Fiorenzo, die kein Hehl aus ihrer Verachtung gegenüber Nelsons optimistischer Auffassung machten, daß man Bastia auch einnehmen könne, ohne auf Verstärkung zu warten, hatten ihm den höhnischen Spitznamen »der Brigadier« gegeben. Wer war dieser fünfunddreißigjährige Kapitän zur See, so sagten sie, daß er mit Männern vom Fach wie ihnen und gar mit ihrem General disputierte? Nelson bewies bald, daß er sich seine Sporen nicht nur auf See, sondern auch an Land verdienen konnte.

11 Der Korsikafeldzug

Die kleine Streitmacht rückte so schnell vor, daß sie mittags am Tag nach der Landung 2500 Meter von der Zitadelle entfernt ihr Lager aufschlug. Nelsons »Agamemnons« hatten acht von den Vierundzwanzigpfündern des Schiffes mitgebracht. Später kamen noch etliche große Mörser dazu, die Sir William Hamilton aus Neapel geschickt hatte. Die Matrosen brauchten weitere sechs Tage, um die Geschütze auf die Hügel zu befördern, die die Stadt beherrschten. Die Mittel, mit denen sie das zuwege brachten, setzten nicht nur die korsischen Patrioten in Erstaunen, die sich der britischen Streitmacht angeschlossen hatten, sondern auch Sir Gilbert Elliott, den zukünftigen Vizekönig der Insel. Voll Bewunderung sah er, wie vielseitig die Teerjacken waren: »Sie schlangen feste Gurte um die Felsen und befestigten dann an denselben die größten und stärksten Taljen, die man an Bord eines Kriegsschiffes verwendet. Die Kanone wurde auf einen Schlitten gestellt, an dem die Talje befestigt war, und mit dem Tampen des Taljereeps bewegten sich die Männer hügelan.« Ähnlich wie sie Stengen und Spieren vorheißten, schafften die Matrosen die Geschütze, die bald Bastia beherrschten, auf die Höhen. Acht Tage nach der Landung eröffneten die Batterien das Feuer. Lord Hood hielt sich mit der *Victory* in einiger Entfernung von der Küste auf, und von oben konnten Nelson und seine Leute die *Agamemnon* sehen, die in der Bucht vor Anker lag. Der französische Kommissar glaubte nach wie vor, in einer starken Position zu sein. Bevor der Kampf begann, schickte Lord Hood Parlamentäre zu ihm, aber er meinte nur: »Ich habe schwere Kugeln für eure Schiffe und Bajonette für eure Männer.« Am 22. April schrieb Nelson in einem Brief an Fanny: »Mein Schiff liegt mit einigen Fregatten auf der Nordseite der Stadt und Lord Hood auf der Südseite. Es ist sehr harte Arbeit für meine Matrosen, die Kanonen auf kaum glaubliche Höhen hinaufzuschleppen. Stadt und Zitadelle sind auf das erstaunlichste zugerichtet und viele von ihren Batterien vernichtet.« Er erwähnte damals nicht, daß er selbst verwundet worden war. Vor einer Woche hatte er sich »einen tiefen Schnitt im Rücken« zugezogen.

Bastia hielt länger aus, als er gedacht hatte. Das war natürlich ein ärgerliches Problem, denn man hatte sich vor allem seinem Rat folgend – und entgegen dem Willen der Armee – auf die Belagerung eingelassen. Er wußte auch genau, daß die Streitkräfte in San Fiorenzo ihre Mithilfe verweigerten, solange keine Verstärkungstruppen eintrafen – wenn sich Bastia jedoch ergab, würden sie nur zu gern einmarschieren und den Ruhm an ihre Fahnen heften. Zwei weitere Batterien wurden aufgestellt, nur tausend Meter von der Zitadelle entfernt, und Tag für Tag ging es weiter mit der Kanonade. Auf beiden Seiten nahmen die Verluste zu. Fünf »Agamemnons« fielen – »Sie gehören nicht zu den Leuten, welche sich abseits halten«. Am 1. Mai schrieb Nelson an Fanny, daß er fest mit dem Fall von Bastia rechne, und er fügte hinzu: »All meine Siegesfreude gilt mir doppelt soviel, da ich weiß, wie Du an ihr teilhast. Nur denke daran, daß der Tapfere bloß einmal stirbt, der Feige aber sein ganzes Leben lang. Wir können dem Tode nicht entrinnen, und sollte es mir an diesem Orte widerfahren, dann denke daran, daß es der Wille des Höchsten ist, in dessen Hände Leben und Tod befohlen sind.« Zweifellos schrieb er diese Worte nicht nur, um seine Frau zu beruhigen oder zu trösten, falls er fiel. Sie stellen vielmehr die Essenz seines Charakters und seines Glaubens dar.

Auszüge aus dem Tagebuch, das Nelson damals führte, zeigen ganz deutlich, daß die Belagerung von Bastia nicht so einfach war, wie es manchmal dargestellt worden ist: »Unsere Batterien feuerten unablässig ... Den 16. bekamen sie einen Dreizehnzoll-Mörser hinzu, welcher die Nacht über beständig feuerte ... drei Schiffe mit Schießpulver und Nahrungsmitteln versuchten, in die Stadt zu gelangen; zwei wurden aufgebracht, aber eines kam durch ... der Feind feuerte bei der Nacht wie beim Tage häufiger als üblich. Wir schossen oft fünf Granaten gleichzeitig gegen Bastia ab.« Doch am 19. Mai schickte die Garnison schließlich Parlamentäre. Man handelte die Bedingungen für die Übergabe der Stadt aus. Wie Nelson schon geahnt hatte, zeigte sich nun auf den Höhen über Bastia die Armee aus San Fiorenzo. Jetzt konnten sich die Verteidiger damit entschuldigen, daß sie sich ehrenvoll einer Übermacht ergeben hätten. Es wäre etwas schmählich gewesen, vor ein paar Matrosen und Soldaten zu kapitulieren. Doch genau das geschah in Wirklichkeit. Es bestärkte Nelson in einer Meinung, die er seit langem hegte, daß nämlich »ein Engländer drei Franzosen ebenbürtig sei; wäre dies eine englische Stadt gewesen, so bin ich sicher, daß sie dieselbe nicht eingenommen hätten. Sie haben es geduldet, daß wir sie übel zurichteten, ohne auch nur einmal den Versuch zu unternehmen, uns zu vertreiben. Ich darf wahrhaftig sagen, daß dies eine Marine-Expedition gewesen ist; unsere Schiffe haben verhindert, daß jemand vom Meere aus hereinkam, und unsere Matrosen haben große Geschütze auf die Höhen transportiert und sie dann an Land bedient.« Fannys Sohn Josiah, den Nelson meistens vom Kampfgeschehen ferngehalten und auf der *Agamemnon* gelassen hatte – Josiah hätte sich zwar gern im Gefecht bewährt, aber Nelson wollte nicht, daß sie womöglich Mann *und* Sohn verlor –, hatte jetzt die Ehre, an die Spitze der britischen Grenadiere zu treten, die die Zitadelle und die befestigten Stellungen von Bastia übernahmen. Die britischen Streitkräfte hatten 19 Tote und 37 Verwundete, der Feind über 200 Tote und 540 Verwundete, »von denen die meisten gestorben sind«. 4500 Mann, die Verteidiger einer stark befestigten Stadt, hatten die Waffen vor einem 1200 Mann zählenden Trupp aus Soldaten und Seeleuten gestreckt.

Damit war Lord Hood im Besitz von San Fiorenzo und Bastia. Jetzt brauchte er nur noch Calvi auf der Westseite der Insel, um Korsika unter Kontrolle zu bekommen. Auf diese Weise würde er Südfrankreich gewissermaßen die Pistole vor die Brust halten, außerdem hatte er dann Stützpunkte, von denen aus man Toulon leicht im Auge behalten konnte. Calvi, damals wie heute eine kleine Stadt, war von Natur aus schwer einzunehmen und überdies stark befestigt. Es stellte für die Angreifer eine größere Herausforderung dar als Bastia, denn das Terrain hinter dem Hafen und der Stadt war trocken, felsig und öde. Erst Mitte Juni gelangten die *Agamemnon*, zwei kleine Kriegsschiffe und ein Konvoi aus Transportern und Versorgungsschiffen in die Nähe von Punta Revellato, etwa fünf Kilometer westlich von ihrem Zielpunkt gelegen. Diesmal gab es jedoch keinen Zweifel daran, daß die Armee zur Mitarbeit bereit war, und den Angriff auf Calvi, bei dem Nelson die Seestreitkräfte und General Charles Stuart die Landstreitkräfte führte, kann man tatsächlich als »kombinierte Operation« bezeichnen. Glücklicherweise waren beide Männer – unbeschadet ihrer späteren Meinungsverschiedenheiten – gleich eifrig und gleich tüchtig. Die Ausschiffung ging trotz der zerklüfteten Küste mit ihren auf keiner Karte verzeichneten Felsen und den tiefen

Spalten dazwischen flüssig voran. Doch das rauhe Wetter im Westen von Korsika brachte viele Schwierigkeiten mit sich: Bei einer Gelegenheit, als erst ein Teil der Soldaten an Land war, mußten die Schiffe Kurs auf die offene See nehmen, um der Gefahr aus Lee zu entgehen. Wer weiß, wie kompliziert es schon für moderne Landungsfahrzeuge und Transporter ist, Soldaten, Geschütze, Munition, Proviant und sonstiges Gerät an einer feindlichen Küste auszuschiffen, wird sich ungefähr vorstellen können, was all das bedeutete, als die Schiffe noch mit Segel- und die Boote mit Ruderkraft fuhren. Im 18. Jahrhundert war eine solche kombinierte Operation eine Feuerprobe für sämtliche Beteiligten und ihre Erfindungsgabe, die uns staunen macht.

Nelson war natürlich stolz auf die Einnahme von Bastia. Aber er wurde tief gekränkt. In Hoods Bericht hieß es lediglich, er habe »bei der Ausschiffung der Kanonen, Mörser und Vorräte Kommando und Leitung der Matrosen« innegehabt, Kapitän Anthony Hunt dagegen habe »die Batterien befehligt«. Das entsprach nicht im mindesten der Wahrheit, und Kapitän Serocold, ein Freund von Nelson, der beim Angriff auf Calvi fiel, empörte sich derart über die Ungenauigkeit und Ungerechtigkeit dieser Darstellung, daß er auf eigene Faust einen Bericht veröffentlichen wollte, mit dem bewiesen werden sollte, daß Hunt »nie eine Batterie kommandiert noch irgendwelche Dienste bei der Belagerung geleistet hat«. Die Tatsachen lagen folgendermaßen: Hunt hatte ohne eigenes Verschulden sein Schiff verloren und brauchte Beistand, den ihm ein positiver Bericht von Hood geben konnte. Hood wiederum kannte die Wahrheit genau und war – wie jetzt in Calvi – bereit, Nelson mit dem Kommando zu betrauen, das er verdiente. Trotzdem blieb es verdrießlich, und der Umstand, daß General Stuart die Meriten für die erfolgreiche Beendigung des Angriffs auf Calvi fast vollständig für sich beanspruchte, trug noch mehr zu Nelsons Verbitterung bei. Doch wie in Westindien, wo man sich für seine pflichtgemäße Ausführung der Navigationsakte bei anderen bedankt hatte, unternahm er nichts dagegen, sondern meinte lediglich: »Bevor man uns Vorwürfe in die Schuhe schieben kann, werden wir uns lieber zu Tode schinden.«

Er war ungeheuer froh über die Leistung seiner Leute: »Meiner Schätzung nach haben wir einen Achtundzwanzigpfünder samt Munition und allem erforderlichen Gerät, um eine Batterie aufzustellen, über 80 Meilen weit geschleppt, wovon es 17 einen sehr steilen Berg hinaufging.« Wenn man sich vergegenwärtigt, daß

Calvi im Hochsommer belagert wurde, muß man das, was die Angreifer vollbrachten, bemerkenswert nennen. Das lächelnde Antlitz Korsikas, das die Männer im Frühling an der Ostküste, in Bastia, gesehen hatten, wurde jetzt vom Feind des Menschen im Mittelmeerraum verdüstert, vom Sommer. Die wildwachsenden Blumen, der Duft der dichten Macchienwälder im Morgentau – das war kräftigend und belebend gewesen, doch nun trat die harte Wirklichkeit eines Landes in den Vordergrund, in dem die Malaria grassierte, in dem die Sonne kein Freund war, sondern ein unversöhnlicher Feind. Die Seeoffiziere mit ihren Dreispitzen und blauen Waffenröcken, mit ihren Kniebundhosen und Strümpfen, die Matrosen mit ihren vielseitigen, aber schweren, seefesten Gewändern und Matrosenmützen, die Militärs in ihren engen Uniformen, die nur für Nordeuropa oder für Festparaden taugten – sie alle litten entsetzlich unter der Hitze. In einem seiner Briefe an den Herzog von Clarence, dem er regelmäßig von seinen Aktionen berichtete, schilderte Nelson die Lage: »Wir haben jetzt das, was wir die Hundstage nennen, hier heißt man es die Löwensonne; niemand kann es ertragen: Von zweitausend sind über tausend krank und andere nur noch Schatten ihrer selbst. Wir haben viele Männer durch diese Jahreszeit verloren, sehr wenige durch den Feind. Ich bin hier das Schilfrohr unter den Eichen: Alle Krankheiten, die hier herrschen, haben mir zugesetzt, aber ich habe nicht die Stärke, an welche sie sich klammern könnten. Ich beuge mich vor dem Sturme, während die mächtige Eiche fällt.« Bald darauf zog sich Nelson die Verletzung am rechten Auge zu, die ihm für den Rest seiner Tage zu schaffen machte.

Die Militärs waren ihrem üblichen Schema gefolgt, über das Nelson schon vor langer Zeit geklagt hatte – in pedantischem Zickzack schoben sie sich mit ihren Laufgräben und Batterien an die Stadt heran, beherrschten sie mittlerweile, was natürlich bedeutete, daß ihre vordersten Stellungen in Reichweite der feindlichen Geschütze lagen. Nelson war am Tag zuvor durch einen Schuß, der in seiner Nähe eingeschlagen hatte, zu Boden gerissen worden, aber unverletzt geblieben. Diesmal hatte er nicht soviel Glück. Am 10. Juli um 7 Uhr morgens – wie gewöhnlich war er schon auf, um die Bombardierung zu beobachten – stand er an einer Brustwehr zwischen zwei Schießscharten, als ein Schuß sie traf. Sand, Steinchen und Splitter wirbelten von der Steinwehr hoch und flogen ihm ins Gesicht. Aus einem tiefen Schnitt über der rechten Augenbraue floß Blut. Auch das Auge wurde verletzt.

(Sehr viel später, als das königliche Chirurgenkollegium ihn zu Entschädigungszwecken untersuchte, kam es zu dem Schluß, daß die Verwundung »dem Verlust des Auges vollständig gleichzusetzen« sei.) Die Ärzte, die ihn versorgten, hofften, er werde wenigstens einen Teil seiner Sehkraft zurückgewinnen können. Seine Energie und sein Mut waren außerordentlich, denn am selben Abend – das Blut pochte in seinem Kopf, er trug einen Notverband überm Auge – schrieb er an Lord Hood: »Ich bin heute morgen ein wenig verletzt worden: nicht viel, wie Ihr vielleicht aus dem Umstand, daß ich schreibe, ersehen könnt.« Auf Hoods Frage, ob er von seinem Posten abgelöst werden wolle, erwiderte er, mit seinem Auge sei es jetzt besser und er fühle sich durchaus dazu imstande, das Geschehen zu überwachen. Da er wußte, wie sehr sich Fanny immer um seine Sicherheit sorgte, berichtete er ihr von der Begebenheit erst einen Monat später, als er wieder an Bord der *Agamemnon* war und vor Livorno lag: »Nachdem alles vorbei ist und ich es Dir also wohl sagen kann, sollst Du erfahren, daß mich neulich, am 10. Juli, die Splitter und Steine von einem Schusse, welcher unsere Batterie getroffen, sehr schwer im Gesicht und an der Brust getroffen haben. Obwohl der Treffer so schwer war, daß mir eine große Menge Bluts vom Kopfe floß, bin ich äußerst glücklich davongekommen, indem nur mein rechtes Auge nahezu der Sehkraft beraubt ist. Es mußte daran geschnitten werden, doch hat es sich mittlerweile so weit erholt, daß es Hell und Dunkel unterscheiden kann, insgesamt aber ist es eigentlich nicht mehr zu gebrauchen. Doch ist keine Verunstaltung zurückgeblieben, man merkt es nicht, wenn es einem nicht gesagt wird. Die Pupille ist fast so groß wie das blaue Teil – ich weiß den Namen nicht.«

Der pathologische Befund dieser Verletzung wurde nie vollständig eruiert. Moderne Augenspezialisten sind zu dem Schluß gekommen, daß er entweder eine hämorrhagische Läsion der Retina (einen Riß in der Augapfelgefäßhaut oder im Augapfel) oder eine Netzhautablösung zurückbehielt – beides hat ein allmähliches Schwinden der Sehkraft zur Folge. Und darum war das Auge für ihn so gut wie nutzlos, obwohl viele, die ihm später begegneten, keinen Unterschied zwischen dem kranken und dem gesunden Auge entdecken konnten. Entgegen der Vermutung, die manchmal geäußert wird, trug er keine Augenklappe über dem rechten Auge, weil es entstellt war. Er ließ sich vielmehr einen grünen Augenschirm anfertigen, um das linke Auge vor der gleißenden Sonne des Mittelmeers zu schützen. In späteren Jahren trug er unter dem Dreispitz immer einen grünen Schirm, der beide Augen bedeckte. Das zeigt uns ein anonymes zeitgenössisches Porträt. Man kann es sich auch in der Westminster Abbey bestätigen lassen, wo sich ein Dreispitz von der Firma James Lock aus der St. James's Street zu London befindet, an dem dieser Schirm befestigt ist. Auf späteren Kupferstichen trägt er oft über dem linken oder über dem rechten Auge eine Augenklappe. (Entgegen dem allgemeinen Glauben ist die Nelson-Statue auf dem Trafalgar Square eine korrekte Darstellung – sie zeigt ihn ohne Augenklappe.)

Die Briten litten an Fieber und am Klima, die Belagerten mußten die Verknappung von Lebensmitteln und Munition hinnehmen, die immer diejenigen heimsucht, die auf Nachschub vom Meer her angewiesen sind, aber von einem Feind, der die Zufahrtswege kontrolliert, mit einer Blockade belegt werden. Am 28. Juli teilte der französische Gouverneur mit, daß er sich binnen fünfundzwanzig Tagen ergeben wolle, wenn er bis dahin keinen Ersatz oder keine Verstärkung bekommen habe. Vier Schiffe brachten es fertig, durch Hoods Blockade zu schlüpfen. Sie hatten zwar etwas Getreide an Bord, aber keine Munition, und die Magazine der Garnison waren fast leer. Calvi war nie darauf eingerichtet worden, einer langen Belagerung zu trotzen, es sollte lediglich begrenzte Zeit einem vom Meer her vorgetragenen Angriff standhalten können. Stuart und Nelson wußten das. Da ihre Truppen und Batterien die Stadt auf der Landseite umringten, war es fast unausweichlich, daß sie fiel. Am 10. August ergab sich Calvi. Nach Ansicht der Briten war es höchste Zeit dafür, denn General Stuart war krank, Nelson halb blind, und die Männer starben an der Malaria wie die Fliegen. Es ist zweifelhaft, ob man die Belagerung noch weitere vierzehn Tage hätte durchhalten können.

Nelson und Stuart kamen während des Feldzugs zwar gut miteinander aus, aber später mußte Nelson zu seinem großen Kummer erfahren, daß der General in seinem Bericht allen Ruhm für sich beansprucht hatte. »Einhundertundzehn Tage«, schrieb Nelson, »stand ich auf See und an Land im Kampfe gegen den Feind; drei Gefechte mit Schiffen, zwei Einsätze gegen Bastia von meinem Schiff aus, zwei Dörfer eingenommen und zwölf Segelschiffe verbrannt. Ich wüßte nicht, daß ein anderer mehr getan hätte. Ich hatte den Trost, von meinem Oberbefehlshaber mit Beifall bedacht zu werden, wurde aber nie belohnt...« Eine weitere Nachricht, die Nelson mit großer Trauer erfüllte, war die Meldung vom Tod James Moutrays von der *Victory*, des einzigen Sohns jener Dame, die er vor vielen Jahren so sehr bewundert hatte. Madame Moutray – er hatte sie mehr angebetet als alle anderen Frauen, denen er begegnet war... Er gab beim Schiffszimmermann einen Gedenkstein für den jungen Mann in Auftrag und ließ ihn in der Kirche von San Fiorenzo aufstellen.

Nelson wußte, daß Lord Hood, mit dessen Gesundheit es nicht zum besten stand, fast mit Sicherheit bald nach England zurückkehren würde. Er hoffte sehr, ihn begleiten zu dürfen – »Wenn er mich mit Anstand nehmen kann, dann glaube ich, daß meines eines der Schiffe sein wird.« Die *Agamemnon* mußte außerdem generalüberholt werden. Doch er erfuhr bald, daß sich die Flotte im Augenblick keine Ausfälle leisten konnte, zumal im Hafen von Toulon mindestens dreizehn französische Linienschiffe auslaufbereit lagen. Er besuchte Genua und war beeindruckt von der Großartigkeit dieser Stadt – sie sei »Neapel in vielen Hinsichten überlegen« –, und von hier aus schrieb er an Fanny, daß Lord Hood demnächst abreisen würde, aber was ihn, Nelson, betraf: »Es bietet sich mir gegenwärtig keine Möglichkeit, Dich zu sehen.« Er sehnte sich nach Burnham und dann fügte er ein kleines väterliches Postskript hinzu: »Josiah ist jetzt 5 Fuß groß, er sagt, es seien 5 Fuß und 1 Zoll.«

Hood wurde abgelöst von einem Mann, den jeder mochte, aber niemand bewunderte, vom alten und lebenslustigen Admiral Hotham. Verglichen mit dem feurigen und eifrigen Hood war er kein qualifizierter Nachfolger, schon gar nicht beim derzeitigen Stand der Dinge im Mittelmeer. Der Wind hatte eingesetzt, die endlose Blockade von Toulon ging weiter, Stürme pfiffen vom Land her, und die Schiffe rollten die zerschlissenen Segel zusammen oder setzten alle geflickten Segel, wenn das Wetter zeitweise schön war. Meer und Wind und die Eintönigkeit der Blockade setzten sowohl den Männern als auch den Schiffen zu. Man hat sehr treffend von den Seeleuten der Vergangenheit gesagt, jeder ihrer Finger sei ein Marlspieker und jedes Haar eine Faser aus Schiemannsgarn gewesen. Sie waren, so schrieb Conrad von einer späteren Generation, »eine gute Gruppe. So gut, wie je eine war, die mit wilden Rufen die flatternde Leinwand eines schweren Focksegels anpackte, oder droben hin und her geworfen, unsichtbar in der Nacht, dem Weststurm Schrei für Schrei erwiderte«. »Die steife Brise läßt nach«, schrieb Nelson im Oktober von Livorno aus an William Suckling, »und ich bin gerade im Begriff, wieder vor Anker zu gehen.« Seit er Calvi verlassen hatte, hatte er fünfzig seiner besten Männer verloren, er war in der Bucht von Hyères gewesen, hatte vorsichtig einen Blick auf Toulon geworfen und gesehen, wieviel Schiffe aufgeboten wurden, um die Briten aus dem Mittelmeer zu jagen – »Zweiundzwanzig Schiffe im inneren Hafen«. Er hatte Sir Gilbert Elliott, dem jetzigen Vizekönig von Korsika, Bericht über den Umfang der französischen Vorbereitungen erstattet und ein paar Vorschläge für den Fall gemacht, daß Ajaccio (Napoleons Geburtsort) vom Feind angegriffen wurde. Und trotz allem, was ihm in den letzten Monaten begegnet war, meinte er: »Ich wüßte nicht, daß ich je bei derartig guter Gesundheit gewesen wäre wie seit der Zeit, da ich in Italien bin – keinen einzigen Tag krank.«

Ende November konnte die *Agamemnon* endlich so lange in Livorno bleiben, daß eine gründliche Überholung möglich war und die Matrosen zum ersten Mal seit vielen Wochen wieder von Bord kamen, um die Freuden des Festlands zu genießen: Frauen und Wein.

Abgesehen von der kurzen Zeit in Palermo, in der er unter dem Bann von Lady Hamilton stand, umschmeichelt wurde und ein luxuriöses höfisches Leben führte, scheint Nelson immer sehr maßvoll gewesen zu sein. Wie die meisten trank er gerne ein, zwei Gläser Wein, aber er war nie ein Trinker. Andererseits hatte er, wie wir bereits sahen, stets ein Auge für hübsche Mädchen, und es nimmt nicht wunder, daß er nach den Mühsalen und Anstrengungen der eben zu Ende gegangenen Kampagne nicht in mönchischer Abgeschiedenheit lebte, solange die *Agamemnon* sicher im Hafen lag. Die meisten Offiziere hatten an Land Verhältnisse, viele hatten eine Geliebte, und Nelson bildete keine Ausnahme. James Harrison, dessen Biographie so oft wegen ihrer Voreingenommenheit und Ungenauigkeit kritisiert worden ist, erzählt trotzdem oft Nelson-Anekdoten, die echt und wahrheitsgemäß klingen – dies besonders, weil er viele seiner Informationen von Lady Hamilton bezog. Und niemand kann mehr über Nelsons Liebesleben gewußt haben als sie. Sie hatten schon eine Liebschaft, als sie erfuhr, daß er nach Livorno mußte – und sie verbot ihm strikt, in Livorno an Land zu gehen; was klar darauf hinweist, daß sie wußte, daß Nelson in diesem Hafen einmal ein Verhältnis mit einer Frau gehabt hatte. Harrison deutet auf Nelsons Eigenart so offen hin, wie es ihm die indirekten Anspielungen der damaligen Zeit im Zusammenhang mit einem Nationalhelden erlauben: »Obwohl keinesfalls ein gewissenloser Verführer der Frauen und Töchter seiner Freunde, war er doch bekannt dafür, daß er mehr für das schöne Geschlecht eingenommen gewesen, als es mit der höchsten Stufe christlicher Reinheit zu vereinbaren ist. Solche unziemlichen Schwächen, dazu ein wenig von jener anderen Untugend der britischen Seeleute, dem gelegentlichen Gebrauch gedankenlos-profaner Worte, bilden die einzigen dunklen Flecke im hellen Glanze seiner moralischen Artung, die man entdeckt hat.« Also pflegte Nelson wie die meisten Seeleute manchmal zu fluchen. Gelegentlich, ob Pfarrerssohn oder nicht, brach er auch die Ehe – und das schon, bevor er Lady Hamilton kennen- und liebenlernte. Kapitän Thomas Fremantle, ein Mitglied des »Bunds der Brüder«, der zur selben Zeit wie er in Livorno war und die Fregatte *Inconstant* befehligte, streift kurz diese Phase von Nelsons Leben. »Dezember 1794. Mi. den 3. Bei Nelson und seinem Püppchen diniert. Den alten Udney (den britischen Konsul) besucht, mit ihm in die Oper gegangen. Er stellte mich einer sehr hübschen Griechin vor.

August 1795. Ein Konvoi aus Genua eingetroffen. Mit Nelson diniert. Ein Püppchen an Bord, die eine Art von Abszeß an der Seite hat. Er macht sich lächerlich mit dieser Frau.

August. Sa. den 28. Mit Nelson und seinem Püppchen diniert.

September. So. den 27. Mit Nelson und Püppchen diniert. Wirklich sehr übles Diner.«

Livorno galt damals als flotte und lockere Stadt für Offiziere und Mannschaften, und die Folge davon war, daß viele von ihnen im neueröffneten britischen Hospital in Ajaccio landeten. In diesem Zusammenhang ist es interessant zu wissen, daß man im 18. Jahrhundert das Kondom sehr wohl kannte. 1783 warb eine gewisse Mary Perkins aus der Half Moon Street in London damit, daß sie »kürzlich mehrere große Bestellungen (für Kondome) aus Frankreich, Italien, Spanien und anderen Plätzen im Ausland« entgegengenommen habe. Die Geschlechtskrankheiten waren im 18. Jahrhundert weit verbreitet, besonders bei Matrosen und Soldaten, die ein ungeregeltes Sexualleben führten. Nelson litt einmal unter einem »fleischigen Auswuchs« zwischen Oberlippe und Kinnbacke, »welcher ihm, wenn er sich rasierte, außerordentliche Schmerzen verursachte«. Die Ärzte des Haslar-Hospitals in Portsmouth diagnostizierten eine venerische Infektion und schlugen ihm eine Quecksilberbehandlung vor, mit der er sich einverstanden erklärte. Ein berühmter französischer Zahnarzt, der ebenfalls anwesend war, hielt diese Diagnose für falsch und entfernte den Auswuchs mit dem Skalpell. Danach scheint Nelson beschwerdefrei gewesen zu sein. Aber die Tatsache, daß er die erste Diagnose akzeptierte, ist an sich schon bezeichnend.

Mitte Januar waren die Reparaturarbeiten an der *Agamemnon* abgeschlossen. Sie stach wieder in See und bewachte von neuem die nördlichen Zufahrtswege nach Korsika. Das Wetter war miserabel. »Wir hatten drei Stürme in dreizehn Tagen. Weder Segel noch Schiffe, noch Männer können dem standhalten.« Doch er war wie immer froh über sein Schiff. An Fanny schrieb er: »Wir haben nichts als Stürme und rauhe See, und das in solchem Maße, daß eins der Schiffe letzte Nacht all seine Masten verloren hat. Auf der *Agamemnon* merken wir nichts. Sie ist das schönste Schiff, auf dem ich je fuhr, und wenn sie ein 74er wäre, könnte mich nichts dazu bringen, sie zu verlassen, solange der Krieg dauert.« Er hatte manchmal optimistisch geglaubt, der Krieg werde schnell vorbei sein. Aber er begann erst richtig. Das neue Jahr und die nächsten Jahre führten ihn immer mehr in einen Tätigkeitsbereich hinein, der vom Donner der Geschütze bestimmt wurde und weitaus gefährlicher war als der Winter vor Korsika.

12 Die Riviera

Im März 1795 erhielt Konteradmiral Pierre Martin den Befehl, seine Flotte aus Toulon herauszuführen und den Weg für eine Invasion Korsikas und für die Wiederherstellung der französischen Herrschaft über diese Insel zu bahnen. Martin war 1792 Leutnant geworden, und es herrschte im revolutionären Frankreich ein solcher Mangel an Offizieren, daß man ihn binnen eines Jahres zum Kapitän beförderte, später zum Konteradmiral. Er hatte – das wußte er selbst – keine echte Erfahrung, eine Flotte auf See zu befehligen. Viele seiner Schiffe konnte man nicht kampffähig nennen. Und von seinen 12000 Mann starken Crews waren etwa 7500 noch nie auf See gewesen – kaum die rechten Voraussetzungen, um die Briten aus dem Mittelmeer zu verjagen. Zwar hätten viele britische Schiffe eine Reparatur brauchen können, aber sie waren erprobt und hatten sich bei den langen Einsätzen vor Korsika und vor der französischen Küste bewährt. Offiziere und Mannschaften waren viel auf See gewesen, außerdem hochdiszipliniert und vollständig auf ihre Umgebung eingestellt.

Hotham erfuhr, daß die Franzosen Toulon mit Kurs auf Korsika verlassen hatten. Daraufhin stach er am 8. März mit vierzehn britischen Linienschiffen und einem neapolitanischen Linienschiff in See, um die siebzehn französischen Schiffe abzufangen. Es wehte ein leichter und umlaufender Wind, und obwohl die britischen Fregatten bald Feindberührung hatten, war anscheinend nicht mit einer sofortigen Seeschlacht zu rechnen. Die Franzosen hatten Probleme mit ihren unausgebildeten und unerfahrenen Offizieren und Mannschaften, und die britischen Schiffe waren, so Nelson, nur »halb bemannt«. Trotzdem schrieb er am 10. März recht heiter an Fanny: »Ich beginne gerade im Augenblick mit einem Brief an Dich, um Dich, obwohl ich mir einbilde, daß das nicht vonnöten ist, meiner dauernden Liebe und Zuneigung zu versichern. Wir werden gleich die französische Flotte in Sicht bekommen, und es weht das Signal, sie zu verfolgen.« Am nächsten Tag ergänzte er: »Gelangten heute morgen doch nicht in Sichtweite der französischen Flotte. Ich nehme an, daß sie sich die ganze Nacht über westwärts gehalten hat. Der Admiral hat soeben erfahren, daß die Franzosen... den 8. vor Kap Corse die *Berwick*, (ein Schiff) mit 74 Kanonen, aufgebracht haben.« Die *Berwick* war entmastet worden, und sie quälte sich mit Behelfsrigg voran, als die Franzosen sie stellten. Am 12. März beschloß Nelson den Brief mit einem gewissen Überschwang: »Die Franzosen sind jetzt 4 Meilen von der *Agamemnon* und der *Princess Royal* entfernt, unsere Flotte 10 Meilen. Wir halten auf die Flotte zu. Der Feind versucht uns den Weg abzuschneiden.« Jahrelang hatte Nelson auf eine große Seeschlacht gehofft und gewartet, und nun sah es so aus, als werde er bald eine erleben. Doch die launischen Winde und die schwunglose Führung Admiral Hothams, der es versäumte, den entmutigten Feind bis nach Hause zu verfolgen, durchkreuzten seine Hoffnungen. Von Anfang an waren die Unzulänglichkeiten der Franzosen überdeutlich. Die *Mercure* verlor bei einer Bö ihre Großstenge und mußte ihren Kurs ändern und auf den Golf von Juan zuhalten, wobei die *Ça ira* ihre Stengen einbüßte, dadurch nach Lee abfiel und zwischen die beiden Flotten geriet. Nelson, der mit seiner *Agamemnon* weit vor dem Rest der Flotte hersegelte, sah seine Chance und nutzte sie. Obwohl die *Ça ira* ein Schiff mit 84 Geschützen war, »gewißlich groß genug, um mit der *Agamemnon* fertig zu werden«, steuerte Nelson direkt auf den verwundeten Riesen zu, den eine Fregatte unterstützte, die dazu abkommandiert war, ihn in Schlepp zu nehmen.

Die *Agamemnon* wechselte das Gesicht, nahm düstere Kampfesmiene an. Der Trommler rief die Männer auf ihre Posten. Es erklang die anfeuernde Melodie »Herzen aus Eiche«. Überall taten die Männer geschäftig ihre Pflicht. Die hölzernen Schotten zwischen den Räumen der Offiziere wurden ausgehängt und die Möbel und das Gerät des Kapitäns unter Deck gebracht. Man holte zusätzlich Hängematten herauf und befestigte sie neben denen, die bereits um das ganze Oberdeck gespannt waren, einige schlang man über die Jungfern und Taljereeps des stehenden Gutes. Hoch droben in der Takelage wurden die Segel mit Wasser durchtränkt. Überall an den vorgesehenen Orten stellte man Löscheimer auf. Aufs Deck wurde nasser Sand gestreut, um die Brandgefahr zu verringern und den Matrosen besseren Halt zu geben. Die Geschützbedienungen waren an ihrem Platz, die Zündhölzer in Ordnung, die Lunten in Brand gesetzt, die Laschings von den Kanonen entfernt, die Stückpforten geöffnet. Pulverjungen eilten hin und her, holten die Kartuschen für die erste Salve herauf. Hoch über ihnen wurden Netze zwischen Groß- und Besanmast gespannt. Sie sollten die Männer auffangen, die aus der Takelage fielen, und außerdem verhindern, daß Stengen und sonstige Teile aufs Deck krachten. Der Zimmermann und seine Leute standen drunten mit Holzdübeln und Werkzeug bereit, um Schäden unterhalb der Wasserlinie zu beheben. Im blutroten Verbandsraum warteten Schiffsarzt Roxburgh und seine Gehilfen mit ihren Instrumenten, mit Wasser, Rum, Aderpressen und Bandagen auf die ersten Verwundeten. Wenn es die Zeit erlaubte – und das war jetzt der Fall –, kleideten sich die Offiziere um, zogen frische Wäsche, neue Hosen und Seidenstrümpfe an, um der Infektionsgefahr vorzubeugen, die entstand, wenn verschmutzte Kleidung sich in eine Verletzung hineindrückte. Die Männer machten den Oberkörper frei, die schwarzen Seidentaschentücher, die sie sonst lose geknotet um den Hals trugen, wurden jetzt fest um den Kopf, über die Ohren gebunden. Der Geschützlärm im engen Raum unter Deck konnte zur bleibenden Taubheit führen. Die Luken zwischen dem Geschützdeck und dem darunter liegenden Orlopdeck wurden von Matrosen oder Kadetten mit Pistolen bewacht. Sie ließen bis auf die Pulverjungen und Melder niemand passieren. Die ehrfurchtgebietende Gestalt, die die Disziplin verkörperte, der Schiffsprofos, machte seine Runden. Sobald das Gefecht begonnen hatte, war es seine Pflicht, die Verluste, die ausgefallenen Kanonen und die allgemeine Kampfkraft des Schiffs zu registrieren. Ein Linienschiff benötigte etwas mehr als fünf Minuten, um sich aus normaler Fahrt auf Gefechtsbereitschaft umzustellen. Wenn alles soweit war, ging der Erste Leutnant durch das Schiff, sprach den Männern Mut zu und gab die letzten Befehle an die Offiziere und Maate aus.

Die Franzosen segelten, so schnell sie konnten, der rettenden Küste entgegen, die Briten hinterher. Kapitän Fremantle geriet mit seiner Fregatte *Inconstant* als erster an die havarierte *Ça ira*. Zwei französische Linienschiffe, die *Jean Bart* und die *Sans Culotte*, blieben zurück, um sie zu schützen. Eine Fregatte hatte sie in Schlepptau genommen und versuchte verzweifelt, sie in Fahrt zu halten. Die *Inconstant* geriet unter heftigen Beschuß und war gezwungen, sich zurückzuziehen und das Feld für die *Agamemnon* freizumachen. Böiger Wind wehte von Südwest, und Nelson beschloß, sein Schiff quer zum Heck des Feindes in Position zu bringen. Dadurch war die *Agamemnon* zwar dem massiven und genau gezielten Feuer der Heckgeschütze des Feindes ausgesetzt, aber gleichzeitig konnte der größere Franzose aufgrund dieses Manövers keine Breitseite anbringen. Das Gefecht begann am 13. März um 10 Uhr und war um 13 Uhr praktisch beendet. Die *Ça ira* war mittlerweile »ein vollkommenes Wrack«. Hinter ihrem Heck lavierte die *Agamemnon* hin und her und feuerte eine Breitseite nach der anderen auf sie ab. Später schrieb Nelson an William Suckling: »Hätte ich Unterstützung bekommen, dann hätte ich die *Ça ira* am 13. gehabt.«

Am nächsten Morgen stellte man fest, daß mittlerweile die *Censeur* (74 Kanonen) die *Ça ira* in Schlepp genommen hatte. Es entspann sich ein wirres Gefecht, bei dem zwei britische Linienschiffe mit 74 Kanonen, die *Bedford* und die *Captain*, stark beschädigt wurden. Dafür verlor die *Censeur* den Großmast. Die *Ça ira* wurde völlig entmastet. »Unsere Flotte«, schrieb Nelson an den Herzog von Clarence, »geriet mit der *Ça ira* und der *Censeur* aneinander, die sich in der tapfersten Weise verteidigten; die erstere verlor 400, die letztere 350 Mann.« Beim Gefecht am Vortag hatte die *Agamemnon* nur sieben Verwundete gehabt. Ihr überlegener Gegner hatte hundert Mann verloren. Die lädierten französischen Schiffe strichen jetzt die Flagge, worauf Admiral Hotham zu Nelsons grenzenloser Enttäuschung zu dem Schluß kam, daß man bei zwei Prisen von dieser Größe schon von einem Sieg sprechen könne, und die Verfolgung der fliehenden Franzosen einstellte. »Wir müssen zufrieden sein. Wir haben unsere Sache sehr gut gemacht«, bemerkte er. Wie sein Freund Goodall, der die *Princess Royal* befehligte, war Nelson überzeugt davon, daß man, wenn die Führung der Flotte energischer gehandhabt worden wäre, die Franzosen hätte einholen und einen vollständigen Sieg über sie hätte davontragen können.

Später vertraute er Locker an, seiner Ansicht nach sei Hotham »nicht zum Oberbefehlshaber geschaffen, dies erfordert einen Mann mit mehr Tatkraft«. Doch man muß zu Hothams Verteidigung sagen, daß er das wichtigste Ziel des Kampfes erreicht hatte. Die französische Flotte war gezwungen worden, den Rückzug nach Toulon anzutreten, und Korsika war außer Gefahr. Es gab jedoch einen unvoreingenommenen Beobachter im Hintergrund, der die Dinge genauso sah wie Nelson, und zwar Sir William Hamilton in seinem Palazzo Sessa in Neapel. Er meinte: »Mein alter Freund Hotham ist nicht wendig genug für ein solches Kommando, wie das über des Königs Flotte im Mittelmeer.« Hothams bescheidener Erfolg mit den beiden gekaperten französischen Linienschiffen zählte noch etwas weniger, nachdem die *Berwick* bereits vor dem Kampf aufgebracht worden war. Und nun ging obendrein die *Illustrious* (74 Kanonen) verloren. Sie strandete bei einem Sturm zwischen La Spezia und Livorno. Nelson war in fast unvorstellbarem Maße beunruhigt: Womöglich hielten die Franzosen einen Konvoi aus England auf, den man in Livorno mit Ungeduld erwartete, womöglich stachen sie wieder in See, um über Korsika herzufallen. Er konnte sich kaum fassen: »Im Augenblick, liebste Fanny, erfüllt mich kaltes Grausen. Ich fürchte aufgrund unseres Nichtstuns hier, daß der rührige Feind vielleicht zwei oder drei Linienschiffe und einige Fregatten ausschickt, die unseren Konvoi abfangen, welcher jeden Moment erwartet wird. Kurz, ich wünschte, Admiral zu sein und die englische Flotte zu kommandieren; ich würde sehr bald entweder viel unternehmen oder zugrunde gehen. Ich vertrage keine lauen und langsamen Maßnahmen. Hätte ich am 14. unsere Flotte befehligt, so bin ich sicher, daß entweder die ganze französische Flotte meinen Sieg geziert hätte oder daß ich in eine scheußliche Verlegenheit geraten wäre.«

Seine Niedergeschlagenheit über den Stand der Dinge vertiefte sich noch, als er erfuhr, daß Lord Hood, mit dessen Rückkehr und erneuter Befehlsübernahme man gerechnet hatte, bei der Admiralität in Ungnade gefallen war. Hood hatte in seiner ungestümen und gebieterischen Art behauptet, die Verstärkungen, die die Lordschaften ins Mittelmeer schicken wollten, reichten nicht aus, sie könnten nicht mit den dortigen Problemen fertig werden. Er pflegte seinem Zorn stets freien Lauf zu lassen. Zwar hatte er sein Anliegen nicht übertrieben dargestellt, aber auf eine Weise, die man beleidigend fand. Man befahl ihm, das Kommando abzugeben, und dieser glänzende alte Seemann (Nelson hielt ihn für »den besten Offizier bei der Flotte«) beschloß seine Tage als Direktor des Greenwich-Hospitals. Dieses Amt verwaltete er ebenso redlich und tüchtig wie alle anderen Ämter in seinem Leben.

Unter Hotham wurde die Flotte auch weiterhin unzureichend und etwas fruchtlos eingesetzt. Am 6. Juli stießen die *Agamemnon* und vier Fregatten auf halbem Wege zwischen Nizza und Genua auf die gesamte französische Flotte. Hotham, der in San Fiorenzo saß und ganz offensichtlich über sehr wenig Informationen verfügte, hätte natürlich wissen müssen, daß sie auf See war. Nelson und die anderen Schiffe konnten nur entkommen, weil ein fri-

Lord Horatio Nelson
(Gemälde von Lemuel Francis Abbot).

Rückseite:
Nelson in der Schlacht bei St. Vincent
am 14. Februar 1797.

OLAS

scher Nordwind wehte, den sie sich zunutze machten, um zum sicheren britischen Stützpunkt zurückzugelangen. Die Franzosen hatten siebzehn Linienschiffe. Als Hotham und seine Flotte endlich in See stechen konnten – der Wind, der Nelson gerettet hatte, hielt sie im Hafen fest –, waren die französischen Topsegel schon hinter dem Horizont verschwunden. Der Wind drehte, und die Briten liefen aus. Am 13. Juli holten die *Agamemnon* und sechs andere Schiffe die Nachhut des Feindes ein. Ein Gefecht schloß sich an, bei dem die *Alcide* (74 Kanonen) so übel zugerichtet wurde, daß sie gezwungen war, die Flagge zu streichen. Doch bevor man sie als Prise in Schlepp nehmen konnte, erreichte ein Feuer an Bord unglücklicherweise das Hauptmagazin. Sie explodierte und sank. Und dann setzte Windstille ein. Die Franzosen, die der Küste schon recht nahe waren, konnten dank der *brise soleil* mit knapper Not Kurs auf den Golf von Fréjus nehmen. (Die *brise soleil*, ein Sonnenwind, den man in ruhigen Sommermonaten wahrnimmt, wenn kein richtiger Wind weht, hat die Tendenz, tagsüber dem Lauf der Sonne zu folgen. Gegen Sonnenuntergang bestreicht sie die Riviera gewöhnlich westwärts.) »Es war uns unmöglich, dicht an sie heranzukommen«, schrieb Nelson an den Herzog von Clarence, »und der Rauch von ihren Schiffen und der unsere zeigten eine vollständige Windstille; während sie, die in Luv lagen, sich auf die Küste zu bewegten.« Verbittert fügte er hinzu: »So endete denn unser zweites Zusammentreffen mit diesen Herrschaften. Am Vormittag hatten wir alle Aussicht, jedes Schiff der Flotte zu kapern; und am Mittag war es fast gewiß, daß uns die sechs zunächst liegenden Schiffe zufallen sollten. Ich bin sicher, daß der französische Admiral weder ein kluger Mann noch ein Offizier ist: Er war unschlüssig, ob er kämpfen oder sich aus dem Staube machen sollte, doch ich muß ihm insofern Gerechtigkeit zuteil werden lassen, als ich sage, er hat zuletzt doch die gescheiteste Maßnahme getroffen.«

Obwohl die *Agamemnon* immer wieder ihre Tüchtigkeit bewiesen hatte, war es für Nelson eine frustrierende Zeit. Ein wenig Ausgleich dafür bekam er im Juli, als er erfuhr, daß man ihn zum Oberst der Marinesoldaten ernannt hatte. Das war eine Belohnung für das, was er an Land an Hervorragendem geleistet hatte, ein Ehrentitel, der eine Vergütung, aber keine Pflichten mit sich brachte. Nelson schrieb an Graf Spencer, den Ersten Lord der Admiralität, und bedankte sich. Doch daneben vergaß er nicht, Seine Lordschaft daran zu erinnern, daß er bis jetzt noch keine Entschädigung für den Verlust seiner Sehkraft auf dem rechten Auge erhalten hatte. Er hatte jedoch die Genugtuung, von Hotham mit einem unabhängigen Kommando über ein kleines Fregattengeschwader betraut zu werden, das dem österreichischen General de Vins in er Bucht von Vado bei Genua helfen sollte. Baron de Vins hoffte, gegen Nizza vorrücken, alle Opposition brechen und die gesamte Provence zum Aufstand bewegen zu können. Wie Nelson bald herausfand, war dieser Optimismus völlig unbegründet, und den einzigen Erfolg bei diesen langwierigen Operationen erzielte Nelsons Blockadegeschwader, das, um Napoleon zu zitieren, »unseren Handel lahmgelegt, die Zufuhr von Proviant unterbunden und uns genötigt hat, Toulon vom Inneren der Republik her zu versorgen«. Für Nelson war es eine sehr beunruhigende Lebensphase, denn er befand sich nun in einer Position, die weitaus anstrengender und sehr viel komplizierter war als die, die er damals in Westindien innegehabt hatte. Wenn er oder die Leute, die ihm unterstanden, neutrale Schiffe aufhielten und dabei Fehler machten, konnte er von den Schiffseignern auf Schadenersatz verklagt werden. Die maßgeblichen Stellen in Genua ärgerten sich noch mehr über ihn als seinerzeit die Pflanzer und Kaufleute von Nevis. Daß er Schiffe aus Algier aufhielt, machte so viel Furore, daß es den Anschein hatte, als wollten die alten Piraten des Mittelmeers der gesamten englischen Schiffahrt den Krieg erklären. Nelson schrieb an Fanny: »Politischer Mut ist bei einem Offizier im Auslande nicht weniger unerläßlich als soldatischer Mut« und an Sir Gilbert Elliott auf Korsika: »Soll England aus Furcht, bei solchen Kreaturen Anstoß zu erregen, auf die fast sichere Gewißheit verzichten, diesen Krieg ehrenvoll zu Ende bringen zu können?« Das strenge moralische Pflichtbewußtsein, das viele in Westindien lediglich für den anmaßenden und übertriebenen Diensteifer eines jungen Kapitäns, der »im Kommen« war, gehalten hatten, kam ihm auch während des Krieges gut zustatten. »Ich handle nicht nur ohne Order meiner Oberbefehlshaber, sondern in gewissem Maße dawider. Doch habe ich nicht nur die Unterstützung der Gesandten Seiner Majestät in Turin und in Genua, sondern auch das sichere Gefühl, daß ich um unseres Königs und unseres Landes willen das Richtige und Angebrachte tue.« Ganz abgesehen von den normalen Pflichten seines Kommandos, plagte ihn ständig die Besorgnis, ob er die Blockade gut durchführte. Schlimmer noch, das gesunde linke Auge machte ihm Kummer. Das Gleißen der See und des Himmels, das er Tag für Tag in der sengenden Augusthitze ertragen mußte, führte kurzzeitig zur fast vollständigen Blindheit. Später beklagte er sich auch über Beklemmungsgefühle in der Brust – »als wäre ein straffer Gurt um meine Brust geschnallt«. Das gemahnte in unangenehmer Weise an die Schmerzen in Brust und Lungen, die er 1784 auf der *Boreas* gehabt hatte und die, wie ein Arzt meinte, ein wenig an tuberkulöse Symptome erinnerten. Und obendrein mußte Nelson entdecken, daß General de Vins, den er anfangs für zuverlässig gehalten hatte, nicht mehr war als ein schwankendes Rohr: ein Mann vom Fach, gewiß, aber ohne das Feuer und ohne die Angriffslust, über die das revolutionäre Frankreich in so hohem Maße gebot. Und ohne diese Eigenschaften konnte man es mit ihm nicht aufnehmen. Nelson erzielte jedoch ein paar kleine Erfolge, die seine tiefe Enttäuschung über den Feldzug an Land ein wenig ausglichen. So führte er etwa am 26. August gemeinsam mit sechs Schiffen seines Geschwaders einen Überraschungsangriff auf den kleinen Hafen Alassio durch und kaperte ein großes Kanonenboot, eine Korvette, zwei Galeeren und ein paar andere kleinere Schiffe. Alassio war französisch besetzt; Munition und Proviant, die die Schiffe an Bord hatten, sollten der französischen Armee zukommen, und damit war diese Aktion ein gutes Beispiel dafür, wie man Seestreitkräfte wirksam einsetzen konnte. Danach fühlte sich Nelson »in jeder Beziehung besser«. Doch das verging ihm, wenn er einen Blick darauf warf, wie die Operationen im großen und ganzen durchgeführt wurden: »Wir tun hier gar nichts«, teilte er Fanny mit. »Die Österreicher können nicht über die Berge, und ich kann den General nicht hierherbekommen, damit er uns hilft, einen Teil der Armee eine kurze Strecke übers Meer zu befördern, und Hotham will sich auf keinerlei Zusammenarbeit einlassen.« Als er erfuhr, daß sein alter Freund Collingwood zu Hothams Stützpunkt abkommandiert und bereits unterwegs war, schrieb er ihm, um ihn kurz ins Bild zu setzen: »Du kennst Dich so gut mit dem Mittelmeer aus, daß ich Dir nichts Neues über dies Land erzählen kann. Mein hiesiges Kommando ist insofern erfreulich, als es mich von der Untätigkeit unserer Flotte befreit, welche in der Tat erheblich ist, wie Du bald sehen wirst... Unser Admiral hat, *entre nous*, überhaupt keine politische Courage und ist höchst besorgt, wenn man entschlossene Maßnahmen auch nur erwähnt.«

Gegen Ende des Jahres 1795 gingen Nelsons düstere Prophezeiungen über den Ausgang des Krieges in Erfüllung. Masséna, der später der bedeutendste von Napoleons Marschällen wurde, hatte gezeigt, was er konnte, und die Österreicher und ihre Verbündeten bei Loano in die Flucht geschlagen. »General de Vins«, schrieb Nelson erbittert, »hat wegen des schlechten Zustandes seiner Gesundheit, wie er sagt, mitten in der Schlacht das Kommando niedergelegt, und von diesem Augenblick an blieb kein Soldat auf seinem Posten... Die Österreicher rannten achtzehn Meilen, ohne haltzumachen.« Wenn Hotham Nelsons Geschwader geholfen und die Operationen an Land mit der gesamten britischen Flotte unterstützt hätte, wäre vielleicht alles anders gekommen. Doch auch das möchte man bezweifeln: »Die Franzosen waren halbnackt und entschlossen, zu siegen oder zu sterben.« Sie hatten nun den gesamten Küstenstrich von Savona bis Voltri in Besitz, die Österreicher wurden von ihren britischen Verbündeten abgeschnitten, und der Weg für den französischen Angriff auf Italien war frei. Niemand außer Nelson und den Kapitänen seines Geschwaders hatte sich bei dieser Operation Verdienste erworben. Die *Agamemnon* war derart mitgenommen von dem Jahr vor der Riviera, daß man sie mit Tauen sichern mußte (drei oder vier starke Hanftrossen wurden mitschiffs um den Rumpf geschlungen, um die weich gewordenen Verbände zusammenzuhalten). Nun kehrte sie nach Livorno zurück. Sie benötigte eine Reparatur, die außerhalb Englands von keiner der Werften, die der Flotte zur Verfügung standen, durchgeführt werden konnte.

13 Kommodore

In Livorno erfuhr Nelson, daß er nun Admiral Sir John Jervis unterstellt war, der als Nachfolger von Admiral Hotham den Mittelmeerstützpunkt übernehmen sollte. Zwei gegensätzlichere Befehlshaber konnte man schwerlich finden. Hotham war unsicher in seinem Urteil gewesen, hatte immer dazu geneigt, den Mittelweg zu wählen, wenn es um die Disziplin bei der Flotte oder um die Durchführung von Operationen ging. Sir John Jervis dagegen war ein Eisenfresser, ja ein Zuchtmeister, ein Mann, dessen Taten im Siebenjährigen Krieg, im amerikanischen Unabhängigkeitskrieg, dessen Verdienste als Oberbefehlshaber in Westindien ihn in die vorderste Reihe der Offiziere bei der Kriegsmarine gerückt hatten. Er traf am 27. November in San Fiorenzo ein, und schon wenige Tage nach seiner Ankunft trat deutlich hervor, daß sich alles ändern würde. Das geschah »den einen zur Freude, den andern zum Leide«, doch für Nelson wurde eine Freundschaft daraus, die sein ganzes Leben lang Bestand hatte. Tatsächlich war Jervis' Einfluß auf Nelson dergestalt, daß man ihn vor allen anderen Admirälen als den Mann betrachten muß, der einer Persönlichkeit, die sich bereits als eifrig und tapfer erwiesen hatte, den Stempel der Autorität aufdrückte. Jervis brachte etwas Stählernes in Nelsons Charakter, und einige von Nelsons späteren Handlungen kann man – besonders wenn es um Fragen der Disziplin geht – nur im Licht der Tatsache bewerten, daß er ein begeisterter Schüler dieses unnachgiebigen sechzigjährigen Admirals war.

Da Jervis einen so großen Einfluß auf Nelson und auf alle Kapitäne ausübte, die unter ihm dienten, lohnt es sich, hier die Meinung eines anderen und jüngeren Admirals anzuführen, die Meinung von Lord Charles Beresford, der ebenfalls als strenger Vorgesetzter bekannt war, als ein Mann, bei dem man stets mit entschlossenem und tüchtigem Handeln rechnen konnte: »Dem Charakter nach war er (Jervis) der typische harte, kühle, reservierte Engländer der damaligen Zeit – ein Herzog von Wellington auf See. Zu Unfähigen war er furchtbar; der laxe Kapitän und der meuternde Matrose fanden in ihm den strengsten aller Richter. Eifer und Mut schätzte er und zeichnete er aus. Er war ein vollendeter Beurteiler von Persönlichkeiten; die Kapitäne, die er im Mittelmeer ›prägte und formte‹, bildeten den ›Bund der Brüder‹, der sich durch den Sieg am Nil Ruhm erwarb. Seine erbarmungslose Strenge wurde nicht von der Milch der frommen Denkart gemäßigt, ohne Zögern ließ er Männer auspeitschen oder henken; er versuchte nie, durch Liebe zu führen. Doch wenn es darum ging, Mängel in der Disziplin zu beheben, eine Flotte in guter Ordnung zu halten, sie für den Kampf zu stählen, war er genau der Mann, den wir brauchten... Jervis' Energie war ebenso unbändig wie die Nelsons, obwohl er bereits das reife Alter von sechzig Jahren erreicht hatte (als er den Mittelmeerstützpunkt übernahm). Er besaß jedoch nicht Nelsons kriegerischen Genius, auch nicht Nelsons Vermögen, die Zuneigung seiner Offiziere und Männer zu gewinnen. Sein Geschmack war kultiviert, seine Konversation bezaubernd, seine Tafel gut ausgestattet – und trotzdem liebte man ihn nicht. ›Wo ich ein Federmesser nehmen würde‹, sagte Nelson, ›nimmt er die Axt.‹« In diesem Augenblick, da die Franzosen gesiegt hatten, die Österreicher ohne Erfolg versuchten, die Zugänge nach Italien zu halten, und die britische Mittelmeerflotte aufgrund schlechter Führung ausgepumpt und auf einem Tiefpunkt der Moral angelangt war, war die Axt genau das, was man brauchte.

In den ersten Monaten des Jahres 1796 setzte Nelson die mühselige und erschöpfende Blockade von Toulon fort. Obwohl ihr Nutzeffekt für die Matrosen, die bei heftigen Winden und Schneestürmen die Küste in den Monaten bewachten, da die Riviera ein ganz anderes Gesicht zeigt als das, das dem »Sonnenanbeter« vom Sommer her vertraut ist, nicht recht ersichtlich war, bekamen die Franzosen ihre Auswirkungen grausam zu spüren. Es war zwar fast unmöglich, all die kleinen Küstenfahrzeuge aufzuhalten, die in Landnähe von Hafen zu Hafen eilten, aber der Handelsverkehr wurde im großen und ganzen trotzdem lahmgelegt, und die französische Flotte blieb in Toulon eingeschlossen. Daneben mußte man Korsika bewachen, den britischen Handel mit dem Ostteil des Mittelmeers beschützen und den Österreichern möglichst viel Hilfe zukommen lassen.

Glücklicherweise fand Jervis sofort Gefallen an Nelson. Nelson wiederum entdeckte in ihm die Qualitäten, die er bei Hotham so schmerzlich vermißt hatte. An Fanny schrieb er: »Unser neuer Admiral wird nicht in Livorno an Land gehen. Der letzte war so oft hier, daß Sir John fest entschlossen ist, gerade das Gegenteil zu tun. Berichten zufolge heißt es, daß die Franzosen wieder mit ihrer Flotte in See stechen werden. Wenn sie es tun, werden sie, so glaube ich, die gesamte Flotte verlieren, denn wir haben einen Meister unseres Faches an unserer Spitze.« Wie fast immer ließ er seinen Vater herzlich grüßen. Dann fügte er eine kurze Bemerkung hinzu: »Josiah geht es sehr gut, er droht täglich, Dir einen Brief zu schreiben.« Man kann gewiß nicht bestreiten, daß Nelson ein bewunderswerter Briefpartner war. Er korrespondierte mit seiner Frau, mit seinen Freunden, mit dem Herzog von Clarence und etlichen anderen, und all das neben seinen täglichen Pflichten auf dem Schiff und den vielen formellen Briefen und Berichten, die von der Marine angefordert wurden. Doch gleichzeitig muß man sagen, daß Fanny die regelmäßigste, interessierteste und zärtlichste Briefeschreiberin war, die sich ein Seeoffizier nur wünschen konnte.

Bonaparte, noch nicht ganz siebenundzwanzig Jahre alt, war mittlerweile zum General der Italienarmee ernannt worden. Wer in enger Verbindung mit ihm stand, merkte bereits etwas von seinem militärischen Genie und seinem politischen Gespür. Und obwohl ihm manches hinderlich war – sein korsischer Akzent, sein unscheinbares Äußeres, das Urteil von Männern wie Suchet (ein späterer Marschall), der meinte, Bonaparte sei »ein Intrigant« –, besaß er jenes Feuer, das die Sansculotten mitriß. Er verstand sie gut, die Veteranen, »die im Kampf ergraut waren ... Ich mußte mit einem Eklat beginnen, um das Vertrauen und die Zuneigung des gemeinen Soldaten zu gewinnen, und ich tat es«. Seine Armee bestand aus dreißigtausend hungrigen und abgerissenen Männern, die an allem Not litten – und viel von dieser Not hatte die britische Blockade bewirkt. Doch am 27. März fand Napoleon die Worte, die sie aufrütteln würden: »Soldaten! Ihr seid fast nackt, und ihr habt Hunger ... Ich werde euch in die fruchtbarsten Gefilde der Welt führen. Vor euch liegen große Städte und reiche Provinzen; dort werden wir Ehre, Ruhm und Reichtum finden.«

Kurioserweise heirateten die zwei großen Gegenspieler (die sich nie begegneten) beide Frauen aus Westindien, die beide Witwen waren. Doch Nelson hatte mehr Glück mit Frances Nisbet als Napoleon mit Joséphine de Beauharnais, die ihm mit ihrer Untreue das Leben vergällte und für die er eine Leidenschaft hegte, die ebenso gewalttätig war wie sein korsisches Temperament. Es gibt ein weiteres einzigartiges Zusammentreffen: Fast am selben Tag, da Napoleon diesen berühmten Appell an seine Truppen richtete, bekam Nelson Order von Jervis, an Bord der *Agamemnon* den Stander des Kommodore zu hissen. Der Kadett William Hoste teilte es seiner Familie mit: »Es macht mir unendliche Freude, Euch sagen zu können, daß unserem guten Kapitän diese zusätzliche Auszeichnung verliehen worden ist, welche er, Ihr werdet mir gewiß zustimmen, seiner Verdienste wegen vollauf verdient hat.« Der Stander eines Kommodore Zweiter Klasse, den Nelson nun heißte, bezeichnete keinen offiziellen Rang, sondern einen Posten, der einen Kapitän mit langer Dienstzeit dazu befähigte, die Pflichten eines Admirals wahrzunehmen, bevor er zum Flaggoffizier befördert wurde.

Im Juni dieses Jahres wurde die *Agamemnon,* die von allen Schiffen der Flotte eine Generalüberholung am nötigsten hatte, nach England abkommandiert. Nelson wäre gern mitgefahren, hätte wohl auch mitfahren können, doch der Gesundheitszustand eines anderen Kapitäns war noch schlechter als der seine. Und an Sir John Jervis schrieb er: »Ich kann den Gedanken, Euer Kommando zu verlassen, nicht ertragen.« Genauso wie er sich vor vielen Jahren in Sandy Hook um die Aufnahme in Lord Hoods Geschwader beworben hatte, weil er zu dem Schluß gekommen war, daß Hood ihm mehr Ehre und mehr Tätigkeit bieten konnte, erkannte er jetzt, daß er in Jervis einen weiteren Vorgesetzten gefunden hatte, der ihn dahin führen würde, wo jener »Strahlenkreis« lockte. Obwohl nur noch wenige der alten Offiziere an Bord der *Agamemnon* waren, obwohl es auch bei der Crew aufgrund von Krankheiten und Verwundungen viele Veränderungen gegeben hatte, obwohl sein wundervolles Schiff mit den 64 Kanonen »alt und müde« war, dürfte er nicht ohne tiefe innere Bewegung von ihr Abschied genommen haben. Über drei Jahre hatte er an Bord der *Agamemnon* gelebt und auf ihr alle Launen des Mittelmeers kennengelernt: die Windstille im Sommer, die einen zur Raserei treiben konnte, die langen Wogen der toten Dünung, die Sturmböen aus heiterem Himmel vor der Küste bei Toulon und die grimmigen Stürme vor Korsika. Mit ihrer Abfahrt in Richtung Gibraltar endete ein Abschnitt seines Lebens. Nun war er Kommodore und würde nie wieder Kapitän *eines* Schiffes sein, sondern einen Kapitän unter sich haben. Auf der *Agamemnon* hatte er gelernt, ein Kriegsschiff zu führen, mochte das Wetter sein, wie es wollte; er hatte sie, sich und seine Männer und Matrosen im Kampf gegen die Kriegsmarine des revolutionären Frankreich erprobt. Homers Agamemnon war »der König der Menschen« gewesen, und auf dem Schiff, das seinen Namen trug, hatte Nelson ein wenig von der Größe und vom Elend, vom Glanz und von den Sorgen des Königtums erfahren.

Sein Stander wurde jetzt auf einem Linienschiff mit 74 Kanonen geheißt, auf der *Captain.* Als Kapitän hatte er einen vorzüglichen Seemann, den in New York geborenen Ralph Miller, der einer von Nelsons treuesten Anhängern wurde. Zwar deutete 1796 alles darauf hin, daß Nelson zum Admiral aufsteigen würde, aber für die Briten im Mittelmeer war es kein gutes Jahr. Überall rückten die Franzosen vor, sie streiften durch Italien, eroberten im Juli Livorno und stifteten auf Korsika zur Revolution an. Livorno und Genua waren für die Briten jetzt nicht mehr zugänglich, und Korsika bot zwar phantastisch viel Bauholz, mußte aber immer vom Festland her beliefert werden, damit die Flotte versorgt war. Da es so aussah, als würde man die Insel bald nicht mehr halten können, erhielt Nelson den Auftrag, das nahe gelegene Elba zu erobern. Elbas Haupthafen Portoferraio und Porto Azzurro, ein weiterer guter Ankerplatz, konnten die Flotte ohne weiteres fassen. Und da es zum Festland nicht weit war, tat man sich auch mit dem Nachschub leichter. Im August wurde Nelson für den Erfolg dieses Unternehmens mit der Ernennung zum Wirklichen Kommodore belohnt, was ihm mehr Geld einbrachte. Anschließend nahm man die kleine Insel Capraia ein, vierzig Meilen östlich von Korsika gelegen. Sie diente als Beobachtungsposten, von dem aus man die Blockade von Livorno aufrechterhalten konnte. Dies war außerdem ein Vergeltungsschlag gegen die genuesische Regierung, die britisches Eigentum konfisziert hatte. Überall konnte man jetzt feststellen, daß Bonapartes Triumphe im Landkrieg – »an Land sind sie die Meister, auf See sind es die Engländer« – unvermeidlich zum Übertritt schwacher und schwankender Königreiche und Fürstentümer ins französische Lager führten. Beim Kampf zwischen Elefant und Wal nimmt der Landbewohner meist nur die Siege des Elefanten wahr. Städter und Bauern sahen den Durchmarsch siegreicher Armeen – greifbarer Beweis für Macht und Erfolg –, aber sie sahen nicht, um mit Admiral Mahan zu reden, »jene fernen, sturmgepeitschten Schiffe, auf welche die Große Armee nie einen Blick warf, die jedoch stets zwischen ihr und der Herrschaft über die Welt standen«.

Im Herbst – Spanien und Holland hatten sich mittlerweile mit Frankreich gegen Großbritannien verbündet – konnte nichts mehr in Europa die Franzosen aufhalten. Es war klar, daß man Korsika aufgeben mußte. Im Oktober wurde die Evakuierung trotz stürmischer Winde mit bestem Erfolg durchgeführt. Glücklich konnte Nelson sagen: »Alle Schiffe (sind) sicher in Portoferraio vertäut, dem für seine Größe vollkommensten Hafen der Welt.« Achtzehn Jahre später – Nelson war schon lange tot – brachte eine englische Fregatte den fünfundvierzigjährigen ehemaligen Kaiser Napoleon hierher. Er seufzte, als er sah, was ihm an Territorium verblieben war: »Meine Insel ist sehr klein.« Nelson, der Seemann, bewunderte den vorzüglichen Hafen, aber Napoleon (der Mann, der in der westlichen Welt für mehr Tod und Zerstörung verantwortlich war als jeder andere vor Adolf Hitler) trauerte angesichts des begrenzten Raumes dieser Insel, die herrlich war, aber der Eitelkeit seines Ehrgeizes nicht genügen konnte. Auch Nelson war nicht ganz frei von Eitelkeit, was er im August in einem Brief an Fanny bereitwillig eingestand: »Ein bestimmtes Individuum schickte mir einen Brief, der wie folgt adressiert war: ›Horatio Nelson, Genua.‹ Als er bei einer großen Gesellschaft gefragt wurde, wie er darauf käme, einen Brief so zu adressieren, lautete seine Antwort: ›Sir, es gibt auf der Welt nur einen Horatio Nelson.‹« Dann ging er zu praktischeren Problemen über: »Lord Spencer hat gegenüber Sir John Jervis den aufrichtigen Wunsch ausgedrückt, mich zum Flaggoffizier zu machen. Du fragst, wann ich nach Hause komme? Ich glaube, entweder, wenn ein ehrenvoller Friede geschlossen wird oder wenn ein Krieg gegen Spanien kommt, aufgrund dessen unsere Flotte vielleicht aus dem Mittelmeer abberufen wird. Gott weiß, daß ich, wenn ich zu Dir komme, nicht um einen roten Heller reicher bin als an dem Tage, da ich aufbrach.« San Fiorenzo, Bastia, Calvi, all die Orte, wo er soviel Zeit verbracht und wo er sich mit seinen »Agamemnons« so bemüht hatte, sichere Stützpunkte für sein Land zu schaffen, waren bereits verlassen. Viele Kommandanten haben erleben müssen, daß hart erkämpfter Landgewinn dem Feind überlassen wird, aber auf Nelson wartete eine noch größere Enttäuschung. Im Dezember entschied man sich in London dafür, die Flotte aus dem Mittelmeer abzuziehen. »Was Korsika betrifft«, schrieb er, »so habe ich es gründlich kennengelernt. Ich war die Ursache dafür, daß die Armee viele einträgliche Beschäftigungen bekam, welche sie sich selbst nicht zu verschaffen vermochte, und ich habe sie von der Insel geholt, als sie gleichermaßen hilflos war.« Er war außer sich vor Gram über den Beschluß, das Mittelmeer ganz und gar den Franzosen zu überlassen: »Zu Hause wissen sie nicht, was die Flotte vollbringen kann – alles. Unter sämtlichen Flotten, die ich je erlebte, habe ich nie eine gesehen, die hinsichtlich ihrer Offiziere und Männer der von Sir John Jervis gleich war, welcher ein Oberbefehlshaber ist, der sie zum Ruhme führen kann.« Doch seine nächste Mission war die letzte Evakuierung, die Evakuierung von Elba. Nur Gibraltar, »diese dunkle Ecke der Welt«, blieb den Briten. Anfang Dezember schrieb Nelson an Fanny: »Ich gehe demnächst auf eine sehr wichtige Mission, die zu vollbringen ich – mit Gottes Segen – keinen Zweifel habe; es ist keine Kampf-Mission, darum ängstige Dich nicht. Es ehrt mich, daß mir Sir John Jervis so vertraut. Wenn ich genügend Geld hätte, wünschte ich, Du würdest ein kleines Landhaus in Norfolk kaufen. Es würde mich mehr befriedigen, dem Pfluge nachzuschreiten, als all die erhabenen Szenerien in Italien zu betrachten.« Dies Thema kehrt häufig in seinen Briefen wieder, und es kann keinen Zweifel daran geben, daß Nelson wie viele Seeleute davon träumte, ein stilles, ländliches Leben zu führen. Doch daß Nelson »dem Pfluge nachschreitet«, ist eine lächerliche Vorstellung. Einer seiner großen Vorgänger, Admiral Edward Boscawen, »das alte Schlachtschiff«, drückte sich in einem Brief, den er während des Siebenjährigen Kriegs an seine Frau schrieb, besser aus: »Gewiß verliere ich die Früchte der Erde, aber dafür pflücke ich die Blumen der See.« Nelson wußte sehr wohl, daß ihm trotz aller Mühsal und Eintönigkeit des Meeres das Kielwasser eines Schiffes lieber war als frisch gepflügte Ackerfurchen in Norfolk. Selbst die Möwen, die über diese üppige Erde flogen, hatten ihn an jenes andere, salzige Element erinnert.

Es war keine geringe Mission, auf die er geschickt wurde und für die er von der *Captain* auf die Fregatte *Minerve* überwechselte. Er sollte das von Feinden beherrschte Mittelmeer durchfahren, Elba anlaufen und möglichst viele aus der von der Außenwelt abgeschnittenen Garnison an Bord nehmen. Dabei half ihm die Fregatte *Blanche*, und mit diesen beiden kleinen Schiffen segelte er am 15. Dezember von Gibraltar ab. Es stellte sich heraus, daß man die Fahrt gewiß nicht als »keine Kampf-Mission« bezeichnen konnte. Sie waren kaum weiter östlich gekommen als bis Cartagena, als sie auf zwei spanische Fregatten stießen, die *Santa Sabina* und die *Ceres*. Nach all den Jahren, in denen er Kapitän eines »Großkampfschiffs« gewesen war, hatte Nelson seine Anfangserfahrungen nicht vergessen. Er zeigte, daß er nach wie vor, um es mit einem modernen Begriff auszudrücken, einen »Zerstörereinsatz« befehligen konnte. Die *Minerve* und die *Blanche* gingen an ihren Gegner auf einfache und traditionelle Weise heran: Es entspann sich ein Kampf, bei dem Schiff gegen Schiff stand. Zuerst rief Nelson nach altem Brauch den »Don« an und forderte ihn auf, sich zu ergeben, worauf er die Antwort erhielt: »Dies ist eine spanische Fregatte, und Ihr mögt so bald beginnen, wie es Euch gefällt.« Bei dem nun folgenden lebhaften Duell verloren die Spanier ihren Fock-, Groß- und Besanmast – was für das Können der Kanoniere von der *Minerve* spricht. Erst als alles von oben gekommen war, konnte man den spanischen Kapitän dazu bewegen, die Flagge zu streichen. Nelson meinte: »Ich kann mir keine gleichwertigere und hitzigere Schlacht vorstellen: die Streitmacht gleich, dieselbe Anzahl von Kanonen und fast dieselbe Mannschaftsstärke; wir hatten zweihundertfünfzig. Ich forderte ihn während des Gefechtes mehrere Male auf, sich zu ergeben, doch seine Antwort war – ›Nein, Sir: nicht, solange ich noch Mittel zum Kampfe habe.‹ Als von allen Offizieren nur noch er am Leben war, rief er mich an und sagte, er könne nicht mehr kämpfen, und bat mich, das Feuer einzustellen.« Die seltsame Intimität des Kampfs in jenen Tagen beeindruckt den modernen Seemann: Kapitäne, die Höflichkeiten austauschen und sich im Donner der Geschütze anrufen! Nelson sprach ebensowenig Spanisch wie Französisch, es dürfte ihn demnach überrascht haben, daß ihm sein Gegner auf Englisch antwortete. Der besiegte Kapitän kam an Bord, um ihm seinen Degen zu übergeben, und des Rätsels Lösung war merkwürdig einfach. Es handelte sich um keinen anderen als um Don Jacobo Stuart, den Urenkel Jakobs II. Seine Urgroßmutter war die Mätresse des Königs, Arabella Churchill. Der Sieg über den Nachfahren eines englischen Monarchen und die Tapferkeit seines Gegners berührten Nelson so sehr, daß er Don Jacobo seinen Degen zurückgab. Die *Blanche* hatte sich gegen das andere spanische Schiff durchgesetzt. An Bord der Gegner befanden sich jetzt Prisenkommandos. Man nahm sie in Schlepp. Doch am nächsten Morgen tauchte eine spanische Fregatte auf, und Nelson sah sich gezwungen, vorübergehend die Schleppverbindung zu kappen. Bald darauf erschienen zwei spanische Linienschiffe, und nun war es der *Minerve* und der *Blanche* nicht mehr möglich, mit den Prisen davonzukommen. Man ließ die spanischen Fregatten treiben, und die beiden britischen Schiffe – der Feind wußte jetzt nur zu gut, daß sie sich im Mittelmeer aufhielten – setzten sich mit einigem Glück unbehelligt ab. Zu den Prisenkommandos, die man an Bord der zwei Fregatten hatte zurücklassen müssen, gehörten auch die Leutnante Culverhouse und Hardy. Nelson konnte später einen Gefangenenaustausch zustande bringen. Don Jacobo Stuart, »welcher der beste Offizier in Spanien sein soll«, erwies sich nicht nur als Herr, sondern auch als wertvolle Hilfe, als es darum ging, den Austausch zu vereinbaren.

Nelson mußte einen in jedem Sinn des Wortes harten Winter erdulden. In ganz Europa war es sehr kalt, es kam zu starken Schneefällen, der König von Neapel hatte mit den Franzosen Frieden geschlossen, und es gab viele Schwierigkeiten mit Sir Gilbert Elliott in seiner Eigenschaft als Vizekönig und General Burgh, dem Militärbefehlshaber, wegen der Anweisung, sich von Elba zurückzuziehen. In Portoferraio lagen siebzehn Schiffe, und Sir John Jervis' Befehle waren völlig eindeutig – jedenfalls für Nelson. Sie, sämtliche Soldaten und sämtliche Vorräte sollten abgezogen werden; einige hatten Gibraltar anzulaufen, die übrigen Lissabon. Doch erst Ende Januar konnte Nelson den größten Teil der Evakuierung erfolgreich durchführen. Mittlerweile hatten alle Betroffenen weitere schriftliche und präzise Befehle erhalten, die »klar Schiff machten«. Zu den weniger wichtigen Ereignissen zählte, daß Nelsons Freund, Kapitän Fremantle von der *Inconstant*, in Neapel ein Fräulein Betsy Wynne geheiratet hatte. Die Braut und ihre Schwester führten Tagebuch, und aus dieser Quelle erfahren wir vieles über die Vorgänge in jenen Tagen. Lady Emma Hamilton hatte eine große Rolle bei der Vermittlung dieser Heirat gespielt. Die siebzehnjährige Ehefrau kehrte mit ihrem Mann an Bord der *Inconstant* nach Elba zurück. Über ihre erste Abendgesellschaft schrieb sie: »Der alte Nelson (war) sehr höflich, aber er sagt nicht viel.« Er war siebenunddreißig. Nach all den Krankheiten, Verwundungen und langen Jahren auf See muß er einer solchen jungen Frau tatsächlich »alt« vorgekommen sein. Daß er schweigsam war, lag nicht an Grämlichkeit – er hatte ein lebhaftes Temperament –, sondern an der Einsamkeit seines Kommandos.

14 Eine berühmte Disziplinlosigkeit

Erst Ende Januar war es Nelson möglich, Elba zu verlassen. Seit langem hatte er sich geärgert, hatte gehen wollen, denn in diesen Monaten, die man seiner Meinung nach um der Aufrechterhaltung des schwachen britischen Einflusses im zentralen Abschnitt des Mittelmeers willen größtenteils vertan hatte, hätte man – er war sich ganz sicher – die Franzosen und Spanier zum Kampf nötigen und ihnen eine eindeutige Niederlage beibringen können. Doch da Pitt und seine Minister es für richtig hielten, die Flotte aus diesem Bereich abzuziehen, war es am besten, wenn das möglichst schnell geschah. Er machte sich Sorgen, dachte, Jervis werde die Flotte während seiner Abwesenheit womöglich aus der Tejomündung herausführen – wo das Gros der Schiffe sicher vor Anker lag – und es fertigbringen, die Franzosen und Spanier im Atlantik zu einer großen Seeschlacht herauszufordern. Nachdem ihm vor Toulon aufgrund von Hothams Entschlußlosigkeit die Gelegenheit entgangen war, an einer großen Seeschlacht teilzunehmen, wollte er nun nicht auch diese Chance verpassen. Wie sich dann herausstellte, kam er gerade noch rechtzeitig zu dem Gefecht, das als Schlacht von St. Vincent in die Geschichte einging.

Die *Minerve* erreichte Gibraltar am 9. Februar. Dort erfuhren sie, daß das Gros der spanischen Flotte, von Cartagena kommend, die Straße von Gibraltar vier Tage zuvor passiert hatte. Nelson legte nur eine Pause ein, um Wasser an Bord zu nehmen und die Leutnante Hardy und Culverhouse sowie die anderen Mitglieder des Prisenkommandos, die die *Santa Sabina* auf freien Fuß gesetzt hatte, zusteigen zu lassen. Dann lichtete er die Anker und nahm Kurs nach Westen, in Richtung Atlantik. Es schien ganz so, als werde das geschehen, was er befürchtet hatte: eine Seeschlacht, an der er nicht teilnahm. Zwei spanische Linienschiffe, die in der Bucht von Algeciras gelegen und ein Auge auf Gibraltar gehabt hatten, setzten ihm sofort nach – sie dachten, die spärlich bewaffnete Fregatte sei eine leichte Beuchte. Die nun folgende Episode hat Unsterblichkeit erlangt, weil sich unter den Gästen, die Nelson an Bord hatte, auch Oberst John Drinkwater befand, der bei der großen Belagerung von Gibraltar mit dabeigewesen und als ihr Chronist berühmt geworden war. (Sein Buch *Die Belagerung von Gibraltar* war damals ein Bestseller.) Drinkwater beobachtete die spanischen Schiffe, die sie verfolgten, und fragte Nelson, ob er glaube, daß es zum Gefecht kommen werde. Nelson meinte, das sei durchaus möglich, und mit einem Blick auf seinen Kommodorestander sagte er: »Bevor der Don dies Stück Fahnentuch zu fassen bekommt, werde ich mit ihm kämpfen, und bevor ich die Fregatte aufgebe, werde ich sie lieber auf die Steine jagen.«

Kurz darauf nahmen die Gäste und mehrere Offiziere der *Minerve* mit echter britischer Gelassenheit an der Tafel des Kapitäns Platz, um zu speisen. Oberst Drinkwater gratulierte gerade Leutnant Thomas Masterman Hardy, dem Ersten Leutnant der *Minerve*, zu dessen Freikommen aus spanischer Gefangenschaft und erwartete zweifellos einen detaillierten Bericht über die Zeit bei den Spaniern, als einer der besorgniserregendsten Rufe ertönte, die es auf See gibt: »Mann über Bord!« Der Seemann hatte damals wie heute seinen elementaren Verhaltenskodex, und wenn ein Mann ins Meer gefallen war, mußten, egal, wie die Umstände lagen, alle Anstrengungen unternommen werden, um ihn zu retten. Die See war stets der Feind – mehr Feind als die Leute auf den gegnerischen Linienschiffen. Sehr wenige Matrosen konnten schwimmen, denn damals hielt fast niemand das Schwimmen für nützlich oder gar gesundheitsfördernd. Es ist durchaus möglich, daß Nelson Nichtschwimmer war. Männer, die über Bord gingen oder bei einem Gefecht vom Schiff gerissen wurden, konnten gewöhnlich kaum mehr tun, als sich mit Spatteln über Wasser halten, bis sie ein Boot oder ein dahintreibendes Wrackteil erreichten. Doch stets hatte der elementare Verhaltenskodex Gültigkeit, der das Leben auf See lenkte. Eine seiner Regeln ist in einem etwas spöttischen alten Sprichwort der Kriegsmarine enthalten:

»Der Tischkamerad
kommt vor dem Schiffskameraden,
der Schiffskamerad vor dem Soldaten,
der Soldat vor dem Hund.«

Die Tafel wurde sofort aufgehoben, und Oberst Drinkwater kommentierte: »Die Offiziere des Schiffes liefen an Deck, ich und andere eilten zu den Heckfenstern, um nachzusehen, ob man etwas von dem unglücklichen Mann erkennen könne; wir hatten sie kaum erreicht, als wir bemerkten, daß die Jolle (ein kleines Boot, das immer in Bereitschaft gehalten wird) zu Wasser gelassen wurde, darin befand sich mein vormaliger Tischnachbar Hardy mit einem Trupp von Matrosen; und als einige Sekunden verstrichen waren, hatte die Strömung in der Meerenge (eine starke, ostwärts fließende Strömung) die Jolle weit achteraus von der Fregatte fort- und den Spaniern entgegengetragen. Natürlich war das erste Ziel, den ins Wasser gefallenen Mann aufzufischen, doch man sah ihn nie wieder. Hardy gab ein diesbezügliches Signal, und der Mann wurde als verloren aufgegeben. Die Aufmerksamkeit aller wandte sich nun der Sicherheit Hardys und der Crew seines Bootes zu; ihre Lage war eine äußerst gefährliche, und die Gefahr wuchs mit jedem Augenblick, denn das vorderste Schiff der Verfolger fuhr rasch dahin und hatte sich der *Minerve* zu dieser Zeit fast auf Schußweite genähert. Die Crew der Jolle ruderte ›aus Leibeskräften‹, um die Fregatte wieder zu erreichen, kam jedoch allem Anschein nach in der Strömung der Meerenge kaum voran. In diesem kritischen Augenblick rief Nelson, einen besorgten Blick auf die bedrohliche Lage Hardys und seiner Gefährten werfend: ›Bei Gott! Ich will Hardy nicht verlieren: das Besantoppsegel backholen!‹ Gesagt, getan; und schon verlangsamte sich die Geschwindigkeit der *Minerve*, sie ließ sich von der Strömung abtreiben, Hardy und seiner Crew entgegen (sic!) die angesichts dieses kühnen Manövers... natürlich ihre Anstrengungen, die Fregatte zu erreichen, verdoppelten. Für die Landratten an Bord schien ein Gefecht jetzt unvermeidlich zu sein; und so, möchte es scheinen, dachte auch der Feind, der, überrascht und verwirrt durch dieses wagemutige Manöver des Kommodore (und nicht wissend um den Unfall, welcher dazu geführt hatte), zu der Auslegung gekommen sein muß, daß dies eine unmittelbare Herausforderung sei.«

Der Kapitän der *Terrible*, des Schiffs, das vorne lag, ließ sofort einige Segel streichen, und das Begleitschiff folgte seinem Beispiel. Aus dieser Maßnahme kann man nur schließen, daß sie annahmen, die Fregatte stünde mit dem Gros der Flotte in Verbindung, und daß man sie in eine Falle locken wollte. Nelsons humanes Draufgängertum ist immer wieder vermerkt worden, zumal Thomas Hardy später sein Kapitän an Bord der *Victory* wurde und an seinem letzten Triumph teilhatte. Das Backholen des Besantoppsegels und das »Sich-von-der-Strömung-abtreiben-lassen« (wie

Drinkwater es beschrieb) wurde oft mißdeutet. Natürlich wurden Jolle *und* Schiff nach Osten, rückwärts und dem Feind entgegen, abgetrieben, denn eine solche Strömung hat auf beide dieselbe Wirkung. Mit dem Backholen des Toppsegels trat Nelson, um mit dem Landbewohner zu sprechen, gewissermaßen auf die Bremse. Die *Minerve* befand sich in derselben Strömung wie Hardys Boot, und Nelson reduzierte seine Fahrt, damit das Ruderboot ihn leichter erreichen konnte. Nelson hatte nicht im mindesten die Absicht, sich auf ein Gefecht mit zwei schwerbewaffneten Linienschiffen einzulassen, zumal er seine Flotte einholen und sich Sir John Jervis anschließen wollte. Nun setzte man die Leesegel, jene Leichtwettersegel, die man einmal »Flügel an den Rahnocken« genannt hat, und die Fregatte eilte ihren Verfolgern davon. Hardy und seine Crew waren in Sicherheit und wieder an Bord. Die *Minerve* nahm eine leichte Kursänderung in südlicher Richtung vor und ließ die Spanier hinter sich. Doch damit waren die abenteuerlichen Ereignisse noch nicht zu Ende. Ostwind hatte geweht und die üblichen Begleiterscheinungen in der Straße von Gibraltar nach sich gezogen: Feuchtigkeit, Dunst und dann Nebel. Die aus dem Mittelmeer fließende Warmluft traf auf den kälteren Hauch des Atlantik, und die Fregatte fuhr langsam und verstohlen durch die undurchdringliche Nacht – und in dieser Nacht bemerkten sie allmählich, daß auch andere Schiffe da waren. Klagende Geräusche von Segeln, knarrende Laute in Takelagen, minütliche Warnschüsse, leises Rauschen von Bugwellen und Wellenplätschern an der Bordwand, als sie recht dicht an einem großen Schiff vorbeizogen – all das zeigte ihnen, daß sie sich inmitten einer stattlichen Flotte befanden. Niemand konnte mit Gewißheit sagen, ob es sich um die spanische Kriegsflotte oder um einen Konvoi auf dem Weg nach Westindien handelte. Zum Glück für alle auf der *Minerve* war die Nacht so undurchdringlich und dunkel, daß niemand an Bord der anderen Schiffe ahnte, daß eine britische Fregatte zwischen ihnen hindurchschlüpfte. (Tatsächlich war die *Minerve* mitten unter die spanische Flotte geraten, die einen wertvollen, für die spanischen Überseekolonien bestimmten Konvoi eskortierte, der Quecksilber geladen hatte. Das Quecksilber wurde dort mit Silbererz amalgamiert.) Derselbe Levantiner, der Nelson durch die Straße von Gibraltar getrieben hatte, hatte die Flotte auf den Atlantik hinausgeblasen, wo sie auf einen günstigen Wind wartete, der sie nach Cadiz brachte. Das Gros dieser Flotte sollte in Brest zu den Franzosen stoßen. Dazu kamen die Holländer von Texel, und diese gewaltige Armada würde den Weg für die Invasion Englands bahnen. Obwohl in jüngster Zeit zwei ähnliche Unternehmen – das eine gegen Irland, das andere gegen Wales – fehlgeschlagen waren, meinte man, daß die Franzosen bei einer genügenden Überlegenheit in den Meerengen um England imstande seien, die einzige Macht in Europa, die ihnen noch Widerstand leistete, zu packen und zu zermalmen.

Die Schlacht, die dann folgte, ließ ihren Plan jedoch restlos scheitern. Am Morgen des 13. Februar – er hatte unbehelligt die Reihen des Feindes passiert – holte Nelson etwa 25 Meilen westlich von Kap St. Vincent Sir John Jervis und die britische Flotte ein. Kap St. Vincent, die Südwestspitze Portugals, ist ein imponierendes Felsmassiv, das auf allen Seiten jäh ins Meer abfällt. Im Segelhandbuch der Admiralität heißt es: »Die Westecke des Kaps ist so steil und voller Höhlen, daß man das Tosen der Brandung noch in einiger Entfernung hören kann.« Es ist ein gewaltiges Naturschauspiel, dieser Ort, wo sich vor Europa der offene Ozean auftut. Vom nahe gelegenen Sagres aus hatte im frühen 15. Jahrhundert jener bedeutende Infant von Portugal, Heinrich der Seefahrer, mit der Erforschung Afrikas und der Atlantikinseln begonnen. Ein schicksalsschwerer Ort.

Nelson wechselte auf die *Captain* über. Zwei seiner Gäste, Sir Gilbert Elliott und Oberst John Drinkwater, gingen an Bord der Fregatte *Lively*, die die Nachricht von der bevorstehenden Schlacht nach England bringen sollte. Denn es konnte wenig Zweifel daran geben, daß es nun zwischen Großbritannien und seinen Feinden zur ersten großen Kraftprobe auf See kommen würde. Die spanische Flotte hätte eigentlich in Cadiz Wasser und Proviant an Bord nehmen sollen, bevor sie nach Norden in Richtung Ärmelkanal segelte, aber der Levantiner hatte sie ja in den Atlantik getrieben. Und nun fuhr sie mit einem Wind zurück, der gerade leicht auf Südwest gedreht hatte. Die nördlich von ihr stehende britische Flotte zählte fünfzehn Linienschiffe; die *Britannia* und die *Victory* waren mit 100 Geschützen bestückt, die *Barfleur* und die *Prince George* mit 98 und die *Blenheim* und die *Namur* mit 90. Sie alle waren Dreidecker. Dazu kamen noch acht Linienschiffe mit 74 Geschützen, die *Captain, Colossus, Culloden, Egmont, Excellent, Goliath, Irresistible* und *Orion*, ein Linienschiff mit 64 Geschützen, die *Diadem*, sowie vier Fregatten und eine Korvette. Insgesamt also zwanzig Schiffe, aber nur fünfzehn Linienschiffe.

Die Flotte, die Nelson in der Nacht zuvor passiert und die – davon unterrichtete er Jervis gleich nach seiner Ankunft – anscheinend gewendet hatte und Ostkurs lief, war erheblich größer als die britische. Jervis hätte eigentlich über sieben weitere Linienschiffe verfügen sollen, aber Admiral Man hatte sein Geschwader zu einer Zeit, da sich Jervis noch im Mittelmeer aufhielt, von Gibraltar abgezogen und war entgegen den Befehlen und in der Annahme, daß das Mittelmeer verloren sei und England sich über sieben Schiffe mehr freuen werde als über gar keines, nach Hause gesegelt. Für diese Desertion hätte er, wenn es auch noch eine Desertation vor dem Feind gewesen wäre, durchaus erschossen werden können – doch er mußte lediglich sein Kommando abgeben. Jervis hätte es fast mit Sicherheit gern gesehen, wenn Man auf dem Achterdeck exekutiert worden wäre wie Admiral Byng ein Jahr vor Nelsons Geburt – freilich aus sehr viel weniger schwerwiegenden Gründen.

Jervis sah sich einer Flotte gegenüber, die siebenundzwanzig Linienschiffe und zehn Fregatten zählte. Sie stand unter dem Kommando von Admiral Don José de Córdoba. Sein Flaggschiff, die *Santissima Trinidad*, war das größte Kriegsschiff der Welt. Sie war ein Vierdecker, mit 136 Geschützen bestückt. Außerdem befehligte Cordoba sechs Dreidecker mit je 112 Geschützen, einen mit 80 Geschützen – die übrigen hatten 74 Geschütze. Es waren vorzügliche, aber schlecht bemannte Schiffe – wie Nelson vor längerer Zeit gesagt hatte: »Der Don mag schöne Schiffe bauen, aber er hat keine guten Leute.« Natürlich ist es naheliegend, daß ein glühender Patriot eine solche Bemerkung macht, doch die Geschichte hat oft bewiesen, daß die Spanier ein sehr tapferes Volk sind. Das Problem der spanischen Kriegsmarine bestand darin, daß ihre Offiziere Adlige waren, die das Seemannshandwerk im allgemeinen für gewöhnlich hielten; die Mannschaften wiederum setzten sich aus Soldaten und einigen wenigen Fischern zusammen, die wie Sauerteig hätten wirken können, aber sich in der Masse von zwangsverpflichteten Bauern verloren, die von Ochsen und Pflügen mehr verstanden als von Schiffen und Kanonen. In dieser Beziehung hatten die Spanier seit der Niederlage der Großen Armada im Jahre 1588 wenig oder gar nichts über das Wesentliche bei der Seefahrt dazugelernt.

Die beiden Flotten gerieten erst am Morgen des 14. Februar, des Valentinstages, ins Gefecht. Der Wind kam jetzt fast genau von Westen, für die Spanier, die auf Cadiz zuhielten, beinahe von achtern, für die Briten bequem von Steuerbord. Die spanische Flotte lief nicht in geordneter Gefechtsformation. Jene langen Monate auf See, die den Briten in Fleisch und Blut übergegangen waren, und Jervis' eiserne Disziplin gaben ihnen eine Überlegenheit, die durch größere Schiffe und stärkere Feuerkraft nicht aufgewogen werden konnte. Wieder hing Dunst über dem Wasser. Die spanische Flotte kam allmählich in Sicht, und dieses Bild hätte auch William Turner gefallen, dem größten britischen Maler (der im Innersten ein halber Seemann war): »Mordskerle, die undeutlich und drohend aufragten wie Beachy Head* im Nebel.« Der Erste Kapitän der *Victory* ging mit Sir John Jervis übers Achterdeck und begann, die feindlichen Schiffe zu zählen. Es herrschte, so das Logbuch von Nelsons *Captain*, »leicht windiges und nebliges« Wetter. Zuerst schimmerten die Toppsegel über dem undurchdringlichen Dunst auf, dann die unteren großen Segel – Fock-, Groß- und Besansegel –, dann erkannte man die plumpen Schatten der Schiffskörper.

»Acht Linienschiffe, Sir John.«

»Sehr gut, Sir.«

»Zwanzig Linienschiffe, Sir John.«

»Sehr gut, Sir.«

»Fünfundzwanzig Linienschiffe, Sir John.«

»Sehr gut, Sir.«

»Siebenundzwanzig Linienschiffe, Sir John, fast doppelt soviel wie wir!«

»Genug, Sir«, lautete die Antwort. »Nichts mehr davon! Auch wenn es fünfzig wären, würde ich es mit ihnen aufnehmen. England hat im Augenblick einen Sieg bitter nötig.«

Kapitän Ben Hallowell, ein in Kanada geborener Offizier, der Nelson bei der Kanonade von Calvi stets zur Seite gestanden hatte und dessen Schiff vor einigen Monaten ohne sein Verschulden gestrandet war, diente als außerplanmäßiger Offizier an Bord der *Victory*. Er war Zeuge dieses Gesprächs auf dem Achterdeck und vergaß sich so sehr, daß er seinem ehrfurchtgebietenden Admiral mit einem tiefempfundenen: »Ganz recht, Sir John, ganz recht!« auf den Rücken klopfte und meinte: »Und wir werden sie bei Gott gehörig durchprügeln!«

Jervis hatte nur zu recht mit seiner Bemerkung, daß England einen Sieg brauchte. Die Lage war ähnlich wie 1940, als ganz Kontinentaleuropa gegen Großbritannien stand. Doch 1797 hatte das

*Landspitze im Ärmelkanal (Anm. d. Übers.).

Land eine etwas schlechtere Position. Überall triumphierte der Feind, und in Irland, wo es ohnehin stets gärte, stifteten revolutionäre Agitatoren noch mehr Unruhe als sonst. Großbritanniens Handelsinteressen waren bedroht, und all dies wurde verschlimmert durch den Umstand, daß die Flotte im Ärmelkanal durch Saumseligkeit bei der Bezahlung der Mannschaften, dazu Unzulänglichkeiten und Brutalitäten kurz davor war zu meutern.

Als die Spanier in den Atlantik getrieben wurden, hatte sich ihr Verband aufgelöst. Nun, während der willkommene Westwind wehte, versuchten sie, wieder eine gewisse Ordnung in ihre Reihen zu bringen. Doch in dem Augenblick, da sie ihrerseits die Briten sichteten – was sie »vollständig überraschte« –, segelten sie verstreut in zwei getrennten Verbänden. Zwischen den sechs Schiffen an der Spitze und dem Gros der einundzwanzig anderen, die den Zug beschlossen, lag ein Abstand von sieben Meilen. Und auch die größere Gruppe hatte sich nachlässig formiert; einige se-

Die Seeschlacht von St. Vincent

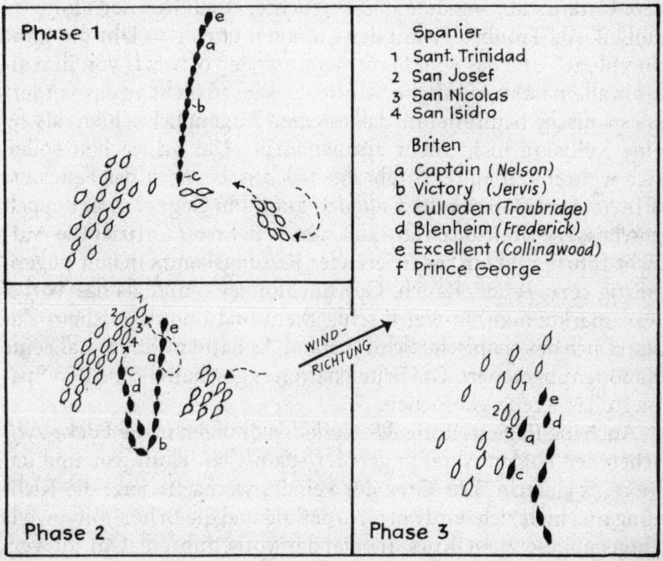

gelten nebeneinander her, andere zogen alleine dahin. »Wir flogen ihnen entgegen wie der Falke seiner Beute« – so formulierte es Collingwood. Kurz nach acht Uhr morgens gab Jervis das Signal: »In Linie formieren!« Das bedeutete, daß sich die Briten, die bis dahin in zwei Linien segelten, mit einer Präzision, die ihnen in den langen Monaten auf See zur zweiten Natur geworden war, zu einer Linie formierten. In geschlossener Ordnung – Nelsons *Captain* war das drittletzte Schiff – fuhren die Briten auf Südwestkurs dem Feind entgegen, ein todbringender Speer, dessen Spitze Troubridges *Culloden* bildete.

Jervis hatte, wie er selbst schrieb, »im Vertrauen auf die Tüchtigkeit, Beherztheit und Disziplin der Offiziere und Mannschaften, die zu befehligen ich das Glück hatte, und dafür haltend, daß die Ehre der Waffen Seiner Majestät und die Kampfbedingungen in diesen Gewässern ein erhebliches Maß an Wagemut forderten« beschlossen, den Umstand zu nutzen, daß die Flotte des Feindes geteilt war. Er wollte seine Flotte wie einen Keil zwischen die beiden Gruppen treiben. Die *Culloden* fn der Spitze, die *Blenheim, Prince George, Irresistible, Colossus* und *Orion* erhielten den Befehl, alle Segel zu setzen und unmittelbar auf die Lücke zuzuhalten. Nun erkannte die spanische Vorhut die Gefahr, ging von ihrem Ostkurs ab, wendete und versuchte, zum Gros der Flotte zu stoßen. Als Troubridge mit der *Culloden* um 11.30 Uhr die Linie durchbrach und das Feuer eröffnete, standen ostwärts von ihm alles in allem neun spanische Schiffe. Er kam so dicht an das vorderste spanische Schiff heran, daß es einen Augenblick schien, als sei eine Kollision nicht mehr abzuwenden. »Die Schwachen sollen sich wehren«, meinte Troubridge trocken, bevor er das Feuer eröffnete. Und nun gab die *Culloden* auf ihren Gegner zwei doppelt geschossene Breitseiten ab – »als wenn ein Erster Offizier die Aufsicht führte und ein inspizierender Festungskommandant gegenwärtig sei«. Feuer, Rauch, Geschützdonner – und als das vorbei war, merkte man, in welch schlechtem und unordentlichem Zustand sich das spanische Schiff befand. Es hatte nicht einmal seine Kanonen abgefeuert. Die Briten hatten es geschafft – und den Spaniern das Kreuz gebrochen.

Auch die Begleitschiffe der *Culloden* drangen in die Lücke zwischen den beiden Abteilungen der spanischen Flotte vor und kamen ins Gefecht. Das Gros des Feindes wechselte jetzt die Richtung und hielt sich nordwärts, so daß sie und die Briten mit jeweils entgegengesetztem Kurs aneinander vorbeifuhren. Um zu verhindern, daß sie entkamen, signalisierte Jervis seinen Schiffen, sie sollten nacheinander auf Gegenkurs gehen. Das bedeutete, daß sie in derselben Reihenfolge, mit der sie ins Gefecht gegangen waren, auch den Kurs änderten. Und jetzt kam die in Lee abgeschnittene spanische Vorhut zurück und wollte ihrerseits versuchen, die britische Linie an dem Punkt, wo sie wendete, zu durchbrechen. Die Briten, die ihre geschlossene Ordnung derart massiv aufrechterhielten, daß ihre Breitseiten nicht wie die Breitseiten einzelner Schiffe, sondern wie eine riesige Wand aus Schüssen wirkten, nahmen sie unter so schweres Feuer, daß sie abgeschlagen wurde und sich zurückzog. Nur ein einziges Schiff kam durch und stieß zum Gros der spanischen Flotte. Die Briten hatten ihren Wendevorgang, bei dem ein Schiff auf das andere folgte, noch nicht abgeschlossen. Aus der Vogelschau hätte sich das Bild eines großen, weit ausgedehnten V geboten. Die eine Seite des V steuerte dem Gros der spanischen Flotte entgegen, die andere war noch auf dem Weg zum unteren Ende des V. Admiral Cordoba hatte den Gedanken an einen Sieg bereits völlig aufgegeben. Er sah, daß er nur eine Chance hatte, seine Flotte aus dem Dilemma zu befreien, und diese Chance bestand darin, mit vollen Segeln so weiterzufahren, daß er und seine Schiffe das obere Ende des V passieren, sich mit der Vorhut vereinigen und Kurs nach Osten nehmen konnten, dem sicheren und willkommenen Cadiz entgegen.

Und an diesem Punkt beging Nelson, der genau erkannte, was der spanische Admiral beabsichtigte, seine berühmte Disziplinlosigkeit. Was er tat, erforderte ungeheuren Mut, denn es lief völlig jenen Kampfanweisungen zuwider, die die Aktionen der britischen Flotte im Gefecht regelten. Abweichungen von den *Kampfanweisungen*, die ausdrücklich bestimmten, daß kein Schiff die Kampflinie ohne Order des Oberbefehlshabers verlassen durfte, betrachtete man gewöhnlich als Akt der Feigheit, der unweigerlich ein Kriegsgerichtsverfahren nach sich zog. Nelsons Aktion war jedoch beileibe nicht feige. Als er sah, daß das vorderste spanische Schiff, die gewaltige *Santissima Trinidad*, samt des hinter ihr fahrenden Verbandes im Begriff war, sich am oberen Ende des britischen V vorbeizuschmuggeln, halste er sein Schiff um 180 Grad nach Backbord. (Dies Vor-dem-Wind-Drehen ging sehr viel rascher als das Wenden. Er fuhr hinter der *Diadem* unter Kapitän Towry vorbei, seinem Hintermann, zog am Bug der *Excellent* unter seinem alten Freund Collingwood vorbei und hielt geradewegs auf die gigantische *Santissima Trinidad* zu.

Mit jenem schnellen Blick, der ihn zu einem Genie des Seekriegs machte, hatte er erkannt, daß die Briten, wenn man nur die spanische Vorhut, das größte Schiff der Welt, in Schach halten konnte, genügend Zeit haben würden, um das Wendemanöver abzuschließen und den Feind einzuholen. »Zwischen der *Diadem* und der *Excellent* passierend«, schrieb er später, »geriet ich zehn Minuten nach 1 Uhr mit der Vorhut in einen Nahkampf und natürlich auch mit dem leewärts liegenden Gros der spanischen Flotte ... Sogleich stieß die *Culloden* unter Kapitän Troubridge zu mir und unterstützte mich in der großartigsten Weise. Die spanische Flotte, die meiner Vermutung nach keine Entscheidungsschlacht wünschte, machte einen Schlag nach Backbord und ging an den Wind.« Kapitän Frederick mit der *Blenheim* und Collingwood mit der *Excellent* waren rasch bei ihm, und Collingwoods Artilleristen erwiesen sich als solche Meister ihres Fachs, daß die Kriegsmarine später ihre Artillerieschule in Portsmouth nach der *Excellent* benannte. Collingwood hielt strikt auf Disziplin und glaubte sehr an den Wert von Schießübungen, und nun zeigte sein Schiff, was es konnte. Jede Breitseite, die die Spanier abfeuerten, erwiderte die *Excellent* mit drei Breitseiten. Nelson schrieb: »Die *Salvador del Mundo* und die *San Isidro* blieben zurück und wurden in meisterhafter Weise von der *Excellent* unter Kapitän Collingwood unter Beschuß genommen. Er zwang sie, die englischen Farben zu hissen, als er, das Gepränge, Besitz von den geschlagenen Feinden zu ergreifen, verschmähend, auf das tapferste vorstieß, um seinen alten Freund und Tischkameraden zu retten, welcher sich allem Anschein nach in einer kritischen Lage befand: Die *Blenheim* war in Leeposition geraten, und die *Culloden* lag kampfunfähig achteraus, die *Captain* wurde zu dieser Zeit von drei Linienschiffen Erster Klasse sowie der *San Nicolas* und einem 74er unter Beschuß genommen und war etwa in Pistolenschußweite von der *San Nicolas*.« Nun kam Collingwood heran, um seinem alten Freund zu helfen, und fuhr, alle Segel gesetzt, in nicht einmal vier Meter Entfernung an der *San Nicolas* vorbei und gab derweil »ein äußerst furchtbares und gewaltiges Feuer gegen sie ab.«

Collingwoods großartiges Manöver verschaffte Nelsons demolierter *Captain* eine kleine Atempause. Alle vier Schiffe, die in der vordersten Reihe dieses dramatischen Kampfes gestanden hatten, die *Captain, Culloden, Blenheim* und *Excellent*, wurden erheblich beschädigt. Die *Captain*, die das Ganze in Gang gebracht hatte, war natürlich am schlimmsten mitgenommen. Ihre Segel hingen in Fetzen, die Takelage war in Stücken, die Fockstenge dahin, das Ruderrad weggeschossen, so daß sie mit Nottaljen gesteuert werden mußte. Sie fiel in Richtung der *San Josef* ab, die mit der *San Nicolas* kollidiert war. Nun kamen die beiden Schiffe nicht mehr voneinander los. Durcheinander, Geschützdonner, dicker Rauch, Chaos, als Takelwerk, Rahen, Stengen fielen und mit ihnen Männer von oben stürzten – es war ein Inferno, das sogar ein Dante sich schwerlich hätte ausmalen können. Seeschlachten haben auch ihre Schrecken, seit die Segel den Maschinen gewichen sind, aber es ist nicht so verheerend direkt wie damals, als die Schiffe tatsächlich längsseits aneinander vorbeifuhren und Breitseiten aus Kernschußweite abgaben. Während Holzsplitter heulend und pfeifend durch die Luft flogen und die Scharfschützen in der Takelage das Feuer eröffneten, standen Soldaten, Marineinfanteristen und Matrosen zum Entern bereit. Die *Captain* kam längsseits auf die *San Nicolas* zu. Ihr vorspringender Kranbalken an der Backbordseite (der massive Eichenbalken, der den Anker hielt) krachte mit der Zwischendeckgalerie des Gegners zusammen, das Bugspriet verfing sich in der Takelage des Feindes.

Nelsons Worte sind bekannt, aber man kann es nicht besser formulieren: »Ich wies Kapitän Miller an, das Ruder hart Steuerbord zu legen, rief nach dem Enterkommando und befahl ihm zu entern.

Die Soldaten des 69. Regiments waren dabei mit einem Eifer, welcher ihnen stets zur Ehre gereichen wird, unter den vordersten. Der erste, der an die Besan-Püttings des Feindes sprang, war Kapitän Berry, mein früherer Erster Leutnant. (Kapitän Miller wollte ein Gleiches tun, doch ich hieß ihn zu bleiben.) Ein Soldat hatte das Fenster der oberen Galerie an Backbord eingeschlagen und stieg schnell hinein, so rasch wie möglich von mir und anderen gefolgt. Ich fand die Kajütentüren verschlossen, und einige spanische Offiziere feuerten ihre Pistolen ab; doch dann stemmten die Soldaten die Türen auf, erwiderten das Feuer, und der spanische Brigadier (ein Kommodore mit einem besonderen Stander) fiel, als er sich zum Achterdeck zurückziehen wollte. Ich drang zum Achterdeck vor und sah, daß Kapitän Berry sich im Besitze des Hecks befand und die spanische Flagge niedergeholt wurde. In diesem Augenblick wurde von des Admirals Heck-Galerie auf der *San Josef* mit Musketen und Pistolen auf uns geschossen. Unsere Matrosen hatten zu dieser Zeit vom ganzen Schiff Besitz ergriffen: Etwa sieben von unseren Männern wurden getötet und einige wenige verletzt, bei den Spaniern waren es ungefähr zwanzig. Nachdem ich Wachen an den verschiedenen Niedergängen aufgestellt und Kapitän Miller befohlen hatte, mehr Männer auf die *San Nicolas* zu schicken, wies ich meine tapferen Burschen an, das Linienschiff Erster Klasse zu entern, was im Nu geschah.« Nelsons Leute schwärmten also von der gekaperten *San Nicolas* aus und stiegen auf die große *San Josef* hinüber, die längsseits lag und sich mit Spieren und Takelage an ihrem Landsmann verfangen hatte. »Als ich in ihre Großmastputtings griff, trat ein spanischer Offizier ohne Waffen an die Reling des Achterdecks und sagte, das Schiff habe sich ergeben. Nach dieser willkommenen Nachricht dauerte es nicht mehr lange, bis ich mich auf dem Achterdeck befand, wo mir der spanische Kapitän mit gebeugtem Knie seinen Degen überreichte und mir sagte, der Admiral stürbe an seinen Verletzungen. Ich gab ihm die Hand und ersuchte ihn, er möge seinen Offizieren und seiner Besatzung bekannt machen, daß sich das Schiff ergeben hatte, was er darauf auch tat. Und auf dem Achterdeck eines spanischen Schiffes empfing ich, so unglaublich es erscheinen mag, die Degen der besiegten Spanier, welche ich nach Erhalt an William Fearney weiterreichte, einen Mann von meiner Barkasse, der sie mit der größten Gelassenheit unter seinen Arm schob.«

Er fügte hinzu, daß eine Reihe derer, die bei der Eroberung der beiden spanischen Schiffe eine Rolle gespielt hatten, darunter auch Kapitän Berry und der ungerührte William Fearney, alte »Agamemnons« waren. Die Methode, mit der Nelsons *Captain* die zwei Schiffe aufgebracht hatte – das eine diente dazu, um das andere zu entern – und die später als »Nelsons Patentbrücke für das Entern von Linienschiffen Erster Klasse« bezeichnet wurde, war an sich schon bemerkenswert genug. Doch wir dürfen nicht vergessen, daß nicht nur die *Captain* die beiden Schiffe kampfunfähig geschossen hatte. Was diesen Abschnitt des Gefechts betrifft, so gebührt der Verdienst für den Erfolg zu einem beträchtlichen Teil den anderen britischen Schiffen, die Nelson geholfen hatten, vor allem aber Collingwoods *Excellent.* Trotzdem war es ein seltenes Schauspiel, wie die drei Schiffe ineinander verkeilt dalagen – und über dieser Insel aus Schiffen wehte triumphierend die britische Flagge. Wer dieses Bild sah, vergaß es nie. Sir Gilbert Elliott, der sich an Bord der Fregatte *Lively* aufhielt, schrieb später an Nelson: »Nichts auf der Welt war je großartiger vom Anfang bis zum Ende als die Abwicklung dieser Operation durch die *Captain;* und die herrliche Gruppe Eures Schiffes und der beiden Prisen... ist nie übertroffen worden und wird, so darf ich wohl behaupten, nie übertroffen werden.« Auf der *Victory*, die dem fliehenden Feind nachsetzte, drängten sich Männer an der Reling und riefen dreimal hurra, als sie das erstaunliche Schauspiel sahen.

Mehr als zwei Stunden hatte man hart gekämpft. Die Schlacht endete damit, daß vier spanische Schiffe als Prisen genommen wurden. Und die mächtige *Santissima Trinidad* war so stark beschädigt, daß Admiral Córdoba auf ein anderes Schiff überwechseln mußte. Pech hatten die Briten insofern, als dieses gewaltige Kriegsschiff, von dem alle gehofft hatten, man werde es zu den Prisen zählen können, sich bei Einbruch der Dunkelheit im Schlepp eines anderen Schiffes wegzustehlen vermochte. Die Schlacht von St. Vincent brachte deshalb nicht den überwältigenden Sieg, der durchaus möglich gewesen wäre, weil die beiden Verbände der spanischen Flotte zu einem Zeitpunkt zusammenkamen, da, so Nelson, die Dunkelheit »zu weit fortgeschritten war«, um weiterzukämpfen. Außerdem hätte Jervis in Anbetracht der schweren Schäden an seinen Schiffen kaum mit der Schlacht fortfahren können, sobald sich die spanische Flotte wieder vereinigt hatte, zumal einige spanische Schiffe noch ganz frisch und ausgeruht waren, weil sie nicht am Gefecht teilgenommen hatten. Sir John Jervis wußte natürlich nicht, daß bei Córdobas Flotte völlige Unordnung, ja fast komplettes Chaos herrschte. Der unglückliche Admiral und seine Offiziere mußten ein sehr ähnliches Schicksal erleiden wie Medina Sidonia und diejenigen, die sonst bei der spanischen Armada versagt hatten. Er, sein überlebender Vizeadmiral und mehrere seiner Kapitäne wurden vor ein Kriegsgericht gestellt und schieden aus der Marine aus. Es hieß, die Offiziere könnten sich in Cadiz »aus Angst vor der Bevölkerung nicht an Land wagen«. Nelson war in der Hoffnung, die *Santissima Trinidad* einzuholen, von der *Captain* auf die *Irresistible* übergewechselt, die keinen Schaden genommen hatte. Doch nun erging das Signal, den Kampf einzustellen. Trotz seines erstaunlichen Erfolgs muß er sich etwas unbehaglich gefühlt haben bei dem Gedanken, Sir John Jervis gegenüberzutreten. Schließlich war Jervis als der strengste Vorgesetzte bei der Kriegsmarine bekannt, und schließlich hatte Nelson mit seinem Ausscheren aus der Kampflinie während der Schlacht ein Vergehen begangen, auf das Kriegsgericht stand. Doch Jervis war Seemann genug und groß genug, um sofort zu erkennen, was Nelsons Aktion an Positivem bewirkt hatte. Gleich nachdem die *Captain* aus der Linie ausgeschert war, hatte er Collingwood auf der *Excellent* mit einem Signal bedeutet, er möge Nelson helfen. Jervis empfing seinen Kommodore auf dem Achterdeck der *Victory* in höchst ungewöhnlicher Weise: nämlich mit ausgebreiteten Armen. Nelsons Erscheinung war bemerkenswert: ein Teil des Dreispitzes weggeschossen, das Gesicht schwarz von Pulverdampf, die Kleider zerfetzt. Nachdem Jervis, so erzählte Nelson, »mich umarmt hatte, sagte er, er könne mir nicht genug danken, und gebrauchte Wendungen, die alle dazu angetan waren, mich glücklich zu machen«. Der Oberbefehlshaber war um Haaresbreite dem Tod entgangen – ein Marineinfanterist, der neben ihm stand, kam durch eine Kugel ums Leben. Nelson war ebenfalls durch einen Holz- oder Metallsplitter verwundet worden. Später schrieb er an Sir Gilbert Elliott, wobei er seine Verwundung bagatellisierte: »Es ist nur eine Quetschung und hat keine Folgen außer, daß es mich in den Eingeweiden brennt, welche der Teil sind, der verletzt worden ist.« In Wirklichkeit litt er einige Tage unter heftigen Schmerzen, und er, der Mann, der Fanny regelmäßig in seinen Briefen von allem berichtete, brachte nicht mehr als eine Zeile zusammen: »Mir geht es gut, Josiah geht es gut.« Noch 1804, sieben Jahre nach dieser Schlacht, zeigte sich, »durch Husten verursacht«, manchmal eine Schwellung an der verwundeten Stelle. Man stellt heute die Diagnose, daß er wahrscheinlich eine schwere Ruptur erlitt.

Doch in dieser Nacht – die geschlagene spanische Flotte sammelte sich und betrauerte ihre Verluste (auf der *Santissima Trinidad* und der *San José* allein 400 Mann), und auch die Briten bestatteten ihre Toten und fischten ihre Rahen und Spieren –, in dieser Nacht war es völlig klar, wer den Sieg davongetragen hatte. Seit dem Jahre 1782, seit der Schlacht der Heiligen in Westindien, bei der Rodney die Franzosen entscheidend geschlagen hatte, war dies das größte Seegefecht gewesen. Und niemand kann daran gezweifelt haben, daß man den Sieg zum großen Teil Kommodore Horatio Nelson verdankte.

15 Konteradmiral

Als Nelson aus der Linie ausscherte und nur die *Culloden* zu seiner Unterstützung hatte, soll Kapitän Calder von der *Victory* zu Jervis gesagt haben: »Sir, die *Captain* und die *Culloden* sind von der Flotte getrennt und ohne Hilfe. Sollen wir sie zurückrufen?« Worauf er die Antwort erhielt: »Nein. Ich baue auf diese Schiffe.« Die Besorgnis des Ersten Kapitäns Calder war ganz natürlich, aber bei einem späteren Anlaß, von dem uns Jervis' Sekretär Benjamin Tucker in einer Anekdote berichtet, scheint wohl Neid auf Nelsons Erfolg mit im Spiel gewesen zu sein: »Am Abend, als man über die Ereignisse des Tages sprach, gab Kapitän Calder zu verstehen, daß das unerwartete Manöver, welches Nelson und Collingwood in den Mittelpunkt des Kampfes rückte, eine unerlaubte Abweichung des Kommodore von der vorgeschriebenen Angriffsmethode sei. ›Das war es gewiß‹, sagte Jervis, ›und wenn Ihr jemals auf diese Weise gegen Eure Befehle verstoßt, werde ich Euch ebenfalls verzeihen.‹« Man hat manchmal die Vermutung geäußert, unter Kapitän Calders Einfluß sei Sir John Jervis' ursprünglicher Entwurf zum Bericht über das Gefecht dahingehend abgeschwächt worden, daß nur er, Calder, vom Oberbefehlshaber gelobt wurde. Es ist jedoch äußerst unwahrscheinlich, daß ein Mann wie Jervis sich bei der Abfassung des Berichts von irgend jemand beeinflussen ließ – schon gar nicht von seinem Kapitän, den er am selben Tag scharf zurechtwies, weil er verfrüht eine Breitseite befohlen hatte. Man kann Jervis' Bericht nur im Licht der Ereignisse sehen: Alle Kapitäne hatten gut gekämpft und wurden, wie sich später herausstellte, gebührend belohnt. In einem privaten Brief an Graf Spencer schrieb Jervis: »Kommodore Nelson, der bei der Nachhut mit Steuerbordhalsen segelte, setzte sich backbords an die Spitze und trug sehr viel zum Erfolg des Tages bei.« Außerdem belobigte er Vizeadmiral Waldegrave und die Kapitäne Berry, Hallowell, Collingwood und Troubridge.

An Bord der *Irresistible* schrieb Nelson am 28. Februar von Lissabon aus an Fanny: »Wir sind diesen Nachmittag mit unseren

Prisen hier angekommen: Je mehr ich an unser Gefecht neulich denke, desto verwunderter bin ich; es erscheint mir ganz und gar wie ein Traum... Der Spanische Krieg wird uns ein kleines Haus auf dem Lande und ein Stück Boden einbringen, und dies ist alles, was ich will. Ich werde eines Tages, wenn wir uns von den geschäftigen Szenen des Lebens zurückziehen, lachend zurückkommen: Ich habe jedoch nicht die Absicht, ein Einsiedler zu werden; die Dons werden uns etwas Geld einbringen.« Fünf Tage zuvor hatte Fanny ihm von Bath aus geschrieben, wo sie mit Nelsons Vater weilte: »Die gestrige Zeitung befugt unseren guten Vater und mich, Dir zur Ernennung zum Flaggoffizier zu gratulieren. Möge es Gott gefallen, daß Dein Ruhm und Deine Erfolge mit dieser Beförderung fortdauern und wachsen.« Nelson erfuhr davon erst am 1. April. Er war bereits am 2. Februar zum Flaggoffizier befördert worden, war also bei der Schlacht von St. Vincent, ohne daß er und die anderen es wußten, schon Konteradmiral unter der Blauen Flagge gewesen. Die Beförderung erfolgte auf dem normalen Weg, neun weitere Wirkliche Kapitäne, die achtzehn Jahre gedient hatten, wurden zur selben Zeit befördert.

Am 11. März schrieb ihm Fanny wieder einen Brief. Locker hatte ihr versichert, daß die Berichte, denen zufolge Nelson leicht verwundet worden sei, nicht der Wahrheit entsprächen. Mittlerweile hatte sie auch Nelsons kurze Nachricht erhalten – »Mir geht es gut, Josiah geht es gut.« Sie fühlte sich sehr geschmeichelt durch die Aufmerksamkeiten von Lady Saumarez (der Frau von Sir James Saumarez, der bei der Schlacht die *Orion* befehligte). Lady Saumarez hatte Nachricht von ihrem Mann erhalten, und Fanny zitierte: »Er spricht hochherzig und mannhaft von Dir und schloß mit den Worten: ›Kommodore Nelsons Führung ist nicht genug zu loben.‹ Du warst allgemein der Gegenstand des Gesprächs.« Doch dann kommt die tiefe Sorge um seine Sicherheit durch, eine Sorge, die ganz natürlich und doch unangebracht war, weil sie mittlerweile sein Wesen gekannt haben muß: »Ich bin nicht ich selbst, bis ich wieder von Dir höre. Was soll ich Dir über das Entern sagen? Du bist auf das wunderbarste beschützt worden: Du hast genug Verwegenes getan. Nun darf ich Dich bitten – und ich bitte Dich wirklich darum –, daß Du nie wieder enterst. *Überlasse das den Kapitänen.*« Beim Lesen dieser Zeilen dürfte Nelson liebevoll und etwas gequält gelächelt haben. Die Frauen vieler Seeoffiziere stammten aus Seemannsfamilien, kannten von ihrer Kindheit und Jugend her die Geschichten von den Taten ihrer Vorfahren, Geschichten von Schlachten und Mut und unvermeidlichen Verlusten, aber Fanny hatte einen ganz anderen Hintergrund. Nun ja, man konnte ebenso auf seinem eigenen Achterdeck von einer Kanonenkugel, einem Kettenschuß oder der Kugel eines Scharfschützen getötet werden wie beim Entern.

England hatte einen Sieg gebraucht, und nun kamen die Ehrungen reichlich und rasch. Kurz nach der Schlacht sagte Nelson im Gespräch mit Oberst Drinkwater, er mache sich große Sorgen – womöglich werde man ihn zum Baronet ernennen (und diesen erblichen Titel konnte er finanziell nicht verkraften). Er freute sich sehr, als ihm der Bathorden verliehen wurde. Das war nicht mit den geldlichen Aufwendungen der Baronetwürde verbunden und trotzdem eine große Ehre. Sir John Jervis wurde Graf St. Vincent und erhielt 3000 Pfund Jahresgeld, Konteradmiral Parker und Vizeadmiral Thompson wurden zu Baronets ernannt, und die Admirale, Kommodore Nelson und alle Kapitäne von Linienschiffen bekamen goldene Medaillen. Kapitän Calder, der Jervis' Bericht nach England gebracht hatte, wurde zum Ritter geschlagen. Nelson, der seine Herkunft nie vergaß, schickte den Degen, der dem toten spanischen Konteradmiral Don Xavier Winthuysen gehört und den er an Bord der *San Josef* entgegengenommen hatte, an die Stadt Norwich und schrieb dazu: »Ich kenne keinen Ort, wo ich und meine Familie ihn lieber aufgehoben wüßten als in der Hauptstadt der Grafschaft, in welcher geboren zu sein ich die Ehre habe.« Der Held von Norwich wurde Ehrenbürger von Norwich, London und Bath. Mit achtunddreißig Jahren war er Konteradmiral und Bathritter – so weit hatte ihn jener »Strahlenkreis« geführt. Und es würde Prisengelder geben. Auch die Matrosen, ohne deren Blut und Kraft und eisenharte Ausdauer kein Sieg möglich war, bekamen Prisengelder – allerdings sehr viel kleinere Beträge als die Offiziere. Doch selbst mit diesem bescheidenen Anteil konnten sie die Freuden des Festlands genießen. In einem alten Lied werden der Seemannsfrau folgende Worte in den Mund gelegt:

»Siehst du, wie die Schiffe kommen,
viele Segel auf dem Meer?
Siehst du, wie die Schiffe kommen
mit den Prisen hinterher?
Oh, mein lieber kleiner Seemann,
oh, mein lieber kleiner Mann,
und ich lieb' den hübschen Seemann,
kommt er froh und lustig an.«

Man fragt sich unwillkürlich, ob Nelson in all den Jahren, da er die Orden, Medaillen und anderen Auszeichnungen erhielt – und verdientermaßen erhielt –, an die Redensart zurückdachte, die ihn als jungen Menschen in Westindien so sehr beeindruckt hatte: *»Achtern die größte Ehre, vorne der bessere Mann.«* Wahrscheinlich erinnerte er sich manchmal daran, denn sonst hätte er sie wohl nicht in seine kurze Autobiographie aufgenommen.

Die *Captain* war immer noch nicht einsatzfähig. Nelson blieb an Bord der *Irresistible* und wurde Anfang März zusammen mit zwei weiteren Linienschiffen zur Suche nach dem Vizekönig von Mexiko abkommandiert, der angeblich mit drei Linienschiffen, die einen großen Konvoi von Schatzschiffen eskortierten, auf dem Weg nach Spanien war. Die Vorstellung, den Geleitschutz zu überwältigen und reiche Beute zu machen – Gold, Silber und Smaragde aus den Minen von Spanisch-Amerika –, beflügelte Nelson, wie sie vor ihm Drake beflügelt hatte. Doch trotz eingehender Suche, trotz ständigen Kreuzens zwischen Kap St. Vincent und der afrikanischen Küste, kam er nicht an die Schatzschiffe heran. Er konnte sich nicht sicher sein, ob sie es fertiggebracht hatten, unbemerkt nach Cadiz zu gelangen – was er allerdings bezweifelte –, oder ob sie vorübergehend Zuflucht in einem Hafen der Kanarischen Inseln gesucht hatten, höchstwahrscheinlich in Santa Cruz auf Teneriffa. Er dürfte unwillkürlich an Blakes Angriff auf Santa Cruz im Jahre 1657 gedacht haben. Blake bezwang damals die Burg und die Festungswerke, die den Hafen schützten, und fuhr wieder ab, nachdem er sechzehn spanische Schiffe zerstört hatte, darunter vier Silberschiffe – und Spaniens Finanzen hingen in hohem Maße von Silberlieferungen ab. Ihn faszinierte der Gedanke, daß sich diese Großtat wiederholen ließe.

Nach der Rückkehr von der vergeblichen Suche wurde er erneut ins Mittelmeer beordert. Er hatte seinerzeit nicht alle Truppen aus Elba evakuiert. Fast dreitausend Soldaten befanden sich noch auf der Insel, die so ungeschützt war, daß schon ein kleines Geschwader aus Toulon sie zur Kapitulation hätte zwingen können. Insgeheim sah Nelson bessere Einsatzmöglichkeiten für sie, doch St. Vincent wollte erst davon überzeugt werden, daß man sich auch um dieser wenigen Männer willen mit einem Geschwader in das von den Franzosen beherrschte Mittelmeer wagen müsse. Das gelang Nelson. Er war wieder an Bord der *Captain* (»Sie ist kaum mehr als ein Wrack«, schrieb er). Es begleiteten ihn die *Colossus*, die *Leander* (50 Kanonen) und mehrere kleinere Schiffe. Die Fahrt verlief ohne Zwischenfälle, was allerdings reines Glück war, denn nur ein Nordweststurm, der ihnen aus dem Golfe du Lion entgegenpfiff, verhinderte, daß sie von einer starken französischen Streitmacht mit vier Linienschiffen abgefangen wurden. Mit den restlichen Truppen und Ausrüstungsgegenständen verließ Nelson den letzten britischen Vorposten im Mittelmeer. Es war so ein Konvoi, wie es sie im Kriege häufig gibt und die von der Geschichtsschreibung kaum erwähnt werden – es sei denn, das Unternehmen scheitert. Wenn Nelsons kleine Streitmacht mit den französischen Linienschiffen ins Gefecht geraten wäre, hätte sie sich vielleicht hervortun können, wäre aber mit Sicherheit gekapert oder versenkt worden. Doch so traf er im Mai unbehelligt in Gibraltar ein. Und damit hatten die Briten alle ihre Leute im Mittelmeer evakuiert.

Während er sich in Gibraltar aufhielt, kam es zu einer kleinen Begebenheit, die scheinbar unbedeutend ist, uns aber zeigt, daß er im Lauf der Jahre einiges über die Grundsätze der Diplomatie gelernt hatte. Obwohl er am 11. April gezwungen gewesen war, dem amerikanischen und dem dänischen Konsul in Cadiz zu schreiben, daß man es in Anbetracht des Kriegs mit Spanien keinem neutralen Schiff gestatten könne, Cadiz anzulaufen oder Cadiz zu verlassen, rettete er jetzt einige amerikanische Kauffahrteischiffe, die im Hafen von Malaga vor Anker lagen. Nelson, der sich in Westindien bei der Auslegung der Navigationsakte den Amerikanern gegenüber so unerbittlich verhalten und diese ehemaligen Kolonisten wohl mit Mißfallen betrachtet hatte, wurde vom amerikanischen Konsul in Malaga um Hilfe gebeten. Die Vereinigten Staaten und Frankreich lagen zwar nicht miteinander im Krieg, aber der Konsul hatte erfahren, daß einige französische Kaperschiffe, die ebenfalls im Hafen lagen, von ihrer Regierung beauftragt waren, die amerikanischen Schiffe aufzubringen, sobald sie in See stachen. Nelson schickte sofort eine Fregatte, die sich vor Malaga aufhalten und die Amerikaner beschützen sollte, wenn sie ausliefen. Außerdem hatte sie Order, die Amerikaner zu ihrem Bestimmungsort zu eskortieren, egal, ob es sich dabei um einen Hafen an der Berberküste oder um einen Hafen außerhalb der Straße von Gibraltar handelte. An den Konsul schrieb er folgendes: »Ich bin sicher, daß ich die Wünsche meines Königs erfülle, und ich hoffe auf die Stärkung der Harmonie, welche gegenwärtig auf so glückliche Weise zwischen unseren beiden Nationen herrscht.«

Am 15. Mai 1797 schrieb Fanny von Bath aus an ihren Mann. Unter anderem meinte sie: »Du wirst aus den Zeitungen ersehen, in welch unseligen Zustand dieses Land durch die Seeleute gebracht wurde, die mehr Bezahlung wollen und einige bestimmte Offiziere nicht schätzen... Obwohl die Matrosen es geduldet haben, daß Sir Bickerton (Admiral Sir Richard Bickerton, den Nelson von Westindien her kannte) auf sein Schiff zurückkehrte, bedrohen sie noch sein Leben. Nachdem sie ihn an Land getrieben und ihm die Rückkehr erlaubt hatten, sprach er zu ihnen von der Ungehörigkeit ihres Betragens, von der Milde Seiner Majestät etc. Es wäre gut gewesen, wenn er es dabei hätte bewenden lassen, aber er sagte, er wisse, daß er es hier mit einem Haufen von Halunken zu tun habe, und dieser Ausdruck hat sie unverbesserlicher denn je gemacht.«

Nelson wußte schon seit langem über die Probleme bei der Ärmelkanalflotte Bescheid. Später, im Jahre 1803, trug er St. Vincent, der damals Erster Lord der Admiralität war, einige Empfehlungen vor. Es ging ihm dabei um die Bemannung der Schiffe und um Verbesserungen bei der Bezahlung und bei den Prisengeldern. Außerdem war er dafür, Anreize zum Eintritt in die Marine zu schaffen, statt Leute zum Dienst zu pressen. Doch im Augenblick, da England mit dem Rücken zur Wand kämpfte, konnte er Disziplinlosigkeit oder gar Meuterei ebensowenig dulden wie St. Vincent. Im Juli dieses Jahres fand beispielsweise ein Kriegsgerichtsverfahren gegen vier Meuterer von der *St. George* statt, bei dem aufgedeckt wurde, daß sie auf vier weiteren Schiffen (darunter auch auf Nelsons früherem Schiff, der *Captain*) Helfershelfer hatten. Man befand sie für schuldig. Sie sollten am Morgen des nächsten Tages, der zufällig ein Sonntag war, an der Großrah gehenkt werden. St. Vincents Stellvertreter, Vizeadmiral Thompson, »erdreistete sich, die Exekution am Sonntag zu tadeln«, wie St. Vincent berichtete, »und ich habe darauf gedrungen, daß er unverzüglich aus der Flotte entfernt wird«.

Nelson billigte die unerbittliche Haltung seines Oberbefehlshabers, der fest entschlossen war, diese Seuche, die die Ärmelkanalflotte befallen hatte und von Schiffen, die von England kamen, weiter verschleppt wurde, mit Stumpf und Stiel auszurotten. Er sagte: »Wenn es Weihnachten gewesen wäre und nicht nur Sonntag, hätte ich sie auch hinrichten lassen.« Doch bevor das geschah, wechselte Nelson, kurz nachdem er vor Cadiz wieder zur Flotte gestoßen war, auf die *Theseus* über, die von der Ärmelkanalflotte abkommandiert worden war, weil sie zu den Schiffen gehörte, auf denen gemeutert wurde. St. Vincent hatte mit Vorbedacht Nelson und seinen Kapitän Ralph Miller gewählt, weil er wußte, daß sie zwar strenge, aber auch menschliche Vorgesetzte waren. Außerdem verstand es Nelson, Menschen zu führen und sie sich gewogen zu machen. Weder für Nelson noch für Miller war es eine angenehme Aufgabe. Nelson wußte genau, daß die Rationen der Matrosen zu knapp bemessen waren und daß die Lieferanten Wucherpreise verlangten. Er hatte schon vorher für ihr unveräußerliches Recht auf angemessene Vergütung ihrer Leistungen gekämpft. Sein Wohlwollen galt den Matrosen – vorausgesetzt, sie kannten ihre Grenzen und ordneten sich anständigen und fairen Vorgesetzten unter. Schon nach wenigen Stunden entdeckte Nelson, daß die *Theseus* England ohne zureichende Verproviantierung verlassen hatte. Es fehlte fast an allem, seien es Nahrungsmittel oder Gegenstände, die für die Instandhaltung eines Schiffes unbedingt nötig waren. Die *Theseus* besaß keinerlei Kampferfahrung. Nelson war froh darüber, daß er, ganz abgesehen von seinem bewundernswerten Kapitän Miller, eine Reihe von alten »Agamemnons« mit an Bord hatte, die der Crew, deren Moral vollkommen gebrochen war, vermitteln konnten, was es bedeutete, auf einem »glücklichen Schiff« mit guten Offizieren zu leben. Nelson teilte St. Vincent sehr bald mit, daß er sich an die Intendantur wenden werde. Sie mußte fast alles nachliefern, unter anderem Essen in sauberen Fässern, Taue, ja, sogar Nägel.

Am 24. Mai war Nelson an Bord der *Theseus* gegangen, und am 15. Juni konnte er Fanny schreiben: »Die *Theseus* gehörte zu den Schiffen, die zu Hause in jene Sachen verwickelt waren, und ihr vormaliger Kapitän Aylmer verließ sie, weil er befürchtete, die Crew beabsichtige, sie nach Cadiz zu steuern, auch hatte er stets einen Trupp bewaffneter Marineinfanteristen um sich. Ich habe ordentlichere Leute vorgefunden. Vor ein paar Tagen legte jemand einen Zettel auf das Achterdeck. Ich sende Dir eine Abschrift:

> Erfolg möge Admiral Nelson begleiten.
> Gott segne Kapitän Miller, wir danken ihnen
> für die Offiziere, welche sie über uns gesetzt haben.
> Wir sind froh und fühlen uns wohl und werden jeden Tropfen
> Bluts vergießen, der in unsern Adern fließt, um ihnen zu helfen,
> und der Name der *Theseus* soll so unsterblich werden
> wie der der Besatzung der *Captain*.«

Wie viele humane Menschen war Nelson praktisch und nicht sentimental. Während die Liberalen seiner Zeit (ähnlich wie die unseren) in Wort und Schrift die Not der Matrosen beklagten, *tat* er etwas. So schrieb er beispielsweise am 30. Juni – die *Theseus* lag vor Cadiz und blockierte gemeinsam mit anderen Schiffen die Stadt – in einem Brief an Fanny: »Mit Deinem Einverständnis beabsichtige ich, daß meine nächste Wintergabe für Burnham fünfzig gute große Decken sein sollen – mit dem Buchstaben N in der Mitte, damit sie nicht verkauft werden. Ich glaube, daß man sie für etwa 15 Schillinge in allerbester Qualität machen lassen kann und daß sie dem einen oder dem anderen wenigstens sieben Jahre halten werden, auch wird es dem, was die Gemeinde vielleicht gibt, in keiner Weise abträglich sein.«

Nun nahm die Blockade von Cadiz seine Zeit in Anspruch. Nelson rechnete ständig damit, daß sich die spanische Flotte aus dem Hafen wagen und daß dies zeitlich mit einem Levantiner zusammenfallen würde, der ihre übrigen Schiffe vom Mittelmeer in den Atlantik treiben würde – das ergab eine Flotte von vierzig Linienschiffen, gegen die St. Vincent seinerseits nicht mehr als zwanzig Linienschiffe aufbieten konnte. Doch er hatte keine Angst: »Wir von der Vorhut sind bei der Nacht wie am Tage gefechtsbereit: Unsere Freunde in England brauchen sich nicht zu fürchten.« Am 3. Juli bombardierte Nelson die Stadt. Das geschah auf Anweisung seines Oberbefehlshabers, der das Leben in Cadiz so unerfreulich machen wollte, daß der Feind sich herauswagte, statt sich im Hafen zu verkriechen. Obwohl Nelson der jüngste Flaggoffizier war, erhielt er für diese Operation die Hälfte der Linienschiffe. Das gilt uns als ein Vertrauensbeweis von seiten St. Vincents, der schwerer wiegt als die Behauptungen, die man vorgebracht hat und die da lauten, er habe Nelsons Bedeutung im Bericht über die Schlacht von St. Vincent geschmälert oder seinen brillanten Konteradmiral unterschätzt.

Wie üblich hörte Nelson nicht auf Fannys flehentliche Bitten, er möge sich nicht mit Dingen befassen, die man von einem Admiral gar nicht forderte. Er nahm sogar an einem Gefecht kleiner Boote teil. Das hätte normalerweise nicht einmal ein Kapitän getan, denn mit Missionen dieser Art wurde eigentlich ein Leutnant oder bestenfalls ein Kapitänleutnant betraut. Nelson gehörte selbstverständlich nie zu den Leuten, die von ihrem Mut nicht reden. Der folgende Satz aus seiner Autobiographie klingt zwar aufschneiderisch, man muß ihn aber gleichwohl als wahr akzeptieren:

»In dieser Zeit war mein Mut wahrscheinlich hervorragender als in jedem anderen Abschnitt meines Lebens. Bei einem Angriff spanischer Kanonenboote enterte der Kommandant derselben meine Barkasse mit ihrer gewöhnlichen, aus zehn Mann bestehenden Besatzung, dazu der Bootsführer, Kapitän Fremantle und ich; die spanische Barkasse hatte sechsundzwanzig Riemen und außer den Offizieren dreißig Mann. Dies war eine Aktion, bei der Mann gegen Mann mit dem Degen kämpfte und bei der mein Bootsführer John Sykes, der jetzt nicht mehr ist, mir zweimal das Leben rettete.« Ein anonymer Berichterstatter, der bei diesem Gefecht dabei war, schreibt: »Don Miguel Tyrason suchte sich die Barkasse des Admirals heraus, in welcher John Sykes war, so tapfer, wie ein Seemann nur sein kann, der seine Kleidung und sein Bettzeug vom Proviantmeister in Empfang nimmt oder den Grog mit seinen Tischkameraden teilt... Nelson parierte einen Stoß, der ihn nicht mehr zum Nil hätte kommen lassen... Es war ein verzweifelter Kampf, und einmal wurde unsere Barkasse fast vom Feind genommen. John Sykes stand linker Hand dicht bei Nelson, und er schien mehr um das Leben des Admirals als um das seinige besorgt: Er führte fast nur Streiche, um seinen tapferen Offizier zu retten.« Sykes, der sich auf dem Achterdeck der *San Josef* ganz in Nelsons Nähe aufgehalten hatte, stammte ebenfalls aus Ostengland (aus dem Teil von Lincolnshire, der zu den Fens gehört). Und er rettete Nelson nicht nur zweimal das Leben. In dem Bericht heißt es weiter: »Er sah einen Hieb kommen, der Nelson das Haupt gespalten hätte. Mit jener blitzschnellen Überlegung, die dem kaltblütigen Manne eignet, erkannte Sykes, daß er den Hieb nicht mit seinem Entermesser abwehren konnte... Er streckte seine Hand dazwischen! Wir alle sahen es – wir waren Zeugen der tapferen Tat, und wir vergalten sie ihm mit einem Hurra und einem gewaltigen Getümmel. Achtzehn Spanier wurden getötet, und wir enterten ihre Barkasse und nahmen sie als Prise: es war kein Mann an Bord, der nicht entweder tot oder verwundet war.« Nach diesem Gefecht beförderte St. Vincent Sykes zum Oberkanonier. Er wurde binnen eines Jahres durch die Explosion eines Geschützes getötet. Sykes wird von der Geschichtsschreibung meist vernachlässigt. Doch ohne ihn hätte Englands genialster Seeheld (nur Drake kam ihm möglicherweise gleich) nicht überlebt und die Schlachten von Abukir, Kopenhagen und Trafalgar nicht geschlagen.

16 Mißerfolg

Am 14. Juli 1797 hatte Nelson Fanny Erfreuliches über Prisengelder zu berichten. Er meinte lakonisch: »Ich nehme an, daß Du es nicht viel finden wirst, sieben- oder achthundert Pfund...« Dann fuhr er fort: »Du darfst nicht damit rechnen, daß Du sehr bald von mir hörst, da ich auf eine kleine Kreuzfahrt gehe.« Dabei handelte es sich um den Angriff auf Teneriffa, der ihm vorschwebte, seit es ihm nicht gelungen war, das Geschwader abzufangen, das Berichten zufolge Schatzschiffe eskortierte. Vielleicht kannte Nelson Clarendons Urteil über den großen Robert Blake*: »Er war der erste, der von ausgetretenen Pfaden abwich... Er war der erste, der Schiffe dahin brachte, daß sie die Burgen am Gestade verachteten, die man stets für sehr gewaltig gehalten hatte, welche aber, wie er entdeckte, nur hohles Getön machten, das diejenigen erschrekken sollte, denen sie selten etwas anhaben konnten.« Nelson hatte auf Korsika beim Einsatz gegen Burgen und Festungswerke Erfahrungen gesammelt und keine hohe Meinung von ihrem Wert gewonnen. Er hatte gesehen, daß relativ wenige entschlossene Matrosen und Marineinfanteristen recht schnell mit solchen Verteidigungsanlagen fertig werden konnten. Zwar war er bescheiden genug, um zu sagen: »Ich denke nicht, daß ich Blake ebenbürtig bin«, doch er meinte trotzdem, das wiederholen zu können, was Blake in Santa Cruz vollbracht hatte.

Er glaubte jedoch nicht, daß sich eine solche Operation ohne weiteres nur mit Schiffen durchführen ließ. Nelson kannte den Atlantik und wußte Bescheid mit dem Nordostpassat, der die Kanarischen Inseln bestreicht. Man kam zwar leicht in den Hafen von Santa Cruz hinein, aber es war kein Verlaß darauf, daß auch ein

*Admiral, geb. 1599, gest. 1657; war durch seine Siege über die niederländische (1652/53) und die spanische Flotte (1657) ein Mitbegründer der englischen Seemacht (Anm. d. Übers.).

Wind aufkam, mit dem man wieder hinausgelangte. Nelson war unter anderem deshalb so eifrig auf den Rückzug der restlichen Soldaten von der Garnison auf Elba bedacht gewesen, weil er hoffte, sie bei der Operation einsetzen zu können, die man, wie er St. Vincent vorschlug, gegen Santa Cruz durchführen sollte. General de Burgh, dessen Leute seit der Evakuierung untätig waren, wollte sie jedoch nicht in ein Unternehmen verwickelt wissen, das seiner Meinung nach keinen Sinn für die Armee hatte und nur der Kriegsmarine einen Vorteil einbrachte, falls ein Schatzschiff im Hafen lag. Diese Einstellung kann man nur natürlich nennen, was lediglich Historiker bestreiten werden, die für die Marine voreingenommen sind. Ziel der Operation war schließlich nicht die Eroberung von Teneriffa oder irgendeiner anderen der Kanarischen Inseln. Militärisch gesehen konnte man das Ganze nur als eine Sache betrachten, die den Matrosen und ihren Offizieren vielleicht etwas Prisengeld verschaffte. Bei gründlicherem Nachdenken hätte man allerdings erkennen müssen, daß Frankreichs Verbündeter und Englands Feind geschwächt wurde, wenn er Gold und Silber verlor – denn auf Gold und Silber beruhte die instabile spanische Wirtschaft. Weder General de Burgh noch General Charles O'Hara, der Kommandant der Garnison von Gibraltar, waren bereit, die Dinge in diesem Licht zu sehen. Man darf ihren Standpunkt nicht geringschätzen. Schließlich waren seit der großen Belagerung des »Felsens« erst vierzehn Jahre vergangen. Alle konnten sich noch lebhaft daran erinnern, und Nelsons Bewunderer, Oberst Drinkwater, hatte mitgeholfen, daß man sie nicht vergaß. Wenn Gibraltar von neuem belagert wurde, war es die Pflicht der Armee, dafür zu sorgen, daß es erfolgreich Widerstand zu leisten vermochte. Und wenn Gibraltar fiel, bestand wenig oder gar keine Aussicht darauf, daß je wieder eine britische Flotte ins Mittelmeer gelangen konnte. Wie sich dann im folgenden Jahr herausstellte, war dies der springende Punkt, sehr viel wichtiger jedenfalls als die Erbeutung von Schatzschiffen.

St. Vincent und Nelson hatten zwar schon im April über den Plan gesprochen, Santa Cruz anzugreifen, aber er wurde erst im Juli in die Tat umgesetzt. Da die Armee sich in keiner Weise beteiligen wollte, wäre vielleicht überhaupt nichts aus dem Vorhaben geworden, wenn den Fregatten *Lively* und *Minerve* (Leutnant Hardy befehligte die Boote) nicht Ende Mai ein erfolgreicher Handstreich gelungen wäre. Sie fuhren überraschend in den Hafen von Santa Cruz ein, kaperten die französische Fregatte *Mutine* und machten sich unbehelligt wieder davon. All das hatte sich bei Tag ereignet. Und nun schien es so, als könne eine größere Streitmacht, die bei Nacht kam und die Vorteile des Überraschungseffekts nutzte, einen beträchtlichen Erfolg erzielen. Trotzdem wäre auch jetzt nichts aus dem Plan geworden, wenn es keinen Köder gegeben hätte. Doch als man erfuhr, daß ein großes Schatzschiff, die *El Principe d'Asturias* (sie kam aus Manila), in Santa Cruz eingetroffen und dort vor Anker gegangen war, weil sie sich vorerst nicht auf den Heimweg nach Spanien wagen wollte, schien die Bahn frei zu sein.

Nelson hatte sich die Expedition gegen Santa Cruz zwar stets als kombinierte Operation vorgestellt, aber nun gab er diesen Gedanken auf und meinte, die Kriegsmarine könne auch ohne fremde Hilfe auskommen, vorausgesetzt, man bewilligte ihm weitere zweihundert Marineinfanteristen für die Landungstruppe. Weder ihm noch St. Vincent kann es entgangen sein, wie verlockend die Idee war, daß die Kriegsmarine ganz auf sich gestellt einen Sieg errang, und beide hatten aus dem Korsikafeldzug gelernt, daß das möglich war. Erfreulich auch, wenn man das Militär ausstach. St. Vincent kam Nelson sehr entgegen, indem er ihm ein Geschwader von drei guten Linienschiffen mit 74 Kanonen gab. Nelsons Flaggschiff war die *Theseus*, als Kapitän hatte er wieder Miller. Troubridge fuhr auf der *Culloden* und Samuel Hood (ein Vetter von Lord Hood) auf der *Zealous*. Zum Geschwader gehörten außerdem die *Leander* (50 Kanonen), drei Fregatten und ein Kutter. Demjenigen, der mit der modernen Kriegsführung vertraut ist, mag es seltsam erscheinen, daß der jungverheiratete Kapitän Fremantle von der Fregatte *Seahorse* seine Frau mitnehmen durfte – eine merkwürdige Hochzeitsreise! Doch es kam nicht selten vor, daß im Unterdeck von Kriegsschiffen Matrosenfrauen mitfuhren – das hing von der Einstellung des Kapitäns zu diesen Dingen ab –, und Betsy Fremantle, die darum gebeten hatte, ihren Mann begleiten zu dürfen, war bei St. Vincent sehr beliebt.

St. Vincents Befehle für Nelson waren klar und präzis. Er sollte die Insel Teneriffa anlaufen und den Hafen von Santa Cruz erobern. Danach hatte er die *El Principe d'Asturias* mit ihrer gesamten Ladung zu kapern. Alle feindlichen Kriegsschiffe sollten versenkt, in Brand gesetzt und zerstört werden. St. Vincent beschloß seine Order folgendermaßen: »Gott segne Euch und sei Euch gnädig. Ich bin sicher, daß Ihr verdienten Erfolg haben werdet. Den Sterblichen ist es nicht gegeben, darüber zu gebieten.« Nelsons

Antwort lautete: »Nach zehn Stunden werde ich entweder Sieger oder Besiegter sein.« Man stach bei schönem Wetter in See, und Nelson, der Fanny zu einem früheren Zeitpunkt geschrieben hatte: »Ich habe genug Schmeicheleien erfahren, um eitel zu werden, und genug Erfolge, um selbstsicher zu sein«, muß geglaubt haben, daß er, der über ein so prächtiges Geschwader verfügte und sich seine Kapitäne selbst ausgesucht hatte, kurz vor dem größten Augenblick seiner Laufbahn stand. Die Erbeutung des Schatzschiffes würde nicht nur alle beteiligten Offiziere und Mannschaften bereichern, sie würde auch den König erfreuen, dem er mit unerschütterlicher Treue und Opferbereitschaft diente.

Ihre Fahrt nach Südwesten, den Kanarischen Inseln entgegen, verlief ohne nennenswerte Ereignisse, und am 20. Juli, nach fünf Tagen auf See, sichtete man bei Sonnenuntergang den gewaltigen, 3718 m hohen Pico de Teide, dessen Spitze wie gewöhnlich von dichten Wolken verhüllt war. Wie die anderen Kanarischen Inseln ist auch Teneriffa vulkanischen Ursprungs, eine gewaltige Erhebung, die aus dem Ozean aufragt. Auf dem fruchtbaren Boden gedeihen Wein, Dattelpalmen und Zuckerrohr. Ein freundliches und üppiges Land für die spanischen Bewohner, doch der Hafen, den Nelson mit seinem Geschwader ansteuern sollte, war ganz anders geartet. Santa Cruz befindet sich an der Ostküste der Insel auf ebenem Gelände, das von vulkanischen Felsen begrenzt wird. In jenen Tagen lag es offen und ungeschützt da. Es gab nur einen kleinen künstlichen Hafen. Die Felsen, die aus dem Meer aufstiegen, waren glattgeschliffen vom unaufhörlichen Anprall der Brandung. Der einzige Ankergrund, den man als sicher bezeichnen konnte, lag dicht beim Ufer unter den schützenden Kanonen des Forts. Die Insel fällt hier steil zum Meer hin ab, es geht jählings in große Tiefen.

Der Plan, den Nelson, seine Kapitäne und die anderen beteiligten Offiziere so sorgfältig ausgearbeitet hatten, lautete dahingehend, daß die drei Linienschiffe außer Sichtweite bleiben sollten, während die Fregatten sich nach Einbruch der Dunkelheit der Insel näherten. Matrosen und Seesoldaten würden mit Booten, deren Riemen zur Dämpfung von Geräuschen mit Segeltuch umwickelt waren, dem Ufer entgegenfahren, an Land gehen und sich in ein Gebiet begeben, das östlich der Stadt in der Nähe eines Tales lag, das man »Löwenmaul« nannte. Troubridge, als Kommandeur der Landungstruppen zum General ernannt, sollte seine Leute vor Tagesanbruch zum Angriff führen. Man würde bei den Forts im

Osten beginnen und dabei von Sturmleitern und anderen Gerätschaften Gebrauch machen, die eigens für diese Operation angefertigt worden waren. Nelsons Linienschiffe sollten bei Morgengrauen nachkommen und ihre Breitseiten ins Spiel bringen. Man hoffte, daß der Gouverneur der Stadt nach dem Fall der beiden Forts, die Santa Cruz im Osten schützten, bereit sein würde, in Friedensverhandlungen einzutreten. Die Boote, die die Sturmtruppen transportierten, sollten in sechs Abteilungen aufgegliedert und jeweils miteinander vertäut werden. Jede Abteilung würde eine lange Linie bilden, und damit war die Gefahr ausgeschaltet, daß man sich in der Dunkelheit verlor. Man hatte wenig oder gar nichts dem Zufall überlassen. Das begann bei der Bewaffnung der Männer, bei den Geräten, die sie zum Sturm auf die Forts brauchten, und endete mit dem abgesprochenen Einsatz der Fregatten und der Linienschiffe. Ein Kanonenboot, die *Cacafuego* (spanisch für »Scheißfeuer«), die zum Geschwader dazugekommen war, sollte »in dem Augenblick, da man die Boote entdeckt, weil auf ihnen geschossen wird«, das Feuer auf die Stadt eröffnen.

Unglücklicherweise konnte man bei der detaillierten und gut durchdachten Planung nicht mit einkalkulieren, daß Wind und See mitspielen würden. Entgegen den normalen Bedingungen und entgegen den Erwartungen stand der Wind nicht auf die Küste zu. Er war vielmehr ablandig und pfiff den Booten direkt entgegen. Außerdem hinderten starke Strömungen sie und die Fregatten, die sie eskortierten, am Vorankommen. Bei Tagesanbruch näherte sich Nelson mit seinen Linienschiffen, um die Stadt zu bedrohen, deren östliche Forts schon genommen sein sollten. Doch er mußte entdecken, daß die Boote noch nicht einmal die Matrosen und Marineinfanteristen an Land gesetzt hatten. Auch der verschlafenste spanische Posten konnte klar und deutlich das britische Geschwader erkennen, die miteinander vertäuten Boote, die Männer darin, die Feinde, die es ganz offensichtlich darauf abgesehen hatten, die Stadt anzugreifen. In diesem Augenblick hätte fast jeder Kommandeur gezaudert. Der Überraschungseffekt, von dem die Operation abhing, war völlig dahin. Einige Autoren übten Kritik an Troubridge, weil er nun nicht energisch die Landung und den Angriff vorangetrieben habe. So schrieb beispielsweise Lord Charles Beresford: »Doch selbst jetzt hätte der britische Landungstrupp vielleicht die Höhen, welche die Stadt beherrschten, erobern können, wäre Troubridge nicht vor der Verantwortung für diese Attacke zurückgeschreckt. Anders als Nelson vor St. Vincent ergriff er seine goldene Möglichkeit nicht, sondern verlor Zeit, indem er den Konteradmiral konsultierte, und nach der Beratung war ihm die Möglichkeit entglitten. Die Spanier besetzten die Höhen mit vielen Männern, der Angriff war hoffnungslos, und die Matrosen schifften sich wieder ein.« Der britische Landungstrupp hätte *vielleicht* die Höhen erobern können – das sind hier die entscheidenden Worte. Doch das war fast mit Sicherheit ausgeschlossen. Männer, die sich von offenen Booten aus ans Ufer kämpfen und von einem in Alarmbereitschaft versetzten und auf sie wartenden Feind voll eingesehen werden können, sind schwerlich in der Lage, einen Angriff vorzutragen, der Aussicht auf Erfolg hat. Die Rückschau ist natürlich von Wert, und aus einer solchen Rückschau läßt sich ohne weiteres sagen, daß Troubridge recht daran tat, umzukehren und sich mit Nelson zu beraten – außerdem hätte ein weniger ehrgeiziger oder selbstbewußter Kommandeur in diesem Augenblick die ganze Operation abgeblasen.

Nelson schrieb in seinem Bericht: »Nachdem mein ursprünglicher Plan dergestalt durchkreuzt war, erwog ich um der Ehre unseres Königs und Landes willen, den Versuch, uns in den Besitz der Stadt zu bringen, nicht abzubrechen, damit unseren Feinden zum Bewußtsein gebracht wurde, daß es nichts gibt, dem Engländer nicht gewachsen wären...« Nelsons Erfahrungen mit den Spaniern auf See hatten ihm wenig Veranlassung gegeben, Respekt vor ihnen zu haben, aber er war – abgesehen von kurzen Begegnungen in Nicaragua – nie an Land mit ihnen ins Gefecht geraten. Er wußte nicht, wie großartig sie oft kämpften, und er wußte nicht, daß sie ihre Vorposten in den Kolonien in jenen Tagen oft mit ihren besten Soldaten bemannten. Ein erneuter Angriffsversuch wurde fürs erste jedenfalls vom Wetter vereitelt. Das Geschwader trat den Rückzug an. Zwei Tage lang waren die Briten gezwungen, sich der Küste fernzuhalten, und in diesen zwei Tagen hatten die mittlerweile in vollständige Alarmbereitschaft versetzten Spanier reichlich Zeit, sich auf einen weiteren Angriff vorzubereiten. Erst am späten Nachmittag des 24. Juli konnte Nelson seine Schiffe wieder in Position bringen. Sie gingen um 17.30 Uhr etwa zwei Meilen nördlich von der Stadt vor Anker. Nelson wollte diesmal unmittelbar an der Mole landen. Von dort aus sollten seine Leute geradewegs zum Hauptplatz von Santa Cruz vorstoßen. Er würde selbst in einem der Boote mitfahren und den Angriff leiten.

Nelson war sich der Gefahren, die dieser zweite Versuch mit sich brachte, durchaus bewußt (er hatte sein Testament gemacht), und es beunruhigte ihn, daß Josiah, mittlerweile Leutnant, darum bat, ihn begleiten zu dürfen. »Was wird aus deiner armen Mutter«, fragte er, »wenn wir beide fallen, Josiah? Du sollst dich um die *Theseus* kümmern, bleib also da und übernimm die Aufsicht über sie.« Josiah wollte nicht nachgeben. »Sir, das Schiff muß sich alleine zurechtfinden. Ich werde heute abend mit Euch kommen, und wenn es das letzte Mal wäre.« Widerwillig stimmte Nelson zu. Die Spanier hatten mittlerweile beobachtet, daß die britischen Schiffe so vor Anker lagen, als wollten sie wie zuvor die Forts im Osten der Stadt angreifen, und hatten Truppen in diese Richtung entsandt. Sie verstanden jedoch genug von der Kriegskunst, um zu merken, daß es sich hier lediglich um eine Finte der Briten handeln konnte. Also waren auch die zentralen Verteidigungsanlagen von Santa Cruz ausreichend besetzt.

Während man auf die vollständige Dunkelheit wartete, mit der man in diesen Breiten und zu dieser Jahreszeit nicht eher als kurz vor Mitternacht rechnen konnte, speisten Nelson und seine Kapitäne an Bord der *Seahorse*. Betsy Fremantle war ihre Gastgeberin. Was immer Fremantle und die anderen Offiziere an Befürchtungen gehegt haben mögen, sie teilten es Betsy nicht mit. Sie notierte in ihrem Tagebuch: »Da die Eroberung dieses Ortes einfach und fast gewiß zu sein schien, ging ich zu Bett, nachdem sie gegangen waren, und sah keinerlei Gefahr für Fremantle voraus.« Als es so dunkel war, daß man die Truppenbewegungen vom Ufer aus nicht mehr erkennen konnte, begannen die Matrosen und Marineinfanteristen, insgesamt siebenhundert, in die Boote zu steigen, die sich neben den Schiffen in der langen Dünung des Atlantik hoben und senkten. Der Kutter *Fox* transportierte noch einmal hundertachtzig Mann, ein spanisches Kauffahrteischiff, das man am selben Morgen gekapert hatte, weitere achtzig. Die Befehle waren klar und deutlich: Man würde in sechs Abteilungen angreifen (Nelson führte die Mitte), an der Mole landen und unmittelbar darauf auf den Markt zuhalten.

Der schwere Seegang, der jetzt herrschte, half mit, das Vorrükken der Boote zu verbergen. Erst als sie sich der Mole bis auf halbe Schußweite genähert hatten, bemerkten die Spanier, was da aus der Dunkelheit auf sie zukam. Und nun brach die Hölle los. Die Glocken von Santa Cruz läuteten, überall rannten Spanier zu den Waffen, und die Kanone, die die Zufahrt bewachte, eröffnete das Feuer mit Kartätschenschüssen. Wind pfiff, es war dunkel, die Wogen hatten weiße Kämme, es begann zu regnen, und einige

Boote verfehlten die Mole vollständig, darunter auch die, in denen Troubridge und Waller saßen. Sie fanden sich vor bedrohlichen Steilhängen wieder, umgeben vom Brüllen einer alles zermalmenden Brandung. Die Boote hielten ihr nicht stand. Sie zerschellten an den Felsen aus Vulkangestein, einige wenige konnten wenden und seewärts fliehen. Und nun erhellten auch noch Raketen den Nachthimmel. Die Briten – und damit ist vor allem Nelson gemeint – hatten ihren Gegner in jeder Hinsicht unterschätzt.

Troubridge, den manche für seine Abneigung getadelt haben, ohne Beratung mit seinem Admiral zum Angriff zu schreiten, gehörte zu der kleinen Gruppe, die es tatsächlich fertigbrachte, an Land zu gelangen. Man verlor zwar den größten Teil der Spezialausrüstung, beispielsweise die Sturmleitern, in der stürmischen Brandung, aber er konnte die verbliebenen Männer um sich sammeln. Sie und nur sie machten den Weg durch das Gelände, über das Wind und Regen hinwegfegten. Troubridge und Waller kämpften sich mit etwa dreihundert Mann zum Markt durch. Laut Nelson »ergriffen sie Besitz von einem Kloster, von wo aus sie gegen die Zitadelle marschierten, doch sie sahen, daß es nicht in ihrer Macht stand, sie einzunehmen.«

Der Admiral und die Kapitäne Thompson, Fremantle und Bowen waren zur Mole vorgedrungen. Natürlich wußte die spanische Garnison schon seit langem, daß dies der wichtigste Vorposten von Santa Cruz war. Und darum hatten sie nicht nur ihre Geschütze auf die Mole gerichtet, sondern auch in jedem Haus und an allen Stellen, von denen aus man die Zufahrt zur Mole überblickte, Musketiere postiert. Der Kutter *Fox*, der auffälliger war als die Boote, wurde von Kanonen beschossen. Bei Wind und hohem Seegang trafen ihn die Kugeln, und er ging unter. Dabei starben der Kapitän und fast alle von der Besatzung.

Vom britischen Standpunkt aus gesehen, war der einzig versöhnende Aspekt dieser katastrophalen Nacht die Tüchtigkeit der eigenen Leute. Es ist erstaunlich, daß sie es fertigbrachten, so viele Boote an den richtigen Ort zu dirigieren und trotz der tosenden Brandung auch noch etliche Männer an Land zu setzen. Die vorderste Abteilung, bei der Nelson war, konnte unter schwerem Beschuß genügend Leute an Land bringen, um die Verteidiger der Mole zu überwältigen und die Geschütze, die darauf postiert waren, unschädlich zu machen. Weiter kamen sie nicht, denn die Befestigungen dahinter waren zu stark und zu tief gegliedert. Nelson rekapitulierte die Lage in seinem Bericht folgendermaßen: »Von der Zitadelle und den Häusern am Ende der Mole wurden wir mit derart schwerem Musketen- und Kartätschenfeuer belegt, daß fast alle von uns getötet oder verwundet wurden.« Zu den Verwundeten gehörte auch Nelson. Er zog gerade den Degen, den ihm Kapitän Maurice Suckling geschenkt hatte, als er am rechten Arm getroffen wurde. Es gibt zwei Berichte darüber. In dem einen heißt es, er sei im Begriff gewesen, aus dem Boot zu steigen und den Fuß auf die Mole zu setzen, im anderen, er habe sich bereits an Land befunden und den Angriff auf die Kanonen geleitet. Jedenfalls ist es sicher, daß sein Boot binnen Sekunden zur Stelle war und daß er das Gefecht nicht mehr befehligen konnte, obwohl er, der Schwerverwundete (unter der unmittelbaren Einwirkung des Schocks hatte er noch keine Schmerzen), geistesgegenwärtig genug war, den Degen in die Linke zu nehmen. Es war ein rechtes Glück, daß er in dieser Nacht Fannys Sohn Josiah bei sich hatte. Josiah trug viel dazu bei, daß das Leben seines Stiefvaters gerettet wurde. Mit Hilfe eines anderen Mitglieds der Crew bettete er Nelson sicher ins Boot. Aus seinem Halstuch machte er eine einfache Aderpresse. Sein Arm war so übel mitgenommen, daß Nelson das Schlachtfeld verlassen mußte. Der »Brigadegeneral« hatte seinen letzten Kampf an Land ausgefochten.

17 Nachwirkungen

Ein Matrose namens Lovel zerriß sein Hemd und machte dem Admiral eine einfache Schlinge für seinen Arm. Es war dunkel, es herrschte allgemeines Durcheinander, Geschütze donnerten, die meisten Männer von der Crew des Bootes rückten mit den anderen Angreifern auf der Mole vor, und so gestaltete es sich schwierig, genügend Leute für das Boot zu finden und loszurudern. Als Josiah Nisbet endlich eine Befehlscrew zusammengebracht hatte, sank der Kutter *Fox*. Der Lärm der Kanonade riß Nelson aus seiner halben Bewußtlosigkeit. Er ordnete an, daß die Crew des Bootes den Überlebenden von der *Fox* zu Hilfe kommen sollte. Nelson wußte bereits, daß er seinen Arm verlieren würde. Nelson wußte bereits, daß die ganze Attacke ein Mißerfolg war. Der Angriff auf der Mole geriet ins Stocken, und obwohl die Spanier Verluste hatten, obwohl man einige Kanonen vernagelt hatte, kamen die Briten nicht weiter. Nelson wußte jedoch nicht, daß Troubridge und seine Leute, die an der falschen Stelle gelandet waren, sich zum Markt durchschlagen würden. Mit Hilfe des Gros der Truppen hätten sie Santa Cruz vielleicht erobern können.

Von nun an würde Nelson bis ans Ende seiner Tage unter Schmerzen leben. Den Verlust seines Auges hatte er so stoisch hingenommen wie das meiste, das ihm begegnete. Doch der Verlust des Arms erinnerte ihn stets an seinen Mißerfolg. Er hatte zu einem früheren Zeitpunkt gesagt, er werde von der Expedition entweder tot oder mit einem Lorbeerkranz zurückkehren – beides stimmte nicht. Sein übermäßiges Selbstvertrauen hatte ihn getäuscht. Seekadett Hoste, der seinen Eltern immer so zuverlässig schrieb und seit den Tagen auf der *Agamemnon* in Nelsons Nähe gewesen war, berichtete: »Um zwei Uhr morgens kehrte Admiral Nelson mit einer furchtbaren Verletzung am rechten Arm an Bord zurück. Ihr mögt selbst beurteilen, in welcher Lage ich war, als ich unser Boot mit ihm herannahen sah, mit ihm, der mir, so darf ich wohl sagen, ein zweiter Vater gewesen ist. Der rechte Arm baumelte ihm herunter, derweil er sich des anderen bediente, um auf das Schiff heraufzukommen, und mit einer Ungebrochenheit, die jedermann in Erstaunen setzte, sagte er dem Arzte, er möge seine Instrumente bereithalten, denn er wisse, daß er seinen Arm verlieren müsse, und je eher er ab sei, desto besser.« Fanny Nelson stützt sich in ihrem kurzen Bericht über die Ereignisse dieser Nacht vor allem auf die Erinnerung ihres Sohnes: »Als das Boot am Schiff angelangt war, rief Nisbet: ›Sagt dem Arzt, daß der Admiral verwundet ist, er soll alles für eine Amputation herrichten‹, worauf sie sich erboten, den Stuhl herunterzulassen. Doch Sir H. Nelson sagte: ›Nein, ich habe noch meine Beine und einen Arm‹ und stieg an der Seite des Schiffes empor, wobei sich Leutn. N. dicht bei ihm hielt, damit er ihn, falls er ausglitt, halten konnte.

Auf dem Achterdeck begrüßten ihn die Offiziere wie gewöhnlich, indem sie ihre Dreispitze abnahmen. Diese Ehrenbezeigung erwiderte Nelson mit der linken Hand.«

An Bord der *Theseus* befanden sich zwei Ärzte, Thomas Eshelby und Louis Remonier, ein französischer Royalist, der emigriert war. Eshelby war der eigentliche Schiffsarzt, Remonier sein Assistent. In Eshelbys Aufzeichnungen heißt es über Nelsons Verwundung: »Komplizierter Bruch des rechten Armes durch eine Musketenkugel, die den Ellenbogen durchschlagen hat oder ein wenig oberhalb davon durchgegangen ist, eine Arterie durchgetrennt: Der Arm wurde unverzüglich amputiert, danach Opium verabreicht.«

Es gab damals keine Narkose in unserem Sinne; der Patient bekam manchmal Rum zu trinken oder ein kleines Lederkissen, auf das er während der Operation beißen konnte. John Masefield schildert in seinem Buch *Sea Life in Nelson's Time*, bei dem er sich auf verschiedene Quellen stützt, recht anschaulich, was im Lazarettraum eines Schiffes vor sich ging, wenn die Patienten hereingebracht wurden: »Es war eine strikte und unumstößliche Regel, daß die Verwundeten nacheinander an die Reihe kamen. Der erste, der gebracht wurde, war der erste, den man behandelte. Man bevorzugte niemand, möge es sich um einen Offizier oder um einen Schiffsjungen handeln. Diese Regel war gerecht, hatte aber auch ihre Nachteile. Viele Männer waren so übel von Schüssen oder Splittern zugerichtet, daß sie auf dem Segeltuch (das man über die Operationstische legte) verbluteten, bevor sich der Arzt bis zu ihnen durchgearbeitet hatte.«

Was Nelson betraf, so stand das Schiff nicht im Gefecht, und er war im Moment fast der einzige Verwundete an Bord der *Theseus*. Als man ihn fragte, ob er wolle, daß der Arm erhalten bleibe, soll er gesagt haben: »Legt ihn in die Hängematte zu dem tapferen Burschen, der neben mir gefallen ist.« Die anderen Verwundeten wurden später zu ihren Schiffen gebracht, darunter auch Betsy Fremantles Mann, der wie Nelson am rechten Arm getroffen worden war – allerdings brauchte man in seinem Fall nicht zu amputieren. Die Arterien von Nelsons Arm band man mit Seidengarn ab, das lange Zeit nicht entfernt wurde. Bei der zweiten Ligatur wurde wahrscheinlich der Mediannerv eingeklemmt. Das verursachte Nelson große Schmerzen, die erst im Dezember dieses Jahres aufhörten. Der Arzt legte schriftlich nieder, während der Nacht habe der Patient »recht gut und ganz frei von Beschwerden geruht. Tee, Suppe und Sago. Zitronenlimonade und Tamarindentrunk«. Während der Amputation bemerkte Nelson die Kälte im Raum – und die Kälte des Messers. Später ordnete er an, man solle in den Lazaretträumen der Schiffe tragbare Öfen aufstellen und eine Schüssel mit heißem Wasser bereithalten, damit die Ärzte ihre Sägen und Messer vor der Operation anwärmen konnten. Das geschah nicht, um die Instrumente zu sterilisieren – man kannte das damals noch nicht –, man wollte lediglich den Schock der Berührung mit dem kalten Metall etwas abmildern. Thomas Eshelby bekam für die Amputation von Nelsons Arm und die weitere ärztliche Versorgung 36 Pfund, sein Assistent Louis Remonier erhielt 25 Pfund und 6 Schilling. Auch Ärzte in London und Bath, wohin Nelson zur Erholung ging, mußten sich noch sehr um den Arm kümmern.

Obwohl Troubridge und seine kleine Gruppe mittlerweile zum Hauptplatz von Santa Cruz hatten vordringen können, war das Unternehmen gründlich gescheitert. Troubridge berichtete: »Da die Boote alle leckgeschlagen waren und ich keine Möglichkeit sah, mehr Männer an Land zu bringen, die Munition durchnäßt war und keine Reserven vorhanden waren, schickte ich Kapitän Hood als Parlamentär zum Gouverneur, dem gegenüber er diese Erklärung abgeben sollte: Ich sei willens, die Stadt in Brand zu setzen, und würde es auch unverzüglich tun, wenn er einen Zoll weiter vorrücke.« Man kann diesen Mut nur bewundern, aber Troubridge wußte ebensogut wie der Gouverneur, daß er mit seinen paar hundert Männern gegen achttausend spanische Soldaten und gut postierte Batterien einen hoffnungslosen Stand hatte. Doch der Gouverneur wollte dem tapferen, wenn auch irregeleiteten Feind einen ehrenvollen Waffenstillstand zukommen lassen. Seine Bedingungen waren äußerst großzügig. Die Briten durften sich mitsamt ihren Waffen einschiffen. Falls sie nicht genügend Boote hatten, würde er ihnen einige leihen – vorausgesetzt, daß weder sie noch die weiter draußen liegenden Schiffe erneut die Stadt angriffen. Don Juan Guttierez' Plan für die Verteidigung von Santa Cruz war so vollendet in die Tat umgesetzt worden, daß er sich den Luxus der Ritterlichkeit gut leisten konnte. Ein Herr durch und durch, bestimmte er, daß nach dem Austausch der Gefangenen diejenigen britischen Verwundeten, deren Zustand es nicht zuließ, daß sie zu den Schiffen transportiert wurden, in den Hospitälern der Stadt untergebracht werden könnten. Den Schiffen sei es erlaubt, Boote zu schicken und in Santa Cruz alles einzukaufen, was sie an Proviant benötigten. Er stellte außerdem eine reichliche Menge Wein und Brot zur Verfügung, »um die Männer zu erquicken«. Bevor Nelson die Insel verließ, versuchte er, dem Gouverneur ein wenig für seine Großzügigkeit zu danken, und bat ihn, ein Faß englisches Bier und ein Rad Käse als Geschenk anzunehmen. Das Andenken an diese schicksalsschwere Nacht wird heute noch in der Kirche Nuestra Señora de la Concepción in Santa Cruz aufbewahrt. Dort befindet sich eine Reihe von britischen Flaggen, die auf den Booten erbeutet wurden – legitime Kriegsbeute, aber auch eine Erinnerung an Nelsons Niederlage.

Das Geschwader lag nach dem gescheiterten Angriff noch drei Tage vor Teneriffa. In diesen drei Tagen begrub man die Toten, versorgte die Verwundeten und handelte mit dem nachsichtigen Feind um frische Vorräte. Die Briten hatten sieben Offiziere verloren, darunter Kapitän Bowen von der Fregatte *Terpsichore*, hundertneununddreißig Matrosen und Marineinfanteristen waren getötet, weitere fünf Offiziere und hundert andere Dienstgrade verwundet worden: grob gerechnet ein Viertel der Streitkräfte, mit denen man zum Angriff angetreten war. Nelson litt nach der Amputation unter heftigen Schmerzen. Vielleicht vermutete er, daß er das nicht überleben würde, jedenfalls war es ihm darum zu tun, daß man Fannys Sohn Josiah nicht vergaß. Der berühmte Brief an St. Vincent, den er drei Tage nach dem Desaster mit der linken Hand schrieb, spricht für sich: »Ich bin eine Last für meine Freunde geworden und nutzlos für mein Land; doch aus meinem den 24. geschriebenen Briefe werdet Ihr ersehen, wie sehr mir an der Beförderung meines Stiefsohnes Josiah Nisbet gelegen ist. Wenn ich Euer Kommando verlasse, bin ich für die Welt gestorben; ich gehe von hinnen, und man wird nichts mehr von mir sehen. Falls Ihr es nach dem Verlust des armen Bowen für richtig haltet, mich in die Pflicht zu nehmen, so verbleibe ich zuversichtlich, daß Ihr es tun werdet; der Junge ist mir verpflichtet, aber er hat es mir vergolten, indem er mich von der Mole zu Santa Cruz fortgebracht hat. Ich hoffe, Ihr werdet mir eine Fregatte geben können, welche meine sterblichen Überreste nach England befördert. Gott segne Euch, mein lieber Herr, und glaubt mir, ich bin Euch zutiefst verbunden und Euer sehr ergebener

HORATIO NELSON

Ihr wollt mein Gekritzel in Anbetracht dessen, daß es der erste Versuch ist, entschuldigen.«

Der Brief ist an sich bemerkenswert genug. Schließlich war es erst drei Tage her, seit Nelsons rechter Arm »sehr weit oben, nahe bei der Schulter« amputiert wurde. Stil und Inhalt mögen ein wenig wirr sein, doch der Admiral blieb auch auf diesem Tiefpunkt seines Geschicks stark und fest wie eine Eiche. St. Vincent nahm seine Bitte um eine Beförderung für Josiah zur Kenntnis und ernannte ihn zum Fregattenkapitän. »Eine recht schnelle Beförderung«, meinte Hoste, der Josiah gut kannte und aus nächster Nähe beobachtet hatte, wie sehr es Fannys Sohn an jenen Qualitäten fehlte, die Nelson so gerne bei ihm vorgefunden hätte. Hoste profitierte ebenfalls vom Desaster dieser Nacht, denn der Tod seines großen Freundes Leutnant John Weatherhead brachte auch ihm eine Beförderung ein. An seine Eltern schrieb er: »Admiral Nelson hat mich beauftragt, während seiner Vakanz als Leutnant zu wirken; es hätte mich froher gemacht, wenn es nicht gerade seine Vakanz gewesen wäre.«

Die Glücklichen Inseln – so nannte man im Altertum die Kanarischen Inseln ihres milden Klimas und ihres fruchtbaren vulkanischen Bodens wegen – waren für die Briten ein rechtes Unglück gewesen. Den Mißerfolg der Expedition kann man nur Nelson anlasten. Nachdem ihm der Überraschungsangriff nicht gelungen war, hatte er den taktischen Fehler gemacht, einen Frontalangriff auf gut verteidigte Stellungen zu versuchen – und das mit weniger als tausend Mann, die mit offenen Booten direkt vor den Kanonenmündungen der Küstenbatterien landeten. »Mein Stolz hat gelitten«, schrieb Nelson später. »Hochmut kommt vor dem Fall« – dieses Sprichwort hätte der Pfarrerssohn eigentlich kennen müssen. Das Geschwader arbeitete sich nach Norden vor, und jetzt wehte der Wind, der sie nicht zu ihrem Bestimmungsort hatte treiben wollen, wie er hätte wehen sollen: von Nordost und ihnen entgegen. Nelsons Diener Tom Allen kümmerte sich um seinen kranken Herrn mit der Aufmerksamkeit und Fürsorge einer liebenden Frau. Er legte eine Schnur aus, die von Nelsons Koje zu seinem Bett führte. Wenn er sich schlafen legte, befestigte er sie an seinem Hemdkragen. Der Admiral brauchte nur mit der linken Hand an der Schnur zu ziehen, und Allen sprang auf und sah nach, was der Kranke brauchte. An Bord der *Seahorse* pflegte die achtzehnjährige Betsy Fremantle ihren Mann, der eine schlimme Fleischwunde am rechten Arm hatte. Sie erforderte ständige Behandlung, und einige Wochen lang stand es auf Messers Schneide, ob auch er sich einer Amputation unterziehen mußte.

Am 16. August sichtete das Geschwader St. Vincent und die Flotte, die Cadiz blockierte. Nelson schickte sofort ein Boot hinüber: »Es erfreut mich, wieder Eure Flagge zu sehen, und mit Eurer Erlaubnis werde ich auf die *Ville de Paris* kommen (eine französische Prise, auf die St. Vincent vor einiger Zeit übergewechselt war) und Euch meine Aufwartung machen... Einen linkshändigen Admiral wird man nie mehr für nützlich ansehen, deshalb ist es gut, wenn ich zu einem sehr bescheidenen kleinen Hause auf dem Lande komme und Platz für einen besseren Mann mache, der dem Staate dient, und je eher das geschieht, desto besser.« St. Vincent war voll von Sympathie für seinen brillanten jungen Konteradmiral, der einen so außergewöhnlichen Mißerfolg hinter sich hatte: »Sterbliche können dem Erfolge nicht gebieten«, wiederholte er. »Ihr und Eure Gefährten hättet ihn mit dem größten Heldentum und der größten Beharrlichkeit, die je an den Tag gelegt wurden, gewißlich verdient. Ich gräme mich um den Verlust Eures Armes und um das Schicksal des bedauernswerten Bowen und des bedauernswerten Gibson und der anderen wackeren Männer, die so tapfer gefallen sind. Ich hoffe, es geht Euch und Kapitän Fremantle gut; die *Seahorse* wird Euch nach England tragen, sobald sie mit dem Nötigen versorgt ist... Grüßt Madame Fremantle herzlich von mir. Ich werde morgen früh vor ihr salutieren und mich vor Eurem Stumpf verneigen, wenn Ihr es erlaubt.«

Die *Theseus* war kaum vor Anker gegangen, als Tom Allen die Anweisung erhielt, seinem Herrn in den Rock zu helfen: Er wollte noch am selben Nachmittag mit dem Boot zu St. Vincent hinüberfahren. Soviel zu den Briefen an seinen Oberbefehlshaber, an Fanny und an Maurice Suckling, in denen es um »ein bescheidenes

Haus auf dem Lande« und um »eine Hütte, meinen verstümmelten Körper drin zu bergen« geht! In Wirklichkeit wollte Nelson zeigen, daß er noch rüstig war und zu gegebener Zeit wieder zur Verfügung stehen würde. St. Vincent, der einen physisch hinfälligen und moralisch gebrochenen Mann erwartet hatte, war beeindruckt. In einem Brief an den Ersten Lord der Admiralität berichtete er, Nelson habe »mit mir gespeist, und ich habe sehr begründete Hoffnung, daß er bald wiederhergestellt sein wird, um weiterhin seinem König und seinem Lande zu dienen.«

Vier Tage später konnte die *Seahorse* in See stechen. Horatio Nelson ging an Bord. Mit ihm kamen Tom Allen, sein Diener aus Burnham Thorpe, sein Arzt Eshelby und eine Reihe von Kranken und Verwundeten, die nach Hause sollten. Betsy Fremantle notierte für sich, Nelson sei »ganz stämmig« – ein Ausdruck, der kaum auf Nelson zutraf –, »aber ich finde, es sieht scheußlich aus, wenn man nur einen Arm hat. Er ist hohen Mutes.« Auch sie hatte ihre Sorgen, nicht nur ihres Mannes wegen (dessen Arm nicht recht zu verheilen schien), sondern auch, weil sie entdeckte, daß sie schwanger war. Eshelby bestätigte das, und ihr morgendliches Erbrechen wurde nicht gerade besser, als die Fregatte durch den Golf von Biscaya stampfte. Nelson war trotz der ständigen Schmerzen in seinem Armstumpf ganz vergnügt, solange ein günstiger Wind wehte, doch bei widrigem Wind wurde er mürrisch und reizbar – »ein sehr schlechter Patient«. Die Kranken und Verwundeten unter Deck machten die Stimmung auch nicht heiterer, ebensowenig dachte man, wenn man sie betrachtete, an eine glückliche Rückkehr »nach England, zur Heimat und zur Schönheit«. Nelson bekannte, daß er »sehr gleichgültig« sei. Der Mann, den Eshelby und Tom Allen pflegten, entsprach jetzt äußerlich ganz dem Nelson der Legende, hatte das Gesicht, das uns von so vielen Porträts vertraut ist. Das einstmals strohblonde Haar war weiß. Sein blindes Auge (das gleichwohl nicht von dem gesunden Auge zu unterscheiden war) machte es notwendig, daß er den Kopf drehte, wenn er von der rechten Seite angesprochen wurde. Der rechte Ärmel seiner Jacke war leer. Nur seine Vitalität wirkte eindrucksvoll, sein Enthusiasmus und seine fundierten Kenntnisse, wenn es um berufliche Fragen ging. Entgegen Betsys Beschreibung war er niemals »stämmig« – oder zumindest war er es nicht mehr seit jenen weit zurückliegenden Tagen in Ostindien –, und mit seiner Körpergröße von 164 cm sah er nur deshalb nicht unscheinbar aus, weil er sich immer noch so gerade hielt wie damals,

als Vater Nelson seinen Kindern vorgeschrieben hatte, aufrecht zu sitzen und mit dem Rücken nicht die Stuhllehne zu berühren. Man merkte es ihm an, daß er es gewohnt war zu befehlen, man merkte es daran, wie er das Kinn trug. Die gewölbten Augenbrauen hatten ihre braune Farbe behalten. Seine Mundwinkel hoben sich leicht nach oben, der Mund selbst war gut geformt, die Unterlippe voll und etwas sinnlich – und das widersprach der allgemeinen Strenge seiner Erscheinung. Es strahlte trotzdem – und das bemerkten alle, die in Kontakt mit ihm kamen und vergeblich nach anderen auffälligen Zügen suchten – eine gewisse Faszination von ihm aus. Der »Strahlenkreis«, den er vor vielen Jahren gesehen hatte und der ihn immer noch lockte, warf ein Licht um ihn. Trotz der Schmerzen im Arm – mit denen er bald auf traurige Weise vertraut wurde – schrieb er heiter an Fanny: »Was meine Gesundheit angeht, so war sie niemals besser, und ich hoffe jetzt, bald zu Dir zurückzukehren; und mein Land, darauf baue ich, wird es nicht länger leiden, daß ich jene pekuniäre Hilfe entbehren muß, welche ihm zu erhalten ich den ganzen Krieg über gekämpft habe. Doch wird es mich nicht überraschen, wenn ich vernachlässigt oder vergessen werde, da man mich wahrscheinlich nicht mehr für nützlich befinden wird. Ich werde mich gleichwohl reich beschenkt fühlen, wenn ich mich weiterhin Deiner Zuneigung erfreuen darf. Das kleine Haus auf dem Lande ist jetzt notwendiger denn je... Zu meinem Glücke habe ich einen guten Arzt an Bord; kurz, ich bin sehr viel besser erholt, als ich erwarten konnte. Ich bitte sowohl Dich als auch meinen Vater, Euch nicht viel Gedanken über dieses Mißgeschick zu machen: Ich war seit langem auf ein solches Ereignis gefaßt. Gott segne Dich, und glaube mir, ich bin Dein Dich vielmals liebender Mann Horatio Nelson.«

Am 1. September, einem Freitag, ging die *Seahorse* in Spithead vor Anker. Es regnete, es wehte ein böiger Wind, und es war nicht das richtige Wetter für Betsy Fremantle, um sich mit ihrem Mann im offenen Boot auszuschiffen. Nelson brannte vor Ungeduld. Er wollte sein Kommando abgeben, wollte nach Bath, um Fanny und seinen Vater zu sehen. Tom Allen hatte die Kisten und Kasten seines Herrn bereits gepackt. Er sollte Nelson auf seiner Reise begleiten. Der Arzt des Admirals blieb zurück und kümmerte sich um seine sonstigen Pflichten. An einem jener grauen Tage, die so typisch für den Ärmelkanal und für Portsmouth sind, setzte Konteradmiral und Bathritter Horatio Nelson zum ersten Mal seit über vier Jahren wieder den Fuß auf heimatlichen Boden.

Er wurde als Held empfangen. Ebenso wie England vor der Schlacht von St. Vincent einen Sieg gebraucht hatte, brauchte das Volk jetzt eine Gestalt, um die es Legenden der Phantasie und der Hoffnung weben konnte. Das Desaster von Teneriffa wurde in den Zeitungen nicht auf die leichte Schulter genommen, der Verlust des Kutters *Fox* spielte in den Artikeln eine erhebliche Rolle, aber – und vielleicht ist das seltsam – dem Mann, der dieses Desaster verursacht hatte, gab man keine Schuld. Die Öffentlichkeit schloß den einäugigen und einarmigen Nelson in ihr Herz. Der Prozeß der Mythologisierung hatte begonnen. Dasselbe war nach der Niederlage der spanischen Armada mit Drake geschehen – aber damals handelte es sich um einen britischen Sieg. Gewiß, Nelson hatte den erstaunlichen Erfolg von St. Vincent vorzuweisen, und seine »Patentbrücke« war weithin gerühmt worden, doch er kehrte als der Verursacher eines bedrückenden Mißerfolgs zurück. Man sah ihn jedoch nicht so, sondern als tapferen Kommandanten, der sein möglichstes getan hatte, um aus dem, was eigentlich falsche Planung von seiten St. Vincents oder des Kriegsministers Dundas oder (für die politisch Denkenden) von seiten William Pitts war, einen Erfolg zu machen. Keine Schuld durfte dem Mann gegeben werden, der in Wirklichkeit die Verantwortung trug. Seine Wunden sprachen ihn von jeglicher Kritik frei. In einer Zeitung aus Bath hieß es: »Der Konteradmiral, der am 1. mit einer allgemeinen Begrüßung in Portsmouth empfangen wurde, traf zur großen Freude seiner Frau Gemahlin und seines ehrwürdigen Vaters am Sonntagabend bei guter Gesundheit und Stimmung in Bath ein.«

Er war keineswegs bei guter Gesundheit. Das fand Fanny bald heraus, als sie von ihrem Arzt, einem Herrn Nicholls, lernte, wie man den Stumpf eines Armes säuberte und verband, der geschwollen und entzündet war und von dem sich eine der Ligaturen nicht lösen wollte. Fanny, die ihm stets zur Vorsicht geraten und die sich in ihren Briefen immer um seine Gesundheit und Sicherheit gesorgt hatte, sah sich jetzt vor eine unerfreuliche Aufgabe gestellt, die unmittelbar damit zusammenhing, daß er ständig entschlossen gewesen war, sich mitten ins Kampfgetümmel zu mischen, sei es, wo es wolle. Nur mit Opium fand er nachts Schlaf. Doch für Fanny war dieser verwundete und geschwächte Mann jetzt das Kind, das sie nie zusammen gehabt hatten. Sie konnte ihren mütterlichen Neigungen nachgeben, indem sie sich um ihn kümmerte, ihm das Essen in mundgerechte Stücke zerkleinerte und ihm beim An- und Ausziehen half. Beider Briefe aus den Jahren der Trennung sind voller Zärtlichkeit und Zuneigung, und das war zweifellos nicht nur schöner Schein und Verstellung. Sie waren in jeder Hinsicht ein musterhaftes Ehepaar, dessen Freundschaft sich vielleicht vertiefte, weil sie nur sich hatten. Nun übernahm Fanny neben ihren anderen Pflichten die Aufgabe, viele von Nelsons Briefen zu schreiben. Es kann jedoch nur wenige sexuelle Begegnungen zwischen ihnen gegeben haben. Nelson war zu erschöpft und zu sehr von Schmerzen geplagt, und Fanny, über die wir eigentlich nur Vermutungen anstellen können, die aber, nach dem wenigen zu schließen, das wir von ihr wissen, für diese Dinge wohl etwas unempfänglich war, hielt es für so abstoßend, die Wunde zu verbinden, daß ihr Mann sie körperlich nicht mehr anzog. Zu einer Zeit, von der Nelson sagte: »Ich fand mein häusliches Glück vollkommen«, war schon unbeabsichtigt der Keim zu einer künftigen Entfremdung gelegt.

Auf Empfehlung ihres Arztes in Bath gingen die Nelsons nach London, um dort sachkundigere Meinungen zum Zustand des Armes einzuholen, der immer noch sehr schmerzte und stark entzündet war. Horatios Bruder Maurice besorgte ihnen eine Wohnung in der Bond Street, wo eine Reihe von Ärzten und Chirurgen den Stumpf und die hartnäckige Ligatur untersuchte. Sie kamen zu dem Schluß, es sei das beste, sich auf die Zeit und auf die natürlichen Heilkräfte des Körpers zu verlassen. In Anbetracht des begrenzten chirurgischen Wissens der damaligen Zeit war es ein rechtes Glück für Nelson, daß man keine weitere Operation versuchte. Während sie sich in London aufhielten, lief die Nachricht ein, Duncan habe bei Camperdown die Holländer besiegt. Die holländische Flotte war vernichtet worden, worauf Nelson ausrief, er hätte seinen anderen Arm gegeben, um dabeigewesen zu sein. Er hatte schon lange zuvor erkannt, daß die letztlich ergebnislosen Kämpfe, die bisher für einen Großteil dieses Krieges und für den Seekrieg der Vergangenheit im allgemeinen kennzeichnend gewesen waren, nicht dem entsprachen, was im Kampf auf Leben und Tod zwischen Großbritannien und dem revolutionären Frankreich gebraucht wurde. Vernichtung – das sollte seine Parole werden.

Als die Nachricht am 13. Oktober London erreichte, wurde die ganze Stadt, wie es der damaligen Mode entsprach, festlich illuminiert – an den großen Häusern und öffentlichen Gebäuden brannten Fackeln, die Privatleute zogen ihre Vorhänge auf und stellten Kandelaber auf Tische vor den Fenstern, um ihren Stolz und ihre

Freude über den Sieg zu zeigen, der die Gefahr einer Invasion zum großen Teil abgewendet hatte. Die Nelsons hatten sich früh zurückgezogen, und die Fenster der Bond Street 141 blieben dunkel – ein auffälliger Gegensatz zu den Häusern in der Nachbarschaft. Nelson lag, nachdem er Opium eingenommen hatte, in unruhigem und fiebrigem Schlaf, als ein paar Rabauken, die den Leuten, die den Sieg nicht feierten, die Fenster einschlugen, an die Tür polterten und eine Erklärung verlangten. Sie erfuhren, daß hier der Held von St. Vincent, der schwer verwundete Kommandeur der Operation gegen Teneriffa wohnte und nicht gestört werden durfte. Daraufhin gingen sie mit den Worten: »Ihr werdet heute nichts mehr von uns hören.«

In London führte Nelson wie üblich ein geschäftiges Leben. Er sprach häufig bei der Admiralität vor, besuchte Lord Hood im Greenwich-Hospital und seinen alten »See-Papa« William Locker, der ebenfalls im Hospital lebte. Wenn es darum ging, einem Maler für ein Porträt zu sitzen, war Nelson nie besonders abgeneigt, und Locker überredete ihn dazu, ein weiteres Porträt anfertigen zu lassen, eine Ergänzung zu dem, das Rigaud gemalt hatte und das sich in seinem, Lockers, Besitz befand. Mit dem Bild wurde Lemuel Abbot beauftragt, der eine der besten und sicherlich eine der bekanntesten Nelson-Darstellungen schuf. Und die Kupferstecher – sie arbeiteten nach Rigauds Porträt, machten aus dem Kapitän Nelson einen Admiral Nelson und ließen den rechten Arm weg – hatten alle Hände voll zu tun, um für die breite Öffentlichkeit das populäre Bild anzufertigen, das in den folgenden Jahren der Phantasie Nahrung gab. Einige Wochen vor dem Sieg von Camperdown wurde Nelson bei einem Levee dem Monarchen vorgestellt, dem er sein ganzes Leben lang so gewissenhaft und hingebungsvoll gedient hatte. Georg III. verlieh ihm bei dieser Gelegenheit den Bathorden. Der König meinte: »Ihr habt Euren rechten Arm verloren!« – worauf Nelson charmant erwiderte: »Aber nicht meine rechte Hand – ich habe die Ehre, Euch Kapitän Berry vorzustellen.«

Nelson hatte nicht nur die Genugtuung, von seinem König persönlich ausgezeichnet worden zu sein, er erhielt auch das Ehrenbürgerrecht der Stadt London und außerdem ein Jahresgeld von 1000 Pfund. Dieses Jahresgeldes wegen mußte er Georg III. eine formelle »Eingabe« vorlegen, in der er kurz umriß, was er bisher im Krieg geleistet hatte. Das Dokument ist von höchstem Interesse, denn es handelt sich um eine Liste, die auch dann eindrucksvoll wäre, wenn Nelson danach nicht noch seine drei großen Siege errungen hätte. Er hatte an vier Flotten- und Fregattengefechten, sechs Einsätzen gegen Batterien, zehn Kaperfahrten mit Booten gegen feindliche Häfen und an der Eroberung dreier Städte teilgenommen. Er hatte vier Monate lang bei der Armee an Land gedient und während der Belagerung von Bastia und der Belagerung von Calvi die Batterien befehligt. Er hatte mehr als hundertzwanzigmal im Einsatz gegen den Feind gestanden und an Aktionen teilgehabt, in deren Verlauf sieben Linienschiffe gekapert, sechs Fregatten, vier Korvetten, elf Freibeuter und etwa fünfzig Kauffahrteischiffe aufgebracht oder zerstört worden waren. In Erfüllung seiner Pflicht hatte er das rechte Auge und den rechten Arm verloren und sich »schwere Verwundungen und Quetschungen an seinem Leibe« zugezogen. Dank des Jahresgeldes, das er jetzt erhielt, konnten er und Fanny nach langem Warten endlich daran denken, sich das erste eigene Heim anzuschaffen. Es war nicht ganz das bescheidene »kleine Haus auf dem Lande«, von dem er so oft geschrieben hatte, sondern »ein Herrenhaus« – Gut Roundwood bei Ipswich in Suffolk. Hier, so schien es, würde der sichere Hafen in Ostengland sein, wo er und seine Frau den Lebensabend zubrachten. Nelson wohnte nie in Roundwood. Es wurde später zwar Fannys Heim, das Heim seines Vaters und seiner Familie, aber zu der Zeit, da er das nächste Mal nach England zurückkehrte, hatte sich sein ganzes Leben verändert.

18 Die Vanguard

Am Morgen des 4. Dezember 1797 geschah etwas lang Erhofftes. Nelson erwachte nach tiefem Schlaf, nach einer Nacht, die weder von Fieber noch von bösen Phantasien gestört gewesen war, und entdeckte, daß er im rechten Arm fast keine Schmerzen mehr hatte. Man rief den Arzt. Er entfernte den Verband und sah sofort, warum Nelson sich jetzt besser fühlte. In der Nacht hatte sich die mittlere Ligatur abgelöst, die die ganzen Beschwerden, die Schmerzen und die Entzündungen verursacht hatte. Nun konnte der Stumpf ohne weiteres heilen. Es war fast viereinhalb Monate her, seit in Santa Cruz die Kugel den Arm durchschlagen hatte. Nur vier Tage später schrieb Nelson an Kapitän Berry, der sich in Norwich aufhielt, um ein Mädchen aus Norfolk zu heiraten: »Wenn Ihr Euch zu verehelichen beabsichtigt, würde ich Euch empfehlen, es geschwind zu tun, ansonsten wird die zukünftige Frau Berry sehr wenig von Eurer Gesellschaft haben; denn mir geht es gut, und Ihr müßt stündlich damit rechnen, daß Ihr abberufen werdet.«

Man hatte ihm die *Foudroyant* versprochen, ein Schiff mit 80 Kanonen, das im Januar vom Stapel laufen sollte. Da sich die Fertigstellung jedoch verzögerte, gab er sich mit der *Vanguard* (74 Geschütze) zufrieden. Sie lag in Chatham und mußte, so berichtete er seinem ehemaligen Kapitän Ralph Miller, »gut und rasch bemannt« werden. Obwohl ihm sehr darum zu tun war, wieder auf einem Schiff zu sein und in den Krieg zu ziehen, vergaß er seine sonstigen Pflichten nicht. Der Pfarrer von St. George am Hanover Square in London erhielt die Bitte, eine Danksagung auszurichten: »Ein Offizier möchte dem allmächtigen Gott für die vollständige Genesung von einer schweren Wunde und auch für die große Gnade, die ihm geschenkt ward, danken.«

Die *Vanguard* war zehn Jahre alt und in Deptford an der Themse von jener Werft gebaut worden, die Heinrich VIII. begründet hatte. Das erste bekannte Schiff dieses Namens hatte im Einsatz gegen die spanische Armada gestanden. Mit seiner *Vanguard* schrieb Nelson bald ein neues Kapitel in der Geschichte der britischen Kriegsmarine. Da sich die Überholung und die Ausrüstung des Schiffes auf den Dienst in fremden Gewässern verzögerten, hatte er Zeit für einen weiteren Besuch in Bath. Roundwood war noch nicht bezugsfertig, und so ging er denn mit der Zuversicht eines Mannes, der wieder genesen und sich seiner Zukunft sicher ist, nach Bath, das Fanny und seinem alten Vater gleichermaßen zusagte. Bereits im September 1797 – zu diesem Zeitpunkt machten Nelson nach wie vor die Nachwirkungen der Amputation zu schaffen – hatte St. Vincent an Lord Spencer von der Admiralität geschrieben: »Ich ersuche darum, mir Admiral Nelson beistellen zu wollen.« Lord Minto (früher Sir Gilbert Elliott, der Vizekönig von Korsika, mit dem Nelson so gut ausgekommen war) verwendete sich bei Spencer dafür, daß man, wenn man wieder im Mittelmeer tätig werden wollte, Horatio Nelson mit dem Kommando betrauen sollte. »Er kennt das Mittelmeer ebensogut, wie Eure Lordschaft das Zimmer kennt, in dem wir hier sitzen«, meinte er. Beide Männer wußten, daß sich in Frankreich irgend etwas zusammenbraute. Und da England der einzige Feind war, der noch verblieb, mußte es sich, was es auch immer im einzelnen sein mochte, um eine Kampagne gegen die Interessen ihres Landes handeln. Die Tatsache, daß in den französischen Mittelmeerhäfen massiert Truppenverbände und Schiffe zusammengezogen wurden, legte die Vermutung nahe, daß das Mittelmeer Schauplatz der Aktivitäten sein würde. Sonst wußte man nichts Genaues. Es gab eine Reihe von Angriffszielen: das Königreich von Neapel und Sizilien, Griechenland und die griechischen Inseln, Konstantinopel, Ägypten, die Levante... Vielleicht wollte man auch Indien oder gar Gibraltar bedrohen – und wenn Gibraltar fiel, würde den Briten der Zugang zum Mittelmeer ein für allemal versperrt sein, während die Franzosen dann frei über diese Festung und diesen Hafen verfügen konnten, die Schlüssel zum Mittelmeer waren.

Nachdem Kapitän Berry im März 1798 mitgeteilt hatte, die *Vanguard* liege auslaufbereit in Portsmouth, gingen Nelson und Fanny nach London. Am 14. März nahm Nelson an einem Levee teil und verabschiedete sich von seinem König. Bevor er sein neues Kommando übernahm, erhielt er eine Einladung von der Familie Spencer. Lord Spencer und seine Frau hatten während Nelsons Rekonvaleszenzzeit in London reichlich Gelegenheit gehabt, mit dem einäugigen und einarmigen Admiral zusammenzutreffen, ihn zu begutachten und sich eine Meinung von ihm zu bilden, die von Lady Spencers Seite anfangs alles andere als günstig ausfiel. »Zum ersten Mal«, berichtete sie später, »sah ich ihn im Empfangszimmer der Admiralität, und ich hielt ihn für ein äußerst unbeholfenes und plumpes Wesen. Er war soeben, nachdem er seinen Arm verloren hatte, von Teneriffa zurückgekehrt. Er sah so krank aus, daß es peinsam war, ihn anzublicken, und seine allgemeine Erscheinung war die eines Idioten; und das in solchem Maße, daß es, als er sprach und sein wunderbarer Verstand sich kundtat, eine Art von Überraschung war, die meine ganze Aufmerksamkeit fesselte.« Ihr Mann wußte aus seinen Unterlagen schon lange, daß Nelson durchaus kein »Idiot« war. Und nachdem Lady Spencer mit solcher Erleichterung festgestellt hatte, daß dieser zarte, leidende (und »peinsam« anzusehende) kleinwüchsige Mann einen funkelnden Geist besaß, verzieh sie ihm auch, als er ihre Sitzordnung für das Essen durcheinanderbrachte. Er bat darum, neben seiner Frau Platz nehmen zu dürfen – er habe sie so selten gesehen, daß er ihre Nähe keinen Augenblick missen wolle. In Wirklichkeit ersuchte er natürlich in erster Linie darum, wel er noch nicht gelernt hatte, sein Essen geschickt in mundgerechte Stücke zu zerkleinern. Fanny tat es für ihn. Lady Spencer sah seine Schwierigkeiten und ließ für ihn ein Besteck anfertigen (man kann es heute bei Lloyd's in London besichtigen), das Messer und Gabel in einem war, aus Gold gearbeitet und mit einer stählernen Schneide. Nelson benutzte es ständig.

Am 29. März setzte er in Spithead die Blaue Flagge am Besanmast der *Vanguard*. Nach einiger Verwirrung wegen seiner Privatvorräte und seiner persönlichen Habe – Tom Allen warf der gnädigen Frau zweifellos im stillen Nachlässigkeit vor, Nelson wechselte mit Fanny ein paar kurze Briefe, in denen es um Seidenstrümpfe und dergleichen ging – konnte sich der Admiral allmählich an seine Umgebung gewöhnen. Es wehte ein widriger Wind direkt von Westen, und Nelson schrieb an Fanny: »Da ich mich nun an Bord einigermaßen eingerichtet habe, ist es meine Absicht, dieses Schiff, mit dem ich mich zu befreunden beginne, nicht zu verlassen.« Die Briefe gingen hin und her, doch erst am 7. April konnte er ihr mitteilen: »Der Wind ist günstig und wir setzen Segel.« Er fuhr fort: »Ich flehe zu Gott, daß er Dich segnen und uns bald Frieden bescheren möge, und dann, glaube mir, kann nichts auf der Welt die Freude übertreffen, die mir die Rückkehr zu Dir bereiten wird.« Die Liebe und Zuneigung, die sich über all die Jahre in Nelsons und Fannys Briefen ausdrückt, wird man in der Korrespondenz anderer Ehepaare selten finden. Am 30. März hatte Lord Spencer an St. Vincent geschrieben, es freue ihn sehr, ihm Sir Horatio Nelson schicken zu können, denn »ich habe Grund zu der Annahme, daß es Euren Wünschen entspricht, ihn unter Eurem Kommando zu wissen.« Und am 1. Mai, einen Tag nachdem Nelson zur Blockadeflotte vor Cadiz gestoßen war, entgegnete St. Vincent auf den Brief des Ersten Lords der Admiralität: »Die Ankunft von Admiral Nelson hat mir neues Leben gegeben: Ihr hättet mir keinen größeren Gefallen tun können, als ihn mir zu schikken, seine Anwesenheit im Mittelmeer ist so überaus wichtig.« Alles war jetzt bereit für einen der dramatischsten Momente des Krieges – den Wiedereinzug der britischen Flotte ins Mittelmeer.

Für diesen Augenblick in Nelsons Leben trifft keine Darstellung besser zu als die von Admiral Mahan: »Die Segel der *Vanguard* sinken unter den Horizont Englands, ein kurzes Zwischenspiel beginnt, und wenn sich der Vorhang wieder hebt, hat die Szene gewechselt, hat sich die Umgebung verändert. Wieder sehen wir ein und denselben Mann, aber er steht am Beginn einer neuen Laufbahn, deren Größe auch die höchsten Erwartungen übertrifft, die man sich von ihm gebildet hat. Bevor er England verläßt, ist er lediglich ein hervorragender Mann, vielleicht von einer gewissen Prominenz unter den vielen hervorragenden Männern seines Berufes, doch der stetige Weg nach oben ist bis jetzt allmählich verlaufen, der Lichtschein ... ist nach wie vor eher durch eine anhaltende Zunahme der Intensität als durch rapide Steigerung gekennzeichnet. Nichts kündigt bisher den plötzlichen Ruhm an, den mittäglichen Glanz, mit dem die Sonne seines Ansehens bald vor den Augen der Menschen aufgehen sollte und mit dem sie ihren Lauf bis zum wolkenlosen Ende seiner Tage vollendete.«

Zu der Zeit, da die *Vanguard* vor Cadiz zu St. Vincents Flotte stieß, hatte Großbritannien nur noch einen Freund in Europa, und das war Portugal, ein etwas ängstliches neutrales Land, das möglicherweise ins feindliche Lager überschwenken würde, wenn Frankreichs Erfolge anhielten. Die Briten durften mit ihrer Flotte in den Tejo einlaufen. Ohne das hätten sie nichts gehabt als Gibraltar, und »der Felsen« war erheblich von den Spaniern bedroht. Ansonsten rollte die Flutwelle der Revolution ungehindert über den Kontinent hinweg. Österreich war 1797 gefallen, seine Niederlage wurde zum großen Teil auf den Abzug der britischen Flotte aus dem Mittelmeer zurückgeführt. Lord Malmesburys Friedensmission in Lille, auf die unter vielen anderen auch St. Vincent große Hoffnungen gesetzt hatte, war nach dem Tode Katherinas der Großen gescheitert, denn die Franzosen meinten, daß sie von ihrem Nachfolger, dem halbirren Paul I., wenig zu befürchten hätten. Napoleon, der vom Direktorium dazu berufen worden war, die Armee zu befehligen, die England angreifen sollte, kam im Februar 1798 zu dem Schluß, daß dies unmöglich sei – »Die Herrschaft über die Meere werden wir auf viele Jahre hinaus nicht erwerben«. Auf Betreiben Napoleons wandte das Direktorium den Blick nach Osten. Er hatte vorgeschlagen, daß die Flotte unter Vizeadmiral Brueys das strategisch wichtige Malta überfallen und die Insel den Rittern entreißen sollte. Der Johanniterorden befand sich schon seit langem im Niedergang, und unter seinem deutschen Großmeister von Hompesch war er völlig apathisch geworden. Viele französische Johanniter sympathisierten sogar mit dem revolutionären Frankreich. Wenn man Malta als Stützpunkt, Sardinien und Korsika in der Tasche hatte und die Briten nicht ins Mittelmeer kamen, stand der französischen Armee der Weg nach Ägypten, der Weg nach dem Osten offen. Indien würde ihr auf Gnade und Ungnade ausgeliefert sein, das Osmanische Reich würde entweder Frankreichs Verbündeter bleiben oder fallen. Und wenn Napoleon den gesamten Mittelmeerraum in der Hand und die Reichtümer des Ostens hinter sich hatte, war es ihm möglich, zurückzukehren »und dem Feind den Todesstoß zu versetzen«. So sah die große Strategie aus, über die die Briten nur Vermutungen anstellen konnten. Eins wußten sie jedoch sicher: In Südfrankreich fanden erhebliche Truppenkonzentrationen statt, und in Toulon und Genua wurde die Flotte für eine umfangreiche Operation vorbereitet.

Nelson sollte herausfinden, was in Toulon vor sich ging, und ein Auge auf das östliche Mittelmeer haben. St. Vincent schickte ihn, so Nelson selbst, »mit einem kleinen Geschwader« auf den Weg, »(es ist) keine Kampf-Expedition«. Für Fanny fügte er hinzu: »England wird in diesem Sommer nicht angegriffen werden. Bonaparte ist nach Italien zurückgegangen, wo sich 80000 Mann für irgendeinen Feldzug einschiffen.« Er traf zusammen mit zwei weiteren Linienschiffen, der *Orion* unter Sir John Saumarez und der *Alexander* unter Kapitän Ball (beide Schiffe hatten je 74 Geschütze), dazu mit vier Fregatten und einem Kanonenboot in Gibraltar ein. Die Militärs dieser Garnison ließen Sir Horatio äußerst bereitwillig ihre Gastfreundschaft zukommen, brachte er doch die Nachricht, daß englische Kriegsschiffe wieder durch die Straße von Gibraltar fahren und ins Mittelmeer eindringen würden, das kurz zuvor ein französisches Binnenmeer zu werden schien. Am 8. Mai – man hatte die Dunkelheit abgewartet, damit die Spanier nicht merkten, daß es nach Osten ging – nahm das Geschwader Kurs auf den Golfe du Lion. Beabsichtigt war, entlang der französischen Küste nach Toulon zu fahren. In seinen letzten Befehlen legte Nelson großes Gewicht darauf, daß die Schiffe guten Kontakt miteinander halten und sich um keinen Preis aus den Augen verlieren sollten. Das Wetter blieb einige Tage schön, spielte ihm aber am 20. Mai einen bösen Streich – einen Tag nachdem Napoleon mit über 30000 Soldaten auf 300 Transportschiffen sowie einer Geleitflotte aus dreizehn Linienschiffen und sieben Fregatten Toulon verlassen hatte. Bald sollte im östlichen Mittelmeer ein großes Versteckspiel beginnen. Den Schlag, der die *Vanguard* traf, und seine Auswirkungen auf Nelson schildern wir am besten mit den Worten, die Nelson an Fanny richtete: »Stell Dir einen eitlen Mann vor, der am Sonntagabend bei Sonnenuntergang in seine Kajüte geht, von einem Geschwader umgeben, das zu seinem Kommandanten aufblickt und von ihm erwartet, er werde es zum Ruhme führen. Stell Dir diesen stolzen, eingebildeten Mann am Montagmorgen bei Sonnenaufgang vor – sein Schiff entmastet, seine Flotte zerstreut, und er selbst in solcher Not, daß die armseligste Fregatte aus Frankreich ein sehr unwillkommener Gast gewesen wäre. Doch es hat Gott dem Allmächtigen gefallen, uns in einen sicheren Hafen zu geleiten. Zwar werden uns dort die Rechte der Menschlichkeit verweigert, aber in zwei Tagen wird die *Vanguard* wieder als ein englisches Kriegsschiff in See stechen.« Folgendes war geschehen: Kurz nach Sonnenuntergang war aus dem Wind, der am Tag zuvor von Nordwesten geweht und die Briten gezwungen hatte, von ihrem Kurs entlang der französischen Küste abzuweichen, plötzlich einer jener brüllenden Stürme geworden, »denen kein Segel standhält«. Viele, die sich mit der Seefahrt auskennen, haben erfahren, daß das Mittelmeer launisch ist. Im Sommer weht für gewöhnlich ein so leichter Wind, daß ihn nur die kleinsten und schnellsten Segelboote ausnutzen können, dann aber frischt er plötzlich und ohne große Vorwarnung bis zu Sturmstärke auf, und plötzlich herrscht ein kurzer, gefährlicher Seegang, spülen Brecher übers Schiff. (Das extrem salzhaltige und kaum von Gezeiten beeinflußte Wasser des Mittelmeers wird ra-

Napoleons Expedition
nach Ägypten 1798–1802. Die
Schlacht von Abukir.

Rückseite:
Lady Emma Hamilton,
Gemahlin des englischen
Gesandten in Neapel,
Sir Hamilton.

scher aufgewühlt, als es bei einem Ozean der Fall ist.) Berry hatte die *Vanguard* rasch auf den Sturm vorbereiten und nur ein festes Sturm-Stabsegel stehen lassen, aber durch die sich auftürmenden Seen und die Gewalt des Windes geriet das Schiff so heftig ins Rollen, daß es die Masten abschüttelte. »Am Montag um halb zwei Uhr morgens«, so Nelson, »ging die Großstenge über Bord, bald danach auch die Besanstenge ... etwa um halb vier Uhr brach der Fockmast in drei Stücke, und man entdeckte, daß das Bugspriet in drei Teile zersplittert war.« In der Dunkelheit und im Tosen des Sturmes hatten die Schiffe des Geschwaders den Kontakt zueinander verloren. Keinerlei Signale konnten ausgetauscht werden. Bei Sonnenaufgang fand sich die *Vanguard* etwa fünfundsiebzig Meilen südlich von den Iles d'Hyères als halbes Wrack wieder. Die *Alexander*, die *Orion* und die Fregatte *Emerald* begleiteten sie noch, die anderen lagen beigedreht vor Topp und Takel. Den ganzen Tag über – der Sturm wehte mit unverminderter Stärke – stampften die *Vanguard* und die anderen drei Schiffe in südöstliche Richtung, Sardinien entgegen. Im Laufe der nächsten Nacht blieb die *Emerald* zurück. Da sie sehr viel kleiner war, mußte sie zweifellos auch beidrehen, aber sie trieb langsamer als die großen Linienschiffe. Erst am Dienstagnachmittag flaute der Sturm etwas ab. Nun konnte Ball von der *Alexander* das schwer beschädigte Schiff seines Oberkommandierenden in Schlepp nehmen.

Nelson fühlte sich von nun an in hohem Maße diesem Mann verbunden, den er vor vielen Jahren bei seinem Frankreichbesuch als Geck abgetan hatte, weil er Epauletten im französischen Stil trug. Er fand in Ball einen seiner besten Freunde und engsten Vertrauten aus dem »Bund der Brüder«. Nachdem man Malta vollständig von den Franzosen zurückerobert hatte, wurde Ball der erste englische Gouverneur der Insel. Er war ein gutaussehender Mann, der einen überragenden Intellekt und Tapferkeit im Kampf in sich vereinigte. Samuel Taylor Coleridge ging etliche Jahre später nach Malta und wurde Sekretär bei Sir Alexander Ball (er gehörte mittlerweile zum Adel). Der Dichter schrieb über den Seemann, sein Aufenthalt bei Ball sei »in mancher Hinsicht die denkwürdigste und lehrreichste Zeit meines Lebens« gewesen. Und dieser Mann rettete Nelsons Schiff, indem er es in die San-Pietro-Bucht (Südsardinien) schleppte. Hier konnte die *Vanguard* im Windschatten einer zerklüfteten kleinen Insel vor Anker gehen, hier war sie sicher vor der Dünung, die sie kurz zuvor fast gegen die Felsen geschleudert hätte. Nelson hatte Ball sogar mit einem Signal zu verstehen gegeben, er möge die Schlepptrosse kappen, sich selbst weiterhelfen und die *Vanguard* ihrem Schicksal überlassen. Mit einer geradezu nelsonschen Mißachtung dieses Befehls brachte Ball es fertig, genügend Abstand zur Küste zu halten – ein großartiges Beispiel für seemännisches Können, denn er hatte ja unter den widrigsten Umständen ein schweres und zum Teil vollgeschlagenes Schiff (das Unterdeck der *Vanguard* war geräumt worden) in Schlepp. Er tat seinem Admiral einen noch größeren Gefallen, als das Flaggschiff sicher vor Anker lag, indem er dem rangjüngeren Berry mit Rat und Tat zur Seite stand, als es um das Problem ging, die Schäden zu beheben. Ball schickte ihm seinen Oberschiffszimmermann, einen alten Praktiker, der schon dreißig Jahre bei der Marine diente, und mit Hilfe dieses Mannes wurden Notmasten gesetzt. Das ging so gut vonstatten, daß die *Vanguard*, die *Alexander* und die *Orion* bereits nach vier Tagen wieder einsatzbereit waren. Allerdings hatte die *Vanguard* »eine Großstenge als Fockmast, eine Bramstenge als Toppmast, und alles war dementsprechend in der Proportion reduziert«. Bleibt die Tatsache, daß von den drei Linienschiffen, die den Sturm bis zum Schluß durchstanden, nur die *Vanguard* Schaden genommen hatte. Das deutet auf schlechte Wartung hin, und die Verantwortung dafür trifft – egal, wer im einzelnen daran schuld war – letzten Endes natürlich ihren Kapitän.

Napoleons Armada hatte Toulon unbemerkt verlassen können, weil die Briten weit nach Süden abgetrieben waren und weil überdies Nelsons Schiff entmastet und das Geschwader zerstreut worden war. Die Flotte und die Armee, deren Ziel Ägypten war, passierten den Golf von Genua und nahmen dann zwischen Korsika und Italien Kurs nach Süden. Nachdem er ein französisches Kauffahrteischiff aus Marseille befragt hatte, wußte Nelson lediglich, daß Napoleons Armada mit unbekannter Order in See gestochen war. Er konnte nur Vermutungen über ihr Ziel anstellen, und es kamen sehr viele in Frage: Spanien (um Portugal anzugreifen), Neapel und Sizilien (um das Königreich beider Sizilien in die Knie zu zwingen), Ägypten, sogar Konstantinopel. Seine Fregatten waren jedenfalls bedauerlicherweise verschwunden. Am 4. Juni, als die Brigg *Mutine* in Sicht kam, hörte er von ihnen, Kapitän Thomas Hardy, der treue Freund, den er in der Straße von Gibraltar gerettet hatte, befehligte sie. Er war bald an Bord und berichtete Nelson, daß sämtliche Fregatten sich nach Gibraltar begeben hatten. Ihre Kapitäne waren überzeugt davon, daß die *Vanguard* so schweren Schaden genommen habe, daß sie in einer Werft repariert werden müsse, wie sie nur Gibraltar bieten könne. Fregatten, die Augen der Flotte! Ihr Fehlen war in den kommenden Wochen eine schwere Beeinträchtigung, und Nelson dürfte sich zweifellos des öfteren jener Seemannssprache bedient haben, die fromme Biographen beklagten. Am 2. Mai hatte St. Vincent eine dringende Botschaft von der Admiralität erhalten: er solle für britische Präsenz im Mittelmeer sorgen. St. Vincent stand vor der Wahl, entweder mit seiner ganzen Flotte aufzubrechen oder einen Admiral mit einem starken Geschwader abzukommandieren. Wie wir wissen, hatte er sich für Nelson entschieden. Der Oberbefehlshaber meinte, die Spanier könnten sich immer noch herauswagen, und wollte deshalb die Blockade von Cadiz nicht aufgeben. Er hatte Nelson zwei dienstälteren Admiralen vorgezogen (was zu erheblichen Mißhelligkeiten führte) und schickte ihm jetzt die Elite der Flotte oder, wie er selbst schrieb, »ein paar ausgesucht gute Leute vom Küstengeschwader«.

Auf dem Weg zu Nelson waren Troubridge mit der *Culloden*, jener alte Freund, den St. Vincent sogar über Nelson stellte (»der beste Seeoffizier im Dienste Seiner Majestät«), Gould mit der *Audacious*, Darby mit der *Bellerophon*, Peyton mit der *Defence*, Foley mit der *Goliath*, Westcott mit der *Majestic*, Louis mit der *Minotaur*, Ben Hallowell mit der *Swiftsure*, Miller mit der *Theseus* und Samuel Hood mit der *Zealous*. Die genannten Schiffe waren Linienschiffe mit jeweils 74 Geschützen, die von vorzüglichen Offizieren befehligt wurden. Indem er sie Nelson unterstellte, verzichtete St. Vincent auf einen Großteil seiner besten Schiffe. Dazu kam die *Leander* (50 Kanonen) unter Kapitän Thompson.

Nelson befehligte jetzt kein Geschwader mehr, sondern eine Flotte. Seine Befehle waren deutlich. Er sollte »nach der Streitmacht suchen, welche der Feind in Toulon und Genua bereitstellt... Wenn Ihr auf die besagte Streitmacht oder einen Teil derselben trefft, habt Ihr Euer Äußerstes zu versuchen, um sie zu kapern, zu versenken, zu verbrennen oder zu zerstören«. St. Vincent teilte ihm mit, daß Lord Spencer ihm in einem Privatbrief gebeten habe, er, Nelson, sei »durchaus berechtigt, das französische Geschwader bis zu jedem Hafen im Mittelmeer, in der Adria, auf dem Peloponnes, in der Ägäis oder auch im Schwarzen Meer zu verfolgen«. Er fügte als Ermutigung hinzu: »Da ich mir zutiefst Eures Eifers, Eures Unternehmungsgeistes und Eurer Tüchtigkeit bewußt bin und Euch an der Spitze einer Flotte weiß, die so gut ausgerüstet, bemannt und geführt ist, habe ich das äußerste Vertrauen zum Erfolge Eurer Operationen.«

Nelson schickte Hardys *Mutine* mit dem Auftrag los, einen Blick in die Bucht von Talamone (südöstlich von Elba an der Westküste der Toskana) zu werfen, einen der wenigen Ankerplätze, wo sich eine große Flotte versammeln konnte. Dann machte auch er sich auf den Weg und umschiffte Kap Corse, den nördlichsten Punkt Korsikas. Er schrieb an Sir William Hamilton, mit dem er in all den Jahren freundschaftlich korrespondiert hatte, in Anbetracht der guten Beziehungen zwischen Großbritannien und dem Hof zu Neapel möge Hamilton mithelfen, daß für Wasser und Proviant gesorgt war, wenn die Schiffe das Königreich beider Sizilien anliefen. Sir William konnte wenig tun, denn König Ferdinand war natürlich sehr darauf bedacht, den Schein der Neutralität zu wahren, sosehr die Königin, Sir John Acton und der britische bevollmächtigte Gesandte auch eine Niederlage der Franzosen herbeiwünschen mochten. Wie allen anderen Beobachtern auf dem Kontinent dürfte es ihm kaum entgangen sein, was in Toulon geschehen war, nachdem sich die royalistischen Bürger dieser Stadt den Briten zugewandt hatten. Vermutlich dachte er auch an Österreichs Schicksal. Der Wal konnte sich immer ins Meer zurückziehen und seine Freunde im Stich lassen, während der Elefant unerbittlich vorrückte. Durch die späteren Ereignisse erwies sich jedoch, daß die Neigungen Ferdinands und seiner Berater, den Briten zu helfen, unter dem Siegel der Verschwiegenheit in die Tat umgesetzt wurden, wenn man sich auch stets so stellte, als geschehe es unwillig.

Am 15. Juni schrieb Nelson in einem tagebuchartigen Brief an St. Vincent, er befände sich vor den Pontinischen Inseln, etwa sechzig Meilen nordwestlich von Neapel. Die *Mutine* war mit der Nachricht zurückgekehrt, daß die Bucht von Talamone frei sei. Ein tunesischer Segler berichtete auf Anfrage, er habe mit einem griechischen Kauffahrteischiff gesprochen und erfahren, daß dieses vor der Nordwestküste Siziliens die französische Flotte passiert habe, die Franzosen wiederum hätten Ostkurs gehalten. All das waren Informationen aus zweiter Hand, besser freilich als gar keine, aber man bekam das Fehlen der Fregatten bitter zu spüren. Nun schickte Nelson Troubridge, »der mein volles Vertrauen besitzt und seit fünfundzwanzig Jahren mein verehrter Freund ist«, an Bord von Hardys *Mutine* nach Neapel. Die übrigen Schiffe lagen in neutralen Gewässern vor der Stadt. Troubridge suchte derweil Sir John Acton und Sir William Hamilton auf. Während er auf seine Rückkehr wartete, erhielt Nelson einen Brief von Lady Hamilton, in dem sie ihn ihrer besten Wünsche und der besten Wünsche der Königin für die Verfolgungsjagd auf die Franzosen versicherte. Sie legte einen Brief der Königin bei und machte es ihm in hochromantischen Stil zur Pflicht, ihn zu küssen, bevor er darauf antwortete. Ihre Zeilen beschloß sie seltsam herzlich und intim – seltsam deshalb, weil sie Nelson fast fünf Jahre nicht gesehen hatte – mit der Wendung: »Stets die Eure, Emma.«

Troubridge kehrte zurück. Er hatte seine Mission nicht ganz erfüllen, hatte bei der Regierung in Neapel nicht durchsetzen können, daß sie leihweise Fregatten zur Verfügung stellte. Und das nimmt nicht wunder – eine solche Handlungsweise hätte die neapolitanische Neutralität stark gefährdet. Acton hatte ihm jedoch im Namen des Königs ein Beglaubigungsschreiben überreicht, in dem die Gouverneure sämtlicher Häfen in Ferdinands Königreich aufgefordert wurden, Nelson jede erforderliche Hilfe zu gewähren.

Am 9. Juni – die Briten waren auf dem Weg nach Neapel – stieß Napoleon mit der *L'Orient* zur Vorhut seiner Flotte, die drei Tage lang vor Malta geankert hatte. Ein französischer Beobachter aus dem Kreis der Johanniter berichtete: »Malta hatte noch nie eine so gewaltige Flotte in seinen Gewässern gesehen. Auf Meilen im Umkreis war die See mit Schiffen jeder Größe übersät. Ihre Masten sahen aus wie ein riesiger Wald.« Die Insel ergab sich fast ohne Gegenwehr. Am 11. Juni wurde ein Waffenstillstand unterzeichnet. Napoleon bezog in Valetta Quartier, der prächtigen befestigten Hauptstadt von Malta, und erließ neue Verordnungen für die Bewohner der Insel, die im Geist der Ideen des revolutionären Frankeich gehalten waren, während die Kirchen und Paläste systematisch geplündert und ihrer uralten Schätze aus Silber, Gold und Edelsteinen beraubt wurden. Der Eroberer, der Armee und Flotte kommandierte, konnte zufrieden in die Runde blicken. Vor fast drei Jahrhunderten hatte Sultan Suleiman der Prächtige gehofft, »als allumfassender Herrscher von diesem recht angenehmen Felsen auf seine Schiffe in jenem vorzüglichen Hafen zu schauen«. Die Johanniter waren damals die führenden Krieger der Christenheit gewesen, der türkische Angriff war nach einer sieben Monate dauernden Belagerung gescheitert. Napoleon verwirklichte Suleimans Ambitionen schon nach ein paar Tagen.

19 Jäger und Gejagte

Eine günstige, beständig von Nordwest wehende Backstagsbrise blähte die Segel der Briten. Sie hatten Neapel am 18. Juni verlassen und fuhren mit Südkurs durch das Tyrrhenische Meer, der Straße von Messina entgegen. Nelson war sich über Napoleons Ziel immer noch nicht klargeworden und konnte kaum mehr tun, als wie Sir Hamilton zu vermuten, daß die Franzosen nach Malta unterwegs waren. Und Malta war das Sprungbrett nach Sizilien.

Steuerbord voraus sahen sie bei Nacht »den Leuchtturm des Mittelmeers«, die Vulkaninsel Stromboli, und das war das Zeichen, daß sie sich den Liparischen Inseln näherten. »Vom Deck des Schiffes aus erkennt man einen roten Lichtschein, der von Zeit zu Zeit über dem Bergesgipfel aufschimmert. Man kann beobachten, wie er mählich an Stärke zunimmt und dann ebenso mählich wieder erstirbt. Nach einer kurzen Pause wiederholt sich die nämliche Erscheinung, und so geht es weiter, bis man das Phänomen aufgrund des heller werdenden Morgenlichtes nicht mehr erkennt.«

An Backbord sahen sie bei Tag die blassen Gestade Kalabriens vorbeigleiten. Landeinwärts schimmerten bläulich die Berge. Eine ungastliche Küste – kein Hafen, nicht einmal ein Ankergrund, nur hie und da ein Dorf. Im Winter zogen die Fischer ihre Boote auf den sicheren Strand, im Hochsommer, wenn Windstille herrschte, ließen sie die Boote untätig an ihrem Munings schwojen. Die dreizehn Linienschiffe mit ihren jeweils 74 Kanonen, die *Leander* mit 50 Geschützen und Hardys Brigg *Mutine* fuhren rasch und ohne Zwischenfälle durch diese historischen Gewässer. Als die Liparischen Inseln querab lagen, braßten sie ein wenig die Segel und wechselten den Kurs.

Nelson brannte vor Ungeduld. An Sir William schrieb er: »Wenn ich eine Flotte befehligen würde, welche eine Armee begleitet, die Sizilien angreifen soll, würde ich zu dem General sagen: ›Wenn Ihr Malta einnehmen könnt, ist die Sicherheit Eurer

Flotte, Transporter, Vorräte etc. gewährleistet, auch könnt Ihr ungefährdet den Rückzug antreten, wenn es nötig ist; denn selbst wenn vor Ablauf einer Woche eine überlegene feindliche Flotte eintreffen sollte, wird sie leewärts abfallen müssen, und Ihr könnt ungehindert passieren ... Ich wiederhole es: *Malta ist der direkte Weg nach Sizilien.*‹«

Wie andere von Nelsons Briefen zeigt auch dieser, daß er strategische Vorteile einzuschätzen verstand. Er erkannte – Bonaparte freilich auch –, daß Malta, »der Nabel des Mittelmeers«, die von Osten nach Westen führenden Handelswege ebenso beherrschte wie die Nordsüdrouten zwischen Europa und Nordafrika. Und obwohl er noch nicht in Valetta gewesen war, wußte er um die Vorzüge des prächtigen Hafens dieser Stadt, von dem aus die Johanniter jahrhundertelang so erfolgreich operiert hatten. Nelsons Worte belegen auch, daß seine Behauptung, er sei »ein alter Kenner des Mittelmeers«, gerechtfertigt war. Natürlich wußte er, daß den Sommer über im zentralen Abschnitt des Mittelmeers Nordwestwinde vorherrschen. Der Südwind, der die Frühlingsmonate bestimmt, der unangenehme und feuchte Schirokko, verschwindet, wenn kühlere Luft aus dem Norden einströmt und die heiße Luft verdrängt, die von den Wüstengebieten Nordafrikas aufsteigt. Ein Rahschiff, östlich von Malta abgefangen, würde in arge Bedrängnis geraten, da es nicht höher als 50° an den Wind gehen könnte, würde es »leewärts abfallen müssen«. Und wenn Nelson in Malta auf die französische Flotte gestoßen wäre, hätte er ihr möglicherweise nur mit Mühe eine Entscheidungsschlacht liefern können. Wie wir wissen, lagen die Flotte der Schutzschiffe und der große, aus Kauffahrteischiffen bestehende Konvoi entweder im Großen Hafen oder unweit der Küste in der Nähe von Valetta. Die Briten hätten von Lee aus angreifen müssen, und die Franzosen hätten den so überaus wichtigen Vorteil der Luvposition gehabt.

Sie näherten sich jetzt der Straße von Messina. Am 20. Juni änderte das schönste Geschwader von Linienschiffen mit 74 Kanonen, das das Mittelmeer je gesehen hatte, seinen Kurs, um flink an der Küste von Sizilien entlangzufahren. An Backbord, wo die Spitze des italienischen Stiefels in die zwei Meilen breite Meerenge hineinragte, leuchtete das Fischerdörfchen Scilla in der Sonne. Sein Name erinnerte an das homerische Ungeheuer, das sechs Männer vom offenen Schiff des Odysseus heruntergerissen hatte. Die felsige Küste barg keine Schrecken für die dunklen, aus Eichenholz gearbeiteten Schiffswände der Briten. Doch an Steuerbord lauerte eine geringfügige Gefahr: der Strudel Charybdis. 1783, fünfzehn Jahre bevor Nelsons Flotte die Meerenge passierte, hatte sich der berühmte Strudel infolge von Veränderungen des Meeresbodens nach einem schweren Erdbeben bei Messina erheblich verkleinert. Doch noch 1824 schrieb Admiral Smyth, einer von Nelsons Nachfolgern: »Für die ungedeckten Schiffe der Rhegier, Lokrer, Zankleer und Griechen muß er fürchterlich gewesen sein; selbst heute gefährdet er manchmal kleine Schiffe, und ich habe selbst gesehen, wie mehrere Kriegsschiffe und sogar ein Schiff mit vierundsiebzig Kanonen von ihm herumgewirbelt wurden.« Doch nun passierten die Briten mühelos und mit gutem Wind von achtern die Straße von Messina.

Sizilien machte einen friedlichen Eindruck. Kein Schiff kam ihnen entgegen, um ihnen Meldung von einem französischen Angriff zu erstatten. Die Insel schlummerte unter der Junisonne, vom Gipfel des Ätna, der südlich von Taormina über der fruchtbaren Ebene von Catania aufragte, stieg träger Rauch auf. Aus diesem Gebiet und aus anderen Teilen Siziliens, wo Zitrusfrüchte angebaut wurden, beispielsweise in der Conca d'Oro hinter Palermo, der zweiten Hauptstadt König Ferdinands, bezog die britische Kriegsmarine ihre Zitronen, die so wichtig für die Ernährung waren, weil sie dem Skorbut vorbeugten.

Sie passierten das freundliche, am Fuße des großen Vulkans gelegene Fischerdorf Riposto, den weitläufigen, leeren Hafen von Augusta (dessen Möglichkeiten als Flottenstützpunkt man erst zu Mussolinis Zeit zu schätzen wußte) und waren jetzt auf der Höhe von Syrakus, der einstigen Königin des Mittelmeers, der reichsten Stadt und des reichsten Hafens der Antike. Damals hatte Sizilien die Kolonien gründenden Griechen ebenso gelockt, wie jetzt die Neue Welt die Europäer anlockte. Staubig schimmerte die Stadt, die zu Ferdinands heruntergekommenem Königreich gehörte, in der Sonne. Die Offiziere richteten ihre Teleskope auf das alte Kastell, das die Einfahrt bewachte. Nichts. Nur ein paar von der Sonne geblendete Posten sahen sie vorbeifahren. Hier, wo das athenische Reich nach dem fatalen Feldzug gegen Syrakus endgültig zusammengebrochen war, hegte man kein geringes Interesse für den erneuten Kampf um die Herrschaft im Mittelmeer. Für die Beobachter war es tröstlich, daß auf diesen Schiffen die britische Flagge wehte. Die guten Beziehungen zwischen dem Hof zu Neapel und dem Hof zu London waren kein Geheimnis, wenn man sie auch aus Furcht vor den Franzosen verschleiern mußte. Hätte auf

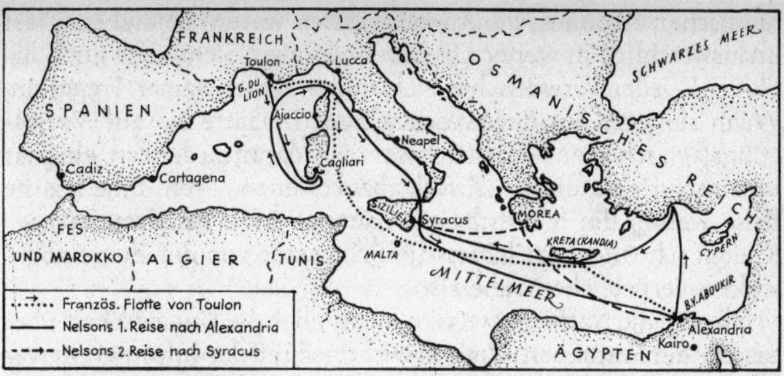

Das Mittelmeer im Jahre 1798

den Schiffen die Trikolore geweht, so wäre es eine ganz andere Sache gewesen. Dieses imponierende britische Geschwader zeigte an, daß sich im zentralen Abschnitt des Mittelmeers endlich etwas rührte. Seit die Flotte sich vor zwei Jahren zurückgezogen hatte, hatte man die britische Flagge nicht mehr gesehen. Wochen würden vergehen, bevor die Einwohner von Syrakus genau wußten, was diese unerwarteten Aktivitäten bedeuteten.

Die Schiffe fuhren weiter nach Süden, und hinter ihnen verschwand der lange Bergrücken des Murro di Porco. Zwei Tage nachdem sie die Straße von Messina passiert hatten, erhielten sie die ersten Informationen. Vor Kap Passero, der Südspitze Siziliens – nur ein altes Kastell aus dem 13. Jahrhundert bewachte den Punkt, an dem Ferdinands Herrschaftsbereich endete – sichtete Hardys *Mutine*, die der Flotte als eine Art Aufklärer vorausfuhr, eine italienische Brigg. Nach all der Ungewißheit bekamen sie endlich die Informationen, auf die sie gewartet hatten: Die französische Armada war vor Malta vor Anker gegangen, die französischen Truppen hatten die Insel erobert.

Die Brigg, deren Kapitän aus Genua stammte, hatte Malta am Vortag verlassen – es waren nur siebzig Meilen von Valetta bis Passero. Er berichtete, daß die Franzosen vor sechs Tagen mit unbekanntem Ziel von Malta abgesegelt seien.

Fast im selben Augenblick erkannte man am fernen Horizont zwei französische Fregatten. Das bestätigte die Auskünfte des genuesischen Kapitäns, denn wo Fregatten waren, befand sich fast unausweichlich in weiter Distanz und außer Sichtweite auch die Flotte. Wieder verwünschte Nelson das Fehlen seiner Fregatten. Wenn sie jetzt nur dagewesen wären! Er hätte sie auf Verfolgungsjagd schicken können. Es war nicht daran zu denken, ein paar Linienschiffe zu diesem Zweck abzukommandieren. Eine frische Brise wehte, die feindlichen Fregatten waren mindestens zwei Knoten schneller und hätten die Briten nur von der Beute abgelenkt – vergebliche Mühe also.

Obwohl die Nachricht wertvoll war, blieb die Ungewißheit über das Ziel der Franzosen. Und ein wichtiger Teil der Information war falsch verstanden oder falsch übersetzt worden, was man allerdings im Moment noch nicht wissen konnte. Die Franzosen hatten Malta nicht vor sechs Tagen, sondern vor drei Tagen verlassen. Möglicherweise sagte der Kapitän der Brigg, sie hätten vor sechs Tagen *begonnen*, die Insel zu verlassen – das wäre etwas ganz anderes gewesen. Da die Vorhut drei Tage früher als das langsamere, aus Kauffahrtei- und Geleitschiffen bestehende Gros vor Malta aufgetaucht war, stach man wahrscheinlich auf ähnliche Weise wieder in See. Napoleon, der viertausend Mann als Garnison in Valetta zurückließ, ging erst am 19. Juni an Bord der *L'Orient*. Er hatte also nur drei Tage Vorsprung vor den Briten – reichlich wenig, denn seine Kriegsschiffe mußten sich nach dem langsameren Tempo des Konvois richten.

Das Zusammentreffen mit der Brigg und das Sichten der französischen Fregatten sind oft so dargestellt worden, als habe die einzige Bedeutung dieser Ereignisse darin bestanden, daß Nelson von der Eroberung Maltas durch den Feind erfuhr und sechs Tage Zeit hatte, das mutmaßliche Ziel der Franzosen anzusteuern. Doch es steckte sehr viel mehr dahinter. Die Fregatten sichteten ihrerseits die herannahende britische Flotte. Dafür waren sie schließlich da, sie sollten ja die Wächter und Augen ihrer Armada sein. Daß sie die Briten sichteten und Napoleon Meldung davon machten, wird uns durch einen Brief bestätigt, den Louis Bonaparte, der ebenfalls an der Expedition teilnahm, an seinen Bruder Joseph schrieb. Napoleon und Admiral Brueys wußten jetzt, daß die Briten entgegen früheren Berichten und Erwartungen ins Mittelmeer zurückgekehrt waren. Das beweist uns der Kurs, den die französische Armada daraufhin einschlug: Sie wich vorübergehend von ihrem eigentlichen Ziel ab, was die erwünschte Wirkung hatte, daß die Jäger die Fährte verloren.

Ein kleines Rätsel bleibt. Später, nach seiner Rückkehr nach Sizilien, schrieb Nelson an Sir William Hamilton in Neapel: »Es ist gesagt worden, daß in Lee der beiden Fregatten vor Kap Passero ein Linienschiff mit den Schätzen Maltas an Bord gelaufen sei, doch ich trachtete nach der Vernichtung des Feindes und nicht nach Reichtümern für mich. Sie wären mir zugefallen, wenn ich die Fregatten gehabt hätte, aber mit Ausnahme des Linienschiffes achte ich aller Reichtümer der Welt nicht.« Das Schiff, von dem Nelson hier spricht, war, was er damals nicht wissen konnte, ganz offensichtlich Brueys Flaggschiff *L'Orient* mit Napoleon an Bord, das Malta, drei Tage bevor die beiden Fregatten gesichtet wurden, *verlassen* hatte. Während Nelson und die anderen vor dem zweiten Teil der Verfolgungsjagd in Syrakus lagen, dürften sie so manches von den Vorkommnissen bei der Besetzung der Insel gehört haben, darunter auch von den Raubzügen in den Kirchen und Palästen und insbesondere von der Plünderung der großen Johanneskathedrale in Valetta. Diese Schätze waren in der Tat auf die *L'Orient* geschafft worden, doch selbst wenn sie Malta als letztes Schiff verließ, kann sie am 22. Juni, als die *Mutine* auf jene italienische Brigg stieß, kaum noch in Sicht gewesen sein. Hier haben sich spätere Informationen mit früheren Beobachtungen vermengt, und in diesen Beobachtungen ist nur von den beiden französischen Fregatten die Rede.

Nelson hatte seit langem geargwöhnt, daß Napoleon, wenn er es nicht auf Sizilien abgesehen hatte, höchstwahrscheinlich nach Ägypten wollte – und das bedeutete Alexandria, denn Alexandria war der einzige Hafen an dieser ungastlichen Küste, der eine große Flotte aufnehmen konnte. Mit dieser Annahme stand er nicht alleine da. Anfang Juni hatte Henry Dundas, der Kriegsminister, in einem Brief an Lord Spencer von der Admiralität geschrieben, er habe das Gefühl, Ägypten sei das Herzstück von Napoleons Plänen und dahinter stünde als Endziel Indien. Auf dem Kontinent liefen Gerüchte um, daß die französische Flotte angesehene Gelehrte, Historiker und Altertumskundler mit sich führte. Die Intention dabei sei, die Schätze des Ostens aufzuspüren und außerdem Schulen und Verwaltungseinrichtungen zur Verbreitung der französischen Sprache und Kultur in den neuen Besitzungen aufzubauen. Bereits im Januar hatte Kapitän Sidney Smith, der sich damals in französischer Kriegsgefangenschaft befand, einen Brief aus Frankreich herausschmuggeln können, in dem er auf die Ambitionen des Direktoriums aufmerksam machte – sie seien auf

Ägypten und darüber hinaus gerichtet. Nach Sidney Smiths Entlassung hatte sich St. Vincent persönlich angehört, was er zu sagen hatte, und zweifellos auch Nelson davon unterrichtet.

Trotz der vorzüglichen Absicherungsmaßnahmen der Franzosen – Nelson und seine Offiziere wußten immer noch nicht recht, wohin sie sich wenden sollten – hatte man also ein paar Anhaltspunkte im Durcheinander der Gerüchte, konnte man nicht ganz gegenstandslose Vermutungen über Napoleons Absichten anstellen. Zwei Tage bevor er Neapel erreichte, hatte Nelson an Lord Spencer geschrieben, er habe von einem tunesischen Schiff vor der italienischen Küste erfahren, daß die Franzosen auf der Höhe von Trapani im westlichen Teil Siziliens gesehen worden seien. Sie hätten auf Ostkurs gelegen. »Wenn sie Sizilien passieren, dann glaube ich, daß sie ihren Plan verwirklichen wollen, sich in den Besitz von Alexandria zu bringen – ein Plan, der gemeinsam mit Tipu Sahib ausgeheckt wurde und keineswegs so schwierig ist, wie man es sich anfangs vorstellen mag.« Und sie hatten tatsächlich Sizilien passiert, Malta eingenommen und befanden sich nun gewiß auf dem Weg nach Osten. Doch obwohl sich Nelson ihres Zieles sicher war, wollte er die Meinung seiner Kapitäne hören. Sie vertrauten ihm, und er vertraute ihnen. Diese gegenseitige Wertschätzung, dieses gegenseitige Vertrauen und der ständige Gedankenaustausch innerhalb des »Bundes der Brüder« zeichneten die britische Flotte vor der französischen aus, vielleicht sogar vor jeder anderen Flotte, die es bisher gegeben hatte.

Berry, Nelsons Kapitän auf der *Vanguard*, war derselben Meinung wie sein Admiral. Doch dabei beeinflußte ihn vielleicht die machtvolle Persönlichkeit Nelsons. Saumarez, kein hundertprozentiger Anhänger des Admirals (er war erfahrener in Flottenaktionen und hatte Nelson, dessen ehrgeizige Natur ihm fremd blieb, einmal »unseren desperaten Kommodore« genannt), wurde gemeinsam mit Ball, Darby und Troubridge zu einer Besprechung auf das Flaggschiff gebeten. Später legte er seine Ansicht schriftlich nieder: »Unter den gegebenen Umständen meine ich, daß es für die Interessen der Kriegsmarine Seiner Majestät am dienlichsten ist, wenn wir uns mit aller Kraft auf den Weg nach Alexandria machen, denn dies ist das einzige Mittel, unsere Besitzungen in Indien zu retten, falls die französische Streitmacht nach diesem Lande unterwegs sein sollte.« Auch Korfu und Konstantinopel wurden als Möglichkeiten genannt, aber man glaubte allgemein, daß Alexandria das wahrscheinlichste Ziel sei. In einem Brief meinte Troubridge bestätigend: »Wenn sie Alexandria oder irgendeinen anderen Hafen in Ägypten in die Hand bekommen, werden unsere Besitzungen in Indien in eine sehr gefährliche Lage geraten.« So ergingen denn die Befehle, und die Flotte setzte alle Segel, ließ die Vorgebirge Siziliens hinter sich und fuhr mit neuem Kurs nach Südosten.

Die Jagd hatte begonnen. Doch die britischen Schiffe glichen Hunden ohne Augen. Um die Gejagten aufzuspüren, mußten sie sich ganz auf ihren Geruchssinn (auf ihre deduktive Intelligenz) verlassen.

Napoleon hatte allen Grund, zufrieden zu sein, wenn er sich auch auf diesem infernalischen Element befand, auf dem Meer, wo die Dinge nicht wie an Land durch seinen kritischen und strategischen Verstand gesteuert und schon gar nicht von seinem Willen bestimmt werden konnten. »Gott ist tot«, sagte das revolutionäre Frankreich, aber hier herrschten nach wie vor das Schicksal und die Kräfte der Natur. Napoleon hätte wohl den Worten Amrs beigepflichtet, jenes großen Generals und leidenschaftlichen Anhängers von Mohammed, der im 7. Jahrhundert Alexandria erobert und Ägypten unterworfen hatte. Er hatte nachdenklich das Meer und die Schiffe darauf betrachtet und gemeint: »Wenn ein Schiff stilliegt, zerreißt es einem das Herz, wenn es in Fahrt ist, ängstigt es die Phantasie. An Bord nimmt die Macht des Menschen stetig ab und das Unheil stetig zu. Die sich darauf befinden, sind wie Würmer in einem Stück Holz, und wenn es kentert, ersaufen sie.«

Trotzdem fühlte sich Napoleon im Augenblick gelöst. Malta – er hatte es immer schon gewußt – war ihm wie eine überreife Frucht in den Schoß gefallen, kaum daß er die Hand danach auszustrecken brauchte. »Gewiß besaß es gewaltige physische Widerstandskräfte, aber keinerlei moralische Stärke«, schrieb er. Er hatte sich diesen wichtigen Stützpunkt gesichert, und General Vaubois würde mit seinen Soldaten Valetta halten und jedes britische Schiff daran hindern können, in den Großen Hafen einzulaufen. Bevor er in Toulon an Bord der *L'Orient* ging, hatte Napoleon Brueys gebeten, für eine bequeme Koje zu sorgen, denn er rechnete damit, daß er auf See die meiste Zeit seekrank sein würde. Doch es kam anders. Das Wetter war schön, und er, der Korse, vertrug das Mittelmeerklima besser als den rauhen Norden, und selbst der günstige Wind von achtern schien ein gutes Omen zu sein. Die Nachricht, daß eine englische Flotte im Mittelmeer kreuzte, war weniger erfreulich, doch das Wasser dehnte sich über

Tausende von Meilen, und mit einer simplen Kriegslist konnte man sie vielleicht ohne weiteres abschütteln. Dank dieser Kriegslist nahmen die Kauffahrteischiffe, die die Armada sichteten, möglicherweise an, daß ihr Ziel weiter nördlich lag, Richtung Griechenland, Ägäis, Konstantinopel. Brueys erhielt Order, so zu tun, als wolle man Kreta ansteuern, und vom östlichen Kurs ein wenig nach Norden abzuweichen.

In der Nacht des 22. Juni – Nelsons Schiffe hatten Sizilien hinter sich gelassen und fuhren direkt in Richtung Alexandria – senkte sich dichter Sommernebel (der zu dieser Jahreszeit im Ionischen Meer nichts Ungewöhnliches ist) übers Wasser. Die Briten brauchten sich nach keinem Konvoi zu richten und waren dem Feind so dicht auf den Fersen, daß man auf den französischen Schiffen deutlich das dumpfe Dröhnen der britischen Signalgeschütze hören konnte. (Schon 1558 hatte eine Dienstanweisung für die britische Marine bestimmt, daß man, wenn es neblig war oder wenn ein Schiff, ohne es zu merken, auf eine gefährliche Situation zusteuerte, durch »Glockenläuten, Hörnerblasen, Trommelschall und Kanonenschüsse« miteinander in Verbindung treten sollte.)

»Des Teufels Kinder«, schrieb Nelson, »haben auch des Teufels Glück.« Doch es war kein ungetrübtes Glück. Napoleons Kursänderung hatte zur Folge, daß sich die beiden Flotten im Laufe der Nacht allmählich auseinanderbewegten. Einige Stunden nach Tagesanbruch, als die Sonne den Nebel verscheucht hatte, bestanden zwischen ihnen keinerlei Kontakte mehr. Doch mit Fregatten, die sich beiderseits der Vorhut wie Kundschafter vorgepirscht hätten, hätten die Briten die Franzosen fast mit Gewißheit aufgespürt.

Es sollte nicht sein. Napoleon konnte sich an seinen Träumen und an seinen Büchern erfreuen, unter ihnen der Koran und ein Bericht über die Reisen von Kapitän Cook, konnte sich eine Zukunft ausmalen, die viel, viel großartiger war als alles, was Alexander der Große erwogen hatte. Das Direktorium war jedenfalls mit seinen Plänen einverstanden. Dazu gehörte, wie wir sahen, die Gründung einer französischen Kolonie in Ägypten.

Außerdem wollte Napoleon im Verein mit Tipu Sahib die britischen Interessen in Indien bedrohen und im Triumph nach Paris zurückkehren, bevor es gegen die arrogante Insel ginge. »Die Türkei«, so hatte er gesagt, »wird die Vertreibung der Mamelucken begrüßen.« Die Mamelucken, eine Elitetruppe, aus einer aus türkischen Sklaven bestehenden Leibwache hervorgegangen, die zur

Zeit von Saladins Nachfolgern begründet wurde, waren seit langem die wahren Herrscher des Landes gewesen. Wie die Johanniter auf Malta stellten sie einen mittelalterlichen Anachronismus dar. Napoleon glaubte, daß er mit seinen hervorragenden Soldaten nicht viel von den Mamelucken zu befürchten hätte. Seine Träume gingen über die Errichtung eines französischen Ostreichs weit hinaus. Viele Jahre später – die Verbannung, die eigentlich alles vereitelte, schien jetzt alles möglich zu machen – schrieb er in seinen Tagebüchern, daß er höhere Bestrebungen habe. Obwohl die Türkei im Augenblick mit Frankreich verbündet war und lange Zeit (und zwar seit jener »schändlichen Allianz« im 16. Jahrhundert, als die Osmanen die Feinde aller anderen Länder des christlichen Europas waren) gute Beziehungen zu den Franzosen unterhalten hatte, betrachtete Napoleon sie als Gefahr für seine Pläne. Er wollte sich Ägypten, den Nahen Osten und Indien sichern und diese Gebiete befriedet zurücklassen, dann nach Norden vorstoßen, in die Türkei eindringen und die vielen tausend Christen im Osmanischen Reich dazu aufrufen, sich gegen ihre Herren zu erheben. Ein neues Römisches Reich würde entstehen, das Frankreich als Oberhaupt betrachtete und nicht nur die Länder am Mittelmeer umfaßte, die einst Rom gehört hatten, sondern auch das Ostreich Alexander des Großen und die Reichtümer Indiens und des Orients. »Nur im Osten kann man Großes tun«, sagte er. Am 15. August vollendete Napoleon das neunundzwanzigste Lebensjahr.

Und Nelson wurde im September vierzig. Er war nicht nur durch den Verlust seines Arms und seines Auges behindert, sondern auch bis an die Grenze seines Belastungsvermögens angespannt, und er hatte nicht wie Napoleon die Zuversicht eines ganzen Volkes hinter sich. Zwar konnte er mit der Bewunderung und dem Vertrauen seiner Kapitäne und seiner Schiffsbesatzungen rechnen, aber er wußte sehr wohl, daß er sich mit diesem Kommando bei einigen dienstälteren Kollegen recht unbeliebt gemacht hatte. Freilich hatte Lord Spencer ihn für diesen Posten vorgeschlagen. Gewiß vertraute ihm St. Vincent völlig, gewiß hielt er ihn für denjenigen Oberbefehlshaber, der genug Schwung und Unternehmungsgeist besaß, um Napoleons Pläne zu vereiteln. Doch selbst St. Vincent stieß bei Nelsons dienstälteren Kollegen auf Widerstand. Vizeadmiral Sir William Parker und Vizeadmiral Sir John Orde beklagten sich darüber, daß sie übergangen worden waren, daß man mit diesem unabhängigen Kommando einen

Rangjüngeren betraut hatte. Orde ging so weit, daß er direkt an den Ersten Lord der Admiralität schrieb und sich über die Berufung »eines gerade aus England eingetroffenen dienstjüngeren Offiziers« beschwerte, die über seinen Kopf hinweg erfolgt sei. Danach hatte er eine heftige Auseinandersetzung mit St. Vincent, worauf er nach Hause beordert wurde.

Doch davon einmal ganz abgesehen (und der Streit zwischen St. Vincent und Orde erreichte immerhin ein epochemachendes Ausmaß) wußte Nelson sehr wohl, daß manche Leute jetzt schon sagen würden, er habe versagt, was den wichtigsten Teil seiner Mission anginge. Malta war verloren, und er hatte den Feind entkommen lassen. In London würden sich Lästerzungen regen.

Admiral Goodall, seit dem Gefecht gegen die Franzosen im März 1796 unter Hotham ein Anhänger und Freund Nelsons, schrieb später, man habe ihm die Frage gestellt: »Was ist mit Eurem Liebling und Helden? Die französische Flotte ist direkt vor seiner Nase vorbeigefahren...« Nelson plagten noch mehr Sorgen, denn er brauchte, was immer er Gegenteiliges sagen mochte, sowohl Geld als auch Ruhm. Ruhm, und verdienten Ruhm, hatte ihm die Schlacht bei St. Vincent eingetragen, aber er war durch seinen Mißerfolg in Teneriffa etwas geschmälert worden, und mit dem Finanziellen hatte er nie viel Glück gehabt. Die französische Armada einholen, ihre Kriegsschiffe zerstören, viele Prisen bekommen – das waren relativ simple Träume, wenn man sie mit denen Napoleons verglich. Trotzdem trieben sie ihn quer durchs Mittelmeer. Doch über alledem standen sein glühender Patriotismus und seine Abscheu vor dem, was das revolutionäre Frankreich verkörperte.

»Die schöne Brise wehte, es flog der weiße Schaum,
Die Kielspur grub sich Raum...«

So fuhr die Flotte herrlich dahin, doch der leere Horizont verhöhnte sie. Saumarez, dessen Zweifel der Bewunderung wichen, bekannte, daß ihm die Verantwortung zuviel gewesen wäre: »Einige Tage müssen vergehen, bevor wir der grausamen Ungewißheit enthoben sind, und wenn wir am Ende unserer Reise entdecken, daß wir auf der falschen Fährte waren, werden wir wahrhaftig in großer Verlegenheit sein. Zum Glück agiere ich hier nur *en second,* ich fürchte, wenn ich die oberste Verantwortung hätte, wäre es mehr, als meine allzu empfindlichen Nerven ertragen könnten.« Niemand sah sie. Sie befanden sich in jenen sonnenüberglänzten Gewässern des östlichen Mittelmeers, die vor der Eröffnung des Suezkanals kaum befahren waren. Die Hauptrouten lagen nördlich von ihnen, und der müde nordafrikanische Handelsverkehr wickelte sich weiter südlich ab. Innerhalb von sechs Tagen brachten sie die 700 Seemeilen zwischen Kap Passero und Alexandria hinter sich.

Wenn wir annehmen, daß die Flotte ständig direkten Kurs steuern konnte – annähernd Ostsüdost oder 120° rechtsweisend –, kommen wir auf eine Durchschnittsgeschwindigkeit von fünf Knoten. Da es jedoch äußerst wahrscheinlich ist, daß der Wind zu dieser Jahreszeit zwischen West und Nordwest drehte und die Schiffe nicht die ganze Zeit über den Direktkurs laufen konnten, dürften sie bei ihrer Verfolgungsjagd eher an die 800 Seemeilen zurückgelegt haben, und das bedeutet eine Durchschnittsgeschwindigkeit von mehr als fünfeinhalb Knoten. Wenn ein Linienschiff frisch von der Werft kam und unterhalb der Wasserlinie keinerlei Bewuchs hatte, wenn zudem die besten Wind- und Wetterverhältnisse herrschten, betrachtete man sieben Knoten als gute Geschwindigkeit. Die britische Flotte bewegte sich also ständig mit anderthalb Knoten unter der Höchstgeschwindigkeit vorwärts.

Auch die Franzosen kamen auf ihrem Nordostkurs in Richtung Kreta trotz ihres großen, aus Kauffahrteischiffen bestehenden Konvois gut voran. Sie näherten sich der Einfahrt zur Ägäis, der Kreta ähnlich vorgelagert ist wie ein Korken, der auf einer Flasche sitzt, und Brueys wußte, daß Ende Juni schon die Etesien bliesen. Diese Nordwinde, die den ganzen Sommer über in der Ägäis und in den Gewässern südlich von Kreta wehen, würden ihm bei der zweiten Etappe der Reise, der Fahrt nach Alexandria, gut zustatten kommen. Die Etesien spürt man auch im alten Hafen und in den engen Straßen dieser Stadt. Sie machen das Leben in der Sommerhitze erträglich, die den größten Teil Ägyptens in ein schlaftrunkenes Land der Mittagsruhe verwandelt.

Die Stadt, auf die die beiden Flotten zuhielten, hatte nicht mehr viel mit jenem Alexandria gemein, das einst zu den Herrlichkeiten der antiken Welt gehört hatte und an Reichtum und Macht nur von Rom überflügelt worden war. Das Alexandria, in dem Antonius und Kleopatra in ptolemäischem Glanz herrschten, in das der junge Octavian im Triumph eingezogen war, glich schon seit langem einem versunkenen Traum. Die Jahrhunderte der arabischen

Herrschaft und erst recht die nachfolgenden Jahrhunderte türkischer Gleichgültigkeit hatten die einstmals stolze Hauptstadt zu einem recht unbedeutenden Handelshafen herabsinken lassen. Eine reisende Engländerin namens Eliza Fay war hier 1779 an Land gegangen und hatte nichts Rühmenswertes gefunden; weil sie sich zum christlichen Glauben bekannte, durfte sie sich nicht im Westhafen ausschiffen und nur auf einem Esel reiten. »Ich schätze mich sehr glücklich, diesen Ort so bald verlassen zu können«, schrieb sie an ihre Schwester. Und mehr als ein Jahrhundert vor ihr hatte ein anderer englischer Reisender namens John Sandys über den Verfall geklagt, der ihn umgab: »Und das war einst die Königin der Städte und die Metropole Afrikas, welcher nunmehr nichts verblieben ist als Ruinen.«

Es gab jedoch noch eine Reihe von ausländischen Gruppen in Alexandria, denn obwohl die Reichtümer des Ostens jetzt zum größten Teil um das Kap der Guten Hoffnung verschifft wurden, spielte Alexandria nach wie vor eine gewisse Rolle im Nahosthandel. Zu den Ausländern, die hier wohnten, gehörte George Baldwin, der neben seinen geschäftlichen Aktivitäten das Amt des britischen Konsuls bekleidete. Hardy wurde von Nelson nach Alexandria geschickt, um Baldwin aufzusuchen, und die *Mutine* verließ die Flotte am 26. Juni und fuhr voraus.

Hardy entdeckte, daß der alte Hafen im Westen der Stadt fast leer war – bis auf ein betagtes türkisches Kriegsschiff und vier Fregatten. Im östlichen Hafen, dem sogenannten »Hafen der Franken«, lagen etliche Kauffahrteischiffe aus verschiedenen Ländern. Das war alles. Keine französische Armada, nicht einmal eine Vorhut. Nelson hatte sich geirrt. Wohin auch immer Napoleon gewollt hatte – nach Alexandria jedenfalls nicht. Hardy ging an Land und begab sich zum Haus des britischen Konsuls. Wieder begünstigte das Schicksal die Franzosen. Baldwin war fort, und zwar schon seit mehreren Wochen, wie sein Stellvertreter sagte. Man wußte nicht genau, wann er zurückkommen würde. Der Vizekonsul war kein Engländer, hatte keine wirklichen Machtbefugnisse und konnte oder wollte für das britische Geschwader keine Erlaubnis für die Einfahrt in den Hafen erwirken. Ägypten war neutral, besser gesagt, es stand als Vasallenstaat des Sultans eher auf der Seite der Franzosen. (Vorgebliches Ziel der Franzosen war es, wie Napoleon bei seiner Ankunft darlegte, die Mamelucken in die Knie zu zwingen und die Autorität des Sultans wiederherzustellen.) Hardy konnte nichts weiter tun. Er ging zurück durch die schmutzigen Straßen, durch das Gewirr »von fensterlosen Lehmhütten, nur ein paar Löcher in den Wänden«, und empfand tiefe Verzweiflung.

Am 28. Juni war das britische Geschwader in Sichtweite von Alexandria. Nelson, der immer noch das Fehlen seiner Fregatten verwünschte, war wie vom Donner gerührt, als er den leeren Hafen sah. Er konnte es kaum fassen, daß sich seine Annahme, in der ihn seine Kapitäne bestätigt hatten, nun als falsch erwies. Die Franzosen mußten nach Osten gefahren sein, und wenn nicht hierher, wohin dann sonst? Jetzt zeigten sich die verheerenden Auswirkungen der falschen oder mißverstandenen Auskunft des genuesischen Kapitäns. Wenn die Franzosen ihren Verfolgern tatsächlich um sechs Tage voraus gewesen wären, hätte man sie entweder einholen und ihnen ein Gefecht liefern oder sie in Alexandria antreffen müssen. Man konnte nicht wissen und schwerlich ahnen, daß sie nur drei Tage Vorsprung hatten und obendrein nach Norden ausgewichen waren. Wenn der britische Konsul dagewesen wäre, hätten sich die Dinge wohl ganz anders entwickelt. Das legte Nelson drei Jahre später in einem Brief dar, mit dem er auf ein Schreiben von Baldwin antwortete. Was wäre gewesen, fragte Baldwin, wenn er sich zur Zeit von Nelsons Ankunft in der Stadt aufgehalten hätte? »Ich wäre beim Eintreffen der französischen Flotte auf der Höhe von Alexandria gewesen«, erwiderte Nelson, »und ganz gewiß hätte die Armee nicht in so vollkommener Ordnung landen können, wenn am 1. Juli ein Gefecht stattgefunden hätte, was ... der Fall gewesen wäre, wenn die Türken mich als Freund statt als Feind empfangen hätten, ich erhielt nämlich die Antwort, daß weder Engländer noch Franzosen in den Hafen von Alexandria einlaufen sollten. Und ich glaube, wenn Ihr dagewesen wäret, um zwischen mir und der türkischen Regierung zu vermitteln, hätte ich ein paar Tage bleiben und Wasser und Proviant auffrischen können.« Vielleicht hätte die *L'Orient* mit Napoleon an Bord jetzt schon das Schicksal erlitten, das sie ein paar Wochen später traf. Es wäre nicht zur Schlacht bei den Pyramiden gekommen. Baldwins Abwesenheit – eine scheinbar belanglose Sache – wirkte sich tiefgreifend auf die europäische Geschichte aus.

Nelsons »tätiger und unruhiger Geist«, so Berry, »ließ es nicht zu, daß er einen Augenblick an diesem Ort verweilte«. Es nimmt nicht wunder, daß der Admiral »unruhig« war. Er regte sich derart auf, daß ihm die Untätigkeit unerträglich schien. Die Flotte erhielt den Befehl, weiter in Richtung Osten zu segeln. Möglicherweise hatten die Franzosen ein Ziel ihrer Vorfahren aus der Zeit der Kreuzzüge angesteuert, das damals *L'Outremer* geheißen hatte – das Heilige Land und Syrien. Vielleicht wurde Indien von einem Ort aus bedroht, mit dem Nelson und die anderen gar nicht gerechnet hatten. »Eifer« – das war ein sehr anerkennendes Wort bei der Kriegsmarine. Nelson hatte vor allem stets Eifer bewiesen. Und Eifer trieb ihn weiter zu sofortigem Handeln und brachte ihn um die Chance, den Franzosen eine Seeschlacht zu liefern. Augustus' Wahlspruch *festina lente* – Eile mit Weile – war nichts für Nelson. Mit halbem Wind von Backbord wandten sich die Schiffe nach Osten, segelten die Küste entlang und passierten bald die weitläufige Bucht von Abukir. Sie war nach einem unbedeutenden koptischen Heiligen benannt, dem Vater Cyrus. Kein Schiff zeigte sich hier.

Drei Tage später, am 1. Juli, landete Napoleon in Alexandria. Die Briten suchten die leeren Verstecke der Levante ab.

20 Engelsgeduld

Am 26. Juni hatte Nelson an Konsul George Baldwin geschrieben: »Da ich kein Schiff gesehen habe, habe ich Grund zu glauben, daß sie von meiner Anwesenheit im Mittelmeer gehört haben und sicher nach Korfu gelangt sind.« Das war eine Alternative zu Alexandria, die er bereits mit seinen Kapitänen besprochen hatte. Jetzt, da die Flotte ergebnislos den Osten absuchte, dürfte er gemeint haben, daß die Franzosen tatsächlich in Korfu waren. Doch er konnte sich nicht darauf versteifen, denn er schien sich schon einmal gründlich geirrt zu haben, was ihren Zielort betraf. Sein Selbstvertrauen war erschüttert, aber das änderte nichts an seiner Entschlossenheit, jeden in Frage kommenden Bereich des windbewegten Meeres absuchen zu wollen. Er lockerte die Formation der Flotte auf, setzte einen Teil seiner Linienschiffe wie Fregatten ein und segelte der türkischen Küste entgegen, die man am 4. Juli sichtete. Nichts. Also nach Westen, um die Gewässer südlich von Kreta abzukämmen. Der Wind stand bestenfalls von dwars, schlimmstenfalls direkt von vorn.

Napoleon war mittlerweile, fast ohne auf Widerstand zu treffen, in Alexandria gelandet. Sein Jugendtraum vom Osten, von den großen Eroberungen, schien in Erfüllung zu gehen. Parseval-Grandmaison, sein braver Hauspoet (dessen Name imponierender ist als seine Gedichte), hielt sich bereit, die Siege dieses neuen Alexander aufzuzeichnen. Napoleon empfand die allergrößte Zuversicht. Sein Stern war im Aufsteigen, es schien, als könne er sich nicht irren. Später sagte er zu seinem Freund Roederer, einem Politiker und Nationalökonomen: »Indem ich mich zum Katholiken machte, beendete ich den Krieg in der Vendée; indem ich mich zum Moslem machte, faßte ich Fuß in Ägypten... Sollte ich ein Volk von Juden regieren, würde ich den Tempel Salomos wiederaufbauen.«

Doch der Osten hatte auch etwas Reizloses und Desillusionierendes – er konnte es nicht verbergen. »Rousseau verdrießt mich besonders, seit ich den Orient gesehen habe«, sagte er. »Der unzivilisierte Mensch ist wie ein Hund.« Soviel zu den französischen Träumen vom »edlen Wilden«! Dazu kam ein persönlicher Kummer. Als er in Ägypten war, erfuhr er, daß Joséphine ihn betrog. Er, der bereits Geschichte gemacht, der ihr während des Italienfeldzugs glühende Liebesbriefe geschrieben und Sieg auf Sieg gefeiert hatte, war ein Hahnrei. Erinnerte er sich, so fragt man sich unwillkürlich, an seine jugendliche Definition der Liebe – »*une sottise faite à deux*«? An seinen Bruder Joseph schrieb er: »Die Größe ermüdet mich. Das Gefühl ist verdorrt, der Ruhm ist glanzlos geworden. Mit neunundzwanzig habe ich den Becher bis zur Neige geleert.« Der sehr viel ältere Nelson, der auf der Suche nach dem schwer zu fassenden Feind müde das Mittelmeer durchkreuzte, hegte zu keiner Zeit seines Lebens solche Gefühle.

Nicht nur Napoleon und Nelson sahen sich Problemen gegenüber, sondern auch der französische Admiral. Die wichtigste Mission war Brueys bereits geglückt. Er hatte die Armee sicher durch das Tyrrhenische Meer und an Sizilien vorbeigeleitet, die Streitkräfte an Land gesetzt, die zur Eroberung Maltas nötig waren, und schließlich Napoleon und seine Männer im Zielhafen ausgeschifft. Manche Marinehistoriker, die nur auf Nelsons Karriere versessen waren, haben dazu geneigt, das Geschick dieses Gegenspielers einfach zu ignorieren. Doch hätte Brueys diese Leistungen vollbracht, wenn er unfähig gewesen wäre? Hätte er dank einer Kriegslist (die im allgemeinen Napoleon zugeschrieben wird, aber möglicherweise von seinem Admiral stammt) Nelson auf dem langen Weg von Malta nach Ägypten so wirkungsvoll abschütteln können? Daß ein Boxer groß ist, erweist sich erst beim Kampf gegen große Feinde. Und dasselbe kann man auch von Admiralen und Generalen behaupten. Der Sieg über einen unfähigen Admiral und eine unfähige Flotte hätte Nelson nicht viel Ehre gemacht. Doch man kann weder Brueys noch die Offiziere und Männer unter seinem Kommando als unfähig bezeichnen.

Nachdem er die Transportschiffe nach Alexandria geleitet und nachdem die Ausschiffung begonnen hatte, standen Brueys drei Möglichkeiten offen. Zunächst konnte er im Hafen von Alexandria vor Anker gehen. Das wollte er nicht. Man sagt im allgemeinen, er habe es abgelehnt, weil das Wasser für die Kriegsschiffe mit ihrem größeren Tiefgang zu seicht gewesen sei. Doch ein Offizier, der die Lage begutachtet hatte, berichtete, mit Hilfe von Sprengarbeiten könne man der Flotte Zugang zum Hafen verschaffen. Brueys dürfte diese Idee wohl deshalb verworfen haben, weil er mit seinen Schiffen unausweichlich in der Falle gesessen hätte, wenn vor dem Hafen von Alexandria eine Blockadeflotte aufgetaucht wäre. Er konnte sich auch nach Korfu zurückziehen. Doch die Insel war weit weg, seine Vorräte reichten vielleicht nicht aus, vor allem aber würden die Kauffahrtei- und Transportschiffe dann keinen Schutz haben, wenn die britische Flotte, die sich, wie er wußte, im Mittelmeer aufhielt, auf der Bildfläche erschien. Die Verteidigungsanlagen von Alexandria würden seiner Meinung nach einem energischen, vom Meer her vorgetragenen Angriff nicht standhalten. Er hatte in Valetta gesehen, daß auch die stärksten Befestigungen und Mauern nichts gegen eine entschlossene Streitmacht nutzten. Brueys – und deswegen wurde er oft kritisiert – entschied sich schließlich dafür, an der Küste entlang nach Osten zu segeln und in der Bucht von Abukir vor Anker zu gehen. Die Briefe, die er damals an Napoleon schrieb, zeigen, daß er noch etwas schwankend war, weisen aber bereits auf den Entschluß hin, den er dann traf. Bis die französische Armee die Vorherrschaft in Ägypten errungen hatte, mußte Napoleon die Flotte in seiner Nähe haben. Er erhob keine Einwände gegen Brueys' Entscheidung. Erst nach seinem Sieg über die Mamelucken und nach seinem Einzug in Kairo fühlte er sich sicher genug, um Brueys eine Botschaft zu schicken, in der er ihm befahl, sich nach Korfu zurückzuziehen. Der Kurier wurde unterwegs getötet. (Nicht nur viele Ägypter, sondern auch die Araber in der Wüste fanden diesen Angriff auf ihr Land von seiten »der Franken« hassenswert – diesen Namen brachten sie immer mit den blutigen Kriegen der Kreuzzüge in Verbindung.) Die Botschaft kam niemals an. Brueys blieb in der Bucht von Abukir.

Nichts offenbarte sich den Briten an der kretischen Küste. Sie segelten hart am Wind und entdeckten, daß der Nordwest, der sie so mühelos nach Ägypten getragen hatte, nun kein Freund mehr war. In der Julihitze wurde das Pech in den Decksfugen halb flüssig und klebrig, Sonne und salziger Wind lasteten auf den Segeln, und Offiziere und Männer suchten unter Deck ein Plätzchen, wo es kühler war oder ein Lüftchen von oben in ihre Quartiere herunterwehte. Es spricht sehr für Nelson, für seine Kapitäne und die Crews, daß sie sich nicht entmutigen ließen und daß die Moral auf einem hohen Stand blieb. Das war zum großen Teil auf die Verpflegung zurückzuführen. Doch vielleicht lag es vor allem daran, daß sie sich auf See glücklich fühlten – in einer Umgebung, in die sie sich vollständig eingelebt hatten und die sie bei Laune und guter Gesundheit hielt. Später, nachdem sie nach Sizilien zurückgekehrt waren, schrieb Nelson an Sir William Hamilton: »Im Augenblick haben wir hier bei der Flotte keinen einzigen Kranken.«

Das konnte man von den Franzosen, die in der Bucht von Abukir ankerten, nicht behaupten. Jedenfalls fehlten ihnen ungefähr 1700 Mann zu ihrer Sollstärke von etwa 10000, und sie hatten bereits gemerkt, daß die ägyptischen Wüstenstriche an der Küste, was den Proviant anging, nicht sehr ergiebig waren. Dazu kam die ausgesprochene Feindseligkeit der Bevölkerung. Daß die Franzosen keine kompletten Crews hatten, lag vor allem daran, daß die Schiffe auf der Hinfahrt mit Soldaten überbelegt gewesen waren, von denen viele bei einem etwaigen Gefecht an den Kanonen hätten aushelfen können. Doch Napoleons militärischen Ambitionen zuliebe wurden sie abgezogen. E. H. Jenkins schreibt in seinem Buch *A History of the French Navy:* »Die Matrosen waren oft zweit- und drittklassig, von schlechter Disziplin und, seemännisch gesehen, größtenteils unausgebildet.« Daß sie später so tapfer kämpften, gereicht ihnen zur Ehre und spricht für ihren revolutionären Enthusiasmus. Doch es war ein rechtes Unglück für sie, daß das republikanische Frankreich, besonders, was die Kanoniere betraf, die Forderungen der Armee um einiges höher stellte als die Forderungen der Kriegsmarine.

Die Briten fuhren derweil unter vollen Segeln westwärts, bemüht, sich zwischen 36° und 37° nördlicher Breite zu halten, um auf diese Weise die Zufahrtswege zu den Ionischen Inseln zu überblicken, und hielten dann auf den Kanal von Malta zu, um auch im freien Seeraum Ausschau zu halten. Sie riefen andere Schiffe an, und diese Schiffe überzeugten sie davon, daß die Franzosen weder in Korfu noch, wie man zeitweise vermutet hatte, unterwegs nach Konstantinopel waren. Sie schienen sich wie durch Zauberei in Luft aufgelöst zu haben. Man konnte nichts weiter tun, als noch einmal das leere Ionische Meer zu durchpflügen und nachzusehen, ob Sizilien noch sicher war. Schon benötigte man dringend Wasser und Vorräte. Und beides gab es nur in Syrakus.

Am 20. Juli lag wieder die blendendhelle, ausgedörrte Küste Siziliens vor ihnen, die Mauern und Festungwerke, die sie vor fast vier Wochen passiert hatten. Schiff auf Schiff lief in den stillen Hafen ein, in dem nur ein oder zwei Küstenfahrzeuge und eine

Reihe von Fischerbooten lagen. Man mußte unbedingt Wasser und Proviant an Bord nehmen. Das schwache Königreich Neapel wagte es nicht, bei den Franzosen Anstoß zu erregen, obwohl der König, besonders aber die Königin und sein Premier Sir John Acton, wie wir bereits gesehen haben, den Briten freundlich und den Franzosen feindlich gesinnt waren. Also beschwerte sich der Gouverneur von Syrakus offiziell darüber, daß eine kriegführende Macht seinen Hafen benutzte. Nelson, dessen Nerven bis zum Zerreißen angespannt waren, protestierte in Briefen an Sir William Hamilton und an seinen Oberbefehlshaber aufgebracht gegen die Art und Weise, mit der die britische Flotte behandelt wurde. Doch das war kaum mehr als ein Versteckspiel, denn die Briten erhielten in den drei Tagen, die sie im Hafen von Syrakus vor Anker lagen, alles, was sie brauchten.

Die perfekte Verproviantierung der Schiffe in fremder Umgebung sah für den Landbewohner wie ein völliges Durcheinander aus. Großboote fuhren hin und her zwischen den Schiffen und der Insel Ortygia, auf der sich die alte Stadt erhob. Die Arethusa-Quelle spendete ihnen Wasser wie seinerzeit den Griechen, die sich vor mehr als zweitausend Jahren hier angesiedelt hatten. Vom frühen Morgen bis zum späten Abend zogen sie an den Bordwänden Eimer hinauf und herab, denn jedes Schiff benötigte ungefähr 250 Tonnen Wasser, und alles mußte von Hand an Bord geschafft werden. Lebende Schweine, geschlachtete Ochsen, Körbe mit Geflügel, frischem Obst und frischem Gemüse wurden mit Hilfe von Taljen emporgehievt. »Da keine Flotte sich mehr geschunden hat als diese«, meinte Nelson in einem Brief an Sir William, »kann sie nur das beste Essen und die größte Fürsorge gesund erhalten.«

Er hatte bereits an St. Vincent geschrieben. Ball riet ihm, den Brief nicht abzuschicken, weil er seine Handlungsweise bei der Verfolgungsjagd verteidigte, bevor sie überhaupt abgeschlossen war und bevor irgend jemand Kritik geäußert hatte. Doch Nelson konnte sich nicht in Geduld fassen und wußte, daß seine dienstälteren Kollegen nur allzugern bereit waren, darauf hinzuweisen, wie töricht es gewesen sei, einen Rangjüngeren auf eine so wichtige Mission zu schicken. In späteren Jahren erzählte er Troubridge, die Rückkehr nach Syrakus habe ihm fast das Herz gebrochen. Außerdem riet er ihm: »Regt Euch über nichts auf... Ich wollte, ich hätte es auch nicht getan.« Es war der 20. Juli. Er saß am Schreibtisch in seiner Kajüte an Bord der *Vanguard*, in die in breiten Bahnen das Sonnenlicht fiel. Der Rhythmus des Lebens und Treibens an und unter Deck milderte seine Sorgen ein wenig, und er schrieb in gelassener Stimmung an seine Frau. Die arme Fanny sollte sich nicht beunruhigen. Doch er verbarg nie vor ihr, was ihn im Innersten bewegte:

»Ich habe die französische Flotte zu meinem großen Verdruß nicht finden können ... Wir sind vor Malta gewesen, in Alexandria in Ägypten, in Syrien und Kleinasien und ohne Erfolg hierher zurückgekehrt: Doch wird kein Mensch sagen, daß dies an Untätigkeit gelegen habe. Nichtsdestoweniger hege ich die Hoffnung, diesen Burschen zu begegnen; aber es wäre meine höchste Freude gewesen, Bonaparte an einer empfindlichen Stelle zu treffen, denn er kommandiert sowohl die Flotte als auch die Armee. Ruhm und nur Ruhm allein ist mein Ziel. Gott der Allmächtige möge Dich segnen.« Sir William und seiner Frau gegenüber äußerte er sich mit Wendungen, in denen sich seine hochromantische Natur verrät: »Dank Euren Bemühungen haben wir Verpflegung und Wasser erhalten, und da wir unser Wasser aus der Arethusa-Quelle bekommen haben, muß der Sieg unser sein. Wir werden mit der ersten aufkommenden Brise segeln, und seid versichert, daß ich entweder mit Lorbeer bekränzt oder mit einem Kranz bedeckt zurückkehre.«

Und es regte sich eine Brise, der Nordwest brachte Leben in den heißen Hafen – der einzige Wind, der im Juli und im August das Dasein auf Sizilien und Malta und im zentralen Abschnitt des Mittelmeers erträglich macht. Es war ein ablandiger Wind, die Flotte legte ab. Nelson hatte an Sir William geschrieben: »(Wir) werden diesen herrlichen Hafen verlassen, wo unsere gegenwärtigen Bedürfnisse auf das reichlichste befriedigt worden sind und wo man uns jede Aufmerksamkeit erwiesen hat.«

Napoleon, der weit weg auf dem heißen Sand Ägyptens weilte, hatte mittlerweile einen Sieg errungen. Am 8. Juli – Nelson suchte vor der Südküste Kretas nach den Franzosen – verließ Napoleons Armee Alexandria und marschierte gegen Kairo. Es war in der Tat *»le commencement d'une grande chose«*. Das wurde durch die Niederlage der Mamelucken bei Chebreiss und bei den Pyramiden bestätigt. Am 24. Juli, einen Tag bevor Nelson von Syrakus absegelte, zog Napoleon in Kairo ein. Der Osten lag ihm zu Füßen.

Er machte sich nun daran, die Verhältnisse in Ägypten umzuorganisieren. Eine Proklamation, die auf arabisch gedruckt wurde, verkündete überall, daß er, Napoleon, Mohammed und den Koran viel mehr verehre, als es die besiegten Mamelucken je getan hätten. In Übereinstimmung mit den Lehrsätzen der Revolution hieß es, daß alle Menschen gleich seien, allerdings mit dem notwendigen Zusatz, dies gelte nicht, wenn sie sich »durch geistige oder moralische Vortrefflichkeit« ausgezeichnet hätten. Die Entmachtung des Papstes in Rom wurde als Beweis dafür vorgebracht, daß die Franzosen echte Moslems seien. Solche Spitzfindigkeiten wären dem Protestanten Nelson zuviel gewesen (er hätte vielleicht die Ablehnung des Papstes gebilligt, nie aber die Ablehnung des Christentums). Doch wie immer hatten viele von Napoleons Worten einen konstruktiven Sinn. So sollten beispielsweise in Zukunft sämtliche Posten, die das Land zu vergeben hatte, für alle Menschen zugänglich sein, egal, aus welcher Klasse sie stammten. Die erbliche Autokratie der Mamelucken wurde auf diese Weise mit einem Schlag abgeschafft.

Die Briten ließen Sizilien hinter sich und segelten von neuem nach Osten. Vor der Abfahrt aus Syrakus hatte Nelson seinen Kommandanten folgendes mitgeteilt: »Ich gebe Euch nunmehr bekannt, daß ich geradewegs auf die Insel Zypern zuhalten werde und hoffe, in Syrien die französische Flotte zu finden.« Von seinen Informanten in Neapel wußte er, daß die Franzosen mit Sicherheit nicht in Richtung Westen entkommen waren. Doch er konnte auch nicht glauben, daß seine ursprüngliche Vermutung stimmte und ihr Zielhafen tatsächlich Alexandria hieß. Sie mußten ihm irgendwo in der Levante entwischt sein. Ihre Wege hatten sich gekreuzt, während er die türkische Küste absuchte, und die französische Armee marschierte wohl durch Persien, um sich mit Tipu Sahibs Truppen zu vereinen und Britisch-Indien zu erobern. Die französische Flotte lag derweil in einem der alten Häfen, die einst die Schiffe der Kreuzfahrer aufgenommen hatten. Unter vollen Segeln – Leesegel ausgebaumt, Besan-, Groß- und sogar Großstengestagsegel gesetzt – nutzten die Schiffe den günstigen Nordwest von Backbord und machten gute Fahrt. Während der Rückreise von Alexandria hatte Nelson so oft wie möglich seine Kapitäne um sich versammelt, um für den Fall, daß man auf die französische Flotte stieß, egal, ob sie auf See war oder vor Anker lag, alle Eventualitäten mit ihnen zu besprechen. Auch der Dienst an den Kanonen und Handfeuerwaffen war nicht vernachlässigt worden.

Nelson hoffte nach wie vor, den Feind auf See packen zu können, und ließ das Geschwader in Gefechtsformation segeln, damit man sofort bereit war, wenn dieser Glücksfall eintrat. Sie liefen in drei Abteilungen. Zwei sollten sich um die französische Flotte kümmern, während die dritte die Transportschiffe angriff und kaperte. Schon die erste Reise mit einer Fahrtdauer von sechs Tagen war hervorragend gewesen, aber die zweite ließ sich noch besser an. Die Götter des Zufalls, denen Napoleon so großen Respekt entgegenbrachte, mochten ihn an Land begünstigen, doch auf See waren sie Nelson hold, wenn sie ihn auch viele Wochen in die Irre geführt hatten. »Götter des Zufalls« – diese Wendung hätte Nelson mit Recht zurückgewiesen. Er verehrte nur den Gott, den er seit seiner Kindheit kannte. Wie Hiob war er auf die Probe gestellt worden, und auf Gottes Frage: »Bist du in den Grund des Meeres gekommen und in den Fußtapfen der Tiefe gewandelt?« konnte er mit »ja« antworten.

Entgegen seiner ursprünglichen Absicht, direkt nach Zypern zu fahren, beschloß Nelson, noch einmal in Alexandria vorbeizuschauen. Das hatte einen einfachen Grund. Als sie unterwegs den Golf von Kalamata nördlich von Kap Matapan passierten, war Troubridge in den Hafen von Koroni eingelaufen und hatte dort ein französisches Weinschiff, eine Brigg, vorgefunden. Das war eine doppelte Freude. Der gute Rebensaft vom Peloponnes kam der Flotte zugute, und die Brigg barg den Schlüssel zu der Tür, an die Nelson so lange und so hartnäckig gepocht hatte. Vor einem Monat war die französische Flotte auf Südostkurs an Kreta vorbeigefahren. Also doch Alexandria!

21 Gestellt

Die *Alexander* und die *Swiftsure*, die am Vorabend vorausgeschickt worden waren, sichteten Alexandria am Morgen des 1. August. Sie signalisierten zurück, daß die französische Flagge über der Stadt wehte und daß der Hafen voller Kauffahrteischiffe war. Von der französischen Kriegsflotte war nichts zu sehen. Die Offiziere der *Vanguard*, die an diesem Tag mit Nelson gefrühstückt hatten, berichteten, ihr Admiral habe die Nacht über ständig nach der Zeit gefragt. Selbst sie hatten nicht recht begriffen, wie angespannt Nelson war. Manchmal schien es ihm, als ginge diese Mission über seine Kraft, als habe er seinen »lieben Lord« St. Vincent enttäuscht.

Im Logbuch der *Vanguard* steht folgendes: »Den 1. August um 1 Uhr mittags leichte Brise und klar: Wind aus Nord. Wir sahen Alexandria in südöstlicher Richtung, Entfernung sieben oder acht Meilen... Um halb drei sprang der Wind um. Wir nahmen unseren leichten Buganker los, zogen ihn durch die Heckpforte und zurrten ihn wieder fest.« Der verfallene Leuchtturm Pharos, in der Antike eins der sieben Weltwunder, das die Araber nicht hatten erhalten können, kam in Sicht, dahinter der verlassene Turm des Pompejus. Der Anker sollte vom Heck ausgeworfen werden, weil Nelson mit einem Kampf gegen die Befestigungsanlagen von Alexandria rechnete, die die französischen Kriegsschiffe schützten, und darum mußte man, um in die richtige Position zu kommen, vor Heckanker gehen. Als er erfuhr, daß sich in keinem der beiden Häfen von Alexandria Kriegsschiffe befanden, dürfte die Angst nach ihm gegriffen haben, doch die Gegenwart der französischen Transportschiffe wirkte immerhin beruhigend. Er wußte, daß die Kriegsschiffe nicht in Korfu waren, und aufgrund seiner voraufgegangenen Erkundungen wußte er außerdem, daß es, wenn sich die Flotte noch in ägyptischen Gewässern aufhielt, nur einen Ort gab, wo sie ankern konnte – die Bucht von Abukir. Unverzüglich ging er mit seiner Flotte auf Ostkurs.

Fast allen schien es, als werde nun die hoffnungslose Suche von neuem beginnen. Kapitän Saumarez berichtete später, er habe damals tiefe Verzweiflung empfunden. Um 16 Uhr hatte sich alles dramatisch geändert. Der Ausguck im Mastkorb von Kapitän Hoods *Zealous* hatte Steuerbord voraus die französische Flotte gesichtet. Sie lag tatsächlich in der weiträumigen, sandigen Bucht, die nach jenem koptischen Heiligen benannt war. Fast im selben Augenblick sichtete auch die *Goliath* den Feind. Eine halbe Stunde zuvor hatte die Hauptmahlzeit des Tages begonnen, Kapitän Saumarez saß noch an seinem Platz, das Tischtuch wurde gerade abgezogen, als Seekadett Elliott in den Raum gestürzt kam, um ihm die Neuigkeit mitzuteilen: »Sir, soeben wird signalisiert, daß der Feind in der Bucht von Abukir ist und in Schlachtlinie vor Anker liegt.« Hören wir Clarke und M'Arthur: »Nichts konnte dem Entzücken gleichkommen, das beim Anblick der französischen Flagge bei dem ganzen britischen Geschwader herrschte, es sei denn, die ruhige Entschlossenheit und ehrfurchtgebietende Stille, welche auf jene Freude folgten. Sir Horatio hatte seit vielen Tagen kaum gegessen und geschlafen, doch nun befahl er mit einer Gelassenheit, die unserem seemännischen Naturell eigen ist, daß das Mahl für ihn aufgetragen werde, währenddessen auf der *Vanguard* die Vorbereitungen auf die Schlacht getroffen wurden. Als seine Offiziere sich von der Tafel erhoben, um sich auf ihre Posten zu begeben, rief er: ›*Morgen um diese Stunde werde ich entweder die Pairswürde oder (ein Grab in der) Westminster-Abtei haben.*‹« Die Offiziere kannten seinen gehobenen Stil (er gehörte zum Sprachgebrauch ihrer Zeit), aber sie mußten sich ihren Aufgaben ohne eine solche Gewißheit widmen.

Man fand, daß die Vorkehrungen, die man für einen eventuellen Kampf in Alexandria getroffen hatte, auch für die Bucht von Abukir geeignet seien. Alle Schiffe hatten sich darauf eingestellt, den Heckanker zu werfen, alle Vorbereitungen fürs Gefecht waren abgeschlossen, alle Männer, vom Kanonier bis zum Marineinfanteristen, waren auf ihren Posten und wußten, was sie zu tun hatten. Wie Falconer in seinem *Dictionary* schreibt: »Wenn der Admiral oder Oberbefehlshaber einer Seestreitmacht eine feindliche Flotte entdeckt hat, ist es für gewöhnlich seine erste Sorge, sich derselben zu nahen und den Versuch zu machen, so bald als möglich in den Kampf einzutreten. Alle anderen Erwägungen müssen diesem wichtigen Ziele untergeordnet werden.« Nelson hatte nach der anstrengenden Verfolgungsjagd nicht den gerinsten Zweifel daran, was zu tun sei. Mit den Franzosen verhielt es sich ganz anders. Sie hatten angenommen, der Feind habe ihre Spur verloren und sei irgendwo weit westlich, und sich darum in einer Sicherheit gewiegt, die sich als verheerend erwies. Man hatte nicht damit gerechnet, daß die Briten ins östliche Mittelmeer zurückkommen würden. Brueys hatte sich auch damit beruhigt, daß es vor ihm zwei britischen Admiralen, Hood und Barrington, gelungen war, erfolgreich aus der Position heraus zu kämpfen, in der er seine Flotte ankern ließ. Theoretisch hätte sie fast unüberwindlich sein sollen, denn die Ufer der Bucht gewährten Schutz von der Nordseite her; außerdem hatte er auf der Abukir-Insel Geschütze in Stellung bringen lassen, die der Feind passieren mußte, wenn er die Flotte angreifen wollte. Diese Batterie erwies sich jedoch als wirkungslos. Sie war schlecht plaziert, bestand aus zuwenig Geschützen und hatte nicht genügend Reichweite, um den in die Bucht einfahrenden Feind empfindlich zu treffen. Ein französischer Flaggoffizier, der die Schlacht vor dem Nildelta überlebte, Konteradmiral Blanquet-Duchayla, hat uns einen Bericht hinterlassen, in dem am klarsten geschildert wird, wie der Kampf aus französischer Sicht aussah. Die Briten wurden etwa um 14 Uhr gesichtet, worauf der Oberbefehlshaber sofort einen Kriegsrat zusammenrief. Viele der Männer hielten sich an Land auf, um Brunnen zu graben und Proviant zu beschaffen. Weil die Beduinen diese Trupps angriffen, hatte jedes Schiff weitere fünfundzwanzig Leute abzukommandieren, die ihre Kameraden beschützten, was bedeutete, daß nicht nur sie, sondern auch die Boote der Schiffe nicht verfügbar waren. Alle mußten zurückbeordert werden. Doch als die Schlacht begann, waren viele noch nicht auf ihrem Posten und schafften es auch nicht mehr. Die Fregatten, die ständig Ausschau hätten halten sollen, damit man gegen alle Eventualitäten einschließlich der überraschenden Ankunft des Feindes gewappnet war, lagen vor Anker. Brueys hatte sich irrtümlich in Sicherheit gewiegt. Man wußte genau, daß Kriegsschiffe gegen gut plazierte Küstenbatterien wenig Chancen hatten, und er hätte seine Schiffe zu einer – zumindest theoretisch – unbezwingbaren Verteidigungslinie formieren müssen. Er verfügte über dreizehn Linienschiffe. Neun davon hatten 74 Geschütze, drei davon 80 Geschütze, und genau in der Mitte lag sein Flaggschiff, die *L'Orient* mit 120 Geschützen. Das hätte eigentlich ausreichen müssen, um Nelsons dreizehn Linienschiffen mit 74 Kanonen und der *Leander* mit ihren 50 Kanonen Herr zu werden. Die Schiffe lagen in einer

Linie, die von Nordwesten nach Südosten verlief und hätten sich – alle Erfahrungen des Seekriegs sprachen dafür – durchaus bewähren können, ja müssen. In Anbetracht der späten Stunde (bald würde die Dunkelheit hereinbrechen) mochten die Franzosen kaum glauben, daß der Feind sofort angreifen und ein nächtliches Gefecht in kartographisch nicht erfaßten Gewässern riskieren würde. Doch sie unterschätzten Nelson, der immer gesagt hatte: »In dem Moment, da ich die französische Flotte packen kann, werde ich sie in einen Kampf verwickeln.«

Nur Blanquet-Duchayla hatte beim Kriegsrat vorgeschlagen, man solle die Anker lichten und aufs offene Meer gehen. Brueys, der überdies in Verlegenheit war, weil er auf die Rückkehr der Landkommandos warten mußte, glaubte jedoch zuversichtlich, daß die Briten an diesem Tag nicht mehr angreifen würden. Normalerweise hätte das herannahende Geschwader die Position erkundet, Pläne gemacht, die Nacht in einiger Entfernung vom Gegner zugebracht und ihn am nächsten Morgen aus seiner Stellung herausgelockt. Vielleicht wollten sie auch angreifen, solange die Franzosen vor Anker lagen – aber das würden sie in einer ihnen unbekannten Bucht nicht tun, bevor der Tag anbrach. Brueys, das berichtet uns Blanquet-Duchayla, erwog kurz, seine Flotte hinaus aufs Meer zu führen. Er hatte sogar schon die Toppsegel setzen lassen. Doch er ließ wieder davon ab, weil er erkannte, daß er wegen der ohnehin unvollständigen Crews und der vielen Männer, die noch nicht zurückgekehrt waren, nicht in der Lage war, auf offener See und Schiff gegen Schiff zu kämpfen. Er konnte nur bleiben, wo er war, die Geschütze an Steuerbord bemannen und darauf hoffen, daß es ihm gelang, die in die Bucht einfahrenden Briten nacheinander unter Beschuß zu nehmen, wenn sie vor Anker gingen. Außerdem verließ er seine Stellung nicht, weil er beim derzeit wehenden Nordwind aus einer ungünstigen Position heraus hätte operieren müssen. Die Briten dagegen hatten den Vorteil der Luvposition.

Trotzdem litten sie unter einem schweren Handicap. Sie hatten keine guten Karten von dieser Bucht. Das nimmt an sich nicht wunder, denn in diesem Gebiet gab es wenig oder gar keinen Handelsverkehr, und infolgedessen hatten ihm die britischen Kartographen keine Aufmerksamkeit geschenkt. Natürlich war Brueys zu dem Schluß gekommen, daß genau dies der Fall sein könne – ein möglicher Grund für die unzureichenden Vorkehrungen bei seiner Flotte. Nelson verfügte nur über eine Skizze des Gebiets, die ihm Hallowell von der *Swiftsure* gegeben hatte. Sie stammte von einem gekaperten französischen Kauffahrteischiff. Wie sich dann herausstellte, konnte man weder diese Skizze noch eine andere Karte gebrauchen, die Hood gehörte.

Die einzige aktuelle Information über das Gebiet besaß Foley von der *Goliath*, der sie einem vor kurzem erschienenen französischen Atlas entnommen hatte. Daran mag es bis zu einem gewissen Grad gelegen haben, daß Foley das Gefecht einleitete und in Küstennähe an die französische Vorhut herankam – ein Manöver, das den Briten erhebliche Überlegenheit verschaffte.

Die Briten näherten sich unheilverkündend, ihre Segel leuchteten im Schein der sinkenden Sonne auf. Brueys schickte ihnen die Brigg *Alerte* entgegen. Sie sollte »fast bis auf Schußweite an den Feind heranfahren, dann wenden und versuchen, ihn in die Untiefe vor der Insel zu locken«. Doch die Briten fielen nicht auf diesen Köder herein. Blanquet-Duchayla vermutete darum, Nelson müsse erfahrene Lotsen an Bord gehabt haben. Doch wie wir wissen, befanden sich weder hiesige noch sonstige Lotsen, die die Bucht von Abukir kannten, auf den britischen Schiffen. Ihre erstaunliche Leistung ist darauf zurückzuführen, daß die Kapitäne und Offiziere derart erfahrene Seeleute waren, daß sie auch angesichts einer größeren feindlichen Flotte trotzdem ihren Weg in fremdem und unbekanntem Gewässer finden und ihre Schiffe so vor Anker gehen lassen konnten, wie sie es wünschten.

Um 15 Uhr ließ Nelson das Signal »Zum Kampf vorbereiten« und um 16 Uhr »Klar bei Heckanker« befehlen. Und um 17.30 Uhr wurde an diesem denkwürdigen Tag, diesem 1. August, das einfache Signal gegeben, eine Schlachtlinie zu bilden, »wie sie am zweckdienlichsten« sei. Mehr brauchte nicht gesagt zu werden. Und das zeichnete Nelson und seine Kapitäne vor ihren Feinden aus. Nur ein Signal leitete eine Schlacht ein, die in die Weltgeschichte einging... Die Besprechungen auf See, die Konferenzen in Syrakus hatten ihnen ein solches gemeinsames Wissen, ein solches wechselseitiges Begreifen ihrer Probleme vermittelt, daß die elf Linienschiffe mit je 74 Kanonen, egal, unter welchen Bedingungen das Gefecht stattfinden mochte, wie *ein* großes Meerestier handelten, das von *einem* Verstand gelenkt wurde.

In diesem wichtigen Augenblick waren nicht mehr als elf Linienschiffe mit je 74 Kanonen zur Stelle, weil die *Alexander* und die *Swiftsure* zu Erkundungszwecken abkommandiert worden waren (normalerweise hätten das die fehlenden Fregatten besorgt) und weil die *Culloden,* die die gekaperte französische Weinbrigg im Schlepptau hatte, in einiger Entfernung achteraus lag. Sie erhielt den Befehl, ihre Prise zurückzulassen. Allen dreien wurde signalisiert, daß sie so schnell wie möglich wieder zum Geschwader stoßen sollten. Troubridges *Culloden,* die bei Einbruch der Dunkelheit hinter Kapitän Thompsons *Leander* in die Bucht einfuhr, strandete auf den Untiefen und kam während der ganzen Schlacht nicht wieder frei. Die beiden anderen Schiffe, die erst spät auf der Szene erschienen, sollten als eine Art Reserve agieren und zu einem entscheidenden Augenblick frisch ins Gefecht kommen.

Nun fuhren die Briten in die Bucht ein. Die Lotgasten in den Ketten, die das Lot warfen und die nassen Leinen einholten, sangen die Tiefen aus, und Hood von der *Zealous* rief zu seinem Admiral hinüber, das Wasser sei hier elf Faden tief. »Wenn Ihr mir die Ehre gewähren wollt, Euch in die Schlacht zu führen, werde ich auch weiterhin in Führung bleiben.« Nelson erlaubte es ihm, wünschte ihm viel Erfolg, und Hood lüftete höflich den Dreispitz vor seinem Oberbefehlshaber – aber der Wind riß ihm den Dreispitz aus der Hand. »Da fliegt er als Glücksbringer«, meinte er heiter. »Ruder nach Luv und mehr Segel setzen!« Als Nelsons *Vanguard* etwas zurückblieb, damit er die Linie übersehen konnte, preschte die *Goliath* in Lee an der *Zealous* vorbei, um ihr die Führung abzujagen. Foley, einer der erfahrensten Kapitäne der Kriegsmarine, hatte vor etwa zwanzig Jahren unter dem großen Rodney gedient und war der Kapitän von St. Vincents Flaggschiff *Britannia* gewesen. Da er die einzige verwendbare Karte der Bucht besaß, war es wahrscheinlich ein rechtes Glück, daß er das Privileg errang, die britische Flotte in den Kampf zu führen.

In Übereinstimmung mit den damaligen Prinzipien des Seekriegs hatte Brueys seine stärksten Schiffe im Zentrum der Linie plaziert, denn man konnte damit rechnen, daß der Hauptstoß gegen diese Stelle erfolgen würde. Die *L'Orient* war das siebte Schiff in der Reihe, links und rechts von ihr lagen die *Le Franklin* und die *Tonnant,* beide mit 80 Kanonen, als Nummer sechs beziehungsweise Nummer acht. Er hatte jedoch den Fehler gemacht, seine schwächsten fünf Linienschiffe mit je 74 Kanonen zur Vorhut abzustellen, während die anderen starken Schiffe die Nachhut bildeten. Da der Wind von Norden kam, kamen sie nur mit großer Mühe voran, um die Mitte und die Vorhut zu verstärken. Und über diesen Teil der Flotte fiel Nelson mit aller Heftigkeit her. Er hatte angekündigt, daß er Vorhut und Mitte des Feindes angreifen werde, und genau das tat er. Die *Le Guerrier* war das erste Schiff in der französischen Linie, und Foley, der an Hoods *Zealous* vorbeipreschte, sah, wie Nelson gesagt hatte, daß »dort, wo ein französischer 74er Platz zum Ankern hat, auch für einen britischen 74er genug Raum zum Ankern bleibt«. Sein Ausguck behielt angestrengt das dunkler werdende Wasser im Auge, um die Ankerboje des Franzosen zu erkennen. Sie bezeichnete die Stelle, an der sich der Buganker der *Le Guerrier* befand. Und wo der Franzose den Anker ausgeworfen hatte, konnte Foleys Schiff passieren. Da war die Ankerboje! Und zwischen ihr und dem Bug der *Le Guerrier* lagen etwa 180 m Abstand. Foley hielt auf die Lücke zu. Hoch oben wehte die weiße Flagge in der Luft, die bald nachtdunkel und rauchgeschwängert sein würde. Obwohl Nelson Admiral der Blauen Flagge und die Blaue Flagge das eigentliche Kennzeichen der Schiffe unter seinem Kommando war, fuhren sie alle mit der weißen Flagge ins Gefecht, weil man sie besser von der blau-weiß-roten Trikolore der Franzosen unterscheiden konnte. Mit dem alten Banner Englands, das viele hundert Schlachtfelder gesehen hatte, mit dem roten Kreuz des heiligen Georg, gingen sie in den Kampf gegen den neuen Feind, das Frankreich der Revolution.

Als die *Goliath* sich vor die *Zealous* setzte, meinte Hood: »Tut nichts, Foley ist ein guter, tapferer, ehrenwerter Mann.« Er konnte nun aus nächster Nähe die erste Phase des Kampfes beobachten. Die *Goliath* lief schräg am Bug der *Le Guerrier* vorbei. Dabei bestrich Foley die *Le Guerrier* mit einer Breitseite in direktem Schuß. Aus der Art, wie die Franzosen ihre Linie aufgebaut hatten, schloß er, daß sie lediglich mit einem Angriff von der Steuerbordseite rechneten und daß ihre Backbordseite daher weniger gefechtsbereit sein würde. Seine Vermutung erwies sich als zutreffend. Doch als er neben der *Le Guerrier* in Position gehen wollte, fiel sein Hauptanker nicht schnell genug, sie liefen vorbei und warfen ihren Heckanker neben dem zweiten Schiff in der Linie, neben der *Le Conquérant*. Hood brachte die *Zealous* dicht hinter ihm längsseits der *Le Guerrier* zum Halten. Die ersten Schüsse fielen um 18.28 Uhr. Zu dieser Zeit hißten die Franzosen ihre Kriegsflagge. Die nächsten drei Schiffe in der britischen Linie, die *Orion*, die *Theseus* und die *Audacious*, folgten Foleys Beispiel und hielten sich ebenfalls landwärts, um an die Backbordseite der Franzosen heranzukommen. Brueys' Batterien auf der Abukir-Insel spielten beim Gefecht keine Rolle. Als die Sonne sank und der Himmel über der Wüste in jenen grünen und orangen Farbtönen

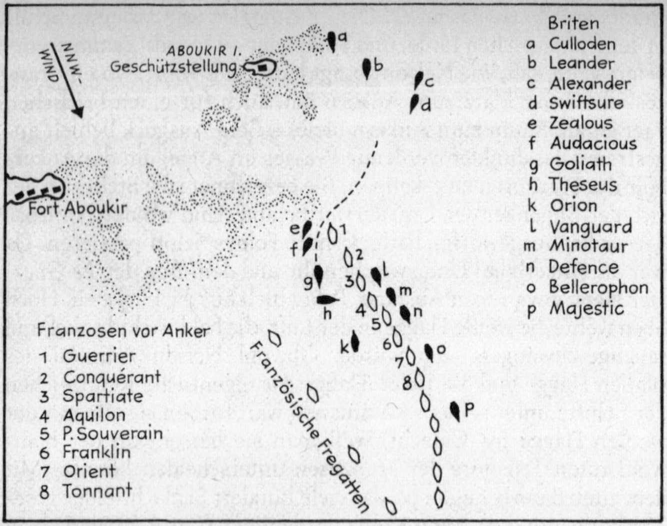

Die Seeschlacht bei Abukir (1)

zu glühen begann, die in Ägypten dem jähen Einbruch der Dunkelheit vorangehen, war die Vorhut der französischen Flotte bereits in einen Kampf verwickelt. Man bemerkte, daß an Steuerbord viele Geschützpforten des Oberdecks von Gerümpel blockiert waren – so sehr hatten sich die Franzosen darauf verlassen, daß auf der dem Land zugekehrten Seite nichts passieren konnte.

Zehn Minuten nach Beginn des Kampfes hatten die Geschütze der *Zealous* der *Le Guerrier* derart übel mitgespielt, daß deren sämtliche Masten über Bord gegangen waren. Die *Le Conquérant*, die aus nächster Nähe von der *Goliath* angegriffen und von der *Audacious* beschossen wurde, bekam auch die Breitseiten der *Orion* und der *Theseus* zu spüren, als sie vorbeistrichen, um ihre weiter hinten gelegenen Ziele in der Linie anzusteuern. Zwar kämpfte die entmastete *Le Guerrier* tapfer bis 21 Uhr weiter und ergab sich erst dann der *Zealous*, aber an Bord der glücklosen *Le Conquérant* kam es zu einem solchen Blutbad, daß ihr Kapitän nach nur zwölf Minuten die Flagge strich.

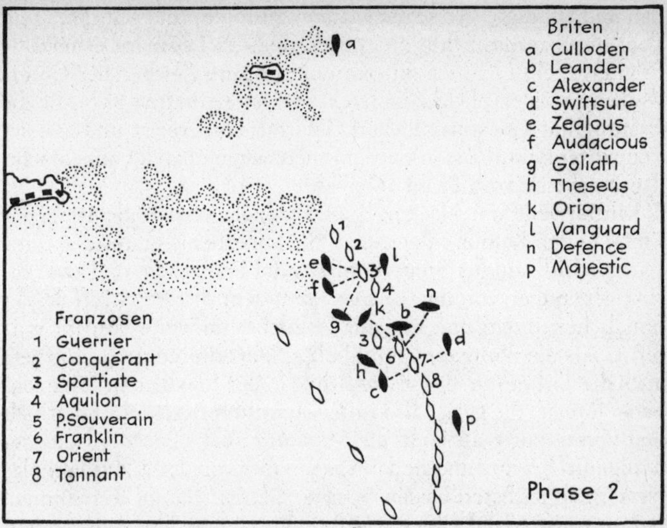

Die Seeschlacht bei Abukir (2)

Diese erste Phase des Kampfes veranschaulicht uns am besten Hoods Bericht über den Einsatz gegen die *Le Guerrier:* »Kurz nach sechs begann ich auf Pistolenschußweite mit einer so gut gezielten Beschießung des Vorderschiffs, daß nach etwa sieben Minuten, gerade als die Sonne den Horizont erreichte, der Fockmast über Bord ging, worauf das ganze Geschwader ein dreifaches Hoch ausbrachte; dies geschah, bevor das nächste Schiff hinter mir das Feuer eröffnet hatte, es standen nur die *Goliath* und die *Zealous* im Kampfe. Und nach weiteren zehn Minuten folgten Groß- und Besanmast nach, gleichzeitig ging auch der Großmast des zweiten Schiffes, das aus nächster Nähe von der *Goliath* und der *Audacious* attackiert wurde, über Bord, doch konnte ich den Kommandanten der *Le Guerrier* drei Stunden lang nicht zum Aufgeben bewegen, wiewohl ich ihn zwanzigmal anrief und sah, daß sein Schiff völlig zerstört war und er nur dann und wann ein Heckgeschütz gegen die *Goliath* und die *Audacious* abfeuern ließ.« Mittlerweile war es dunkel geworden. »Schließlich war ich es müde, zu schießen und auf diese Weise die Männer zu töten, und schickte mein Boot hinüber, das Schiff zu entern, und der Leutnant erhielt die Erlaubnis, ein Licht vorzuheißen und es zum Zeichen der Unterwerfung wieder niederzuholen.« Die Briten hatten sich auf die Eventualität eines nächtlichen Gefechts vorbereitet und alle im Topp ihrer Besanmasten vier Laternen nebeneinander angebracht, damit sie sich vom Feind abhoben.

Mittlerweile war Nelsons *Vanguard*, das sechste Schiff in der Linie, in den Kampf eingetreten. Sie ankerte als erstes der britischen Schiffe auf der Steuerbordseite der Franzosen, und zwar direkt gegenüber von der *Le Spartiate*, dem dritten Schiff in der feindlichen Linie, und nur auf Pistolenschußweite von ihr entfernt. Als die *Vanguard* nun die *Le Spartiate* angriff, eröffnete auch die *L'Aquilon*, das vierte Schiff in der feindlichen Linie, das Feuer auf sie. Sie geriet also unter doppelten Beschuß und erhielt erst Verstärkung, als Louis die *Minotaur* an die Backbordseite der *Vanguard* brachte und sie dann gegenüber von der *L'Aquilon* plazierte. Die nächsten beiden Schiffe, die den Kampf aufnahmen, hatten nicht soviel Glück wie ihre Vorgänger; die *Bellerophon* verfehlte in der Dunkelheit und im Pulverdampf der Schlacht ihre Position, fuhr zu weit und ging querab von Brueys mächtigem Flaggschiff, der *L'Orient*, vor Anker. Auf sich allein gestellt konnte ein Linienschiff mit 74 Kanonen nichts gegen ein Schiff mit 120 Kanonen ausrichten, und die *Bellerophon* wurde schließlich vollständig entmastet und war gezwungen, aus der Linie auszuscheren und sich auf die Leeseite der Bucht von Abukir zurückzuziehen. (Die *Alexander* und die *Swiftsure*, die dazueilten, um die *L'Orient* unter Feuer zu nehmen, trafen nur die *Bellerophon*, die sie nicht erkannten, weil sie ihr Unterscheidungssignal verloren hatte.) Westcotts *Majestic* war mit der *Le Tonnant* zusammengestoßen, ihr Klüverbaum hatte sich in den Wanten des Gegners verfangen. Sie bekam einen direkten Schuß und geriet unter verheerendes Feuer. Westcott wurde durch eine Musketenkugel getötet. Ihr Erster Leutnant konnte sie schließlich freibekommen, fuhr weiter an der Linie entlang und ging neben der *L'Heureux* vor Anker.

Die Greuel des Seekriegs zur Zeit der Segelschiffe sind bereits geschildert worden, aber ein nächtliches Gefecht wie dieses hatte man bisher noch nicht gekannt. Das Brüllen und Donnern der Geschütze waren bei Tag schon schlimm genug, aber die Männer konnten immerhin einigermaßen übersehen, was geschah und wie die Schlacht verlief; auch flößt der Tag dem Menschen ein gewisses Vertrauen ein. Doch im trüben Schein der Laternen, deren Flammen bei jedem Abschuß zitterten und deren Licht oft vom Rauch und Pulverdampf der Schlacht verdüstert wurde, glich die Szenerie der Hölle. Die französische Vorhut wurde buchstäblich zermalmt. Masten und Rahen und Männer mit ihnen fielen von oben und vermehrten das Chaos auf den Schiffen, die fast Seite an Seite lagen.

Etwa um 20 Uhr wurde Nelson, der zusammen mit Berry auf dem Achterdeck stand, vom Querschläger eines Kartätschenschusses an der Stirn getroffen. (Kartätschenschüsse bestanden aus Kettenfragmenten und Alteisenstücken, die mit Hilfe eines Taus in zylindrische Form gebracht wurden und in erster Linie Segel und Takelage zerfetzen sollten.) Die Wunde lag direkt oberhalb seiner alten Verletzung und ging teilweise bis auf den Knochen. Ein Fetzen Fleisch fiel ihm über das gesunde Auge – er konnte nichts mehr sehen. Er war halb betäubt, aber sich noch der Dunkelheit bewußt, die ihn umgab, und meinte mit Sicherheit, es sei die Nacht des Todes. Berry fing ihn auf, als er niederfiel. Seine (wie er glaubte) letzten Worte waren: »Es ist aus mit mir. Grüßt mir meine Frau.« Der Admiral wurde sofort unter Deck gebracht, zum rotgestrichenen, von durchdringenden Gerüchen und Schreien erfüllten Lazarett. Er bestand darauf, daß man dem leitenden Schiffsarzt nichts von seiner Verwundung sagen sollte. Und er war tatsächlich davon überzeugt, daß er sterben müsse, ließ nach dem Pfarrer rufen, Fanny grüßen und nach Kapitän Louis von der *Minotaur* schicken. Louis hatte ihm tüchtig zur Seite gestanden und einen Teil des Feuers von der *L'Aquilon* und der *Le Spartiate*, die vor dem Eintreffen der *Minotaur* gemeinsam die *Vanguard* beschossen hatten, auf sich gelenkt. »Eure Hilfe«, so sagte Nelson zu Louis, »hat mich davor bewahrt, aus der Linie ausscheren zu müssen.« Die Verluste des Flaggschiffs waren tatsächlich sehr groß und wurden nur noch von denen der *Majestic* und der *Bellerophon* übertroffen.

Der Chirurg Michael Jefferson untersuchte Nelsons Kopf – »das Cranium mehr als einen Zoll bloßliegend, die Wunde drei Zoll lang«. Während Nelson auf die Behandlung wartete, kam Berry in den Raum gestürzt und brachte die erfreuliche Nachricht, daß die mittlerweile entmastete *Le Spartiate* soeben das Feuer eingestellt habe. Das war um 20.30 Uhr, und nicht lange darauf kehrte Galwey, der Erste Leutnant, der zum Entern des Schiffes abkommandiert worden war, mit dem Degen des französischen Kommandanten zurück. In der Zwischenzeit hatte der Arzt die Wundränder zusammengefügt, sie mit Pflastern beklebt und Nelson ein Beruhigungsmittel verabreicht. Nun liefen weitere gute Nachrichten ein: Die *L'Aquilon*, der zweite unmittelbare Opponent der *Vanguard*, hatte die Flagge gestrichen, ebenso die *Le Souverain Peuple*. »Es schien, als winke uns bereits der Sieg.« Nach der Behandlung zog sich Nelson in die Brotkammer zurück, um nicht mehr mit dem ständigen Strom von Verwundeten in Berührung zu kommen. Ganz abgesehen von dem pochenden Schmerz seiner Wunde hatte er sich eine erhebliche Gehirnerschütterung zugezogen. (Er litt noch viele Wochen unter den Nachwirkungen der Verletzung.)

Troubridge war mit seiner *Culloden* vom Geschehen abgeschnitten. Er verfluchte sein Mißgeschick, versuchte, sein ziemlich beschädigtes Schiff wieder flottzubekommen, und konnte nichts tun als wütend und ohnmächtig zusehen. Die Nacht wurde lediglich vom Mündungsfeuer der Geschütze erhellt, die ganze Umgebung von undurchdringlichem Rauch verdeckt, die Luft von den Kanonaden erschüttert, und er wußte nicht, welches Glück oder welches Unglück seinen Freunden widerfuhr. Einer von ihnen, Kapitän Darby von der *Bellerophon*, den die massive Feuerkraft der *L'Orient* getroffen hatte wie der Zorn des Zeus, konnte diesem Giganten eine volle Stunde standhalten. Darby und sein Schiff verdienen es aufgrund dieser erstaunlichen Leistung, besonders hervorgehoben zu werden, fast ebenso wie Foley für seinen Angriff auf die Backbordseite der vor Anker liegenden Flotte. Um 21 Uhr war der erste Teil der Schlacht ganz offensichtlich abgeschlossen. Die gesamte französische Vorhut war, so Kapitän Miller, »vollständig bezwungen«. Und nun kam die Mitte an die Reihe, vor allem aber die *L'Orient*. Sie wurde von Kapitän Balls *Alexander*, Kapitän Hallowells *Swiftsure* und Kapitän Thompsons *Leander* heftig attackiert. Gerade war der Mond aufgegangen. Kühl und unpersönlich stand er über dem in feuerrotes und schwefelgelbes Licht getauchten Kampfplatz. Nelson schickte seinen Sekretär fort, der von Gefühlen übermannt worden war, als er den scheinbar blinden Admiral mit seinem Kopfverband gesehen hatte (»Er ist mir nicht aktiv genug«, schrieb Nelson später, als er ihn einem anderen Schiff zuteilte), und meinte nun, daß es an der Zeit sei, einen Bericht aufzusetzen. Er schob den Verband hoch – schließlich konnte er auf dem gesunden Auge sehen – und begann folgendermaßen: »Mein Lord, Gott der Allmächtige hat in der jüngst geschlagenen Schlacht Seiner Majestät Waffen gesegnet.«

Berry kam wieder herunter, diesmal, um mitzuteilen, daß am Heck des französischen Flaggschiffs anscheinend ein Brand ausgebrochen war. Nelson setzte sich über die Anordnungen des Arztes hinweg, denen zufolge er sich ruhig verhalten und nichts tun sollte, und bestand darauf, daß man ihn auf Deck brachte. Verschwommen entfaltete sich die Szenerie vor ihm. Ja, kein Zweifel, es brannte achtern an Bord der *L'Orient*! Man hat behauptet, die Franzosen hätten mit leicht entzündlicher Munition experimentiert, aber sie hatten auch das Schiff gestrichen, und auf dem Achterdeck der *L'Orient* standen Gefäße mit Farbe und Öl. Schon zuckten unheimliche, gelbe Feuerzungen auf die Besanwanten zu. An Bord der *Swiftsure*, die recht dicht in Luv des Flaggschiffs vor Anker lag, befahl Kapitän Hallowell, alle Geschütze auf dieses helle Ziel zu richten. Das Feuer breitete sich rasch aus und beleuchtete die nächtliche Schlachtenszene. Man entdeckte nun allgemein, daß die *Le Conquérant*, die *Le Guerrier* und ein weiteres französisches Linienschiff mit 74 Kanonen bereits die Flagge gestrichen hatten. Die Männer konnten jetzt zum ersten Mal sehen, welchen Schaden ihre Schiffe und welchen Schaden die des Feindes genommen hatten. Der Nordwind fachte das Feuer noch mehr an, es fraß sich weiter und bedrohte nicht nur die *L'Orient*, sondern auch die Schiffe, die sie attackierten. Es war ein eindrucksvoller, aber erschreckender Anblick, denn für diese Holzschiffe – jedes ein schwimmendes Pulvermagazin – war das Feuer der fürchterlichste Feind.

Die *L'Orient* hatte sich mit vollendeter Tapferkeit geschlagen. Brueys verlor kurz nach Beginn der Schlacht beide Beine, ließ sich jedoch Aderpressen anlegen, damit er von einem Armstuhl auf dem Achterdeck aus auch weiterhin die Einsätze befehligen konnte. Dort saß er und gab Anweisungen zur Bekämpfung des Brandes, als ein Schuß von der *Swiftsure* ihn fast auseinanderriß. Seine Männer wollten ihn nach unten bringen, aber er weigerte sich und sagte: »Ein französischer Admiral muß auf seinem Achterdeck sterben.« Er war schon tot, als Nelson auf der *Vanguard* nach oben wankte, um die Szene zu überblicken. Nelson befahl Berry, sein möglichstes zur Rettung der Überlebenden zu tun, denn man sah ganz deutlich, daß die *L'Orient* dem Untergang geweiht war. An Bord des Flaggschiffs befand sich nur noch ein seetüchtiges Boot, das unter Galweys Kommando sofort auf den Weg geschickt wurde, um den Franzosen zu Hilfe zu kommen, die bereits ins Wasser sprangen, weil sie der unvermeidlichen Katastrophe entgehen wollten. Andere Boote von anderen britischen Schiffen gesellten sich dazu und fischten die Überlebenden auf. Selbst mitten im Kampf auf Leben und Tod respektierte man den Verhaltenskodex des Seemanns – wer über Bord und im Wasser ist, muß gerettet werden.

Die britischen Kriegsschiffe in der Nähe der *L'Orient* drehten ab, um von ihr wegzukommen. Nur Hallowell auf der *Swiftsure* blieb, wo er war. Er lag so dicht bei der *L'Orient*, daß er glaubte, wenn sie explodierte, würden die Trümmer über sein Schiff hinwegfliegen. John Theophilus Lee, der auf der *Swiftsure* diente, hinterließ uns einen Bericht über die Ereignisse, der um so interessanter ist, als er von einem noch nicht einmal elfjährigen Kadetten stammt, der bereits die Schlacht von St. Vincent miterlebt hatte. Er schreibt: »Es wurde angeordnet, die Geschützpforten zu schließen, ebenso die Magazine und Luken; alle sollten in Dekkung gehen und hatten nasse Scheuerlappen und Eimer mit Wasser bei sich, um die brennenden Trümmer zu löschen, die eventuell bei der Explosion an Bord niedergingen.« Unter den vielen Verwundeten auf der *L'Orient* befand sich auch der Sohn von Kommodore Casabianca. Er hatte ein Bein verloren. Es heißt, man habe seinen Vater nicht dazu bewegen können, das Schiff zu verlassen, solange sein Sohn unter Deck bei den Verwundeten lag. Er ging mit ihm unter. Einer anderen Version zufolge sichtete man Casabianca und seinen zehnjährigen Sohn, nachdem die *L'Orient* gesunken war. Sie klammerten sich an ein Wrackteil, konnten aber nicht geborgen werden. Kurz nach 22 Uhr erreichte das Feuer die Pulvermagazine der *L'Orient*. Die Explosion war so ohrenbetäubend, daß man sie noch in 20 Kilometer Entfernung hörte. In Alexandria hielt M. Poussielgue das Ereignis fest. Der Himmel wurde kurz hell, als hätte sich plötzlich die Tür eines gewaltigen Hochofens geöffnet und ebenso plötzlich wieder geschlossen. In der Dunkelheit danach regneten Holz, Masten und Spieren, brennende Trümmer und zerstückelte Leichen auf die Schiffe im Umkreis herunter. So verheerend war die Explosion, so tief die Stille, als die letzten Wrackteile niedergepoltert waren, daß beide Flotten das Feuer einstellten. Es schien, als seien alle wie gelähmt.

Rückblickend erscheint die Zerstörung des französischen Flaggschiffs wie ein Symbol für das Geschick von Napoleons Träumen. Sie wirkte sich auch sehr real und greifbar auf seine Pläne aus, denn die *L'Orient* führte einen großen Teil der finanziellen Mittel mit, auf die er gebaut hatte. In ihrem Laderaum befanden sich viele Gold- und Silberbarren und Edelsteine, die ursprünglich dem Kirchenstaat und der Schweiz gehörten, dazu ein Vermögen an künstlerischen und materiellen Werten, die auf Malta zusammengeplündert worden waren. Diese Schätze dürften heute noch dort liegen, allerdings so tief unter dem Schlick des sich ständig verändernden Nildeltas begraben, daß man sie wohl kaum heben kann.

Nach der kurzen Pause, die auf die Zerstörung der *L'Orient* folgte, eröffneten die Flotten wieder das Feuer. Die *Le Tonnant*, die *Le Mercure* und die *L'Heureux* hatten vor der Explosion des Flaggschiffs die Ankertaue gekappt; die beiden letztgenannten liefen auf Grund. Man verfolgte sie und zwang sie zum Aufgeben. Die *Le Spartiate* strich die Flagge um 23 Uhr, die *Le Franklin* um Mitternacht. Beide hatten kaum noch ein einsatzfähiges Geschütz, beide hatten sich äußerst tapfer geschlagen. Admiral Blanquet-Duchayla kämpfte trotz einer Kopfverletzung bis zum Schluß auf der entmasteten *Le Franklin*, spornte immer wieder seine Männer an: »Feuer, Feuer, nicht aufhören! Der letzte Schuß kann uns den Sieg bringen.« Kapitän Dupetit-Thouars von der *Le Tonnant*, dessen Körper fast zerfetzt war, befahl, ihn in ein Kleiefaß zu stellen, damit er seinen Männern bis zuletzt Mut zusprechen konnte.

Endlich hatte man Nelson dazu überredet, nach unten zu gehen, sein Zustand ließ es nicht zu, daß er auf Deck blieb. Wenn er keine Gehirnerschütterung gehabt hätte, wären vielleicht alle französischen Schiffe bei einem frontalen Nachdrängen vernichtet worden. Allerdings ist es etwas zweifelhaft, ob die Männer noch hätten weiterkämpfen können. Sie standen seit sechs und mehr Stunden im Gefecht, manche brachen an ihrem Posten ohnmächtig zusammen. Elliott, ein Kadett, der auf Foleys Schiff Signalgast war, berichtete, daß er »beim Durchsetzen der Wanten« eingeschlafen sei, und Miller von der *Theseus* schrieb in einem Brief an seine Frau: »Meine Leute waren so ermattet, daß sie, sowie sie unseren Anker gelichtet hatten, unter den Handspaken zusammensanken und im Nu und in jeder erdenklichen Haltung in Schlummer fielen.«

Als der Morgen hell und kristallklar über der Wüste und über der Bucht heraufdämmerte, konnte man das Ausmaß des Siegs ermessen. Die *L'Orient* existierte nicht mehr, drei französische Linienschiffe mit je 74 Kanonen waren aufgebracht und später in Brand gesteckt, sechs weitere Linienschiffe (darunter zwei mit 80 Geschützen) gekapert worden. Nur Konteradmiral Villeneuve auf der *Le Guillaume Tell* (80 Kanonen) und die *Le Généreux*, die am Ende der Linie geankert hatte, konnten fliehen. Villeneuve sollte später bei der Schlacht von Trafalgar auf Nelson treffen. »Die Schiffe des Feindes sind bis auf die beiden Schiffe der Nachhut nahezu entmastet«, schrieb Nelson an St. Vincent, »und diese beiden sind, so ungern ich es berichte, zusammen mit zwei Fregatten entkommen; auch stand es, wie ich Euch versichere, nicht in meiner Macht, sie daran zu hindern. Kapitän Hood hat es wacker versucht, doch ich hatte kein Schiff, das in der Lage gewesen wäre, die *Zealous* zu unterstützen, und so sah ich mich gezwungen, sie zurückzurufen.«

In der Geschichte der Seefahrt steht dieser Sieg einzig da.

22 Lorbeer für den Sieger

In den seltsamen, rumgeschwängerten Tagen, die nun folgten, hatten die Sieger Zeit, sich zu sammeln. Unter der heißen Hochsommersonne blieben sie auf dem unter glasigem Licht liegenden Schlachtfeld fast ebenso erschöpft zurück wie der geschlagene Gegner. Am Tag nach dem Kampf ließ Nelson seinen Kapitänen folgendes übermitteln: »Nachdem Gott der Allmächtige die Waffen Seiner Majestät mit einem Siege gesegnet hat, beabsichtigt der Admiral, heute um 2 Uhr einen öffentlichen Dankgottesdienst abzuhalten, und empfiehlt, daß jedes Schiff sobald wie möglich ein Gleiches tut.« Die französischen Gefangenen, die größtenteils dem Atheismus der Revolution anhingen, waren überrascht, als sie sahen, wie sich die Crews vor einem Hintergrund aus zertrümmerten Masten und zerfetzter Takelage zum Gottesdienst versammelten. Sie empfanden, wenn auch widerwillige, Bewunderung. Nelson gratulierte seinen Offizieren und Männern und wünschte, »sie möchten seinen aufrichtigen und herzlichen Dank für ihr sehr tapferes Betragen in dieser glorreichen Schlacht entgegennehmen«.

Während die Briten Spieren laschten, Behelfsmasten zusammenzimmerten, diejenigen Schiffe des Feindes wieder auftakelten, die noch segelfähig waren oder als Prisen abgeschleppt werden konnten, und während sie sich um die sonstigen Schäden kümmerten, hatten sie Zeit, sich in der Ruhe nach der Schlacht an Ereignisse zu erinnern, die ihnen im Sturm dieser Nacht aufgefallen waren. Seekadett Elliott rief sich ins Gedächtnis zurück, wie wertvoll der britische Brauch, mit Hurrarufen in den Kampf zu gehen, für die Moral gewesen sei. Die Franzosen verstünden das nicht. »Kein anderes Volk kann hurra rufen. Es muntert uns auf und entmutigt den Feind.« John Nicol, von Beruf Faßbinder und damals ein »alter Mann« von vierzig Jahren, erinnerte sich daran, daß er auf seinem Posten im Pulvermagazin, wo er nur den dumpfen Schlag der Abschüsse und den Donner der Kanonen hörte, ebensowenig wußte wie der Kanonier, was eigentlich draußen geschah. »Die einzige Kunde, die wir erhielten, kam von den Jungen und von den Frauen, die das Pulver beförderten.« Hier wird zum ersten Mal erwähnt, daß während des Gefechts Frauen an Bord waren. Allerdings – wir sagten es bereits – geschah es nicht selten, daß sowohl verheiratete als auch in eheähnlichen Verhältnissen lebende Frauen auf Kriegsschiffen mitfuhren. Nicol berichtet weiter: »Sehr zu Dank verpflichtet war ich der Frau des Kanoniers, die ihrem Mann und mir von Zeit zu Zeit etwas zu trinken gab, was unsere Mühsal stark linderte. Einige der Frauen wurden verwundet, und eine Frau, die zu Leith gehörte, starb an ihren Verletzungen. Eine Frau gebar in der Hitze des Gefechts einen Sohn; sie gehörte zu Edinburgh.«

Sie alle hatten in diesem seltsamen Winkel der Welt, der weitab von Europa lag, wo später die Hauptprobleme entschieden wurden, dazu beigetragen, dem Gegner einen Schlag zu versetzen, dessen ungeheure Auswirkungen sich die Sieger kaum vorstellen konnten. Bei der ersten Schlacht, in der er eine Flotte befehligte, hatte Nelson den Feind fast vernichtet. Mehr als das, er hatte für die Briten mit einem Streich die Herrschaft über das Mittelmeer zurückgewonnen: Man brauchte diese Chance nur noch wahrzunehmen. Sizilien und das Königreich von Neapel waren jetzt gesichert, Österreich wurde dazu ermutigt, einen weiteren Waffengang zu wagen, die Türkei und Rußland wandten sich trotz ihrer langen gegenseitigen Feindschaft zur rechten Zeit gegen Frankreich. Indien war gerettet, und alle Träume Bonapartes von der großen Eroberung des Ostens waren geplatzt, in die Luft gegangen wie die *L'Orient*. M. Poussielgue, Napoleons Finanzminister, schrieb damals, als er die Auswirkungen der Schlacht abzuschätzen versuchte: »Das fatale Gefecht machte unsere sämtlichen Hoffnungen zunichte; es verhinderte, daß wir die restlichen Streitkräfte bekamen, die für uns bestimmt waren; es gab den Engländern die Möglichkeit, die Hohe Pforte zur Kriegserklärung gegen uns zu überreden; es fachte im Herzen des österreichischen Kaisers wieder das an, was kaum erloschen war; es öffnete den Russen das Mittelmeer und brachte sie an unsere Grenzen heran; es bewirkte den Verlust Italiens und der unschätzbaren Besitzungen an der Adria, welche wir Bonapartes erfolgreichen Feldzügen verdankten, und schließlich machte es mit einem Schlag all unsere Vorhaben aussichtslos, da wir nicht einmal mehr daran denken konnten, den Engländern in Indien Ungelegenheiten zu bereiten. Dazu kam die Wirkung auf die Menschen in Ägypten, die wir als Freunde und Verbündete zu betrachten wünschten. Sie wurden unsere Feinde, und wir, gänzlich von Türken umzingelt, sahen uns in einen äußerst schwierigen Verteidigungskrieg verwickelt, ohne auch nur den Schimmer eines noch so kleinen Vorteils zu haben, den wir ihm hätten abgewinnen können.« Napoleon bemerkte viele Jahre später, als er als Gefangener an Bord der *Bellerophon* nach St. Helena fuhr: »Stets hat die britische Flotte all meine Pläne durchkreuzt.«

In England wußte bislang noch niemand von dieser Schlacht, die das ganze Kräftegleichgewicht verändert hatte. Die *Leander*, die von Kapitän Thompson befehligt wurde und Nelsons Kapitän Berry an Bord hatte, der die Berichte überbringen sollte, stieß vor Kreta auf die entkommene *Le Généreux*, die nach einem Gefecht, bei dem Berry und Thompson Verletzungen erlitten, gekapert wurde. Glücklicherweise hatte man die Berichte doppelt ausgefertigt und das Duplikat, das an die Admiralität ging, mit der Brigg *Mutine* via Neapel auf den Weg geschickt. Erst zwei Monate nach der Schlacht kamen die Berichte mit Kapitän Capel von der *Mutine* in England an. In der Zwischenzeit waren die Spekulationen ins Kraut geschossen. Viele der Gerüchte, die umliefen, gereichten Nelson zum Nachteil. Er habe Napoleon verfehlt, er sei nach Syrakus zurückgekehrt, dort habe eine große Schlacht stattgefunden (und der Gewinner?). Lord Spencer meinte, er hoffe, daß Sir Horatio »wenigstens eine einigermaßen gute Geschichte zu erzählen« haben werde. Als der Erste Lord schließlich von der Neuigkeit erfuhr, sank er in der Admiralität ohnmächtig zu Boden. In Neapel hatte es bereits Begeisterungsstürme gegeben. Als Capel dort eintraf, wurde Lady Hamilton sofort von den »Vapeurs« befallen. Auch sie sank in Ohnmacht, und Nelson schrieb einige Wochen später: »Sie... hat sich noch nicht vollständig von (ihren) schweren Kontusionen erholt.« Nicht nur über England, sondern über ganz Europa ging eine Gefühlswoge hinweg. Die Franzosen waren also gar nicht allmächtig, auch sie konnten unterliegen wie jedermann. In England herrschte natürlich ungeheure Erregung. Sie bewegte sogar die kühle und aristokratische Lady Spencer (die sich so verletzend über Nelsons Aussehen bei ihrem ersten Zusammentreffen geäußert hatte) zu einem Brief, der fast so überspannt war wie die, die er später von Emma Hamilton erhielt: »Glück, Glück, Glück Euch, braver, tapferer, unsterblich gewordener Nelson! Möge Euch der große Gott, dessen Sache Ihr so kühn verfechtet, bis an das Ende Eurer glänzenden Karriere behüten und segnen! Solch eine Laufbahn hat es gewiß noch nie gegeben... Alles, alles, was ich sagen *kann*, muß hinter meinen Wünschen, hinter meiner Meinung über Euch zurückbleiben. Im Moment schießen die Kanonen, werden Illuminationen vorbereitet, hallt Euer tapferer Name von Straße zu Straße, und jeder Brite hat das Gefühl, daß seine Verpflichtungen gegen Euch ihn niederdrücken.« Sie schloß mit den Worten: »Ich bin halb von Sinnen, und ich fürchte, daß ich einen merkwürdigen Brief geschrieben habe, doch Ihr werdet es verzeihen. Gott der Allmächtige behüte Euch. Adieu.« Jetzt konnte kein Zweifel daran bestehen, daß ihn jener »Strahlenkreis« in die Walhalla des Ruhms und des Mythos geführt hatte. Wie Drake würde er überall in seiner Heimat bekannt sein, in Balladen und Flugschriften, auf Tabaksdosen und Trinkkrügen, auf hunderterlei schlichten Steingutgeschirren erscheinen, die in ländlichen Häusern als Schmuck dienten. Es war, als habe ganz Europa einen Seufzer der Erleichterung ausgestoßen, und nun kamen ausländische Orden, Glückwunschbotschaften und kostbare Geschenke – eine Miniatur vom russischen Zaren, ein Krummsäbel mit goldenem Griff und ein mit Diamanten besetzter Turbanschmuck vom türkischen Sultan, ein Degen von der Stadt London (der Nelson den Degen von Blanquet-Duchayla gesandt hatte) und Präsente von so weit her wie von Palermo und der Insel Zakynthos. Das Parlament bewilligte ihm ein Jahresgeld von 2000 Pfund. Die Ostindische Gesellschaft schenkte ihm 10000 Pfund. Alexander Davison, der der einzige Prisenagent war, ließ Medaillen prägen, die der Erinnerung an die Schlacht dienen sollten: in Gold für Nelson und seine Kapitäne, in Silber und Bronze für die anderen Dienstgrade. Im November wurde Nelson in den höheren Adelsstand erhoben und zum Baron vom Nil und von Burnham Thorpe ernannt. All seine Freunde meinten, eigentlich habe ihm eine größere Belohnung zugestanden. Schließlich war Jervis nach der sehr viel unbedeutenderen Schlacht von St. Vincent zum Grafen und Duncan nach der Schlacht von Camperdown zum Vicomte ernannt worden. Im Unterhaus stieß die Entscheidung auf Kritik – die Belohnung sei zu kärglich ausgefallen, hieß es, doch man wies darauf hin, daß dies die höchste Auszeichnung sei, die man je einem Offizier von Nelsons Rang verliehen habe, außerdem sei er kein Oberbefehlshaber, sondern lediglich ein dienstjüngerer Admiral, der ein detachiertes Geschwader geführt habe. Es dürfte ihm gewiß gefallen haben, daß die Ersten Leutnants sämtlicher Schiffe, die am Kampf teilgenommen hatten, unverzüglich befördert wurden. Seine Kapitäne hatten zur Erinnerung an die Schlacht einen »Ägyptischen Club« gegründet und einen Degen für ihn anfertigen lassen, der später zu seinen liebsten Besitztümern gehörte. Ben Hallowell, der ihn schon so lange kannte und eine tiefe Zuneigung für ihn empfand, zeigte, daß er auch einen trockenen Humor besaß. Er setzte den Schiffszimmermann der *Swiftsure* an die Arbeit – er sollte aus einem Teil des Großmasts, den man vom Wrack der *L'Orient* geborgen hatte, einen Sarg machen. Dies *Memento mori* zierte dann Nelsons Kajüte und stand hinter dem Holzstuhl, auf dem er gewöhnlich saß. Einige Zeit später – es war in Palermo – sah Nelson, wie ein paar Offiziere, die neu auf der *Vanguard* waren, interessiert dieses vortreffliche, wenn auch makabre Beispiel handwerklichen Könnens anstarrten, und bemerkte: »Ihr mögt ihn so lange anschauen, wie es Euch gefällt, meine Herren, aber keiner von Euch soll ihn haben, verlaßt Euch darauf.«

»Der Kopf birst mir fast, und mir ist immer so übel«, schrieb er an St. Vincent, »kurz, wenn es keine Fraktur ist, dann ist es eine schwere Gehirnerschütterung.« Auch in anderen Briefen erscheinen Hinweise auf seine Verwundung, etwa in einem Schreiben an Sir William Wyndham, den britischen Gesandten in Florenz: »Meine Gesundheit ist durch die Verletzung so schwankend geworden, daß ich daran denke, das Mittelmeer zu verlassen, sobald ich in Neapel bin.« Das wäre vielleicht auch das beste gewesen. In einem der letzten Briefe, die er Fanny nach Roundwood in Suffolk schrieb, bevor er die Bucht von Abukir verließ, sagte er: »Es geht mir Gott sei Dank wesentlich besser, als man erwarten konnte.« Wie stets in der Vergangenheit tat er alles, um vor seiner sensiblen und sich sorgenden Frau das wahre Ausmaß seiner Gesundheitsschäden zu verbergen. Er ließ seinen Vater und seine sämtlichen Freunde herzlich grüßen und unterschrieb wie immer mit »Dein Dich liebender Mann«. Sein Arzt Jefferson notierte in seinem Journal: »Jeden Abend legte ich eine mit Einreibemittel getränkte Kompresse auf (auf Nelsons Stirn), was von großem Nutzen war.« Die Wunde war nach einem Monat zugeheilt, aber wahrscheinlich wirkte die Gehirnerschütterung noch um etliches länger nach. Für den Rest seines Lebens trug Nelson das Haar in die Stirn gekämmt, um die Narbe zu verbergen.

Am 14. August verließ Sir James Saumarez mit sieben Schiffen des Geschwaders die Bucht von Abukir und segelte nach Gibraltar, wohin er sechs Prisen mitnahm. Tags zuvor waren endlich ein paar der fehlenden Fregatten eingetroffen, und Nelson kommandierte drei davon dazu ab, daß sie gemeinsam mit drei Linienschiffen vor Alexandria Position bezogen und die Stadt mit einer Blockade belegten. Er und die *Vanguard*, Troubridge mit der *Culloden* und Ball mit der *Alexander* brachen am 19. August nach Neapel auf. Dies waren die drei schwerstbeschädigten Schiffe, und es schien unumgänglich, sie zur nächstgelegenen guten Werft des Mittelmeers zu bringen, nach Castellamare am Golf von Neapel. Ball hatte einen Großteil des Beschusses von der *L'Orient* abbekommen, und sein Schiff war übel mitgenommen, die *Vanguard* fuhr mit einem Notrigg, und Troubridge hatte das beschädigte Unterwasserschiff der *Culloden* mit Werg und Lecksegeln abdichten müssen, damit sie über Wasser blieb. Nelson, der im Moment noch darauf hoffte, daß er vielleicht nach Hause zurückkehren und dort wieder gesund werden konnte, setzte sein Vertrauen wie immer in Troubridge. Er wußte, daß Troubridge ein sehr viel besserer Diplomat war als er selbst, und glaubte mit Sicherheit, daß er durchaus dazu fähig war, das Kommando zu übernehmen. Obwohl der Sieg den Briten die Vorherrschaft im Mittelmeer eingetragen hatte, würden die veränderten Umstände natürlich eine allgemeine Zunahme der Aktivitäten bewirken. »Dies ist nicht die Zeit zum Müßiggang«, wie Nelson schrieb. Später sagte er in einem Brief an Hood, der vor Alexandria lag, er verlasse sich darauf, daß Hood für eine gründliche Blockade sorge, was letztlich die Vernichtung der französischen Armee gewährleisten werde. Und was ihn selbst betraf, so meinte er (denn er fühlte sich ein wenig besser): »Ich werde nicht nach Hause gehen, bevor dies erledigt ist und die Inseln Malta, Korfu etc. zurückerobert sind.«

Inzwischen machten die drei Schiffe bei leichten und ungünstigen Winden langsam ihren Weg durchs östliche Mittelmeer. Die Nachricht von der Schlacht am Nildelta erreichte Napoleon wesentlich früher als seine Feinde in Europa. Er erkannte ihre Folgen voll und ganz: »Ich wollte eine neue Religion schaffen«, sagte er Jahre danach, »ich sah mich schon auf dem Weg nach Asien, auf einem Elefanten sitzend, einen Turban auf dem Kopf, einen neuen Koran, den ich meinen Interessen entsprechend hätte abfassen sollen, in der Hand. Ich sah mich die britische Macht in Indien angreifen. Doch das Schicksal entschied anders.« Das Schicksal hatte noch viel mehr Tücken. Nelson, dem die Vorstellung, längere Zeit den Gebieten im Osten fernbleiben zu müssen, gar nicht behagte

– für ihn gehörte der Bereich zwischen Sizilien und Malta ebenso wie Ägypten und die Levante zu den wichtigsten Belangen seines Kommandos –, schrieb an St. Vincent: »Ich verabscheue diese Reise nach Neapel. Nur die absolute Notwendigkeit konnte mich zu diesem Schritt zwingen. In Zukunft und solange mein Operationsgebiet auf der Ostseite von Sizilien liegt, ist Syrakus meine Basis.« An Sir William Hamilton schrieb er, er hoffe, nicht »mehr als vier oder fünf Tage in Neapel« bleiben zu müssen.

Nelson hatte richtig gefolgert, daß die nächste Maßnahme zur Sicherung des Mittelmeers für die britische Flotte die Vertreibung der Franzosen aus Malta sein würde. Mit diesem Hintergedanken beauftragte er ein portugiesisches Geschwader von vier Linienschiffen, das den Befehl erhalten hatte, sich seinem Kommando zu unterstellen, die Insel zu blockieren. Wieder passierte die *Vanguard* die Straße von Messina und fuhr nach Norden. Doch diesmal hatte sie ihre Mission erfüllt. Das angeschlagene Flaggschiff wurde zusätzlich aufgehalten, weil es durch eine plötzliche Bö den Fockmast und die Großstenge verlor – dabei kamen mehrere Männer ums Leben, einige wurden verletzt. Erst am 22. September lief es in den lichten Golf von Neapel ein. Es war ein eindrucksvolles Bild, wie es im Schlepptau einer Fregatte – die beiden anderen Linienschiffe waren sechs Tage vor ihm eingetroffen – die Steilküste Capris passierte. An diesem stillen Herbsttag fuhren die *Vanguard* und ihr Admiral dem Land entgegen, das man seit den Griechen als Lieblingsaufenthalt der Sirenen kannte.

23 Das Land der Sirenen

Von dem Augenblick an, da die *Vanguard* in Sicht kam, war alles *Opera buffa*. Die blauen Wasser des berühmten Golfs wurden nicht einmal von kleinen Wellen aufgerührt, als Hunderte von Vergnügungsbooten ausliefen, um den Sieger vom Nil auf seinem aktionsunfähigen Flaggschiff zu begrüßen, das im Schlepp hinter einer Fregatte dümpelte, den Sieger, der nicht nur ihr Königreich, sondern auch ganz Europa gerettet hatte. Übers Wasser schallte Musik, und das »Rule Britannia« klang ein wenig unpassend vor diesem Hintergrund, vor dem gemächlich rauchenden Vesuv und den golden schimmernden Häusern und Palästen von Neapel. König Ferdinand, der sich für so etwas wie einen Seemann hielt, ließ sich mit seinem Galaboot hinausrudern, um den Helden zu empfangen und zu beglückwünschen. »Sir William und Lady Hamilton kamen, von zahlreichen Booten begleitet, aufs Meer hinaus«, schrieb Nelson an Fanny. Er fuhr fort: »Meine verehrten Freunde kamen längsseits, und die Szene im Boot schien außerordentlich ergreifend. Ihre Ladyschaft sprang auf, rief: ›O Gott, ist's möglich‹ und fiel mir mehr tot als lebendig in die Arme.« (Nicht umsonst war Lady Hamilton für ihre »Attitüden« berühmt.) »Als der König längsseits kam, brachten jedoch bald Tränen die Dinge wieder in Ordnung. Die Szene war auf ihre Art ergreifend. Er nahm mich bei der Hand und nannte mich samt allen anderen Bezeigungen des Wohlwollens seinen Retter und Bewahrer. Kurz, ganz Neapel heißt mich ›Nostro Liberatore‹, und die Szene bei den niedrigeren Klassen war wirklich rührend.« Die besondere Note, die man bei dieser ersten Begegnung angeschlagen hatte, blieb erhalten. Von nun an wurde alles immer neapolitanischer. Wie Emma Hamilton schrieb: »Ich trage mich von Kopf bis Fuß *alla Nelson*. Selbst mein Schal ist in Blau und mit goldenen Ankern übersät. Meine Ohrringe sind Nelsons Anker; kurz, wir sind alle vernelsont...«

Die Charaktere, die nun die kleine Gestalt des Admirals umgeben sollten, nahmen sich gegen den dunklen Rumpf der *Vanguard* und gegen die anderen Kriegsschiffe, gegen die sonnenverbrannten, teerverschmierten Matrosen, gegen die drohenden Geschütze, die die französische Flotte zerstört hatten, gegen die von Schüssen durchsiebten Bordwände aus Eiche, die lädierten Masten und die zerfetzte Takelage der Sieger allesamt seltsam, ja phantastisch aus. Ferdinand IV., dem man in dieser Oper die Rolle des Possenreißers zuteilen könnte, war seinen Untertanen aufgrund seiner Physiognomie als »die alte Großnase« bekannt, die arbeitende Bevölkerung nannte ihn außerdem liebevoll und die anderen Klassen nannten ihn verächtlich »Il Re Lazzarone«, weil er eine Vorliebe für die Bettler und für den Pöbel seiner Stadt hatte. In einem Zeitalter, da die Könige sich vollkommen von ihren Untertanen fernhielten, fand er Gefallen an den schlichten Freuden des Volkes, am Fischen, Spielen und Weintrinken, vor allem aber an der Jagd. Man hat von ihm gesagt: »An wenige Monarchen erinnert man sich mit solchem Haß«, doch als Nelson mit ihm zusammentraf, offenbarte er nichts weiter als eine leutselige und plumpe Gutmütigkeit. Die Königin, die ihn nicht begleiten konnte, weil sie zum einen krank war und zum andern den Tod ihres jüngsten Kindes betrauerte, war eine sehr viel stärkere Persönlichkeit. Napoleon meinte von ihr, sie sei der einzige Mann in Neapel. Sir William Hamiltons erste Frau (die erheblich intelligenter war als seine zweite) hatte über Maria Carolina folgendes geschrieben: »Sie ist lebhaft, gescheit, auch einschmeichelnd, wenn sie will, haßt und liebt ungestüm... es ist kein Verlaß auf das, was sie sagt, da sie selten zwei Tage derselben Meinung ist. Ihre stärksten und dauerhaftesten Passionen sind Ehrgeiz und Eitelkeit, aufgrund welch letzterer sie einen starken Hang zur Koketterie hat, doch die erstgenannte, die, wie ich glaube, bei ihr die Hauptrolle spielt, bringt sie dazu, alle Kunstgriffe einzusetzen, um dem König zu gefallen, damit sie in möglichst großem Maße die Zügel der Regierung in die Hände bekommt.«

Der Premierminister dieses südlichen Königreiches, Sir John Acton, war ein Engländer, der seine Nationalität aufgegeben hatte. Er war in Frankreich geboren und hatte bei der französischen, toskanischen und neapolitanischen Kriegmarine gedient. Als vorzüglicher Administrator und als ehrlicher Mann in einem Lande, wo man diese Tugend selten fand, hatte er sich Ferdinand und seiner Königin unentbehrlich gemacht. Sieben Jahre zuvor hatte er seinen englischen Titel geerbt. Er sprach ziemlich fließend Englisch, hatte aber noch nie sein Heimatland besucht. Seine Politik konzipierte er größtenteils in Übereinstimmung mit Sir William Hamilton. Ihr wichtigstes Ziel war, im bourbonischen Königreich von Neapel den spanischen Einfluß durch den der Briten und Österreicher zu ersetzen. Acton teilte die Abneigung, wenn auch nicht den leidenschaftlichen Haß der Königin gegen alles Französische – die französische Sprache beherrschte er übrigens ebenso mühelos wie die italienische. Als Administrator in einem korrupten Königreich war er außergewöhnlich, doch was die höhere Politik anging, war er nicht listig und intelligent genug, um das Format eines Staatsmanns zu erreichen, er hielt sich aber dafür. Sir William Hamilton war der Sohn eines schottischen Herzogs. Er hatte in der Armee gedient, sich aber nach der Heirat mit einer reichen walisischen Erbin der Welt der Diplomatie zugewandt. 1764 wurde er britischer Gesandter am Hof der Bourbonen in Neapel. Nach dem Tod seiner ersten Frau (1782) erbte er ihr Gut bei Swansea. Das Geld, das es abwarf, steckte er vor allem in Kunstwerke des klassischen Altertums und in die Herstellung schöner und verschwenderisch bebilderter Bücher über die Antike und über Vulkane – Vulkane waren seine zweite Liebhaberei. Er hatte zweiundzwanzigmal den Vesuv bestiegen und gehörte zu den allerersten Vulkanforschern der Geschichte. Als Nelson ihn kennenlernte, hatte er sich derart vollständig an dies Königreich im Sonnenschein angepaßt, daß ein britischer Besucher bemerkte: »Was Sir William Hamilton angeht, so war er sowohl der Gesinnung als auch den Manieren nach ein perfekter Neapolitaner.« Das war nicht eben fair einem Mann gegenüber, den man vielleicht besser als *die* Verkörperung eines englischen Aristokraten des 18. Jahrhunderts darstellt. Er war kultiviert, höflich, weltgewandt und hatte eine horazische Lebensauffassung. Die Beziehung zu seiner zweiten Frau hat oft Kontroversen ausgelöst, doch wird sie vielleicht am besten von Hamiltons Biographen Brian Fothergill zusammengefaßt: »Nach sieben Jahren Ehe und zwölfjährigem Zusammenleben unter einem Dach mit Emma hatte Sir William keine Klagen über sie vorzubringen, er war ihr immer noch treu ergeben. Welcher Natur ihre Beziehung nun wirklich war, kann man nur vermuten, doch es ist wahrscheinlich, daß er kein sehr leidenschaftlicher oder fordernder Ehemann war. Die Tatsache, daß er aus keiner seiner beiden Ehen Kinder hatte … könnte durchaus den Gedanken nahelegen, er sei entweder impotent oder unfruchtbar gewesen. Emma hatte, wie wir wissen, lange bevor sie ihm begegnete, schon ein Kind und schenkte Nelson später eine Tochter und möglicherweise noch ein weiteres, totgeborenes Kind. Hamiltons Liebesabenteuer zu Lebzeiten seiner ersten Frau haben ein wenig von einer komischen Oper an sich und gingen über ein mildes Schäkern nicht hinaus; es gibt keine Anzeichen dafür, daß er uneheliche Kinder hatte. Seine lebenslängliche Liebe zur Schönheit, die ›Attitüden‹, die schon früh in seinem Leben mit Emma eine Rolle spielten, die ganze Art, mit der er sie wie einen wunderbaren Kunstgegenstand behandelte und die seine Freunde so oft amüsierte, die schwimmenden Knaben, die zu seiner Unterhaltung in Posillipo Darbietungen veranstalteten (wie Tischbein bezeugt) – all das deutet darauf hin, daß Sir William im Bereich des Geschlechtlichen möglicherweise einer von den Männern war, für die ein Augenfest Genuß genug ist.« Goethe faßte in der *Italienischen Reise* seine Eindrücke vom Botschafter mit den folgenden Worten zusammen: »Hamilton ist ein Mann von allgemeinem Geschmack und, nachdem er alle Reiche der Schöpfung durchwandert, an ein schönes Weib, das Meisterstück des großen Künstlers, gelangt.«

Dies »schöne Weib«, mittlerweile seine Frau und elf Jahre älter als zu der Zeit, da Goethe sie sah, war Emma, geborene Amy Lyon, die Tochter eines Schmieds aus der Grafschaft Cheshire. Ihre schlaue Mutter sorgte bald dafür, daß sie nach London kam, wo sie sich rasch den Weg in einen sogenannten Gesundheitstempel im Brüderbund bahnte, der eine Kreuzung zwischen einer Quacksalberapotheke und einem eleganten Bordell gewesen zu sein scheint. Ihre Schönheit betörte Romney, der sie unzählige Male zeichnete und malte und ihre jugendfrische Haut, ihre Lippen und Augen, ihre vollendete natürliche Gesundheit und strahlende Vitalität gut traf. Ein junger Baronet, Sir Harry Fetherstonehaugh, nahm sie bei sich auf, und sie begann ein Leben zu führen, das sie später als »wild und gedankenlos« bezeichnete. Kein Jahr war vergangen, da entdeckte sie, daß sie schwanger war, und die Tore ihres ersehnten Paradieses schlossen sich hinter ihr. An diesem Punkt schritt einer von Sir Harrys Freunden, der kühle und kultivierte Charles Greville, ein und wurde ihr Beschützer. Er adoptierte nicht nur ihr Kind, eine Tochter namens Emma, sondern behielt sie auch vier Jahre lang als Mätresse in seinem kleinen Haus in der Edgware Row. Sie nannte sich mittlerweile Emily Hart. Greville hatte in ihr eine anhängliche Freundin, die ihn für die Freundlichkeit, die er ihr erwiesen hatte, aufrichtig liebte, und in ihrer Mutter eine tüchtige Haushälterin. Er lehrte sie die Orthographie (die aber nie ihre Stärke war), ließ ihr Musikunterricht geben und machte aus seiner wilden Rose vom Land eine Blume, die sich elegant im Knopfloch eines jungen Lebemanns ausnahm. Er stellte sie auch Romney vor. Greville war Sir William Hamiltons Neffe und wie dieser aus guter Familie, aber nicht vermögend, und so oblag es ihm, eine reiche Erbin zu finden, damit er seinen Lebensstil aufrechterhalten konnte. (Im Gegensatz zu seinem Onkel fand er jedoch keine.) Doch diese Suche nach der reichen Erbin machte es notwendig, daß er sich von seiner Mätresse trennte. Hamilton, bereits Witwer, hatte England besucht und sich von der Schönheit der jungen Schutzbefohlenen seines Neffen bezaubern lassen, aber sein Interesse an ihr war unzweifelhaft nicht mehr als ein bewunderndes und platonisches. Greville glaubte, diese Situation könne er gut ausnutzen, und sorgte dafür, daß Emma und ihre Mutter (die sich jetzt Frau Cadogan nannte) den Gesandten nach seiner Rückkehr nach Neapel in dieser romantischen Stadt besuchten. Sir William war ein widerwilliger Liebhaber, und es dauerte einige Zeit, bis Emma seine Mätresse wurde. Emma, die Greville aufrichtig liebte, tauschte ihn äußerst ungern gegen seinen ältlichen Onkel ein, mochte er auch noch so freundlich und gütig sein. Aus den vielen tragischen Briefen, die sie von Neapel aus an Greville schrieb, geht ganz klar hervor, daß er wahrscheinlich der einzige Mann war, den sie mit unverfälschter Leidenschaft und ohne die Beimischung von Künstlichkeit liebte. (Ihre Liebe zu Nelson war, wie wir noch sehen werden, von anderer Beschaffenheit.) »Du bist alles«, schrieb sie, »was mir auf Ehrden lieb ist, und ich hoffe, daß glücklichere Zeiten Dich mir bald zurückgeben werden, denn ich würde tatsechlich lieber mit Dir Not leiden als im größten Glantz der Welt fort von Dir zu sein.«

Aber sie litt keine Not – *sie* machte die gute Partie, die Greville vergeblich suchte, und nachdem Sir William England einen weiteren Besuch abgestattet hatte, kehrte sie als Lady Hamilton nach Neapel zurück, als Frau des außerordentlichen und generalbevollmächtigten Gesandten beim Königreich beider Sizilien. Bevor wir untersuchen, wie Emma aussah, als sie Nelson auf der *Vanguard* gegenübertrat, lohnt es sich, das Urteil eines Genies zu hören, das Urteil Goethes, der Emma kennenlernte, als sie eine junge Frau war: »...eine Engländerin von etwa zwanzig Jahren. Sie ist sehr schön und wohlgebaut. Er (Hamilton) hat ihr ein griechisch Gewand machen lassen, das sie trefflich kleidet; dazu löst sie ihre

Lady Hamilton
als Venus mit Cupido.

Rückseite:
Die Schlacht bei Trafalgar am 21. Oktober 1805.
Links: »Téméraire«, Mitte: »Redoutable« und rechts
Nelsons »Victory«.

Haare auf, nimmt ein paar Schals und macht eine Abwechslung von Stellungen, Gebärden, Mienen etc., daß man zuletzt wirklich meint, man träume. Man schaut, was so viele tausend Künstler gerne geleistet hätten, hier ganz fertig in Bewegung und überraschender Abwechslung.« Zu der Zeit, da Nelson und die Hamiltons wieder zusammentrafen, war Emma dreiunddreißig, Sir William fast neunundsechzig, und Nelson würde in wenigen Tagen vierzig werden.

Nelson hatte ursprünglich die Absicht gehabt, sich in einem Hotel einzumieten, denn er wußte, daß viele Marineoffiziere und Kuriere kommen und gehen würden – schließlich mußte er über die Verteilung der Schiffe im östlichen und mittleren Mittelmeer nachdenken und die Blockade von Malta weiterführen. Napoleon feierte nach wie vor in Ägypten seinen Sieg, obwohl er seiner Flotte beraubt war, und die vielen französischen Transportschiffe lagen immer noch im Hafen von Alexandria vor Anker. Sir William wollte jedoch unbedingt den Admiral zu Gast haben, und der Held mußte im Palazzo Sessa Logis nehmen. Das war Sir Williams Stadthaus, ein recht prächtiger Palast, der durch Sir Williams großartige Sammlung von Antiken und alten Meistern noch prächtiger wurde. Im Obergeschoß war für Nelson ein Raum reserviert, dessen Bogenfenster den Blick auf den ganzen Golf von Neapel freigab. Es war ein gewaltiger Unterschied zu seiner engen und niedrigen Kajüte an Bord der *Vanguard*, zu jenem schlichten Quartier, das nach seiner eigenen Aussage etwa sechs Monate lang ununterbrochen sein Heim gewesen war. Nelson litt noch unter den Nachwirkungen seiner Kopfverletzungen und fühlte sich schwach. Seine zarte Erscheinung, sein einer Arm, das blinde Auge und die offenkundige und erhebliche Erschöpfung, die von all den Wochen der harten Verfolgungsjagd herrührte, die mit dem Getöse und Getümmel in der Bucht von Abukir ihren Höhepunkt erreicht hatte, ließen ihn als einen Menschen erscheinen, der der Ruhe und sorgsamen Pflege bedurfte. Das übernahm Emma. Sie war, wie wir betonen müssen, nicht mehr ganz Goethes Traumbild der Schönheit, obwohl von ihrem Gesicht noch jener strahlende Zauber ausging, den Romney so gern gemalt hatte. Ein Beobachter beschrieb sie als »füllig, nicht dick, aber wohlbeleibt«. Sie sei auch, obwohl »schlecht erzogen, oft sehr affektiert«, eine Frau, die in ihrer seltsam wechselvollen Laufbahn gelernt hatte, den Charakter von Männern zu durchschauen und ihnen zu gefallen. Sie brauchte nicht lange, um zu entdecken, daß Nelsons größte Schwäche die Eitelkeit war. Und tatsächlich schrieb er an Fanny: »Die Vorbereitungen von Lady Hamilton für die Feier (seines Geburtstags) reichen hin, mich mit Eitelkeit zu erfüllen. Auf jedem Bande, jedem Knopfe steht ›Nelson‹ etc., auf allem Tafelgerät ›H. N's glorreicher 1. August‹. Die zahlreichen Lieder und Sonette sind mehr, als ich verdient habe. Ich sende Dir die zusätzliche Strophe zum ›God Save the King‹, da ich weiß, daß Du sie mit Freuden singen wirst.« Diese Strophe lautet:

Kommet zu Nelsons Ehr'
Ruhmreich und groß und hehr
Ihm singen wir
Überall Lob und Preis
Britanniens stolzem Reis
Nils Ufer nennt der Erdenkreis
Heil König dir.

Selbst dem kühlen und gelassenen Troubridge wären die vielen Schmeicheleien, die jetzt auf Nelson zukamen, vielleicht ein wenig zu Kopf gestiegen.

Der vierzigste Geburtstag des Admirals – beeinträchtigt nur durch den Umstand, daß Josiah Nisbet sich unerhört betrank – war ein Traum aus Lichtern, Dekorationen, Triumphbögen und jener Großtuerei, die dem neapolitanischen Temperament so leicht eignete. Nelson wurde ähnlich gefeiert wie die Cäsaren, die man einst an diesem lichten Golf der Sirenen begrüßt hatte. Es ist jedoch bedeutsam, daß er den schmeichelnden Stimmen noch nicht ganz erlegen war, daß die Briefe an seine Frau nach wie vor Briefe eines liebenden Ehemanns sind und daß er einen Tag nach seinem Geburtstag an St. Vincent zu schreiben vermochte: »Ich glaube, Mylord, daß wir in einer Woche auf See sein werden. Ich fühle mich sehr unwohl, und die erbärmliche Führung dieses Hofes ist kaum dazu angetan, daß meine Gereiztheit nachläßt. Es ist ein Land der Müßiggänger und Poeten, der Huren und der Lumpen.« Man argwöhnt, daß der Admiral vielleicht einen Kater hatte, aber sein Urteil war trotzdem korrekt.

Seine Haupttätigkeit bestand nun zunächst darin, den Sieg in der Bucht von Abukir und die Hoffnung, die überall in Europa aufkeimte und zunahm, zu nutzen. Es schien unbedingt notwendig, jetzt, da Napoleon noch in die Angelegenheiten des Ostens verwickelt war und nicht zurückkehren konnte, solange die britische Kriegsmarine die Gewässer zwischen Ägypten und Frankreich beherrschte, an Land zuzuschlagen. Und es sah so aus, als seien alle Voraussetzungen für eine militärische Expansionsbewegung gegeben, für einen Vorstoß nach Norden und für die Befreiung Roms. Die Absicht dabei war, die Franzosen schließlich und endlich aus Italien zu verjagen. Oberflächlich betrachtet war der Gesamtplan durchaus vernünftig, doch Nelson versäumte, mit einzuberechnen, daß man leider nicht über die Mittel verfügte, mit denen man dies bewerkstelligen konnte. Die neapolitanischen Truppen, mit denen er den Angriff zustande zu bringen hoffte, waren – und das hätte er nach seinen Erfahrungen in Westitalien und Frankreich eigentlich wissen müssen – schlecht ausgebildet und hatten fast nur unfähige Offiziere. Doch die Flut hatte den höchsten Punkt erreicht: Die Königin befeuerte das Verlangen zu erleben, daß die verhaßten Franzosen aus Italien vertrieben wurden, selbst Ferdinand ließ sich von Nelsons Enthusiasmus mitreißen, und Sir William Hamilton schob sein besseres Urteilsvermögen beiseite und trat der Kriegspartei bei. Es waren bereits Verhandlungen über ein Bündnis gegen Frankreich im Gang, bei dem Großbritannien, Österreich und Rußland gemeinsam vorgehen sollten. Anfang Oktober traf General Mack aus Wien ein. Er war leider ein sehr typisches Beispiel für die österreichischen Generale der damaligen Zeit – und Nelson hätte nach seinen vorhergehenden Erfahrungen guten Grund gehabt, an ihren Fähigkeiten zu zweifeln. Doch er fühlte sich von der strahlenden Woge des Erfolgs getragen, und die Atmosphäre, die ihn umgab, trug kaum zum klaren Denken bei, selbst dann nicht, wenn es sich um einen Mann gehandelt hätte, der weniger empfänglich für Schmeicheleien und weniger zur Liebe geneigt gewesen wäre als Nelson. Der folgende Brief an St. Vincent verrät uns genug, denn nachdem er vernünftige Bemerkungen über die allgemeine Saumseligkeit und Unfähigkeit in Neapel gemacht hat (die Königin ausgenommen), fährt er fort: »Wir alle speisen heute mit dem König an Bord eines Schiffes, es ist sehr aufmerksam. Ich bin bei der Königin gewesen, sie ist wahrhaftig eine Tochter von Maria Theresia. Ich schreibe hier gegenüber von Lady Hamilton, daher werdet Ihr über das gehörige Durcheinander in diesem Briefe nicht befremdet sein. Wären Eure Lordschaft an meiner Stelle, so zweifle ich sehr, ob Ihr so leicht schreiben könntet; unsere Herzen und unsere Hände müssen allesamt flattern: Neapel ist ein gefährlicher Ort, und wir müssen uns ferne von ihm halten.« Diese Worte springen uns deutlich genug entgegen – Nelson war schon halb in die Botschafterin verliebt. Wenn er seinem guten Rat gefolgt wäre, hätte sich die Geschichte sehr viel anders entwickelt.

Am 14. Oktober segelte er nach Malta ab, wo ein portugiesisches Geschwader zu Kapitän Ball gestoßen war, um ihn bei der Blockade der Insel zu unterstützen. Es war eine lange und langsame Fahrt, zehn Tage auf See, doch nach der Ankunft konnte Nelson mit eigenen Augen sehen, daß die Bewohner der Insel rührig waren und ihre Hauptstadt Valetta belagerten, in der Vaubois und seine Soldaten ohne viel Proviant saßen. Sie hatten fast keine Hoffnung, Hilfe über den Seeweg zu bekommen. Es schien damals, als müsse Valetta bald fallen, als sei der letzte französische Stützpunkt im zentralen Abschnitt des Mittelmeers in Kürze dahin. Doch Vaubois und seine Leute hielten tatsächlich viele Monate aus. Bevor Nelson die Rückfahrt nach Neapel antrat, hatte er die Genugtuung zu erleben, daß die Franzosen auf der kleinen, nördlich von Malta gelegenen Insel Gozo, die von Ball belagert wurde, nachgaben und kapitulierten. Fünf Linienschiffe blieben zurück, um bei der Fortführung der Blockade zu helfen. Nelson meinte, jetzt könne er seine Aufmerksamkeit dem Marsch auf Rom zuwenden – wenn General Mack und die Neapolitaner nicht nur saumselig gewesen waren, mußte er fast schon begonnen haben.

Doch Nelson fand bald heraus, daß nicht einmal die kriegerische Atmosphäre König Ferdinand, General Mack, den Offizieren und den Soldaten das Gefühl von Dringlichkeit oder echtes Verständnis für die Aufgabe, die vor ihnen lag, nahebringen konnte. Zwar hatten sich ungefähr dreißigtausend Mann zu Manövern und einer Truppenbesichtigung durch Nelson in San Germano versammelt, aber es konnte dem kritischen Blick des Admirals nicht entgehen, daß keineswegs alles in Ordnung war. Er bemerkte trocken: »Ich habe mir meine Meinung gebildet. Ich hoffe von Herzen, daß ich mich irre.« Coletta, der Historiker des Königreichs Neapel in dieser Phase, schildert die Szene: »Der König hatte sein Quartier im Lager aufgeschlagen und sich darauf vorbereitet, mit der Armee zu marschieren; die Königin, in ein Jagdkostüm gekleidet, fuhr ständig mit einem vierspännigen Wagen die Zeltreihen entlang, mit sich die Botschafter befreundeter Monarchen, die Freiherren des Königreiches und Lady Hamilton, die unter dem Vorwand, Ihre Majestät zu begleiten, vor dem Lager ihre Schönheit in all ihrer Pracht zur Schau stellte und ihre Eroberung vorführte, den Sieger von Abukir, der neben ihr im Wagen saß und von ihren Reizen in Bann geschlagen und ihnen willfährig zu sein schien.« Doch bis jetzt hatte man noch keine wirkliche Veranlassung zum Klatsch. Alles war Schein und Maske, zumindest von Emmas Seite – sie nahm lediglich als ständige Gefährtin des Siegers, der sich in Nelson verkörperte, eine ihrer »Attitüden« ein. Auch hatte Sir William keinerlei Grund zu dem Verdacht, daß die Frau, die ihm so viele Jahre treu gewesen und nie vom ständigen Tratsch einer klatschsüchtigen Stadt betroffen worden war, etwa anders handeln könnte denn als stolze Freundin eines großen und berühmten Mannes. Sir William betrachtete Nelson als den Sohn, den er nie gehabt hatte, als Inkarnation der alten englischen Werte und Tugenden.

Erst gegen Ende November begann man allmählich etwas gegen die Franzosen in Italien zu unternehmen. Wenn man die Lage sorgfältiger überdacht hätte, wäre die neapolitanische Armee geblieben, wo sie war. Die Österreicher hatten es abgelehnt, sich auf etwas festzulegen, was sie für ein unbesonnenes Abenteuer hielten, und Marquis de Gallo, Ferdinands Außenminister (der immer gegen militärische Aktionen gewesen war), fing an, die Entschlossenheit des Königs zu untergraben, der ohnehin nur Nelsons Gegenwart Kraft verliehen hatte. Außerdem befand sich Sir William Hamilton in einer etwas verzwickten Lage, denn er hatte ausdrückliche Weisung von London, es zu vermeiden, daß gegen die Franzosen vorgegangen wurde, solange er sich nicht der »vollsten Zusicherung des Beistandes« von seiten der österreichischen Regierung gewiß sein konnte. Aber Nelson, der auf der Notwendigkeit des Angriffs beharrte, trug den Sieg davon und nötigte den unentschlossenen Ferdinand und den (wie sich herausstellte) unfähigen General Mack zum Aufbruch. In gewissem Sinne war es wieder genauso wie in Teneriffa. Nelsons Glaube, daß es besser sei, irgend etwas zu tun als gar nichts, daß Handeln alles lösen würde, erwies sich noch einmal als verhängnisvoll.

Die Armee brach am 22. November auf und verließ San Germano, gleichzeitig lief Nelson mit seinem Geschwader nach Livorno aus. Es war geplant, daß die Schiffe Truppen an Land setzen und die Franzosen überraschend von hinten angreifen sollten, während Ferdinand und Mack Rom von Süden attackierten. Der erste Teil gelang vortrefflich. Livorno kapitulierte bedingungslos. Eine kleine Weile war auch die neapolitanische Armee vom Erfolg begleitet – die Franzosen zogen sich aus Rom zurück, um sich außerhalb der Stadt zu formieren. Sie waren, wenn auch nur vorübergehend, tatsächlich überrumpelt, denn schließlich führte ihr

Land keinen Krieg mit Neapel. Am 29. November zog Ferdinand triumphierend in Rom ein – eine gute Woche später floh er Hals über Kopf. Die Franzosen hatten unter General Championnet zum Gegenangriff angesetzt und bewiesen bald, daß sie, obwohl zahlenmäßig nur halb so stark wie Macks Armee, dem Gegner überlegen und daß sie zweifellos die hervorragendsten Soldaten in Europa waren. Der Rückzug der Neapolitaner – »La plus belle armée d'Europe«, wie Mack sie zuvor genannt hatte – entwickelte sich zur schmachvollen wilden Flucht. Offiziere warfen ihre Waffen weg und konfiszierten Pferde und Wagen, um zu entkommen, die Truppe ließ alle Disziplin fahren und rannte, so schnell sie konnte, nach Süden, Neapel entgegen. Nelson meinte verbittert: »Die neapolitanischen Offiziere haben nicht viel Ehre verloren, denn davon hatten sie, weiß Gott, nur wenig zu verlieren, doch auch dies Wenige haben sie verloren.« Der erste beim Rückzug, als Zivilist verkleidet, war König Ferdinand.

24 Palermo

Ein Dokument mit der Überschrift *Höchste Geheimhaltung* erzählt uns die Geschichte der nächsten Tage. Es ist »Neapel, *den 20. Dezember 1798*« datiert und lautet:

»Drei Barkassen und der kleine Kutter der *Alcmene* haben, nur mit Entermessern bewaffnet, um *halb acht* Uhr präzis an der Victoria zu sein. Nur eine Barkasse läßt sich an der Pier sehen, die anderen sollen ruderbereit jenseits der Felsen liegen, die Barkasse der *Vanguard* wird an der Pier sein. Die Besatzungen obiger Boote haben unter Leitung von Kapitän Hope vor sieben Uhr an Bord der *Alcmene* zu sein. *Die Boote haben Enterhaken mit sich zu führen.*

Alle anderen Boote der *Vanguard* und der *Alcmene* sind mit Entermessern zu bewaffnen, und die Besatzungen der großen Boote sowie die Mannschaften der Schiffshaubitzen versammeln sich unter der Leitung von Kapitän Hardy an Bord der *Vanguard* und legen um halb neun Uhr *präzis* ab, *um bis zur Hälfte der Strecke auf die Mola Figlia zuzurudern. Diese Boote führen 4 oder 6 Soldaten mit. Falls Hilfe von mir gewünscht wird, Rauchsignale geben!* NELSON

Die Alcmene hält sich bereit, notfalls in der Nacht auszulaufen.«

Der Angriff der Neapolitaner auf Rom hatte den Franzosen Gelegenheit und einen triftigen Grund gegeben, gegen Neapel zu marschieren. Die Stadt hatte eine starke republikanische Fraktion, besonders innerhalb der Mittelschicht, und König Ferdinands Regierung war von dem Moment an verloren, da er und seine Armee sich in die illusorische Sicherheit seines Königreichs zurückgeflüchtet hatten. In Wirklichkeit gab es keine Sicherheit, und nur die *lazzaroni*, der derbe Pöbel der Elendsviertel und der am Meer gelegenen Stadtteile, schätzten den König. Sir William Hamilton hatte sich bereits um seine Habe gekümmert und für die Sicherheit der Briten, die in Neapel wohnten, gesorgt. Die Königin hatte unterdessen zahllose Kasten, Truhen und Behältnisse mit Juwelen zu Emma Hamilton in den Palazzo Sessa geschickt, von wo aus sie heimlich an die wartenden Briten weitergeleitet wurden. In einem Brief der Königin heißt es: »Ich erlaube mir, Euch heute Abend unser gesamtes spanisches Geld zu schicken, das des Königs und das meinige, es sind sechzigtausend Golddukaten.« Und am 19. Dezember schrieb sie: »Ich mißbrauche Eure Freundlichkeit und die unseres braven Admirals. Laßt die großen Kasten in den Laderaum schaffen, die kleinen sollen nah bei der Hand sein. Es muß so vor sich gehen, weil ich unglücklicherweise eine riesige Familie habe. Ich bin zum Verzweifeln traurig, und die Tränen fließen mir unablässig. Dieser Schlag, diese Plötzlichkeit haben mich bestürzt, und ich glaube nicht, daß ich mich davon erholen werde.«

Emma Hamilton hatte unmittelbar teil an der Heimlichkeit und an den Vorbereitungen für die Flucht der königlichen Familie und fühlte sich in ihrem Element. Sie fand Geschmack an all der Dramatik, aber ganz davon abgesehen war sie eine tüchtige Organisatorin. So lange war sie die engste Vertraute der Königin gewesen (eine Rolle, in der sie sich als tonangebend betrachtete, nicht wissend, wie sehr die Königin sie manipulierte), und nun sah Emma einen echten Daseinszweck darin, als Bindeglied zwischen ihrer »verehrungswürdigen, unglücklichen Königin« und ihrem heroischen Admiral zu agieren.

Auszüge aus dem Logbuch der *Vanguard* beleuchten diese letzten aufregenden Tage, da die königliche Familie und ihr Hofstaat sich auf die Flucht aus der Stadt vorbereiteten, die sie mit Recht für verloren hielten – verloren nicht, weil der Vesuv ausbrach, sondern wegen der revolutionären Gesinnung vieler Menschen ihres Volkes und wegen des unaufhaltsamen Vormarschs der französischen Armee. »18. Dezember. Segelmacher fertigen Hängematten für die königliche Familie, Maler streichen die Offiziersmesse und die Wirtschaftsräume unter dem Achterdeck; machen (die Schiffe) seeklar und schaffen in der Nacht die wertvollen Besitzstücke Ihrer sizilianischen Majestät fort.

Donnerstag, den 20. Befördern heimlich die Diamanten etc. der Königin an Bord. (Sir William Hamilton schätzte, daß sich der Wert der Kostbarkeiten und der Gelder, die auf die *Vanguard* und andere Schiffe gebracht wurden, auf zweieinhalb Millionen Pfund Sterling belief.)

Freitag, den 21. Um 10 Uhr vormittags gingen die sizilianischen Majestäten und die königliche Familie an Bord, ebenso der britische Botschafter nebst Familie, der kaiserliche Botschafter samt Gefolge, mehrere neapolitanische Edelleute und die meisten der englischen Herren und Kaufherren, die in Neapel waren.«

Nelson hatte sich am Vorabend um 20.30 Uhr an der Ecke des Arsenals eingefunden und war durch einen langen unterirdischen Gang, der auch zur Victoria-Landungsbrücke führte, zum Palast gegangen. Er hatte die Oberaufsicht gehabt, als die königliche Familie (mit Mänteln und Kapuzen bekleidet) sich zum wartenden Boot begab, das in einer langen Dünung, die schlechtes Wetter ankündigte, stieg und fiel. Die Evakuierung der königlichen Familie und ihrer sämtlichen Diener wurde ohne viel Aufhebens durchgeführt. Nur ein Mann war zutiefst betroffen und aufgebracht darüber, daß der König und die Königin auf Nelson4 Flaggschiff *Vanguìrd* Schutz suchten, und zwar Kommodore Caracciolo, Bailli des Malteserordens und Kommandeur der neapolitanischen Kriegsmarine. Er hatte inständig um die Ehre gebeten, seinen Monarchen nach dessen zweiter Hauptstadt Palermo bringen zu dürfen, doch sein Ersuchen war abgelehnt worden, und das aus gutem Grund, denn in seiner Flotte herrschte Unruhe. Einige Crews waren sogar an Land gegangen und hatten sich geweigert, auf ihre Posten zurückzukehren. Sicherheit war nur bei Nelson und den Briten zu finden.

Zu den Personen, die Neapel nicht verließen, gehörte Baron Mack. Er konnte dem scheidenden König nur von einem totalen Mißerfolg berichten. Seine Armee war zum größten Teil dahingeschwunden, und die einzige Weisung für ihn lautete jetzt, er solle in Sizilien Hilfe suchen, wenn er Neapel nicht halten könne. Selbst Nelson, der sich sonst nicht zu Macks Anwalt machte, sah sich zu dem Kommentar genötigt: »Mir blutete das Herz um seinetwillen, er ist nur mehr ein Schatten seiner selbst.« Was König Ferdinand betraf, so konnte ihn nicht einmal der Verlust seiner schönen Hauptstadt und des größten Teils seines Reiches zur Vernunft oder dahin bringen, daß er sich vergegenwärtigte, wie ernst die Lage war. Als die *Vanguard* Segel beisetzte und den Golf von Neapel hinter sich ließ, stand Sir William Hamilton neben dem König und wartete mit gespannter Aufmerksamkeit auf ein Wort von ihm, das seine künftigen Pläne anzeigte. Ferdinand holte tief Luft, sog den salzigen Geruch des Winterwinds in sich ein und sagte voll Behagen: »Wir werden eine Menge Waldschnepfen erlegen, *Cavaliere*, dieser Winter bringt sie her – es ist gerade die rechte Zeit, sie zu jagen, und wir werden einen köstlichen Spaß haben. Ihr müßt Eure Flinte bereithalten!«

Doch der Wind, der gerade eingesetzt hatte, brachte ihnen nicht bloß »einen köstlichen Spaß«. Nelson protokollierte: »Am 23. um 7 Uhr abends verließen die *Vanguard*, die *Sannite* und die *Archimedes* mit etwa zwanzig anderen Schiffen den Golf von Neapel, am Tage darauf wehte der Wind so stark, wie ich es, seit ich auf See bin, noch nicht erlebt habe.« Der Heiligabend war gewiß ein Tag, an den man sich erinnerte – ein Sturm von solcher Heftigkeit, daß die schlingernden Schiffe jegliche Verbindung zueinander verloren. Die drei Toppsegel der *Vanguard* flogen davon, zeitweilig drohte sie sogar zu sinken, und die Verwirrung und die Seekrankheit setzten den bereits niedergeschlagenen Flüchtlingen derart zu, daß viele sich nach Neapel zurückgewünscht haben dürften, mochten dort auch bereits die Franzosen eingetroffen sein. Sir William Hamilton stand den anderen Passagieren bei, so gut er konnte, schien dann entschlossen, eine weise, abgeklärte Haltung einzunehmen, und zog sich in eine Kajüte zurück, wo Emma ihn dabei antraf, wie er mit einem Paar geladener Pistolen in den Händen dasaß. Er sei entschlossen, nicht mit dem »gluck, gluck, gluck von Salzwasser in der Kehle« unterzugehen, sondern sich zu erschießen, wenn er merke, daß das Schiff sinke. Emma war die Heldin der Reise, die einzige Person unter den Zivilisten, möchte es scheinen, die nicht den Kopf verlor und ihren demoralisierten Gefährten ein wenig Mut machte. Wenn es eine Qualität gab, die Nelson über alle anderen guten Eigenschaften stellte, so war es Mut, und er sah ihn in Emma verkörpert. Wahrscheinlich zählte das für ihn fast im selben Maße wie ihre Schönheit, denn er bewunderte jetzt eine Energie und Unbezähmbarkeit, die er wohl noch nie zuvor bei einer Frau erlebt hatte. In einem Brief an St. Vincent, der detailliert die Evakuierung und die stürmische Reise nach Süden, nach Sizilien schildert, schrieb er von seiner Sorge um die Sicherheit der königlichen Familie und berichtete:

»Den 25. um 9 Uhr morgens wurde Prinz Albert, das jüngste Kind Ihrer Majestäten, nachdem er ein kräftiges Frühstück zu sich genommen, plötzlich krank und starb um 7 Uhr des Abends in den Armen von Lady Hamilton. Und hier ist es meine Pflicht, Eurer Lordschaft mitzuteilen, wie sehr die ganze königliche Familie und auch ich in dieser mißlichen Lage Ihrer Ladyschaft zu Dank verpflichtet sind. Sie kamen notgedrungen ohne Betten an Bord, auch konnten nicht die mindesten Vorkehrungen für ihre Aufnahme getroffen werden. Lady Hamilton stellte ihr Bettzeug, Wäsche etc. zur Verfügung und wurde *ihre Magd*, denn mit Ausnahme eines Mannes half niemand, der zu den Fürstlichkeiten gehörte, der königlichen Familie, auch hat sich Ihre Ladyschaft in der ganzen Zeit, da sie an Bord waren, kein einziges Mal zu Bette gelegt.«

Schönheit vereinigte sich mit Mut und Ausdauer, und das machte, vor dem Hintergrund des Sturms und der seekranken und geängstigten Menschen gesehen, einen unvergeßlichen Eindruck auf ihn.

Bald nach der Ankunft in Palermo störten zwei Ereignisse sowohl Sir William Hamiltons als auch Nelsons Seelenfrieden. Sir William hatte die besten Stücke aus seiner Sammlung antiker Vasen mit einem Transportschiff nach England geschickt. Das Schiff war, als es in der Nähe der Scilly-Inseln Schutz suchte, vor Anker gedriftet und gestrandet. Nur ein paar Kisten wurden einige Monate später wiedergefunden. Nelsons Unbehagen, ja sein ausgesprochener Zorn ging darauf zurück, daß die Admiralität, die nach einer Möglichkeit suchte, Sir Sidney Smiths unbestrittene Talente einzusetzen, diesen Kapitän in die Levante geschickt hatte. Seine Aufgabe bestand darin, sowohl das Kommando über die Kriegsmarine in diesem Gebiet zu führen als auch in Verbindung mit seinem jüngeren Bruder Spencer, der britischer Gesandter in Konstantinopel war, seine diplomatischen Fähigkeiten spielen zu lassen. Sir Sidney war Inhaber des schwedischen Schwertordens (Nelson bezeichnete ihn bitter als »den schwedischen Ritter«) und ein farbiger, theatralischer Charakter, aus ähnlichem Holz geschnitzt wie Nelson. Nelson hielt diese Ernennung durch die Admiralität für unerträglich – ein Kapitän sollte einen wesentlichen Teil seines Kommandos übernehmen, und das ausgerechnet in dem Gebiet, wo er kürzlich einen Sieg errungen hatte, der in aller Munde war.

An St. Vincent schrieb er: »*Ich fühle in der Tat, denn ich bin ein Mann*, daß es mir unmöglich ist, in diesen Gewässern unter einem rangjüngeren Offizier zu dienen: – ich hätte es nicht gedacht! – und das von Graf Spencer! Niemals, niemals war ich so befremdet wie durch Euren Brief. Sobald ich Troubridge erreiche, werde ich ihn nach Ägypten schicken, damit er versucht, die Schiffe in Alexandria zu zerstören. Wenn's getan werden kann, wird Troubridge es tun.« Im selben Brief bricht seine Gereiztheit später noch einmal durch – er bittet um die Erlaubnis, aus dem

Dienst ausscheiden und an Bord der *Vanguard* gemeinsam mit »meinen Freunden, Sir William und Lady Hamilton«, nach England zurückkehren zu dürfen.

St. Vincent konnte Nelsons Zorn über die Ankunft von Sir Sidney im östlichen Mittelmeer schließlich dämpfen und die bisherigen Regelungen aufrechterhalten – Nelson behielt das Gesamtkommando. Smith rechtfertigte dann vollauf das Vertrauen, das die Admiralität in ihn setzte. Die Leitung der Verteidigung von Akka machte ihn zum Helden der Stunde. Er befehligte die durch britische Matrosen verstärkten türkischen Truppen und leistete so unbeugsam Widerstand, daß Napoleon gezwungen war, die Belagerung der Stadt aufzugeben. Nachdem Napoleon bereits in der Bucht von Abukir von Nelson geschlagen worden war, fand er jetzt in dem »schwedischen Ritter« einen unbezwingbaren Gegner, der als erster Engländer den großen Franzosen an Land besiegte. Die hartnäckige und erfolgreiche Verteidigung von Akka, dazu die Verluste der Orientarmee (vor allem durch die Malaria) taten Napoleons Ambitionen im Osten Einhalt und erwiesen sich als Wendepunkt in seiner Laufbahn. Später sagte er von Sir Sidney Smith: »Dieser Mann hat mich meine Bestimmung verfehlen lassen.«

Die Hamiltons hatten sich in Palermo in einem zugigen und ungemütlichen Haus etabliert, in der Villa Bastioni. Sir William erkältete sich prompt und war mehrere Wochen bettlägerig. Vieles beunruhigte ihn, denn seine politische Karriere hatte durch sein Eintreten für den abenteuerlichen Angriff der Neapolitaner auf Rom großen Schaden genommen. Nelson, der in so hohem Maße für die ganze Sache verantwortlich war, scheint gemeint zu haben, daß ihn keine Schuld träfe. Wie Sir William tadelte er General Mack, die Feigheit und Unfähigkeit der neapolitanischen Armee und vor allem das Versagen der Österreicher, die es versäumt hatten, vom Norden her in Italien einzudringen. Er wohnte im Haus des Gesandten, sah mehr Höflinge als Seeleute, seine Eitelkeit erhielt durch diese Gesellschaft – und vor allem durch Emma – immer neue Nahrung, und nur zu rasch begann etwas von jenem seltsamen südlichen Königreich, das sich noch mehr von seinem englischen Hintergrund unterschied als die Albernheiten Neapels, auf ihn abzufärben. Eine schwere Enttäuschung für ihn war, wie Josiah Nisbet sich aufführte. Wer ihn gut kannte, wußte schon lange, daß dieser Offizier nie »eine Zierde für die Kriegsmarine« sein würde. Trotz allem, was Nelson im Laufe der Jahre unternommen hatte, um ihn zu fördern, blieb die Tatsache bestehen, daß Fannys Sohn eine ständige Quelle der Verlegenheiten und Störungen war. Im Januar 1799 sah sich Nelson schließlich gezwungen, ihr das auch mitzuteilen: »Ich wollte, ich könnte über Josiah vieles zu Deiner und meiner Genugtuung sagen, doch leider muß ich mit wirklichem Gram sagen, daß kein gutes Haar an ihm ist und daß er früher oder später entlassen werden muß, aber ich bin sicher, daß weder Du noch ich es ändern können. Ich bin mit diesem Thema fertig, es ist undankbar.« Obwohl er Fanny im selben Monat schrieb, wie sehr er sich wünsche, im März nach Hause zurückzukehren und »ein hübsches Haus in London nahe beim Hyde Park« zu kaufen, zerrissen seine Bande zur Heimat allmählich. Zweifellos gestand er sich mittlerweile selber ein, daß er sich in Emma Hamilton verliebt hatte. Und es war nur eine Frage der Zeit, wann diese Liebe Erfüllung fand.

Nelsons offenkundige Unterwürfigkeit gegenüber Emma, seine geradezu hündische Anhänglichkeit konnten kaum der Kritik entgehen und erfüllten seine Kapitäne fast zwangsläufig mit Sorge, vor allem diejenigen, die ihn gut kannten und wußten, wie empfänglich er für Frauen und für Schmeicheleien war.

Emma wurde in diesem Winter mit strengem Blick von einem britischen Besucher betrachtet, von Pryse Lockhart Gordon, der mit Lord Montgomery reiste und, wie es üblich war, nach seiner Ankunft in Palermo beim britischen Gesandten vorsprach.

Nachdem er geschildert hat, wie sich er, »Sir Hamilton und Lord Nelson, der bei ihm wohnte«, bekanntgemacht haben, fährt er fort: »Unsere Einführung bei der faszinierenden Emma Lady Hamilton war mit mehr Zeremoniell und mit beträchtlicher Bühnenwirkung ins Werk gesetzt. Nachdem wir ein paar Minuten gesessen und alle Tatsachen aufgezählt hatten, die wir von Neapel wußten und die, wie wir fanden, mit großer Gelassenheit aufgenommen wurden, zog sich der Cavaliere zurück, kehrte aber kurz darauf durch eine *porte-battante* wieder, und an seinem Arm oder vielmehr an seiner Schulter lehnte die interessante Melpomene, deren kohlrabenschwarze Haarlocken ihre üppige Figur und ihre volle Büste umwallten... Nachdem die Einführungszeremonie vorbei war, trug sie in gedämpftem Tone eine *mélange* aus Lancashire-Dialekt und Italienisch vor, wobei sie ausführlich die Liste ihrer Schicksalsschläge, ihrer Hoffnungen und Befürchtungen behandelte, samt einer Wehklage über ihre liebe Königin, den Verlust ihres bezaubernden Palazzos und dessen kostbaren Inhaltes, welcher in die Hände der widerwärtigen Republikaner gefallen sei.

Doch hier boten wir etwas Trost an, indem wir Ihrer Ladyschaft versicherten, daß jeder Gegenstand aus dem Besitze des Botschafters unversehrt in ein englisches Transportschiff verladen worden sei, welches in ein paar Tagen auf den Weg geschickt werden würde. All das, so erfuhren wir danach, wußte sie, denn das Schiff war tatsächlich schon eingetroffen.«

Doch wo ein kühler und aristokratischer Mensch nur Affektiertheit und Gewöhnlichkeit sah, sah ein schlichter Seemann nichts als vollerblühte Schönheit, die ihn bezauberte.

Während in Palermo der kalte Winter anhielt und Vorkehrungen für den Umzug der Hamiltons in ein größeres und behaglicheres Haus getroffen wurden, den Palazzo Palagonia in der Nähe der Hafenmole, hatte sich die Lage in Neapel noch mehr verschlechtert. Nur die *lazzaroni* boten den Franzosen weiter Trotz, doch Ende Januar hörte aller Widerstand auf. Die Stadt ergab sich General Championnet, und obwohl man von der Parthenopäischen Republik, die nun in Ferdinands früherer Hauptstadt gegründet wurde, kaum sagen konnte, daß sie von allgemeiner Zustimmung getragen war, gründete sie sich doch, so schien es, fest genug auf die unbestreitbare Stärke der französischen Waffen. Kardinal Fabrizio Ruffo, der zu jenem weltlichen Prälatentyp zählte, den man im Süden recht gut kennt, und dem große Besitzungen in Kalabrien gehörten, verließ nun Sizilien, um den Versuch zu unternehmen, die Bauernschaft in seinen Ländereien zu organisieren und einen Aufstand zu leiten. Er erwies sich als geschickter und fähiger Führer, der es in kurzer Zeit fertigbrachte, eine Massenbewegung hervorzurufen, die gegen die Franzosen revoltierte. Ähnlich erfolgreich war Troubridge bei einer Mission, zu der ihn Nelson abkommandiert hatte – er sollte die Inseln, die den Golf von Neapel beherrschten, in seine Gewalt bekommen. Anfang April waren Procida und Ischia in seiner Hand, doch er entdeckte bald, daß der ambivalente, ja unbeständige Charakter des südlichen Patriotismus im ganzen genommen für seine konservative Natur zu kompliziert war – er konnte ihn nicht begreifen. Nelson machte ihm den Vorschlag, einige Soldaten und einen Richter zu schicken, damit er, der hart Bedrängte, sich nicht übermäßig mit den politischen Angelegenheiten der Neapolitaner zu beschäftigen brauchte. Diese Dinge warfen Schwierigkeiten auf, bei denen, wie sich bald in Nelsons Fall erwies, Geradheit und Schlichtheit kein Ersatz für Schlauheit, List und Einsicht in die Kompliziertheit romanischer Charaktere waren.

Unterdessen hatte sich Nelson den Palazzo Palagonia zu seinem Zuhause gemacht, und hier etablierte sich friedlich die *Tria juncta in uno* – so Sir Williams taktvolle Verwendung des Wahlspruchs jenes Ordens, dem er und Nelson angehörten, allerdings war das nicht mehr als ein eleganter Euphemismus für eine *ménage à trois*. Sir William hatte sich schon vor langer Zeit an den Gedanken gewöhnt, daß er demnächst einem jüngeren Mann werde weichen müssen (wobei er natürlich hoffte, dieses Arrangement ließe sich mit schicklicher Diskretion durchführen). Die Tatsache, daß Nelson ganz offensichtlich Emmas Zauber erlag, war beunruhigend, aber nicht unerträglich. Er hatte in Nelson nicht nur den fehlenden Sohn, sondern auch einen Helden wie aus der Antike gefunden (eine fast homerische Gestalt), und er liebte ihn für seine Großtaten und für das strahlende Feuer seiner Persönlichkeit. Sir William war, obwohl ihm britische Besucher, der Hof und der Pöbel von Palermo das natürlich anhängten, nie der klassische *cornuto* – ein geringschätziges Wort, das heute noch in Palermo als höchste Beleidigung für einen blinden Hahnrei, für einen »Gehörnten« eben, üblich ist. Er war auch sehr viel mehr als nur ein *mari complaisant*, was heißen will, ein Ehemann, der sich nicht daran stößt, daß seine Frau sich einen Geliebten nimmt, vorausgesetzt, sie macht sich nichts daraus, daß er eine Freundin hat. Er liebte Emma für die Zuneigung, die sie ihm in all den Jahren erwiesen hatte, für die immer noch einzigartige Schönheit ihres Gesichts, und er liebte Nelson als den bedeutendsten und bewundernswertesten Freund, den er je gewonnen hatte. Er kam zu einem einfachen horazischen Schluß, zum herbstlichen Sich-Bescheiden. Nie legte er wegen dieser Angelegenheit den rasenden Zorn an den Tag, den er gegenüber Greville zeigte, als er vom Verlust seiner großen Sammlung antiker Vasen erfuhr.

25 Das Jahr '99 im Mittelmeer

Im März 1799 erklärte Österreich Frankreich den Krieg – genau das Ereignis, auf das Nelson, Hamilton und Acton im Vorjahr gehofft hatten. Eine österreichisch-russische Armee unter General Suworow marschierte in Norditalien ein, ein russisch-türkisches Geschwader eroberte die von den Franzosen besetzte Insel Korfu. Das hatte zur Folge, daß Kardinal Ruffo und seine sich rasch vergrößernde Freischärlerarmee ihren Vorstoß von Süden her fortsetzen konnten. Die unglücklichen Bürger von Neapel schienen unentrinnbar dazu verdammt, erst vom Terror erfaßt zu werden, den die Jakobiner entfesselten, und dann vom Terror, der losbrechen würde, wenn Ruffo und ihre Landsleute die Stadt erreichten. Im selben Zeitraum hatte General Sir Charles Stuart weit weg im westlichen Mittelmeer Menorca mit seinem hochwichtigen Hafen Port Mahon so mühelos erobert, daß er zwei komplette britische Regimenter zur Verstärkung der Verteidigung von Sizilien schikken konnte. Troubridge fuhr unterdessen fort, von seinen günstigen Stellungen Procida und Ischia aus eine undurchlässige Blokkade gegen Neapel aufrechtzuerhalten. Es sah so aus, als würden auf den Fehlschlag von 1798 spektakuläre Triumphe im ganzen Mittelmeer folgen. In diesem Augenblick, da die Aktionen, die er gefordert hatte, im ganzen Umkreis eine Wucht zu erlangen schienen, die die Franzosen aus dem Mittelmeerbecken hinwegfegen konnte, blieb der Mann, dessen Sieg am Nil all das ausgelöst hatte, »untätig an einem fremden Hofe«, wie Lord Spencer es später beschrieb. Der Grund dafür ist von trauriger Offensichtlichkeit. Lady Minto, die Frau des Botschafters in Wien, bekam alle Neuigkeiten aus Palermo von zwei britischen Reisenden mitgeteilt, die sich seit der Ankunft der aus Neapel geflohenen königlichen Familie in dieser Stadt aufgehalten hatten. »Nelson und die Hamiltons«, schrieb sie an ihre Schwester, »lebten in einem Hause zusammen, wofür Nelson die Kosten trug, die ungeheuer waren, und über allen möglichen Spielen verstrich die halbe Nacht. Nelson pflegte mit großen Mengen von Goldmünzen dazusitzen, und wenn er schlafen gegangen war, nahm Lady Hamilton von dem Haufen, ohne nachzuzählen, und spielte mit seinem Gelde bis zu der Summe von 500 Pfund pro Abend. Das Spielen ist eine Sucht bei ihr, und Sir William sagt, wenn er tot ist, wird sie an den Bettelstab geraten. Doch sie hat in Form von Geschenken der königlichen Familie Diamanten im Werte von ungefähr 30000 Pfund. Sie sitzt im Rate und hat Macht über alles und jedes.« Der letzte Satz ist weit von der Wahrheit entfernt, denn die Königin benutzte Emma Hamilton nur (und das in wachsendem Maße, als sie Nelsons Abhängigkeit von ihr wahrnahm) – sie war nicht die Frau, die es zugelassen hätte, daß eine andere die Zügel der Macht in die Hand nahm. Doch wie Nelsons Leben in dieser Phase beschaffen war, wird uns durchaus hinreichend durch andere Berichte bestätigt, etwa durch Lord Mintos Bemerkung: »Sein Eifer für den Dienst am Staate scheint sich völlig in seiner Liebe und Eitelkeit verloren zu haben, und sie sitzen alle den lieben langen Tag da und schmeicheln sich gegenseitig.«

Doch die traurigste Stellungnahme kam von Troubridge, der seinem alten Freund so taktvoll wie möglich schrieb: »Verzeiht, Mylord, nur meine aufrichtige Wertschätzung für Euch veranlaßt mich dazu, es zu erwähnen. Ich weiß, daß Ihr keine Freude daran haben könnt, die ganze Nacht aufzubleiben und Karten zu spielen, warum also solltet Ihr Eure Gesundheit, Euer Wohlbefinden, Euer Portemonnaie, Euren Seelenfrieden und alles den Gewohnheiten eines Landes opfern, wo Eures Bleibens nicht lange sein kann?« Er kannte den Grund dafür nur zu gut, wußte auch, daß Nelson nie ein Spieler gewesen war und jetzt nur als solcher erschien, weil die Frau, in die er verliebt war, eine Passion für Spiele mit hohen Einsätzen hatte. Dann sagte er: »Ich bin zuversichtlich, daß der Krieg bald vorbei ist und uns von dem Pfuhle all dessen, was schändlich ist, befreien wird und daß wir uns am Lächeln unserer Landsmänninnen erfreuen können. Eurer Lordschaft ist die Hälfte dessen, was geschieht, und das Gerede, das es nach sich zieht, unbekannt; wenn Ihr wüßtet, was Eure Freunde um Euretwillen empfinden, so würdet Ihr, dessen bin ich gewiß, all die nächtlichen Gesellschaften aufgeben. Von der Glücksspielerei der Leute zu Palermo wird überall öffentlich gesprochen. Ich flehe Eure Lordschaft an: Hört auf damit.« Nelson vermochte es nicht. Soviel wir wissen, antwortete er nicht einmal auf den Brief.

In der Zeit, da Sir William Emma geheiratet hatte, machte der spöttische Casanova, der auf der seltsamen Irrfahrt seines Lebens Neapel ebenso kennenlernte wie zahlreiche andere Städte, die folgende Bemerkung: »Er war ein gescheiter Mann, ehelichte aber schließlich eine junge Frau, die schlau genug war, ihn zu behexen. Ein solches Schicksal befällt den Klugen oft, wenn er alt wird. Es ist immer ein Fehler zu heiraten, doch wenn eines Mannes körperliche und geistige Kräfte nachlassen, ist es ein Unheil.« Seine Worte wurden jetzt auf traurige Weise bestätigt. Den Tag, an dem Nelson und Emma ihre Liebschaft begannen, kann man nicht genau bestimmen, doch das, was an Beweismaterial vorhanden ist, legt die Vermutung nahe, daß es der 12. Februar 1799 war. Ein Brief, den Nelson nach der Geburt ihrer gemeinsamen Tochter im Jahre 1801 an Emma schrieb, enthält die Zeilen: »Ach, meine liebe Freundin, ich habe mich des 12. Februars und auch der zwei Monate danach wohl entsonnen. Ich werde sie nie vergessen und nie die Folgen bereuen.« Nun gab es in diesem Zusammenhang nur zwei Tage, auf die sich Nelson beziehen konnte, den 12. Februar 1799 und den 12. Februar 1800. Doch am 12. Februar 1800 segelte Nelson mit Lord Keith, der St. Vincent als Oberbefehlshaber nachgefolgt war, von Palermo nach Malta ab, zu jener Fahrt, bei der er die *Le Généreux* eroberte. Nachdem wir Nelsons penible Gewohnheit kennen (die sich bei ihm schon seit langem durch sein Leben als Seemann herausgebildet hatte), Daten ganz genau festzuhalten, kann kaum ein Zweifel daran bestehen, daß es der 12. Februar 1799 ist, von dem er spricht.

Außerdem verließ er Palermo in diesem Jahr erst am 19. Mai an Bord der *Vanguard*, was die »zwei Monate danach« erklären würde. Nach seinen harten Wintern – man friert bis ins Mark, und Schnee liegt auf den hohen Bergen hinter der Conca d'Oro – blüht Palermo im Frühling auf und wird eine der anmutigsten Städte der südlichen Welt. Es scheint wenig Zweifel daran zu bestehen, daß der Admiral und die Botschafterin in den Anfangsmonaten dieses Jahres im Palazzo Palagonia eine Liebe vollzogen, die von ihrer Seite als eine Art Scharade, vermischt mit Verstellung, begonnen hatte und von seiner Seite als Zugeständnis an seine Eitelkeit und als der sehr menschliche Wunsch eines Mannes, der durch weibliche Zuneigung und weiblichen Trost leicht zu beeindrucken war. Eine gewisse zusätzliche Bestätigung dieses Schlusses ist die Tatsache, daß Nelson im Mai 1799 zugunsten Emmas seinem Testament einen Nachtrag hinzufügte (dem noch viele weitere folgen sollten). Er besagte, daß er ihr eine mit Diamanten besetzte goldene Kassette vermachte – »zum Zeichen der Ehrerbietung und Hochachtung vor ihren stets hervorragenden Tugenden (denn sie besitzt sie in einem solchen Maße, daß man ihr Unrecht täte, wenn man nur eine einzelne erwähnte)«. Der springende Punkt ist hier, wie man das Wort Tugend auslegt...

Was Nelsons beruflichen Bereich betraf, so war das entscheidende Ereignis dieses Jahres die Ablösung St. Vincents durch Lord Keith. Die Beziehung zwischen St. Vincent und Nelson war derart eng, ihr gegenseitiges Vertrauen derart groß, daß Nelson befürchtete – und das mit Recht –, daß er unter diesem Neuling nie dieselbe Entscheidungsfreiheit haben würde wie unter seinem alten Freund. »Verlaßt uns nicht«, schrieb Nelson. »Wenn ich in Eurer Freundschaft irgendein Gewicht habe, so laßt mich Euch dringend bitten, den schlafenden Löwen zu wecken, *gebt kein Stückchen von Eurer Befehlsgewalt auf*, seid wieder unser St. Vincent.« Doch St. Vincent wurde alt und fühlte sich nicht wohl, und im Juni dieses Jahres trat Lord Keith an seine Stelle. Es ist verlockend, aber etwas unergiebig, darüber zu spekulieren, ob Nelson sich anders verhalten hätte, wenn St. Vincent sein Oberbefehlshaber geblieben wäre. Seine Freundschaft zu ihm, dazu seine tiefe Bewunderung und Hochachtung, hätten ihn vielleicht von einigen Torheiten abgehalten, die er aufgrund seiner Liaison mit Emma Hamilton hin beging. Schließlich übernahm Lord Keith im Juni den Oberbefehl, fast zur selben Zeit, da Nelson sein Flaggschiff wechselte – er verließ die *Vanguard* und quartierte sich auf einem neuen Linienschiff mit 80 Geschützen ein, auf der *Foudroyant*, die soeben zu seiner Streitmacht in Palermo gestoßen war. Nelson war im Februar Konteradmiral der Roten Flagge geworden.

Während die Ereignisse auf dem Festland darauf hinzudeuten schienen, daß bald der Moment kommen würde, da die Bourbonen nach Neapel zurückkehren konnten, lief die Nachricht ein, daß ein französisches Geschwader ins Mittelmeer eingelaufen sei. Sein Ziel kannte man nicht – Malta, Alexandria, Sizilien, all das war möglich –, und Nelson kam zu dem Schluß, daß es das beste sei, westlich von Sizilien zu kreuzen, von wo aus er ein wachsames Auge auf die wichtigsten Seewege haben konnte. Doch die Franzosen hatten Kurs auf Toulon genommen und es fertiggebracht, Lord Keith, der ihnen in wilder Jagd nachsetzte und dicht hinter ihnen war, zu entkommen. Die Nachrichten aus Neapel klangen verwirrend, aber eins war völlig klar – Kommodore Caracciolo, den es immer noch schmerzte, wie der König ihn behandelt, wie er die britischen Schiffe den seinen vorgezogen hatte, hatte den Mantel nach dem Wind gehängt und sich auf die Seite der Republikaner geschlagen. Unterdessen schlossen Kardinal Ruffo und seine Freischärler rasch die Stadt ein. Die Franzosen hatten Neapel bis auf das alte Kastell St. Elmo vollständig geräumt, und die Zeit schien reif für den endgültigen Sturz der Parthenopäischen Republik.

Am Nachmittag des 24. Juni fuhr Nelson mit seinem aus siebzehn Schiffen bestehenden Geschwader noch einmal in den Golf von Neapel ein. Er hatte die Absicht, den französischen Einfluß in der Stadt vollends auszumerzen und dafür zu sorgen, daß König Ferdinand und Königin Carolina gefahrlos zurückkehren konnten. (Sie würden beide Palermo erst dann verlassen, wenn sie davon überzeugt waren, daß man Neapel gründlich von den Republikanern »gesäubert« hatte.) Sir William Hamilton und Emma begleiteten Nelson, um als Repräsentanten des Königs zu agieren und um ihm als Dolmetscher behilflich zu sein. Nelson sah sich jetzt der unbehaglichen Situation konfrontiert, die Sache der Bourbonen fördern zu müssen. Er zwang den Untertanen des Königs eine bedingungslose Kapitulation auf und stellte sicher, daß die letzten Franzosen binnen zwei Stunden nach Übergabe seiner Bedingungen die Stadt verließen. Er bewegte sich jetzt in den trüben Gewässern der Diplomatie und der internationalen Politik, und er trat dabei offen und direkt auf wie ein Kapitän, der es mit Meuterern zu tun hat. »Was nun die Rebellen und Verräter angeht, so hat keine Macht auf Erden das Recht, sich zwischen ihren gnädigen König und sie zu stellen, sie müssen sich unverzüglich der Milde ihres Souveräns anvertrauen, denn keine anderen Bedingungen werden ihnen gewährt werden, auch wird es den Franzosen nicht gestattet sein, sie bei einer Kapitulation auch nur zu erwähnen.«

Nelsons erste Handlung bestand darin, einen Waffenstillstand zu annullieren, den Kapitän Edward Foote von der Fregatte *Seahorse* und Kardinal Ruffo einerseits und die Franzosen und rebellischen Neapolitaner andererseits vereinbart hatten. Ruffo beschwerte sich natürlich – er habe mit der Aushandlung der Waffenstillstandsbedingungen sein Bestes getan, damit die Stadt von der Zerstörung durch die abziehenden Franzosen verschont bliebe, er könne unmöglich sein Wort brechen und seine Unterschrift streichen. Er glaubte, viele, ja die meisten seiner Landsleute, die sich der Parthenopäischen Republik angeschlossen hatten, hätten es nur getan, weil ihnen keine andere Wahl geblieben sei – der König sollte ihnen vergeben. Ruffo war ein Politiker, Nelson nicht, und es nimmt kaum wunder, daß die beiden Männer sich gleich von Anfang an stritten. »Nur meine Gemütsruhe hat bei der ersten Zusammenkunft von Kardinal Ruffo und Lord Nelson einen offenen Bruch verhindern können«, schrieb Sir William später an seinen Neffen Greville. »Lord Nelson ist so daran gewöhnt, offen und ehrlich zu handeln, daß er keine Geduld hat, wenn er auf das Gegenteil trifft, dessen man immer gewärtig sein muß, wenn man es mit Italienern zu tun hat, & Seine Eminenz ist möglicherweise der schiere Inbegriff italienischer Finesse.« Es war vor allem Sir Williams Taktgefühl und seiner Darlegung der wirklichen Lage an Land zu verdanken, daß man zu einer Übereinkunft gelangte, kraft deren die Jakobiner, die sich in den beiden Kastellen Uovo und Nuovo festgesetzt hatten, abziehen und an Bord von Kauffahrteischiffen gehen durften, die im Hafen lagen. Diese Schiffe erhielten jedoch nicht die Erlaubnis zum Auslaufen, auch gewährte man ihnen nicht die militärischen Ehren, die in den Kapitulationsbedingungen vereinbart worden waren.

Am 29. Juni, vier Tage nach Nelsons Ankunft in Neapel, trafen Briefe aus Palermo ein, die klipp und klar aussprachen, daß für den König nur eine bedingungslose Kapitulation in Frage kam. Ferdinand hatte nichts für Milde übrig, er wollte durchaus unnachgiebig bleiben, solange Nelson und die britischen Kriegsschiffe seine Wünsche ausführten. Königin Carolinas Ratschlag, den Emma an Nelson übermittelte, lautete, er solle mit Neapel verfahren, »als wäre es eine aufrührerische irische Stadt«, und mit »der größten Entschlossenheit, Wirkung und Strenge« durchgreifen. Ruffo fühlte sich durch diese neuen Anordnungen kompromittiert, die seine Bemühungen, die Dinge friedlich zu regeln, zunichte machten, und weigerte sich, bei der geplanten Belagerung des Kastells St. Elmo mitzuhelfen. Gleichzeitig ließ er den Befehl ergehen, daß niemand in Neapel ohne seine Erlaubnis festgenommen werden dürfe. Nelson, dem der König unbeschränkte Vollmacht gegeben hatte, erwog sogar, den Kardinal verhaften zu lassen. Glücklicherweise sah er ein, daß die Lage einen Punkt erreicht hatte, wo die Verwicklungen, die an Kompliziertheit dem gordischen Knoten ähnelten, nur durch die Rückkehr des Königs, der Königin und ihres Premiers Acton entwirrt werden konnten. (Nelson war natürlich versucht, den Knoten mit dem Schwert zu durchhauen.)

Am 10. Juli traf der König mit einer Fregatte aus dem Süden ein, und die Last, die Gesamtsituation in Neapel meistern zu müssen, war von Nelsons Schultern genommen. Doch bevor das geschah, kam es zu jenem Vorfall, der Nelsons Ruf im Zusammenhang mit seinem Vorgehen in Neapel lange befleckt hat. Am 29. Juni – Kapitän Hardy hielt sich auf dem Deck der *Foudroyant* auf – gab es großen Tumult, als ein kleines Boot längsseits kam. Dann erhielt er den Bescheid, daß »der Verräter Caracciolo gefangen sei«. Der Kommodore, der sich an den Belangen der Parthenopäischen Republik gewiß aktiv beteiligt hatte, war durch die heftigen Leidenschaften, die man bei den Antijakobinern Neapels geweckt hatte, und schon aufgrund der Mentalität seiner Mitbürger fast von vornherein gerichtet. Doch es bleibt die Tatsache bestehen, daß man ihn nicht in der Hitze des Gefechts hätte aburteilen sollen – diesen Umstand muß man auf Nelsons Wunsch zurückführen, sofort ein Exempel zu statuieren, das alle warnte, die mit den Franzosen sympathisierten. An Caracciolos Schuld gibt es keinen Zweifel, auch nicht daran, daß er wohl wußte, welches Schicksal ihn erwartete, wenn er gefaßt wurde (man entdeckte ihn, als er sich im Gewand eines Bauern in einem Brunnen versteckte). Nelson berief unverzüglich ein Kriegsgericht ein. Es bestand aus fünf ranghöheren Offizieren des neapolitanischen Geschwaders; den Vorsitz führte Graf Thurn, ein österreichischer Kommodore in neapolitanischen Diensten. Das Ergebnis der Verhandlung war eine ausgemachte Sache. Caracciolo hatte die republikanische Flotte befehligt, britische und neapolitanische Schiffe angegriffen (auf solche seiner eigenen Flagge geschossen) und ganz eindeutig seinen König verraten. Er wurde mit vier zu zwei Stimmen zum Tode verurteilt, und als man Nelson davon unterrichtete, befahl er, ihn noch am selben Abend an der Rah einer sizilianischen Fregatte zu hängen. Thurns Vorschlag, man möge Caracciolo eine Frist von vierundzwanzig Stunden gewähren, damit er seinen Frieden mit Gott machen könne, und Caracciolos Bitte, ihn so zu exekutieren, wie es einem Edelmann geziemte, fanden kein Gehör. Nelson glaubte – und er hatte es schon vor einiger Zeit St. Vincent zu verstehen gegeben, als er mit dessen summarischer Behandlung von Meuterern übereinstimmte –, daß man solche Angelegenheiten am besten rasch erledigte. Seekadett Parsons bekundet in seinen *Erinnerungen* eine offensichtliche Sympathie für den italienischen Admiral und berichtet, er habe sich hauptsächlich damit verteidigt, daß er betonte, *König Ferdinand* habe sein Volk verraten, indem er sich nach Palermo abgesetzt, den gesamten königlichen Schatz mitgenommen und General Macks Armee ohne Sold zurückgelassen habe. Parsons erinnerte sich dann an einen makabren Zwischenfall, der sich ein paar Tage nach Caracciolos Hinrichtung ereignete. »Ich wurde aus dem Schlummer gerissen durch die Meldung, daß der König auf Deck sei... Ich hastete nach oben und sah, wie seine Majestät angespannt und beängstigt irgendeinen entfernten Gegenstand anstarrte. Auf einmal erbleichte er, ließ sein Fernrohr fallen und stieß einen Ausruf des Entsetzens aus. Meine Augen wandten sich unwillkürlich in dieselbe Richtung, und an Backbord achtern, das Gesicht uns vollends zugewandt, stark aufgedunsen und entstellt vom Wasser, die Augäpfel durch die Strangulierung aus den Höhlen getreten, trieb der unglückliche Fürst... nachdem Lord Nelson aus seinem unruhigen Schlummer geweckt worden war, befahl er, daß ein Boot hinrudern und den Leichnam an Land schleppen solle.«

Wie zu erwarten war, wurde die Stadt Neapel jetzt einer Weißen Schreckensherrschaft unterworfen, wobei die Verfolgung von Revolutionären und Jakobinern denjenigen gelegen kam und von denjenigen für ihre eigenen Zwecke ausgenutzt wurde, die ihren Groll auslassen und Blutrache üben wollten. Der König, der eigentlich in seiner Stadt hätte bleiben sollen, war nur zu erpicht darauf, nach Palermo zurückzukehren, sich wieder mit Jagen und Schießen zu vergnügen und wie üblich alle Verantwortung von sich zu weisen. Nelson spielte bei der Angelegenheit eine unglückliche Rolle. Ferdinand, daran kann man kaum zweifeln, nutzte Nelsons Position aus. Das Gewicht seiner Autorität und die Macht der britischen Flotte sollten dazu dienen, eine Sachlage zu entschuldigen, die Fox dazu bewegte, im Unterhaus auf die »Greuel« aufmerksam zu machen, die sich in Neapel ereignet hätten.

Nelsons Haltung erregte Ärgernis, und obwohl man ihn in keiner Hinsicht »reinwaschen« kann, vermag man sich nur schwer vorzustellen, was er unter den gegebenen Umständen sonst hätte tun können. Es stand nicht in seiner Macht, Ferdinand in seinem Handeln einzuschränken. Er war weder für die Gefühlsausbrüche der südlichen Politik verantwortlich, noch konnte er sie begreifen. Seine Aufgabe als britischer Admiral war es, dafür zu sorgen, daß die Bourbonen wieder eingesetzt wurden – dies und nichts anderes. Die Innenpolitik des Königreichs war nicht seine Sache. Es kann wenig Zweifel daran geben, daß er der neapolitanischen Angelegenheiten und der gewundenen Denkprozesse der Italiener unendlich müde war. Seekadett Parsons, der die Hinrichtung Caracciolos schriftlich festhielt, faßt Nelsons Einstellung zu den

Affären dieses hysterischen Königreichs so zusammen: »Die Matrosen unserer Flotte, die sich wie Bienen traubenweise in der Takelage sammelten, trösteten sich damit, daß es nur ein italienischer Fürst und neapolitanischer Admiral sei, der da habe hängen müssen, im Vergleich selbst mit dem niedrigsten Manne auf einem britischen Schiff eine sehr geringgeachtete Person.«

Am 13. Juli, kurz nachdem der König erneut und widerwillig von Palermo nach Neapel zurückgekehrt war und das letzte franzosenfreundliche Bollwerk in der Stadt, das Kastell St. Elmo, sich den Streitkräften der Belagerer ergeben hatte, erhielt Nelson Order von Lord Keith, er möge ihm »Schiffe schicken, die Ihr entbehren könnt... (und zwar nach) Menorca, um meine Befehle abzuwarten.« Nelson, dessen Flaggschiff momentan als Ferdinands Regierungssitz diente und von dessen Matrosen viele an Land gebracht worden waren, um bei der Eroberung von Capua und Gaeta, zwei Städten nördlich von Neapel, zu helfen, lehnte dies ab. Das war eine unerhörte Gehorsamsverweigerung. Keith hatte als Oberbefehlshaber natürlich das Recht, einem Rangjüngeren zu befehlen, ihm jedes Schiff zu schicken, das er erübrigen konnte. Die Tatsache, daß Nelson Menorca für nicht gefährdet hielt, hatte dabei keine Rolle zu spielen. Daß sich Nelsons Meinung als richtig erwies und Menorca nicht angegriffen wurde, rechtfertigte ihn auch nicht, ebensowenig die baldige Eroberung von Capua und Gaeta durch die von britischen Matrosen verstärkten neapolitanischen Streitkräfte. Man sieht hier, daß Nelson im Augenblick die Interessen des Königreichs Neapel und den Bourbonenkönig über die Interessen seines Landes stellt und dem ausdrücklichen Befehl eines Vorgesetzten nicht nachkommt.

Eine weitere Weisung von Lord Keith, die nur sechs Tage später eintraf, lautete dahingehend, daß sich alle Streitkräfte Nelsons, zumindest aber der Großteil, aus dem Königreich beider Sizilien zurückziehen und sich nach Menorca begeben sollten, um diese Insel zu schützen, während Keith abwesend und auf der Suche nach der kombinierten französisch-spanischen Flotte war. Nelson weigerte sich abermals und gab als Begründung dafür an, daß er es für richtig hielte, »Euren Befehlen nicht zu gehorchen«, solange die Franzosen nicht aus Capua vertrieben seien. Er fügte hinzu: »Ich bin mir vollständig der Folgen dieser Insubordination gegenüber meinem Oberbefehlshaber bewußt.« Dieses Verhalten war zwar durch die Ereignisse gerechtfertigt, aber nicht eben vernünftig – auch darf man daran zweifeln, daß Nelson es von seiten eines seiner Untergebenen geduldet hätte. Nach Erhalt eines weiteren Befehls von Keith schickte Nelson widerwillig Duckworth mit drei Linienschiffen und einer Korvette auf den Weg. Er selbst blieb mit dem Gros seiner Streitkräfte in der Nähe von Neapel. Selbst wenn man der Tatsache Rechnung trägt, daß einem detachierten Kommandeur in diesen Tagen der schlechten Verbindungsmöglichkeiten erheblich mehr Spielraum gewährt wurde, als es heute vorstellbar ist, verdient Nelsons Haltung im Verlauf dieses Schriftwechsels schärfste Kritik. Er mag eine geringe Meinung von Keith gehabt haben, doch für sein Betragen gab es keine Entschuldigung, welchen Maßstab man auch anlegt.

Keith wurde jetzt von der Verfolgung einer französischen Flotte in den Atlantik in Anspruch genommen, und damit fungierte Nelson für den Rest des Jahres als interimistischer Oberbefehlshaber des Mittelmeers. Diese Zeit verbrachte er teilweise an Bord der *Foudroyant* in Neapel, teilweise wieder in der Villa Palagonia in Palermo. Es gab keinen Grund und keine Entschuldigung dafür, daß er seine Operationsbasis an Land verlegte, denn er hätte die Angelegenheiten der Flotte auf seinem Flaggschiff mit derselben Leichtigkeit betreiben können wie von einem Palast aus. Tatsächlich verhält es sich so, daß der Sieger vom Nil in der korrupten und trägen Atmosphäre des Hofes, umgeben von Lobhudlern und vernarrt in Emma Hamilton, schnell – wenn es nicht schon ohnehin geschehen war – einem Niedergang der Moral anheimfiel, der nur zu oft verhängnisvoll für Menschen aus dem Norden ist, die sich im lässigen, laxen und febrilen Süden niederlassen. Sein Gesundheitszustand war durchaus nicht gut, seine Sehkraft nahm ab, und wegen der Affäre mit Emma dürfte sich beim Pfarrerssohn auch das schlechte Gewissen geregt haben. Er schrieb in diesem Jahr vergleichsweise wenige Briefe an Fanny, und es konnte nicht mehr lange dauern, bis Gerüchte über sein Tun und Treiben (das seinen Freunden und Kollegen in der Kriegsmarine nur zu bekannt war) in die Salons und Clubs von England vordrangen. Schon ein einziger Brief aus Neapel, der auf den 4. August 1799 datiert ist, gibt uns eine Vorstellung von den Schmeicheleien und Lobhudeleien, die er erfuhr, und zeigt uns, wie sehr er sich daran weidete: »Der 1. August (der Jahrestag der Schlacht von Abukir) wurde hier mit so viel Beachtung gefeiert, wie es unsere Lage zuließ. Der König dinierte mit mir, und als Seine Majestät auf mein Wohl trank, wurde von allen Kriegsschiffen S. M. und von allen Kastellen ein prächtiger, 21facher Salut geschossen. Am Abend gab es eine allgemeine Illumination. Unter anderem wurde ein großes Schiff so ausstaffiert wie eine römische Galeere. An den Riemen waren Lampen befestigt, und in der Mitte wurde eine Gedenksäule mit meinen Namen aufgerichtet, am Heck erhöht schwebten zwei Engel, die mein Bildnis trugen. Kurz, die Schönheit des Ganzen übertrifft meine Schilderung bei weitem. Mehr als 2000 mannigfaltige Lampen waren rund um das Schiff angebracht, ein Orchester war da und mit den allerbesten Musikern und Sängern versehen. Das Musikstück war großenteils eine Lobpreisung auf mich, schilderte ihre Not, doch dann kommt Nelson, der unbesiegbare Nelson, und wir sind wieder in Sicherheit und froh. Du mußt aber deshalb nicht glauben, daß ich eitel bin«, schließt er, »weit gefehlt, ich berichte es mehr aus Dankbarkeit denn aus Eitelkeit.« Was Fanny und sein alter Vater, die in Roundwood saßen, im stillen, ländlichen England, über all das dachten, vermag man sich nur schwer vorzustellen. Sie konnten sich diese Welt des Weins und der Feuerwerke und der südlichen Extravaganzen kaum ausmalen. Und ähnlich schwierig muß es für sie gewesen sein, sie mit dem Mann in Verbindung zu bringen, den sie von früher her kannten – mit dem kämpferischen Kapitän zur See, der oft im Dienst für sein Land verwundet worden, aber immer von dem Wunsch besessen gewesen war, in See zu stechen und in der vordersten Reihe gegen die Franzosen anzutreten.

Im August wurde ihm auch als Dank für die Hilfe, die er dem König und der Königin geleistet hatte, das Herzogtum Brontë angeboten, ein Landsitz in den Vorbergen des Ätna, der, wie es hieß, 3000 Pfund im Jahr einbrachte. Zwar stellte er sich ein wenig so, als widerstrebe es ihm, dieses königliche Geschenk anzunehmen, aber schließlich ließ er sich erweichen durch die Beteuerungen des Königs und der Königin, es sei eine recht bescheidene Belohnung dafür, daß er ihr Reich für sie zurückgewonnen habe. Er mochte den Namen Brontë – »Donner« – und begann, mit »Brontë Nelson vom Nil« zu unterzeichnen, eine Unterschrift, die er später, nachdem sein König ihm gestattet hatte, auch den ausländischen Titel zu führen, in »Nelson und Brontë« umänderte.

Obwohl sich seine Haupttätigkeiten auf Palermo beschränkten, kann man nicht sagen, er hätte sich überhaupt nicht um seinen ausgedehnten Kommandobereich gekümmert. Er war in wachsendem Maße von den Zuständen auf Malta in Anspruch genommen. Die Malteser, denen die regelmäßigen Getreidelieferungen aus Sizilien vorenthalten wurden, mußten Hunger leiden, während die

Franzosen, hinter den großartigen Befestigungsanlagen von Valetta verschanzt, nach wie vor aushielten. Troubridge und Ball erfüllte die Lage der maltesischen Bauern mit immer größerer Sorge. Sie hatten sich als die besten Verbündeten erwiesen, mußten aber unweigerlich moralisch und physisch zusammenbrechen, wenn ihren Bedürfnissen nicht entsprochen wurde. Schließlich kam man überein, unter dem Siegel der Verschwiegenheit (denn es lief den Anordnungen der Regierung zuwider) aus dem östlichen Sizilien Getreide nach Malta zu verschiffen, und die Insel richtete sich auf einen weiteren langen Belagerungswinter ein. Nelson war auch auf Menorca gewesen und hatte, ohne Erfolg, versucht, den Armeekommandeur dazu zu überreden, ihm zweitausend Soldaten zu überlassen, die bei der Belagerung von Valetta helfen sollten.

Mittlerweile war Napoleon, nachdem ihn Sir Sidney Smith in Akka geschlagen hatte, aus dem Osten entkommen, der nun keine freie Bahn mehr für seine Ambitionen war, sondern eine Falle, aus der er um jeden Preis entrinnen mußte. In Frankreich schien alles auf die Restauration der Monarchie hinzudeuten, es sei denn, ein Armeeführer konnte durch irgendein Wunder die Republik retten. Emmanuel Sieyès, einer der fünf Direktoren, hatte bemerkt: »Ich suche einen Degen.« Und nun, nachdem er wie durch Zauberei, so schien es, den britischen Schiffen ausgewichen war, die überall im Mittelmeer Wache hielten, stahl Napoleon sich an Bord der Fregatte *Muiron* davon. Man käme kaum auf den Gedanken, daß die Umstände, eine Armee im Stich gelassen, eine Flotte verloren und die Niederlage von Akka eingesteckt zu haben, Empfehlungen waren, die ihn seinen Landsleuten nähergebracht hätten, doch es ging nach wie vor ein ungeheurer Bann von Napoleon aus. Außerdem war die Lage in Frankreich so verzweifelt und die Führung so schwach, daß es nur der Rückkehr dieses Feuergeistes aus dem Osten bedurfte, um die Energie der Franzosen wiederaufleben zu lassen.

Am 9. Oktober ging Napoleon in Fréjus in Südfrankreich an Land. Trotz der erwiesenen Überlegenheit der britischen Kriegsflotte war er Nelson zweimal in mittelmeerischen Gewässern entwischt. Binnen eines Monats nach seiner Ankunft in Frankreich hatte er seinem Land eine neue Verfassung gegeben und hielt überdies als Erster Konsul die Zügel fest in der Hand. Die Briten sahen sich jetzt nicht nur wiederauflebenden und intensiven Aktivitäten ihrer Feinde gegenüber, sondern auch einem Faktum, das sie noch mehr anwiderte als die Revolution – einer Militärdiktatur.

26 Malta

Das neue Jahr leitete ein neues Jahrhundert ein, und in diesem Jahr sollte sich Napoleons Einfluß auf dem Kontinent (entgegen Nelsons erklärter Überzeugung, daß der Krieg bald vorbei sein werde) unermeßlich verstärken. Für Nelson begann es mit der unwillkommenen Aufforderung, sich nach Livorno zu begeben. Dort hielt sich Lord Keith auf, der in seinen Kommandobereich zurückgekehrt und dem sehr daran gelegen war, seinen ungehorsamen Konteradmiral zu sehen. Keith' Verhalten in dieser Periode war ein Muster an Beherrschtheit. Er war drei Jahre länger Flaggoffizier als Nelson und zwölf Jahre älter als er, ein Mann mit untadeliger, wenn auch etwas glanzloser Vergangenheit, und er wußte genau über die mißliche Lage Bescheid, in die sich Nelson durch seine blinde Leidenschaft für die Frau des britischen Gesandten gebracht hatte. Es war nicht gerade eine Situation, mit der sich ein ruhiger schottischer Admiral gerne beschäftigte. Nelson wiederum, mit Lob und Preis überhaupt und an seine Rolle als alleiniger Befehlshaber gewöhnt, konnte sich nicht mit dem Gedanken befreunden, daß er jetzt im Mittelmeerraum nur noch die zweite Geige spielen würde. Der verzogene Schuljunge traf auf den strengen, aber gerechten Schulmeister.

Keith' erste Maßnahme bestand darin, daß er mit Nelson nach Sizilien fuhr, um sich selbst ein Bild von der Lage zu machen. Dann ging es weiter nach Malta, und dort wollte man nachsehen, was man noch an Anstrengungen unternehmen konnte, um die langwierige Belagerung zu Ende zu bringen. Eine der ersten Nachrichten, die Keith zufriedengestellt haben dürften – auf die anderen Personen des Dramas hatte es freilich genau die umgekehrte Wirkung –, war die, daß Sir William Hamilton von seinem Posten abgelöst wurde. Er war sechsunddreißig Jahre beim Königreich beider Sizilien akkreditiert gewesen und hatte im Vorjahr selbst zu verstehen gegeben, daß er gern nach England zurückkehren würde, um sich um seine Besitzungen zu kümmern. Eigentlich hätte es niemand erschüttern dürfen, daß ein jüngerer Mann, Sir Arthur Paget, zum neuen Botschafter ernannt worden war und ihn ablösen würde. Trotzdem herrschte bei Hofe heillose Bestürzung – die Königin »halb tot vor Gram«, Emma voll Lamento und untröstlichen Attitüden und selbst Sir William etwas verwirrt von der Aussicht, eine Welt zu verlassen, in der er zum »Inglese italianato«, wenn auch nicht zum sich logisch daraus ergebenden »Diavolo incarnato« geworden war.

Vieles von dem, was in und um Malta vorging, war für Keith wie für Nelson von Belang. Der russische Admiral Uschakow hatte vom Zaren den Befehl erhalten, die Blockade der Insel aufzugeben und mit seiner Flotte das Mittelmeer zu räumen. Gleichzeitig hatte der Zar, der allmählich enttäuscht von seinen Verbündeten war und erwog, sich mit Frankreich zu einigen, Marschall Suworow angewiesen, er möge Italien verlassen und sich nach Prag zurückziehen. Es sah so aus, als sei die Belagerung von Valetta, deren Ende sich anzubahnen schien, doch noch lange nicht beendet. Keith wollte sich unbedingt mit eigenen Augen vom Stand der Dinge überzeugen und gleichzeitig Nelson aus dem Müßiggang in Palermo herausreißen und seine Aufmerksamkeit auf die belagerte Insel lenken. Ironischerweise verdiente sich Nelson dank Keith' Entschluß, ihn mit nach Malta zu nehmen, in diesen letzten Monaten seiner Karriere im Mittelmeerraum eine weitere Auszeichnung hinzu.

Am 13. Februar schrieb er von der *Foudroyant* aus an Emma Hamilton: »Wir sind jetzt auf der Höhe von Messina, haben eine frische Brise und schönes Wetter. (Er hatte jenen Nordwind in die Segel bekommen, der oft durch die Straße von Messina streicht.) Es wäre zu wenig, wenn ich sagen würde, daß ich Dein Haus und Deine Gesellschaft vermisse, denn in Wahrheit habt Ihr, Du und Sir William, mich so verwöhnt, daß ich nur mit Dir glücklich bin und nirgend sonst, auch vermag ich mir nicht vorzustellen, daß ich's anderswo je sein könnte.« Er sollte bald das Glück erlangen, das seiner Natur in Wirklichkeit entsprach – eine erfolgreiche kämpferische Aktion auf See, die das Kapitel der Schlacht vom Nil nahezu abschloß. Die *Le Généreux*, die es fertiggebracht hatte, aus der Falle in der Bucht von Abukir zu entkommen, war unter Konteradmiral Perée und gemeinsam mit drei kleineren Kriegsschiffen entsandt worden, drei Schiffe zu geleiten, die dreitausend Soldaten sowie Vorräte und Munition transportierten – all das sollte General Vaubois in Valetta entlasten. Nachdem Keith, der sich an Bord der *Queen Charlotte* vor Malta befand, von einer Fregatte erfahren hatte, daß der Konvoi sich westlich von Sizilien mit günstigem Wind in Richtung Malta bewegte, kommandierte er Nelson mit der *Foudroyant* und dazu die *Northumberland* und die *Audacious* ab. Sie sollten dem Feind entgegenkreuzen und versuchen, das französische Geschwader abzufangen. Bei dichtem Nebel kreuzten die Briten in schwerer See, sicherten die nördlichen Zufahrten nach Malta und suchten den Feind.

Am 18. Februar bei Tagesanbruch hörten sie durch den perlgrauen Nebel fernen Kanonendonner. Die *Alexander*, die sich südöstlich der Insel auf Vorpostenfahrt befand, war auf das französische Nachschubgeschwader gestoßen, das gerade dicht unter Land gegangen war, um auf dem kürzesten Weg an der Küste entlang Valetta zu erreichen. Die Franzosen hatten erwartet, daß das Gebiet zwischen Malta und Sizilien scharf bewacht wurde und gehofft, daß man sie nicht aufspüren würde, wenn sie sich Valetta von Süden her näherten. Nelson und seine Schiffe, die nördlich von den Franzosen lagen, hatten jetzt den Vorteil des Windes und fuhren sofort auf den Geschützdonner zu. »Ich flehe zu Gott«, schrieb Nelson in sein Logbuch, »daß wir sie Bord an Bord bekommen.« Die *Alexander* hatte unterdessen das größte Transportschiff angegriffen und zum Beidrehen gezwungen, worauf sich die Begleitschiffe zurückzogen und zu fliehen versuchten, denn es war klar, daß bald weitere britische Schiffe zur Stelle sein würden. Sie wurden von der Fregatte *Success* unter Kapitän Peard scharf verfolgt, der, so Nelsons Worte, »mit großer Urteilskraft und Tapferkeit an ihnen vorbeizog und sie mit mehreren Breitseiten bestrich«. Das kurze Gefecht, das nun folgte, ist durch den Bericht von Seekadett Parsons, der an Bord der *Foudroyant* war, erhalten geblieben. Obwohl er oft zitiert wurde, können wir ihn schwerlich übergehen, denn er gehört zu den raren Schilderungen, die all die Jahre überdauert haben und uns Nelson im Gefecht lebensvoll vor Augen führen.

»›Meldung, Sir!‹« so beginnt Parsons' Bericht. »›Der Fremde ist offensichtlich ein Kriegsschiff, ja, ein Linienschiff, Mylord, mit raumem Wind auf Steuerbordbug.‹

›Ah, ein Feind, Herr Staines. Ich bete zu Gott, daß es die *Le Généreux* sein möge. Das Signal für ›allgemeine Verfolgung‹, Sir Edward... sorgt dafür, daß die *Foudroyant* nur so dahinfliegt!‹ (Sir Edward Berry hatte Hardy als Kapitän von Nelsons Flaggschiff abgelöst.)

So sprach der heldenhafte Nelson, und jede Anstrengung, zu welcher das Nacheifern anzuregen vermag, wurde unternommen, um alle Segel des Geschwaders zu setzen. Die *Northumberland* setzte sich an die Spitze, das Flaggschiff folgte ihr nach.

›Das wird nicht reichen, Sir Edward, es ist gewiß die *Le Généreux*, und sie darf sich nur meinem Flaggschiff ergeben. Sir Edward, wir müssen und werden die *Northumberland* schlagen.‹

›Ich will mein Äußerstes tun, Mylord. Die Pumpen für die Segel in Betrieb setzen (die Wasser über die Segel spritzen, damit sie sich strafften und besser zogen) – Fässer mit Wasser an die Stagen hängen – die Hängematten aufspannen, und jeder Mann soll Kugeln hineinstauen – die Stage lockern, die Lukenkeile wegschlagen und den Masten Spiel geben – lassen Sie das Wasser laufen, Herr James, und pumpen Sie das Schiff lenz.‹

Die *Foudroyant* schiebt sich nach vorn und übernimmt schließlich die Führung bei der Verfolgungsjagd. ›Die Flosse vom Admiral zuckt (der Stumpf seines rechten Arms), ich rate euch, kommt ihm nicht in die Quere.‹ Das war ein guter Rat, denn in diesem Augenblick fuhr Nelson wütend den Rudergänger an. ›Ich werde Sie abschießen, Sie Halunke, wenn Sie so nachlässig sind. Sir Edward, schickt Euren besten Maat ans Luvrad.‹

›Ein fremdes Segel voraus!‹ rief der Ausguck.

›Ein Kanonenboot oder eine Fregatte, Mylord‹, schrie der junge Signalgast.

›Ihr Unterscheidungszeichen verlangen.‹

›Die *Success*, Mylord.‹

›Signal für Kapitän Peard: Er soll dem fliehenden Feind den Weg abschneiden, obwohl nur zweiunddreißig kleine Geschütze gegen achtzig große.‹

›Die *Success* hat quer vor dem Bug der *Généreux* beigedreht und feuert ihre Backbord-Breitseite ab. Der Franzose hat die Trikolore und eine Konteradmirals-Flagge gehißt.‹

›Bravo – die *Success* soll ihr's geben.‹

›Sie hat gedreht, Mylord, und feuert ihre Steuerbord-Breitseite ab. Sie hat sie getroffen, Mylord, ihre ganzen leichten Segel fliegen davon. Der Feind ist dicht bei der *Success*, sie wird seine gewaltige Breitseite abkriegen.‹ Die *Généreux* eröffnete das Feuer auf ihren kleinen Gegner, und jedermann steht voll Entsetzen da und hat Angst vor den Folgen. Der Rauch zieht ab, und da ist die *Success*, kampfunfähig zwar, aber wie ein Bullenbeißer bleibt sie dem Feind auf den Fersen.

›Signal für die *Success:* das Gefecht einstellen und hinter mein Heck kommen‹, sagte Lord Nelson. ›Sie hat sich für ihre Größe gut geschlagen. Versucht vom Unterdeck einen Schuß auf die *Le Généreux* abzugeben, Sir Edward.‹

›Geht über sie hinweg.‹

›Ruft die Mannschaft auf ihre Posten und feuert kalten Blutes und überlegt auf ihre Masten und Rahen.‹ Die *Généreux* eröffnete in diesem Augenblick das Feuer auf uns, und als ein Schuß durch das Besanstagsegel ging, fragte Lord Nelson einen von den ganz jungen Kadetten scherzhaft, wobei er ihm den Kopf tätschelte, wie ihm diese Musik gefiele, und da er in dessen Gesichtsausdruck Bestürzung gewahrte, tröstete er ihn mit der Mitteilung, daß Karl XII. vor dem ersten Schusse, den er gehört, Reißaus genommen habe, obwohl er danach, und das mit Recht, seiner Tapferkeit wegen ›der Große‹ genannt worden sei. ›Deshalb‹, sagte Lord Nelson, ›erhoffe ich mir von Ihnen in der Zukunft vieles.‹

Jetzt eröffnete die *Northumberland* das Feuer, und im Donner unserer Kanonen sank die Trikolore.«

Nun enterte Berry die Prise und nahm Konteradmiral Perées Degen in Empfang. Der Admiral selbst lag im Sterben, nachdem er bei einer Breitseite beide Beine verloren hatte. Das letzte Mal war Berry als Verwundeter und Gefangener an Bord der *Le Généreux* gewesen – damals hatte sie die *Leander* gekapert, die die Berichte von der Schlacht von Abukir beförderte.

Nelson hatte Glück – genau das, was Napoleon von seinen Marschällen forderte. Es ist äußerst zweifelhaft, ob Nelson Palermo verlassen hätte, wenn Lord Keith nicht die Initiative ergriffen hätte. Ball schrieb in einem Brief an Emma Hamilton, in dem er von der Aufbringung der *Le Généreux* und der Auflösung des restlichen Kanvois berichtete: »Manch einer von uns nennt ihn ganz richtig einen *vom Himmel* gesandten Admiral, dem das Glück hold ist, wohin er sich auch wendet. Wir haben die Blockade von Malta sechzehn Monate lang fortgesetzt, und in selbiger Zeit und bis zu diesem Monat hat der Feind nie versucht, Entsatz heranzuführen. Seine Lordschaft traf hier an eben dem Tage ein, da sie nur noch ein paar Meilen von der Insel entfernt waren, kaperte die wichtigsten Schiffe, so daß nicht eines den Hafen erreicht hat.« Nelson bemerkte für seinen Teil, daß nun zwölf von den dreizehn Linienschiffen, die in der Bucht von Abukir dabeigewesen waren, ausgeschlachtet seien – blieb nur die *Guillaume Tell,* die im Schutz der Kanonen von Valetta sicher im Großen Hafen lag.

Keith lobte Nelson hochherzig für die Führung bei diesem Gefecht, und das, obwohl Nelson den Eindruck hatte, er habe wieder seine Befehle mißachtet, indem er Keith verlassen hatte, ohne ihm durch Signale klar zu bedeuten, was er beabsichtigte. Der Oberbefehlshaber segelte nun nach Norden, um die Blockade von Genua weiterzuführen, und betraute Nelson mit der Leitung der Blockade von Malta. Bevor Keith abreiste, betonte er, daß Syrakus oder Messina weitaus bessere Operationsbasen seien als Palermo – diese Bemerkung stimmte mit Nelsons früher geäußerter Absicht überein, daß er Syrakus zu seinem Basishafen machen wolle. Doch damals war Emma Hamilton noch nicht auf der Szene erschienen, hatte sich die blinde Leidenschaft des Mannes Nelson noch nicht über die Urteilskraft des Seemannes Nelson hinweggesetzt. Es kann kein Zweifel daran bestehen, daß er sich in dieser Lebensphase äußerst schlecht fühlte – er war physisch erschöpft und gewiß auch fieberhaft erregt und gequält wegen der Lage, in der Emma und er sich befanden. Trotz Troubridges inständigen Bitten, er möge dableiben und das Kommando über die Blockade führen, segelte er nach Palermo zurück. Dort wechselte er auf einen Transporter über, der in der Höhe der Villa Palagonia vor Anker lag, und schickte Berry mit der *Foudroyant* zurück nach Malta. Und damit entging ihm, was in der Tat der krönende und ruhmreiche Abschluß seiner Laufbahn im Mittelmeer gewesen wäre. Berry erreichte Malta gerade noch rechtzeitig, um zufällig auf die *Guillaume Tell* zu stoßen, die zu entwischen versuchte, und kaperte das letzte französische Schiff, das von der Schlacht von Abukir übriggeblieben war. Nelson schrieb Berry sofort mit jener Begeisterung und offenherzigen Anerkennung für die Leistungen anderer, die ihn denjenigen, die unter ihm dienten, immer lieb und teuer machten. »Eure Führung und Eure Charakterstärke beim jüngstvergangenen glorreichen Ereignis prägen Euren Ruhm dergestalt, daß er für den Neid unerreichbar ist.« Es schien, als sei mit dieser endgültigen Ausschaltung von Brueys' Flotte seine letzte Verbindung zum Mittelmeer durchtrennt. Er hatte bereits bei Lord Spencer um die Erlaubnis nachgesucht, nach England zurückkehren zu dürfen: »Meine Aufgabe ist getan, meine Gesundheit ist dahin, und die Befehle des großen Grafen St. Vincent sind restlos ausgeführt.« Palermo begann allmählich, ihn anzuwidern. Jetzt betrachtete er alles so, wie ihm anfangs Neapel erschienen war: »Es ist ein Land der Müßiggänger und Poeten, der Huren und der Lumpen.« Diese seine Gefühle wurden noch dadurch verstärkt, daß der vierundsechzigjährige Sir John Acton mit besonderem Dispens seine dreizehn Jahre und neun Monate alte Nichte heiratete. Der Vergleich zwischen dieser zynischen, hedonistischen Welt und der Welt seiner Offiziere muß ihm vorgeschwebt haben, als er Lord Keith lobend von dem Gefecht vor Malta berichtete: »Ich danke Gott dafür, daß ich nicht dabei war, denn es würde mir den Rest geben, wenn ich vom Lorbeer dieser tapferen Männer auch nur ein Zweiglein für mich beansprucht hätte. Sie sind meine lieben Kinder, und ich freue mich über sie.«

Am 23. April segelte die *Foudroyant* von Palermo ab. Es ging zurück nach Syrakus und dann nach Malta. Sir William hatte mittlerweile brieflich seine Abberufung erhalten, und so konnte er denn bei seinem Freund einen kurzen Urlaub auf See machen. Außer Emma gehörten vier weitere Personen zur Gruppe der Reisenden, darunter auch Cornelia Knight, die Tochter eines Admirals, die uns einen lebensvollen Bericht nicht nur von dieser Fahrt, sondern auch von anderen Einzelheiten aus Nelsons Leben in diesen Jahren hinterlassen hat. Nachdem sie Syrakus angelaufen und die Ruinen besichtigt hatten – das große Theater und all die anderen Zeugen jener Welt des klassischen Altertums, die Sir William höher schätzte als die Welt, in der er lebte – durchpflügte die *Foudroyant* den Kanal von Malta und stieß zum Blockadegeschwader vor Valetta. Das Flaggschiff geriet in das Feuer von Valetta, und anders als beim Gefecht mit der *Le Généreux* war das Pfeifen der Kugeln, als sich die Franzosen auf die *Foudroyant* einschossen, gar nicht nach Nelsons Geschmack, denn sie trug eine kostbare Ladung – Emma. »Lord Nelson war maßlos engagiert, und Lady Hamiltons Weigerung, das Achterdeck zu verlassen, war nicht dazu angetan, ihn zu beruhigen.« Emma, die im allgemeinen sagte, daß sie das Meer nicht schätzte, genoß es bei dieser Gelegenheit – der Grund ist nicht schwer zu erraten. Egal, welches Datum man für den Beginn ihrer Liebesbeziehung annimmt, mittlerweile waren sie zweifellos ein Liebespaar, denn ein Jahr später erinnerte Nelson sich auf der Ostsee an die »Tage des Behagens und die Nächte der Lust«, die sich ihnen in den drei Wochen offenbarten, die sie in den Gewässern von Malta verbrachten. Die *Foudroyant* lag die meiste Zeit über in Marsa Xlokk, dem großen südlichen Hafen, wo heute noch ein Haus gezeigt wird, in dem sich Nelson und seine Begleitung aufgehalten haben sollen, wenn sie an Land waren. Kommodore Troubridge und General Graham, die sie mehrere Male zu Gast hatten, wollten unbedingt, daß Nelson länger bliebe und den Fall der Insel miterlebte, der damals unmittelbar bevorzustehen schien. Während dieser Zeit erhielt Ball, der später Maltas erster Gouverneur wurde, die Auszeichnung eines *Commandeur Grande Croix* vom Zaren (der nach der Flucht der Malteserritter von der Insel Großmeister ihres Ordens geworden war). Emma wurde in Anerkennung ihrer angeblichen Dienste für die Inselbewohner bei der Beschaffung des Getreides für Malta zur *Dame Petite Croix* ernannt. Alle waren glücklich, und Sir William konnte sich an einer Insel ergötzen, die mit der Geschichte des Mittelmeers verknüpft war, seit die Phönizier als erste eine Handelsniederlassung an eben jenem Hafen gegründet hatten, in dem die *Foudroyant* jetzt untätig vor Anker lag. Nelson sollte die Kapitulation der Franzosen jedoch nicht mehr erleben, denn Valetta hielt unter General Vaubois bis zum Herbst aus, und zu dieser Zeit war er bereits weit fort. Es ist sehr wahrscheinlich, daß Emma während dieser Sommerfrische auf Malta schwanger wurde, denn genau neun Monate später gebar sie ihre Tochter Horatia. Auf der Rückreise nach Palermo war sie unpäßlich – eines Fiebers wegen, wie es hieß –, und Nelson sorgte dafür, daß das Schiff nachts vor dem Wind segelte, damit sie besser ruhen konnte, und befahl, man möge sich still verhalten, damit sie nicht im Schlaf gestört wurde. Seekadett Parsons verglich die *Foudroyant* spöttisch mit »jener Arche Noah«.

Nelson hatte gehofft, mit den Hamiltons an Bord der *Foudroyant* nach England zurückkehren zu können, mußte aber in Palermo entdecken, daß sich die übliche konfuse Lage durch Königin Carolinas Entschluß, mit ihrer Familie nach Wien zu reisen, noch verschlimmert hatte. König Ferdinand war nicht im mindesten gewillt, nach Neapel zurückzukehren, und überdies erpicht darauf, seine Königin für ein paar Monate los zu sein. Und so fiel es Nelson anheim, die Hamiltons, die Königin, ihren jüngeren Sohn, drei unverheiratete Töchter (die zukünftigen Königinnen von Frankreich, Sardinien und Spanien) und ein Gefolge von fünfzig oder mehr Personen zu befördern. In seinem Entschluß, nach England heimzureisen, wurde er noch bestärkt durch einen Brief von Lord Spencer, der sich kaum die Mühe machte, seine Mißbilligung all dessen, was an diesem südlichen Hof geschehen war, zu verbergen: »Es ist keineswegs mein Wunsch oder meine Absicht, Euch vom Dienste abzuberufen, doch nachdem ich beobachtet habe, daß Ihr genötigt wart, Eures Gesundheitszustands wegen Euren Standort vor Malta zu verlassen, was, wie ich überzeugt bin, ohne

Not von Eurer Seite undenkbar gewesen wäre, schien es mir ratsamer für Euch, sogleich nach Hause zu kommen, statt untätig in Palermo verbleiben zu müssen ... All Eure Freunde hier schließen sich meiner Meinung an, daß Ihr Eure Gesundheit und Kraft eher in England wiedererlangen werdet als in einer untätigen Verfassung an einem fremden Hofe, ungeachtet dessen, wie erfreulich die Hochachtung und Dankbarkeit, die man Euch für Eure Dienste bezeugt, auch sein mögen.« Keith hatte unterdessen ebenfalls geschrieben und der *Foudroyant* und der *Alexander* ausdrücklich befohlen, auf ihren Posten vor Malta zurückzukehren. Doch bevor die Botschaft Palermo erreichte, war Nelson mit den Hamiltons und den Mitgliedern des Königshauses samt Anhang bereits nach Norden, nach Livorno, abgesegelt. Für die *Tria juncta in uno* war die sizilianisch-neapolitanische Episode endgültig und für immer vorbei. Am 14. Juni trafen Nelson und seine Gruppe mit der *Foudroyant* in Livorno ein. Und an eben diesem Tag hatte Napoleon, was die aus Österreich gebürtige Königin noch nicht wissen konnte, ihren Landsleuten bei Marengo eine vernichtende Niederlage beigebracht. Wieder lag ihm ganz Italien zu Füßen, und durch den nun folgenden Waffenstillstand gingen alle italienischen Provinzen westlich des Flusses Mincio einschließlich Genuas in französische Herrschaft über. Mit einem Streich hatte er das optimistische Bündnis gegen Frankreich zerrüttet, das seine Entstehung dem Sieg von Abukir verdankte. Er hatte bewiesen, daß die Franzosen, was immer die Briten auf See vollbrachten, an Land überlegen waren – und an Land wurden die entscheidenden Schlachten geschlagen. Nun konnte er den Blick nach Süden, nach Neapel und Sizilien wenden, denn, so sagte er: »Es gibt noch eine Macht in Italien, die unterworfen werden muß, bevor ich ihm Frieden schenken kann.«

Unter diesen Umständen nimmt es kaum wunder, daß Lord Keith meinte, er könne die *Foudroyant* nicht dafür erübrigen, daß sie »die Königin nach Palermo und Prinzen und Prinzessinnen nach allen Weltteilen bringe«. Er hatte mit Recht die Sorge, daß die französische Flotte sich jetzt womöglich dazu entschließen würde, ins Mittelmeer einzudringen und Sizilien zu erobern. Und in diesem Falle konnten sich die Briten nur noch an Menorca halten – Malta war ja noch in französischer Hand. Gegen die Bitten der Königin, man möge ihr doch erlauben, an Bord der *Foudroyant* zu ihrem Gatten zurückzukehren, stellte er sich taub und machte diesen seinen Entschluß vollends deutlich, indem er das

Schiff zur Reparatur nach Menorca beorderte und auch der *Alexander* befahl, sich dort einzufinden. In Anbetracht der Umstände war es eine Aufmerksamkeit von ihm, daß er Nelson die Fregatte *Seahorse* anbot (auf der er von Teneriffa nach England heimgereist war), die ihn, Sir William und die anderen nach Hause bringen sollte. Falls sie nicht groß genug war, wollte Keith ihm noch einen der in Malta stationierten Truppentransporter zur Verfügung stellen. Weiter konnte er nicht gehen, und da er meinte, »Lady Hamilton hat lange genug das Kommando über die Flotte innegehabt«, war sein Verhalten großmütig. Lady Hamilton bewies jedoch, daß sie, wenn schon nicht mehr die Flotte, so doch immer noch Admiral Nelson kommandierte. Sie verkündete jetzt, die Vorstellung, auf dem Seeweg zu reisen, sei ihr zuwider, sie wünsche, wie Cornelia Knight berichtete, »die deutschen Höfe zu besuchen«. An diesem Tiefpunkt von Nelsons Ruf und Geltung erhielt er nur ein einziges ermutigendes und aufmunterndes Zeichen, und zwar einen Brief, der ihm, kurz bevor er die *Foudroyant* verließ, überreicht wurde. »Mylord«, so lautete er, »mit dem tiefsten Grame sehen wir, daß Ihr im Begriffe seid, uns zu verlassen. Wir sind (wenn auch nicht auf demselben Schiff) bei jeder Schlacht, die Eure Lordschaft geschlagen hat, sowohl zu Wasser wie zu Lande, mit Euch gewesen und bitten Eure Lordschaft demütigst um die Erlaubnis, mit irgendeinem Schiffe oder Seefahrzeug oder auf eine sonstige Weise, die Eure Lordschaft am angenehmsten ist, als die Mannschaft Eures Bootes nach England gehen zu dürfen. Mylord, verzeiht den kunstlosen Stil von Seeleuten, welche nur wenig mit dem Schreiben vertraut sind, und glaubt uns, Mylord, daß wir Eure demütigsten und gehorsamsten Diener sind – die Crew der Barkasse der *Foudroyant*.«

Ihre Bitte wurde nicht erhört, denn Lord Nelson kehrte mit keinem »Schiff oder Seefahrzeug« nach England zurück. Er fügte sich Emmas Wünschen und reiste auf dem Landweg durch Kontinentaleuropa, das in wachsendem Maße durch die anschwellende Woge des Bonapartismus beunruhigt wurde. Auf der Fahrt nach Wien passierten sie einmal in nur wenigen Kilometern Entfernung französische Vorposten. Wenn Nelsons Leben und Laufbahn in diesem Augenblick geendet hätten, hätte man sich seiner lediglich als eines Admirals erinnert, der nach einem erstaunlichen Sieg seinen ganzen Ruf durch eine ehebrecherische Affäre mit der Frau seines besten Freundes aufs Spiel setzte.

27 Die Heimkehr

Nelsons Abreise aus Livorno wurde durch die Nachricht beschleunigt, daß franzosenfreundliche Elemente die Königin bedrohten – einige Loyalisten wiederum seien darauf erpicht, Nelson zurückzuhalten, damit er sie gegen die Franzosen führte, die keine 50 km weiter in Lucca saßen. Die Gruppe um die Königin verließ überstürzt die Stadt, dicht gefolgt von Nelson und den Hamiltons. Man reiste mit vierzehn Kutschen und drei großen Gepäckwagen. Sir Edward Berry sah seinen Oberbefehlshaber mit tiefem Bedauern und nicht ohne Befürchtungen ziehen – es konnte seiner Meinung nach durchaus sein, daß Nelson auf dem Weg durch Europa gefangengenommen wurde. Die *Opera-buffa*-Atmosphäre, die seit Nelsons Ankunft in Neapel geherrscht hatte, hielt sich bis zuletzt. Nur Emmas Mutter, die standhafte Frau Cadogan, scheint jeder Anforderung gewachsen gewesen zu sein. Sir William war so krank, daß er glaubte, sterben zu müssen, Nelson etwas hilflos wegen des ungewohnten Reisens über Land. Er dachte immer noch daran, für die Rückkehr nach England von der *Seahorse* Gebrauch zu machen, aber Emma weigerte sich unerbittlich, mit dem Schiff zu fahren. Die mit ihren Kindern und ihrem Gefolge belastete Königin hatte keinen anderen Gedanken, als so schnell wie möglich nach Wien zu kommen und ihre Tochter und ihren Schwiegersohn dahingehend zu beeinflussen, daß kein Friede mit den Franzosen geschlossen wurde. General John Moore, der in Livorno zugegen war, fing die Atmosphäre in seinem Tagebuch ein: »Sir William und Lady Hamilton begleiteten die Königin von Neapel. Lord Nelson begleitete Lady Hamilton. Er ist mit Sternen, Bändern und Medaillen bedeckt und gleicht mehr einem Fürsten aus der Oper als dem Sieger vom Nil. Es ist wirklich traurig, wenn man sieht, wie ein tapferer und guter Mann, der sich um sein Land verdient gemacht hat, eine so jämmerliche Figur abgibt.«

Von Florenz reiste die seltsame Kavalkade nach Ancona weiter, wo eine österreichische Fregatte, die *Bellona*, wartete, um die Königin nach Triest zu bringen. Nelson bemerkte, daß die Geschütze zum größten Teil entfernt worden waren, um Platz für Seidenvorhänge und Betten für die Begleitung der Königin zu schaffen, doch als er erfuhr, daß die Crew vor kurzem gemeutert hatte, riet er ab. Ein russisches Geschwader, das aus drei Fregatten und einer Brigg bestand, bot eine bessere Alternative, und obwohl Nelson nicht anders konnte, als die russischen Schiffe mit den britischen zu vergleichen und sie schlechter zu finden, beförderten sie die Reisenden sicher nach Triest. (Die *Bellona*, die die Franzosen schon seit langem im Auge hatten, wurde im Golf von Venedig gekapert.)

In Triest, wo man vor jedweden Bedrohungen durch die Franzosen sicher war, wurden fast alle – Nelson und Emma bemerkenswerterweise ausgenommen – schlagartig krank. Erst vierzehn Tage später konnte man die Weiterreise nach Wien antreten. Der britische Botschafter in der österreichischen Hauptstadt, Lord Minto, sah ihrer Ankunft mit erheblichem Unbehagen entgegen. Er wußte alles über die Verwicklungen zwischen Nelson und Emma und fand die Gegenwart der Königin mehr als peinlich, hatte sie sich doch britisches Geld, das für die Verteidigung von Neapel gedacht gewesen war, zu eigenem Gebrauch angeeignet. Obwohl er und Lady Minto von diesem Besuch das Schlimmste befürchteten – (»Er scheint sich nicht im mindesten bewußt zu sein, in welchen Verruf er geraten ist«) –, entdeckten sie, daß Nelson, von seiner hündischen Ergebenheit Emma gegenüber und seinem Hang zu Orden und Ehrenzeichen abgesehen, ganz der alte war. Sie erlebten auch, daß Nelson bei den Österreichern eine solche Popularität besaß, daß er zu einer Zeit, da die Briten weder bei Hofe noch anderswo im Lande mit besonderem Wohlwollen betrachtet wurden, eine ungeheure Empfehlung für ihr Land bedeutete.

»Man kann sich keine Vorstellung machen von dem Verlangen, ihn zu sehen, von der Neugierde«, schrieb Lady Minto. »Am Tor zu seinem Hause drängten sich stets Leute, ja selbst auf der Gasse, wann immer seine Kutsche vor dem Tore steht; und wenn er ins Theater ging, wurde ihm applaudiert, was hier selten geschieht. Auf der Straße war's dasselbe. Das gemeine Volk brachte seine Kinder, damit sie ihn *berührten*. Eines nahm er auf die Arme, und als er es der Mutter zurückgab, weinte sie vor Freude und sagte, es werde sein Leben lang glücklich sein. Ich glaube, daß er sich nicht im mindesten verändert hat. Er hat noch denselben Strubbelkopf, dieselbe rechtschaffene, ungekünstelte Art, doch er hat sich *Emma* verschrieben, er hält sie durchaus für einen *Engel* und spricht von ihr als einem solchen in ihrem Beisein und in ihrer Abwesenheit, und sie führt ihn herum wie ein Bärenführer den Bären. Sie muß beim Diner neben ihm sitzen, um für ihn das Fleisch zu schneiden, und er trägt ihr Taschentuch bei sich – er ist eine Lächerlichkeit aus Bändern, Orden und Sternen, aber bei uns ist er genauso wie früher.«

Lord Minto, ihr Mann, bewahrte in einem Brief an Lord Keith vom 30. August ein objektiveres Bild von seinen Besuchern: »Lord Nelson traf hier mit Sir W. und Lady Hamilton, nachdem er durch Sir Williams Krankheit einige Zeit in Triest festgehalten worden war, ein paar Tage nach der Königin von Neapel ein. Sir W. hat hier einen Rückfall erlitten, und obwohl er sich wieder ein wenig erholt hat, ist er so schwach und hat so sehr abgenommen, daß ich mir nicht vorstellen kann, daß er England lebend erreicht. Lord Nelson ist hier von allen Ständen mit dem Respekte empfangen worden, der seinen großen Taten gebührt, und das ohngeachtet der unvorteilhaften Lage, in welcher er sich gegenwärtig den Augen der Öffentlichkeit präsentiert. Sie sprechen davon, in wenigen Tagen nach England weiterzureisen, und ich, der ich ein Liebhaber seemännischer Meriten und ein aufrichtiger Freund dieses Mannes bin, hoffe, daß wir bald wieder im Zusammenhang mit seinem eigentlichen Elemente von ihm hören werden.«

Sir William war tatsächlich in Wien dem Tode nahe, und die Gruppe mußte einen Monat bleiben – erst danach ging es ihm gut genug, so daß er weiterreisen konnte. Nelsons finanzielle Aufwendungen stiegen durch diesen langen Aufenthalt an Land. Einer Schätzung zufolge gab er in dieser Periode mehr als 1000 Pfund aus. Er saß dem Maler Heinrich Füger und später, in Dresden, dem Pastellmaler Johann Schmidt, der auch ein Porträt von Emma schuf, auf dem sie sehr jung und sittsam aussieht und den Orden der Malteserritter trägt. Dieses Bild, das Nelson seinen »Schutzengel« nannte, hing später immer in seiner Kajüte. Das seltsame Trio reiste geradezu im Triumphzug durch Europa und machte auf die breite Öffentlichkeit einen positiven Eindruck, fand freilich bei seinen Gastgebern und bei den höheren Gesellschaftsschichten weit weniger Anklang. Alle anerkannten jedoch Nelsons ungeheure Verdienste – auch wenn seine schmächtige und versehrte Gestalt kaum etwas von den wahren Qualitäten dieses Mannes ahnen ließ. Emma Hamilton dagegen stand unvermeidbar im Mittelpunkt ablehnender Kritik aller Damen, die mit ihr zusammentrafen. Den Sieger vom Nil zum Sklaven gemacht zu haben, war etwas, was ohnehin nur wenige verziehen, aber sich im Hinblick darauf so offensichtlich, so ostentativ und so ausgesprochen vulgär zu benehmen, war unerträglich. Nicht nur ihr eigenes Geschlecht fand sie unsympathisch, sondern auch viele der Männer, die sich wirklich um Nelson sorgten und die sich (wozu er nicht imstande zu sein schien) schon die Situation ausmalen konnten, der er nach seiner Ankunft in England unweigerlich gegenüberstehen würde. Lord Fitzharris, der wie Lady Minto bemerkt hatte, daß Nelson im wesentlichen unverändert und »offen und ehrlich« wirke, brachte es nicht fertig, ähnlich freundliche Gefühle für Emma zu hegen. »Lady Hamilton«, schrieb er, »ist ohne Ausnahme die roheste, unmanierlichste und unangenehmste Frau, der ich je begegnet bin.«

Bevor sie Wien verließen und nach Prag und Dresden weiterreisten, nahmen Nelson und die Hamiltons Abschied von Königin Maria Carolina. Die Königin sah sie nicht ohne echte Ergriffenheit gehen, denn sie wußte wohl, daß sie nie wieder eine Freundin finden würde, die sich ihrer Sache so verschrieben hatte wie Emma, auch niemand mehr wie Nelson, dessen Ruhm mit seinem ganzen Gewicht dazu benutzt werden konnte (und benutzt wurde), die Geschicke des Königreichs Neapel zu fördern. Sie vergaß nicht, daß Sir William in den vergangenen Jahren eine große Rolle in ihrem Leben gespielt hatte, und schickte dem »Cavaliere tausend Grüße« und »dem Helden« ebenfalls, aber Emma, die sie immer noch in Neapel wiederzusehen hoffte, wünschte sie »alles Gute«. Doch nicht sämtliche Personen von hohem Stand waren bereit, diese merkwürdige *ménage à trois* zu tolerieren. Was am laxen Hof von Ferdinand und Maria annehmbar gewesen sein mochte, war in den sittenstrengeren Königreichen des Nordens nicht gelitten. Die Kurfürstin von Sachsen weigerte sich, Lady Hamilton zu empfangen, und das hätte Emma, Sir William und sogar den hypnotisierten Helden darauf hinweisen müssen, daß sie nach ihrer Rückkehr womöglich entdecken würden, daß der englische Hof ihre Situation als ausgesprochen unmoralisch betrachtete. König Georg III. verzweifelte oft am lockeren Lebenswandel seiner Söhne, er war ein altmodischer Familienvater, der überhaupt keine Nachsicht mit den Sünden des Fleisches in seiner näheren Umgebung hatte.

Die Atmosphäre dieser ungewöhnlichen Reise durch Europa, die soviel Kritik auslöste, finden wir am besten im Tagebuch einer Frau St. George ausgedrückt, die eine Freundin Hugh Elliotts, des Bruders von Lord Minto und des britischen Gesandten in Dresden, war. »Es ist offenkundig«, schrieb sie, »daß Lord Nelson an nichts anderes denkt als an Lady Hamilton, die vollständig von demselben Gegenstande in Anspruch genommen wird. Sir William ist alt und gebrechlich, ganz Bewunderung für seine Frau, und sprach nie zu einem anderen Zwecke als dem, ihr Beifall zu spenden. Fräulein Cornelia Knight scheint die entschiedene Schmeichlerin beider zu sein und öffnet nie den Mund, ohne ihr Lob kundzutun; und Frau Cadogan, Lady Hamiltons Mutter, ist das, was man erwartet. Nach dem Essen hörten wir verschiedene Lieder zu Ehren Lord Nelsons, geschrieben von Fräulein Knight und gesungen von Lady Hamilton. Sie bläst ihm den Weihrauch voll ins Gesicht, und er nimmt's mit Freuden auf und schnuppert ihn sehr freundlich ein.«

Erst am 31. Oktober schiffte sich die Gruppe schließlich vor Hamburg zur Fahrt über die Nordsee ein – Nelsons heimatliche Umgebung, die er jedoch in der Schwüle des Mittelmeers vergessen hatte. Er war wieder in der Welt der Tiden, der kalten Winde und schmutzig verfärbten Gewässer, in der er sein Handwerk gelernt hatte. Seine lange Prozession durch Europa, die er später in einem Brief an die Admiralität als »meine notwendige Reise auf dem Landwege« bezeichnete, kann man nur als Wunscherfüllung für Emma sehen – und von seiner Seite als das Bedürfnis, die Konfrontation mit den unvermeidlichen Folgen seiner Affäre hinauszuschieben. Der Tag der Abrechnung würde nicht erfreulich sein (am allerwenigsten für Fanny Nelson), und es nimmt nicht wunder, daß er das Lob in sich aufnahm, solange es währte, und gelegentlich ein oder zwei Gläser Champagner mehr trank, als sein treuer Diener Tom Allen es für gut für ihn hielt. Es ist nicht unwichtig, daß Nelson an die Admiralität geschrieben und um eine Fregatte gebeten hatte, die die Gruppe heimbringen sollte, und daß man ihm keine schickte. Sie reisten an Bord des Postschiffs *King George* und gingen nach einer stürmischen Überfahrt am 6. November 1800 in Yarmouth an Land. Nelson hatte England seit zwei Jahren und acht Monaten nicht mehr gesehen.

»Ich bin ein Norfolker und freue mich darüber.« Aus diesen Worten, die er in Yarmouth an die jubelnde Menge richtete, spricht der wirkliche Nelson. Doch in den Wochen nach seiner Ankunft wurde in ganz England ein höchst unwirklicher Nelson gefeiert, ein Held, der selbst die romantischen Träume des 18. Jahrhunderts in den Schatten stellte. Nichts von dem, was auf dem Kontinent geschehen war, reichte an den fast wahnsinnigen Empfang heran, den man dem Sieger vom Nil bereitete. Damals wie heute brauchten die Menschen ihre Helden, brauchten sie – vor allem zu Zeiten eines Krieges bis zum Äußersten – als die sichtbare Verkörperung fast übermenschlicher Qualitäten. Es stand kaum zu erwarten, daß der verwundete Krieger, der offenbar die Ängste und die natürlichen Schwächen des gewöhnlichen Menschen überwunden und dies damit besiegelt hatte, daß er Großbritannien einen Seesieg schenkte, der in der Geschichte des Landes ohne Beispiel war, ohne Beifall blieb. Kaum hatte Nelson den Fuß an Land gesetzt, da scharte sich schon die Menge um ihn und zog seine Kutsche zu dem Gasthof, in dem er und die Hamiltons die Nacht verbringen sollten. Es war bezeichnend, daß man Fanny Nelson vorher geraten hatte, nicht die Reise von Roundwood nach Yarmouth zu machen, sondern zu gegebener Zeit mit ihm in London zusammenzutreffen. Emma Hamilton stand auf dem Balkon des Gasthofs neben Nelson und genoß den Beifall der Menge.

Am Tag darauf reiste die Gruppe nach einem wahren Triumphzug von Yarmouth nach Ipswich, wo die Menge wieder die Pferde ausschirrte und sich selbst vor die Deichsel spannte, um ihre Kutsche durch die Stadt zu ziehen, nach Roundwood weiter. Zum ersten und letzten Mal besuchte Nelson das Haus, in dem er nie wohnte, das Refugium auf dem Land für ihn und für Fanny, das zu finden er in der Vergangenheit so oft versprochen hatte, das Refugium, in das sie sich in Frieden und Stille für den Rest ihrer Tage zurückziehen würden. Es wirkte wie ein Symbol, daß alles zugesperrt war, denn Fanny und Nelsons Vater warteten bereits in London auf ihn. Der ostenglische Traum war endgültig ausgeträumt.

Von seinem Empfang in London am Tag darauf berichtete die *Morning Post:* »Seine Lordschaft traf gestern nachmittag um drei Uhr mit der deutschen Reisekutsche von Sir William Hamilton in Nerots Hotel in der King Street in St. James's ein. Mit seiner Lordschaft in derselben Kutsche kamen Sir William und Lady Hamilton und eine schwarze Dienerin. Der edle Admiral, der volle Uniform, dazu drei Sterne auf der Brust und zwei goldene Medaillen trug, wurde von der Menge mit wiederholten Hurrarufen begrüßt, welche der hochberühmte Seemann mit einer tiefen Verbeugung erwiderte. Lord Nelson sah ungemein wohl aus, ist jedoch sehr mager von Gestalt, ebenso Sir William Hamilton; aber Lady Hamilton sieht bezaubernd aus und ist eine sehr elegante Frau.« Wer regelmäßig die *Morning Post* las, dürfte mit der ganzen Sache wohlvertraut gewesen sein, denn das Blatt hatte in diesem Jahr schon mehrere Berichte über Nelson gebracht. Am 1. April war die folgende ironische Bemerkung veröffentlicht worden: »Unter all den Samen, die Lord Nelson kürzlich in die Heimat geschickt hat, wurde das ›Flammende Herz‹ in Neapel gesät und geerntet.« Und während seines Aufenthalts in Wien kommentierte die *Morning Post* nicht eben verblümt: »Der deutsche Hofmaler, so versichert man uns, malt Lady Hamilton und Lord Nelson *in voller Lebensgröße zusammen.* Ein irischer Korrespondent hofft, daß der Künstler genug Delikatesse haben wird, Sir William *zwischen sie zu stellen.*«

Nelsons und Fannys erste Begegnung besiegelte lediglich etwas, was mittlerweile deutlich einem vergilbten Stoß eingeschlafener Korrespondenz glich, einem Stoß von frühen Liebesbriefen und Hunderten von familiären Briefen zwischen Mann und Frau, die sich einst tief zugeneigt gewesen waren – doch jetzt wurden die Briefe zu einem säuberlichen Bündel verschnürt und in die unterste Schreibtischschublade verbannt. Nun war alles vorbei, und obwohl Fanny einige Zeit lang natürlich nicht zugeben wollte, daß sie dieser üppigen und lauten Dame unterlegen war, empfand sie ständig wachsende Antipathie, die vorher nur in ihrer Vorstellung bestanden und auf Klatschereien und unflätigen Zeitungskommentaren beruht hatte. Beide Frauen hegten dieselbe instinktive Abneigung gegeneinander. Emmas Antipathie erwuchs größtenteils aus dem Wissen, daß sie sich nie mit dieser stillen, höflichen, feinen Dame messen konnte, die nie etwas getan hatte, was sich auch nur im mindesten als abträglich für ihren Mann oder dessen Laufbahn auffassen ließ. Wahrscheinlich war Emma von Natur aus unfähig dazu, irgendwelche bewußten Schuldgefühle gegenüber der zweiundvierzigjährigen, untadeligen Ehefrau zu empfinden, aber sie haßte sie gleichviel und betrachtete sie mit »einer unbeschreiblichen Abneigung«. Jedenfalls hatte sie auf das Allerweiblichste über ihre Rivalin triumphiert, denn sie ging mit einem Kind von ihrem Geliebten schwanger. Sie war sich zutiefst bewußt, wieviel das für Nelson bedeutete. Diese zarte Gestalt, die ihr gegenübertrat, war – mochte sie auch die legitime Lady Nelson und im ganzen Land als Gattin des großen Admirals akzeptiert sein – eben nicht mehr als eine unfruchtbare Frau.

Es wurde sehr bald deutlich, daß Nelson seine Ehe mit Fanny für beendet hielt, und man machte ihm auch bald klar, daß man seine Liaison mit Emma bei Hofe mit dem größten Mißfallen betrachtete. Nach einem vom Bürgermeister von London veranstalteten Bankett, bei dem ihm das Ehrenschwert überreicht wurde, das ihm die Stadt London zuerkannt hatte, begab sich Nelson zu einem Levee in den St. James-Palast, wie es üblich war, nachdem er sein Kommando im Mittelmeer abgegeben hatte und wieder heimgekommen war. Sir William war ebenfalls zugegen, denn auch er war nach langer Dienstzeit am Hof von Neapel zurückgekehrt. Seine Frau war nicht eingeladen worden. Die königliche Familie hatte seine Ehe mit einer Frau von Emmas Ruf nie gebilligt, und unter den gegenwärtigen Umständen bestand keine Möglichkeit, daß sie sich eines anderen besann und Emma bei Hofe empfing. Der betrübte Gatte und der erbitterte Liebhaber traten dem König vor Augen, während sich die schwangere Emma, seinem Blick entzogen, in dem Londoner Haus härmte, das den Hamiltons leihweise von dem Millionär William Beckford überlassen worden war. Der König, der mit einer Reihe von Höflingen gesprochen hatte, musterte Nelson kühl und erkundigte sich unvermittelt nach seinem Gesundheitszustand. Dann wandte er sich ab, ohne auf die Antwort zu warten, und verwickelte einen Armeeoffizier in ein Gespräch, das eine halbe Stunde dauerte. Die Abfuhr war ebenso deutlich wie plump. Am selben Abend gingen Nelson und Fanny zu einer Gesellschaft im Haus der Admiralität. Seine schlechte Laune und die fast unverhohlene Abneigung gegen seine Frau waren derart, daß Lady Spencer sich später zu der Bemerkung veranlaßt sah, sie habe noch bei keinem Menschen eine solche Veränderung erlebt. Als Fanny und er das letzte Mal bei ihr gespeist hatten, hatte er vollständiges Vertrauen und tiefste Zuneigung zu ihr gezeigt.

Was bei denen, die Bescheid wußten, ein offenes Geheimnis gewesen war, wurde nun auch allgemein bekannt. Der Sieger vom Nil hatte sich zwar das Herz der Öffentlichkeit dauerhaft erobert, aber es fehlte trotzdem nicht an Karikaturen und Pamphleten, die den einarmigen Helden und die enorme Emma und den abgezehrten Sir William als Witzfiguren zeigten, die in ein komisches und ewiges Dreiecksverhältnis verstrickt waren. Die treuherzige Cornelia Knight, die sie so lange begleitet und nie etwas Ungehöriges an der Beziehung zwischen Nelson und Emma entdeckt hatte, wurde schließlich von keinem anderen als Nelsons gutem Freund

Sir Thomas Troubridge von ihren Illusionen befreit. Er riet ihr, anderen Umgang zu pflegen, während sie in London sei.

Auch wußte Fräulein Knight nicht recht, daß die Verse, die sie Nelson zu Ehren zur Nationalhymne ergänzt hatte, durch die Feder eines anonymen Parodisten einen seltsamen und großen Wandel erfahren hatten. Das las sich so:

Kommt auch zu Emmas Ehr'
Ruhmreich und groß und hehr,
Singen wir ihr
Laut wie sie selbst zum Preis
Ihrem verwelkten Reiz,
Den man fand in Pfühlen allerseits,
Heil König dir.

Nelson, die Flagge streich,
Fort deinen Lorbeer reich,
Jetzt sing'n wir ihr.
Stolz sein, das sollst du nicht,
Hast dir's mit ihr gericht't,
Doch sag es ihrem William nicht
Noch dem König hier.

Während dieser trübseligen und deprimierenden Zeit wohnten die Hamiltons und Nelson in einem Haus in der Dover Street, das sein Freund und Prisenagent Davison für ihn gemietet hatte. Nelson machte nicht einmal den Versuch, seine Gefühle für Emma und die grausame Gleichgültigkeit seiner Frau gegenüber zu verbergen – jene schroffe Kehrseite der Maske der Liebe, die für die sehr sensible Fanny mehr als unerträglich gewesen sein muß. Nelson war vollauf beschäftigt, saß Malern und Bildhauern, nahm seinen Platz im Oberhaus ein und besuchte das Theater, wo nur die klassischen, lose wallenden Faltenwürfe der damaligen Zeit die Tatsache verschleiern konnten, daß Emma Hamilton hochschwanger war. Bei einer Gelegenheit – Nelson, sein alter Vater und Fanny, dazu Sir William und Emma, saßen in der Proszeniumsloge des Drury-Lane-Theaters und wohnten einer Vorstellung des großen Kemble bei – schrie Fanny, wohl mehr von ihrem eigenen Schmerz überwältigt als von dem, der auf der Bühne dargeboten wurde, plötzlich auf und sank in Ohnmacht. Die Situation war derart qualvoll geworden, daß sie nur beendet werden konnte, wenn sie für immer auseinandergingen.

Es gibt mehr als eine Darstellung der Episode, die schließlich zur Trennung führte. Die bekannteste, die auch echt klingt, weil sie deutlich zeigt, in welcher Gemütsverfassung sich Fanny mittlerweile befand, stammt von William Haslewood, einem Rechtsanwalt, den Davison wegen einer Streitigkeit über Prisengelder hinzugezogen hatte, zu der es zwischen Nelson und St. Vincent gekommen war. Laut Haslewood frühstückte er mit den Nelsons, und »ein heiteres Gespräch über unwesentliche Dinge war im Gange, als Lord Nelson plötzlich von etwas sprach, das die ›liebe Lady Hamilton‹ getan oder gesagt habe. Lady Nelson erhob sich von ihrem Stuhle und rief mit großer Heftigkeit aus: ›Ich habe es gründlich satt, von der lieben Lady Hamilton zu hören, und ich erkläre entschieden, daß du entweder sie oder mich aufgeben solltest!‹ Lord Nelson sagte mit vollkommener Gemütsruhe: ›Sieh dich vor, was du redest, Fanny. Ich liebe dich aufrichtig, aber ich kann nicht meine Verpflichtungen gegenüber Lady Hamilton vergessen oder anders als mit Zuneigung und Bewunderung von ihr sprechen.‹ Ohne ein besänftigendes Wort oder eine ebensolche Geste verließ Lady Nelson den Raum, wobei sie etwas murmelte wie, daß sie ihre Entschlüsse gefaßt habe, und fuhr kurz darauf vom Hause fort. Sie lebten danach nie mehr zusammen. Ich glaube, daß Lord Nelson sich förmlich von Ihrer Ladyschaft verabschiedete, bevor er wieder zur Flotte unter Sir Hyde Parker zurückging.«

Man fragt sich, warum Fanny Nelson »ein besänftigendes Wort« gesagt oder irgendeine Geste gemacht haben sollte – höchstens vielleicht die, mit einem Gegenstand nach ihrem Mann zu werfen. Aber sie war und blieb bis zum Ende eine sanfte und gütige Frau und nicht geschaffen für Gefühlsstürme. Sie war ihrer ungestümen Rivalin nicht gewachsen.

28 Der Marsch in die Ostsee

Am 17. Januar 1801 hißte Nelson seine Flagge an Bord der *San Josef*, jenes Kriegsschiffes, das er vor vier Jahren bei Kap St. Vincent gekapert hatte. Obwohl er vorher die Absicht geäußert hatte, wegen seines Gesundheitszustands seinen Abschied zu nehmen, meldete er gleich nach seiner Ankunft in London bei der Admiralität den Wunsch nach einer weiteren Berufung an. Am 1. Januar 1801 wurde er zum Vizeadmiral der Blauen Flagge befördert. St. Vincent, der die Ärmelkanalflotte befehligte, machte jetzt klar, daß er keinen anderen als Nelson als stellvertretenden Befehlshaber haben wollte.

Die *San Josef* lag in Plymouth, Hardy war ihr Kapitän, und Nelson hatte allen Grund, die größte Genugtuung darüber zu empfinden, daß er an Bord eines Schiffes war, das, wie er erklärte, das beste der Welt sei. Nachdem er sich wieder in seinem eigentlichen Element befand, konnte er von neuem die Rolle übernehmen, für die ihn die Natur geschaffen hatte, obwohl er nie die Schwierigkeiten an Land und die Verwicklungen seines Privatlebens zu vergessen vermochte. Fanny war nach Brighton gegangen, um bei seinem alten Vater zu sein, Roundwood sollte verkauft werden, doch er hatte für seine Frau bis ans Ende ihrer Tage reichlich Vorsorge getroffen. Er konnte nichts ungeschehen machen, aber wenigstens freimütig zugeben, daß sie keine Schuld traf: »Ich rufe Gott zum Zeugen dafür an, daß an Dir und Deinem Verhalten nichts ist, was ich mir anders wünschte.« Doch seine private Hauptsorge, die alles sonstige überlagerte, war der Umstand, daß Emma in naher Zukunft ein Kind zur Welt bringen sollte. Falls es am Leben blieb, würde es erhebliche Probleme geben, denn selbst wenn Sir William es fertiggebracht hatte, die Schwangerschaft seiner Frau zu übersehen, konnte er doch die Existenz eines Kindes nicht übersehen. Während Nelson in Hardys Kajüte saß (seine eigene war noch nicht bezugsfertig) und dem geschäftigen Treiben an Bord lauschte – man bemühte sich, das Schiff vorzeitig seeklar zu machen –, dürfte ihn so manches in Anspruch genommen haben, nicht zuletzt der Umstand, daß ihm sein gesundes Auge Beschwerden machte und daß er neue Schirme für beide Augen anfertigen lassen mußte, damit sie vor dem Gleißen der Sonne auf dem Meer geschützt waren.

Die Welt jenseits dieser privaten Dinge war trübe und bedrohlich. Zar Paul I. von Rußland fühlte sich beleidigt, weil die Briten nicht die Absicht hatten, ihn das mittlerweile gefallene Malta annektieren zu lassen, und war feindselig geworden. Obwohl er nominell mit den Franzosen im Krieg lag, hielt er die britische Blokkade des Kontinents für unerträglich. Damit stand er nicht alleine, denn alle kontinentaleuropäischen Mächte hatten guten Grund, gegen die Durchsuchung, Kontrolle, ja Konfiszierung ihrer Schiffe durch die Briten zu protestieren. Die Briten, die Napoleons Frankreich nur mit solchen Maßnahmen treffen konnten, befanden sich in der wenig beneidenswerten Lage, sich gerade die Nationen zu Gegnern zu machen, die sie mobilisieren wollten, damit sie sich mit ihnen gegen den gemeinsamen Feind zusammenschlossen. Besonders die Dänen hatten Anlaß, sich zu beschweren. Eine Kampfhandlung im Ärmelkanal, bei der eine dänische Fregatte samt ihrem aus sechs Kauffahrteischiffen bestehender Konvoi unter Beschuß genommen und gekapert worden war, hatte einen internationalen Sturm entfesselt, der um ein Haar zum Krieg führte. Zar Paul schlug nun einen Pakt der bewaffneten Neutralität vor, der dem von 1780 ähnelte. Demnach würden die kontinentaleuropäischen Länder, auf deren Handel sich die britische Blockade nachteilig auswirkte, Großbritannien den Zugang zur Ostsee verwehren; gleichzeitig würden sie sich gegen Großbritannien zusammenschließen, um ihre Handelsfreiheit zu schützen. Das war keine direkte Kriegserklärung, aber es vernichtete die britische Machtstellung auf See. Ohne den Zugang zur Ostsee, deren Bauholz und sonstige für die Marine wichtigen Ressourcen für die Instandhaltung der Flotte unentbehrlich waren, wurde Großbritannien hilflos. Im Dezember 1800 unterzeichneten Rußland, Preußen, Dänemark und Schweden den Vertrag. Gleichzeitig konfiszierte Rußland etwa dreihundert britische Kauffahrteischiffe, die in russischen Häfen lagen. Napoleon war natürlich entzückt, denn nun wurde sein großer Widersacher erneut darauf beschränkt, daß er auf dem Kontinent außer Portugal keinen Verbündeten hatte. Er erklärte, daß er die Republik Frankreich bereits als im Frieden mit Rußland befindlich betrachte, obwohl die Formalitäten eines Friedensvertrages noch nicht abgeschlossen seien. Der Zar, der auch ein Auge auf Indien geworfen hatte, nahm rasch Fühlung mit dem Ersten Konsul auf und schlug vor, man solle Portugal dahingehend beeinflussen, daß man es in den Pakt der bewaffneten Neutralität brachte, und außerdem an die Vereinigten Staaten herantreten und sie ebenfalls zum Beitritt drängen. England sah sich nun dem Schreckgespenst gegenüber, der für seine Flotte unentbehrlichen Ressourcen beraubt und einem Kontinent konfrontiert zu sein, der sich gegen seinen Handel und gegen seine Kriegsmarine zusammengeschlossen hatte – die einzigen Waffen in seinem Arsenal, die es gegen die Stärke der Landmächte einsetzen konnte. Die Dänen erwiesen sich als herausfordernder als die Mehrheit der anderen Unterzeichner des Vertrages und verhängten am 29. März 1801 ein Embargo über alle britischen Kauffahrteischiffe, die in dänischen Häfen lagen. Gleichzeitig marschierten sie in Hamburg ein und erklärten, die Elbe sei für britische Schiffe gesperrt. Es blieb Großbritannien nichts anderes übrig, als eine mächtige Flotte in die Ostsee zu schicken – dies in der Hoffnung, daß ihre Gegenwart ausreichen würde, um die Mehrheit der Unterzeichner des Vertrages zur Vernunft zu bringen, wenn das aber nicht der Fall war, wollte man geeignete Maßnahmen zur Zerstörung ihrer Kriegsflotten treffen. Bis dahin war England während des ganzen Krieges keiner schwereren Krise konfrontiert gewesen als der, die nun aus diesem neuen Pakt der bewaffneten Neutralität erwuchs.

So lagen die Dinge, als Nelson mit der *San Josef* im Ärmelkanal aufkreuzte und in Torbay vor Anker ging, wo er sich unverzüglich bei St. Vincent meldete. Kurz nach seiner Ankunft erhielt er Order, auf die *St. George* (98 Kanonen) überzuwechseln. Sie hatte einen geringeren Tiefgang als die *San Josef*, und man betrachtete sie daher als besser geeignet für die flachen Gewässer der Ostsee, zu denen Nelson bald unterwegs sein würde. Am selben Tag, dem 1. Februar, erhielt er den Brief aus London, auf den er ungeduldig gewartet hatte. Der Inhalt traf ihn wie ein Stich ins Herz. Sein ganzes Leben über hatte er sich Kinder gewünscht, und mit betrübter Resignation hatte er sich vor langem damit abgefunden, daß Fanny keine mehr bekommen konnte. Aber nun war sie da, die ersehnte Nachricht – Emma hatte eine Tochter geboren! Dieses Kind, das auf den Namen Horatia getauft wurde (Nelson wäre es lieber gewesen, wenn sie Emma geheißen hätte), war jener heißen und lässigen Kreuzfahrt mit der *Foudroyant* nach Malta entsprossen. Höchstwahrscheinlich erfolgte die Empfängnis zu der Zeit, da das Flaggschiff in den warmen Gewässern der Bucht Marsa Xlokk im Süden dieser sonnigen Insel vor Anker lag. Horatia stellte die Frucht ihrer mittelmeerischen Liebe dar, und Nelson, soeben von seiner ersten Unterredung mit St. Vincent zurückgekehrt, war halb wahnsinnig vor Glück. Lästig nur, daß alles geheimgehalten werden mußte. Die Geburt selbst wurde äußerst geschickt von Frau Cadogan abgewickelt, und nachdem Emma am 29. Januar niedergekommen war, schmuggelte man das Kind, in einem Muff versteckt, aus dem Haus und lieferte es bei einer Amme in Marylebone ab.

Selbst wenn Sir William von diesem Ereignis wußte (was wahrscheinlich ist), traf man für die Übergabe und Pflege Horatias derart diskrete Vorkehrungen, daß die Welt im großen und ganzen nie auch nur leise ahnte, daß Emma einem Kind das Leben geschenkt hatte. Tatsächlich wurden die ganzen Umstände der Geburt so gut geheimgehalten, daß man noch viele Jahre später darüber debattieren würde, ob sie nun ein Kind gehabt hatte oder nicht, und wenn ja, von wem. Es kann absolut kein Zweifel daran bestehen, daß Nelson der Vater war. Die Briefe, die nach der Geburt in Hülle und Fülle zwischen ihm und Emma hin und her gingen, beweisen ganz schlüssig seine stolze Vaterschaft. Notwendigerweise mußte diese Korrespondenz, weil der Postverkehr nicht völlig sicher war, mit der Fiktion getarnt werden, daß Nelson sich um einen jungen Vater an Bord seines Schiffes sorgte, der Thompson oder Thomson hieß (beide nahmen es mit der Schreibung seines Namens nicht genau) und dessen Schatz ein kleines Kind hatte. Er konnte die Mutter aber nicht heiraten, weil »ein Onkel« der Ehe Steine in den Weg legte. Sobald der Onkel tot oder anderweitig aus dem Weg war, hieß es, würden die unglücklichen Liebenden heiraten.

Nelsons Leidenschaft für Emma wurde durch die Geburt ihrer Tochter noch erheblich verstärkt: »Meine liebe Frau, denn die bist Du in meinen Augen und vor dem Angesicht des Himmels ... Ich liebe keine andere und habe nie eine andere geliebt. Ich hatte nie ein teures Pfand der Liebe, bis Du's mir gabst, und Du hast, Gott sei Dank, nie einem andern je eins gegeben.« Darin irrte er sich gewaltig (doch Emma wäre natürlich die letzte gewesen, ihm diese Illusion zu nehmen), denn im Norden Englands lebte eine junge Frau von etwa neunzehn Jahren, die Emma Carew hieß und immer noch gelegentlich von Frau Cadogan besucht wurde. Außer Emma und ihrer Mutter wußte nur Charles Greville mit Sicherheit von dieser Tochter. Greville nahm Emma unmittelbar, nachdem sie das Kind geboren hatte, in seine Obhut. Wie Nelsons Gefühlszustand gewesen wäre, wenn er von der Existenz dieser Tochter gewußt hätte, kann man sich nicht vorstellen. Aber es ist erwiesen, daß er, zu dieser Zeit seines Lebens und getrennt von Emma, ihretwegen eine fast irrwitzige Eifersucht hegte. Die Nachricht, daß der haltlose Prinzregent den Hamiltons vielleicht einen Besuch abstatten würde, reichte aus, ihn in heftigste Angst und Wut zu versetzen. »Möchte Sir William, daß Du die Hure dieses Halunken bist?« schrieb er. Es kam nie zu dieser Begegnung, aber Nelson muß unbewußt gemeint haben, daß eine Frau, die in früheren Jahren einen solchen Ruf wie Emma gehabt und später ihren Mann eklatant betrogen hatte, vielleicht nicht über die Neigung erhaben war, noch höhere Gunst zu suchen als die seine. Emmas Gefühle für Nelson wurden möglicherweise durch materielle Erwägungen und durch den Wunsch verwässert, eine der prominentesten Gestalten der Zeit zum Geliebten zu haben, doch die seinen waren zweifellos von jenem blinden Gott inspiriert – die Alten hatten darum gefleht, von ihm verschont zu bleiben. »Was muß ich nicht empfinden, wenn ich mir vorstelle, mit Dir zu schlafen! Es versetzt mich in Leidenschaft, selbst der Gedanke daran, aber um wieviel mehr erst die Wirklichkeit. Ich bin sicher, daß meine Liebe & mein sehnliches Verlangen nur Dir gelten, und wenn eine Frau, selbst in diesem Augenblick, da ich von dem Gedanken an Dich entflammt bin, nackt zu mir käme, so hoffte ich, daß mir die Hand abfaulte, wenn ich sie auch nur berühren würde.«

Nelson wurde nun zum stellvertretenden Befehlshaber jener Flotte unter Sir Hyde Parker ernannt, deren Einsatzgebiet die Ostsee sein sollte. Parker war über sechzig, ein Admiral alter Schule mit wenig neuerer Kampferfahrung, aber ein recht distinguierter Mann, von dem die Lords der Admiralität durchaus gedacht haben mögen, daß er den diplomatischen Feinheiten gewachsen sei, wenn sich, wie sie hofften, in der Ostsee alles ohne Blutvergießen beilegen ließ. Falls andererseits ein Seegefecht unumgänglich wurde, glaubten sie, sich auf die ungestüme Brillanz seines Stellvertreters verlassen zu können – er würde die Dinge zu einem siegreichen Ende führen. Daß die Wahl auf Parker fiel, ist oft kritisiert worden, doch die Überlegung, den Elan des einen durch die Mäßigkeit des anderen zügeln zu wollen, war theoretisch nicht unvernünftig.

Nelson hatte für seinen Teil wenig Grund zu glauben, daß Parker für dieses Kommando aktiv genug war. Er hatte ihn unter Hotham im Mittelmeer bei dem Gefecht vor Genua und Hyères kennengelernt und beobachtet, wie gleichgültig er bei dieser Gelegenheit mit seiner Division umging. Vertraulich schrieb er an St. Vincent: »Unser Freund ist ein wenig nervös, was dunkle Nächte und Eisfelder angeht, aber wir müssen uns zusammenreißen, in dieser Zeit darf man keine Nerven haben.«

Es war kaum zu erwarten, daß dieser ältliche Admiral, der vor kurzem ein achtzehnjähriges Mädchen geheiratet hatte (den Respektlosen als »Wackelpudding« bekannt), die Unterstellung dieses berühmten Feuerkopfs unter sein Kommando begrüßen würde. Nelson machte noch einen Kurzbesuch in London, um Emma und die kleine Horatia zu sehen. Gleichzeitig sorgte er dafür, daß die Familie William Nelson während seiner Abwesenheit in Emmas Nähe war und ihr Gesellschaft leistete (möglicherweise sollte sie auch als gewichtiger klerikaler Schutz fungieren, falls der verhaßte Prinzregent auftauchte). Nach dreitägiger Abwesenheit kehrte er auf die *St. George* zurück. Sie lag in Spithead, wo sechshundert Soldaten unter Oberstleutnant William Stewart eingeschifft wurden. Stewarts Gegenwart war ein glücklicher Umstand für die späteren Biographen, denn er gefiel Nelson und hinterließ in einem Tagebuch über die Kampagne in der Ostsee viele lebendige Eindrücke von Nelson. Dieser hatte unterdessen den letzten Brief an seine Frau geschickt, der unwiderruflich das Ende einer langen Korrespondenz besiegelte, die seit der Zeit, da er in Westindien um sie warb, angedauert hatte. Die Grausamkeit des Briefes ist ohne weiteres ersichtlich, aber vielleicht muß man seine Gehässigkeit zum großen Teil darauf zurückführen, daß Nelson berichtet worden war, Josiah Nisbet habe, als er sah, daß der einarmige General Schwierigkeiten hatte, bei schlechtem Wetter an Bord zu kommen, laut die Hoffnung geäußert, sein Stiefvater möge sich den Hals brechen. (Josiah war natürlich stets für seine Mutter eingetreten und verübelte Nelson zutiefst die blinde Leidenschaft für Emma Hamilton.) »Josiah soll ein anderes Schiff haben und ins Ausland gehen, wenn die *Thalia* nicht bald bereit zum Auslaufen ist«, schrieb er am 4. März von der *St. George* aus an Fanny. »Ich habe *alles* für ihn getan, und er mag sich wieder wünschen, wie er es zuvor schon oft getan hat, daß ich mir den Hals breche, und darin von seinen Freunden unterstützt werden, die gleichermaßen meine Feinde sind; aber ich habe meine Pflicht als anständiger, großzügiger Mensch getan, und ich will und mag es nicht, daß sich jemand darum sorgt, was aus mir wird, ob ich zurückkehre oder in der Ostsee zurückbleibe. Bei Lebzeiten habe ich alles für Dich getan, was in meiner Macht stand, und wenn ich tot bin, wirst du das nämliche finden; deshalb ist es mein einziger Wunsch, in Ruhe gelassen zu werden. Dir alles Gute wünschend bin ich, glaub es mir, herzlich dein Nelson und Brontë.« Und nur zwei Tage später beschloß er einen Brief an Emma: »Gib meinem lieben, lieben Patenkind einen Kuß von mir, und sei versichert, ich bin immer, immer, immer der Deine, der Deine, mehr denn je stets Dein, Dein, Dein Einziger, einzig Deiner etc.«

Bei seiner Ankunft in Yarmouth Roads am 6. März fand Nelson wenig vor, was ihm zusagte. So wie er es sah, war Eile das Gebot der Stunde, doch Sir Hyde Parker interessierte sich mehr für die Vorbereitungen eines bevorstehenden Balls als dafür, daß die Flotte in See stach. Das Wetter war fürchterlich – kalt, neblig, und in der Luft lag jene unangenehme Feuchtigkeit der Nordsee, die bis auf die Knochen geht. Nelson vergaß nur zu leicht, wie er selbst glücklich und untätig seine Zeit in Neapel und Palermo verbracht hatte, und entrüstete sich sehr, als er entdeckte, daß Sir Hyde nur seine junge Frau im Kopf hatte. Troubridge war vor kurzem in die Admiralität berufen worden und erhielt wie St. Vincent Briefe, in denen Nelson darum ersuchte, man möge der Flotte eiligst befehlen, in See zu stechen. An Troubridge schrieb er: »Überlegt Euch, wie nett es sein muß, mit einer jungen Gattin im Bette zu liegen, statt in einem verdammt kalten, rauhen Wind zu stehen. Doch sorgt dafür, mein lieber Troubridge, daß wir uns eilen. Dies liegt mir am Herzen, denn ich möchte zurückkehren.« Das Ergebnis dieser Quertreibereien war, daß die Flotte Order erhielt, sich unverzüglich auf den Weg zu machen. Lady Parkers Ball fand nicht statt. Sir Hyde wiederum dürfte es nicht entgangen sein, daß diese nervöse Eile der Ankunft seines Stellvertreters auf dem Fuße gefolgt war. Die Beziehungen zwischen ihm und Nelson verschlechterten sich, was nicht unbedingt wunder nimmt, und Nelson beklagte sich darüber, daß es anscheinend unmöglich sei, klare Auskünfte über Parkers Absichten zu erhalten. Er wußte, daß zuerst der Versuch gemacht werden sollte, mit den Dänen zu verhandeln, daß Gewalt lediglich der letzte Ausweg war. Doch er mißbilligte das heftig: »Eine Flotte von britischen Kriegsschiffen ist der beste Unterhändler in Europa.« Nelson hatte gewiß recht mit seinem Wunsch, sofort zu handeln, denn je früher die Briten zuschlugen, desto weniger hatten die Dänen, Schweden und Russen die Chance, einen Zusammenschluß ihrer Flotten zu bewerkstelligen. Obwohl ihre Qualität, insbesondere die der Russen, nicht an die Qualität der Briten heranreichte, würden sie die Flotte, die sich unter Sir Hyde Parker gesammelt hatte, zahlenmäßig weit übertreffen. Sie bestand aus achtzehn Linienschiffen, elf Fregatten, dazu aus Kanonenbooten, Brandern und Bombardierungsschiffen – insgesamt dreiundfünfzig Schiffe.

Der März ist keine gute Zeit für die Nordsee – jene bleifarbenen Wasser, die selbst im Hochsommer unwirtlich sein können –, und auch dieses Jahr machte keine Ausnahme. Die Flotte hielt Nordkurs, und es wurde immer kälter, den Nebel lösten Graupelschauer ab, dann Schnee und Eis. Nelson beschloß einen Brief an Emma mit den Worten: »Ich bin durchnäßt und friere«, und ebenso ging es allen anderen. Der Flottenverband hatte bisher nicht zusammengearbeitet und noch keine Zeit gehabt, sich wie jenes wunderbare Geschwader, das Nelson bei der Schlacht von Abukir befehligte, zu einer disziplinierten Kampfeinheit auszubilden. Verdrießlich kommentierte er: »Obwohl der Oberbefehlshaber das Signal für eng aufgeschlossenes Segeln im Verband gab, hat kaum ein Schiff seine Position gehalten, besonders die schnellen nicht.« Er hätte sich keine übermäßigen Sorgen zu machen brauchen, denn Offiziere und Mannschaften waren von so hoher Qualität, daß sie, wie sich bald erwies, nur des Stimulans des Gefechts bedurften, um zu einer außergewöhnlichen Streitmacht zu werden. Allein das Format der Kapitäne hätte ihm Mut einflößen müssen, denn Foley, dem er noch vom Nil her vertraute, befehligte die *Elephant*, Sir Thomas Thompson die *Bellona* und Fremantle die *Ganges*. Unter den anderen ähnlich hervorragenden Kapitänen befand sich auch William Bligh mit der *Glatton* (54 Kanonen), der vor zwölf Jahren die berühmte Meuterei auf der *Bounty* überlebt und eine der längsten Reisen mit einem kleinen Boot hinter sich gebracht hatte, die man kennt – viertausend Seemeilen in einem offenen Boot. Bligh war, wenn er auch in späteren Zeiten viel verlästert wurde, einer der besten Seefahrer und Nautiker seiner Zeit.

Als sie sich der Doggerbank näherten, bemerkte ein gewisser Leutnant Layman, der sich an Bord der *St. George* befand, er habe früher einmal in diesen Gewässern einen schönen Heilbutt gefangen. Nelson horchte auf, denn er wußte, daß Hyde Parker die Tafelfreuden schätzte, und bat den Leutnant, er möge es noch einmal versuchen. Zu Nelsons Entzücken fing man tatsächlich einen kleinen Steinbutt, und der Admiral sagte sofort: »Den schicken wir zu Sir Hyde hinüber.« Obwohl bald die Dunkelheit einbrechen würde und der Seegang zunahm, obwohl etwas Besorgnis bei dem Gedanken herrschte, unter diesen Bedingungen ein Boot hinüberzuschicken, war Nelson fest zu dieser kleinen Geste gegenüber seinem Vorgesetzten entschlossen – ein Steinbutt statt eines Ölzweigs. Und man wußte das zu schätzen. Das Eis war gebrochen, und Parker sandte ein freundliches Briefchen, in dem er sich bedankte. Layman behauptete später, den Sieg, der dann folgte, habe der Steinbutt errungen, denn wenn Nelson nicht diese Geste gemacht hätte, hätte ihn Parker nicht ins Vertrauen gezogen und ihm nicht das detachierte Geschwader gegeben, das für den Triumph der britischen Waffen bei Kopenhagen sorgte.

Am 18. März sichteten die Briten nach einem schweren Sturm und äußerst widrigen Wetterverhältnissen Kap Skagen, die Nordspitze Jütlands. Umd am 20. März – der Wind wehte günstig, wenn man in Richtung Kopenhagen wollte – gingen sie etwa 18 Seemeilen vor Hamlets Elsinore vor Anker. Ein Mann vom Außenministerium war bereits mit Weisungen vorausgeschickt worden. Sie lauteten dahingehend, daß Dänemark achtundvierzig Stunden Zeit hätte, aus dem Pakt der bewaffneten Neutralität auszutreten. Wenn es das nicht tat, mußte es die Folgen gewärtigen, für die diese Flotte stand, die jetzt angriffsbereit vor der dänischen Küste lag. Der Kronprinz von Dänemark, der für seinen Vater (der noch unzurechnungsfähiger war als Zar Paul) die Regentschaft führte, wäre wahrscheinlich willens gewesen, auf das britische Ersuchen einzugehen, tat es aber nicht, weil er Angst hatte, die Russen zu beleidigen. Drei Tage vergingen, bis der britische Diplomat mit der Antwort zurückkehrte, daß Dänemark das Ansinnen ablehne. Nelson, der Sir Hyde bereits einen Besuch abgestattet, es aber nicht vermocht hatte, von ihm eine zufriedenstellende Auskunft über seine Absichten zu bekommen, war hocherfreut, als ihn die Botschaft erreichte, er möge an einer allgemeinen Beratung an Bord der *London* teilnehmen. Die Dinge sollten also ganz offensichtlich durch die Tat geregelt werden – und nicht mit Feder und Tinte. Er schrieb ein paar kurze Zeilen an Emma: »Nun werden wir gewißlich kämpfen, man schickt nach mir. Wenn es nicht ernst wäre, würde man mich im Hintergrund belassen; morgen wird, so hoffe ich, ein stolzer Tag für England sein.«

Leutnant Layman, der Nelson begleitete, fiel die trübe Atmosphäre bei Beginn der Beratung auf. Nicholas Vansittart vom Außenministerium hatte ein düsteres Bild von der Stärke der Verteidigungsanlagen Kopenhagens gemalt, und die allgemein anerkannte Anschauung der damaligen Zeit, daß nämlich Schiffe sich nicht gegen massierte und gut plazierte Küstenbatterien durchsetzen könnten, übte eine niederdrückende Wirkung auf Parker und die versammelten Kapitäne aus. Nelson war sofort entschlossen, den Anwesenden etwas Feuer und Begeisterung einzuflößen, und begann Vansittart über die Aufstellung der dänischen Flotte zu befragen. Nachdem er erfahren hatte, daß sich ihre stärksten Schiffe an der Spitze der Linie befanden, schlug er unverzüglich vor, die Briten sollten sie überrumpeln, indem sie von hinten angriffen. Der Nachteil dieser Operation war, daß sie es notwendig machte, durch den Großen Belt statt durch den Öresund in die Ostsee einzulaufen – eine schwierige Passage. Doch eines war sicher, und er machte es rasch klar: Je schneller die Schiffe in den Kampf kamen, desto besser. Jeder Augenblick der Verzögerung gab den Dänen weitere Gelegenheit, ihre Befestigungsanlagen zu verstärken und ihre Schiffe in Gefechtsbereitschaft zu versetzen. »Ob Sund oder Belt oder wie immer – nur dürfen wir auch nicht eine Stunde verlieren.«

29 Kopenhagen

Nelsons geniale Begabung für sein hartes Handwerk zeigte sich nie so deutlich wie im Falle Kopenhagen. Gleich nachdem er auf die *St. George* zurückgekehrt war, setzte er sich hin und schrieb einen Brief an Sir Hyde Parker, in dem er rückhaltlos alle Möglichkeiten umriß, die sich ihm eröffneten. Er offenbart nicht nur Nelsons Beherrschung der Gesamtstrategie und seinen Blick für taktische Alternativen, sondern bringt es auch gleichzeitig und auf taktvolle Weise fertig, einem unentschlossenen Oberbefehlshaber die nötige Begeisterung einzuflößen. Was immer Nelson von Sir Hyde Parker gedacht haben mag, aus seiner gesamten Einstellung gegenüber seinem Vorgesetzten geht klar hervor, daß er mehr Hochachtung für ihn empfand als seinerzeit im Mittelmeer für Lord Keith.

»Verehrter Sir Hyde«, schrieb er, »das Gespräch, das wir gestern führten, hat mir natürlich wegen seiner Wichtigkeit zu denken gegeben; und je mehr ich überlege, desto mehr fühle ich mich in meiner Meinung bestärkt, daß man für die Attacke gegen den Feind keinen Augenblick verlieren sollte: Er wird jeden Tag und jede Stunde stärker; wir werden es nie so gut mit ihm aufnehmen können wie in diesem Augenblick. Die einzige Überlegung, die mich beschäftigt, ist, wie wir mit der geringsten Gefahr für unsere Schiffe an ihn herankommen können. Herrn Vansittarts Bericht zufolge haben die Dänen alles unternommen, was in ihrer Macht steht, um uns daran zu hindern, daß wir Kopenhagen auf dem Wege über den Sund angreifen. Kronborg ist verstärkt, die Kroninseln sind befestigt worden, auf der äußersten befinden sich zwanzig Geschütze, die in der Hauptsache nach unten gerichtet sind, und nicht einmal achthundert Meter davon entfernt sind unterhalb der Zitadelle sehr mächtige Batterien plaziert, die von fünf Linienschiffen, sieben schwimmenden Batterien mit jeweils fünfzig Geschützen, daneben von kleinen Schiffen, Kanonenbooten etc. etc. unterstützt werden; und erwartet man bald das Geschwader von Reval (am Finnischen Meerbusen) mit zwölf oder vierzehn Linienschiffen sowie fünf schwedische Schiffe. Nach dem, was Ihr mir von Euren Weisungen berichtet habt, möchte es scheinen, daß die Regierung es als selbstverständlich betrachtet, daß Ihr keine Schwierigkeiten dabei haben werdet, vor Kopenhagen zu gelangen, und im Falle eines Scheiterns der Verhandlungen unverzüglich angreifen könnt; auch daß es kaum einen Zweifel an der Vernichtung der dänischen Flotte gibt und daß der Hauptstadt so eingeheizt wird, daß Dänemark auf die Stimme der Vernunft hört und sich auf seine wahren Interessen besinnt. Herrn Vansittarts Bericht zufolge geht der Stand ihrer Vorbereitungen über das hinaus, was unsere Regierung seiner Auffassung nach für möglich hielt, und ist die dänische Regierung uns im größtmöglichen Maße feindlich gesinnt. Deshalb ist Euch beinahe die Sicherheit, gewiß aber die Ehre Englands mehr anvertraut, als es je einem britischen Offizier zufiel. Von Eurer Entscheidung hängt es ab, ob unser Land in den Augen Europas erniedrigt wird oder ob es sein Haupt höher erheben wird denn je. Ich wiederhole es noch einmal: Nie hing unser Land so sehr vom Erfolge einer Flotte ab wie vom Erfolge dieser. Wie man unserem Lande am besten Ehre tut und den Stolz seiner Feinde mäßigt, indem man ihre dunklen Pläne durchkreuzt, muß der Gegenstand Eurer gründlichsten Überlegung als Oberbefehlshaber sein; und wenn das, was ich anzubieten habe, im mindesten für die Bildung Eures Beschlusses von Nutzen sein kann, so teile ich es Euch von Herzen gerne mit.

Ich werde mit der Annahme beginnen, daß Ihr entschlossen seid, durch den Sund zu fahren, da es manche Leute gibt, die da glauben, wenn Ihr diese Passage offen laßt, werde die dänische Flotte von Kopenhagen absegeln und zur holländischen oder französischen Flotte stoßen. Ich gestehe, daß ich hinsichtlich dieses Gegenstandes nichts befürchte; denn es ist nicht wahrscheinlich, daß 9000 der besten Männer, während ihrer Hauptstadt ein Angriff droht, aus dem Königreiche abgezogen werden. Ich nehme an, daß einige Schäden an unseren Masten und Rahen entstehen können; aber vielleicht wird man sie alle ohne Ausnahme wieder einsatzfähig machen können. Ihr seid jetzt vor Kronberg; wenn der Wind günstig ist und wenn Ihr beschließt, die Schiffe und die Kroninseln anzugreifen, müßt Ihr mit dem üblichen Ausgang einer solchen Schlacht rechnen – Schiffe werden beschädigt, vielleicht geht auch eines oder zwei verloren; denn der Wind, der Euch hineinträgt, bringt höchstwahrscheinlich ein beschädigtes Schiff nicht mehr heraus. Diese Methode nenne ich den Stier bei den Hörnern packen. Sie wird jedoch die Schiffe aus Reval oder die Schweden nicht daran hindern, zu den Dänen zu stoßen; und zu verhindern, daß dies stattfindet, ist meiner unmaßgeblichen Meinung nach eine durchaus notwendige Maßnahme – daneben muß immer noch Kopenhagen angegriffen werden.

Zwei Methoden habe ich vor Augen; zum einen, Kronborg zu passieren, das Risiko von Schäden auf sich zu nehmen und dann durch das tiefste und direkte Fahrwasser nördlich des Middelgrunds zu laufen, um in das Garbar- oder Königstief zu kommen und ihre schwimmenden Batterien etc. etc. anzugreifen, wie es uns am besten paßt. Dies muß die Wirkung haben, daß eine Vereinigung der Russen, Schweden und Dänen verhindert wird, und gibt uns möglicherweise Gelegenheit, Kopenhagen zu beschießen. Ich bin mir auch recht sicher, daß für all unsere Schiffe eine Passage nördlich von Saltholm gefunden werden könnte; vielleicht wird es nötig, in dem sehr schmalen Teil für eine kurze Strecke zu bugsieren. Sollte diese Angriffsmethode ungeeignet sein, so würde die Durchfahrt durch den Belt, woran ich keinen Zweifel habe, in vier oder fünf Tagen abgeschlossen sein, und dann könnte der Angriff über Dragör verwirklicht und das Dazustoßen der Russen verhindert werden, auch würden wir aller Wahrscheinlichkeit nach Erfolg gegen die dänischen schwimmenden Batterien haben. Ich bin nicht aufgerufen, meine Meinung dazu zu äußern, welche Wirkung eine Beschießung haben könnte, glaube aber, der Weg für den Versuch könnte gebahnt werden.

Angenommen, wir sind mit anfangs westlichem Wind durch den Belt, wäre es dann nicht möglich, entweder mit der gesamten Flotte oder mit zehn detachierten Drei- und Zweideckern, dazu einem Kanonenboot und zwei Brandern nach Reval zu fahren, um das dortige russische Geschwader zu zerstören? Ich sehe keine große Gefahr dabei, daß man solcherart detachiert und mit dem Rest die Sache in Kopenhagen versucht. Man mag diese Maßnahme für gewagt halten, doch ich bin der Meinung, daß die gewagtesten Maßnahmen die sichersten sind; und unser Land fordert einen äußerst nachdrücklichen Einsatz seiner Streitmacht, welche mit Urteilskraft gelenkt wird.

Euch, verehrter Sir Hyde, bei dieser mühsamen und wichtigen Aufgabe unterstützend, die Ihr übernommen habt, soll es von meiner Seite an keiner Bemühung des Geistes und des Herzens fehlen, der ich bin Euer gehorsamster und treuester Diener *Nelson und Brontë*.«

Es kann keinen Zweifel daran geben, daß Nelsons Rat eine heilsame Wirkung hatte. Am 26. März erhielt die Flotte Anweisung, unter Segel zu gehen, und am selben Abend ankerte sie sechs Meilen vor Kronborg. Nelson bekam jetzt Order von Parker, den Befehl über zehn Linienschiffe, vier Fregatten, sieben Kanonenboote, zwei Brander und zwölf Briggs zu übernehmen. Er wurde zu einem Spezialeinsatz abkommandiert und sollte den Angriff auf die dänischen Befestigungsanlagen durchführen, während sein Oberbefehlshaber mit den größeren Schiffen für den Fall, daß dänische Kriegsschiffe aus Kopenhagen ausliefen, einen Außenring bildete. Parker hoffte immer noch, daß sich alles ohne Kampf lösen ließe, und schickte einen Boten zum Gouverneur von Burg Elsinore, der erfragen sollte, was er zu tun gedächte, wenn die Briten ihren Kurs beibehielten, worauf der Gouverneur erwiderte, er könne es unter keinen Umständen erlauben, daß eine Flotte mit unbekannten Absichten die Festung Kronborg passiere. Geduld, so heißt es, ist eine Tugend, die man auf See lernt. In den nächsten drei Tagen mußte sich auch der hitzige stellvertretende Kommandant darin üben, denn die Flotte wurde durch Flauten und durch Gegenwinde festgehalten. Erst am 30. März konnte sie unter Segel gehen und versuchen, durch den Öresund zu fahren. Diese nur drei Meilen breite Meerenge wurde auf der dänischen Seite durch Kronborg und auf der schwedischen Seite durch das Fort zu Helsingborg beherrscht. Zum Glück für die Briten hatten die Schweden ihren Kanonieren keinerlei Anweisung gegeben, auf diese eindrucksvolle Flotte zu feuern, die jetzt ihren Weg in die Ostsee nahm. Parkers Schiffe hielten sich auf der schwedischen Seite der Meerenge und steuerten mit günstigem Nordwestwind auf die Insel Hven zu. Die Dänen feuerten wild, aber völlig vergeblich, drauflos. Später an diesem Tag schrieb Nelson an Emma: »Wir passierten heute morgen die vermeintlich fürchterliche, mit 270 Geschützen bestückte Festung Kronborg. Mehr Pulver und Kugeln, glaube ich, sind nie vergeudet worden, denn nicht ein Schuß traf auch nur ein einziges Schiff der britischen Flotte. Einige von unseren Schiffen feuerten, doch die *Elephant* erwiderte keinen einzigen Schuß. Ich hoffe, sie für eine bessere Gelegenheit aufheben zu können. Ich habe soeben die dänische Verteidigungslinie erkundet. Sie sieht für die, welche neu im Kriegshandwerk sind, furchterregend aus, doch meines Erachtens könnte ich sie wohl mit zehn Linienschiffen vernichten;

auf jeden Fall hoffe ich, daß man mir gestattet, es zu versuchen.«

Nelson hatte wieder sein Flaggschiff gewechselt. Diesmal ging er von der *St. George* auf die *Elephant*, und das aus demselben Grund wie zuvor: Sein neues Schiff hatte noch weniger Tiefgang. Die Erkundung, auf die er sich in seinem Brief an Emma bezog, war an jenem Abend in Gesellschaft von Sir Hyde Parker und anderen ranghohen Offizieren mit einem Schoner durchgeführt worden. Sie bestätigte überdeutlich Vansittarts düstere Prognosen. Die Dänen hatten sich das Zaudern der Briten gut zunutze gemacht und ihre Verteidigungsanlagen weiter verstärkt. Oberst Stewart kommentierte: »(Sie) hatten am nördlichen Rande der Untiefen, bei den Kronenbatterien, und vor dem Hafen und dem Arsenal eine gewaltige Flottille plaziert. Die Tre-Kroner- oder Drei-Kronen-Batterie schien insbesondere verstärkt worden zu sein.« Man bemerkte auch, daß die Dänen alle Tonnen die die nördliche Fahrrinne und das Kongedyb markierten, entfernt hatten. Später wurden sie unter Nelsons Oberaufsicht von britischen Lotsen wieder ausgelegt. Sie sollten für sein Geschwader den Weg markieren, wenn es zum Angriff ging.

Am 31. März wurde nach einer weiteren Erkundung der dänischen Stellungen durch die Fregatte *Amazon*, die einer der besten Offiziere der britischen Kriegsmarine, Kapitän Riou, befehligte, ein Kriegsrat einberufen. Nelson verabscheute solche Kriegsräte zutiefst (er hatte vor dem Nil nie einen gebraucht), denn er meinte, daß sie dazu beitrügen, der Unentschlossenheit Vorschub zu leisten. Wie er bei einer anderen Gelegenheit schrieb: »Wenn ein Mann, der die Macht in Händen hält, sich berät, ob er kämpfen soll, *ist es gewiß, daß er gegen den Kampf votiert.*« Wie zuvor spürte Nelson sofort, daß Unschlüssigkeit, ja Pessimismus in der Luft lag. Er ging daran, diese Stimmung zu verscheuchen, und Oberst Stewart, der zugegen war, hat uns einen lebendigen Bericht darüber hinterlassen.

Man meint, darin jenes Elektrisierende an Nelson zu fühlen, das die ganze Atmosphäre um ihn ändern konnte. »Während dieses Kriegsrates«, schrieb Stewart, »bemerkte man die Energie von Lord Nelsons Charakter: Gewisse Probleme waren von einigen Teilnehmern aufgeworfen worden, welche sich auf die drei Mächte bezogen, die wir, nacheinander oder im Verein, in diesen Gewässern anzugreifen haben würden. Insbesondere wurde die Zahl der Russen als gewaltig dargestellt. Nord Nelson durchmaß ständig die Kajüte, verärgert über alles, was einen Beigeschmack von Besorgnis oder Unentschlossenheit hatte. Als die obige Bemerkung auf die Schweden bezogen wurde, meinte er in scharfem Ton: ›Je mehr, desto besser‹, und als es gleichermaßen um die Russen ging, sagte er wiederholt: ›Um so besser, ich wollte, es wären zweimal soviel; desto leichter wird der Sieg sein, verlaßt Euch darauf.‹« (Man meint, die Stimme seines alten Lehrmeisters John Jervis in jenen Momenten vor der Schlacht von St. Vincent zu hören.) »Er spielte, wie er später privatim erklärte, auf den völligen Mangel an Taktik bei den nördlichen Flotten an; auch auf seine Absicht, wann immer er die Schweden oder die Russen in ein Gefecht verwickeln sollte, die Spitze ihrer Linie anzugreifen und ihre Bewegungen soweit wie möglich durcheinanderzubringen. Er pflegte zu sagen: ›Mit einem Franzosen soll man handgemein werden, aber einen Russen soll man ausmanövrieren.‹«

Die Konferenz entschied, daß man Nelsons Plan, »das tiefste und direkte Fahrwasser durch den Middelgrund zu fahren, um in den Garbar- oder Königs-Kanal zu kommen und ihre schwimmenden Batterien anzugreifen«, übernehmen würde. Man muß hier sofort sagen, daß sich Sir Hyde Parker seinem jüngeren Kollegen gegenüber mehr als großzügig verhielt, indem er Nelsons Geschwader zwei weitere Linienschiffe zuteilte – damit gab er ihm insgesamt zwölf für seinen von Süden erfolgenden Angriff auf die dänischen Schiffe, die als vorgeschobene Festungswerke Kopenhagens in Linie vertäut lagen. Diese Verteidigungslinie, die aus Hulks und schwimmenden Batterien bestand (die alle von Land aus mit Männern und Munition verstärkt werden konnten), besaß eine Feuerkraft, ja fast Unüberwindlichkeit, über die Brueys in der Bucht von Abukir niemals verfügte. Erstens einmal waren sie vorn und achtern in seichtem Grund verankert, so daß es absolut keine Möglichkeit gab, in den Raum zwischen Schiffen und Küste zu gelangen. Am nördlichen Ende der Linie befand sich das gewaltige Tre-Kroner-Fort – ein Angriff auf diesen Punkt hätte schwere Verluste bei den britischen Kriegsschiffen zur Folge gehabt. Nelsons Plan bestand darin, daß sein Geschwader mit nördlichem Wind den Äußeren Sund durchfahren – was an sich schon ein hohes Maß an Lotsenkunst erforderte – und dann südlich der Untiefen des Middelgrunds vor Anker gehen sollte. Dort würde er warten müssen, bis der Wind sich nach Süden drehte und es ihm ermöglichte, die Linie der Hulks und schwimmenden Batterien, den schwächeren Teil der Verteidigungsanlagen Kopenhagens, entlangzufahren. Durch dieses Manöver würde er sein Geschwader in eine Position bringen, die es den Schweden und den Russen unmöglich machte, ihrem Verbündeten zu Hilfe zu kommen. Die Tatsache, daß die Dänen ihre schwächsten Schiffe am hinteren Ende der Linie plaziert hatten, weckte in ihm die Hoffnung, sein Geschwader könne sie wie in der Bucht von Abukir eins nach dem anderen vernichten. Am Morgen des 1. April wehte ein günstiger Wind von Norden, und Parker befahl der Flotte, unter Segel zu gehen. Eine hochaufragende Wolke aus Segeln schob sich unerbittlich gegen Kopenhagen vor. Die Flotte lief zu einem neuen Ankerplatz, der nur sechs Meilen von der bedrohten Stadt entfernt war. Nun ging Nelson an Bord von Kapitän Rious Fregatte *Amazon* und fuhr das Holländerdyb entlang, um zum letzten Mal die Fahrrinne zu inspizieren. Zufrieden mit dem, was er gefunden hatte, kehrte er auf die *Elephant* zurück und ließ das Signal hissen, das dem Geschwader befahl, Fahrt zu machen. Es war vereinbart, daß, während Sir Hyde Parker nördlich von Kopenhagen blieb, das Tre-Kroner-Fort bedrohte und die dänischen Kriegsschiffe, die im Hafen vertäut waren, am Auslaufen hinderte, Nelson von Süden her zuschlagen würde, sobald er günstigen Wind hatte. Seine Schiffe sollten dann die feindliche Verteidigungslinie entlangfahren. Das erste würde gegenüber von einem gegnerischen Schiff vor Heckanker gehen, das zweite außenbords an ihm vorbeiziehen und sich ebenfalls neben ein feindliches Schiff legen – und so sollte es weitergehen, die ganze dänische Linie entlang, bis alle britischen Kriegsschiffe Bord an Bord neben einem dänischen Schiff lagen. Edward Riou erhielt die gefährliche Aufgabe zugeteilt, mit seiner *Amazon* und vier weiteren Fregatten das nördliche Ende der dänischen Linie zu attackieren, während Kapitän Rose mit der Fregatte *Jamaica* und sechs Kanonenbriggs ihre südliche Flanke angreifen sollte.

Früh am Nachmittag setzte sich Nelsons Geschwader in Fahrt, segelte, von der *Amazon* gelotst, sicher das Holländerdyb hinunter und ging südlich des Middelgrunds vor Anker. Hier mußten sie bleiben, bis der Wind auf Süd drehte und sie durch das Kongedyb und vor die Schiffe der Dänen brachte. Der harte Kern der Kolonne, die für diesen Angriff ausgewählt worden war, bestand aus sieben Linienschiffen mit 74 Kanonen, darunter Nelsons Flaggschiff *Elephant* unter dem Kommando von Kapitän Foley (Hardy war als Freiwilliger mit dabei). Dazu kamen drei Linienschiffe mit 64 Kanonen, Blighs *Glatton* mit 54 Kanonen und Walkers *Isis* mit 50 Kanonen. Die *Bellona* (74 Kanonen) wurde von Kapitän Sir

Die Nelson-Säule
auf dem Trafalgar-Square
in London.

Nelsons Flaggschiff
in der Schlacht von Trafalgar,
die »Victory«,
jetzt im Hafen von Portsmouth.

Thomas Thompson befehligt, der an der Schlacht von Abukir teilgenommen hatte. Kapitän Murray, ein alter Freund Nelsons, kommandierte die *Edgar*, und ein weiterer alter Freund, Konteradmiral Graves, hatte seine Flagge auf Kapitän Retalicks *Defiance* gehißt. Die kleineren Schiffe mit weniger als 50 Kanonen mitgezählt, hatte er für den Angriff auf die sorgfältig vorbereiteten Verteidigungsanlagen von Kopenhagen eine Streitmacht von einundzwanzig Schiffen zur Verfügung. Das war wohl reichlich wenig, aber Nelson befand sich bei guter Laune, als er an diesem Abend in Foleys Kajüte mit einer Gruppe seiner Waffenkameraden Platz nahm, um zu speisen. Oberst Stewart berichtet: »Er war in gehobenster Stimmung und trank auf einen günstigen Wind und auf den Erfolg des nächsten Tages.« Dennoch lagen die Dinge sehr viel anders als am Nil: Der Feind hatte sich nicht nur weitaus sicherer verschanzt und sich vollständig für den bevorstehenden Angriff gerüstet, sondern Nelson hatte auch keine Gelegenheit gehabt, mit diesem Geschwader so zu arbeiten wie mit seinem »Bund der Brüder.« Das machte die Vorbereitung von sorgfältig ausgearbeiteten Befehlen nötig, und nach dem Abendessen verging ein Großteil der Nacht mit dem Schreiben vom Instruktionen, die am Tag darauf an die Schiffe ausgegeben werden mußten.

Oberst Stewart hinterließ eine denkwürdige Darstellung der Szene in Foleys Kajüte: »Nach der Mühsal dieses Tages und der beiden vorhergehenden war Lord Nelson, während er seine Anweisungen diktierte, so sehr erschöpft, daß ihm von uns allen empfohlen wurde – und sein alter Diener Allen, der sich bei solchen Gelegenheiten recht gebieterisch gab, bestand in der Tat darauf –, er möge sich in sein Bett legen. Es wurde ihm hingestellt, doch von dort aus fuhr er immer noch fort zu diktieren. Die Befehle waren etwa um ein Uhr fertig, und in der vorderen Kajüte Kabine machte sich ein halbes Dutzend Schreiber daran, sie zu kopieren. Wieder zeigte sich Lord Nelsons Ungeduld, denn statt gelassen zu schlafen, was er wohl hätte tun können, rief er von seinem Bette aus jede halbe Stunde diesen Schreibern zu, sie sollten sich mit ihrer Arbeit sputen, denn der Wind werde mit der Zeit günstiger – er hatte die ganze Nacht lang Bericht darüber erstattet bekommen. Nachdem die Arbeit etwa um sechs Uhr morgens beendet war, frühstückte Seine Lordschaft, die schon vorher auf und angekleidet war, und gab etwa um sieben das Signal für alle Kapitäne. Um acht Uhr wurden jedem die Weisungen ausgehändigt, und Kapitän Riou erhielt Spezialbefugnis zu handeln, wie es die

Umstände erforderten.« Admiral Mahan meint: »Es war charakteristisch für den ›vom Himmel gesandten‹ Admiral, daß der Wind, der am Vortage günstig gewesen war und ihn nach Süden vorangebracht hatte, in der Stunde der Schlacht umsprang und ihn nach Norden trug; doch es ist nur recht und billig zu bemerken, daß er weder mit einem günstigen Wind noch mit der Zeit jemals leichtfertig umging.«

Er hatte auch, das muß hinzugefügt werden, großartige Kapitäne und Matrosen, die ihm halfen. In der Nacht hatte Kapitän Hardy noch einmal sorgfältig die Aufstellung des Gegners geprüft – eine Aufgabe, die unter den gegebenen Bedingungen höchstes Geschick und Können erforderte. Er verließ den britischen Ankerplatz mit einem kleinen Boot und lotete den Bereich im Umkreis der hintersten Schiffe des Feindes aus. Damit die dänischen Wachposten das Platschen von Lot und Leine nicht hörten, benutzte er eine Meßstange, um zu ermitteln, wie tief das Wasser war. Hardy, Nelsons unschätzbarer Hardy, war der einzige Kapitän, der bei allen großen Siegen Nelsons zugegen war – am Nil, jetzt bei Kopenhagen und schließlich bei Trafalgar.

Der Wind wehte nun beständig von Südost, ideal für das ganze Unternehmen, und um 9.30 Uhr erging der Befehl, nacheinander in Fahrt zu gehen. Das erste, was an diesem Tag nicht wunschgemäß funktionierte, war der Umstand, daß die Lotsen sich dagegen sträubten, die Schiffe durch die geplante Fahrrinne zu bringen. Es handelte sich um Maate und Steuerleute von der Handelsmarine, die zwar die Ostsee gewohnt, aber besorgt wegen des Tiefgangs der Schiffe waren, die sie jetzt so dicht wie möglich an die dänischen Schiffe heranführen sollten, die, wie sie wohl wußten, in flachem Wasser vertäut lagen. Nelson erwähnte später, wie er unter »dem Elend« gelitten habe, »die Ehre unseres Landes Lotsen anvertraut zu sehen, die an nichts anderes dachten, als die Schiffe aus der Gefahr und ihre dummen Köpfe aus dem Geschützfeuer herauszuhalten.« Es fand sich eine Lösung, als Handelskapitän Briarly von der *Bellona*, Teilnehmer der Schlacht von Abukir, sich als Lotse anbot. Man brachte ihn auf die *Edgar*, Kapitän Murrays Linienschiff mit 74 Kanonen, der die *Agamemnon* folgte, Nelsons geliebtes altes Schiff. Mit schön geblähten Segeln wich die *Edgar* erfolgreich den Untiefen am Ende des Middelgrunds aus und nahm Kurs auf die dänische Linie. Doch das Unglück begann, als es der *Agamemnon* nicht gelang, die Südspitze der Untiefe zu umgehen; sie lief zwar nicht auf, mußte aber vor Anker gehen. Es gelang ihr

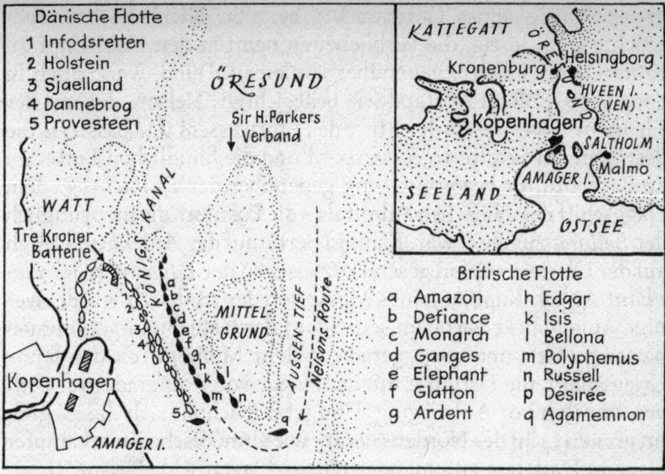

Die Seeschlacht von Kopenhagen

auch nicht, klar von den Untiefen zu kommen, und sie konnte auch im späteren Verlauf des Tages nicht in den Kampf eingreifen. Nun erhielt die *Polyphemus* Order, den Platz einzunehmen, der ursprünglich der *Agamemnon* zugedacht war. Die beiden Schiffe, die als erste ins Gefecht kamen, gerieten unvermeidlich unter sehr schweren Beschuß, und Murray war gezwungen, gegenüber der dänischen *Jylland* in etwa 450 m Entfernung zu ankern, wohingegen Nelsons Anweisung lautete, man solle versuchen, die Schiffe auf 225 m an den Feind heranzuführen. Dies hatte zur Folge, daß die *Polyphemus* und die nachfolgenden Schiffe, um die Linie beizubehalten, in diesem weniger wirksamen Abstand ankerten, statt, wie beabsichtigt, in Kernschußweite.

Doch es kam noch schlimmer. Die *Bellona* und die *Russell* gerieten zu nah an den westlichen Rand des Middelgrunds heran und liefen auf. Zwar brachten sie es fertig, selbst von dieser Position aus das südliche Ende der feindlichen Linie konstant mit einigermaßen schwerem Feuer zu bestreichen, doch das war natürlich nicht annähernd so effektiv, als wenn sie in nächster Nähe geankert hätten. Nelson sah sich also gleich bei Beginn der Schlacht dreier Schiffe seines Geschwaders beraubt. Nichtsdestoweniger brachte er es fertig, die verbliebenen neun in den Nahkampf zu führen. Jedes ankerte gegenüber von einem Feind, wenn auch in doppelt so großem Abstand wie beabsichtigt. Nelson, der mit der *Elephant* folgte, lief in der Mitte des Fahrwassers und passierte die gestrandeten Schiffe an Steuerbord und die feindlichen Batterien an Backbord. Er bezog Stellung gegenüber der *Dannebrog*, dem Flaggschiff des dänischen Admirals – die Position, die ursprünglich der *Bellona* zugeteilt war. Kapitän Bertie auf der *Ardent* und Bligh auf der *Glatton* warfen geschickt zwischen der *Edgar* und der *Elephant* Anker. Kapitän James Mosse von der *Monarch* wurde, wenige Augenblicke nachdem sein Schiff das Gefecht aufgenommen hatte, getötet, und zwar gerade in dem Moment, da das letzte Kriegsschiff, die *Defiance* mit der Flagge von Konteradmiral Graves, vor ihm vor Anker ging. Und jetzt machten sich die Gegner im grauen Licht des Nordens daran, wie altmodische Faustkämpfer bis zum Umfallen aufeinander einzuschlagen. Um Nelson zu zitieren: »Da gab es kein Manövrieren. Es war ein totaler Kampf.« Darüber hinaus hatten es die meisten Angreifer, da die britische Linie durch das Fehlen von drei Schiffen verkürzt war, mit zwei Gegnern gleichzeitig zu tun.

Der erste Schuß fiel fünf Minuten nach zehn, und wenig mehr als eine Stunde später befanden sich alle Schiffe im Gefecht. Die letzten, die in den Kampf eintraten, waren die Kanonenboote, die um 11.45 Uhr das Feuer auf die Stadt, die Werften und die feindlichen Schiffe eröffneten. Wenn man nach der Zahl der Geschütze geht, waren sich beide Seiten einigermaßen ebenbürtig. Die Dänen, so hat man geschätzt, verfügten (einschließlich der Kanonen des Tre-Kroner-Forts) über etwa 380, die Briten über ein wenig mehr als 400. Southey, dessen Informationen von seinem Bruder Thomas stammen, der an der Schlacht teilnahm, beschreibt Nelsons Unruhe in dem Moment, da er sah, daß er ein Viertel seiner Schiffe durch die Gefahren des Middelgrunds verloren hatte – »doch kaum daß er im Gefechte war, hellte sich seine Miene auf, als habe die Artillerie wie Musik alle Sorgen und qualvollen Gedanken verscheucht, und seine Konversation wurde, wie es ein Umstehender schildert, freudig, angeregt, ermuntert und entzückt.« Während die größeren Schiffe aktiv in den Kampf verwikkelt waren, hatten Kapitän Rious Schiffe es mit dem gewaltigen Tre-Kroner-Fort aufgenommen. Das Fehlen der *Agamemnon*, der *Russell* und der *Bellona* machte sich jetzt sehr bemerkbar.

Unterdessen versuchte Sir Hyde Parker, von Norden aufzukreuzen, vermochte jedoch die Feuerkraft seiner im Kampf gegen das Fort stehenden Abteilung nicht zu verstärker, weil der Wind, der es Nelson erleichtert hatte, an den Feind heranzukommen, dem Oberbefehlshaber direkt entgegenblies. Parker konnte aber – der Schußwechsel tobte bis 13 Uhr ununterbrochen weiter – leicht erkennen, daß die Dänen weitaus heftiger Widerstand leisteten, als man erwartet hatte. Tom Southey erinnert sich: »›Ich werde‹, sagte er zu seinem Kapitän, ›um Nelsons willen das Signal zur Rückkehr geben. Wenn er in der Lage ist, das Gefecht erfolgreich fortzuführen, wird er es nicht beachten, wenn nicht, ist es eine Entschuldigung für seinen Rückzug, und man kann ihm keine Schuld anlasten.‹ Kapitän Domett drängte ihn, das Signal wenigstens aufzuschieben, bis er sich mit Nelson in Verbindung setzen könne, doch Sir Hydes Meinung nach war die Gefahr zu bedrohlich für einen Aufschub. Das Feuer, sagte er, sei zu heftig, als daß sich Nelson ihm zu widersetzen vermöchte; er befände, daß der Rückzug angetreten werden müsse; er sei sich der Folgen für seinen eigenen Ruf bewußt, doch wäre es erbärmlich von ihm, wenn er Nelson die Schande des Mißlingens, sofern man es für eine Schande hielte, alleine tragen ließe. Daher gab er unter dem Eindruck einer Fehleinschätzung, aber mit dieser uneigennützigen und generösen Gesinnung das Signal zum Rückzug.« Der berühmte Rückruf erfolgte also nicht, wie man manchmal unterstellte, weil Sir Hyde Parker Angst hatte, sondern weil er den großzügigen Wunsch hegte, seinen rangjüngeren Kollegen vor der »Schande des Mißlingens« zu bewahren und einen Teil davon auf sich selbst zu nehmen. Außerdem konnte Nelson, wie er unmißverständlich zu Domett sagte, das Signal außer acht lassen, wenn er wollte.

Nun wurde also das Signal 39, der Rückruf, von der *London* des Oberbefehlshabers aus gegeben. Nelsons Signalleutnant erstattete ihm unverzüglich Meldung und fragte, ob er es für den Rest des Geschwaders wiederholen solle. Die nun folgenden Momente sind in die Geschichte eingegangen, denn Oberst Stewart, der ganz in Nelsons Nähe war, als dieser das Achterdeck abschritt, hat uns seine lebendigen Erinnerungen daran hinterlassen: »Er schritt weiter und schien keine Notiz davon zu nehmen. Der Leutnant trat bei der nächsten Kehrtwendung an Seine Lordschaft heran und fragte, ob er es für den Rest des Geschwaders wiederholen solle. Lord Nelson erwiderte: ›Nein, bestätigen Sie's.‹ Als der Offizier zum Heck zurückging, rief seine Lordschaft ihm nach: ›Ist No. 16, Nahkampf, noch gehißt?‹ Der Leutnant bejahte dieses, und Lord Nelson sagte: ›Lassen Sie es unbedingt so.‹ Er schritt nun erheblich erregt über Deck, was man immer daran erkannte, daß er den Stumpf seines rechten Armes bewegte. Nach ein oder zwei Kehrtwendungen sagte er lebhaft zu mir: ›Wißt Ihr, was an Bord des Oberbefehlshaber gezeigt wird? No. 39!‹ Auf meine Frage, was das bedeute, antwortete er: ›Nun, den Kampf einstellen.‹ ›Den Kampf einstellen!‹ wiederholte er und fügte dann mit einem Achselzucken hinzu: ›Fällt mir überhaupt nicht ein!‹ Er sagte auch, wie ich glaube, zu Kapitän Foley: ›Ihr wißt, Foley, ich habe nur ein Auge – ich habe das Recht, manchmal blind zu sein‹, und dann setzte er sein Fernglas an sein blindes Auge und rief mit einer Schalkhaftigkeit, die seinem Charakter eigen war: ›Wirklich, ich sehe das Signal nicht!‹«

Konteradmiral Graves an der Spitze der Kolonne hielt es ebenfalls für richtig, das Signal nicht zu beachten, und kommentierte später: »Wenn wir das Gefecht eingestellt hätten, bevor der Feind zuschlug, wären wir alle aufgelaufen und vernichtet worden.« Nur Kapitän Riou und seine Abteilung, die heftig vom Tre-Kroner-Fort beschossen wurden und Parkers Flaggschiff sehr viel näher waren, gehorchten dem Signal 39. Riou war bereits durch einen Splitter am Kopf verwundet worden, doch als er der Aufforderung seines Oberbefehlhabers Folge leistete, soll er gesagt haben: »Was wird Nelson von uns denken?« Als die *Amazon* und ihre Begleitschiffe dem Tre-Kroner-Fort das Heck zudrehten, verdoppelten die Dänen, aufgemuntert durch den Rückzug der Briten, ihr Feuer. Auf Rious Schiff wurden noch ein paar Männer mehr getötet, und der Kapitän rief: »So kommt denn, meine Jungs, laßt uns alle zusammen sterben!« Einige Sekunden später wurde er von einer Kugel zerrissen. Stewart bemerkte, daß sein Tod die britische Kriegsmarine »einer ihrer größten Zierden und die Gesellschaft eines Charakters von einzigartigem Werte, dem romantischen Helden ähnlich«, beraubt habe.

Die Schlacht wurde schließlich durch die Überlegenheit der britischen Artillerie entschieden. Zwar hätten die schwimmenden Batterien im Verein mit den Geschützen des Forts bei so starren Zielen wie Nelsons Linienschiffen zumindest theoretisch ein Chaos anrichten müssen, aber die britische Schußrate übertraf die Dänen bei weitem. Viele der Dänen waren unerfahrene Freiwillige, die sich an eisenharter Tüchtigkeit nicht mit jenen halbnackten Männern messen konnten, die sich, verschwitzte Lappen um die Ohren gebunden, in Lärm und Hitze auf den britischen Kanonendecks abmühten. Etwa um 14 Uhr war das Gros der dänischen Linie zum Schweigen gebracht – alle Schiffe hinter der *Elephant* hatten sich in Wracks verwandelt, viele der anderen brannten. Selbst die große *Dannebrog*, das dänische Flaggschiff, hatte die Fahne gestrichen und trieb in einem Flammenmeer die Linie von Kopenhagens schwimmenden Festungswerken hinunter. (Sie explodierte später am Nachmittag.) Nelson erwog, seine Schiffe weiter an der dänischen Linie entlanglaufen zu lassen, um gegen diejenigen den Kampf aufzunehmen, die am nördlichen Ende lagen und noch nicht angegriffen worden waren, aber Fremantle riet klugerweise davon ab und wies darauf hin, daß ihnen bereits drei Schiffe fehlten und daß die anderen, die im Gefecht gestanden hatten, fast alle schwer beschädigt waren.

Southey schreibt: »Zwischen eins und zwei ließ das Feuer der Dänen nach, etwa um zwei stellte der größte Teil der Linie das Feuer ein, und einige ihrer leichteren Schiffe trieben auf dem Wasser. Es war jedoch schwierig, jene, die aufliefen, in Besitz zu nehmen, denn die Batterien auf der Insel Amager gaben ihnen Deckung, und die Schiffe selbst hielten, sobald sich die Boote näherten, ein unregelmäßiges Feuer aufrecht. Dies rührte von der Art des Gefechtes her: Die Crews wurden ständig vom Lande aus verstärkt, und die neuen Männer, die an Bord kamen, fragten nicht danach, ob die Flagge gestrichen worden sei, oder gaben vielleicht nicht darauf acht, weil viele oder die meisten von ihnen nie zuvor im Kampfe gestanden hatten.« Und das verursachte die größten Schwierigkeiten. Den schwimmenden Batterien wurden, obwohl sie stark beschädigt waren, ständig Bootsladungen mit neuen Männern aus Kopenhagen zugeführt. Die Tatsache, daß fast alle ihre Geschütze schwiegen, fast all ihre Schiffe brannten und die Zerstörung des hinteren Teils ihrer Linie vollständig war, änderte nichts daran. Nelson geriet so aus der Fassung darüber, daß seine Boote nicht an die *Dannebrog* herankommen und die Überlebenden retten konnten – sie wurden durch ständigen Beschuß vom Ufer aus daran gehindert –, daß man ihn sagen hörte: »Entweder muß ich Leute an Land schicken, die diesem regellosen Vorgehen Einhalt gebieten, oder ich muß unsere Brander schicken und sie verbrennen lassen.« Fremantle, der, wie wir schon sagten, dagegen war, an der feindlichen Linie entlangzulaufen und den Kampf mit den bis jetzt noch nicht angegriffenen Schiffen aufzunehmen, schlug er die folgende Botschaft vor und bat ihn um seine Meinung dazu:

»An die Brüder der Engländer, die Dänen.
Lord Nelson hat Weisung, Dänemark zu schonen, wenn es nicht länger Widerstand leistet; wenn aber von seiten Dänemarks weiterhin geschossen wird, wird er genötigt sei, all die schwimmenden Batterien, welche die Flagge gestrichen haben, in Brand zu setzen, ohne daß es in seiner Macht stünde, die tapferen Dänen zu retten, die sie verteidigt haben. Gegeben den 2. April 1801 an Bord des S. M. S. *Elephant* vor Kopenhagen.« Kapitän Sir Frederick Thesiger, der Dänisch und Russisch sprach und zu Nelsons Stab gehörte, wurde mit der Parlamentärsflagge an Land geschickt, um dem Prinzregenten von Dänemark, der den Oberbefehl über das Gefecht führte, die Botschaft zu überbringen. Es ist bezeichnend für Nelsons Temperament und für seine Beachtung des Details, daß er selbst in diesem Augenblick, mitten in der bisher härtesten Schlacht seines Lebens, nicht eine gewisse psychologische Raffinesse vergaß, die möglicherweise ein wenig zum erfolgreichen Ausgang des Tages beitrug. Er hatte seine Botschaft sorgfältig auf dem Ruderkopf der *Elephant* geschrieben, und nun sollte sie in einen Umschlag gesteckt werden. Der Zahlmeister, der daneben stand und sie kopierte, erinnerte sich: »Anfangs wollte ich sie nur mit einer Siegelmarke versiegeln, doch er wollte nicht zulassen, daß dies geschah, und sagte, sie müsse ordnungsgemäß versiegelt werden, denn sonst werde der Feind denken, sie sei in großer Eile geschrieben und abgeschickt worden.«

Etwa um 16 Uhr war die Schlacht fast vorbei. Der Prinzregent hatte seinerseits eine Botschaft geschickt, »um die nähere Bedeutung der Entsendung dieses Parlamentärs zu erfragen«, und die folgende Antwort erhalten: »Lord Nelsons Ziel dabei, daß er einen Parlamentär an Land schickt, ist die Menschlichkeit. Er erklärt sich daher bereit, daß die Feindseligkeiten eingestellt und die verwundeten Dänen an Land gebracht werden sollen.« Er sagte außerdem, er hoffe, daß »dieser Parlamentär der glückverheißende Vorbote eines dauerhaften und glücklichen Zusammenschlusses zwischen meinem allergnädigsten Monarchen und Seiner Majestät, dem Könige von Dänemark, sein möge«. Kurz danach wurde das Feuer ganz eingestellt, und der dänische Generaladjutant Lindholm ging als Parlamentär an Bord der *London*, um mit Sir Hyde Parker zu sprechen. Nun wurde den fünf Schiffen an der Spitze der britischen Linie, der *Defiance*, der *Monarch*, der *Ganges*, der *Ele-*

phant und der *Glatton*, signalisiert, nacheinander den Anker zu lichten und durch das Königstief zu laufen – der Wind war nach wie vor günstig. Von diesen fünf lief nur die *Glatton* nicht auf Grund auf. Nelsons *Elephant* lief nicht einmal eine Meile vor dem gewaltigen, aber jetzt nicht mehr feuernden Tre-Kroner-Fort entfernt, so hart auf, daß man sie erst am folgenden Tag wieder flottmachen konnte. Die Entsendung des Parlamentärs, die Nelson gerade im rechten Augenblick veranlaßt hatte, rettete nicht nur vielen Dänen das Leben, sondern bewahrte auch die Briten vor einer möglichen Katastrophe. Als Nelson in seine Gig stieg, um sich zu einer Zusammenkunft an Bord der *London* zu begeben, bemerkte er: »Ich habe entgegen dem Befehl gekämpft, und vielleicht werde ich gehenkt. Gleichviel, laß sie nur!« Er hätte nichts zu befürchten brauchen. Parker empfing ihn ähnlich wie seinerzeit St. Vincent nach jener ersten berühmten Insubordination. Es konnte absolut keinen Zweifel daran geben, daß er, indem er das Geschwader um den Middelgrund herumgeführt, die Dänen von Süden angegriffen und den schwächeren Teil ihrer Verteidigungsanlagen attackiert hatte (den die Dänen für ungefährdet hielten, weil sie meinten, der Angriff werden von Norden erfolgen), den Sieg davongetragen hatte. Nun begannen lange Verhandlungen, die schließlich damit endeten, daß Generaladjutant Lindholm sich damit einverstanden erklärte, daß die dänischen Schiffe, die noch nicht aufgebracht waren, sich formell ergeben sollten und daß man den Waffenstillstand fortsetzen wollte. Nach der Zusammenkunft – es war schon Nacht – schlief Nelson auf seinem eigenen Schiff, auf der *St. George*. Über seinem Logbuch fast einnickend, machte er die folgende Eintragung: »2. April. Mäßige Winde aus Süd, um 9 (in Wirklichkeit um 10) Signal zum Angriff auf die dänische Linie gegeben; das Gefecht begann kurz darauf und dauerte etwa 4 Stunden, danach waren 17 von 18 aus der dänischen Linie gekapert, in Brand gesetzt oder versenkt. Unsere Schiffe haben erheblich gelitten. Nachts sehr unwohl an Bord der *St. George* gegangen.« Das nahm kaum wunder. Er war zweiundvierzig Jahre alt, fast blind und hatte sechs Tage lang wenig geschlafen. Er hatte seine Schiffe durch Untiefen und schmale Durchfahrten geführt, was auch die Nerven, das Können und die Energie eines weitaus jüngeren Mannes auf eine harte Probe gestellt hätte, und sich, nachdem er die härteste Schlacht seines Lebens geschlagen hatte, noch als Meister der Diplomatie erwiesen.

Er verdiente seine Ruhe.

30 Der Sieg und die Zeit danach

Die Schlacht von Kopenhagen war unnötig gewesen. Am 23. März 1801 war der Zar von Rußland, Paul I., von einer Gruppe russischer Adliger ermordet worden, die in wachsendem Maße unzufrieden mit seiner Politik und immer besorgter wegen der sich häufenden Anzeichen seines Irrsinns geworden waren. Nur der Einfluß des Zaren auf seine schwächeren Nachbarn hatte die nördliche Föderation heraufbeschworen, und es lag zu einem sehr großen Teil an der Angst vor Rußland, daß die Dänen sich den Briten gegenüber offen feindselig verhielten. Doch die Nachrichtenübermittlung war in jenen Tagen so langsam, daß die Meldung von der Ermordung des Zaren Kopenhagen erst am 9. April erreichte, mehr als zwei Wochen nach dem Ereignis – und zu dieser Zeit hatte man mit den Dänen endgültige Vorkehrungen für einen Waffenstillstand getroffen, der vierzehn Wochen dauern sollte. Southeys Kommentar faßt vorzüglich Nelsons gefühlsmäßige Einstellung zu dieser Schlacht zusammen (und zwar in einem Moment, da er noch nicht wußte, daß der Hauptfeind bereits tot war und daß dessen Nachfolger die franzosenfreundliche Politik Pauls I. umstoßen würde). »Nach der Tapferkeit, die sie (die Crew des Flaggschiffs *Dannebrog*) offenbart hatten, bewegte das Schicksal dieser Männer Nelson besonders, denn bei diesem Gefechte fand sich nichts von jener Empörung wider den Feind und von jenem Eindruck der ausgleichenden Gerechtigkeit, die am Nil seinem Gemüte einen strengeren Zug und eine gewisse herbe Wonne daran verliehen hatten, die Vergeltung zu sehen, deren bestelltes Werkzeug er war. Die Dänen waren ein achtbarer Gegner, sie waren von englischem Wesen wie von englischem Blute, und nun, da die Schlacht geendet hatte, betrachtete er sie eher als Brüder denn als Feinde.«

Es war zweifellos die traurigste Schlacht in Nelsons Leben, doch mit Sicherheit die bisher härteste, wie er später zum Prinzen von

Dänemark sagte. »Die Franzosen schlugen sich tapfer, aber sie hätten nicht eine Stunde den Kampf durchgehalten, den die Dänen vier Stunden ausgehalten haben.« Die Briten hatten fast tausend Mann verloren, die Dänen fast zweitausend, doch die Verwundeten und Gefangenen machten ihre Verluste doppelt so hoch. Zwar hatten die britischen Schiffe bei der Schlacht schwere Schäden erlitten, aber keines war derart kampfunfähig geworden, daß man es aus dem Gefecht nehmen mußte. Die Dänen dagegen hatten siebzehn von achtzehn Schiffen aus ihrer Schlachtlinie verloren. Einige waren verbrannt, einige versenkt und die anderen als Prisen genommen worden. Wie die Schlacht von Abukir war auch dies eine Vernichtungsschlacht, und an diesem Punkt können wir vielleicht einschieben, wie Joseph Conrad die Veränderung in der Kriegführung auf See einschätzte, die Nelson bewirkte: »In ein paar kurzen Jahren revolutionierte er nicht nur die Strategie oder Taktik der Kriegführung auf See, sondern den *ganzen Begriff des Sieges* (Hervorhebung von mir, E. B.). Und das ist genial. Allein darin steht er, dank der Beständigkeit seines Glücks und der Macht seiner Eingebung, unter den Führern der Flotten und Matrosen einzig da. Er brachte Heldentum in die Linie der Pflicht. Er ist wahrlich ein außerordentlicher Vorfahr.«

Daß er unstreitig als Held anerkannt wurde, brachte auch am Morgen nach der Schlacht die *Syaelland*, ein Schiff mit 74 Kanonen, in britische Gewalt. Nelson war bereits an Bord seiner *Elephant* gewesen (und hatte hocherfreut entdeckt, daß sie nicht mehr auf Grund festsaß, sondern sicher auf Reede lag) und davon in Kenntnis gesetzt worden, daß die *Syaelland*, die unterhalb der Geschütze des Tre-Kroner-Forts ankerte, es ablehnte, sich einem anderen als Lord Nelson zu ergeben. Nach einem Besuch beim dänischen Kommodore auf dessen ähnlich benanntem Schiff *Elephanten* stieg Nelson rasch in sein Gig und ging bei jenem widerspenstigen Dänen längsseits. Als er an Bord trat, schlug er seinen salzüberkrusteten Bootsmantel zurück, um seine Orden und den hochgesteckten Ärmel zu zeigen – jene Identitätsmerkmale, die den Dänen ebenso wohlbekannt waren wie allen anderen Europäern. Die *Syaelland* ergab sich und wurde als Prise ins Schlepp genommen, obwohl es ihrem Kapitän – Kampfgeist bis zuletzt – lieber gewesen wäre, wenn die Geschütze des Tre-Kroner-Forts ihr Schweigen gebrochen und sein Schiff zerstört hätten.

Es war ein sehr kalter Tag, Nelson hatte nur wenig geschlafen, und doch zeigte sich seine außergewöhnliche Vitalität nie klarer als am Morgen jenes Karfreitags im Jahre 1801. Er fuhr fort, die Schiffe zu inspizieren, die am Vortag mit ihm im Gefecht gestanden hatten, und erfuhr zu seinem großen Kummer, daß sein alter Gefährte vom Nil, Kapitän Thompson, der bei der Schlacht die *Bellona* befehligte, ein Bein verloren hatte und daß Kapitän Riou und Kapitän Mosse von der *Edgar* tot waren. Unterdessen waren die Briten eifrig damit beschäftigt, ihre Schiffe wieder instand zu setzen, Tauwerk zu spleißen, stehendes und laufendes Gut zu reparieren und sich darauf vorzubereiten, notfalls den Kampf fortzuführen, wenn der Waffenstillstand nicht erneuert wurde. Prisen wurden sichergestellt, Prisenkommandos an Bord gebracht und dänische Gefangene den Siegern übergeben. Gleichzeitig zog sich endlos die traurige Prozession der Boote hin, die die Verwundeten und Toten zur dänischen Küste transportierten.

Es möchte scheinen, dies sei kaum der rechte Moment dafür gewesen, daß Nelson an Land ging, um mit dem Kronprinzen zusammenzutreffen und die Waffenstillstandsbedingungen zu erörtern. Doch eines der erstaunlichsten Ereignisse im Zusammenhang mit dieser Schlacht ist, daß Sir Hyde Parker, der ohne eigenes Verschulden während des Gefechts untätig geblieben war, seinen Stellvertreter bat, die Verhandlungen mit den Dänen zu übernehmen, die gewiß die Aufgabe des Oberbefehlshabers der siegreichen Flotte hätten sein sollen. Man darf vermuten, der einzig mögliche Grund dafür, daß Parker den abgespannten und vom Kampf übermüdeten Nelson um die Verhandlungsführung ersuchte, sei der gewesen, daß er anerkannte, daß Nelsons Ruhm unendlich größer war als der seine. Da der Kronprinz mit Sicherheit wußte, daß Nelson die treibende Kraft zu diesem Angriff gewesen war, würde man seine Meinung mehr respektieren als die seines Vorgesetzten. Doch wenn die Admiralität ursprünglich die Intention gehabt haben sollte, Parker als Oberbefehlshaber einzusetzen, damit er diplomatisch tätig wurde – währen Nelson, falls nötig, die Kampfhandlungen überlassen blieben –, dann lag sie mit ihrer Einschätzung Parkers reichlich falsch.

Es nimmt kaum wunder, daß der Weg, den Nelson, passend gekleidet für diesen Anlaß, nehmen mußte, um zu seiner Unterredung mit dem Kronprinzen zu gelangen, scharf von Militär bewacht wurde. Neugier, sogar ein wenig Bewunderung oder, was wahrscheinlicher war, offene Feindseligkeit – all das hätte man durchaus von den Bürgern Kopenhagens erwarten können, die beim Schauspiel des Kampfes der britischen Kriegsmarine unter

Nelson gegen ihre Flotte und ihre Stadt den Sitz in der ersten Reihe gehabt hatten, um den sie nicht zu beneiden waren. Doch, so sagt ein dänischer Bericht, »die Leute erniedrigten sich weder, noch brachten sie sich in Ungnade; der Admiral wurde empfangen, wie der tapfere Feind stets den tapferen Feind empfangen sollte – mit Respekt.« Nach einem Staatsbankett, bei dem sich alle Augen unvermeidlich auf diesen schmächtigen, etwas unscheinbaren, einarmigen Mann hefteten, der soeben den Stolz ihres Landes gedemütigt hatte, fand ein formelle Zusammenkunft zwischen Nelson, dem Kronprinzen und dem Generaladjutanten Hans Lindholm statt. Die Dänen standen zwei gegen einen, und sie hatten den zusätzlichen Vorteil, daß sie beide fließend Englisch sprachen, Nelson jedoch kein Wort Dänisch verstand.

Aus einem Bericht, den Nelson später Addington erstattete, der Pitt als Premierminister nachgefolgt war, geht klar hervor, daß die Dänen ihrem zeitweiligen Gast ebenso aufgeschlossen und redlich gegenübertraten wie er ihnen: »Seine Königliche Hoheit begann die Konversation, indem er sagte, wie erfreut er sei, mich zu sehen, und dankte mir für meine Menschlichkeit gegenüber den verwundeten Dänen. Ich sagte darauf, es sei an mir zu danken und es wäre der größte Schmerz für jedermann in England, vom König bis zur gemeinsten Person, zu denken, daß Dänemark auf die britische Fahne gefeuert und sich mit seinen Feinden verbündet habe. Seine Königliche Hoheit gebot mir Einhalt, indem er sagte, Admiral Parker habe Dänemark den Krieg erklärt. Dies stellte ich in Abrede und ersuchte Seine Königliche Hoheit, nach den schriftlichen Unterlagen schicken zu lassen, und er werde das genaue Gegenteil finden, und daß es dem britischen Admiral völlig ferne liege.« Das stimmte tatsächlich, denn die Geschütze der Festung Kronborg hatten als erste das Feuer auf die herannahende britische Flotte eröffnet. Doch es bleibt die Tatsache bestehen, daß Nelson, was auch immer die friedfertigen und diplomatischen Absichten Sir Hyde Parkers gewesen sein mögen, nie einen anderen Gedanken gehegt hatte, als sofort mit den Dänen handgemein zu werden, wenn sie nicht von dem Bündnis mit Rußland zürücktraten. Er erhielt jetzt Erlaubnis, frei seine Meinung zu äußern, was er auch gehörig tat, indem er ausführte, daß die widernatürliche Allianz ihrer alten Freunde, der Dänen, mit ihren Feinden, den Russen, das ganze Problem heraufbeschworen habe. Der Prinz erwiderte für sein Teil, Dänemark werde niemals Englands Feind sein, doch könne sein Land es nicht dulden, daß sein rechtmäßiger Handelsverkehr behindert werde, so wie die Briten es praktiziert hätten, denn Dänemark sei vor allem eine Handelsnation.

Das Gespräch ging weiter, und man befaßte sich einigermaßen ausführlich mit dem ganzen Problemkreis der Handelsrechte, der Feiheit der Seefahrt und jener heiklen Frage, ob der Kommandant eines Konvois wissen könne, ob sich unter den Gütern an Bord der Schiffe, die sich in seinen Schutz begäben, unter Ein- oder Ausfuhrverbot stehende Waren befänden. Der Prinz fragte dann ganz direkt: »Wozu seid Ihr in die Ostsee gekommen?« – worauf Nelson erwiderte: »Um eine äußerst furchtbare und nicht provozierte Koalition gegen Großbritannien zu zermalmen.« Im weiteren Verlauf des Gesprächs stellte der Prinz klar, daß die Furcht vor Rußland ihn zu diesem Bündnis bewogen habe, und fügte hinzu: »Wenn ganz Europa in einem so furchtbaren Zustand der Verwirrung ist, ist es unbedingt notwendig, daß die Staaten auf der Hut sind.« Nelson bat darum, daß die britische Flotte ungehindert Kopenhagen anlaufen dürfe und Zugang zu den Bedarfsgütern und Materialien erhielte, die sie möglicherweise benötigen werde. Dies wurde ihm bereitwillig gewährt, und die beiden Männer schieden voneinander, nachdem sie sich gegenseitig für eventuelle allzu hitzige Worte im Verlauf ihrer Besprechung entschuldigt hatten. Nun war der Weg für eine weitere Erörterung geebnet, bei der man sich über die Frage eines formellen Waffenstillstands einigen konnte. Obwohl der Kronprinz während dieser Zusammenkunft notgedrungen unter dem Zwang des Wissens handelte, daß seine Hauptstadt im Augenblick von den Geschützen der britischen Flotte bedroht war, entschied Nelsons Verhalten in dieser Angelegenheit die Dinge. Sein offensichtliches Verständnis für Dänemarks Position gegenüber Rußland und seine gleichzeitige Entschlossenheit, nichts zuzugestehen, wenn das Leben seines Landes auf dem Spiel stand, dazu auch jener vitale Charme (den selbst seine Verleumder nie bestreiten konnten) hatten ein zufriedenstellendes Ergebnis der Gespräche dieses Tages zur Folge.

Bei den nachfolgenden Verhandlungen, an denen auch Oberst Stewart teilnahm, war der Punkt, der die größten Meinungsverschiedenheiten verursachte, die Dauer des Waffenstillstands. Nelson plädierte für sechzehn Wochen, doch die Dänen wünschten ihn sich viel kürzer – möglicherweise spekulierten sie darauf, daß bald eine vereinigte russisch-schwedische Flotte eintreffen und die Briten aus der Ostsee verjagen würde. Schließlich, so Stewart, »spielte einer der dänischen Kommissare, nachdem beide Seiten in diesem Punkt zu keiner Übereinstimmung gelangt waren, auf die Wiederaufnahme der Feindseligkeiten an. Worauf Lord Nelson, der genügend Französisch verstand, um festzustellen, was der Kommissar sagte (denn das Gespräch wurde in dieser Sprache geführt), sich mit Wärme einem seiner Freunde zuwandte und sagte: ›Die Feindseligkeiten wieder aufnehmen! Teilt ihm mit, daß wir im Nu bereit sind, bereit, sie noch heute abend zu bombardieren.‹ Der Kommissar entschuldigte sich höflich, und mit der Sache ging es friedlicher weiter. Man konnte sich jedoch betreffs der Dauer des Waffenstillstands nicht angleichen, und die Beratung wurde beendet, um den Prinzen zu befragen.

In der Folge wurde ein Levee in einem der Staatsräume abgehalten, die in Erwartung eines Bombardements sämtlich ohne Einrichtung waren. Seine Lordschaft ging dann zu einem großen Diner eine Treppe höher, der Prinz wies den Weg. Nelson, der sich auf den Arm eines Freundes stützte, flüsterte dabei: ›Obwohl ich nur ein Auge habe, sehe ich, daß all das sehr gut brennen wird!‹«

Zum Glück wurde es nicht nötig, diese Drohung wahr zu machen, denn man einigte sich auf einen Waffenstillstand von vierzehn Wochen Dauer – »nach Ablauf dieser Zeit soll es beiden verstattet sein, das Aufhören desselben zu erklären und, vierzehn Tage nachdem sie dies vorangekündigt, die Feindseligkeiten wiederaufzunehmen.« Während des Waffenstillstands hatte Dänemark seine Mitgliedschaft im Pakt der bewaffneten Neutralität zu suspendieren. Derweil würden die Briten Kopenhagen keinen Schaden tun, sie konnten jedoch von den Dänen kaufen, was sie an Schiffsbedarf und anderen Materialien brauchten. Die Nachricht von den Verhandlungen wurde von Oberst Stewart nach England überbracht, und wieder hatte Nelson – wie im Falle Drinkwater – in einem Heeresoffizier nicht nur einen inbrünstigen Bewunderer gefunden, sondern auch einen Mann, der sehr bedacht darauf war, die Kunde von Nelsons mitreißendem Elan und von seiner unbestrittenen Genialität in der Kriegskunst zu verbreiten. Er nahm außerdem offizielle Berichte mit, dazu einen Brief von Nelson, der die Offiziere entlastete, deren Schiffe aufgelaufen waren, und großzügige Hochachtung vor all denen bezeigte, die am Gefecht teilgenommen hatten. Kapitän Bligh von der *Glatton*, der sich zweifellos bewußt war, daß er seit der Affäre *Bounty* immer noch in einem etwas zwielichtigen Ruf stand, hatte Nelson gebeten, ihm seine gute Führung zu bescheinigen. Das war unnötig, wie Nelson wohl wußte, denn die *Glatton* hatte hervorragend gekämpft, aber trotzdem bestätigte der das Gewünschte bereitwillig in einem Brief an St. Vincent: »Sein Verhalten bei dieser Gelegenheit kann aus meinem Zeugnis kein zusätzliches Lob ernten. Er war mein Beistand, und in dem Augenblicke, da das Gefecht endete, ließ ich ihn auf die *Elephant* rufen, um ihm für seine Hilfe zu danken.« Gleichzeitig machte er auf den Fall von Kapitän Thompson aufmerksam, der traurig bemerkt hatte: »Nur fünfunddreißig Jahre alt, bin ich vollständig dienstunfähig, meine Laufbahn ist abgeschlossen.« In jenen harten Tagen war es, egal, ob es sich um Offiziere oder Mannschaften handelte (es sei denn, der Offizier verfügte über private Mittel), oft besser, im Kampf zu fallen, als auf dem Land als arbeitsunfähiges Wrack im Stich gelassen zu werden. Am 9. April schrieb Nelson auch an Emma Hamilton. Er war voller Sorge um das Kind jenes fiktiven Thompson (Horatias Amme hatte unter irgendeiner Krankheit gelitten), erwähnte auch beiläufig seine Frau und fügte hinzu, er kümmere sich nicht um sie und könne sich nicht um sie kümmern. Seine angstvolle Eifersucht hatte nicht nachgelassen, und er flehte Emma an, sie solle sich »nicht von Deinem Onkel (Sir William) überreden lassen, schlechte Gesellschaft zu empfangen. Wenn Du es tust, so hofft Dein Freund, er möge den Tod finden.«

Die Verzögerung, die durch die Diskussionen und die Ratifizierung des Waffenstillstands verursacht wurde – erst am 9. April kam es zur Unterzeichnung –, war ganz und gar nicht nach Nelsons Geschmack. Er wollte unbedingt vor Reval sein und mit den Russen fertig werden. Obwohl die Dänen jetzt keinen Widerstand mehr leisteten, kommentierte er treffend: »Ich betrachte die nordische Liga wie einen Baum, von dem Paul der Stamm war und Schweden und Dänemark die Äste.« Sein Wunsch war es, »an den Stamm heranzukommen und ihn umzuhauen.« Während er ungeduldig wartete, verfiel Parker wieder glückselig in jene Untätigkeit, die seiner Natur entsprochen zu haben scheint. Bevor Oberst Stewart mit den Berichten nach England abreiste, achtete er sorgsam auf das Verhalten seines Helden, wenn er nicht im Kampf stand, und bemerkte, daß er sein Schiff nur verließ, um dem Kronprinzen die nötigen formellen Besuche abzustatten. »Seine Aufstehzeit war vier oder fünf Uhr, zur Ruhe ging er etwa um zehn, gefrühstückt wurde nie später als sechs und im allgemeinen näher bei fünf Uhr. Ein oder zwei Kadetten waren immer mit von der Partie, und ich habe erlebt, wie er während der Mittelwache nach den kleinen Jungen schicken ließ und sie zum Frühstück bei sich einlud, sobald sie abgelöst wären. Mit ihnen am Tisch beteiligte er sich an ihren knabenhaften Späßen und war der jugendlichste von allen. Zum Mittagessen hatte er stets einen seiner Offiziere bei sich, wobei jeder nacheinander an die Reihe kam, und war ein ebenso höflicher wie gastfreundlicher Gastgeber. Die ganzen Routineangelegenheiten der Flotte wurden stets, wie bei Graf St. Vincent, vor acht Uhr erledigt.«

Anders als beim Nil waren die Meinungen nach der Schlacht von Kopenhagen geteilt, und die Ehrungen fielen knauserig aus. Nelson wurde zum Vicomte ernannt und hatte die Ehre, Konteradmiral Graves auf dem Achterdeck der *St. George* den Bathorden verleihen zu dürfen. Für die anderen gab es nichts. Die Goldmedaille des Königs, die Nelson, wie er einmal gesagt hatte, höher schätzte als ein Herzogtum und die er für die Schlachten von St. Vincent und vom Nil bekommen hatte, wurde ihm und seinen sämtlichen Kapitänen vorenthalten. Zwei Kapitäne waren gefallen, Thompson hatte ein Bein verloren, und sie alle hatten mit ihren Schiffen länger und härter gekämpft als in der Bucht von Abukir. Keine Danksagung bewilligte die Stadt London den Männern, die Großbritanniens Handel geschützt und damit das Land vor einer durchaus möglichen wirtschaftlichen Niederlage im Krieg bewahrt hatten. Was die Matrosen betraf, die Männer, die zu Hunderten im Geschützdonner gestorben waren, so gab es überhaupt nichts für sie – nicht einmal das ohnehin bescheidene Prisengeld, das ihnen hätte zufallen können. Sir Hyde Parker (»Denn er ist reich und braucht es nicht«, schrieb Nelson an St. Vincent) hatte angeordnet, daß mit Ausnahme des einen Linienschiffes mit 74 Kanonen, das als Lazarettschiff dienen und die Verwundeten nach England befördern sollte, alle Prisen zu verbrennen seien. Dies war nicht nur auf Parkers Gleichgültigkeit dem Geld gegenüber zurückzuführen, sondern auch auf seine Befürchtung, die Russen und die Schweden könnten ihre Flotten vereinigen. Vielleicht kamen sie, und vielleicht mußte er in See stechen, um ihnen entgegenzutreten – und in diesem Fall hielt er es für Wahnsinn, so viele dänische Schiffe zurückzulassen. Sein Denken war hier wie bei jedem anderen Aspekt dieser Kampagne nicht nur von Zaudern, sondern auch von Ängstlichkeit geprägt. Nelson fand in seinem Brief an St. Vincent die richtigen Worte: »Nicht der Wunsch, ein paar hundert Pfund zu bekommen, treibt mich dazu, diesen Brief an Euch zu richten, sondern, verehrter Lord, (der Wunsch nach) Gerechtigkeit für die tapferen Offiziere und Männer, die an jenem

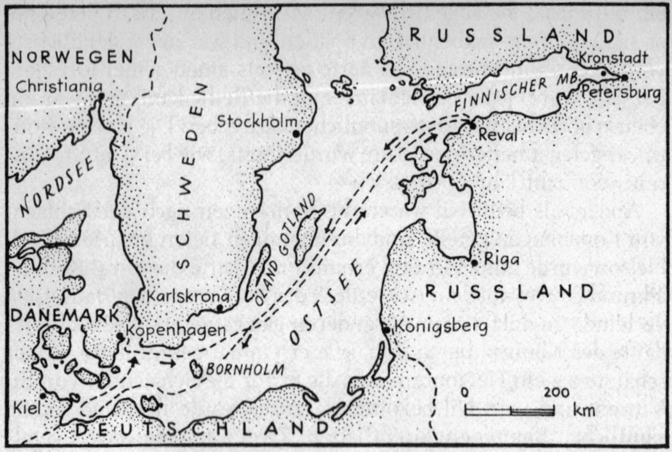

Route der britischen Flotte auf der Ostsee

Tage gekämpft haben… Ich finde, der König sollte eine gnädige Botschaft an das Unterhaus um eine Gabe für diese Flotte richten; denn was müssen die Offiziere und Männer, die ihr angehören, natürlichermaßen empfinden, wenn sie sehen, wie ihr reicher Oberbefehlshaber alle die Früchte ihres Sieges verbrennt, anstatt die Schiffe, neu ausgestattet, nach England zu schicken und sie dort für eine runde Summe zu verkaufen?«

Die Schlacht von Kopenhagen brachte die Regierung und die Admiralität in große politische Verlegenheit. Sie hatten immer gehofft, daß die Dänen ohne Gewaltanwendung dazu gebracht werden könnten, aus der nördlichen Allianz auszutreten, denn beide Länder befanden sich eigentlich nicht miteinander im Kriegszustand, und in England fand sich niemand, der die Dänen haßte. Der Krieg richtete sich gegen Frankreich, und Dänemark hatte sich, wie die anderen Unterzeichner auch, aus Furcht in das Bündnis mit den Russen hineinziehen lassen. Zwar hatte die Schlacht ihr Ziel erreicht, aber nun, da alles vorbei war, schien es fast, als wollten diejenigen, die die Macht ausübten, diese Schlacht völlig vergessen. Die Gleichgültigkeit Georgs III. gegenüber den jüngsten Ereignissen in der Ostsee wurde Nelson klargemacht, als der König ihn nach seiner Rückkehr fragte: »Lord Nelson, geht ihr fort?« – was im Sprachgebrauch der damaligen Zeit bedeutete, ob die Umstände und seine Gesundheit es ihm erlaubten, am gesellschaftlichen Leben teilzunehmen. Nelson war so erbost, daß er, wie es heißt, versucht war zu sagen: »Sir, ich war fort und bin wieder zurück. Eure Majestät haben vielleicht noch nicht von der Schlacht von Kopenhagen gehört!«

Erst am 12. April hielt Sir Hyde Parker es für richtig, seine Flotte, die jetzt auf siebzehn Linienschiffe reduziert war (zwei hatte er nach Hause geschickt), weiter ostwärts zu führen. Drei Tage zuvor hatte Nelson, der ohnehin wütend war über die durch die Waffenstillstandsverhandlungen verursachte Verzögerung, an St. Vincent geschrieben: »Ich habe keine Bedenken zu sagen, daß ich schon vor vierzehn Tagen in Reval gewesen wäre... Ich wünschte, Sir Hyde ließe mich wenigstens gehen und vor Karlskrona aufkreuzen, um zu verhindern, daß die Schiffe von Reval hineinkommen und zu ihnen (den Schweden) stoßen.« Die Fahrt gestaltete sich äußerst schwierig. Alle Schiffe mußten geleichtert werden, damit sie überhaupt durchkamen, und auf Nelsons *St. George* mußten einige Geschütze entfernt werden. Das hatte zur Folge, daß sie zwanzig Meilen hinter der Flotte lag, als die Nachricht einlief, daß ein schwedisches Geschwader gesichtet worden war. Nelson war so erpicht darauf, nicht zu versäumen, was er für eine unmittelbar bevorstehende Schlacht hielt, daß er befahl, man solle ein Boot zu Wasser bringen, und seine Absicht bekundete, die *Elephant* einzuholen und sie zu seinem Flaggschiff zu machen. Es war bitterkalt, Tom Allen hatte vergessen, Nelsons Bootsmantel bereitzuhalten, und Nelson stieg ohne Mantel ins Boot. Er lehnte ab, als ein anderer Offizier an Bord ihm den seinen anbot, meinte: »Nein, mir ist nicht kalt, die Sorge um mein Land wird mich wärmen« und legte die fünfstündige Fahrt zur Flotte in gewöhnlicher Uniform zurück – so sehr befürchtete er, sie könne bereits die Anker gelichtet haben und in den Kampf gezogen sein. Wie sich dann herausstellte, waren die Schweden, als sie Parkers Schiffe herannahen sahen, klugerweise nach Karlskrona zurückgekehrt. Erst um Mitternacht ging Nelson an Bord der *Elephant* und wurde von seinem alten Freund Foley begrüßt. Die Ostseeluft hatte seinen geschwächten Körper mitgenommen. Später berichtete er Emma: »Eine Kälte griff mir nach dem Herzen. Den 27. hatte ich einen meiner furchtbaren Herzanfälle... Von dieser Zeit bis Ende Mai hatte ich Auswurf, alle dachten, ich spiee meine Lungen aus, und ich ward mehr ausgezehrt, als Du Dir denken kannst.«

Nelson war wie eh und je erpicht darauf, mit den Schiffen den Finnischen Meerbusen zu erreichen, um den Zusammenschluß der russischen Flotten aus Kronstadt und Reval zu verhindern, der möglich sein würde, sobald das Eis im Hafen von Reval schmolz. Parker blieb seiner Natur treu und zog es vor, auf der Höhe von Karlskrona zu warten und auf diese Weise das relativ unbedeutende schwedische Geschwader, das dort vor Anker lag, auszuschalten. Es stellte sich heraus, daß Zar Alexander I. seiner Flotte befohlen hatte, sich aller Feindseligkeiten zu enthalten. Damit war der Schlußstrich unter die franzosenfreundliche Politik seines Vaters gezogen und die britische Präsenz in der Ostsee praktisch nicht mehr nötig. St. Vincent hatte unterdessen die Berichte aus Kopenhagen erhalten und sich entschlossen: Sir Hyde Parker mußte abberufen werden, und Nelson sollte das Kommando übernehmen (Parker wurde nie wieder eingesetzt). Nelson führte, obwohl er wußte, daß die Russen keine Feinde mehr waren, die Flotte unverzüglich nach Osten, um die Vereinigung ihrer beiden Flotten zu verhindern, bis sich der Pakt der bewaffneten Neutralität aufgelöst hatte. Der Zar protestierte, als Nelsons Schiffe vor Reval auftauchten, und bat um »den sofortigen Rückzug der Flotte unter Eurem Kommando.« Nelson erkannte rasch, daß nun Takt und Diplomatie, nicht aber Waffen erforderlich waren. Er schickte einen Brief an den Zaren, in dem er feststellte, mit seiner Ankunft in Reval beabsichtige er nicht mehr, als dem neuen Herrscher von Rußland seine Aufwartung zu machen – er werde unverzüglich auslaufen. Am 19. Mai löste sich der Pakt der bewaffneten Neutralität auf. Die Gefahr aus dem Norden, die Gefahr für den britischen Handel und für die maritimen Ansprüche Großbritanniens war vorbei. Am 14. Juni wurde Nelsons wiederholtes Ansuchen, von seinem Kommando abgelöst zu werden, beantwortet. Sein alter Freund Sir Charles Pole, ebenfalls ein Schüler von Locker und mittlerweile Vizeadmiral, traf als Ersatz für Nelson ein. Wieder segelte Nelson, nachdem er seine Mission mit der Vernichtung einer gegnerischen Flotte erfüllt hatte, nach Yarmouth. Jetzt reiste er, schicklicher als beim letzten Mal, ohne zivile Begleitung und an Bord einer kleinen Brigg der Kriegsmarine. Er hatte erklärt, daß er die Flotte von keinem größeren Schiff entblößen wolle. Ganz ähnlich, wie er oft an Fanny geschrieben hatte, schrieb er nun an Emma: »Ich bin entschlossen, ein ländliches Leben zu führen und viele Jahre der Zufriedenheit (so hoffe ich) zu erleben.

31 Ländliches Zwischenspiel

Nelsons erste Tat nach der Ankunft in Yarmouth bestand darin, daß er die Verwundeten von Kopenhagen im Hospital der Kriegsmarine besuchte. Niemand kannte den Preis, der für solche Siege bezahlt wurde, besser als er. Die Presse mochte geschmacklose Artikel schreiben und die Öffentlichkeit ihm auf der Straße zujubeln, aber beide wußten wenig vom Getöse der Schlacht, vom splitternden Holz, vom Krachen und vom Durcheinander, wenn Masten und Rahen von oben herunterstürzten. Wie die meisten Tatmenschen – und obwohl er Schmeicheleien liebte – behielt er vielleicht in irgendeinem Winkel seines Herzens eine gewisse Abneigung oder gar Verachtung zurück, Verachtung für die fetten Bürger, die mit Ketten behangenen Bürgermeister, die affektiert lächelnden Damen und die eleganten Herren (es war das Zeitalter des Dandys), die das Ergebnis von Ereignissen feierten, die sie nicht verstanden. Das Wort »Sieg«, das ihm so teuer war, schloß nicht nur viele Tote in sich ein, sondern auch Seeleute ohne Arme und Beine, junge Männer, die fast zugrunde gerichtet waren, bevor sie das Leben kennengelernt hatten, und grenzenloses Leid bei den Frauen und Kindern, die sie nicht mehr ernähren konnten. Er erfuhr bald, daß die südlichen Grafschaften Englands, als Meldungen von Napoleons Invasionsplänen mit Vorbedacht ausgestreut wurden, um die Briten zu demoralisieren, von all denen, die es sich leisten konnten, ihr Heim zu verlassen und nach Norden zu reisen, zeitweise geräumt wurden.

Unterdessen hoffte er auf nichts weiter als auf eine lange Ruhepause, auf Ferien mit Emma und natürlich auch, um den Schein zu wahren, mit Sir William. Er sehnte sich danach, Horatia wiederzusehen – sein einziges Unterpfand für die Zukunft. Sie würde weder seinen Namen noch seine Titel erben... Als seine Ernennung zum Pair im August dieses Jahres im Amtsblatt bekanntgegeben wurde, war für die Nachfolge an erster Stelle sein alter Vater benannt, falls er ihn überleben sollte, dann seine männlichen Erben und in Ermangelung dieser Erben die männlichen Erben seiner Schwester. Er gesellte sich nun zu den Hamiltons in Burford Bridge in Surrey und genoß, freilich nur ein paar Wochen, den Frieden des stillen, im Schatten des Box Hill gelegenen Postgasthofs, in dem sie wohnten. Ostengland schien ihn nicht mehr zu locken, und nach seiner Landung in Yarmouth und der Weiterreise nach London besuchte er nie wieder die Grafschaft, aus der er stammte. Die Gedanken daran waren jetzt vielleicht etwas unangenehm geworden – die Kindheit im Pfarrhaus, die langen Jahre an Land, Fanny und das Scheitern seiner Ehe. Surrey, diese feundliche und romantische Grafschaft – das war Emma und die Zukunft. Es ist bezeichnend, daß sich das Haus, das er bald kaufen sollte, Merton Place, ebenfalls in Surrey befand und daß es nicht mehr viel mit dem bescheidenen Landsitz zu tun hatte, den er sich vor langer Zeit als das Heim vorgestellt hatte, in das Fanny und er sich zurückziehen würden.

Während er und Sir William in Gesellschaft seines Bruders, Hochwürden William, und dessen Frau und Tochter Emma sowie eines jungen Kapitäns namens Edward Parker, der als Nelsons Adjutant fungierte, zum Angeln gingen, rumpelten die Postkutschen am Gasthof vorbei. Sie fuhren von Portsmouth nach London und zurück, sie brachten Nachrichten vom Ärmelkanal und Weisungen aus der Hauptstadt. Nelsons Ferien waren allzu kurz. Am 20. Juni wurde er nach Whitehall bestellt. Der Vertrag von Lunéville, der im Februar dieses Jahres unterzeichnet worden war, hatte Napoleon von all seinen Feinden im Ausland mit Ausnahme Portugals und Großbritanniens befreit. Mit Portugal wurde er fertig, indem er Spanien dazu veranlaßte, seinem Nachbarland den Krieg zu erklären. Nun, da vom Kontinent keine Gefahr mehr ausging, konnte er es sich erlauben, seine volle Aufmerksamkeit Großbritannien zu widmen. Nur die englische Flotte hielt noch gegen ihn aus. Sie hatte Malta erobert, stand kurz davor, seine Orientarmee zur Aufgabe Ägyptens zu zwingen, und hatte soeben mit Nelsons Sieg bei Kopenhagen zur Auflösung des Pakts der bewaffneten Neutralität beigetragen. Der einzige Weg, Großbritannien zu treffen, führte nur über den Ärmelkanal.

Jene Gewässer um England, zu deren Sicherung Drake vor mehr als zwei Jahrhunderten viel getan hatte, bildeten immer noch gewissermaßen den Burggraben der Insel. Jacques Bainville schrieb in seiner Biographie: »Napoleon mußte England bei der Gurgel packen und es überwältigen; alles andere konnte nur den Tag der Abrechnung hinausschieben... Wenn er das nicht erkannt hätte, würde er seinen Ruhm als außergewöhnlicher Mann nicht verdienen, und in seinem Genie würden Sprünge klaffen. Und man stellt seiner Intelligenz ein Armutszeugnis aus, wenn man mutmaßt, daß das Lager zu Boulogne, der Bau einer ganzen Flotte zum Transport seiner Armee über den Ärmelkanal bloße Finten waren. Tatsächlich bemühte sich Napoleon, indem er seinen vorübergehenden Italienaufenthalt nach der Krönung in Mailand verlängerte, die Engländer glauben zu machen, daß seine Pläne gegen sie ein Vorwand seien... Wenn die Überfahrt über den Ärmelkanal schließlich glückte und eine französische Armee landete, würde dies ebenso gewiß das Ende Englands sein wie der Tag, da Wilhelm der Eroberer seinen Fuß auf die Insel setzte. Was hier ausgetragen wurde, war ein Entscheidungsspiel.«

Und weil die Bedrohung so ernsthaft war, wurde Nelson jetzt nach London gerufen. Zu den zahlreichen Maßnahmen, die die Regierung traf, gehörte auch die Formierung eines »Geschwaders im Sonderdienst.« Es bestand aus einer Vielzahl kleinerer Schiffe, aus Fregatten, Kanonenbooten, schwimmenden Batterien und zahlreichen anderen Wasserfahrzeugen, die die Küste zwischen Beachy Head und Orfordness verteidigen sollten. Obwohl das kaum ein Kommando war, wie man es unter normalen Umständen einem Admiral von Nelsons Rang und Ruhm gegeben hätte, kamen Addington und St. Vincent zu dem Schluß, keinen geringeren als Nelson damit zu betrauen. Allein sein Name, glaubte man, würde bei seinen Landsleuten Vertrauen erwecken. Und wenn er dem Feind schon keine Furcht einflößte, so wußte er doch, daß Großbritannien seinen besten Seeoffizier gegen ihn ins Feld schickte – den Mann, der die Auslese seiner Flotte in der Bucht von Abukir vernichtet hatte. Man hat die Ansicht geäußert, ein weiterer Grund dafür, daß St. Vincent derart darauf erpicht war, Nelson dieses Kommando zu geben, sei der gewesen, daß er ihn um jeden Preis aus Emmas Gesellschaft habe wegholen wollen, aus einer Beziehung, die bereits zum öffentlichen Skandal geworden war und einen Menschen, um dessen Wert er wohl wußte und den er so sehr bewunderte, zum Gespött machte. Das mag zum Teil bei dieser seiner Wahl mitgespielt haben. Doch es kann kein Zweifel daran bestehen, daß Nelson, der die Ostsee vor allem seines schlechten Gesundheitszustands wegen verlassen hatte, kaum der geeignete Mann für ein Kommando war, das große körperliche

Aktivität erforderte, zumal er ständig dem rauhen Wetter des Ärmelkanals ausgesetzt wäre und sich mit einer Unterkunft auf einem Schiff bescheiden müßte, das nicht größer als eine Fregatte war. Man wußte genau, daß er auf kleinen Schiffen zur Seekrankheit neigte, und er war – jedenfalls in dieser Periode seines Lebens – immer dann in bester Verfassung, wenn er ein großes Linienschiff befehligte. Ein Mann wie Kapitän Riou wäre, hätte er den Rang gehabt und die Schlacht von Kopenhagen überlebt, für diese Art von Einsatz ideal geeignet gewesen.

Nelsons Bruder Maurice war vor kurzem gestorben, und Nelson nahm sich die Zeit, um dessen »Witwe« zu besuchen, eine Frau, die Maurice tatsächlich nie geheiratet hatte, und er sorgte auch dafür, daß er einen kurzen Besuch bei der kleinen Horatia machen konnte. In dieser Lebensphase erhielt Nelson einen Brief von seiner Frau, die in Bath weilte wie sein Vater, für den sie liebevoll und gewissenhaft sorgte. »Mein lieber Gatte, ich kann bei der allgemeinen Freude im ganzen Königreiche nicht stille bleiben. Ich muß meiner Dankbarkeit und meinem Glück darüber Ausdruck geben, daß es Gott Gefallen hat, Dein Leben zu schonen. Alle grüßen Dich mit jeder Bezeigung der Dankbarkeit und des Preises. Dieser Sieg, sagt man, übertrifft Abukir. Was ich fühle, wird Dein liebes Herz Dir sagen. Laß mich Dich bitten, nein, anflehen, mir zu glauben, daß kein Weib jemals größere Zuneigung für seinen Mann empfand als ich für Dich. Und nach meinem besten Wissen habe ich stets alles getan, was Du wünschtest. Falls ich etwas versäumt habe, so tut es mir leid darum.

Nachdem ich einen Brief von unserem Vater erhalten, welcher in einer melancholischen und bedrückenden Art und Weise geschrieben war, erbot ich mich, zu ihm zu kommen, wenn ich auch nur im mindesten dazu beitragen könnte, seinem Gemüt Erleichterung zu schaffen. Postwendend wünschte er mich unverzüglich zu sehen, doch ich mußte ein paar Tage in der Stadt verweilen, um nach einem Hause zu suchen. Ich will alles tun, was in meiner Macht steht, um die vielen Gebresten zu lindern, die ihn niederdrücken. Was kann ich mehr tun, um Dich davon zu überzeugen, daß ich wahrhaftig Deine Dich liebende Frau bin?«

Fannys Brief blieb unbeantwortet. Doch am 27. Juli – er war bereits in Sheerness eingetroffen, um sein Kommando zu übernehmen – schrieb Nelson in scherzhaftem Ton an Emma: »Heute abend speise ich mit Adm. Graeme, der ebenfalls seinen rechten Arm verloren hat, und da der Befehlshaber der Truppen sein Bein verloren hat, erwarte ich, daß man uns als die *lahmen* Verteidiger von England karikieren wird.« Er hatte bereits eine lange Denkschrift an St. Vincent gerichtet, in der er das Ziel des Feindes und dessen mögliche Methoden und Mittel für den Transport von Truppen über den Ärmelkanal analysierte und Vorschläge zur Verteilung der verfügbaren britischen Streitkräfte machte. Er schloß: »In dem Augenblick, da der Feind mit unserer Küste in Berührung kommt, soll er von jedem Manne auf dem Wasser und am Lande angegriffen werden, das muß sich ganz von selbst verstehen. *Fürchtet nichts, wenn es eintritt.*« Er hißte seine Flagge auf der Fregatte *Medusa* (32 Kanonen) und war am 3. August mit einer Reihe von Kanonenbooten vor Boulogne. Es handelte sich um keinen Angriff von großer Bedeutung, sondern eher um eine Gelegenheit für ihn, einen ersten Blick auf die Verteidigungsanlagen des Feindes und auf die Invasionsvorbereitungen zu werfen. Zwei oder drei schwimmende Batterien wurden versenkt, eine Brigg wurde gezwungen, auf Grund zu laufen. Darüber hinaus erreichte man mit dem Gefecht kaum etwas, denn Nelson hatte nicht die Absicht, Zivilisten Schaden zuzufügen (»Die Stadt wird geschont, soweit es die Natur des Einsatzes zuläßt«). Doch allein der Umstand, daß es ein aggressiver Akt war, ein Kontrast zu den *defensiven* Einrichtungen, die sie umgaben, ließ die Küstenbewohner Englands beherzter werden. Volksmengen sammelten sich in Dover und spähten aufs Meer hinaus, wie es ihre Vorfahren getan hatten, und faßten Mut, als sie auf das Dröhnen der Geschütze lauschten und »Nelson zu den Franzosen sprechen« hörten.

Bestärkt durch dieses erste Gefecht, plante er seine sorgfältig ausgearbeitete Attacke auf Boulogne, die in den frühen Morgenstunden als Überraschungsangriff von Booten vorgetragen werden sollte. Es war wieder ganz so wie damals in Santa Cruz auf Teneriffa. Hatte man schon nicht erwartet, daß die Spanier soviel Widerstand leisten würden – was erwartete er dann von den Franzosen, die sich auf der Höhe ihres militärischen Selbstvertrauens befanden und Herren des Kontinents waren? Der Angriff erwies sich als kostspieliger Fehlschlag. Trotz Feuerschutz von Mörsern und Kanonenbooten leistete dieser Vorläufer eines Kommandounternehmens im Stil des Zweiten Weltkriegs wenig mehr, als daß er, wenn auch in geringerem Umfang, das Desaster von Dieppe vorwegnahm. Zwölf britische Boote gingen verloren, kein einziges französisches Schiff wurde versenkt oder gekapert, vierundvierzig von Nelsons Leuten fielen und hundertachtundzwanzig wurden verwundet. »Es tut mir leid«, schrieb er an St. Vincent, »Euch sagen zu müssen, daß es mir nicht gelunden ist, die Flottille des Feindes, die in der Einfahrt des Hafens von Boulogne vertäut lag, herauszulocken oder zu zerstören.« Er pries die Tapferkeit seiner Männer und nahm – mit Recht – die ganze Schuld auf sich. »Alle haben sich gut geführt, und es war ihr Unglück, daß sie in eine Aktion geschickt wurden, welche durch die Vorsichtsmaßnahmen des Feindes vereitelt wurde.« Er war bereits zu dem Schluß gekommen (der sich als völlig zutreffend erwies), daß die Invasionshysterie übertrieben war. Der Friede lag in der Luft, und Bonaparte hatte sich, sosehr er auch geglaubt haben mochte, daß die Invasion durchführbar sei, eines anderen besonnen. Jedenfalls hatten seine ganzen Vorbereitungen und das Schauspiel, wie die Große Armee alle anderen in Europa, die gegenüber von Großbritannien und jenseits der Meerengen um England lagerten, besiegt hatte, die britischen Politiker genügend alarmiert, um sie den Wunsch nach jenem Frieden hegen zu lassen, den Napoleon jetzt suchte. Während Nelson einen weiteren Angriff auf Boulogne plante, erhielt er Weisung von der Admiralität, daß keinesfalls weitere feindselige Aktionen gegen Frankreich unternommen werden sollten. Addington und seine Kollegen waren zu dem Schluß gekommen, daß man besser einen Friedensvertrag unterzeichnete – der denn am 25. März 1802 schließlich auch ratifiziert wurde, Nelsons Zorn erregte und ihn zu einer treffenden Beurteilung der Zukunft veranlaßte. Was immer die Politiker denken mochten, der Seemann wußte nur zu gut, daß man einem Frankreich unter Napoleon niemals trauen konnte: »Wir haben Frieden mit dem französischen Despotismus gemacht, und wir werden uns, hoffe ich, daran halten, solange die Franzosen in den geziemenden Grenzen bleiben; wann immer sie diese aber überschreiten und eine Macht usurpieren, welche Europa erniedrigt, dann werden wir, wie ich zuversichtlich glaube, darauf vertrauen, daß Europa Frankreichs Ehrgeiz zermalmt.« Mittlerweile war er untätig, nicht »an einem fremden Hofe«, sondern im eigenen Land, und es bedrückte ihn noch vieles andere. Seinem Adjutanten Edward Parker, den er geliebt hatte wie einen Sohn, war bei dem unbedachten Angriffsversuch auf Boulogne ein Oberschenkel zerschmettert worden – und er erlag seinen Verletzungen. Nelson glaubte mittlerweile auch, daß sein alter und zuverlässiger Freund Troubridge, jetzt »einer meiner Herren und Meister« von der Admiralität, gegen ihn eingenommen sei. Troubridge hatte ihm in einem Brief geraten, er solle lange, heilsame Spaziergänge am Strand machen und Flanellwesten tragen – schöne Worte für einen Mann, der an Bord eines kleineren Schiffs wie etwa einer Fregatte ständig seekrank war, dessen gesundes Auge ihm zeitweise den Dienst versagte, der an chronischen Zahnschmerzen litt und dem der rechte Arm fehlte. Tatsächlich verhielt es sich so, daß Troubridge, wie viele andere seiner wirklichen Freunde, bereit war, fast alles zu tun, um Nelson daran zu hindern, daß er seine Beziehung mit Emma Hamilton wiederaufnahm.

Doch das stand nicht in ihrer Macht. Noch vor der Unterzeichnung des Friedensvertrages – die Admiralität wollte ihm keinen Urlaub bewilligen, obwohl er keine nützliche Funktion erfüllte – reisten die Hamiltons an, wohnten in Deal, und die *Tria juncta in uno* war für vierzehn Tage wieder vereint. Als sie nach London zurückkehrten, war Nelson zutiefst bedrückt und schrieb in einem Brief an Emma, der an »Frau Thompson bei Lady Hamilton« adressiert war: »Meine liebste Frau, wie kann ich unsere Trennung ertragen? Guter Gott, welch eine Veränderung! Ich bin so niedergeschlagen, daß ich den Kopf nicht heben kann. Wenn ich über die vielen glücklichen Ereignisse nachsinne, durch die wir gemeinsam geschritten sind, ist das Getrenntsein furchtbar, doch es *müssen* und *werden* bessere Zeiten kommen, wenn es Gott gefällt. Und dann, um es noch schlimmer zu machen, das Geschick des armen Parker! Doch Gottes Wille geschehe. Hab meine Horatia lieb, und bereite den Bauernhof für mich vor.«

Das bezog sich auf das Haus in Merton, das man kaum als »Bauernhof« bezeichnen konnte, doch Nelson blieb dabei, in schlichten ländlichen Begriffen zu schreiben, wenn nicht gar zu denken. Merton Place war in Wirklichkeit ein – obschon ziemlich kleiner – Herrensitz, etwas vor einem Jahrhundert erbaut. Bis Merton Place fuhr man vom Hyde Park eine Stunde. Dazu gehörte ein hübsches Gelände mit einem Graben und einem Teich – er und Sir William wollten später dort angeln. Das Ganze hatte Nelson 9000 Pfund gekostet, eine ansehnliche Summe in jenen Tagen, die Nelson sich schlecht leisten konnte. Sein Freund und Prisenagent Alexander Davison half ihm, den Kauf zu ermöglichen, und Nelson drückte in einem Brief vom 14. September 1801 seinen Dank aus. Er fuhr fort: »Freilich wird es jeden roten Heller verschlingen, den ich habe auf der Welt, und mich in Eurer Schuld belassen... doch ich hoffe, nach einer kleinen Weile wenigstens meine Schulden zurückzahlen zu können. Sollte ich wirklich Eure Hilfe benötigen, so werde ich, nun, da ich genug auf der Welt habe, um Euch zu bezahlen, keinen anderen bitten. Die Ostsee-Expedition hat mich volle 2000 Pfund gekostet. Seit ich London verlassen habe, hat es mich, denn Nelson kann nicht wie andere sein, nahezu 1000 Pfund in sechs Wochen gekostet. Wenn ich hier verbleiben muß, ist der Ruin meiner Finanzen die unumgängliche Folge, denn jedermann weiß, daß Lord Nelson *erstaunlich reich* ist!«

Tatsächlich hatte er zu keiner Zeit seines Lebens viel Glück mit Prisengeldern gehabt (die anderen, weit weniger hervorragenden Flottenoffizieren zu Wohlstand verhalfen.). Seine zahlreichen Seegefechte, ja selbst seine zwei großen Siege hatten wenig abgeworfen, aber trotzdem erwartete man dem Stil der Zeit entsprechend von ihm, daß er lebte, wie es sich für einen großen Admiral, Englands Helden und einen Lord geziemte. Was Merton Place anging, so war er entschlossen, daß Haus und Grundstück ganz alleine ihm gehören sollten. Er konnte es nicht über sich bringen, Sir William um Geld zu bitten, er wollte keinen Pfennig von den Hamiltons, obwohl sie mit ihm in Merton leben würden. Auf seinem Posten vor der Stadt Deal malte er sich, seekrank und in sehr schlechter gesundheitlicher und psychischer Verfassung, dieses standesgemäße Heim aus, das seine geliebte Emma für ihn vorbereitete und in das er sich in absehbarer Zeit zurückziehen und der See für immer den Rücken kehren konnte.

Am 16. Oktober schrieb Sir William von Merton aus einen Brief, der den Admiral aufgemuntert haben muß: »Wir bewohnen nun seit einigen Tagen Eurer Lordschaft Haus und Grund, ich kann jetzt mit einiger Gewißheit reden. Ich habe mit unserer lieben Emma mehrere Jahre zusammengelebt. Ich kenne ihre Vortrefflichkeit, habe eine hohe Meinung von dem Kopfe und dem Herzen, welche ihr zu geben Gott dem Allmächtigen gefallen hat; aber nur ein Seemann konnte einer schönen Frau die volle Befugnis geben, einen Wohnsitz für ihn auszuwählen & auszustatten, ohne ihn selbst gesehen zu haben. Ihr habt Glück, denn nach bestem Wissen und Gewissen glaube ich wahrlich, daß man einen Platz, welcher Euren Absichten besser entspräche, nicht hätte finden können... Die kurze Entfernung zur Hauptstadt und die vollkommene Abgeschiedenheit dieses Ortes sind für Eure Lordschaft zwei nicht hoch genug zu schätzende Punkte, und das Haus ist auch so behaglich, die Einrichtung sauber und gut, und ich habe noch nie so viele Annehmlichkeiten auf so kleinem Raume vereint gesehen. Ihr braucht nur zu kommen, und sofort werdet Ihr Eure

Freude daran haben; Ihr habt eine gute Meile angenehmen, trokkenen Spazierweg im Umkreis um Euren Hof. Es würde Euch zum Lachen bringen, wenn Ihr sähet, wie Emma & ihre Mutter Schweineställe und Hühnerkäfige herrichten, der Graben ist schon mit Enten belebt & der Hahn stolziert mit seiner Henne auf den Wegen umher.« In diese idyllische Welt kam Nelson schließlich am 23. Oktober 1801 – St. Vincent hatte ihm endlich Urlaub gegeben. (Seine Fahne wehte allerdings noch bis zum April des folgenden Jahres, doch im Grunde genommen war es nicht mehr erforderlich, daß er das Kommando über jenes »Geschwader im Sonderdienst« behielt, das nun, da die Invasionsgefahr vorbei zu sein schien, seinen Zweck erfüllt hatte.) Nelsons Entzücken über Merton und seine Umgebung ging weit über seine Träume hinaus. Hier führte er anderthalb Jahre ein Leben des Friedens und der Stille, wie er es seit Burnham Thorpe, seit vielen Jahren, nicht mehr gekannt hatte. Aber damals war er nur ein Kapitän mit halbem Sold und mit Fanny zusammen gewesen. Nun lebte er gemeinsam mit der großen Liebe seines Lebens, besuchte regelmäßig seine Tochter in London und erfreute sich nach wie vor der Gesellschaft des Mannes seiner Geliebten, mit dem er angeln gehen konnte. Sir William hatte sich schon lange daran gewöhnt, die Lage mit Gleichmut hinzunehmen, wenn ihn auch Emmas Extravaganzen zeitweise aufregten. Doch alles in allem scheint diese seltsame *ménage* eine äußerst glückliche Koexistenz geführt zu haben. Es war möglicherweise eine Ironie, wenn nicht mehr, daß Nelson und die Hamiltons den Sonntagsgottesdienst in der Kirche am Ort besuchten. Zu einem früheren Zeitpunkt hatte er geschrieben: »Haben wir eine hübsche Kirche in Merton? Wir werden den Gemeindemitgliedern mit gutem Beispiel vorangehen.«

Doch nicht alle, die Nelson in dieser Periode seines Lebens besuchten, waren bereit, die abnorme Situation zu tolerieren oder auch nur das Haus zu bewundern, das Emma für ihren Geliebten ausgestattet hatte. Lord Minto der mit den beiden in Wien zusammengetroffen war und dessen freundschaftliche Gefühle für Nelson in all den Jahren nie nachgelassen hatten, schrieb nach einem Aufenthalt bei Nelson im März 1802 an seine Frau: »Die ganze Einrichtung und Lebensweise sind derart, daß ich sowohl zornig als auch trübsinnig werde; doch ich kann es nicht ändern, und ich denke nicht, daß ich verpflichtet bin oder so frei sein darf, mit ihm wegen seiner Schwachheit zu hadern, obwohl nichts mich dazu veranlassen soll, Lady Hamilton je die kleinste Gunst zu erweisen.

Sie rechnet im Grunde mit einer Heiratsmöglichkeit, da Sir William ihr nicht lange im Wege sein wird, und sie gibt sich möglicherweise der Hoffnung hin, Lady Nelson zu überleben... Sie sieht wohl aus, ist aber weit fülliger denn je. Die Weise, wie sie Nelson hofiert, ist nicht nur lächerlich, sondern widerlich: Nicht nur die Räume, sondern das ganze Haus, Treppe und alles, sind mit nichts als mit Bildern von ihr und ihm in allen Formaten und Arten bedeckt, dazu Darstellungen seiner Seegefechte, Waffenröcke, Geschirrstücke ihm zu Ehren, der Flaggenstock der *L' Orient* etc. – ein Exzeß der Eitelkeit, welcher seinem eigentlichen Zwecke dawiderläuft.« Tatsächlich verhielt es sich so, daß Nelson, wie vielen großen Männern, jeder Sinn für Komik abging. Er konnte einfach nicht sehen, daß all das Drum und Dran, das ihn in Merton umgab, ihn in den Augen der Welt und besonders in den Augen seiner Freunde in peinlicher Weise lächerlich machte.

George Matcham, sein Neffe, nahm Nelson später, wenn er auch seinen »einen großen Fehler« zugab, in einem Bericht in Schutz, der einen Menschen schildert, der anspruchslos lebt, seine Freude am zwanglosen Gespräch hat und »so weit davon entfernt ist, den selbsternannten Helden zu spielen, daß ich ihn niemals aus eigenem Antrieb auf irgendeines der großen Gefechte in seinem Leben Bezug nehmen hörte.« Die Tochter des Vikars von Merton bestätigte später: »Sein Aufenthalt in Merton war ein ständiger Lebenswandel der Nächstenliebe und Tugend und setzte ein solches Beispiel der Schicklichkeit und Ordnung, daß es nur wenige gibt, denen es nicht zuträglich wäre, wenn sie ihm folgten.« Jeder Mensch ist in sich seltsam gemischt und widersprüchlich, und es wäre überraschend, wenn Nelson eine Ausnahme zu dieser Regel gebildet hätte. Nur für die Art, wie er Fanny behandelte, kann man ihn wirklich tadeln, und in seiner Grausamkeit ihr gegenüber spürt man seine starken Schuldgefühle, die er auf die Unschuldige übertrug. Diejenigen, die seine Frau schätzten und achteten, vermochten weder zu vergeben noch zu vergessen, wie er mit ihr umgesprungen war, und dementsprechend konnten sie an Emma nichts Gutes finden. Sir William, der andere gekränkte Beteiligte, hatte schon lange vorausgeahnt – und mittlerweile schon lange akzeptiert –, daß er mit zunehmendem Alter aus Emmas Gefühlen verdrängt werden würde. Er schrieb an sie im letzten Jahr seines Lebens einige Zeilen, die auf eine milde Direktive hinausliefen, führte aus, daß er Frieden und Ruhe suche, wohingegen sie das Haus immer mit Gästen fülle und große Abendgesellschaften gebe. In der elegant-euphemistischen Manier eines Herrn aus dem 18. Jahrhundert erklärte er, er wisse wohl um »die Lauterkeit von Lord N.s Freundschaft zu Emma«, wies aber auch darauf hin, daß wirklich eine Trennung nötig sein werden, wenn sie damit fortfahren wolle, Streit mit ihm (Sir William) zu haben. Er schloß: »Doch in Anbetracht dessen, daß es wahrscheinlich ist, daß ich keine Person auf dieser Welt lange stören werde, denke ich, das Beste für uns alle wäre, lieber die Mißgeschicke zu ertragen, die wir haben, als denen entgegenzustürzen, von denen wir nicht wissen... Ich kenne und bewundere Deine Talente und vielen vortrefflichen Qualitäten, aber ich bin nicht blind für Deine Fehler und gestehe, daß ich selber viele habe, deshalb laß sie uns um Gottes willen ertragen und nachsichtig sein.«

Während Nelsons übrige Verwandtschaft Fanny seit langem im Stich gelassen und sich auf die Seite ihrer Nachfolgerin geschlagen hatte, beklagte Hochwürden Edmund stets die Art und Weise, in der sein Sohn seine Frau behandelte. Fanny war immer gut zu ihm gewesen, hatte sich um ihn gekümmert, als sei er ihr eigener Vater, und mit der Schlichtheit seines Gemüts konnte er es nicht fassen, wie Nelson dazu gekommen war, sie aufzugeben. Doch selbst er stand am Ende kurz davor, zu Nelson nach Merton zu ziehen. Emma versuchte, ihn zu überreden – er werde gut versorgt sein und in Sir William einen Gefährten haben. Während er im Winter des Jahres 1801 noch zauderte – er hielt sich in Bath auf, um den Unbilden des Winters zu entgehen –, wurde er schwer krank und starb im darauffolgenden April. Man hätte vielleicht erwarten können, daß Nelson wenigstens an der Beerdigung seines Vaters teilnehmen würde, der Beerdigung eines Mannes, dessen altmodischer und aufrechter Charakter vorbildlich für einen Kleriker gewesen war, aber er lehnte es ab. Als Grund wurde sein schlechter Gesundheitszustand angegeben, doch es ist wahrscheinlicher, daß er es nicht ertrug, Fanny zu begegnen, die gewiß zugegen sein würde. Die doppelte Schmach, seiner Frau am Grab seines neunundsiebzigjährigen Vaters gegenüberzutreten (dessen Prinzipien er verraten hatte), war mehr, als er auf sich zu nehmen bereit war. Im letzten Brief an seinen Sohn, den er im März dieses Jahres geschrieben hatte, sagte Hochwürden Edmund: »Unter vielen anderen Dingen möge Dir das Los zufallen, daß Du nicht nur ein stattliches Erbe, sondern auch eine reiche Fülle inneren *Friedens* besitzt, dessen Du Dich bisher nie viel erfreutest, nun aber bist Du in dem Alter, Dich seiner zu erfreuen.«

32 Rückkehr ins Mittelmeer

Am 6. April 1803 schrieb Nelson an Alexander Davison: »Unser lieber Sir William starb diesen Morgen um zehn nach zehn in Lady Hamiltons und meinen Armen ohne Seufzer oder Kampf. Die arme Lady Hamilton ist, wie Ihr Euch denken könnt, niedergeschlagen. Ich hoffe, daß sie in ordentlichen Verhältnissen zurückgelassen wird, doch ich bezweifle es.« Diese Bemerkung war ein unfairer Anwurf gegen Sir William. Er hinterließ Emma zum einen dreihundert Pfund, die unmittelbar nach seinem Tod ausbezahlt wurden – hundert Pfund gingen an ihre Mutter –, und zum anderen eine Jahresrente von achthundert Pfund, die Emma vierteljährlich ausbezahlt wurde. Auch Frau Cadogan erhielt hundert Pfund, solange sie lebte. Charles Greville bekam den Rest des Vermögens. In einem Testamentsnachtrag wurde Nelson erwähnt: »Die Kopie von Madame Le Bruns Bild von Emma, in Emaille von Bone verfertigt, vermache ich meinem liebsten Freunde Lord Nelson, Herzog von Brontë, als ein sehr kleines Zeichen der großen Hochachtung, welche ich für Seine Lordschaft hege, den ehrenhaftesten, loyalsten und wahrhaft tapfersten Charakter, dem ich je begegnet bin. Gott segne ihn, und Schande komme über jene, die nicht Amen dazu sagen.« Die *Tria juncta in uno* war für immer zu Ende. Binnen eines Monats nach Sir Williams Tod hatte Nelson überdies die glücklichen Gefilde von Merton verlassen. Er war zum Oberbefehlshaber der Mittelmeerflotte ernannt worden. Emma, die wieder schwanger war, hielt sich in London auf.

Der Krieg mit Frankreich war am 18. Mai 1803 von neuem entbrannt. Napoleon, der sich vermittels des Vertrags von Amiens nur eine Atempause verschafft hatte, fühlte sich jetzt bereit, Großbritannien zu zerschmettern, seinen letzten und bleibenden Feind. Noch am Tag der Kriegserklärung wurde die blaue Flagge am Heck der *Victory* (100 Kanonen) gehißt, die in Portsmouth lag, und Nelsons Vizeadmiralsflagge stieg am Fockmast empor. Zwei

Tage später lief sie unter vollen Segeln aus, um zur Ärmelkanalflotte zu stoßen. Dort machte Nelson die Fregatte *Amphion* unter Kapitän Hardy zu seinem Flaggschiff, um rasch nach Gibraltar zu kommen. Bevor er abfuhr, fand er noch Zeit, einen letzten Brief an Emma zu schreiben: »Du wirst mir glauben, daß mir das Auf-See-Sein, obwohl ich froh bin, diesen scheußlichen Ort Portsmouth zu verlassen, jetzt das Gefühl gibt, daß wir nicht dasselbe Element durchmessen.« Doch »die großen Umarmungen des Meeres« fesselten ihn bereits mehr als die an Land. Es würde über zwei Jahre dauern, bis er Emma im Garten von Merton wiedersah.

Indessen war er glücklich, als die Fregatte die Dünung des Golfs von Biscaya durchpflügte. Es war gut, Hardy als Kapitän bei sich zu haben. Während der kurzen Zeit, die er an Bord der *Victory* verbrachte, hatte er über ihren Kapitän Samuel Sutton geschrieben: »Ein tüchtiger Mann, aber nicht so rührig wie Hardy.« Wie schon einmal war Nelson optimistisch und glaubte, daß der Krieg nur kurz sein würde, aber »lang genug, um mich in pekuniären Angelegenheiten unabhängig zu machen.« Er betrachtete seine Rückkehr ins Mittelmeer als eine Zeit, in der er endlich die Franzosen aus diesen Gewässern verjagen, viele von ihren Kauffahrteischiffen kapern und jenen friedlichen Ruhestand sicherstellen konnte, von dem er eine Weile gedacht hatte, er habe ihn bereits gefunden. Es schien ein gutes Vorzeichen, daß die *Amphion* nach einer flotten Fahrt von Kap St. Vincent zur Straße von Gibraltar, kurz bevor sie in der Rosia-Bucht vor Anker ging, eine französische Brigg aufbrachte. Der Felsen, den er zum ersten Mal vor vielen Jahren als junger Leutnant betreten hatte, sah diesmal wenig von ihm. Binnen vierundzwanzig Stunden war er wieder unterwegs – »Ich bin bestrebt, bald zur Flotte zu stoßen.« Die Befehle von St. Vincent lauteten, daß Nelson, während Cornwallis den Ärmelkanal hielt – die Franzosen trafen umfangreiche Vorbereitungen –, die Pflicht hatte, Toulon zu überwachen. Er sollte außerdem wie zuvor ein Auge auf den Osten haben, denn Napoleons Träume von einem Riesenreich im Orient waren nun, da er als Konsul auf Lebenszeit ein kontinentaleuropäisches Reich hinter sich hatte, durchaus nicht ausgeträumt. Nelson hatte natürlich alle französischen Schiffe, auf die er traf, welcher Gattung sie auch immer sein mochten, »zu kapern, zu versenken, zu verbrennen oder anderweitig zu zerstören.«

Seine erste Sorge galt Malta, wo er die auf ihn wartende Mittelmeerflotte unter Konteradmiral Sir Richard Bickerton anzutreffen gedachte. Doch er entdeckte, daß die blauen Wasser dieses unübertrefflichen Hafens leer waren, denn Bickerton war mit der Flotte in See gegangen, um zwischen Sizilien und Neapel zu kreuzen. Das war klug, aber eine reine Vorsichtsmaßnahme, denn Nelson fand heraus, daß in Malta – ebenso wie in Gibraltar – die Nachricht vom Wiederausbruch des Krieges noch nicht eingetroffen war. Nach einem kurzen Besuch bei Sir Alexander Ball, jenem alten Freund, den er vor Jahren in Frankreich als »Gecken« bezeichnet hatte, weil er Epauletten trug, und der jetzt Gouverneur von Malta war, segelte Nelson nach Sizilien und zur Straße von Messina. Jede Seemeile, die die *Amphion* zurücklegte, war voller Erinnerungen – selbst für einen Menschen, der so sehr in der Gegenwart lebte wie er. Malta selbst, das kalksteingoldgelbe Malta mit den großen Festungsmauern von Valetta, die jetzt fest in britischer Hand waren und wo er die Malteser »in gehobenster Stimmung« angetroffen hatte – »sie hoffen aufrichtig, daß sie nun nie von England getrennt werden« –, muß ihn an jene Kreuzfahrt mit der *Foudroyant* erinnert haben, bei der die kleine Horatia gezeugt worden war.

In einem langen Brief an Premierminister Addington, den er am 28. Juni »zwischen Sardinien und Neapel« begann, analysierte er die Gesamtlage im Mittelmmer, wie er sie sah – und wer konnte sie besser kennen als der »alte Mittelmeerfahrer«? Nachdem er kurz die Zusammensetzung der Truppen in Gibraltar gestreift hatte, machte er kritische Bemerkungen über die Situation in Algier und stimmte mit der Feststellung des britischen Konsuls überein, daß die Unverschämtheit des Bei, wenn man ihm auch nur im mindesten nachgebe, noch größer werden würde. Er war vollauf zufrieden mit der Lage auf Malta, aber überzeugt davon, daß die Insel wegen der erheblichen Entfernung von Toulon für die Überwachung dieses Hafens nicht geeignet war. Über Sizilien bemerkte er, die Zustände dort seien »so übel, wie es in einem zivilisierten Lande nur möglich ist.« Die Soldaten waren demoralisiert, die Adligen Unterdrücker, die Mittelschicht suchte eine Veränderung, und die Bauernschaft litt Hunger. Sardinien war für neutral erklärt worden, aber er bezweifelte, ob man diese Neutralität aufrechterhalten konnte, wenn die Franzosen zu einer Invasion entschlossen waren. Die Toskana befand sich in einer wenig beneidenswerten Lage, die Franzosen belagerten Livorno, und so schlug er denn vor, die Regierung möge in Erwägung ziehen, über Livorno eine Blockade zu verhängen. Was Genua betraf, so war es so französisch wie die Republik selbst. Er erinnerte sich daran, daß sich Genua früher schon als Kornkammer Südfrankreichs erwiesen hatte, und machte den Vorschlag, man solle es unverzüglich mit einer Blockade belegen. Und was den Peloponnes anging, hatte er keinen Zweifel, daß dort französische Agenten arbeiteten und die Griechen entweder zum Aufstand gegen die Hohe Pforte veranlassen oder darauf vorbereiten wollten, daß sie eine französische Armee aufnahmen. Das deutete gewiß auf einen weiteren französischen Angriff gegen Ägypten und den Osten hin. Alles in allem war es kein sehr fröhliches Bild. Er beschloß den Brief am 9. Juli: »Ich stieß gestern zu unserer Flotte. Die gelegentliche Abwesenheit von einem oder zwei Schiffen eingerechnet, werden wir immer sieben Linienschiffe sein, und da die Franzosen mindestens sieben – ich glaube, neun – nahezu einsatzbereit haben, tragen wir uns mit der Hoffnung, daß Bonaparte zornig werden und ihnen das Auslaufen befehlen möge, was, da habe ich keinen Zweifel, unsere Schiffe in gehobene Stimmung versetzen wird; denn ich habe irgendwelche Nöte nach einem Siege nie gekannt, obwohl wir davor immer mehr als genug haben.«

Die aus neun Linienschiffen, einer Fregatte und zwei Korvetten bestehende britische Flotte wurde am 30. Juli durch die Ankunft der *Victory* vergrößert. Nelson machte sie sofort zu seinem Flaggschiff, Hardy kam mit ihm und trat an Kapitän Suttons Stelle. Nun konnte er wirklich glücklich sein. Trotz der ungeheuren Versorgungs- und Wartungsprobleme, die damit verbunden waren, daß die Flotte so weit entfernt von einem Heimathafen auf See bleiben mußte, war sie dem Feind gewachsen. Die französische Flotte in Toulon wurde von Konteradmiral Latouche-Tréville befehligt, einem der besten Offiziere, die in Napoleons Flotte dienten, einem Aristokraten, der sich zum Republikaner gewandelt und sein Können bereits unter Beweis gestellt hatte, indem er Nelsons Angriff auf Boulogne zurückschlug. Eine von Nelsons ersten Handlungen nach Übernahme des Kommandos bestand darin, die Flotte, die aus unmittelbarer Nähe den Hafen von Toulon bewachte, von dieser Position abzuziehen und dreißig oder mehr Meilen weiter nach Westen zu verlegen. Sir Ralph Bickerton, der Nelsons Ankunft freudig begrüßt und ihn gebeten hatte, die Admiralität darüber in Kenntnis zu setzen, daß er glücklich sei, weiterhin im Mittelmeer seinen Dienst zu tun, dürfte die Gründe seines Oberbefehlshabers für die Änderung rasch erfaßt haben. Der erste war der, daß die Franzosen von Land aus oder indem sie eine Fregatte entsandten, nur zu schnell die großen Toppsegel erkennen und festellen konnten, daß die Briten immer noch hin und her patrouilierten. Und der zweite war, daß die Briten leichter zeitweise ein oder zwei Schiffe abziehen konnten, um sie zu reparieren oder Wasser und frischen Proviant an Bord zu nehmen, wenn dieser Umstand für den Feind nicht klar ersichtlich war. Wenn sie dicht vor der Küste Patrouille fuhren, wüßte der sofort, wie viele sie waren. »Es ist daher nicht meine Absicht«, schrieb Nelson, »Toulon aus nächster Nähe zu beobachten, nicht einmal mit Fregatten.« Er hoffte in der Tat, daß Latouche-Tréville eines Tages, wenn die Sicht schlecht oder seine Flotte am äußersten Punkt ihres Wachbereichs nicht mehr zu erkennen war, versucht sein würde zu glauben, die Briten seien fort, und kurz aus dem Hafen auslaufen würde. Die Methode der Patrouille auf Distanz ermöglichte es ihm auch, die Maddalena-Inseln nordöstlich von Sardinien mit einzubeziehen. Hier hatte er »einen der besten Ankerplätze, auf die ich je gestoßen bin«, gefunden, und hierher konnte man einzelne Schiffe schikken, um Wasser an Bord zu nehmen und Vieh, frisches Obst und Gemüse einzukaufen. Über Maddalena schrieb er: »Bis dorthin sind es vierundzwanzig Stunden Fahrt von Toulon; die Insel beherrscht Italien, und ihre vorteilhafte Lage garantiert, daß der gleiche Wind, welcher die Franzosen westwärts trägt, auch für uns günstig ist, um ihnen zu folgen. Kurz, sie beherrscht auch Ägypten, Italien und die Türkei.« Er drängte die Regierung, Besitz von Sardinien zu ergreifen, bevor es die Franzosen täten. Unterdessen beobachteten die britischen Kriegsschiffe unablässig Toulon – Woche für Woche, Monat für Monat –, und sie waren ununterbrochen länger auf See als jene Schiffe des Zweiten Weltkriegs im Pazifik mit all ihren modernen Nachrichtenwegen und Versorgungsmöglichkeiten. »Die Flotte«, schrieb Nelson, »stach am 18. Mai (1803) in See und ist nach wie vor auf See; nicht ein Schiff ist gründlich überholt worden, ausgenommen, was auf See getan wurde.« Und das schrieb er fast ein Jahr später im März 1804.

Wie schon bei der früheren Überwachung Toulons und der französischen Küste folgte die Routine auf Nelsons Flaggschiff und beim Rest der Flotte ziemlich ein und demselben Muster. Sein Pfarrer, Hochwürden Alexander Scott, den Nelson zur Unterscheidung von seinem Sekretär John Scott »Doktor« nannte, hat uns seine *Recollections of Life in the Victory* hinterlassen, und Dr. Gillespie, Flottenarzt und Chirurg des Flaggschiffs, zeichnete ebenfalls seine Eindrücke vom Leben an Bord auf. Es herrschte eine staunenswerte Regelmäßigkeit – der Präzision eines Schiffschronometer gleich –, die nur bei den wenigen Gelegenheiten durchbrochen wurde, sobald die Franzosen sich aus dem Hafen wagten oder wenn das Schiff seinen Standort änderte. Dr. Gillespie wurde wie Nelson selbst um sechs Uhr morgens geweckt und über das Wetter und den Kurs des Schiffs informiert. Etwa eine halbe Stunde später frühstückte er zusammen mit Murray, dem Flottenkapitän, Hardy, den beiden Scotts und anderen, der Reihe nach auserwählten Schiffsoffizieren beim Admiral. Der Speisezettel war stets gleich: Tee, warme Brötchen, Toast und Zunge. »Wenn wir fertig sind, begeben wir uns an Deck, um uns des majestätischen Anblicks der aufgehenden Sonne zu erfreuen (die in diesem schönen Klima kaum einmal Wolken verdunkeln), welche über den sanften und friedlichen Wellen des Mittelmeers aufsteigt, das die erhabenen und gewaltigen Bollwerke Britanniens trägt.« Dr. Gillespie suchte sich sein Wetter ganz offensichtlich sorgsam aus, denn Nelson war in einem Brief an Emma (die angedeutet hatte, daß sie gern zur Flotte kommen würde) präziser, als er schrieb: »Selbst im Sommer haben wir jede Woche einen heftigen Sturm und zwei Tage schwere See.«

Alle Mann an Bord wurden von 7 bis 14 Uhr vom Dienst in Anspruch genommen. Dann spielte eine Musikkapelle bis 14.45 Uhr auf. Und nun »schlägt die Trommel die Melodie ›The Roast Beef of Old England‹, um das Mittagessen des Admirals anzukündigen, welches genau um drei Uhr aufgetragen wird und welches im allgemeinen aus drei Gängen und einer Nachspeise aus erlesensten Früchten besteht, dazu drei oder vier von den besten Weinen, Champagner und roten Bordeaux nicht ausgenommen. Wenn ein Mensch sich dabei nicht vollkommen wohl fühlt, muß es seine Schuld sein, solcherart sind die Liebenswürdigkeit und Gastfreundlichkeit, die hier herrschen«. Nach Kaffee und Likören ging die Gesellschaft gewöhnlich auf Deck spazieren, während die Kapelle fast eine Stunde spielte. Zwischen 18 und 19 Uhr wurde Tee serviert, und, so der Doktor, »die Gruppe fährt fort, sich mit Seiner Lordschaft zu unterhalten, der sich zu dieser Zeit im allgemeinen sehr locker gibt, obwohl er allezeit frei von Steifheit und Pomp ist, insofern es die Rücksicht auf die geziemende Würde erlaubt, und sehr gesprächig ist. Um 20 Uhr wird ein Pokal Punsch mit Kuchen oder Keksen aufgetragen, und bald darauf wünschen wir dem Admiral (welcher im allgemeinen vor 21 Uhr im Bette liegt) eine gute Nacht. Dies ist das Journal eines Tages auf See bei schönem oder zumindest mittelmäßigem Wetter, bei welchem diese schwimmende Burg mit der größten Stetigkeit, die man sich denken kann, durch das Wasser gleitet«.

Die »schwimmende Burg«, die Nelsons Fahne trug, war natürlich dieselbe, die er als kleiner Junge von zwölf Jahren gesehen hatte, als er in Chatham zum ersten Mal den Fuß auf die *Raisonnable* setzte. Diese Bezeichnung war nicht falsch, denn obwohl die *Victory* auf etwas über 2000 Tonnen angelegt war, hat man geschätzt, daß sie in Wirklichkeit mehr als 3000 Tonnen verdrängte. Sie war 1765 im Old Single Dock zu Chatham vom Stapel gelaufen und das fünfte Schiff der Kriegsmarine, das den Namen *Victory* trug – die erste *Victory* diente Sir John Hawkins während des Kampfs gegen die spanische Armada als Flaggschiff. William Pitt der Ältere, später erster Graf von Chatham, zeichnete für das Gesetz von 1758 verantwortlich, das den Bau von zwölf Linienschiffen sicherte. Ganz am Anfang der Liste stand ein »Linienschiff Erster Klasse mit 100 Kanonen«. Und das war die *Victory*, über 65 m lang (gute 75 m von der Galionsfigur bis zur Heckreling), der Schiffsrumpf mehr als 60 cm dick und aus englischer Eiche gefertigt. Sie wurde 1778 fertiggestellt und war zuerst das Flaggschiff von Admiral Keppel gewesen, dann der Reihe nach das Flaggschiff von Lord Hood, Lord Hotham und Lord St. Vincent. Die *Victory* war zwischen den gelb gestrichenen Kanonendecks mit schwarzen Streifen bemalt und bot einen bunten Anblick, wenn die dunklen Geschützpforten heruntergelassen waren. Diese Art der Farbgebung ahmten bald die meisten anderen Linienschiffe Erster Klasse bei der Kriegsmarine nach – man nannte das *à la Nelson.* Sie war eine schwimmende Festung mit 850 Mann Besatzung (Nelson duldete im Gegensatz zu anderen Kommandanten keine Frauen an Bord) und hatte 30 Zweiunddreißigpfünder auf dem Batteriedeck, 28 Vierundzwanzigpfünder auf dem Mitteldeck, 30 Zwölfpfünder auf dem Oberdeck, 10 Zwölfpfünder auf dem Quarterdeck, 2 Zwölfpfünder auf der Back, dazu 2 mächtige Achtundsechzigpfünder-Karronaden (für Beschuß aus nächster Nähe und so benannt nach Carron in Schottland, wo solche Geschütze zum ersten Mal hergestellt wurden).

»Furchtbar seekrank«, schrieb Nelson, »immer hin und her geworfen und immer seekrank«, doch er hatte auch schlimmere physische Probleme: »Noch ein paar Jahre, und ich werde, wie ich stets vorhergesagt habe, unweigerlich erblindet sein.« Doch seine Aufmerksamkeit für seine Flotte und für die Männer ließ nicht nach. Das war der Nelson, den man liebte, der Nelson, dessen Schatten viel weiter reichte als der anderer großer Kapitäne oder Kommandanten. »Er lenkte die Menschen«, schrieb Southey, »vermittels ihrer Vernunft und Zuneigung; sie wußten, daß er zu Launenhaftigkeit oder Tyrannei nicht imstande war, und sie gehorchten ihm bereitwillig und mit Freuden, weil er sowohl ihr Vertrauen als auch ihre Liebe besaß.« Seine Sorge um die Kleidung und Unterbringung, vor allem aber für die Verproviantierung der Männer wäre im 20. Jahrhundert nichts Ungewöhnliches gewesen, aber zu seiner Zeit war sie eine so große Seltenheit, daß sie fast exzentrisch wirkte. Er hatte nie vergessen, was die Landjunker von Norfolk nicht einmal bemerkten – die Lage des Werktätigen, von dem letzten Ende das Wohl des Landes abhing. Dort, auf jenen langen Äckern mit ihrer schokoladenbraunen Erde, war es der Landarbeiter, der zu allen Jahreszeiten die Last trug – im feuchten Herbst, im schneidend kalten Winter, im unbeständigen Frühling und im (manchmal) heißen und von Stechmücken heimgesuchten Sommer. Und hier war es der einfache Seemann, ein Unbekannter für die Stutzer von Bath und die Kaufherren von London, der bei stark auffrischendem Wind die Segel barg, in beengten Unterkünften lebte, wo nur ein kurzwüchsiger Mensch aufrecht stehen konnte, und der – wenn die Toppsegel des Feindes gesichtet wurden – an die Kanonen rannte und sein schwitziges Halstuch um die Ohren band. Er kümmerte sich um sie: »Das Wesentliche bei jedwedem Kriegsdienst ist die Gesundheit, und Ihr werdet mit mir darin übereinstimmen, daß es leichter ist für einen Offizier, die Männer gesund zu erhalten, als für einen Arzt, sie zu kurieren.« So schrieb er an seinen alten Freund Dr. Mosley, den er seit 1780, seit jenen Tagen an der Moskitoküste, kannte. »Zwar war der Standort dieser Flotte derart, daß wir keinen freundlichen Hafen hatten, wo wir all die Dinge bekommen konnten, die so nötig für uns sind, aber ich habe es, indem wir die Gewässer wechselten, in welchen wir kreuzten, nicht zugelassen, daß die Eintönigkeit der See den Geist tötet – manchmal schauten wir nach Toulon, Ville Franche, Barcelona und Rosas, dann umfuhren wir Menorca, Mallorca, Sardinien und Korsika, und zwei- oder dreimal ankerten wir für ein paar Tage und schickten ein Boot nach dem nächsten Ort um *Zwiebeln*, von denen ich finde, daß sie das Beste sind, was man Matrosen geben kann; und haben wir immer gutes Hammelfleisch für die Kranken, Rindfleisch, woferne wir es bekommen können, und eine Fülle frischen Wassers. Im Winter ist es der beste Plan, die halbe Zuteilung in Grog zu verabreichen statt nur Wein.« Später, im Dezmber 1804, schrieb er in einem Brief an die Admiralität: »Die Flotte ist bei vollkommen guter Gesundheit und guter Laune, an welche nichts heranreicht, was mir je zur Kenntnis gekommen ist, und dem härtesten Einsatz gewachsen, welchen die Zeitläufe fordern mögen.« Er hatte das perfekte Instrument zur Hand – fehlte nur noch die Gelegenheit, Gebrauch von ihm zu machen.

Die Räumlichkeiten, von denen aus er seine Korrespondenz abwickelte – ganz abgesehen von den diktierten Schreiben an den Premierminister, die Admiralität, die Flotte und die britischen Konsuln und Repräsentanten im Mittelmeerraum, zahllose Privatbriefe –, waren durchaus behaglich für einen Mann, der in einem schlichten Norfolker Pfarrhaus aufgewachsen war und die Unbequemlichkeiten einer Kadettenkoje kannte. Sie lagen unmittelbar unter denen von Kapitän Hardy, diese wiederum befanden sich direkt unter dem Achterdeck. Es waren insgesamt drei Räume: das Prunkzimmer am Heck mit seinen neun Fenstern, in dem er mit seinen Sekretären arbeitete und die formalen Geschäfte erledigte, das Speisezimmer, von dem ein Niedergang zum Oberdeck führte, und seine Schlafkajüte – sie maß 4 × 6,6 m, das Speisezimmer war über 11,5 m breit. Seine Bediensteten, darunter Chevalier, ein italienischer Steward, bewohnten die angrenzenden Kajüten. Ländlich-georgianisch gestaltete Möbel, hübsch, aber ohne besondere Eleganz, hoben sich gegen den mit Segeltuch ausgelegten und mit schwarzen und weißen Karos bemalten Boden ab. Emmas Porträt – manchmal glitt ein Sonnenstrahl darüber, manchmal schimmerte es nachts im Kerzenlicht auf – wachte über den vorzeitig alternden, seekranken Mann, der von diesen Räumlichkeiten aus, die sich stets in Bewegung befanden, die zahllosen Angelegenheiten des Oberbefehls im Mittelmeer dirigierte. William Beatty, ein Arzt, der später Nelsons letzte Stunden festhielt und die Obduktion vornahm, berichtete, daß sich Nelson meist sechs oder sieben Stunden am Tag an Deck aufhielt. »Er aß sehr mäßig, Leber und Flügel eines Huhns, einer Ente oder dergleichen und ein kleiner Teller Makkaroni bildeten im allgemeinen seine Mahlzeit, dazu trank er gegentlich ein Glas Champagner ... Er besaß eine wundervolle Regsamkeit des Geistes, welche von solcher Art war, daß sie ihn davon abhielt, Ruhe im landläufigen Sinne zu finden, auch hatte er selten zwei Stunden ununterbrochenen Schlafes; und bei mehreren Gelegenheiten verließ er das Deck die ganze Nacht nicht. Bei diesen Anlässen gab er sich keine Mühe, sich vor der Nässe oder der Nachtluft zu schützen, er trug nur einen dünnen Mantel, und er hat sich häufig, wenn seine Kleider vom Regen durchnäßt waren, geweigert, sie zu wechseln; er sagte, das Lederwams, welches er über dem Wams aus Flanell trug, werde ihn vor Beschwerden schützen. Er hatte selten Stiefel an und bekam infolgedessen oft nasse Füße. Wenn dies geschah, hat man oft erlebt, daß er hinunter in seine Kajüte ging, die Kleider ablegte und in Strümpfen auf dem Teppich umherschritt, um seine Füße darauf zu trocknen. Er zog es vor, lieber diesen unangenehmen Notbehelf zu wählen, als seinen Bedienten die Mühe zu verursachen, daß sie ihm halfen, frische Strümpfe anzuziehen, was er, da er nur eine Hand hatte, selbst nicht ohne weiteres vollbringen konnte.«

Fregatten oder vielmehr der Mangel an Fregatten waren für ihn eine ständige Quelle der Besorgnis. Wenn man nicht genug von diesen Augen der Flotte hatte, war es fast unmöglich, die französische Küste hinreichend zu überwachen. Sie hätten es ermöglicht, daß seine Linienschiffe außer Sichtweite patrouillieren oder, wenn es nötig war, abkommandiert werden konnten, um Proviant und Wasser an Bord zu nehmen oder Reparaturen vornehmen zu lassen. »Von Kap St. Vincent bis zur Adria habe ich nur acht...« und »Ich brauche zehn mehr, als ich habe, um achtzugeben, daß die Franzosen mir nicht entwischen.« Seine Probleme verstärkten sich beträchtlich durch den Umstand, daß die Spanier noch einmal angedeutet hatten, daß ihre Interessen mit Frankreich verknüpft seien, und es nach einem im Oktober 1803 unterzeichneten Freundschaftsvertrag einem französischen Linienschiff mit 74 Kanonen, der *Aigle*, erlaubten, von Cadiz aus zu operieren. Nelson verfügte in seiner kleinen Streitmacht in Gibraltar über kein gleichwertiges Schiff, das sich entbehren ließ, und war gezwungen, seinen Fregattenkommandanten in diesem Bereich zu befehlen, nicht zu versuchen, die *Aigle* anzugreifen. Er war überzeugt davon, daß zwei Fregatten einem solchen Linienschiff nicht gewachsen waren, auch drei nicht, und er konnte es sich in keiner Hinsicht leisten, daß seine kleine Streitmacht schneller Beobachtungsschiffe versenkt oder außer Gefecht gesetzt wurde. Während er sich mit all diesen Angelegenheiten beschäftigte, vergaß er darüber Emma, Horatia und Merton keinen Augenblick.

Im Peitschen der Stürme – wenn der Mistral, von Land kommend, über den Golfe du Lion hinwegbrauste oder wenn der Schirokko an heißen, schwülen Herbsttagen von Süden her das Meer aufwühlte – träumte er von seinem Zuhause. »Über den Winter kann die Kutsche in die Scheune gestellt werden. Den Neubau der Kammer über dem Eßzimmer mußt Du Dir überlegen. Das Treppenhausfenster, haben wir ausgemacht, sollte nicht zugemauert werden.« Die Post kam sehr unregelmäßig, nur mit neu im Mittelmeer eintreffenden Schiffen, und so erhielt er erst im März 1804 den schmerzlichen Brief, aus dem er erfuhr, daß Emma ihm eine zweite Tochter geborgen hatte, die nach ein paar Wochen gestorben war. Also würden keine Söhne dasein, Name und Titel würden auf jeden Fall an jemand anders gehen, seine »Frau« konnte nicht anerkannt werden und seine einzige Tochter würde als »Fräulein Horatia Nelson Thomson« aufwachsen. Keiner seiner Vertrauten, keiner seiner Kapitäne ahnte, daß der Admiral private Sorgen oder Kümmernisse hatte. Sein Leben war der Flotte geweiht. Am Sankt-Georgs-Tag, dem 23. April 1804, wurde seine Beförderung zum Vizeadmiral der weißen Flagge bekanntgegeben (in diesem Rang starb er auch).

Anfang 1804 begann Latouche-Tréville, mit seinen Schiffen außerhalb des Hafens von Toulon Übungen zu veranstalten. Er mußte es tun, denn seine Flotte mochte noch so gut ausgerüstet und vorbereitet sein, er wußte nur zu genau, daß die Männer nicht im Hafen gedrillt werden konnten und daß der Feind, dessen Toppsegel den Horizont säumten, mit dieser Gegend, in der es eines Tages eine Entscheidung geben würde, vertraut war wie ein Fisch. »Mein Freund Monsieur Latouche«, schrieb Nelson, »spielt manchmal Guck-guck, hinein nach Toulon und heraus aus Toulon wie eine Maus im Mauseloch.« Am 9. April »steckten ein Konteradmiral und sieben Schiffe, Fregatten inbegriffen, die Nase aus dem Hafen. Wenn sie fortfahren, dieses Spiel zu treiben, werden wir ihnen Salz auf den Schwanz streuen und so die Kampagne beenden«. Er war weit weniger belustigt, als Latouche-Tréville im Sommer dieses Jahres einen Ausfall machte und die Reaktion Nelsons, nur auf ihn zuzuhalten, so auslegte, als hätten die Briten sich nicht zum Kampf stellen wollen. »Du wirst Monsieur Latouches Brief gesehen haben«, schrieb er im Zorn an seinen Bruder William, »in welchem er schildert, wie er mich jagte und wie ich *floh*. Ich bleibe dabei, und bei Gott, wenn ich ihn erwische, soll er es *fressen*!« Es war ihm zweifellos ernst damit, doch das Gefecht fand nie statt. Im August 1804 starb Latouche-Tréville, an seine Stelle trat Vizeadmiral Villeneuve. »Er ist mir entwischt«, schrieb Nelson, »die französischen Blätter sagen, er sei daran gestorben, daß er so oft zum Signalgast hinaufgegangen ist, um uns zu beobachten. Ich habe immer behauptet, daß das sein Tod sein würde.« Villeneuve, sein neuer Gegenspieler, war Nelson auch einmal entwischt – und zwar aus der Bucht von Abukir. Es sollte ihm wieder gelingen, er würde Nelson den größten Schmerz seiner Laufbahn zufügen und erst in den klippenreichen Gewässern vor Kap Trafalgar gestellt werden.

33 Die Jagd

Im Hochsommer 1804 war Nelsons Gesundheitszustand so schlecht geworden, daß er darum ersuchte, nach Hause geschickt zu werden. Nicht nur das Nachlassen seiner Sehkraft plagte ihn, sondern es machte sich auch wieder jene innere Verletzung bemerkbar, die er sich bei der Schlacht von St. Vincent zugezogen hatte. Er hatte einen schlimmen Husten und bemerkte, daß seine Hustenanfälle Magenschmerzen auslösten. Zweifellos hatte sein Wunsch, nach Hause zurückzukehren, rein gesundheitliche Gründe, denn er sagte: »Man hätte einen Offizier in keinem angenehmeren Kommando einsetzen können, und kein Kommando hat bei einem Oberbefehlshaber je soviel Glück hervorgerufen.« In einer bestimmten Hinsicht war er jedoch gar nicht glücklich über das, was mit seinem Kommando geschah, denn ein Teil davon – und zwar der lukrativste – war ihm entzogen und Sir John Orde übertragen worden. Orde hatte seinerzeit mit St. Vincent gehadert, weil St. Vincent Nelson mit dem Geschwader betraut hatte, das im Frühjahr 1798 ins Mittelmeer eindrang. Nun erhielt er, der so gichtkrank war, daß er seine Kajüte nicht verlassen konnte, den Abschnitt des Mittelmeerkommandos, der westlich von Gibraltar lag und sich bis Kap Finisterre erstreckte. Genau in diesem Bereich wurde das meiste Prisengeld verdient, und Nelson, der sich ständig des Geldes wegen Sorgen machte, konnte kaum anders, als sich beklagen: »Er wird vor Cadiz geschickt, um den goldenen Gewinn zu ernten... Doch laß es gut sein: Ich bin denen überlegen, die mich so zu behandeln vermochten. Ich glaube, ich schade der französischen Flotte mehr, als nur Prisen zu nehmen.«

Am 11. Januar 1805 ankerten Nelsons Schiffe auf der Reede von Maddalena, um Wasser an Bord zu nehmen. Bevor er seine Position von Toulon verließ, hatte er sich davon überzeugt, daß es nicht so aussah, als werde Villeneuve in See stechen, doch für den Fall, daß er es doch tat, hatte er zwei Fregatten zurückgelassen, die

die Überwachung weiterführten. Am 19. Januar eilten diese Fregatten, die *Active* und die *Seahorse*, zum Ankerplatz. Fernrohre blitzten auf, man erkannte die Flaggensignale an ihren Rahen, und sofort erfüllten die Flotte Freude und Aktivität. Es flatterte das Signal im Wind, auf das die Briten viele lange Monate gewartet hatten: »Der Feind ist auf See.« Binnen drei Stunden nach Erhalt der Nachricht führte die *Victory* die Flotte durch die felsige, schmale Fahrrinne nach Osten. Das war für große Schiffe zu jener Zeit schwierig, doch beim derzeit herrschenden Wind konnte Nelson die Straße von Bonifacio nicht passieren. Die Fregatten vermochten ihm nur zu melden, daß Villeneuve anscheinend Kurs auf die Südspitze von Sardinien genommen hatte. Daraus schloß er, daß ihr Ziel entweder Neapel oder Sizilien oder das östliche Mittelmeer war. Unglücklicherweise geriet die britische Flotte, kaum daß sie abgefahren war, in einen heftigen Südsturm, kam drei Tage nicht voran und erhielt auch keine neuen Nachrichten über den Kurs des Feindes. Erst am 26. Januar erfuhr Nelson, daß das französische Schiff *Indomptable* (80 Kanonen) im Sturm entmastet worden war und Zuflucht in Ajaccio gesucht hatte. Vom Rest der Flotte wußte man nur, daß sie Sardinien nicht angegriffen hatte und nicht vor Cagliari gesehen worden war. Wenn sie Sizilien hätte anlaufen wollen, hätte man sie gewiß gesichtet.

Er konnte nur annehmen, daß sie wie 1798 auf Ägypten und auf den Osten hielt. Genau das war ursprünglich Napoleons Plan gewesen: Villeneuves Flotte sollte Nelson ins östliche Mittelmeer locken, während das Gros der französischen Schiffe von Brest und Rochefort aus den Ärmelkanal überquerte und der Invasionsflotte Geleitschutz gab, die in der Nacht des 29. Februar mit vier Armeekorps (150000 Mann) nach England überzusetzen hatte. Dieser Plan war mehr als einmal geändert worden, und Villeneuves derzeitige Befehle lauteten, Nelson auszuweichen und das Mittelmeer zu verlassen. Er sollte den Atlantik überqueren, zu Admiral Ganteaumes Geschwader aus Brest stoßen und gemeinsam mit ihm Großbritanniens Kolonien in der Karibik möglichst großen Schaden zufügen. Die französische Flotte aus Brest und Rochefort und die spanische Flotte aus Cadiz würden sich schließlich vor Ushant vereinigen, die Herrschaft über den Ärmelkanal erlangen und im Frühsommer 1805 die Überfahrt der *Grande Armée* absichern. Auf dem Papier und in Napoleons Sicht der Dinge sah dieser Plan, ja sogar der bereits verworfene, vollkommen realisierbar aus. Unglücklicherweise konnte der Kaiser (das wurde er im Mai dieses

Jahres) nie Schwierigkeiten des Dienstes auf See und die Tatsache begreifen, daß hier Wind und Wetter den Ton angaben und nicht Kapitäne und Admirale – selbst Kaiser nicht. Und das war in diesem Augenblick der Fall. Nachdem Villeneuve Toulon verlassen hatte, geriet er im Golfe du Lion in einen Sturm. Seine Schiffe waren zwar gut ausgerüstet, aber seine Kapitäne und seine Männer hatten nicht soviel Erfahrung in diesen stets tückischen Gewässern wie die Briten. Ihre kleinen Ausfälle aus dem Hafen hatten ihnen kaum Gelegenheit zum Üben gegeben und kein rechtes Versuchsfeld geboten. Und nun nahmen sie so viel Schaden an Masten, Rahen und Segeln, daß sie gezwungen waren, sich schnellstens in Sicherheit zu bringen. Während Nelson Südkurs auf Sizilien hielt, quälten sich die Franzosen zurück nach Toulon. Wieder fuhr die britische Flotte durch die Straßen von Messina. Doch anders als vor sieben Jahren verfolgte sie nicht Brueys, Napoleon und die Orientarmee, sondern, wie Nelson dachte, Villeneuve und das Geschwader aus Toulon. Seine Überlegungen waren zutreffend, er erriet tatsächlich Napoleons ursprünglichen Plan, aber es war ihm nicht vergönnt zu wissen, daß sich alles wieder geändert hatte – und daß die französische Flotte im Hafen ihre Wunden leckte.

Am 29. Februar schrieb er auf der Höhe des Leuchtturms von Messina an die Admiralität und erklärte die Umstände, die ihn dazu veranlaßt hatten, diesen Kurs einzuschlagen: »Eins von zwei Dingen muß geschehen sein; entweder muß die französische Flotte (nach dem Sturm) kampfunfähig umgekehrt oder ostwärts gefahren sein, wahrscheinlich nach Ägypten.« Vicomte Melville war jetzt Erster Lord der Admiralität, und gute vierzehn Tage später schrieb ihm Nelson, wie er einst traurig an St. Vincent geschrieben hatte, daß er die Franzosen nicht habe finden können: »Ich berücksichtigte den Charakter Bonapartes und daß die Befehle, die von ihm am Ufer der Seine gegeben werden, Wind und Wetter nicht in Betracht ziehen würden.« Er war am Peloponnes und dann in Alexandria gewesen. Zerquält kehrte er nach Malta zurück, wo er schließlich die Wahrheit erfuhr.

Unterdessen hatte Napoleon seine Pläne schon wieder geändert. Villeneuves Verspätung bedeutete, daß er jetzt nicht mehr die Zeit hatte, sich mit Konteradmiral Missiessy in Westindien zu treffen. Es war Missiessy gelungen, sich den britischen Blockadeschiffen vor Rochefort zu entziehen, doch seine Angriffsversuche auf die von den Briten gehaltenen Inseln in der Karibik schlugen fehl. Er wurde nach Rochefort zurückbeordert und von Napoleon seines

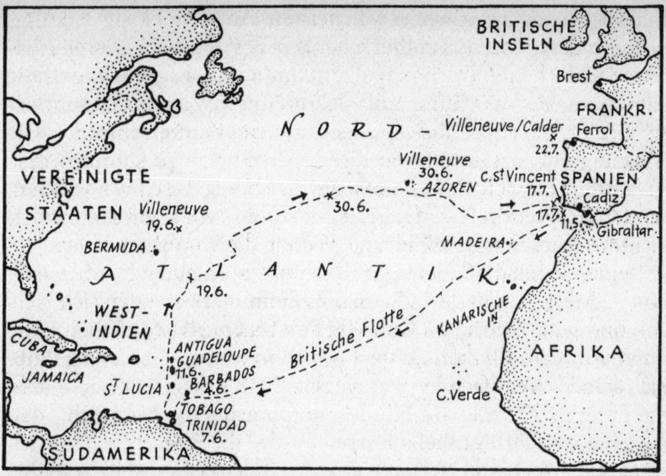

Nelsons Route nach und von Westindien auf der Suche nach Villeneuve

Kommandos enthoben, weil er es nicht vermocht hatte, Diamond Rock zu erobern, jenes Inselchen vor Martinique, dessen sich die Briten im Jahre 1804 bemächtigt hatten und Fort-Royal, die Hauptstadt Französisch-Westindiens, bedrohte. Villeneuve erhielt nun, da seine Schiffe wieder instand gesetzt worden waren, den Befehl, von Toulon nach Cadiz zu segeln. Hier sollte er alle auslaufbereiten spanischen Schiffe um sich sammeln und nach Martinique gehen, wo Ganteaume zu ihm stoßen würde. Ganteaume wiederum sollte mit seinen einundzwanzig Linienschiffen die britische Blockade von Brest umgehen, alle französischen und spanischen Schiffe, die aus Rochefort und Ferrol entkommen konnten, zusammenfassen und zu dem Treffpunkt mit Villeneuve segeln. Und nachdem man den Briten Angst um die Sicherheit ihrer Besitzungen in der Karibik eingejagt hatte – was Nelson zweifellos dazu veranlassen würde, ihnen über den Atlantik zu folgen –, sollte die vereinigte französische Flotte großen Gefechten ausweichen und in den Ärmelkanal zurückkehren. Hier, so nahm man an, würde sie Cornwallis' Schiffe besiegen und die sichere Überfahrt der Invasionsarmee gewährleisten. Auf dem Papier sah alles – zumindest für das Feldherrndenken des Kaisers – vergleichsweise einfach aus. Doch Napoleon konnte nie begreifen, daß die Bewegungen von Schiffen auf Meeren und Ozeanen sich sehr erheblich von Truppenbewegungen an Land unterschieden. Die Vereinigung von Flotten war nicht eben einfach zu koordinieren; Fregatten, die mit Botschaften auf den Weg geschickt wurden, fanden den Admiral nicht, zu dem sie sollten, vor allem aber ließen sich die Launen von Wind und Wetter nie vorausberechnen.

Seinen neuen Befehlen gemäß schlüpfte Villeneuve unbemerkt am 30. März aus Toulon. Zu diesem Zeitpunkt befanden sich Nelson und seine Schiffe im Golf von Palmas am südwestlichen Ende von Sardinien. Erst am 4. April – Nelson war auf See und bahnte sich seinen Weg nach Westen gegen einen widrigen Wind – kam die Fregatte *Phoebe* von Norden und brachte die Nachricht, daß Villeneuves Flotte ausgelaufen sei und daß die Fregatte *Active* sich an sie geheftet hätte. Nelson war in furchtbarer Besorgnis – »sehr, sehr unglücklich« –, weil er immer noch nicht wußte, ob sie mit Südkurs auf ihn zukommen würden, um Sardinien zu umrunden und nach Sizilien und weiter ostwärts zu fahren, oder ob sie zum westlichen Ende des Mittelmeeres segelten. Wie immer quälte ihn der Mangel an Fregatten. Noch einmal mußte er in den blauen Gefilden des Mittelmeers Blindekuh spielen. Er beschloß, zwischen Sardinien und der Berberküste zu kreuzen, und er tat es in der Hoffnung, Villeneuve abzufangen, falls er sich nach Osten wenden sollte. Die *Active* hatte mittlerweile den Kontakt verloren, denn Villeneuve änderte, als er zufällig erfuhr, daß sich Nelson südlich von ihm aufhielt, über Nacht den Kurs, um westlich an den Balearen vorbeizulaufen und auf die Straße von Gibraltar zuzuhalten. Erst am 18. April brachte ein vorbeifahrendes Kauffahrteischiff Nelson die Nachricht, daß die französische Flotte vor zehn Tagen mit Kurs nach Westen vor Kap Gata in Südspanien gesichtet worden sei. Nelson erkannte, daß seine Sorge um das östliche Mittelmeer, die sich aus seinen richtigen Vermutungen vor der Schlacht von Abukir herleitete, es dem Franzosen gestattet hatte, ihn zu überlisten. »Ich verlasse das Mittelmeer«, schrieb er. »Man mag denken, daß ich Sardinien, Neapel, Sizilien, den Peloponnes und Ägypten zu gut geschützt habe; aber ich habe das Gefühl, richtig gehandelt zu haben, und bin daher unbesorgt um jedwedes Schicksal, welches mich erwarten mag, weil ich die französische Flotte verfehlt habe.«

Villeneuve hatte keine Zeit vergeudet, nachdem er entdeckte, daß die spanischen Schiffe, die sich in Cartagena zu den seinen gesellen sollten, nicht auslaufbereit waren. Am 8. April passierte er Gibraltar. Seine Schiffe wurden gesichtet, und Sir John Orde, der vor Gibraltar stationiert war, erhielt unverzüglich Meldung davon. Daraufhin zog sich Orde mit seinen vier Linienschiffen in Übereinstimmung mit der üblichen Strategie zurück, um zur britischen Flotte bei Ushant zu stoßen. Wenn man die Absichten des Feinds nicht kannte, war es immer am besten, die Streitkräfte zu konzentrieren, um die Zufahrten zum Ärmelkanal zu bewachen. Nelson kam bei leichtem Gegenwind nur langsam nach Westen voran – »Ganz schlecht! Ganz schlecht!« und sehnte den Levantiner herbei, der ihn aus dem Mittelmeer heraustragen konnte. Das Glück war den Franzosen hold. Bei diesem Epos der langen Wacht, die sich zur langen Jagd wandelte, muß man zugestehen, daß sich Nelsons Strategie, auf Distanz zu beobachten, damit die Franzosen aus Toulon herausgelockt wurden, als erfolgreich erwiesen hatte. Doch man darf Villeneuves Geschicklichkeit, die vor allem darin bestand, daß er sich westlich, statt, wie erwartet, östlich der Balearen hielt – nicht unterschätzen. Im Augenblick lag er Nelson voraus, und das nicht nur faktisch, sondern auch in jenem strategischen Spiel, das man über so viele lange Monate im Mittelmeer ausgetragen hatte. Erst am 5. Mai warf Nelson Anker vor Gibraltar. Zu dieser Zeit befand sich Villeneuve schon unter Vollzug auf dem Weg über den Atlantik, um Westindien zu erreichen und seine Mission zu erfüllen.

Nachdem er die anderen Möglichkeiten erörtert hatte – Irland oder den Ärmelkanal –, kam Nelson zu dem Schluß, daß die Franzosen nach Westindien unterwegs waren. Sein Urteil beruhte weniger auf Gerüchten oder wohlüberlegten Vermutungen als auf einem privaten Besuch von Konteradmiral Donald Campbell, einem britischen Offizier bei der portugiesischen Kriegsmarine, der ihm versichert hatte, daß dies in der Tat ihr Bestimmungsort sei. (Damit verstieß Campbell gegen seine Neutralität. Er wurde später auf Betreiben des französischen Botschafters in Lissabon seines Kommandos enthoben.) »Wenn sie nicht nach Westindien gegangen sind«, sagte Nelson zu Dr. Scott, »wird man mir die Schuld geben. In *effigie* verbrannt zu werden oder die Westminsterabtei – das sind meine Möglichkeiten.« Nach so vielen Monaten auf See nahm es kaum wunder, daß alle Offiziere und Mannschaften, die man bei der Aufgabe, frisches Wasser und neuen Proviant an Bord der Schiffe zu bringen, entbehren konnte, an Land eilten, um die Freuden zu genießen, die das Kap bot. Die Wäsche der Flotte war ebenfalls an Land geschafft worden. Nachdem Nelson zu seinem Schluß gekommen war, war er natürlich erpicht darauf, so bald wie möglich aufzubrechen, doch im Augenblick wehte nach wie vor ein widriger Wind. Scott erzählt die folgende Anekdote von diesem entscheidenden Moment in Nelsons Leben, da er kurz vor der Verfolgungsjagd über den Atlantik stand, die dem Drama von Trafalgar vorausging: »Lord Nelson aber, achtsam und wetterkundig wie er war, nahm eine Andeutung davon wahr, daß der Wind sich wahrscheinlich ändern würde. Auf der *Victory* wurde eine Kanone abgefeuert, der ›Blaue Peter‹ stieg empor, dieweil der Admiral in Eile das Deck abschritt, unruhig und ungeduldig über jeden Augenblick der Verzögerung. Die Offiziere sagten: ›Das ist wieder eine von Nelsons verrückten Kapriolen.‹ Doch er hatte trotzdem recht, der Wind drehte tatsächlich günstig, die Wäsche wurde an Land zurückgelassen, die Flotte verließ den Hafen und steuerte auf Westindien zu.«

Villeneuve brauchte mit seiner ausgeruhten, direkt von Toulon kommenden Flotte vierunddreißig Tage für die Fahrt über den Atlantik; Nelson benötigte vierundzwanzig Tage mit einer Flotte, die monatelang auf See gewesen war und sich ohne den Vorteil eines günstigen Hafens ganz und gar selbst instand gehalten hatte. Doch in eben diesem Moment war Napoleon der Meinung, Nelson müsse »nach England zurückgegangen sein, um sich neu zu verproviantieren und seine Crews auf andere Schiffe zu verlegen, denn seine Schiffe bedürfen des Eindockens, und es ist anzunehmen, daß sich sein Geschwader in sehr schlechter Verfassung befindet.« Diese Schiffe, die tatsächlich überholungsbedürftig waren, fuhren unterdessen, die Beisegel gesetzt, mit dem Nordostpassat westwärts. Trotzdem waren die Franzosen aufgrund ihres großen Vorsprungs Mitte Mai in Martinique. Zu diesem Zeitpunkt befand sich Nelson erst auf der Höhe von Madeira. Villeneuve hatte achtzehn Linienschiffe (darunter sechs spanische unter dem Kommando des tüchtigen spanischen Admirals Don Federigo Gravina) und sechs Fregatten. Nelson verfügte dagegen nur über zehn Linienschiffe und drei Fregatten. Wenn Ganteaume es fertiggebracht hätte, aus Brest zu entkommen und sich mit Villeneuve zu treffen, wären diese beiden Flotten zu übermächtig gewesen, als daß die Briten, selbst unter Nelson und mit Unterstützung der westindischen Schiffe, ihnen hätten standhalten können.

Doch Cornwallis hielt Ganteaume noch im Hafen fest, als Villeneuves Schiffe schon in Martinique auf ihn warteten. Er hatte Weisung, vierzehn Tage dort zu bleiben, bis Ganteaume einträfe (was er nie tat), und die Zeit zu nutzen, sich möglichst vieler Besitzungen zu bemächtigen. Er begann, fest entschlossen, nicht denselben Fehler zu machen wie Missiessy, mit Diamond Rock und zwang das Inselchen zur Kapitulation. Dadurch wurde Fort-Royal entlastet, aber sonst bewirkte es kaum etwas. Villeneuves größte Leistung in dieser Zeit bestand darin, daß er einen britischen Konvoi kaperte, der sich auf dem Heimweg befand. Mittlerweile hatte er durch Konteradmiral Magon Verstärkung erhalten, der mit zwei Schiffen mit 80 Kanonen aus Rochefort eintraf und ihm den Befehl überbrachte, er solle dreißig Tage auf Ganteaume warten.

Die zahlreichen Anweisungen des Kaisers, Anweisungen solcher Art, die, auf das Schachbrett Europa bezogen, eindeutig gewesen wären, pflegten seine Admirale oft zu verwirren. Wie E.H. Jenkins in seiner *History of the French Navy* ausführt: »Villeneuve wandte mit Recht dagegen ein, daß er nicht einerseits in ausreichender Stärke, um britische Inseln zu kapern, umherkreuzen und andererseits sich in Martinique bereit halten könne, um sofort in See zu stechen, wenn Ganteaume eintraf.« Am 4. Juni 1805 lief Nelson in die Carlisle-Bucht ein, der offenen Reede vor der Hauptstadt von Barbados. Zum letzten Mal war er 1787 in karibischen Gewässern gewesen, aber er hatte sie schon als Kadett gekannt und konnte sich gut an all die Verdrießlichkeiten erinnern, die er hier als junger Kapitän erfahren hatte. Und in der Karibik hatte er auch Fanny geheiratet, aber vielleicht schob er diesen Gedanken mit Absicht beiseite. Villeneuve erfuhr rasch von seiner Anwesenheit. Er hatte, während er Südkurs hielt, um Antigua anzugreifen, den britischen Konvoi gekapert, und nun wurde ihm zugetragen, daß Nelson in Barbados war. Man sagte ihm, das britische Geschwader bestünde aus vierzehn Linienschiffen und nicht aus zehn, doch allein der Name Nelson reichte schon aus, um ihn von allen weiteren Aktivitäten abzubringen. Ziel seiner Fahrt nach Westindien war es in erster Linie gewesen, Nelson von Europa und den Zufahrtswegen zum Ärmelkanal fortzulocken. Es schien, daß seine Mission erfüllt war. Zwar hatte er nur sechsundzwanzig Tage auf Ganteaume gewartet, aber er war überzeugt davon, daß Ganteaume es nicht vermocht hatte, sich aus Brest hinwegzustehlen. Und damit hatte er recht, denn Cornwallis gab so gut acht, daß der französische Admiral, der den Befehl hatte, den Hafen nur dann zu verlassen, wenn es ohne Kampf abging, sich nicht bewegen konnte. Am 9. Juni setzte Villeneuve die Segel zur Rückfahrt nach Europa. Nelson war davon abgelenkt worden, Martinique anzusteuern, und zwar durch General Brereton, den Truppenkommandeur von Santa Lucia, der ihm mitteilte, daß der Feind nach Süden unterwegs sei, um Trinidad und Tobago anzugreifen. Er vergeudete mehrere Tage, indem er in Erwartung einer Schlacht, die sich als ebenso vernichtend erweisen würde wie die von Abukir, nach Süden in Richtung Trinidad segelte. Als er herausfand, daß die Franzosen nicht in diese Richtung gesegelt waren, ging er verbittert auf Gegenkurs. Später schrieb er: »Doch wegen einer falschen Information war ich, als sie in See stachen, nicht vor Fort-Royal; ansonsten wäre unsere Schlacht höchstwahrscheinlich an derselben Stelle ausgetragen worden, an welcher der tapfere Rodney de Grasse schlug.« Er war jetzt überzeugt davon, daß der Feind nach Europa abgesegelt war und daß es keinen Zweck hatte, noch länger in Westindien zu bleiben. »Nelson«, so sagte Napoleon, »wird, wenn er erfährt, daß Villeneuve nicht bei den Inseln vor dem Winde ist, nach Jamaika gehen, und in der Zeit, die er dort vergeudet, indem er sich verproviantiert und auf Nachrichten wartet, werden die großen Schläge fallen.« Selbstverständlich war sich Nelson der ernsten Bedrohung für Jamaika, ja für alle westindischen Kolonien durchaus bewußt. Ihr Verlust wäre eine Katastrophe für Großbritannien gewesen, doch die schlimmste aller Katastrophen wäre es, wenn in seiner Abwesenheit der angekündigte Angriff auf Großbritannien stattfände.

Am 13. Juni – vom westindischen Geschwader nahm er die *Spartiate* (74 Kanonen) mit, was die Zahl seiner Linienschiffe auf elf erhöhte – setzte er Segel, um Villeneuve nach Europa zu verfolgen. Er war düsterer Stimmung. Obwohl es schien, daß allein seine Präsenz in diesem Gebiet ausgereicht hatte, um die britischen Kolonien zu retten und – mit der Ausnahme jenes einen Konvois – eine kostbare Lebensader des Schiffsverkehrs zu schützen, von dem der Reichtum seines Landes in so hohem Maße abhing, war es ihm wieder nicht geglückt, die Franzosen zum Kampf zu stellen. Am 21. Juni schrieb er in sein Tagebuch: »Mitternacht, fast windstill, sah drei Planken, die, wie ich glaube, von der französischen Flotte stammen. Sehr unglücklich, was sehr töricht ist.« Bis jetzt schien alles, was er getan hatte wirkungslos gewesen zu sein. Villeneuve war ungeschoren aus dem Mittelmeer herausgekommen und hatte Westindien erreicht, ohne zum Kampf gestellt worden zu sein, und nun, schwer zu fassen wie immer, war er fort, irgendwo im Atlantik und seinem Verfolger um viele Meilen voraus. Vielleicht wollte er nach Irland, vielleicht aber auch zum Ärmelkanal. Doch diese Gebiete wurden von Cornwallis gesichert, und Nelsons Pflicht war es nun wieder, das Mittelmeer zu schützen. Er schwenkte südwärts, um zwischen den Azoren hindurchzulaufen, und steuerte geradewegs die Zufahrtswege nach Gibraltar an. Am 17. Juli tauchte Kap St. Vincent auf, jener gewaltige Ausläufer Europas, wo er sich zum ersten Mal Ruhm errungen hatte. In all den langen, scheinbar endlosen Monaten auf See hatten seine Freundlichkeit und seine Rücksicht auf Offiziere und Mannschaft nie nachgelassen. Die *Superb* war ein langsames Schiff, und ihretwegen war die Flotte aufgehalten worden, Doch Nelson schrieb an ihren Kapitän Richard Keats: »Ich weiß und spüre, daß die *Superb* alles tut, was ein Schiff vollbringen kann; und ich bitte darum, daß Ihr Euch wegen dieser Sache nicht ärgert.« Durch einen Brief von einem seiner Kapitäne wissen wir, was sie von ihm hielten: »Wir sind alle halbverhungert und anderweitig mit Unannehmlichkeiten geschlagen, weil wir so lange in keinem Hafen waren, aber wir werden vollauf dadurch entschädigt, daß wir bei Nelson sind.«

Am 20. Juli schrieb Nelson in Gibraltar in sein privates Tagebuch: »Ich bin zum ersten Male seit dem 16. Juni 1803 an Land gegangen; fehlen zehn Tage, dann wären es zwei Jahre, daß ich mich nicht von der *Victory* entfernt habe.«

34 Zum letztenmal England

Zwei Tage nachdem Nelson in Gibraltar den Fuß an Land gesetzt hatte, wurde vor Kap Finisterre die Schlacht geschlagen, die er so lange erstrebt hatte. Kapitän Bettesworth, ein erfahrener Mann mit fünfundzwanzigjähriger Dienstzeit, der sich im Kampf noch mehr Verwundungen zugezogen hatte als Nelson, war mit der Fregatte *Curieux* vorausgeschickt worden, um der Admiralität zu melden, daß Nelson nach Europa zurückkehre, und um ihr seine Beurteilung der Bewegungen der französischen Flotte zu überbringen. Bettesworth, der schnell und auf direktem Weg in Richtung England segelte, war im Atlantik auf Villeneuve gestoßen und lange genug in der Nähe der Franzosen geblieben, um ihre zahlenmäßige Stärke und ihren Kurs zu ermitteln. Dann war er mit dieser hochwichtigen Information schnellstens nach England gesegelt.

Am 9. Juli teilte Bettesworth persönlich dem Ersten Lord der Admiralität, Lord Barham, die Neuigkeit mit. Obwohl Barham fast achtzig Jahre alt war, hatte er nichts von jener Aktivität verloren, die seine Laufbahn bei der Kriegsmarine so bemerkenswert gemacht hatte. Er gab Cornwallis unverzüglich den Befehl, die fünf Linienschiffe, die vor Rochefort Wache hielten, abzukommandieren und zu den zehn Linienschiffen zu stoßen, mit denen Sir Robert Calder Ferrol blockierte. Calder erhielt Anweisung, Villeneuve mit diesen fünfzehn Schiffen unter seinem Kommando hundert Meilen westlich von Kap Finisterre abzufangen. Am 22. Juli hatten die beiden Flotten Feindberührung. Es wehte ein sehr leichter Wind, Nebel legte sich übers Wasser, und es wurde ein nicht kriegsentscheidendes Gefecht ausgetragen. Obwohl die französisch-spanische Flotte fünf Linienschiffe mehr hatte als die britische, ging der Sieg an Calder – zwei Spanier strichen die Flagge. Unglücklicherweise waren die beiden Flotten, als der nächste Tag heraufdämmerte, etwa siebzehn Meilen voneinander entfernt, und Calder gab sich, statt den Angriff weiter zu verfolgen, damit zufrieden, daß er seine beiden Prisen sicherstellte und sich um die Schäden an seinen Schiffen kümmerte.

Calder, der Nelsons berühmte Disziplinlosigkeit bei der Schlacht von St. Vincent kritisiert hatte, zeigte damit, daß er nicht jenes instinktive Gefühl für den günstigen Augenblick hatte, das den großen Flottenbefehlshaber kennzeichnet. Ihm schien, er habe unter schwierigen Bedingungen eine zufriedenstellende Schlacht geschlagen und den Feind von den aus dem Golf von Biscaya zum Ärmelkanal führenden Seewegen vertrieben. Er spürte nicht, daß er unter den herrschenden Umständen durchaus nicht sein Bestes getan hatte. Nelson, der am 16. August seinem alten Freund Thomas Fremantle schrieb und sich für einen Brief und für ein kleines Paket Zeitungen bedankte, war in der Tat überrascht über deren Inhalt: »Ich war wahrhaftig verwirrt von dem Berichte über Sir Robert Calders Sieg und die Freude über dieses Ereignis, ebenfalls, als ich erfuhr, daß John Bull nicht damit zufrieden war, was mir leid tut. Wer, lieber Fremantle, kann über all den Erfolg gebieten, den unser Land sich wünscht? Wir haben zusammen gekämpft und wissen deshalb wohl, wie es ist. Ich hatte eine bestens disponierte Flotte von Freunden, doch wer kann voraussagen, was der Ausgang einer Schlacht sein wird; und es grämt mich aufrichtigst, daß in jeder Zeitung angedeutet wird, Lord Nelson hätte es besser gekonnt.«

Das war fair und großzügig, doch es blieb die Tatsache bestehen, daß Nelson der Menschheit eine neue Auffassung vom Sieg gegeben hatte. Die alten Tage, da man eine Seeschlacht für zufriedenstellend – ja glorreich – gehalten hatte, wenn die Gegenseite sich zurückzog und Prisen genommen wurden, waren vorbei. Nun erwartete man die Vernichtung des Feindes.

Villeneuve lief erst Vigo an, wo er drei Schiffe zurückließ, dann Ferrol, den besten und größten Hafen Spaniens. Calder, der nach der Schlacht den Kontakt zu seinem Gegner verloren hatte, war zu Cornwallis vor Ushant gestoßen. Nelson tat am 14. August ein Gleiches und verstärkte damit die Flotte, die die Seewege um England sicherte, um zehn Schiffe. Cornwallis erließ ihm den üblichen Höflichkeitsbesuch und gestattete ihm, mit der *Victory* gleich nach Spithead weiterzufahren. Mit ihm kam die *Superb*, die dringend reparaturbedürftig war. Am 19. August wurde Nelsons Flagge niedergeholt, und er konnte den Urlaub antreten, der ihm schon vor neun Monaten bewilligt worden war. Er war zwei Jahre und drei Monate nicht mehr zu Hause gewesen, und im Rückblick mochte es vielleicht scheinen, daß er nichts erreicht hatte. Die vielen Monate des Wartens und Wachens hatten damit geendet, daß Villeneuve entkam; die Jagd über den Atlantik hatte sich als fruchtlos erwiesen; und die Schlacht, die ihm hätte zufallen sollen, war Calder zugefallen. Er hatte Mitleid mit Calder, und er könnte durchaus erwartet haben, daß man an ihm gleichermaßen Kritik üben würde. Doch das war, wie uns die Worte Lord Mintos deutlich machen, keineswegs der Fall: »Ich traf Nelson heute inmitten einer Menschenmenge auf der Piccadilly(-Straße) an und bekam ihn beim Arme zu fassen, so daß auch ich umdrängt wurde. Es ist wirklich sehr ergreifend, das Staunen und die Bewunderung und die Liebe und die Hochachtung der ganzen Welt und die allgemeine Bekundung all dieser Gefühle auf einmal von Vornehm wie von Gering zu erleben, sobald er nur gesehen wird. Es übertrifft alles, was in Theaterstücken oder Gedichten dargestellt wird.«

Lord Mintos Bruder Hugh Elliott schrieb aus Neapel und faßte präzis zusammen, was jedermann in England von Nelson meinte: »Entweder haben sich die Entfernungen zwischen den Weltteilen verringert, oder Ihr habt die Energien menschlichen Tuns vergrößert. Nach zweijährigem, unablässigem Hinundherkreuzen im stürmischen Golfe du Lion nach Alexandria zu fahren, ohne einen Hafen anzulaufen, von Alexandria nach Westindien, von Westindien wieder zurück nach Gibraltar; Eure Schiffe einsatzfähig, Eure Takelage instand, Eure Crews bei Gesundheit und Laune gehalten zu haben – das ist eine Leistung, die in früheren Zeiten nie erreicht wurde, und ich bezweifle, daß ein anderer Admiral sie jemals wiederholen wird. Ihr habt uns zwei Jahre geschützt, und Ihr habt Westindien gerettet.«

Am 20. August kam der Moment, nach dem er sich in all den vielen Monaten in seiner Kajüte auf der *Victory* gesehnt hatte. Er sah Emma, Horatia und sein Heim in Merton wieder. Das Idyll begann von neuem, doch diesmal unter noch glücklicheren Bedingungen, denn mit Sir Williams Tod entfiel auch die Notwendigkeit, Horatia versteckt zu halten. Nun lebte sie als Adoptivtochter bei ihrer Mutter. Sie war viereinhalb Jahre alt, ein intelligentes Kind, das schon schreiben konnte und breits Französisch- und Italienischunterricht erhielt. Nelson speiste in Gesellschaft seines Kindes und der Frau, die er liebte (und die er als seine Gattin betrachtete). Anwesend waren ferner sein Bruder und dessen Frau, seine Schwester und deren Mann, »Mutter Cadogan«, Emmas

Mutter, und, wie er es formulierte, »Menschen, die uns gerne haben«. Er hatte jetzt trotz ständiger Geldsorgen jenes konservative englische Glücksideal erreicht – mit Familie und Freunden im eigenen Heim ausspannen, in seiner Miniaturburg, die von einem Gewässer geschützt wurde, das man »den Nil« nannte. »Er sieht bemerkenswert wohl aus«, schrieb Lord Minto, »und ist voller Schwung.« Und was Emma betraf, so mußte er schließlich zugeben: »Sie ist immerhin eine gescheite Frau: Die Leidenschaft glüht wie eh und je.« In diesen seinen letzten Tagen in England fand Nelson ein stilles Glück, wie er es in seinem ganzen Leben nicht gekannt hatte. Da Merton nur eine Stunde Fahrt von London entfernt war, lag es nahe, daß er oft die Hauptstadt besuchte, um mit Lord Barham von der Admiralität und mit anderen Ministern und Freunden zu sprechen. Die Gefahr für Großbritannien hatte in keiner Weise abgenommen, und Napoleon wartete ungeduldig darauf, daß seine Flotte den Ärmelkanal für seine Invasionsstreitkräfte frei machte. Villeneuve hatte folgende Weisung erhalten: »Räumt alles aus dem Weg, fallt kühn über den Feind her; wenn Ihr uns für drei Tage, ja sogar nur für vierundzwanzig Stunden die Gewalt (über den Ärmelkanal) verschafft, wird Eure Aufgabe erfüllt sein; alles ist bereit, Europa wartet atemlos auf dieses große Ereignis; ich setze mein Vertrauen in Eure Tapferkeit und in Euer Geschick.« Unter diesen Umständen – England war bedroht wie nie zuvor – begegneten sich in London die zwei Männer, die eine so entscheidende Rolle in der Geschichte jener Tage spielten. Der kühle und aristokratische Arthur Wellesley, der zukünftige Herzog von Wellington, wurde von denen, die unter ihm dienten, bereits wegen seiner äußerst strengen Natur, wegen seiner Umsicht, Klugheit und Ausdauer respektiert und bewundert.

Der Schriftsteller und Politiker John Wilson Croker erzählt uns von diesem Ereignis:

»Wir sprachen von Lord Nelson, und es wurden einige Beispiele für den Egotismus und die Eitelkeit erwähnt, welche seinem Charakter Abbruch taten. ›Nun‹, sagte der Herzog, ›ich bin über solche Beispiele nicht überrascht, denn Lord Nelson verkörperte unter verschiedenen Umständen zwei ganz verschiedene Männer, wie ich selbst bezeugen kann, obwohl ich ihn nur einmal in meinem Leben, und das vielleicht eine Stunde lang, gesehen habe. Es war kurz nach meiner Rückkehr aus Indien. Ich ging zum Kolonialministerium in der Downing Street und wurde dort in das kleine Wartezimmer rechter Hand geführt, wo ich einen Herrn antraf, der ebenfalls darauf wartete, mit dem Minister zu sprechen, und den ich aufgrund der Ähnlichkeit mit seinen Bildern und des Verlustes eines Armes sofort als Lord Nelson erkannte. Er konnte nicht wissen, wer ich war, doch er trat sogleich ins Gespräch mit mir ein, wenn ich es Gespräch nennen kann, denn es wurde fast ganz von seiner Seite geführt und drehte sich nur um ihn selbst, und das wirklich in einem so eitlen und dummen Stile, daß es mich überraschte und fast mit Abscheu erfüllte. Ich nehme an, eine zufällige Äußerung von mir brachte ihn zu der Vermutung, daß ich jemand sei, und er ging einen Augenblick aus dem Raume, um, woran ich keinen Zweifel habe, den Aufseher zu fragen, wer ich sei, denn als er zurückkam, war er, sowohl dem Stile als auch der Thematik nach, ein völlig anderer Mensch. Was ich für die Manieren eines Scharlatans gehalten hatte, war ganz und gar verschwunden, und er sprach von dem Zustande dieses Landes und den Aspekten und Wahrscheinlichkeiten der Verhältnisse auf dem Kontinent mit einem gesunden Menschenverstand und einem Wissen um inländische wie ausländische Zustände, welche mich gleichermaßen wie der erste Teil unserer Unterredung, jedoch diesmal angenehm überraschten; er redete in der Tat wie ein Offizier und Staatsmann. Der Minister ließ uns lange warten, und was die letzte halbe oder Dreiviertelstunde betraf, so wüßte ich nicht, daß ich je ein Gespräch gehabt hätte, das mich mehr interessierte. Wenn nun der Minister pünktlich gewesen wäre und Lord Nelson nach nicht einmal einer Viertelstunde vorgelassen hätte, hätte ich denselben Eindruck von einem seichten und trivialen Charakter gehabt wie andere Leute; doch glücklicherweise sah ich genug, um mich davon überzeugen zu können, daß er wirklich ein überragender Mann war, gewiß aber habe ich nie eine plötzlichere und vollständigere Verwandlung erlebt.‹ «

Nelson verkörperte tatsächlich »zwei ganz verschiedene Männer«. Derjenige, den seine Frau Fanny kannte (oder gekannt hatte), entsprach ziemlich dem Nelson, den alle Offiziere und Mannschaften, die unter ihm dienten, liebten und achteten. Die andere Seite seines Wesens, die vor der Schlacht vom Nil nie stark hervortrat, war ein seltsames Nebenerzeugnis seines Wunsches nach Ruhm und seiner leidenschaftlichen Liebe zu Emma Hamilton. Die Eitelkeit war schon lange sein schwacher Punkt, doch es ist durchaus wahrscheinlich, daß sie unter Kontrolle geblieben wäre, wenn Emma diesen Aspekt seines Charakters nicht so sehr hochgespielt hätte. Doch gerade diese merkwürdige Dualität gab ihm jene unwiderstehliche Anziehung auf die breite Masse: Sie sah in ihm nicht nur die Verkörperung ihrer Hoffnungen und Bestrebungen, sondern auch einen ergreifenden Beweis für die Schwächen, die jeder an sich selbst erkennen konnte. Wellington war, wie sein Leben bewies, ein Mann, den die Menschen bewunderten, ja verehrten, aber Nelson war, wie ein Offizier bemerkte, der sie beide kannte, »der Mann, den man liebte«.

Seine Tage in Merton wurden ständig durch die Forderungen der Zeit gestört. »Gott weiß, daß ich Ruhe brauche«, schrieb er, »doch selbiges kommt überhaupt nicht in Frage.« Österreich und Rußland hatten sich mittlerweile mit Großbritannien zu einem Bündnis gegen Frankreich vereinigt, und am 24. August hatte Napoleon, der daran verzweifelte, daß er seine Admirale wohl nie dahin bringen würde, seine Befehle unverzüglich auszuführen, den Beschluß gefaßt, gegen Deutschland zu marschieren. Am 2. September erfuhr Nelson von Kapitän Blackwood von der Fregatte *Euryalus*, Villeneuve habe sich nach Cadiz zurückgezogen. Blackwood war ein alter Freund, der, als er die *Penelope* befehligte, in hohem Maße dafür verantwortlich gezeichnet hatte, daß die *Guillaume Tell* vor Malta gekapert wurde, und Nelson lauschte seinen Neuigkeiten mit gespannter Aufmerksamkeit. »Ich glaube, ich werde sie doch noch schlagen müssen«, sagte er. Es war klar, daß die Konzentration der französischen und spanischen Streitkräfte – über dreißig Linienschiffe – nur eine Großoffensive gegen England und seine Verbündeten bedeuten konnte. Vielleicht erfolgte sie im Mittelmeer, vielleicht aber auch wieder in nördlicher Richtung, in Richtung Ärmelkanal, um Napoleons Invasionsflotte Geleitschutz zu geben. Eins war völlig offensichtlich: Cadiz konnte die Verproviantierung von so vielen Schiffen und Männern nicht sehr lange durchstehen. Nelson wußte dank seiner großen Erfahrung mit Hafensperren, daß »wir eine bessere Chance haben, sie wegen Mangels an Vorräten herauszuzwingen; man sagt, Hungernde durchbrächen auch Wälle aus Stein – der unsere ist nur ein Wall aus Holz«. Jenkins kommentiert in seiner *History of the French Navy*: »Villeneuve hatte in Cadiz eine schwierige Zeit. Insgesamt fehlten ihm zweitausend Mann (davon siebzehnhundert Kranke und dreihundert Deserteure – doch er verfügte über Soldaten, die die Kanonen bedienen konnten); er hatte auch große Schwierigkeiten, seine Flotte zu versorgen und günstige Preise zu erzielen, denn das Arsenal von Cadiz hatte bei der Ausrüstung der spanischen Schiffe seine Vorräte aufgebraucht.«

Für die britische Regierung lag es auf der Hand, daß die vereinigten Flotten von Frankreich und Spanien in Cadiz festgehalten werden mußten. Pitt, der wieder Premierminister und seit langem Nelsons Lieblingspolitiker war, wählte ihn, ohne zu zögern, zum Befehlshaber der Streitmacht aus, die diese Aufgabe übernehmen sollte. Nelson hatte sich viele Gedanken darüber gemacht, wie man am besten eine große Seeschlacht durchführte und – das hatte er auch dem Kabinett bei einer Unterredung vorgetragen – die totale Vernichtung des Feindes erreichte. Die konventionelle Schlachtlinie, die man bei den Gefechten des 18. Jahrhunderts verwendet hatte, gehörte, wie er schon lange meinte, der Vergangenheit an. In der Bucht von Abukir hatte er die Vorhut, bei Kopenhagen die Nachhut des Feindes angegriffen, aber diese beiden Schlachten waren gegen Schiffe geschlagen worden, die vor Anker lagen. Nun mußte man einen Kampf zwischen großen Flotten auf See austragen. Er umriß seine Pläne in einem Gespräch, das er in diesen letzten Tagen in England in Merton mit Kapitän Keats führte.

»Nach dem alten System kann kein Tag lang genug sein, um zwei Flotten Aufstellung nehmen zu lassen und eine Entscheidungsschlacht zu schlagen. Ich will Euch sagen, wie ich gegen sie kämpfe, wenn *wir* auf sie treffen (und wir werden auf sie treffen). Ich formiere die Flotte in drei Abteilungen in drei Linien. Eine Abteilung wird aus zwölf oder vierzehn der schnellsten Zweidecker bestehen, welche ich ständig luvwärts oder in einer vorteilhaften Position halten werde; und ich werde sie einem Offizier unterstellen, der sie, wie ich sicher glaube, so einsetzen wird, wie ich es möchte, falls es möglich ist. Ich denke, es wird immer in meiner Macht stehen, sie an der Stelle in den Kampf zu werfen, die ich mir aussuche; doch wenn die Umstände es verhindern, daß sie dort an den Feind herangeführt werden, wo ich es wünsche, so bin ich mir gewiß, daß er sie wirksam und vielleicht auf eine vorteilhaftere Weise einsetzen wird, als wenn er den Befehlen hätte Folge leisten können.« Er fuhr fort: »Mit dem verbleibenden, in zwei Linien formierten Teil der Flotte werde ich, wenn ich kann, sofort auf sie losgehen, und zwar ungefähr auf das erste Drittel ihrer Schlachtreihe nach dem Schiffe an der Spitze.« Er fragte Keats, was er davon hielte, und Keats zögerte, denn er mußte sich erst mit diesem Plan auseinandersetzen, der so verwegen war und so von allen bisher geschlagenen Seeschlachten abwich. Nelson sprach weiter: »Ich will Euch sagen, was *ich* davon denke. Ich denke, es wird den Feind überraschen und verwirren. Sie werden nicht wissen, was ich vorhabe. Und dies wird zu einer Schlacht führen, bei der es drunter und drüber geht – und genau das will ich.«

Verblüffend war – und Keats begriff das sofort –, daß die vorderen Schiffe der beiden Stoßkeile einem mörderischen Feuer des in konventioneller Anordnung nach vorne ausgerichteten Feindes würden standhalten müssen. Nelson war anscheinend bereit, das zu riskieren. Er würde sich mit schweren Verlusten auf den vorderen Schiffen abfinden müssen, wenn er die Schlachtreihe des Feindes aufbrechen und ihn in einen harten Nahkampf verwickeln konnte, bei dem seine Offiziere und Männer, wie er zuversichtlich glaubte, der vereinigten französisch-spanischen Flotte überlegen sein würde. Er wußte, daß es auf einigen gegnerischen Schiffen mit der Moral nicht zum besten stand, und rechnete mit einem heillosen Durcheinander bei der Führung dieser Schiffe, die hinsichtlich ihrer Größe und ihrer Konstruktion unterschiedlich und mit Offizieren und Matrosen bemannt waren, die verschiedenen Nationen angehörten. Was diesen Punkt anging, sah er sich später vollauf in seiner Meinung bestätigt. Der einzige grundlegende Unterschied zwischen dem Plan, den er in Merton vortrug, und der Wirklichkeit der Schlacht von Trafalgar bestand darin, daß er nicht über das schnelle Geschwader verfügte, auf das er gehofft hatte.

Nelson war am 20. August 1805 in Merton angekommen, und in der Nacht des 13. September verließ er es für immer. »Mir bricht wieder das Herz«, sagte Emma zu Lady Bolton, »weil unser lieber Nelson fortgeht. Es scheint, als ob ich vierzehn Tage lang geträumt hätte und nun erwacht wäre, um mich in all dem Elend dieser grausamen Trennung wiederzufinden. Doch was kann ich tun? Sein starker Arm ist so wichtig für den Staat.« Lord Minto berichtet, daß Emma am Tag vor Nelsons Abreise nichts aß und nichts trank, sondern halb ohnmächtig bei Tisch saß. Doch die Vermutung, daß sie versucht habe, ihn zum Bleiben zu bewegen, kann außer acht gelassen werden: Emma kannte ihren Mann, wie ihn die sanfte nervöse Fanny nie gekannt hatte. Zu einer seiner letzten Handlungen, bevor er sich von Emma verabschiedete, gehörte die, daß er in den ersten Stock ging und an das Bett trat, in dem das Kind schlief, das ihrer Leidenschaft im Mittelmeer entsprossen war. Er kniete nieder und betete darum, daß Horatias Leben glücklich sein möge – dieses Gebet wurde erhört.

In sein privates Tagebuch trug er für Freitagabend, den 13. September, folgendes ein: »Um halb elf vom lieben, lieben Merton abgefahren, wo ich alles zurücklasse, was mir auf der Welt teuer ist, um meinem König und meinem Lande zu dienen. Möge mich der große Gott, den ich anbete, dazu befähigen, daß ich die Erwartungen meines Landes erfülle; und wenn es ihm gefällt, daß ich zurückkehre, werde ich nie aufhören, vor dem Throne seiner Gnade zu danken. Wenn er es aber so fügen will, daß meine Erdentage vor der Zeit beendet werden, beuge ich mich demütiglich und vertraue darauf, daß Er diejenigen, die mir so lieb sind und die ich zurücklasse, behüten wird. – Sein Wille geschehe: Amen, Amen, Amen.« Am nächsten Morgen traf er in Portsmouth ein, erledigte die Geschäfte, die er noch an Land zu besorgen hatte, und schiffte sich von Southsea aus gemeinsam mit George Canning, dem Schatzmeister der Kriegsmarine, und George Rose vom Handelsministerium ein. Die beiden Herren würden mit ihm auf der *Victory* speisen. »Nelson«, schrieb Southey, »versuchte, einen Nebenweg zum Strande einzuschlagen, doch eine Menge sammelte sich und folgte ihm und drängte sich nach vorn, um sich einen Blick auf sein Angesicht zu verschaffen. Viele waren in Tränen aufgelöst, und viele knieten vor ihm nieder und segneten ihn, als er vorbeiging. England hat viele Helden gehabt, aber keinen, der die Liebe seiner Landsleute so vollkommen besaß wie Nelson.«

Wie immer fieberte er vor Ungeduld, wollte er am liebsten schon fort sein. Als er erfuhr, daß die *Agamemnon*, die *Defiance* und die *Royal Sovereign* noch nicht auslaufbereit seien, befahl er, sie sollten ihm so rasch wie möglich folgen. Am Morgen des 15. September lichtete die *Victory* den Anker. Sie wurde nur von Blackwood mit seiner *Euryalus* begleitet. Es wehte ein Lüftchen von Südsüdost, das kaum das Wasser kräuselte, als die *Victory*, vor deren gewaltigen Bordwänden die dümpelnde Fregatte klein erschien, ihre Fahrt durch den Ärmelkanal antrat und Kurs auf Cadiz und Kap Trafalgar nahm.

35 Kap Trafalgar

Am 17. September befand sich die *Victory* auf der Höhe von Plymouth, und Blackwood wurde in den Hafen geschickt, um der *Ajax* und der *Thunderer* den Befehl zu überbringen, daß sie sich Nelson anschließen sollten. Um neun Uhr morgens – »frischer, absolut widriger Wind aus WSW« – schrieb Nelson an Emma: »Ich flehe Dich an, meine liebe Emma, wieder Mut zu fassen; und wir werden uns auf viele, viele glückliche Jahre freuen und von unseren Kindeskindern umgeben sein. Gott der Allmächtige kann, wenn es ihm gefällt, das Hindernis aus dem Wege räumen. Mein Herz und meine Seele sind bei Dir und Horatia.« Zwei Tage später sichtete man südwestlich von den Scilly-Inseln eine Fregatte. Es stellte sich heraus, daß es die *Decade* von der Blockadeflotte vor Cadiz war. Sie brachte Sir Richard Bickerton, Nelsons mittlerweile erkrankten alten Stellvertreter, nach Hause, und sie übermittelte die aufmunternde Nachricht, daß die Franzosen noch in Cadiz lagen und Admiral Collingwood bislang keine Schlacht gegen sie geschlagen hatte. Nun wurde die *Euryalus* mit Briefen an den britischen Konsul in Lissabon, an Kapitän Sutton auf der *Amphion* vor der Tejomündung und an Collingwood auf den Weg geschickt. Nelson bat sie dringend, »auf jede erdenkliche Weise jeden Mann für die Flotte unter meinem Kommando« sicherzustellen. Außerdem wurden Weisungen geschickt, daß Nelsons Ankunft geheim bleiben und kein Salut geschossen werden solle, wenn er zur Flotte stieße. So würden Villeneuves Beobachtungsposten nicht mehr wissen, als daß ein weiteres Linienschiff Erster Klasse zur Blockadeflotte dazugestoßen sei. Nelson befand sich – dieser Meinung war man in Cadiz – auf Urlaub in England. Er wollte nicht, daß sein ehrfurchtgebietender Name Villeneuve noch einmal als Entschuldigung dafür diente, daß er im Hafen blieb und sich nicht zum Kampf stellte.

Am 28. September – die *Victory* fuhr gemächlich dahin, denn »wir haben sehr wenig Wind« – sichtete Nelson die Flotte, die er befehligen sollte. Da waren sie, die achtzehn Linienschiffe, die ständig Wache hielten, und im Hafen von Cadiz die Masten und Rahen der vereinigten französisch-spanischen Flotte. Man schätzte sie auf sechsunddreißig Linienschiffe, gegen die Nelson, sobald er die erwartete Verstärkung erhielt, dreiunddreißig Linienschiffe aufbieten konnte. Die Chancen standen demnach nicht allzu ungleich, und wenn ihm bekannt gewesen wäre, welche Zwietracht in Cadiz zwischen Franzosen und Spaniern, zwischen Admiralen, Offizieren und Männern gleichermaßen herrschte, hätte er ganz richtig gefolgert, daß der Vorteil auf seiner Seite lag. Er hätte sich auch nicht zu ängstigen brauchen, daß Villeneuve sich nicht aus dem Hafen locken lassen würde, denn Villeneuve hatte erst kürzlich Order erhalten, mit der Flotte in See zu stechen, ins Mittelmeer einzulaufen, die Truppen, die sie transportierte, im Königreich Neapel an Land zu setzen und dann daranzugehen, den gesamten britischen Handelsverkehr zu vernichten. Villeneuve wurde noch zusätzlich zur Tat angespornt, seit er inoffiziell erfahren hatte, daß er bald durch Vizeadmiral Rosily von seinem Kommando abgelöst werden sollte und daß Napoleon Villeneuve getadelt und ihn einen Schurken und Verräter geschimpft hatte.

Nach der Übernahme des Oberbefehls über die Flotte mußte Nelson als erstes eine traurige Pflicht erfüllen. Er hatte Order, Sir Robert Calder mitzuteilen, daß er sofort nach England zurückzukehren und sich für sein Verhalten bei dem von ihm geleiteten Gefecht mit den Franzosen vor einem Kriegsgericht verantworten sollte. Nelson empfand, wie wir gesehen haben, tiefes Mitleid für Calder, und wahrscheinlich akzeptierte er eben darum, weil er soviel freundliche Gefühle für ihn hegte, dessen Bitte, es möge ihm erlaubt sein mit seiner *Prince of Wales* (90 Kanonen) heimzufahren, um sich den Beschuldigungen zu stellen. Das war von Nelsons Seite eine unangebrachte Gefühlsregung, denn damit wurde die Flotte genau in dem Augenblick, da man mit einer großen Schlacht rechnen mußte, eines sehr starken Schiffes beraubt. Doch eben diese Güte gegenüber ehrenwerten Menschen, die sich in einer Notlage befanden, eine Güte, die während seiner ganzen Laufbahn klar ersichtlich gewesen war, hatte ihn zu dem Mann gemacht, den die ganze Flotte liebte. Er fand auch rasch heraus, daß den britischen Blockadeschiffen, bevor die Schlacht stattfand, ein neuer Geist eingeflößt werden mußte. Es ging nicht darum, daß Collingwood als Oberbefehlshaber irgendwelche grundsätzlichen Fehler gemacht hätte, aber er war ein strenger Mann, dessen Einstellung zur Disziplin an die St. Vincents erinnerte, er besaß jedoch nicht die Fähigkeit, bei denen, die unter ihm dienten, Zuneigung zu erwecken. Während der Blockade hatte er beispielsweise keine geselligen Besuche von Schiff zu Schiff gestattet, auch durften keine Boote ausgesetzt werden, um von vorbeilaufenden Küstenfahrzeugen frische Lebensmittel zu kaufen – mit dem Ergebnis, daß die Flotte sich an eine eiserne, starre Routine gewöhnte. »Um der christlichen Nächstenliebe willen«, schrieb Kapitän Codrington von der *Orion*, schickt uns Lord Nelson, ihr Männer, die ihr die Macht habt!«

Sofort änderte sich alles, und mit der Nachricht, daß Nelson das Kommando übernommen habe, verbreitete sich bei der ganzen Flotte eine fast greifbare Stimmung der guten Laune, ja der Freude. Nelson spürte das und war angenehm berührt: »Der Empfang, der mir zuteil wurde, als ich zur Flotte stieß, bewirkte die süßeste Empfindung meines Lebens. Die Offiziere, die an Bord kamen, um mich anläßlich meiner Rückkehr willkommen zu heißen, vergaßen in der Begeisterung, mit welcher sie mich begrüßten, meinen Rang als Oberbefehlshaber. Sobald sich diese Gefühle gelegt hatten, legte ich ihnen den Plan für den Angriff auf den Feind vor, den ich vorher ausgearbeitet hatte; und zu meiner Freude fand ich ihn nicht nur allgemein gebilligt, sondern auch klar begriffen und verstanden.« Ein paar Tage später gab Nelson ein taktisches Memorandum heraus, das denselben Inhalt hatte und immer noch von der Annahme ausging, daß er genügend Schiffe haben würde, um drei Stoßkeile zu bilden. Unterdessen wurden im Gegensatz zu Collingwoods strengen Richtlinien Kapitäne eingeladen, mit dem Admiral zu speisen, der Ankauf frischer Lebensmittel wurde lebhaft befürwortet. Kapitän Duff von der *Mars* meinte: »Er ist so gut und freundlich, daß wir alle gern tun möchten, was er will, und das ohne jedweden Befehl.« Einen Tag nachdem die *Victory* zur Flotte gestoßen war, hatte Nelson seinen siebenundvierzigsten Geburtstag gefeiert und mit der einen Hälfte der kommandierenden Offiziere diniert, mit der anderen am Tag darauf. »Er ist gewiß der erfreulichste Admiral, unter dem ich je gedient habe«, schrieb Kapitän Duff. Diese Tischgesellschaften waren außerdem das, was man heute Lagebesprechungen nennen würde. Wie Nelson in einem Brief an Emma schrieb: »Als ich daran ging, ihnen ›Nelsons Fühlungnahme‹ zu erklären, war es wie ein elektrischer Schock.

Einige vergossen Tränen, alle billigten es – es sei neu – es sei einzigartig – es sei einfach! Und von den Admiralen abwärts wiederholte man: ›Es muß gelingen, wenn sie nur zulassen, daß wir an sie herankommen. Ihr seid, Mylord, von Freunden umgeben, die Ihr mit Zuversicht beseelt.‹« In so kurzer Zeit hatte er seinen Kommandanten schon den Geist des »Bunds der Brüder« eingeflößt, die die Schlacht bei Abukir geschlagen hatten.

Collingwood mag bei den anderen Offizieren unbeliebt gewesen sein, aber Nelson kannte seinen Wert. Von Natur aus war er tapfer und tüchtig, man konnte sich überdies immer voll und ganz auf ihn verlassen, und er und Nelson harmonierten gut miteinander. Nelson äußerte sich folgendermaßen über ihn: »Mein lieber Collingwood (ist) so perfekt wie erwartet.« An Collingwoods Aufstellung der Flotte wurde sogleich eine Veränderung vorgenommen, die sich an Nelsons Gedankengänge bei der Blockade von Toulon anlehnte.

Collingwood hatte die Hafenblockade stets aus nächster Nähe durchgeführt, was zu erwarten war, seit er mit diesem Verfahren vor Brest recht behalten hatte. Überdies war er, bevor er Verstärkung erhielt, nur in der Lage gewesen, den Feind unbeweglich zu machen, es fehlte ihm jedoch an der nötigen Stärke, um ihn zu einem Kampf herauszulocken. Nachdem die Flotte bald auf dreiunddreißig Linienschiffe anwachsen würde, meinte Nelson, jetzt dürfe er Villeneuve das Gefühl geben, daß er im rechten Moment losstürmen könne. Schließlich hatte er die Briten bei eben diesem Spiel schon einmal geschlagen. So wurde also Konteradmiral Louis von seinem Standort in Küstenähe abberufen, und das Gros der britischen Flotte zog sich auf eine Position zurück, die fünfzig Meilen westsüdwestlich von Cadiz lag. Die Fregatten wurden in Küstennähe geschickt, um den Feind zu überwachen, andere Schiffe dienten als Übermittlungsstationen für Nelson und die Flotte. Am 3. Oktober kommandierte Nelson fünf Schiffe von der Flotte ab. Sie sollten in Gibraltar Vorräte und Wasser und in Tetuan Rindfleisch an Bord nehmen. Er hatte die Absicht, Bewegungen wie diese immer turnunsmäßig durchzuführen, damit die Flotte bei guter Gesundheit und in guter Verfassung blieb. (Der eingeschlossene Feind hatte natürlich den Vorteil, daß seine Flotte in voller Stärke auslaufen konnte, während die Briten Schiffe abkommandieren mußten, die Wasser und Proviant heranholten.) Admiral Louis, der die detachierten Schiffe befehligte und als Kapitän der *Minotaur* an der Schlacht von Abukir teilgenommen hatte, sträubte sich, die Flotte zu verlassen: »Ihr schickt uns fort, Mylord – der Feind wird herauskommen, und wir werden keinen Anteil an der Schlacht haben.« Nelson beruhigte ihn, sagte ihm, er schicke ihn jetzt, damit er wieder rechtzeitig zurück sei. Doch es erwies sich, daß Louis sich nicht getäuscht hatte.

Am 13. Oktober, einem Sonntag, kam willkommene Verstärkung in Sicht – Nelsons früheres Lieblingsschiff, die *Agamemnon*, die von keinem anderen als Sir Edward Berry befehligt wurde. Nelson war entzückt. »Da kommt Berry, der alte Narr!« rief er. »Jetzt werden wir eine ordentliche Schlacht schlagen.« In diesen unruhigen Tagen hatte sich Nelson auch mit der routinemäßigen Verwaltungsarbeit seines Kommandos zu befassen, die von der Korrespondenz mit dem Konsul in Lissabon und dem Bei von Algier (seinem alten Widersacher) bis zu Belangen der Werft in Gibraltar reichte und selbst so private Angelegenheiten umfaßte wie den Fall eines jungen Leutnants, der mit einer Tänzerin vom Ballett durchgebrannt war. Überdies war seine rechte Hand, der nicht unterzukriegende Hardy, erkrankt, was dazu führte, daß ein Großteil der Arbeit und der täglichen Geschäfte, die er Nelson normalerweise abnahm, nun vom Admiral selbst erledigt werden mußte. Einen Tag nach Berrys Ankunft wurde signalisiert, daß der Feind an der Hafeneinfahrt zu sehen sei. Das konnte nur eins bedeuten – sie würden bei erster geeigneter Gelegenheit auslaufen. Am 19. Oktober um 6 Uhr morgens meldete die Fregatte *Sirius*: Feind hat die Toppsegel gesetzt.« Die *Sirius* befand sich dicht unter der Küste, und selbst mit dem Signalsystem, das Admiral Popham erfunden hatte und das vor zwei Jahren bei der Kiregsmarine eingeführt worden war, dauerte es eine Weile, bis die Nachricht von den dazwischengeschalteten Schiffen weiter übermittelt wurde und den fast fünfzig Meilen entfernten Nelson erreichte. Er hatte seinerseits an diesem Morgen ein Signal setzen lassen, das mehrere Kapitäne dazu einlud, mit ihm zu speisen, und einen Brief zu Collingwood hinübergeschickt: »Welch ein schöner Tag! Seid Ihr geneigt, Euer Schiff zu verlassen? Wenn ja, so hißt die Zustimmung und *Sieges*zeichen.« Um 9.30 Uhr erreichte ihn die Meldung aus Cadiz. Die Einladungen zum Essen wurden rückgängig gemacht, und Nelson signalisierte: »Allgemeine Jagd in südöstlicher Richtung.« Er plazierte die Flotte zwischen Villeneuve und die Straße von Gibraltar.

Bei schwachem Südwestwind, der die Segel kaum füllte, zog die *Victory* ruhig ihre Bahn. In seiner von Sonnenstrahlen durchfluteten Kajüte setzte sich der Admiral nieder, um einen Brief zu schreiben. »Meine teuerste, geliebte Emma, Du Freundin meines Herzens«, begann er. »Man hat Signal gegeben, daß die vereinigte Flotte des Feindes den Hafen verläßt. Wir haben sehr wenig Wind, so daß ich keine Hoffnung habe, sie vor morgen zu sehen. Möge der Schlachtengott meine Bemühungen mit Erfolg krönen; auf jeden Fall will ich mir Mühe geben, daß mein Name Dir und Horatia stets teuer bleibt, und ich liebe Euch beide wie mein eigenes Leben. Und da ich mein letztes Schreiben vor der Schlacht an Dich richte, hoffe ich in Gott, daß ich am Leben bleibe, um meinen Brief nach der Schlacht zu beenden. Daß der Himmel Dich segnen möge, darum betet Dein *Nelson und Brontë.*«

Am Tag darauf fügte er einen weiteren Absatz hinzu: »20. Oktober. Am Morgen waren wir nahe bei der Einfahrt zur Straße von Gibraltar, aber der Wind hatte nicht weit genug nach Westen gedreht, um es den vereinigten Flotten zu gestatten, die Untiefen vor Trafalgar zu umschiffen; doch es wurden vierzig Kriegsschiffe gezählt, was, wie ich vermute, vierunddreißig Linienschiffe und sechs Fregatten sind. Eine Gruppe von ihnen wurde heute morgen vor dem Leuchtturm von Cadiz gesehen, aber es bläst ein so frischer Wind und ist ein so trübes Wetter, daß ich eher glaube, sie werden, bevor es Nacht wird, in den Hafen zurückkehren. Möge Gott der Allmächtige uns einen Erfolg über diese Kerle schenken und es uns ermöglichen, daß wir ihn bekommen, den Frieden.«

»Frieden« war das letzte Wort, das er an die Frau schrieb, die er mit ganzem Herzen liebte. Seine Vermutung, daß der Feind in den Hafen zurückkehren werde, erwies sich als falsch. Kurz nach Tagesanbruch an jenem Sonntag, dem 20. Oktober, befahl Villeneuve dem Rest seiner Flotte, Cadiz zu verlassen. Er hatte vorgesehen, daß sich die Schiffe westlich des Hafens sammeln sollten, und sobald alle ausgelaufen und einsatzbreit waren, wollte er mit günstigem Wind schnell auf die Straße von Gibraltar zuhalten. Erst um Mittag waren sämtliche Schiffe auf See, und es dauerte noch einmal vier Stunden, bis sie sich zur Schlachtlinie formiert hatten. Sie bestand aus drei Abteilungen unter Villeneuves Kommando; weitere zwölf Schiffe unter Admiral Gravina bezogen Luvposition, um als Aufklärungsgeschwader zu fungieren und die britischen Fregatten, die sie beschatteten, zurückzutreiben. Es stand außer Frage, daß man separat, nach Nationen getrennt, kämpfen würde, denn die beiden Flotten waren absichtlich miteinander vermischt worden, damit sie eine vereinigte Streitmacht bildeten und – das muß man hinzufügen – damit die Franzosen, die den Spaniern mißtrauten, ein Auge auf sie haben und dafür sorgen konnten, daß sie sich während des Gefechts nicht fortstahlen, um in Cadiz Zuflucht zu suchen.

Am Sonntagmorgen lag die britische Flotte vor der Straße von Gibraltar und bewachte die Zufahrten. Bis jetzt war noch nichts vom Feind zu sehen, und Collingwood und einige andere Kapitäne konnten sich die Zeit nehmen, an Bord der *Victory* zu gehen und eine letzte Besprechung mit Nelson zu führen. Es war trüb und regnerisch, und Nelson machte sich immer noch Sorgen, weil er glaubte, der Feind werde einem Gefecht aus dem Weg gehen und in den Hafen zurückkehren. Am Nachmittag erreichte ihn die beruhigende Nachricht von Blackwood, daß die gesamte feindliche Flotte auf See sei und anscheinend Westkurs hielte. Nelson schickte eine Botschaft zurück: Er verlasse sich darauf, daß Blackwood und seine Fregatten nicht den Kontakt zum Gegner verlören. Er befürchtete, daß ihr Ziel womöglich gar nicht das Mittelmeer war, sondern die Zufahrtswege zum Ärmelkanal. Nun gab er Anweisungen für die Nachrichtenübermittlung und Verständigung während der kommenden Nacht aus. Wenn der Feind nach Süden oder auf die Straße von Gibraltar zusteuerte, sollten zwei blaue Lichter entzündet werden, wenn er dagegen Westkurs hielt, mußten »drei Kanonenschüsse in rascher Folge und jede Stunde« abgefeuert werden. Collingwood hatte vorgeschlagen, man solle noch am selben Tag ein Gefecht herbeiführen, doch Nelson hatte diese Idee verworfen. Villeneuve war zwar nur etwa zwanzig Meilen entfernt, aber der Kampf hätte so spät begonnen, daß man zu keinem abschließenden Ergebnis gekommen wäre, und eine nächtliche Schlacht unter Beteiligung derart vieler Schiffe und bei den tumultuösen Verhältnissen, die Nelson zu schaffen beabsichtigte, hätte ein viel zu großes Risiko bedeutet, das Risiko nämlich, daß der Freund auf den Freund feuerte. Der Atlantik war nicht die Bucht von Abukir. Er wollte sich die Nacht über vom Feind fernhalten. Trotzdem würde Villeneuve am frühen Morgen des 21. Oktober zu gefährdet sein, um noch umkehren zu können, und die Briten würden den ganzen Tag Zeit haben, um ihren Auftrag zu erfüllen. In seinem privaten Tagebuch steht: »Um acht (abends) halsten wir und liefen nach SW, und um vier morgens halsten wir abermals und liefen nach NO.« Nelson war voll und ganz davon überzeugt, daß der folgende Tag die Schlacht bringen würde, die man so viele lange Monate herbeigesehnt hatte. Am 21. Oktober jährte sich zum vierundsechzigsten Mal der Sieg seines Onkels Maurice Suckling über de Kersaint in Westindien – auch das hatte Nelson seiner Zeit dazu bewogen, in die Kriegsmarine einzutreten.

»Cabo Trafalgar«, so heißt es im Leitfaden der Admiralität, »von den Römern Promontorium Junonis und von den Arabern Taraf el agar (Vorgebirge der Höhlen) genannt, ist ein kleines Kap, etwa 66 Fuß (20m) hoch und uneben und sandig.« Davor finden sich gefährliche Klippen und Untiefen, und zwischen Kap Trafalgar und Bajo Aceitera gibt es eine starke Strömung, »etwa eine halbe Meile breit und hervorgerufen durch die Unebenheit des Meeresbodens.« Am Morgen des 21. Oktober lag Villeneuve auf halbem Weg zwischen Kap Trafalgar und der britischen Flotte. Die *Victory* war etwa zwanzig Meilen vom Kap entfernt. Es wehte ein leichter Westwind. Die Sicht war gut, doch kündigte eine unheildrohende schwerfällige Dünung dem erfahrenen Seemann an, daß irgendwo draußen im Atlantik ein Weststurm tobte. Indem er den größten Teil der Nacht über einem Kurs folgte, der parallel zu dem von Villeneuve verlief, und dann ab vier Uhr nach Nordosten hielt, hatte Nelson die Flotte in eine Position gebracht, die Villeneuves Chancen, nach Cadiz zurückzukehren, verringerte. Er hatte dafür gesorgt, daß Villeneuve entweder weiter auf die Straße von Gibraltar zuhalten mußte (und zum Kampf gestellt wurde) oder daß er umkehren mußte – und ebenfalls zum Kampf gestellt wurde. Seine Manöver hatten außerdem zur Folge, daß sich die britische Flotte bei Tagesanbruch etwa neun Meilen in Luv vom Feind befand – eine hervorragende Position für einen Befehlshaber, der darauf bedacht war, ein Gefecht zu erzwingen. Überdies bedeutete der Umstand, daß die vereinigte Flotte vor ihm lag, daß deren Schiffe sich dunkel gegen den Morgenhimmel abhoben, während es noch fast eine Viertelstunde dauern mußte, ehe die Franzosen und Spanier der Kumuluswolken aus Segeln gewahr wurden, die westwärts im Frühlicht erstrahlten.

Als der Feind gesichtet wurde, ging Nelson in den Wind. Eins der britischen Schiffe, Kapitän Digbys *Africa* (64 Kanonen), hatte in der Nacht die Verbindung zur Flotte verloren und lag bei Tagesanbruch gute zehn Meilen nördlich von ihr. Das hieß, daß Nelson mit nur sechsundzwanzig Schiffen gegen dreiunddreißig Schiffe in die Schlacht zog; doch es handelte sich um eine Schlacht, die er sorgfältig geplant hatte und die auch planmäßig verlief. Villeneuve befand sich in einer ganz anderen Situation: Er war auf jeden Fall gezwungen zu kämpfen, obwohl er es nicht wollte, und er befehligte eine zusammengewürfelte Flotte, die ohne rechte Kampfmoral war und nie als Einheit zusammengearbeitet hatte. Er entschloß sich, wie es Nelson vorausgeahnt hatte, sich mit seinen Schiffen nach Norden zu wenden und Kurs auf Cadiz zu nehmen. Um sechs Uhr morgens signalisierte Nelson: »Ordnung in zwei Formationen bilden.« Jedermann wußte, was das bedeutete, denn das war die Schlachtordnung, die man mit Nelson abgesprochen hatte. Die Kapitäne sollten die feindliche Linie an zwei Punkten durchbrechen und ihre Streitkräfte gegen deren hinteren und mittleren Teil konzentrieren.

Villeneuve hatte seiner Flotte unterdessen signalisiert, sich in Linie zu formieren, bevor sie Kurs auf Cadiz nahm. Es ist möglich, daß er zu diesem späten Zeitpunkt noch erwog, in Richtung Mittelmeer weiterzulaufen – vielleicht konnte er über Nacht entkommen. Doch eine bestimmte Überlegung muß ihn davon abgehalten haben. Er wußte, daß Konteradmiral Louis und sein Geschwader sich in Gibraltar aufgehalten hatten, also würde er, wenn er so weiterlief wie bisher, nicht nur Nelson hinter sich haben, sondern vor sich auch noch Louis, der die Zufahrt blockierte. Andererseits galt dies: Je näher er bei Cadiz war, wenn die offensichtlich unvermeidbare Schlacht stattfand, desto besser, denn er würde dann einen Zufluchtsort in greifbarer Nähe haben, die Briten dagegen nicht. Die vereinigte Flotte brauchte über zwei Stunden, bis sie auf Nordkurs gegangen war, und das in nichts weniger als in guter Ordnung, denn der Wind war so schwach und die Dünung so lang, daß sich die Schiffe nur sehr schwer manövrieren ließen. (Man sollte stets im Gedächtnis behalten, daß es heute keinen einzigen Menschen auf der Welt gibt, der mit einer Flotte von Segelschiffen umgehen könnte, und äußerst wenige, die auch nur mit einem Linienschiff fertig würden.)

Die Briten hatten unterdessen eilig ihre zwei Stoßkeile gebildet. Collingwood auf der *Royal Sovereign* führte die aus fünfzehn Schiffen bestehende Leelinie, Nelson auf der *Victory* die aus elf Schiffen bestehende Luvlinie (die *Africa* kam langsam von Norden heran, um sich ihnen anzuschließen). Die Angreifer benötigten sechs Stunden, bis sie an Villeneuves langen, »in Lee nach außen gewölbten Halbmond« (so Collingwood) herangerückt waren. Um 6.45 Uhr korrigierten sie den ursprünglichen Ostnordostkurs und fuhren in östlicher Richtung, um den Ansteuerungswinkel zu verkleinern. Alle erhielten zu wiederholten Malen die Anweisung, mehr Segel zu setzen. Doch selbst mit Beisegeln – das hatte es nie zuvor gegeben, wenn eine Flotte ins Gefecht gezogen war – erreichte man nicht mehr als zwei Knoten, die Geschwindigkeit eines gemächlich ausschreitenden Fußgängers.

Nelson hielt sich seit dem ersten Morgenstrahl auf dem Achterdeck der *Victory* auf. Er trug seine alte Alltagsuniform mit den vier Ritterordenssternen, war aber ohne Degen – er hatte ihn auf einem Tisch unter Deck liegengelassen. Mehrere Offiziere meinten, daß es klüger sein, wenn der Admiral einen gewöhnlichen Uniformrock anzöge, denn in seiner jetzigen Aufmachung würde er nur die Aufmerksamkeit der Scharfschützen des Feindes auf sich lenken, doch niemand hatte es gewagt, sich die Freiheit herauszunehmen, deswegen an ihn heranzutreten. Schiffsarzt Beatty entschloß sich endlich, es zu tun, fand aber keine Gelegenheit dazu, weil Nelson damit beschäftigt war, sich mit seinen Fregattenkapitänen Blackwood, Dundas, Capel und Prowse zu beraten. Dann ging der Admiral mit Blackwood und Hardy nach unten, also konnte Beatty wieder nicht mit ihm sprechen. Die beiden Kapitäne begleiteten Nelson in seine Räumlichkeiten, weil er wollte, daß sie ein Schriftstück beglaubigten, das er schon vorbereitet hatte. Es legte Rechenschaft ab über die Dienste, die Emma Hamilton zur Zeit des Nilfeldzugs in Neapel für die Nation geleistet hatte, und schloß folgendermaßen:

»Könnte ich diese Dienste vergolten haben, so würde ich jetzt nicht mein Land dazu aufrufen; doch da dies nicht in meiner Macht gestanden hat, hinterlasse ich Emma Hamilton meinem König und Lande als Legat, auf daß sie ihr reichliche Versorgung geben, damit sie ihren Rang im Leben halten kann. Ich stelle der Wohltätigkeit meines Landes auch meine Adoptivtochter Horatia Nelson Thompson anheim; und ich wünsche, daß sie in Zukunft nur den Namen Nelson führt. Dies sind die einzigen Gefälligkeiten, welche ich von meinem König und Lande in diesem Augenblick erbitte, da ich mich anschicke, ihre Schlacht zu schlagen.«

Der Tag zog sich hin. Die Schiffe machten langsame Fahrt, die Segel blähten sich schwach, zitterten, schlugen gegen den Mast, füllten sich wieder beim nächsten Lufthauch, und unter den Kielen lief die lange Dünung. Alles war bereit. Die Lunten, die man stets für den Fall bereithielt, daß die Steinschlösser nicht zündeten, knisterten an den gegabelten Luntenstöcken. Auf den Oberdecks spielten die Kapellen die traditionellen Weisen: *Rule Britannia*, *Herz aus Eiche* und *Britons Strike Home*. (Viele waren gar keine Briten. Die *Victory* z. B. war von einer gemischten Crew bemannt, zu der Amerikaner, Skandinavier, Holländer, Schweizer, Deutsche und Portugiesen gehörten.) Sämtliche Luken wurden dichtgemacht, Nelsons Kajüte war fast so kahl wie alles andere, selbst seinen »Schutzengel« hatte man vorsichtig nach unten gebracht. Nur sein Arbeitstisch blieb zurück. Darauf lag sein privates Tagebuch. Und in dieses Tagebuch schrieb er zuletzt: »Bei Tagesanbruch die vereinigte Flotte des Feindes von Ost nach OSO gesichtet, abgefallen, Signal für Segelordnung und Vorbereitung zur Schlacht gegeben; Feind mit dem Bug nach Süden, um sieben halst der Feind der Reihe nach. Möge der große Gott, den ich anbete, meinem Lande – auch zum Wohle Europas insgesamt – einen großen und glorreichen Sieg schenken, und möge niemals Mißverhalten ihn besudeln; und möge Menschlichkeit nach dem Siege der vorherrschende Zug bei der britischen Flotte sein. Ich persönlich befehle mein Leben Ihm, der mich geschaffen hat, und möge Seine Gnade über meinen Bemühungen, meinem Lande treu zu dienen, leuchten. Ihm vertraue ich mich und die gerechte Sache an, mit deren Verteidigung ich betraut bin. Amen. Amen. Amen.«

Um 11 Uhr trat Leutnant Pascoe, der als Signalleutnant fungierte, in Nelsons Kabine. Er litt unter diesem Umstand, denn er hatte aufgrund seines Dienstalters das Recht, leitender Offizier zu sein, und das wollte er dem Admiral sagen. Als er in den Raum trat, hielt er inne, denn er sah Nelson knien und »konnte ihn in einem solchen Augenblick nicht mit irgendwelchen persönlichen Klagen behelligen.« Zuvor hatte Kapitän Blackwood Nelson vorgeschlagen, er solle auf die *Euryalus* überwechseln, aber »er wollte nichts davon hören und gab als Grund dafür die Kraft des Beispiels an.« Blackwood machte sich wie alle anderen Sorgen, daß der Feind einen gezielten Angriff auf Nelson unternehmen würde. Es war bekannt, daß es bei den Franzosen Scharfschützen gab, die Weisung hatten, auf die Offiziere zu schießen, die sich auf dem Achterdeck zeigten, was durch den feurigen kleinen Kapitän Lucas von der *Redoutable* bestätigt wird: »Ich hatte auch hundert Musketen mit langen Bajonetten an Bord. Diese wurden an ausgewählte Männer verteilt, welche eine Spezialausbildung als Musketiere genossen hatten und in der Takelage postiert wurden.« Nelson stimmte jedoch einem Vorschlag zu, den Blackwood und Hardy machten und der dahin ging, daß die *Téméraire*, das zweite Schiff in der Linie, sich vor die *Victory* setzen und die anderen in den Kampf führen sollte. Es ist sehr zweifelhaft, ob es ihm wirklich ernst war mit seiner Zusage. Er wollte damit wahrscheinlich nur beide Schiffe veranlassen, so schnell wie möglich zu segeln, denn als die *Téméraire* sich am Heck des Flaggschiffes vorbeizuschieben begann, rief Nelson: »Ich wäre Euch sehr verbunden, Kapitän Harvey, wenn Ihr Eure ordnungsgemäße Position einhieltet, und die ist achteraus der *Victory.*«

Die Dünung wurde immer stärker. Der erwartete Wind mußte gleich einsetzen. Nelson erinnerte sich zweifellos daran, wie Hawke die britische Flotte gerettet hatte, indem er nach der Schlacht in der Quiberon-Bucht ankerte. Die Franzosen dagegen nahmen in dem Sturm, der folgte, katastrophalen Schaden. Er wies Pascoe an, folgendes Signal zu geben: »Zum Ankern nach Tagesende vorbereiten.« Zuvor hatte er an Collingwood signalisiert: »Ich beabsichtige, das Ende der feindlichen Linie zu durchbrechen oder zu passieren, um ihn an der Rückkehr nach Cadiz zu hindern.« Nur als eine Art Nachgedanke bemerkte er: »Jetzt werde ich die Flotte etwas in Rage bringen«, und dann fuhr er fort: »Herr Pascoe, ich möchte der Flotte sagen: ENGLAND VERTRAUT DARAUF, DASS JEDER MANN SEINE PFLICHT TUT. Sie müssen schnell machen, denn ich habe noch etwas hinzuzufügen, nämlich das Nahkampf-Signal.« Pascoe fragte, ob er vielleicht »erwartet« an die Stelle von »vertraut darauf« setzen könne, denn das erste stünde im Signalbuch, das zweite dagegen müsse ausbuchstabiert werden, wofür er sieben Flaggen mehr benötige. Nelson stimmte zu: »Das geht auch, machen Sie's sofort.« Collingwoods Reaktion war typisch für den unwirschen alten Northumbrier: »Was signalisiert Nelson da nur herum? Wir wissen alle, was wir zu tun haben.« Die Lücke zwischen den beiden Flotten schloß sich sehr langsam, denn der Wind hatte noch mehr abgenommen, und die Geschwindigkeit der Briten betrug jetzt ungefähr eineinhalb Knoten. Nun gab die *Victory* der Flotte das Signal Nr. 16, »Nahkampf.« Die Flagge blieb an ihrem Masttopp, bis sie weggeschossen wurde.

Zwei Augenzeugen schilderten, wie sich die beiden Stoßkeile auf die in weitem Bogen laufende vereinigte Flotte zubewegten. Ein Kadett von der *Neptune* schrieb: »Es war ein schöner Anblick, als ihre Linie komplettiert war, ihre Breitseiten wider uns gekehrt und ihre eisernen Zähne zeigend. Einige von den Schiffen des Feindes waren wie die unseren mit gelben Doppelstreifen bemalt, einige mit nur einem breiten roten oder gelben Streifen, andere ganz schwarz, und die prächtige *Santissima Trinidad* erschien mit vier ausgeprägten roten Linien, dazwischen weiße Bänder, als ein hervorragendes Kriegsschiff, welches sie in der Tat auch war. Ihre äußere Erscheinung war imposant, ihr Bug herrlich geschmückt mit einer kolossalen, weiß bemalten Figurengruppe, welche die heilige Dreieinigkeit darstellte, nach der sie benannt war.« Ein Zweiter Leutnant der Marineinfanterie, Ellis von der *Ajax*, erinnerte sich ebenfalls: »Ich wurde mit Befehlen nach unten geschickt und war sehr beeindruckt von den Vorbereitungen, welche die Blaujacken trafen, deren Mehrheit bis zur Taille ausgekleidet war; sie banden sich fest ein Tuch um den Kopf und die Ohren, damit der Lärm der Kanonen gedämpft wurde; viele Männer waren noch Tage nach einem Gefechte taub. Die Männer waren mannigfaltig beschäftigt – einige schärften ihre Entermesser, andere wienerten die Geschütze, als fände bald eine Inspektion statt und nicht ein Kampf auf Tod und Leben, während drei oder vier, als wollten sie bloß prahlen, eine Hornpipe tanzten. Gelegentlich warfen sie einen Blick durch die Geschützpforten und stellten Vermutungen hinsichtlich der verschiedenen Schiffe des Feindes an, deren viele bei früheren Gelegeneheiten von unseren Schiffen angegriffen worden waren.«

Collingwood zog mit der *Royal Sovereign*, die man vor kurzem mit Kupferblech beschlagen hatte, nach vorn, und obwohl Nelson gehofft hatte, die *Victory* an der Spitze des Luvstoßkeils als erstes Schiff ins Gefecht bringen zu können, war es klar, daß diese Ehre seinem Stellvertreter zufallen würde. »Da schaut, wie Collingwood, dieser vortreffliche Bursche, sein Schiff in den Kampf führt!« meinte er, als die *Royal Sovereign* ins Schußfeld der riesigen, dunklen *Santa Anna* kam, die das zweitgrößte Kriegsschiff der Welt und mit 122 Kanonen bestückt war. Collingwood wiederum bemerkte seinem Kapitän gegenüber: »Rotherham, was würde Nelson darum geben, wenn er hier wäre!« Ein paar Minuten später geriet auch die *Victory* ins feindliche Feuer – Schüsse aus großer Entfernung. Der erste war zu kurz, der zweite traf fast die Bordwand und der dritte ging übers Schiff – gute Artilleristen. Jetzt schickte Nelson seine Fregattenkapitäne auf den Weg, und Blackwood verließ den Mann, den er mehr als alle anderen auf der Welt bewunderte, und ging »tieftraurig« von Bord der *Victory*. Die letzten Worte, die er aus dem Munde Nelsons hörte, waren klar und deutlich: »Gott segne Euch, Blackwood, ich werde nie wieder mit Euch sprechen.«

Der sechste Schuß auf die *Victory* ging durch ihr Großbramsegel. Nun hatte der Feind sie in Reichweite, und sechs oder mehr Schiffe eröffneten ein konzentriertes Feuer auf sie. Eine Kanonen-

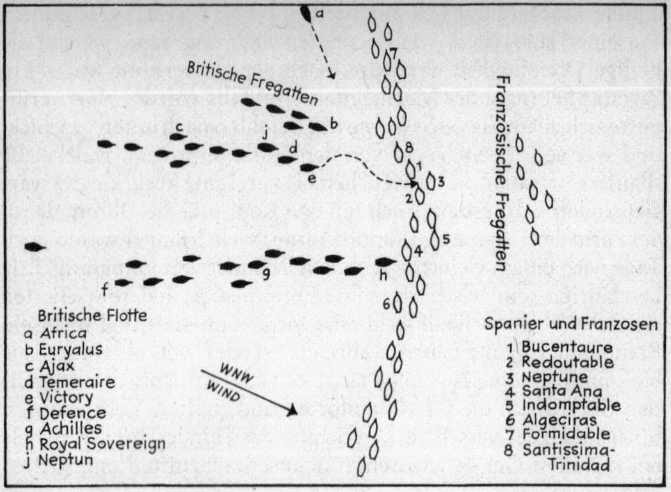

Die Schlacht von Trafalgar (1)

kugel, die übers Achterdeck pfiff, zerriß den Sekretär des Admirals, der gerade mit Hardy redete. Kapitän Adair von der Marineinfanterie befahl ein paar Matrosen, die Leiche über Bord zu werfen. »Ist das der arme Scott?« fragte Nelson und fügte hinzu: »Armer Kerl!« Ein paar Minuten später fiel Whipple, der Schreiber des Kapitäns, und dann traf ein Schuß eine Gruppe von Marineinfanteristen, die auf dem Achterdeck postiert waren, und tötete acht von ihnen. Nelson befahl Adair, er solle seine Leute über das ganze Schiff verteilen. Jetzt traf ein weiterer Schuß die Belegnägel, an denen die Fockbrassen belegt waren, und ein Splitter streifte Hardys Schuhschnalle und schrammte seinen Fuß. Beide liefen gemeinsam übers Achterdeck und hielten instinktiv inne, um zu sehen, ob der andere verletzt war. »Das geht zu heiß her, als daß es lange dauern könnte«, meinte Nelson, und sie setzten ihren Rundgang fort. Nelson machte einen Ablenkungsangriff auf die feindliche Vorhut, damit Collingwood »so wenig wie möglich aufgehalten« wurde, und nun, da dieses Ziel erreicht war, erging der Befehl, das Ruder Backbord zu legen. Die *Victory* hatte sich mindestens zwanzig Minuten unter konzentriertem Feuer befunden,

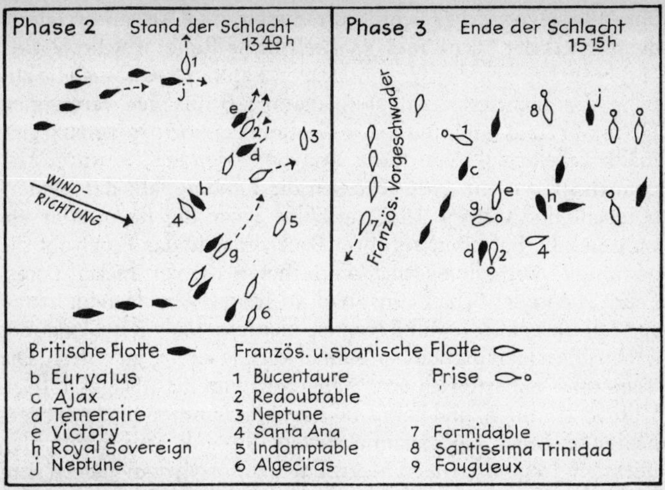

Die Schlacht von Trafalgar (2)

ohne auch nur einen Schuß erwidern zu können. Viele waren gefallen, die Takelage war beschädigt und die Großstenge fortgeschossen worden. Das Ruderrad war zerschmettert worden, so daß man das Schiff mit Taljen von unten steuern mußte.

Nun war die *Victory* an der Reihe. Wie der Dichter Thomas Campbell schrieb:

> ... when each gun
> from its adamantine lips
> spread a death-shade round the ships
> like a hurricane–eclipse

Die *Victory* passierte mit knappem Abstand das Heck von Villeneuves Flaggschiff *Bucentaure*, feuerte erst die Karronade auf der Back ab und dann eine Breitseite mit Doppelschüssen. Es war, als sei der Franzose in einen Wirbelsturm geraten – überall schlugen Kugeln ein, die zwanzig Kanonen außer Gefecht setzten und, wie die Franzosen schätzten, vierhundert Mann töteten oder verwundeten. Collingwood hatte die Linie bereits durchbrochen, und nun war Nelson an der Reihe. Hardy sagte ihm, er käme nicht durch, ohne ein gegnerisches Schiff zu rammen, und Nelson erwiderte darauf: »Trefft Eure Wahl, es spielt keine Rolle, welches.« Und Hardy suchte sich die *Redoutable* von Kapitän Lucas aus, die zufällig das tüchtigste und bestbemannte Schiff der vereinigten Flotte war, und rammte sie. Die Großrah der *Victory* verfing sich in der Takelage des Franzosen, und die beiden Schiffe waren fest ineinander verkeilt. Nun schossen die Kanonen auf der Steuerbordseite der *Victory* Salve auf Salve gegen die *Redoutable* ab, während die Batterien auf ihrer Backbordseite das Feuer auf die gewaltige *Santissima Trinidad* eröffneten, die vor ihr lag. Lucas' Leute, die in der Schießkunst und im Einsatz von Handgranaten speziell ausgebildet waren, fegten mehrere Male die Decks der *Victory* fast leer und standen einmal kurz davor, sie zu entern. Die *Téméraire* näherte sich von Steuerbord, um dem Flaggschiff zu Hilfe zu kommen, und nahm die *Redoutable* unter ein derart verheerendes Feuer, daß sie am nächsten Tag sank. Pulverdampf lag über dem träge wogenden Meer. Ein Schiff nach dem andern kam heran, suchte sich einen Gegner aus und nahm den Kampf auf. Das Rückgrat des Feindes war gebrochen, und nun entwickelte sich überall auf dem Schauplatz der Schlacht jener Tumult, den Nelson hatte erreichen wollen.

Die *Victory* hatte eine Stunde im Gefecht gestanden, als Hardy etwa um 13.15 Uhr bei seinem Gang übers Achterdeck wieder einmal eine Kehrtwendung machte und plötzlich bemerkte, daß er allein war. Er blickte zurück und sah den Admiral auf den Knien. Die Fingerspitzen seiner linken Hand berührten gerade noch die Planken. Dann gab Nelsons Arm nach, und er fiel auf die linke Seite. Er brach genau an der Stelle zusammen, an der Scott getötet worden war.

Hauptfeldwebel Secker von der Marineinfanterie und zwei Matrosen kamen dem Admiral zu Hilfe gerannt und hoben ihn vorsichtig hoch. Hardy war ebenfalls an seiner Seite, beugte die große Gestalt über den schwachen Körper des anderen, verstand die Worte: »Jetzt haben sie mich erledigt«, und als er Einwendungen dagegen machte, sagte Nelson: »Doch, mein Rückgrat ist durchschossen.« Hardy befahl den Männern, den Admiral nach unten zum Verbandsplatz zu tragen, und fuhr fort, übers Achterdeck zu schreiten. Soviel alle anderen im Kampf liegenden Schiffe wußten, leitete Nelson nach wie vor die Schlacht. Hardy war als sein Kapitän der Stellvertreter des Admirals. Solange Nelson am Leben war, blieb die *Victory* das Flaggschiff.

36 Tod und Sturm

Die drei Männer bahnten sich ihren Weg durch das Mitteldeck, als sie den Admiral zum roten Verbandsplatz unterhalb der Wasserlinie trugen. Nelson, selbst in diesem Augenblick noch wachsam und rege, bemerkte, daß die Steuerreeps erneuert werden müßten, und befahl, man solle das unverzüglich erledigen. Dann holte er ein Tuch aus der Tasche und breitete es über sein Gesicht und über seine Orden, damit niemand ihn erkannte. Dr. Scott, der Pfarrer, verließ gerade eilig den Verbandsplatz, übermannt vom ersten Blick, den er auf das »Schlachthaus« geworfen hatte, dem dieser Raum während eines Gefechts glich, als seine Aufmerksamkeit auf den Admiral gelenkt wurde. Obwohl es sein einziger Wunsch gewesen war, dem Grauen da unten für ein paar Minuten zu entkommen, kehrte er sofort um und blieb bei Nelson bis zum Ende. William Beatty, der Schiffschirurg, der 1807 die bewundernswerte Darstellung *The Authentic Narrative of the Death of Lord Nelson (Der authentische Bericht vom Tode Lord Nelsons)* schrieb, bezeugt am besten seine letzten Stunden. Er schildert auch, unter welchen Umständen er verwundet wurde: »Es ist durchaus nicht gewiß, wenn auch höchst wahrscheinlich, daß sich der Feind besonders Lord Nelson zum Ziel nahm. Zu der Zeit, da Seine Lordschaft verwundet wurde, befanden sich auf dem Besanmast der *Redoutable* nur noch zwei überlebende Franzosen, und durch die Hand von einem von diesen fiel er. Diese beiden Männer fuhren danach fort, auch auf die Kapitäne Hardy und Adair, auf Leutnant Roteley von der Marineinfanterie und auf einige der Kadetten auf dem Heck der *Victory* zu feuern. Schließlich wurde einer von ihnen durch eine Musketenkugel getötet; und als der andere zu entkommen versuchte, feuerte Herr Pollard (Seekadett) seine Muskete gegen ihn ab und schoß ihm in den Rücken, worauf er tot aus den Wanten auf das Deck der *Redoutable* stürzte.«

Der Admiral wurde nun in die Koje eines Kadetten gelegt, der Marineinfanterist und die beiden Matrosen gingen auf ihre Posten zurück, und Burke, der Zahlmeister, half, ihn zu entkleiden. Unter dem Hemd trug Nelson eine Miniatur, die Lady Hamilton als Bacchantin darstellte. Beatty fühlte Nelson den Puls, und nachdem er ihn untersucht hatte, kam er zu dem Schluß, daß die Musketenkugel tief in die Brust eingedrungen war. (Tatsächlich hatte sie Nelsons Epaulette durchschlagen, dabei etwas Stoff und Gold mitgerissen, zwei Rippen durchschlagen, einen Hauptstrang der linken Lungenarterie zerrissen und ihm dann den sechsten und siebten Rückenwirbel gebrochen.) »Ach, Herr Beatty!« murmelte Nelson. »Sie können nichts für mich tun. Ich habe nur noch kurze Zeit zu leben: Mein Rückgrat ist durchschossen.« Als man ihn auskleidete, sprach er eindringlich und erregt auf Dr. Scott ein: »Doktor, ich hab's gleich gesagt, Doktor, ich bin verloren!« Und dann, nach einer Pause: »Grüßt Lady Hamilton von mir! Grüßt Horatia von mir!« In Beattys Bericht heißt es: »Mit leiser Stimme fügte er hinzu: ›Ich muß Lady Hamilton und meine Adoptivtochter Horatia meinem Lande als Vermächtnis hinterlassen.‹« Als Beatty ihn fragte, was er empfinde, antwortete Nelson, »er verspüre jede Minute einen Schwall Blutes in der Brust, er habe kein Gefühl im unteren Teil seines Leibes, das Atmen fiele ihm schwer und sei mit sehr starken Schmerzen im Bereiche jenes Teiles der Wirbelsäule verbunden, wo, wie er überzeugt war, die Kugel eingeschlagen hatte.«

Beatty erkannte, daß der Fall hoffnungslos war, verbarg jedoch Nelsons Zustand vor allen außer vor Hardy, der notwendigerweise davon in Kenntnis gesetzt werden mußte. Nelson fragte wiederholt nach ihm, aber Hardy hatte bis kurz vor 15 Uhr zuviel auf dem Oberdeck zu tun, um nach unten zu kommen. Die *Victory* hatte zeitweise zu einer Gruppe von vier Schiffen gehört, die alle in Kollision miteinander geraten waren – außer ihr noch die *Redoutable*, die *Téméraire* und die *Fougueux*. Schließlich waren die Franzosen nach einem Gefecht, bei dem sich Lucas' *Redoutable* mit erstaunlichem Mut geschlagen und den Großteil ihrer Crew verloren hatte, in die Knie gezwungen worden. Die *Victory*, die jetzt aus eigener Kraft freigekommen war, sah sich sofort durch einen Angriff von fünf Schiffen der französischen Vorhut bedroht. Als Hardy schließlich nach unten kam, hatte sich bei Nelson die anfängliche Erregung gelegt, er war gelassen und abgeklärt. Beatty erinnerte sich an den Dialog:

»Nun, Hardy, wie steht die Schlacht? Wie läuft der Kampf?«

»Sehr gut, Mylord. Wir haben zwölf oder vierzehn der feindlichen Schiffe in unseren Besitz gebracht; doch fünf von ihrer Vorhut haben gewendet und zeigen die Absicht, gegen die *Victory* vorzurücken. Ich habe daher zwei oder drei der ausgeruhten Schiffe heranbefohlen und zweifle nicht daran, daß wir dem Feind eine tüchtige Abfuhr erteilen werden.«

»Ich hoffe, keins von *unseren* Schiffen hat die Flagge gestrichen, Hardy?«

»Nein, Mylord, das ist nicht zu befürchten.«

»Ich bin dem Tode geweiht, Hardy. Ich sterbe rasch, bald wird es ganz mit mir vorbei sein. Kommt näher. Bitte laßt meine liebe Lady Hamilton mein Haar und alle anderen Dinge haben, die mir gehören.«

Kurz darauf gab Hardy ihm die Hand und verabschiedete sich. Er konnte den Zustand seines Vorgesetzten nicht länger vor Collingwood verbergen und schickte Botschaft hinüber, daß der Admiral tödlich verwundet sei. Beatty, der immer noch Nelson behandelte, bekam von ihm gesagt, er solle zu seinen anderen Patienten zurückkehren, denn »Sie können nichts für mich tun.« Schließlich fügte er sich. Dr. Scott, Burke, Nelsons Steward Chevalier und ein weiterer seiner persönlichen Bediensteten blieben bei ihm und kümmerten sich um den Sterbenden. Es war heiß und stickig im übelriechenden Verbandsraum, und Nelson hungerte nach Luft und hatte großen Durst, was auf seinen starken Blutverlust zurückzuführen war. Man machte einen Fächer aus Papier, fächelte ihm ständig Luft zu und brachte ihm Zitronenlimonade. Hin und wieder erbebte alles, flackerten und zitterten die Lichter in den Laternen, wenn die *Victory* das Feuer eröffnete. Dann erhoben sich großer Lärm und Hurrageschrei, und als Nelson fragte, was der Grund dafür sei, erklärte Leutnant Pascoe, der, ebenfalls verwundet, in seiner Nähe lag, die Männer jubelten, weil wieder ein Schiff die Flagge gestrichen habe. Beatty, der die anderen Verwundeten versorgt hatte, darunter einen Kadetten, der ein Bein verloren hatte, kam zurück, um nach dem Admiral zu sehen. Auf die Frage, ob Nelson noch starke Schmerzen empfinde, erhielt er die Antwort, »sie seien so heftig, daß er wünschte, er wäre tot. Dann fügte er mit leiser Stimme hinzu: ›Man würde auch gern ein bißchen länger leben‹ und nach einer Pause: ›Was würde aus der armen Lady Hamilton, wenn sie um meine Lage wüßte!‹«

Etwa fünfzig Minuten nach seinem ersten Besuch kam Hardy

wieder nach unten und drückte Nelson die Hand. Beatty vermerkte, daß er sie diesmal nicht losließ: »Er gratulierte ihm noch in den Armen des Todes zu seinem glänzenden Siege, welcher, wie er sagte, vollständig sei; obwohl er nicht wisse, wie viele feindliche Schiffe man gekapert habe, da es unmöglich sei, jedes einzelne deutlich zu erkennen. Er sei sich jedoch sicher, daß vierzehn oder fünfzehn kapituliert hätten. Darauf erwiderte Seine Lordschaft: ›Das ist gut, aber ich habe mit zwanzig gerechnet‹, und dann rief er mit Nachdruck aus: ›*Ankern*, Hardy, *ankern!*‹ Worauf der Kapitän antwortete: ›Ich glaube, Mylord, daß nun Admiral Collingwood die Leitung des Gefechts übernehmen wird.‹ ›Nicht, solange ich lebe – das will ich hoffen, Hardy!‹ rief der sterbende Admiral und versuchte im selben Augenblicke ohne Erfolg, sich vom Bette aufzurichten. ›Nein‹, fügte er hinzu, ›Ihr müßt ankern, Hardy, denkt daran.‹ Und auf Hardys Frage, ob die *Victory* das dementsprechende Signal geben solle, erwiderte Nelson: ›Ja, denn wenn ich noch lebe, werde ich ankern.‹

Er war entschlossen, das Kommando bis zum letzten Atemzuge auszuüben, was in der Tat, wie er spürte, unmittelbar bevorstand, denn er fügte gedämpften Tones hinzu: ›Werft mich nicht über Bord, Hardy.‹ Nie ein Mann langer Reden, konnte der hochgewachsene Westengländer nur diese Worte finden: ›O nein, gewiß nicht.‹

›Dann wißt Ihr, was zu tun ist‹, erwiderte Nelson. ›Und kümmert Euch um meine liebe Lady Hamiton, Hardy. Kümmert Euch um die arme Lady Hamilton. Küßt mich, Hardy.‹«

»Der Kapitän«, berichtete Beatty, »kniete sich nun nieder und küßte seine Wange, und Seine Lordschaft sagte: ›Nun bin ich zufrieden; Gott sei Dank, ich habe meine Pflicht getan.‹ Kapitän Hardy stand eine oder zwei Minuten in stillem Nachdenken da, dann kniete er erneut nieder und küßte Seine Lordschaft auf die Stirne. Seine Lordschaft fragte: ›Wer ist das?‹ Der Kapitän antwortete: ›Hardy‹, worauf Seine Lordschaft erwiderte: ›Gott segne Euch, Hardy!‹«

Nachdem er sich etwa acht Minuten bei seinem sterbenden Freund aufgehalten hatte, kehrte Hardy aufs Achterdeck zurück. Zu den wenigen, die außer ihm erfuhren, daß Nelson im Sterben lag, gehörte Blackwood. Er wollte ihn unbedingt sehen, doch die *Euryalus* hatte Collingwoods *Royal Sovereign* in Schlepp (deren Masten im Gefecht mit der *Santa Anna*, die schließlich die Flagge gestrichen hatte, stark beschädigt worden waren). Als das

Schlepptau zufällig von einer Kanonenkugel zerfetzt wurde, machte Blackwood gar nicht erst den Versuch, ein neues hinüberzugeben, und steuerte auf die *Victory* zu. Er ging an Bord und erfuhr, daß der Admiral noch lebte, doch als er den Verbandsplatz erreichte, war Nelson bereits tot. Kurz vor seinem Ende hatte Nelson seinen Diener Chevalier gebeten, ihn auf die rechte Seite zu drehen, wobei er sagte: »Ich wollte, ich hätte das Deck nicht verlassen, denn ich werde bald tot sein.« Ihn verlangte nach der frischen Seeluft, die ihm ein Leben lang vertraut gewesen war, sogar wenn sie, wie jetzt, schwer von Pulverdampf durch die weiträumigen Decks zog, auf denen er zeit seines Lebens so viele Meilen zurückgelegt hatte. Nach Hardys Fortgang sagte er wenig, nur kurze Bitten wie »Trinken, trinken«, »Fächeln, fächeln,« und »Reiben, reiben«, letzteres an Dr. Scott gerichtet, der ihm die Brust massiert hatte, was ihm einige Erleichterung zu verschaffen schien. Einmal wandte er sich mit schwacher Stimme an Scott: »Doktor, ein *großer* Sünder bin ich *nicht* gewesen«, und dann: »*Denken Sie daran*, daß ich meinem Lande Lady Hamilton und meine Tochter als Vermächtnis hinterlasse – nie Horatia vergessen.« Seine letzten, mehrmals wiederholten Worte waren: »Gott sei Dank, ich habe meine Pflicht getan.« Schließlich schwieg er. Dr. Scott und Zahlmeister Burke, die die ganze Zeit über die Hängekoje in einem Winkel hochhielten, der Nelson einige Erleichterung zu verschaffen schien, sagten nichts mehr zu dem Sterbenden. Chevalier verließ den Raum auf Zehenspitzen und ging zu Beatty, der sofort kam und sich neben Nelson hinkniete. Er nahm die Hand des Admirals, konnte aber im Gelenk keinen Puls mehr fühlen. Im Logbuch der *Victory* findet sich die folgende, vom wachhabenden Kadetten mit Bleistift geschriebene Eintragung: »Der Schußwechsel dauerte teilweise bis 4.30 (nachmittags) fort, worauf der Sehr Ehrenwerte Lord Vicomte Nelson, Bath-Ritter und Oberbefehlshaber, nachdem ihm ein Sieg gemeldet worden war, an seiner Verwundung starb.«

Eine halbe Stunde später, wie um das schreckliche Schicksal von manövrierunfähigen Schiffen, kämpfenden Männern und dahintreibenden Wrackteilen zu besiegeln, über dem ein Schleier aus Rauch lag, gab es eine ungeheure Explosion. Die *Achille*, die entmastet worden war und dann Feuer gefangen hatte, flog in die Luft. Ein Offizier von der *Defence* erinnerte sich: »Es war der furchtbarste und grandioseste Anblick, den man sich denken kann. Im Nu barst der Schiffskörper auseinander und wurde eine Wolke aus Rauch und Flammen. Eine leuchtende Feuersäule schoß zu enormer Höhe in die Luft empor und endete damit, daß sie sich zu einer riesigen Kugel ausdehnte, welche für ein paar Sekunden wie ein großartiger, in Flammen stehender Baum aussah, gesprenkelt von vielen dunklen Flecken, was die Holzstücke und Menschenleiber bewirkten, dieweil sie zu den Wolken hochgeschleudert wurden.« Das Ganze erinnerte an jenes andere Ereignis in den dunklen Gewässern der Bucht von Abukir – damals, als die Explosion der *L' Orient* den ersten von Nelsons großen Siegen signalisiert hatte.

Trafalgar war der Höhepunkt von Nelsons Lebenswerk. Wie Chaucer schrieb:

Das Leben ist so kurz, die Meisterschaft langwierig zu erlernen.
Die Prüfung ist so hart, der Sieg so mühevoll.

Achtzehn Schiffe der vereinigten Flotte waren entweder als Prisen genommen oder zerstört worden, die Briten dagegen hatten kein einziges Schiff verloren, wenn auch viele von ihnen übel zugerichtet waren. Napoleons maritime Ambitionen waren vollständig gescheitert. Von den Schiffen, die aus der Katastrophe von Trafalgar entkamen, stachen elf, die Cadiz erreichten, nie wieder in See, während Konteradmiral Dumanoirs Geschwader, das nach Süden gefahren war, später im Jahr von Sir Richard Strachan gekapert wurde. Der britische Sieg bei Kap Trafalgar hatte drei Gründe: Die Genialität mit der Nelson eine unorthodoxe, riskante, aber hervorragende Angriffsmethode entwickelte; die größere Seemannskunst der Briten, die durch die langen Monate der Blockadeeinsätze gereift war, während der Feind im Hafen aus der Übung kam; vor allem aber die deutliche Überlegenheit der britischen Artillerie. Nelson war ein Meister in der harten Kunst des Krieges, ein im privaten Umgang freundlicher Mann, aber ein Genie, wenn es darum ging, Tod zu säen. Sein eigener Tod auf dem Höhepunkt seiner größten Schlacht wand ihm den klassischen Lorbeer um die Schläfen.

Er starb nicht zu früh. Beatty, der ihn später sezierte, merkte folgendes an: »Alle lebenswichtigen Organe waren zwar anscheinend vollkommen gesund, aber so klein, daß sie viel mehr denen eines Jugendlichen als denen eines Mannes glichen, der sein siebenundvierzigstes Jahr erreicht hatte.« Er kam zu dem Schluß, daß in Anbetracht von Nelsons maßvollen Gewohnheiten jeder Grund bestand zu glauben, daß er sehr alt hätte werden können. Doch im Bericht des Chirurgen fand sich auch eine andere Seite:

»Wenn er ein paar Jahre länger gelebt hätte und weiter zur See gefahren wäre, hätte er ganz und gar das Augenlicht verloren.«

Der Sturm, den man erwartete, brauste von Südwesten heran. Collingwood ankerte nicht, denn er hielt es für besser, die Flotte wenden zu lassen und mit Westkurs auf die offene See zuzuhalten. Damit kann er durchaus recht gehabt haben, obwohl Nelsons Anhänger behaupten, es wären nicht so viele Prisen verlorengegangen, wenn man den letzten Befehl des Admirals übermittelt und sich an ihn gehalten hätte. Angesichts des Zustandes, in dem sich die Schiffe nach einer der härtesten Seeschlachten der Weltgeschichte befanden, ist es jedoch zweifelhaft, ob wirklich mehr Schiffe übriggeblieben wären, wenn man geankert hätte. Tatsächlich wäre ein Vor-Anker-Gehen in einigen Fällen unmöglich gewesen, denn entweder waren die Anker verlorengegangen oder die Ankerketten so schwer beschädigt worden, daß sie nicht mehr gebrauchsfähig waren. Sturm, starker Regen und alles verfinsternde, graue Wolken folgten dem Tod des Königs der Meere, und vier Tage lang sah man weder Sonne, Mond noch Sterne. Die übel zugerichteten Schiffe hielten windwärts vom Ufer ab, während in Lee das Wasser über den Untiefen und um die Felsen vor Kap Trafalgar im Brausen und Brüllen des Weststurmes toste. In den Logbüchern sämtlicher Schiffe findet man ähnliche Aussagen. Im Logbuch der *Spartiate* steht: »Stürmische Winde mit starkem Regen – Flotte und Prisen sehr verstreut.« Und in dem der *Phoebe*: »Drei ganze Ankertrossen und 100 Faden Tauwerk bei dem Versuch verloren, die *L' Aigle* und die *Fougueux* in Schlepp zu nehmen.« Seekadett Barker von der *Swiftsure* erinnerte sich so: »Den 22. kam ein äußerst heftiger Sturm auf. Die Prise im Schlepp, die *Redoutable*, schien ihn ungeachtet ihres schlimmen Zustandes bis etwa drei Uhr nachmittags leidlich auszuhalten, doch dann verlor sie, weil sie bei der schweren See so stark rollte, ihren Fockmast, den einzigen Mast, der noch stand.« Hier und in allen anderen Fällen wurde Nelsons letztes Gebet erhört: »Und möge Menschlichkeit nach dem Siege der vorherrschende Zug bei der britischen Flotte sein.« Barker fährt fort: »Gegen Abend gab sie uns wiederholt Notzeichen; wir setzten nun unsere Boote aus und schickten sie zu ihr hinüber, obwohl sehr hoher Seegang herrschte und wir befüchteten, die Boote würden längsseits der Prise vollschlagen, doch es gelang ihnen zum Glück, eine große Zahl zu retten.« Leutnant Edwards von der *Prince* schilderte das Schicksal des Schiffes, das jener Kadett von der *Neptune* als »hervorragendes Kriegsschiff« bewundert hatte: »Wir hatten die *Santissima Trinidad*, das größte Schiff der Welt, in Schlepp. 's ist unmöglich, die Schrecken zu beschreiben, die der Morgen zeigte: nichts als Notsignale rundum. Es wurde Signal gegeben, die Prisen zu zerstören. Wir hatten zuvor nicht die Zeit gehabt, die Gefangenen abzutransportieren, doch welch ein Anblick war's, als wir kamen, um die Verwundeten zu holen, deren es zwischen drei- und vierhundert gab. Wir mußten den armen, zerfleischten Kerlen den Leib umbinden und sie in ein hin und her schlingerndes Boot herunterlassen – einige waren ohne Arme, andere ohne Beine und viele auf die fürchterlichste Weise über und über mit Fleischwunden bedeckt.«

Sehr bald erfuhr die ganze Flotte, daß Nelson gestorben war, und dem Siegesjubel folgte unmittelbar eine ungeheure Traurigkeit. (Als am 6. November die Nachricht von Trafalgar London erreichte, wurde die Triumphstimmung fast von dem Gefühl des Verlustes überschattet, den sein Tod hervorrief.) Im fernen Neapel schrieb Dichter Coleridge, der auf der Heimreise von Malta, wo er eine Weile Privatsekretär bei Sir Alexander Ball gewesen war, durch diese Stadt kam: »Als Nelson starb, schien es, als sei kein Mensch dem andern fremd, denn alle wurden kraft eines gemeinsamen Schmerzes Bekannte... Viele blieben stehen und schüttelten mir die Hand, weil sie die Tränen auf meinen Wangen gesehen hatten und vermuteten, daß ich ein Engländer sei; und einige brachen, da sie meine Hand hielten, selber in Tränen aus.« Blackwood, der seiner Frau einen Tag nach der Schlacht schrieb, konnte seinen Gram nicht verbergen: »Ein Sieg, wie er nie erreicht worden ist, fand gestern im Verlaufe von fünf Stunden statt; doch mit solchen Kosten, nämlich dem Verluste des tapfersten Mannes und besten Freundes, daß es für mich ein Sieg wird, von dem ich wünschte, ich hätte ihn nicht erlebt – zumindest nicht unter diesen Bedingungen.« Er versäumte es nicht, dem Feind seine Anerkennung zu zollen: »Sie warteten den Angriff der Briten mit einer Gelassenheit ab, die mitzuerleben mir leid tat. Und sie kämpften in einer Weise, die ihnen zur Ehre gereicht. Als Zuschauer, der die Mängel oder besser Fehler beider Seiten sah, werde ich ihnen immer die Gerechtigkeit widerfahren lassen, dieses zu sagen. Sie sind jedoch geschlagen... Buonaparte, das glaube ich fest, hat sie gezwungen, in See zu stechen, um sein Glück zu versuchen und um zu probieren, was es ihm in einer offenen Schlacht bringen könne. Es war die Elite der vereinigten Flotte, und ich hoffe, dies wird ganz Europa zum Bewußtsein bringen, daß er noch nicht genügend gelernt hat, um es mit den Engländern auf See aufzunehmen.« Ein einfacher Matrose faßte in einem Brief in die Heimat die Gefühle all der vom Kampf erschöpften, vom Sturm geschüttelten Männer zusammen, deren Disziplin, Mut und Ausdauer den Sieg möglich gemacht hatten. »Ich habe ihn nie zu Gesicht bekommen«, schrieb er, »was mir einerseits leid tut, andererseits bin ich froh darüber, denn freilich hätte ich ihn gern gesehen, aber in dem Fall – alle Männer auf unserem Schiff sind solche Tränentiere, sie haben nichts getan als sich die Augen gewischt und geheult, seit er gefallen ist. Gott befohlen! Kerle, die gekämpft haben wie der Teufel, setzen sich hin und flennen wie alte Weiber.«

Napoleons einziger offizieller Kommentar zu der Schlacht las sich so: »Stürme haben nach einer Schlacht, auf die man sich unklugerweise eingelassen hat, den Verlust mehrerer Schiffe bewirkt.« Doch es blieb die Tatsache bestehen, daß die britischen Schiffe, die während des Gefechts ebenfalls arg gelitten hatten, nicht strandeten und nicht untergingen – wenn es auch vielen, einschließlich der schwer beschädigten *Victory*, schwergefallen war, dem Sturm zu trotzen. Collingwood bemerkte in einem Brief, in dem er dazu Stellung nahm, daß nur vier Prisen gerettet und nach Gibraltar geschleppt worden waren: »Ich kann nur sagen, daß ich in meinem ganzen Leben nie solche Bemühungen gesehen habe wie die, welche unternommen wurden, um jene Schiffe zu retten. Es verwunderte die Spanier mehr als die Prügel, die sie bezogen; und einer von ihnen sagte, als ich ihm versicherte, daß keins von unseren Schiffen verlorengegangen sei: ›Wie können wir mit einem solchen Volk kämpfen, auf das die äußerste Gewalt der Elemente keine Wirkung hat?‹ «

Collingwoods Liste von den Schicksalen der Flaggoffiziere der vereinigten Flotte erzählt die Geschichte von Trafalgar ebenso klar wie ein detailliertes Verzeichnis der Schäden, die die einzelnen Schiffe nahmen. Der Oberbefehlshaber, Admiral Villeneuve, wurde an Bord der *Bucentaure* gefangengenommen. (Später, nach der Rückkehr aus England in seine Heimat, nahm sich dieser glücklose, aber keineswegs feige Mann das Leben.) Der spanische Admiral Don Federico Gravina brachte es fertig, mit der *Principe de Austurias* nach Cadiz zu fliehen, hatte aber eine böse Verwundung am rechten Arm davongetragen. Der spanische Vizeadmiral Don Ignatio Maria D' Alava erlitt eine schwere Kopfverletzung, sein Schiff, die *Santa Anna*, wurde gekapert, doch im Chaos des Sturmes konnte er mit dem verwüsteten Schiff nach Cadiz entkommen. Konteradmiral Cisneros von der *Santissima Trinidad* wurde gefangengenommen, und der französische Konteradmiral Magon von der *Algéciras* fiel im Kampf. Konteradmiral Dumanoir entkam an Bord der *Formidable* und wurde später, wie wir schon wissen, mitsamt seinem aus vier Schiffen bestehenden Geschwader von Sir Richard Strachan aufgebracht.

Man bettete Nelsons Leichnam, nachdem man ihm das Haar abgeschnitten und ihm alle Kleider bis auf ein Hemd ausgezogen hatte, in eines der größten Fässer, das man an Bord eines Schiffes mitführte. Dann wurde das Faß mit Branntwein gefüllt – nicht mit Rum, wie man oft sagt (daher der irrige Slangausdruck für Rum bei der britischen Kriegsmarine: »Nelsons Blut«) –, denn Branntwein war der reinste Alkohol, den man an Bord hatte. In Gibraltar wurde der Leichnam dann in Weingeist gelegt, das beste verfügbare Konservierungsmittel. Beatty erzählt die makabre Geschichte von der letzten Reise des toten Admirals nach Gibraltar. »Am Abend, nachdem diese traurige Aufgabe vollbracht war, setzte mit Ungestüm der Südweststurm ein und dauerte die Nacht und den folgenden Tag über unvermindert an. Während dieses Unwetters verblieb Lord Nelsons Leichnam unter der Obhut eines Wachpostens auf dem Mitteldeck. Das Faß wurde aufrecht hingestellt, es hatte oben und unten eine Öffnung, die man schließen konnte; was, da man eine häufige Erneuerung des Branntweins für nötig erachtete, zum Zwecke hatte, daß man den alten auf diese Weise unten abfließen lassen und oben neuen nachfüllen konnte, ohne das Faß zu bewegen oder die geringste Erschütterung des Leichnams zu verursachen. Den 24. kam es in einem solchen Ausmaße zum Freiwerden von Luft aus dem Leichnam, daß sich der Wachposten, alarmiert, als er sah, daß sich der Deckel des Fasses hob, an die Offiziere wandte, die genötigt waren, das Faß zu spunden, damit die Luft entweichen konnte.«

Am 28. Oktober lief die *Victory* im Schlepp der *Neptune* in den Hafen unter dem Schatten des großen Felsens ein. Gibraltar, das Symbol der britischen Seemacht, der Nelson sein Leben geweiht hatte, wirkte einschüchternd mit seinen Geschützen. Über allem wehte die britische Flagge auf halbmast. Schiffe dümpelten im Hafenbecken, und stets und ständig floß die unaufhörliche Strömung vom grauen Atlantik ins Mittelmeer. »Der Kiel eines Schiffes«, sagten die Alten, »hinterläßt keine Spur.« Nelson aber hatte seinen Namen für immer auf den großen, aufgewühlten Ozean und auf das altehrwürdige Binnenmeer geschrieben.

37 Die Zeit und die Überlebenden

Ein stürmischer Wind aus Südwest fegte am 8. Januar 1806, als Nelsons Leichnam flußaufwärts von Greenwich nach Whitehall gebracht wurde, über die Themse hinweg. Er hatte feierlich aufgebahrt in Wrens herrlicher Painted Hall gelegen, und über dreißigtausend Menschen waren am Sarg des Mannes vorbeigezogen, den sie nicht nur als heldenhaften Verteidiger ihres Landes, sondern auch wie einen Sohn geliebt hatten. Dr. Scott, sein treuer Pfarrer, war beim Sarg geblieben und hatte die Totenwache gehalten – das hatte er sich offenbar in jenen Stunden geschworen, da er Nelsons Brust massierte, seine letzten Worte hörte und ihn sterben sah. Nun sollte dem Toten der Pomp und das Zeremoniell eines Staatsbegräbnisses zuteil werden, das alle Begräbnisse seit Menschengedenken übertraf und wie Nelson es trotzdem wohl für sich selbst geplant hätte. Es hätte ihm auch gefallen, daß er in der St. Pauls-Kathedrale und nicht in der Westminsterabtei beigesetzt wurde. Gewiß hatte er in früheren Tagen mehr als einmal den Wunsch geäußert, die Walhalla der Westminsterabtei zu erreichen, wenn er in der Schlacht fiele, doch in jüngerer Zeit hatte er bemerkt, falls er »auf Kosten der Öffentlichkeit beerdigt werden sollte, so wollte ich lieber in der St. Pauls-Kathedrale als in der Westminsterabtei begraben sein. Ich habe, als ich noch ein Knabe war, die alte Überlieferung gehört, daß die Westminsterabtei auf einer Stelle gebaut ist, wo es einst einen tiefen Sumpf gab, und ich halte es für wahrscheinlich, daß der Lauf der Zeit den Grund, auf dem sie jetzt steht, wieder in den Urzustand zurückverwandeln wird, nämlich in einen Sumpf, ohne daß eine Spur von der Abtei übrigbleibt.«

Gleich nach dem heftigen Wind – der Sarg wurde gerade in Whitehall ans Ufer gebracht – ging über der Hauptstadt ein Hagelsturm nieder. Der nächste Tag dämmerte, wie um die Unberechenbarkeit des britischen Klimas zu feiern, klar und kühl herauf. Der Himmel war so wolkenlos und blau wie in Ostengland, wenn der Wind von der Nordsee her pfeift. Admiral Sir Peter Parker, der Nelson vor vielen, vielen Jahren in Westindien zum Kapitän befördert hatte, war der erste der Trauernden. Dazu gesellten sich dreißig Flaggoffiziere und hundert Kapitäne. Auch der Prinz von Wales, der Herzog von Clarence (der zukünftige »Matrosenkönig« Wilhelm IV., der Nelson in Westindien soviel Verdruß bereitet hatte), der Herzog von York, der Hochadel und alle wichtigen Persönlichkeiten des niederen Adels und der Stadt waren zugegen, um ihre letzte Hochachtung einem Mann zu bezeigen, der aus der Anonymität einer Norfolker Pfarrei in die Sphäre der Unsterblichkeit emporgestiegen war, wohin ihn jener »Strahlenkreis« gelockt hatte. George Matcham, Nelsons Neffe, erinnerte sich: »Der feierliche Zug bewegte sich langsam voran, Matrosen säumten die Straßen, und die Kapelle spielte den Trauermarsch aus (dem Oratorium) Saul. Bei Temple Bar stießen der Bürgermeister von London und sein Gefolge dazu, die sich hinter dem Prinzen von Wales einreihten. Vor St. Paul stiegen wir aus und gingen in feierlichem Zuge den Gang entlang. Es war der erhabenste Anblick, den ich je sah. Alle Kapellen spielten. Die Flaggen wurden von Matrosen getragen, und über den Sarg wurde ein Baldachin gehoben, den Admirale hielten.« Aus schmählich offensichtlichen Gründen konnte Nelsons »Vermächtnis an die Nation«, die Frau, deren Namen er in seiner Todesstunde auf den Lippen gehabt hatte, nicht zugegen sein. Dr. Scott, ebenso zuvorkommend wie treu, schrieb danach an Emma: »Selbst die Bettler verließen ihre Plätze, achteten der vorbeiströmenden Menge nicht und schienen seinem Andenken durch einen Blick Anerkennung zu zollen. Ich sah viele, die zerlumpt waren und an Krücken gingen und mit deutlichen Anzeichen des Kummers den Kopf schüttelten. Das muß wahrhaftig eine nicht käufliche Herzensneigung sein.« Als die Prozession durch die Straßen von London zog, durch die Stadt, die Nelson gegen Napoleons Angriff verteidigt hatte, entblößte die riesige Menge, die den Weg säumte, ihr Haupt, und dieses Geräusch und ihre Seufzer klangen fast so wie das Rauschen des Meeres.

Der Leichnam war in den Sarg gebettet worden, den Ben Hallowell aus dem Großmast der *L' Orient* für ihn hatte zimmern lassen, und dieser Sarg wurde nun in einen schwarzen Marmorsarkophag gesenkt, der ursprünglich für Kardinal Wolsey gedacht war. Er steht direkt unter der Kuppel der St. Pauls-Kathedrale, einfach und streng, überragt von der Adelskrone eines Vicomte und nur mit seinem Namen und mit dem Datum seiner Geburt und seines Todes beschriftet. In der Nähe liegen Cooke von der *Bellerophon* und Duff von der *Mars* begraben, zwei Kapitäne, die auch in der Schlacht von Trafalgar fielen, ebenso der treue Collingwood, der ihm fünf Jahre später nachfolgte, total erschöpft von den Anforderungen, die an ihn, den Nachfolger Nelsons als Oberbefehlhaber im Mittelmeer, gestellt worden waren. Unweit davon erhebt sich in der Hochblüte viktorianischen Pomps und Glanzes das große Grabmal, in dem die sterblichen Überreste von Arthur Wellesley, dem ersten Herzog von Wellington, ruhen, jenem anderen Giganten, der an Land das Werk vollendete, das Nelson auf See begonnen hatte.

Genau wie die Schlacht von Abukir, die sich in einem Moment abgespielt hatte, da der Lebensgeist der Nation einen Tiefpunkt erreicht hatte, weil man sich dem Europa Napoleons und der Bedrohung Indiens gegenübersah, flößte Trafalgar einem Großbritannien, das eine Katastrophe auf dem Kontinent miterleben mußte, neuen Mut ein. Napoleons Streitkräfte hatten bei Ulm die Österreicher geschlagen. Die dritte Koalition brach auseinander, und Großbritannien sah sich einem Kontinentaleuropa konfrontiert, das vollständig von diesem korsischen Genie beherrscht wurde. Lord Auckland bemerkte: »Die Nachricht, die von Cadiz kam, wirkte wie ein belebendes Mittel für einen Menschen, der in Ohnmacht zu fallen droht.« Und so gewannen zwei der großen Siege Nelsons durch ihre inspirative Wirkung auf die Moral eine zusätzliche Bedeutung für die britische Geschichte. Der dritte Sieg, Kopenhagen, war politisch peinlich, aber unbeschadet dessen ökonomisch äußerst wichtig gewesen, denn er bewahrte die Stadt London und die Kriegsmarine vor einem durchaus möglichen Ruin. Wer Bescheid wußte, akzeptierte Kopenhagen als den Triumpf, den es darstellte, doch konnte man ihm nicht die öffentliche Anerkennung geben, die er verdiente. Trafalgar dagegen wurde damals wie später als krönender Glanzpunkt der britischen Leistungen auf See gefeiert. Nichts kam ihm je gleich.

Nelsons Verwandte wurden, wie er ganz richtig vermutet hatte, gut von der Obrigkeit versorgt. Sein Bruder William, ein Kleriker, ganz anders als sein Vater weder schlicht noch ohne weltliche Ambitionen, wurde zum Grafen ernannt. Zu dem neuen Titel gehörte ein Jahresgeld von 5000 Pfund. Nelsons Schwestern bekamen jeweils 15000 Pfund. Fanny erhielt auf Lebenszeit ein Jahresgeld von 2000 Pfund. Der frisch gebackene Graf bekam außerdem vom Parlament einen erheblichen Zuschuß bewilligt, damit er sich einen Landsitz kaufen konnte. Alle, die einen legitimen Anspruch darauf hatten, daß ihr Land sich für die Dienste ihres verstorbenen Verwandten dankbar zeigte, wurden also großzügig versorgt. Und Emma? Man konnte wenig oder gar nichts für sie tun, und das selbst in einer Zeit, da viele Persönlichkeiten des öffentlichen Lebens sich ganz unverhohlen Mätressen hielten und das liederliche Betragen der Söhne Georgs III. allgemein bekannt war. Trotzdem vermochte man Emma nur als die Witwe von Sir William Hamilton, dem ehemaligen Gesandten am Hofe von Neapel, anzuerkennen. Oberflächlich betrachtet mochte es scheinen, als sei sie mit den Jahresgeldern, die ihr sowohl ihr Mann als auch ihr Geliebter hinterließen, und mit dem Besitz von Merton Place wohlversorgt gewesen. Freilich hätte sie, wenn sie ein sehr stilles Witwenleben geführt hätte, mit Horatia in Merton bleiben können, doch wenn ein solches Leben ihrem Temperament entsprochen hätte, wäre sie niemals aus niederem Stand aufgestiegen, um die Frau von Sir William und Nelsons heiß verehrte Geliebte zu werden. Nicht nur ihre Unklugheit in finanziellen Dingen, sondern auch ihr offenes Herz bewirkten ihren Niedergang. Nach dem Prunk von Neapel und Palermo, nach dem unauffälligeren Glanz von Merton in jener kurzen Blütezeit vermochte sie nie zu begreifen, daß sie es sich weder leisten konnte, in großem Stil Gäste zu bewirten, noch für arme Verwandte zu sorgen, noch – und dies vor allem – ihrer Spielleidenschaft zu frönen. 1808 brachten es Feunde von ihr fertig, genug Geld aufzutreiben, um ihre unmittelbaren Zahlungsverpflichtungen zu begleichen. Doch sie konnten nicht immer und ewig den wachsenden Druck abfangen, den ihre Gläubiger auf sie ausübten. 1809 kaufte der Bankier Abraham Goldsmid Merton auf, und sie lebte danach unter verschiedenen Adressen im Herzen von London, immer nahe bei Piccadilly und der eleganten Welt, in der sie einst am Arm ihres Mannes und in der Begleitung des Siegers vom Nil geglänzt hatte. Ihre letzten Jahre sind tragisch. Stück für Stück verkaufte sie ihre Andenken an Nelson, bis nichts mehr übrig war. 1810 starb ihre Mutter, Frau Cadogan, und Emma mußte nun ohne die schlaue alte Beraterin auskommen, der sie zum großen Teil das Glück verdankte, das sie im Leben gehabt hatte, obwohl die Mutter in ihren letzten Jahren den Niedergang dieses Glücks nicht mehr hatte aufhalten können. Emma wurde ihrer Schulden wegen ins Gefängnis gesperrt, sie litt an der Gelbsucht mit all ihren entkräftenden und niederdrückenden Auswirkungen, und im Juli 1814 floh sie mit Horatia nach Calais. Ihre letzten Tage beschreibt am besten ihre Tochter: »Zur Zeit ihres Todes war sie in großer Not, und hätte ich nicht ohne ihr Wissen an Lord Nelson geschrieben, um ein Darlehen von 10 Pfund zu erbitten, und ebenso an einen anderen gütigen Freund von ihr, der ihr unverzüglich 20 Pfund schickte, so hätte sie, bis ihre nächste geldliche Zuwendung fällig war, buchstäblich keinen Schilling gehabt. Am Ende war sie kaum noch bei Bewußtsein. Ich glaube, daß ihre Krankheit dadurch begann, daß sie, als sie in Richmond wohnte, zur Ader gelassen wurde, während sie unter einem Anfalle von Gelbsucht litt. Von dieser Zeit an ging es ihr nie wieder gut, und obendrein führte ihre verderbliche Gewohnheit, Wein und Spirituosen in fürchterlichen Mengen zu sich zu nehmen, dazu, daß sie Wasser in der Brust bekam. Sie starb im Januar 1815 und wurde auf dem Friedhofe begraben, welcher zur Stadt gehört.« Wo ihr Grab liegt, weiß man nicht. Ein paar Monate später machte die Schlacht von Waterloo Napoleons Laufbahn ein Ende.

Horatia wuchs auf, ohne zu wissen, daß Emma ihre Mutter war, akzeptierte aber voller Freude, daß ihr Vater Nelson hieß. Sie hatte die vage Vermutung, daß die Königin von Neapel ihre Mutter gewesen sein könnte. Bei Nelsons Lieblingsschwester, ihrer Tante Matcham, fand sie ein Zuhause. 1822 heiratete sie Hochwürden Philip Ward. So kehrte das Nelsonsche Blut zur Kirche zurück, und Horatias späteres Dasein verlief ähnlich wie das ihrer Großmutter väterlicherseits. Als Pfarrersfrau und Mutter vieler Söhne lebte sie auf dem stillen Land, weitab vom Donnern der Geschütze, von Staatsaffären und der stetig expandierenden imperialen und industriellen Welt eines Großbritannien, das mit Nelsons Hilfe die Herrin der Meere geworden war. Sie starb im Alter von einundachtzig Jahren. Nelsons Gebet, daß ihr Leben glücklich sein möge, war erhört worden.

Wie viele Menschen von zarter Gesundheit erreichte auch Fanny Nelson ein hohes Alter. Sie überlebte ihren Sohn Josiah Nisbet und starb mit dreiundsiebzig Jahren. Josiah Nisbet, um den sich Nelson früher so gemüht und der ihm soviel Verdruß und Sorgen bereitet hatte, war bei der Kriegsmarine nie erfolgreich. An Land kam er besser zurecht. Er hatte einen sicheren Instikt für Geschäfte, machte eine gute Partie und ließ seine Frau und seine Kinder wohlversorgt zurück, als er im Alter von fünfzig Jahren starb. Sein Leben unterschied sich nicht wesentlich von dem Tausender anderer Menschen, und so viele Namen sind nur deshalb auf die Nachwelt überkommen, weil sie auf die eine oder andere Weise irgendwann mit Nelson verbunden waren. Das kann man jedoch nicht von Hardy behaupten. Wie viele gute Freunde Nelsons aus dem »Bund der Brüder« bewies er, daß ihr Führer keine seltsame Laune der Natur, sondern lediglich einen Mann darstellte, der demselben Menschenschlag entstammte, aber zufällig noch eine geniale Ader hatte. Hardy wurde ein Jahr nach Trafalgar zum Baronet ernannt, stieg später zum Ersten Lord der Admiralität auf und starb 1831 als Direktor des Greenwich-Hospitals.

Die entscheidendste Seeschlacht des 19. Jahrhunderts nach Trafalgar schlug 1827 Vizeadmiral Sir Edward Codrington bei Navarino, als er als Oberbefehlshaber einer alliierten Flotte, zu der auch die Feinde von früher, die Franzosen und die Russen, gehörten, die türkisch-ägyptische Kriegsmarine vernichtete. Es war ein Sieg in der Nelsonschen Tradition, der schließlich zur Befreiung Griechenlands führte. Codrington war bei Trafalgar Kapitän der *Orion* gewesen. In seinen Weisungen an seine hohen Offiziere und Verbündeten zitierte er vor der Schlacht – vielleicht etwas taktlos in Anbetracht der Gegenwart der Franzosen – Nelsons Worte vor Trafalgar: »Ein Kapitän, der mit seinem Schiff längsseits an das eines Feindes geht, kann nicht viel falsch machen.«

Nelson bedarf keines weiteren Epitaphs.

Zeittafel

1758 11. April: Englisch-preußischer Westminster-Vertrag.
3. Mai: Papst Benedikt XIV. gestorben.
6. Mai: Maximilien de Robespierre geboren.
6. Juli: Clemens XIII. zum Papst gewählt.
29. September: Horatio Nelson als fünfter Sohn des Rektors Reverend Edmund Nelson und seiner Frau Catherine, geb. Suckling, in Burnham Thorpe/Norfolk geboren.

1759 März: obrtrag von Versailles zwischen Frankreich und Österreich.
14. April: Georg Friedrich Händel in London gestorben.
28. Mai: William Pitt d. J. geboren.
12. August: Friedrich II. von Preußen unterliegt bei Kunersdorf den österreichischen und russischen Truppen.
10. November: Friedrich Schiller in Marbach geboren.
Ferdinand VI. von Spanien gestorben. Karl III. wird Nachfolger auf dem Königsthron.

1760 15. August/3. November: Friedrich II. siegt bei Liegnitz und Torgau über die Österreicher.
17. Oktober: Claude-Henri de Saint-Simon, französischer Sozialtheoretiker, geboren.
25. Oktober: Georg II. von England gestorben. Auf den Thron folgt sein Enkel Georg III.

1761 15. August: Dritter Bourbonischer Familienvertrag. Spanien unter Karl III. tritt der Koalition zwischen Frankreich und Österreich gegen England und Preußen bei.

1762	5. Januar: Zarin Elisabeth von Rußland gestorben.
	5. Mai: Ihr Nachfolger Peter III. schließt Frieden mit Preußen.
	17. Juli: Peter III. gestürzt und ermordet.
	Katharina II. wird russische Zarin.
	Rousseaus »Contrat social« erschienen.
1763	10. Februar: Friede von Paris zwischen England, Frankreich und Spanien. Frankreich verliert den größten Teil seines nordamerikanischen Gebiets. England führende Kolonialmacht.
	15. Februar: Friede von Hubertusburg zwischen Österreich, Preußen und Sachsen. Ende des Siebenjährigen Krieges. Schlesien bleibt in preußischem Besitz.
1764	11. April: Verteidigungsbündnis Rußland–Preußen.
	12. September: Jean Philippe Rameau gestorben.
1765	18. August: Kaiser Franz I. gestorben. Sein Sohn Joseph II. wird römisch-deutscher Kaiser und in den österreichischen Erblanden Mitregent Maria Theresias.
	James Watt baut die erste Dampfmaschine.
seit 1765/1770	Industrielle Revolution in England.
1766	23. Februar: Mit dem Tod des einstigen Polenkönigs Stanislas Leszcynski fällt das Herzogtum Lothringen an Frankreich.
	Juli: William Pitt d. Ä. wird englischer Premierminister (bis 1768).
	Louis de Bougainville tritt seine dreijährige Reise um die Welt an.
	Henry Cavendish weist das Wasserstoffgas nach.
1767	*Nelsons Mutter gestorben.*
1768–1774	Russisch-türkischer Krieg.
1768	18. März: Laurence Sterne, englischer Schriftsteller, gestorben.
	Genua verkauft die Insel Korsika an Frankreich.
1769	2. Februar: Papst Clemens XIII. gestorben.
	19. Mai: Clemens XIV. wird Nachfolger auf dem Stuhl Petri.
	15. August: Napoleon Bonaparte in Ajaccio/Korsika geboren.

Richard Arkwright konstruiert eine Baumwoll-Spinnmaschine und gründet später in Nottingham die erste moderne Fabrik.

1770 *Nelson für fünf Monate als Seekadett auf der »Raisonnable«, die unter dem Kommando seines Onkels Kapitän Maurice Suckling steht.*

7. April: William Wordsworth, englischer Lyriker, geboren.

19. April/16. Mai: Der französische Thronfolger Ludwig heiratet Marie Antoinette von Österreich. Hochzeitsfeierlichkeiten in Wien und Versailles.

17. Dezember: Ludwig van Beethoven geboren.

James Cook entdeckt die australische Ostküste und nimmt sie für England in Besitz.

1771 *Erster Aufenthalt in London.*

Nelson Mitglied der Mannschaft von Kapitän John Rathbone.

Die »Encyclopaedia Britannica« erscheint.

1772–1775 Zweite Weltreise James Cooks.

1772 *Rückkehr von der Westindienfahrt. Nelson wieder in Chatham auf der »Triumph«.*

5. August: Erste Teilung Polens zwischen Österreich, Preußen und Rußland.

21. Oktober: Samuel Taylor Coleridge, englischer Dichter, geboren.

1773 15. Mai: Clemens von Metternich in Konstanz geboren.

21. Juli: Verbot des Jesuitenordens durch Papst Clemens XIV.

Nelson beteiligt sich an einer Arktis-Expedition als Bedienter des Kapitäns Lutwidge.

Herbst: Rückkehr nach England.

Ostindienfahrt auf der »Seahorse« unter George Farmer (bis 1776). Stationen in Madras und Bombay. Freundschaft mit Thomas Troubridge.

1774 4. April: Oliver Goldsmith, englischer Schriftsteller, gestorben.

10. Mai: Ludwig XV. gestorben. Sein Enkel Ludwig XVI. wird König von Frankreich.

21. Juli: Friedensschluß zwischen Rußland und der Türkei.

	22. September: Papst Clemens XIV. gestorben.
	Marineminister Sartine beginnt mit dem Ausbau der französischen Seestreitkräfte.
1775–1783	Nordamerikanischer Unabhängigkeitskrieg.
1775	15. Februar: Pius VI. zum Papst gewählt.
	19. April: Beginn des Unabhängigkeitskrieges.
	Dezember: Erkrankung Nelsons in Indien.
	Kriegsminister Graf Saint-Germain leitet eine Heeresreform in Frankreich ein.
1776–1779	Dritte Forschungsreise James Cooks.
1776	*März–September: Nelson fährt auf der »Dolphin«, die von Kapitän James Pigot befehligt wird, nach England zurück.*
	4. Juli: Unabhängigkeitserklärung der 13 nordamerikanischen Kolonien.
	25. August: David Hume, englischer Philosoph und Historiker, gestorben.
	24. September: Nelson auf der »Worcester«. Reise nach Gibraltar (bis April 1777).
	Adam Smiths »Inquiry into the Nature and Causes of the Wealth of Nations« erschienen.
1777–1780	Irischer Aufstand.
1777	*9. April: Leutnantsprüfung.*
	Fahrt nach Jamaika auf der »Lowestoffe« unter Kapitän Locker.
	Nelson erhält das Kommando über das Begleitschiff »Little Lucy«.
	Antoine Laurent Lavoisier erklärt die Verbrennung als chemische Verbindung eines Elements mit Sauerstoff (Oxidation).
1778/1779	Bayerischer Erbfolgekrieg.
1778	6. Februar: Handels- und Bündnisverträge zwischen Frankreich und den Vereinigten Staaten. Frankreich tritt in den Krieg gegen England ein.
	11. Mai: William Pitt d. Ä., englischer Staatsmann, gestorben.
	30. Mai: Tod Voltaires (François-Marie Arouets).
	2. Juli: Jean-Jacques Rousseau gestorben.
	Nelson Erster Leutnant auf der »Bristol«.
	8. Dezember: Kommandeur der Brigg »Badger«.
	Kapitän Maurice Suckling gestorben.

1779 *Nelson wird Kapitän der Fregatte »Hinchinbrooke«.*

13. Mai: Der Friede von Teschen beendet den Bayerischen Erbfolgekrieg. Österreich erhält das Innviertel von Bayern.

Spanien tritt in den Nordamerikanischen Unabhängigkeitskrieg ein.

Gibraltar (seit 1704 englisch) durch französische und spanische Truppen vergeblich belagert.

1780–1784 Seekrieg zwischen England und den Niederlanden.

1780 *Gouverneur Dalling plant, in Nicaragua das Fort San Juan und das Gebiet um den Nicaraguasee zu erobern. Nelson nimmt an dem Unternehmen teil. Erkrankung an Gelbfieber.*

24. April: Fort San Juan gefallen.

September: Nelson kehrt aus gesundheitlichen Gründen nach England zurück.

29. November: Kaiserin Maria Theresia gestorben.

1781 19. Oktober: George Washington siegt bei Yorktown. Kapitulation der englischen Armee.

Jahresende: Nelson übernimmt Kommando in der Ostsee.

Beginn der Josephinischen Reformen in Österreich.

Immanuel Kants »Kritik der reinen Vernunft« erschienen.

1782 *Frühjahr: Geleitschutz-Kommando nach Quebec. Liebschaft mit Mary Simpson.*

11.November: Vor New York (Eskorte des Truppenkonvois).

Nelson trifft durch Zufall den Herzog von Clarence, den späteren König Wilhelm IV. von England.

22. November: Fahrt nach Westindien. Die Absicht, die französische Flotte vor Haiti abzufangen und Turk's Island/Bahamas zurückzuerobern, scheitert.

1783 5. Juni/21. Oktober: Erster Aufstieg eines Heißluftballons der Brüder Jacques und Joseph Montgolfier (»Montgolfière«). Jacques Charles startet einen Wasserstoffballon (»Charlière«).

Rückkehr nach Portsmouth.

Ende Juni: Abmusterung auf Nelsons Schiff »Albemarle«. Nelson wird durch Lord Hood am englischen Hof eingeführt.

3. September: Friede zu Versailles. England erkennt die Unabhängigkeit der Vereinigten Staaten an.
ab Oktober: Urlaub in Frankreich zusammen mit James Macnamara.
Aufenthalt in St. Omer.
Liebschaft mit Miss Andrews.
19. Dezember: William Pitt d. J. wird englischer Premierminister (bis 1801).
Nelsons Schwester Anne 23jährig in Bath gestorben.

1784 *18. März: Nelson Kommandant der »Boreas«. Fahrt nach Westindien. Mitreisende sind Lady Hughes, deren Tochter und – als Schiffspfarrer – Nelsons Bruder William.*
20. Mai: Friede von Paris. Ende des englisch-niederländischen Seekriegs.
31. Juli: Denis Diderot gestorben.
Englisches Ostindien-Gesetz. Staatliche Kontrolle der East India Company.
Neigung Nelsons für Lady Moutray, die Frau des Regierungskommissars auf Antigua.

1785 Vertrag von Fontainebleau zwischen dem Reich und den Niederlanden.
Halsbandaffäre um die französische Königin Marie Antoinette.
Erste Überquerung des Ärmelkanals im Freiballon.

1786 *März: In Nevis trifft Nelson im Haus des Präsidenten Herbert erstmals Frances (»Fanny«) Nisbet.*
Begegnung mit dem Prinzen William Henry.
17. August: Friedrich II., der Große, in Sanssouci gestorben. Sein Neffe Friedrich Wilhelm II. wird König von Preußen.
Französisch-englischer Handelsvertrag.
E. Cartwright erfindet den mechanischen Webstuhl.

1787–1792 Letzter Krieg Rußlands und Österreichs (1788–1791) gegen die Türken.

1787/1788 Adelsrevolution in Frankreich. Wirtschaftskrise.

1787 22. Februar bis 25. Mai: Französische Notabelnversammlung in Versailles, erstmals seit 1626.
12. März: Nelson heiratet Frances Nisbet in Nevis.
Mai: Rückkehr von den »Inseln unter dem Wind« nach Portsmouth.

	15. November: Christoph Willibald von Gluck gestorben.
	30. November: Nelson und seine Frau ziehen für fünf Jahre in das Pfarrhaus von Burnham Thorpe/ Norfolk.
	Nelson scheidet aus dem aktiven Dienst aus (bis 1793).
1788–1790	Schwedisch-russischer Krieg.
1788	22. Januar: George Byron, englischer Dichter, geboren.
	2. August: Tod des englischen Malers Thomas Gainsborough.
	14. Dezember: König Karl III. von Spanien gestorben. Karl IV. folgt auf den Thron.
	Agrarkrise in Frankreich. Mißernte. Teuerung.
1789	4. März: Proklamation der amerikanischen Verfassung.
	5. Mai: In Versailles treten die französischen Generalstände erstmals seit 1614 zusammen.
	15./17. Juni: Der Dritte Stand konstituiert sich als Nationalversammlung.
	14. Juli: Sturm auf die Bastille. Beginn der Französischen Revolution.
	4. August: Die französische Nationalversammlung schafft die Standesprivilegien ab.
	26./27. August: Erklärung der Menschen- und Bürgerrechte.
	10. Oktober: Einziehung der Kron- und Emigrantengüter in Frankreich.
	George Washington zum Präsidenten der Vereinigten Staaten gewählt.
	Abbé Sieyès veröffentlicht seine Schrift »Was ist der Dritte Stand«.
	Luigi Galvani entdeckt das Phänomen der Berührungselektrizität.
1790	20. Februar: Kaiser Joseph II. gestorben. Sein Bruder Leopold II. wird Nachfolger auf dem Thron.
	24. Juli: Reichenbacher Konvention zwischen Preußen und Österreich.
	Edmund Burke verfaßt »Reflections on the Revolution in France«.

1791 2. April: Graf Mirabeau gestorben.
20.–25. Juni: Die französische Königsfamilie flieht aus Paris und wird in Varennes zur Rückkehr in die Tuilerien gezwungen.
4. August: Friedensschluß zwischen Österreich und der Türkei.
27. August: Pillnitzer Deklaration. König Friedrich Wilhelm II. von Preußen und Kaiser Leopold II. beschließen, die franz. Monarchie zu unterstützen.
30. September: Auflösung der französischen Nationalversammlung.
1. Oktober: Einberufung der Legislative (Gesetzgebende Versammlung).
Winter: Nelsons Vater zieht nach Burnham Ulph.
5. Dezember: Wolfgang Amadeus Mozart gestorben.
Die »Canada Bill« stellt Kanada unter englische Oberhoheit, gesteht dem Land jedoch weitgehende Selbstverwaltung zu.
Thomas Paines »Rights of Man« erschienen.

1792–1797 Erster Koalitionskrieg Frankreichs gegen Österreich und Preußen.

1792 9. Januar: Friedensschluß zwischen Rußland und der Türkei.
23. Februar: Sir Joshua Reynolds, englischer Maler, gestorben.
1. März: Tod Leopolds II. Sein Sohn Franz II. wird Kaiser des Reiches.
20. April: Frankreich erklärt Österreich den Krieg.
4. August: Percy Bysshe Shelley, englischer Dichter, geboren.
10. August: Erstürmung der Pariser Tuilerien.
13. August: König Ludwig XVI. von Frankreich und seine Familie werden im Temple inhaftiert.
2.–6. September: Massaker in den französischen Gefängnissen (»Septembermorde«).
20. September: Kanonade von Valmy. Rückzug der preußischen Truppen. Die Revolutionsheere besetzen das linke Rheinufer.
21. September: In Frankreich wird das Königtum durch den Nationalkonvent abgeschafft. Das Jahr I der Französischen Republik beginnt.

6. November: Französischer Sieg bei Jemappes. Besetzung der österreichischen Niederlande (Belgien).

1793 21. Januar: Ludwig XVI. von Frankreich hingerichtet. Das deutsche Reich, England, Holland, Spanien, Portugal, Sardinien und Neapel schließen sich daraufhin der antifranzösischen Koalition an.

23. Januar: Rußland und Preußen verständigen sich über die zweite Teilung Polens.

Ende Januar: Nelson erhält das Kommando über die »Agamemnon« in Chatham. Sein Stiefsohn Josiah begleitet ihn als Kadett.

31. Januar/1. Februar: Kriegserklärung Frankreichs an England und Holland.

März: Die »Agamemnon« beginnt ihre Fahrt ins Mittelmeer. Das Oberkommando über den Flottenverband hat Lord Hood.

31. Mai–2. Juni: Unruhen in Paris. Sturz der Girondisten.

27. Juni: Mit der Flotte Hoods Abreise von Gibraltar. Belagerung von Toulon.

13. Juli: Jean Paul Marat ermordet.

23. August: Dekret über die allgemeine Wehrpflicht in Frankreich. Der Nationalkonvent beschließt die »Levée en masse«.

Ende August: Die »Agamemnon« überbringt Depeschen an Sir William Hamilton, den britischen Gesandten in Neapel. Nelson am Hof des Königreichs beider Sizilien. Er lernt Lady Hamilton kennen.

27. August: Toulon wird von den Engländern eingenommen.

September: Beginn der »Schreckensherrschaft« in Frankreich.

5. Oktober: Nelson wieder in Toulon. Er wird nach Cagliari/Sardinien gesandt.

Seegefecht vor Sardinien. Weiterfahrt nach Tunis. Anschließend Rückkehr nach Livorno.

16. Oktober: Königin Marie Antoinette von Frankreich hingerichtet.

Dezember: Englische Truppen erobern Haiti, das in spanischem Besitz ist.

4. Dezember–6. Februar 1794: Massaker in Lyon.

19. Dezember: Toulon von den französischen Revolutionstruppen eingenommen. Napoleon Bonaparte Hauptmann der Artillerie.

1794 *Nelson erhält den Auftrag, Korsika zu erobern und zu einem britischen Stützpunkt auszubauen.*

Februar: Einnahme von San Fiorenzo/Korsika.

März/April: Hébert, Danton und Desmoulins hingerichtet.

April/Mai: Oberstleutnant Villettes und Kapitän Nelson greifen Bastia an. Nelson verwundet. Eroberung der Stadt.

1. Juni: Admiral Richard Howe siegt über die französischen Flottenverbände. Besetzung Westindiens durch England.

4. Juni: Robespierre wird Präsident des französischen Konvents.

Sommer: Belagerung von Calvi.

10. Juli: Nelson am rechten Auge verletzt.

25. Juli: Hinrichtung André Cheniers.

27. Juli: Sturz Robespierres.

28. Juli: Robespierre und Saint-Just hingerichtet. Ende der »Schreckensherrschaft« in Frankreich.

10. August: Calvi ergibt sich.

August: Sir Gilbert Elliott zum Vizekönig von Korsika ernannt.

Nelson in Genua.

Admiral Hotham als Flottenkapitän eingesetzt.

Die »Agamemnon« wird in Livorno überholt.

1795 *Januar: Nelson erneut vor Korsika.*

3. Januar/24. Oktober: Dritte Teilung Polens zwischen Österreich, Preußen und Rußland.

März: Die französische Flotte unter Konteradmiral Pierre Martin wagt den Durchbruch durch die englischen Reihen von Toulon nach Korsika.

13. März: Seegefecht. Die »Agamemnon« macht die »Çaira« kampfunfähig. Es gelingt Nelson jedoch nicht, das gegnerische Schiff einzunehmen.

5. April: Friede von Basel zwischen Frankreich und Preußen.

28. Mai: Auflösung des französischen Revolutionstribunals.
8. Juni: König Ludwig XVII. von Frankreich im Temple gestorben. Daraufhin nimmt der Graf von Provence den Titel Ludwig XVIII. an.
Sommer: Weitere Kampfhandlungen zwischen der englischen und der französischen Flotte.
Juli: Nelson zum Oberst ernannt.
Ende November: Admiral Sir John Jervis wird Nachfolger Hothams.
4. Dezember: Thomas Carlyle, englischer Schriftsteller und Historiker, geboren.

1796–1798 Irischer Aufstand.

1796 *Jahresanfang: Fortsetzung der Blockade von Toulon.*
9. März: Napoleon heiratet Joséphine Beauharnais.
26. März: Beginn des französischen Italien-Feldzuges.
18. März: Vorfriede von Leoben.
Juni: Die »Agamemnon« zur Generalüberholung in England. Nelson befehligt die »Captain«.
Juli: Französische Truppen erobern Livorno.
August: Nelson nimmt Elba ein, dann auch Capraia. Er wird daraufhin zum »Wirklichen Kommodore« ernannt.
September/November: Napoleon siegt bei Bassano und Arcole über die österreichischen Truppen.
12. Oktober: Die englischen Verbände verlassen Korsika. Die Flotte ankert im Hafen von Portoferraio/Elba. Korsika wird wieder französisch.
17. November: Katharina die Große von Rußland gestorben. Paul I. wird Zar.

1797–1799 Kongreß zu Rastatt.

1797 *Januar: Verlegung der englischen Truppen nach Gibraltar und Lissabon.*
Januar/Februar: Siege Napoleons bei Rivoli und Mantua.
2. Februar: Beförderung Nelsons zum Flaggoffizier.
Februar: Nelson operiert in der Seeschlacht bei Cadiz erfolgreich gegen die spanische Flotte.
Nelson in Gibraltar. Meutereien auf englischen Schiffen.

9. Juli: Edmund Burke, englischer Politiker und Schriftsteller, gestorben.
Juli: Fahrt nach Teneriffa. Die Eroberung von Santa Cruz mißlingt. Nelson schwer verwundet; Amputation des rechten Arms.
Josiah Nisbet zum Fregattenkapitän befördert.
Nelson kehrt nach Gibraltar zurück.
1. September: Ankunft in Spithead/Portsmouth. Begeisterter Empfang.
Nelson erhält von König Georg III. den Bath-Orden.
Die Stadt London ernennt Nelson zu ihrem Ehrenbürger.
11. Oktober: Adam Duncan besiegt die Holländer in der Seeschlacht bei Camperdown.
17. Oktober: Friede von Campoformio zwischen Frankreich und Österreich. Belgien (österreichische Niederlande), die Lombardei und das linke Rheinufer gehen an Frankreich; Österreich erhält Venedig.
16. November: Friedrich Wilhelm II. von Preußen gestorben. Sein Sohn Friedrich Wilhelm III. besteigt den Thron.
Erwerb des Gutes Roundwood bei Ipswich/Suffolk.
Dezember: Nelson wird das Kommando auf der »Vanguard« übertragen.

1798 *7. April: Abreise von Spithead.*
Mai: Vor Cadiz, dann Kurs auf den Golfe du Lion.
19. Mai: Die französische Flotte läuft von Toulon aus. Beginn des Ägypten-Feldzugs unter Napoleon.
20. Mai: Starke Sturmschäden an der »Vanguard«. Kapitän Ball schleppt das Schiff zur sardischen Küste ab, dort Reparatur der »Vanguard«.
11. Juni: Malta ergibt sich den Franzosen.
Mitte Juni: Nelson bei Neapel.
Briefwechsel mit Sir und Lady Hamilton.
Nelson verfolgt die französische Flotte, die zunächst Kreta ansteuert.
26. Juni: Die »Mutine« wird vorausgesandt nach Alexandria zu Verhandlungen mit dem britischen Konsul George Baldwin. Ägypten erteilt den Engländern keine Landeerlaubnis. Konsul Baldwin hat das Land vor einigen Wochen verlassen.

28. Juni: Nelson vor Alexandria. Weiterfahrt auf der Suche nach der französischen Flotte.
1. Juli: Napoleon landet in Alexandria. Die Schiffe ankern in der Bucht von Abukir.
20. Juli: Die englische Flotte kehrt nach Sizilien zurück.
24. Juli: Napoleon zieht in Kairo ein. – Nelson segelt von Syrakus ab.
1. August: Nelson vor Alexandria. Er stößt in der Bucht von Abukir auf die Franzosen und greift überraschend an. Schwere Niederlage Frankreichs. Nelson verletzt.
19. August: Abreise der »Vanguard« (Nelson), »Culloden« (Troubridge) und »Alexander« (Ball) nach Neapel.
22. September: Großartiger Empfang in Neapel durch den König und das Ehepaar Hamilton.
Oktober: Nelson in Malta.
22. November: Abfahrt von Neapel nach Livorno.
21./23. Dezember: König Ferdinand IV., die königliche Familie und das Ehepaar Hamilton fliehen auf Nelsons Schiff »Vanguard« von Neapel nach Palermo.
Winter: Aufenthalt in Palermo.

1799–1804 Forschungsreise Alexander von Humboldts nach Lateinamerika.

1799–1802 Zweiter Koalitionskrieg gegen Frankreich.

1799 *Februar: Nelson wird »Konteradmiral der Roten Flagge«.*
Lord Keith löst St. Vincent als Oberbefehlshaber der Flotte ab.
7. März: Französische Truppen erobern Jaffa. Syrien-Feldzug Napoleons.
12. März: Beginn des Zweiten Koaltionskrieges.
Mai: Testaments-Nachtrag Nelsons zugunsten Emma Hamiltons.
20. Mai: Honoré de Balzac geboren.
24. Juni: Nelson zu Verhandlungen mit den Franzosen in Neapel.
29. Juni: Caracciolo wird wegen Hochverrats gehängt.

10. Juli: Rückkehr des Königs von Neapel. In der Folge Eroberung Capuas und Gaetas unter Mitwirkung britischer Matrosen.
13. Juli: Nelson weigert sich, Keith die geforderten Schiffe nach Menorca zu schicken.
Dem erneuten Befehl, den Großteil der Streitkräfte zum Schutz Menorcas einzusetzen, widersetzt sich Nelson ebenfalls.
25. Juli: Bei Abukir Sieg Napoleons über ein türkisches Landungsheer.
August: Der König von Neapel schenkt Nelson das Herzogtum Brontë/Ätna.
23. August: Napoleon verläßt Alexandria.
29. August: Papst Pius VI. gestorben.
9. Oktober: Napoleon kehrt nach Frankreich zurück. Landung in Fréjus.
9. November: Staatsstreich Napoleon Bonapartes.
Dezember: Napoleon wird Erster Konsul auf zehn Jahre.

1800 *18. Februar: Seeschlacht vor Malta. Sieg der Engländer über die Seestreitkräfte der Franzosen. Malta von England besetzt.*
14. März: Pius VII. wird Papst.
April: Sir Hamilton abberufen. Sir Arthur Paget wird Botschafter in Neapel.
April/Mai: Nelson mit dem Ehepaar Hamilton vor Marsa Xlokk auf Malta.
5. Mai: Napoleon beginnt seinen zweiten Italien-Feldzug.
14. Juni: Schlacht bei Marengo. Sieg Napoleons über die Österreicher.
Nelson trifft mit der Königin von Neapel, Maria Carolina, und ihrer Familie in Livorno ein.
Lord Keith befiehlt die »Foudroyant« nach Menorca. Nelson lehnt es ab, auf der »Seahorse« nach England zurückzukehren und macht sich den Vorschlag Emma Hamiltons zu eigen, auf dem Landweg zu reisen.
Fahrt über Florenz, Ancona und Triest nach Wien in Begleitung der Königin Maria Carolina, dann Weiterreise über Prag, Dresden und Hamburg.

6. November: Nelson wieder in England (Yarmouth). Begeisterter Empfang.
Abkehr von seiner Frau. Fanny Nelson zieht nach Brighton.

1801 1. Januar: Irland wird mit Großbritannien vereinigt.
Nelson zum »Vizeadmiral der Blauen Flagge« ernannt.
17. Januar: Nelson geht in Plymouth an Bord der »San Josef«.
29. Januar: Nelsons und Lady Hamiltons Tochter Horatia Nelson Thomson geboren.
1. Februar: Aufenthalt in Torbay. Nelson geht auf die »St. George«.
Er wird stellvertretender Befehlshaber der Ostsee-Flotte.
9. Februar: Friede von Lunéville zwischen Frankreich und Österreich. Bestätigung der Vertragsbedingungen von Campoformio. Frankreich behält das linke Rheinufer.
18. März: Nelson vor der Nordküste Jütlands.
21. März/9. April: Niederlagen des französischen Ägyptenkorps.
23. März: Zar Paul I. ermordet. Alexander I. folgt auf den russischen Thron.
26. März: Vorstoß auf Kronborg/Dänemark.
30. März: Fahrt durch den Öresund.
Nelson wechselt auf die »Elephant«.
2. April: Seeschlacht von Kopenhagen. Sieg Nelsons über die dänische Flotte. Ernennung zum Vicomte.
9. April: Waffenstillstand mit Dänemark unterzeichnet.
12. April: Fahrt durch die Ostsee. Nelson erkrankt.
14. Juni: Nelsons Ersuchen um Ablösung wird entsprochen. Rückkehr nach England.
August: Ernennung zum Pair.
Nelson bei Sir William und Lady Emma Hamilton in Burford Bridge/Surrey.
Erwerb von Merton Place nahe London.
Nelson erhält das Kommando über die Verteidigungslinie zwischen Beachy Head und Orfordness.
3. August: Mißlungener Angriff auf Boulogne.

Besuch der Hamiltons in Deal.
31. August: Die französischen Truppen in Ägypten kapitulieren.
Oktober: Sir und Lady Hamilton beziehen Nelsons Besitz Merton Place.
ab 23. Oktober: Nelson für eineinhalb Jahre auf Urlaub in Merton Place.

1802 25./27. März: Friede von Amiens zwischen England und Frankreich.
April: Nelsons Vater gestorben.
2. August: Napoleon wird nach Volksabstimmung Konsul auf Lebenszeit.

1803 25. Februar: Der Reichsdeputationshauptschluß zu Regensburg bringt das Ende des alten deutschen Reiches.
6. April: Sir William Hamilton gestorben.
Mai: Nelson verläßt Merton Place und wird Oberbefehlshaber der Mittelmeer-Flotte.
18. Mai: Beginn des englisch-französischen Seekriegs.
Nelson fährt auf der »Amphion« nach Gibraltar. Weiterreise über Malta, Sizilien, Sardinien nach Toulon.
30. Juli: Nelson macht die »Victory« zu seinem Flaggschiff vor Toulon.
Oktober: Freundschaftsvertrag zwischen Spanien und Frankreich.
Geburt der zweiten Tochter Nelsons und der Lady Hamilton. Das Kind stirbt nach wenigen Wochen.

1804 12. Februar: Immanuel Kant gestorben.
9. März: Franzosen dringen in Baden ein und verhaften widerrechtlich den Herzog von Enghien.
21. März: Hinrichtung des Herzogs.
23. April: Nelson wird »Vizeadmiral der Weißen Flagge«.
10. Mai: William Pitt d. J. erneut englischer Premier.
Sommer: Sehr schlechter Gesundheitszustand von Nelson.
August: Latouche-Tréville, Befehlshaber der französischen Flotte in Toulon, gestorben. Vizeadmiral Villeneuve wird sein Nachfolger.

November: Geheimabkommen zwischen Österreich und Rußland.
2. Dezember: Napoleon zum Kaiser der Franzosen gekrönt.
21. Dezember: Benjamin Disraeli, englischer Staatsmann, geboren.

1805 *19. Januar: Die französische Flotte segelt nach Sardinien, kehrt dann nach Toulon zurück.*
Nelson vor Sizilien auf der Suche nach den französischen Schiffen, anschließend in Griechenland und Ägypten. In Malta erfährt er von der Umkehr der Franzosen.
30. März: Die französische Flotte unter Villeneuve verläßt auf Befehl Napoleons Toulon und fährt über Cadiz nach Martinique.
8. April: Villeneuve vor Gibraltar.
5. Mai: Nelson trifft in Gibraltar ein.
9. Mai: Friedrich von Schiller gestorben.
Nelson nimmt die Verfolgung der gegnerischen Schiffe nach Westindien auf.
Mitte Mai: Die französische Flotte erreicht Martinique, Nelson befindet sich auf der Höhe von Madeira.
4. Juni: Nelson in der Carlisle-Buch/Barbados.
9. Juni: Rückkehr Villeneuves nach Europa.
13. Juni: Nelson folgt mit einiger Verzögerung.
20. Juli: Ankunft Nelsons in Gibraltar.
22. Juli: Schlacht von Finisterre zwischen den Einheiten Villeneuves und Sir Robert Calders.
19. August: Letzter Heimaturlaub Nelsons.
Horatia bei Emma Hamilton in Merton Place.
8. September: Beginn des Dritten Koalitionskriegs gegen Frankreich.
13. September: Abreise von Merton Place.
15. September: Nelson fährt auf der »Victory« nach Cadiz.
21. Oktober: Nelson besiegt bei Kap Trafalgar die französisch-spanischen Seestreitkräfte und fällt im Gefecht.
2. Dezember: »Dreikaiserschlacht« bei Austerlitz. Sieg Napoleons über die russischen und österreichischen Truppen.

15. Dezember: Vertrag von Schönbrunn zwischen Preußen und Frankreich. Schutzbündnis.
26. Dezember: Friede von Preßburg. Gebietsverluste für Österreich. Napoleon »König der Langobarden«. Bayern und Württemberg werden Königreiche.

1806 *Aufbahrung in der Painted Hall.*
8. Januar: Nelsons Leichnam wird nach Whitehall gebracht.
Beisetzung in der St.-Pauls-Kathedrale.

1809 *Verkauf von Merton Place.*

1815 *15. Januar: Tod Emma Hamiltons in Calais.*

1849 *Auf dem Londoner Trafalgar Square wird die Nelson-Säule errichtet.*

Bibliographie

1. Briefe, Dokumente

Dane, C. (Hg.): *The Nelson Touch. An Anthology of Lord Nelson's Letters.* London 1942.

Dawson, W. R. (Hg.): *The Nelson Collection at Lloyds.* 1932.

Edwards, W. H.: *Lord Nelson. Ein Lebensbild in Briefen und Dokumenten.* Frankfurt am Main 1936.

Gutteridge, H. C. (Hg.): *Nelson and the Neapolitan Jacobins. Documents Relating to the Suppression of the Jacobin Revolution at Naples, June 1799.* London 1903.

Harrison, J.: *Letters of Lord Nelson to Lady Hamilton.* 1814.

Mackenzie, R. H.: *The Trafalgar Roll. Containing the Names and Services of All Officers of the Royal Navy and the Royal Marines who Participated in the Glorius Victory of the 21. Oct. 1805, together with a History of the Ships Engaged in the Battle. Facs.* London 1969.

Morrison, A. (Hg.): *The Hamilton and Nelson Papers. 1756–1815.* 2 Bde. London 1893/4.

Naish, G. P. B. (Hg.): *Nelson's Letters to his Wife and Other Documents 1785–1831. (= Publications of the Navy Records Society. 100).* London 1958.

Nicolas, Sir N. H. (Hg.): *The Dispatches and Letters of Lord Nelson.* 7 Bde. London 1844–46.

Rawson, G. (Hg.): *Letters from Lord Nelson.* London 1949.

Rawson, G. (Hg.): *Nelson's Letters from the Leeward Islands. With Notes by M. A. Lewis.* London 1953.

Tours, H.: siehe unten (3. Literatur)

Warner, O. M. W. (Hg.): *Nelson's Last Diary (1805). Facs.* London 1971.

Auswahlbibliographie selbständiger Veröffentlichungen. Alle wichtigen Werke, die in den Jahren 1798 bis 1952 erschienen sind, führt O. M. W. Warner in der 1955 herausgegebenen Übersicht »Lord Nelson – a Guide to Reading« auf. Literaturangaben bringen auch die oben genannten Werke von Bennett (Nelson the Commander), Harris (The Nelsons), Kennedy (Nelson and his Captains), Padfield (Nelson's War), Pocock (Remember Nelson), Walder (Nelson) und Warner (Nelson, 1975).

Weitere Hinweise sind den gängigen Nachschlagewerken zu entnehmen; vor allem kommen in Frage:
- Bibliography of British History. 1789–1851. Ed. by L. M. Brown and I. R. Christie. Oxford 1977;
- Writings on British History. London 1937 ff.
- Bibliography of Historical Works Issued in the United Kingdom. London 1947 ff.
- International Bibliography of Historical Sciences. Paris 1930 ff.

2. Augenzeugenberichte, zeitgenössische Darstellungen

Beatty, W.: *Authentic Narrative of the Death of Lord Nelson.* 1807.

Berry, Sir E.: *An Authentic Narrative of the Proceedings of H. M. S. Squadron, under the Command of ... Nelson, from ... Gibraltar to the Conclusion of the Glorius Battle of the Nile.* London [3]1798.

Cacigas, D. de las: *El ataque de Nelson a Tenerife, relatado por un marino montañés. Hg. v. F. Barreda.* Santander 1936.

Clarke, J. S./MacArthur, J.: *Life of Nelson, from his Lordship's Manuscripts.* 2 Bde. London 1803/1809. Neuaufl. 3 Bde. 1840.

Dancer, T.: *Brief History of the Late Expedition against Fort St. Juan.* 1792.

Drinkwater-Bethune, C.: *A Narrative of the Battle of St. Vincent (1797/1840).* London 1969.

Harrison, J.: *Life of Viscount Nelson.* 1806.

Miles, J. M.: *Vindication of Lord Nelson's Proceedings in Bay of Naples.* 1843.

Pettigrew, T. J.: *Memoir of Life of Vice-Admiral Lord Viscount Nelson.* 2 Bde. 1849.

Southey, R.: *The Life of Nelson (1813). Ed. by Sir G. Callender. 1922. Ed. by E. R. H. Harvey.* London 1953.

Terraine, J.: *Trafalgar. Eye-witness Accounts. Comp. by J. Westwood.* London 1976.

Willyams, C.: *A Voyage up the Mediterranean in ... the Swiftsure ... under the Command of Nelson.* London 1802.

3. Literatur

Amabile, A.: *M. Carolina, Lady Hamilton e O. Nelson nei moti del 1799 a Napoli.* Caserta 1902.

Aston, Sir G.: *Nelson. (= Benn's Sixpenny Library. 251).* London [2]1928.

Badham, F. P.: *Nelson at Naples.* London 1900.

Bennett, G.: *Nelson the Commander.* London 1972.

Bennett, G.: *The Battle of Trafalgar. Repr.* Annapolis, Md. 1978.

Beresford, Lord C./Wilson, W. H.: *Nelson and his Times.* 1897.

Blond, G.: *Ruhm und Schönheit. Lord Nelson und Lady Hamilton.* Frankfurt a. M./Berlin/Wien 1978.

Bravetta, H.: *Nelson. Der große Admiral. Dt. Übertrag. v. T. Lücke.* Berlin 1936.

Bryant, Sir A.: *Nelson.* 1970.

Callender, Sir G. A. R.: *The Life of Nelson.* London 1912.

Callender, Sir G. A. R.: *Story of H. M. S. Victory.* 1929.

Capes, R.: *Poseidon. A Personal Study of Admiral Lord Nelson.* London 1947.

Chack, P.: *Deux batailles navales. Lépante – Trafalgar.* Paris [17]1935.

Conte Lacave, A.: *En los dias de Trafalgar. Pról. de M. Martinez del Cerro.* Cadiz 1955.

Corbett, J. S.: *The Campaign of Trafalgar.* 1910.

Desbrière, E.: *La Campagne maritime de 1805 (1883). Engl. Übertrag. v. C. Eastwick u. d. T. The Naval Campaign of 1805 (Trafalgar Campaign).* Oxford 1933.
Edinger, G./Neep, E. J. C.: *Horatio Nelson.* London 1930.
Fenwick, K.: *H. M. S. Victory.* London 1959.
Fitchett, W. H.: *Nelson and his Captains.* 1902.
Forester, C. S.: *Nelson. Dt. Übertrag. v. U. Markum.* Zürich 1947.
Forgues, P. E. D.: *Histoire de Nelson d'après les dépêches officielles et ses correspondances privées.* Paris 1860.
Fraser, E.: *The Enemy at Trafalgar.* 1906.
Fraser, E.: *The Sailers whom Nelson Led.* 1913.
Gérin, W.: *Horatia Nelson.* Oxford 1970.
Gervais, A.: *Un grand ennemi. Nelson. (= La grande légende de la mer. 18).* Paris 1931.
Grenfell, R.: *Nelson the Sailor (1949). Neuaufl. u. d. T. Horatio Nelson. A Short Biography. With a Foreword by S. W. Roskill.* London 1968.
Hardwick, M.: *Emma, Lady Hamilton.* 1969.
Harris, N.: *The Nelsons. The Family of Horatio Nelson.* London 1977.
Hattersley, R.: *Nelson. Introd. by Lord Chalfont. (= The Great Commanders).* London 1974.
Howarth, D.: *Trafalgar. The Nelson Touch. Repr.* London 1969.
James, Sir W. M.: *The Durable Monument. Horatio Nelson.* London 1948.
Jeaffreson, J. C.: *Lady Hamilton and Lord Nelson.* 2 Bde. London 1888.
Jeaffreson, J. C.: *The Queen of Naples and Lord Nelson.* 2 Bde. London 1899.
Keate, E. M.: *Nelson's Wife. The First Biography of Frances Herbert, Viscountess Nelson.* London 1939.
Kennedy, L.: *Nelson's Band of Brothers.* London 1951. *Neuaufl. u. d. T. Nelson and his Captains.* London 1975.
Lanuza Cano, F.: *Ataque y derrota de Nelson en Santa Cruz de Tenerife.* Madrid 1955.
Laughton, Sir J. K.: *Nelson Memorial.* 1896.
Lemmi, F.: *Nelson e Caracciolo, e la Repubblica Napoletana (1799).* Firenze 1898.
Lloyd, C.: *St. Vincent and Camperdown.* London 1963.
Lloyd, C.: *Nelson and Sea Power.* London 1973.
Lloyd, C.: *The Nile Campaign. Nelson and Napoleon in Egypt.* Newton Abbot 1973.
Longridge, N.: *Anatomy of Nelson's Ships.* 1955.
Lupo, E.: *Nelson e la Hamilton. I loro delitti a Napoli nel 1799. (= Piccola collana storica).*Milano ^{2}1941.
Mackesy, P.: *The War in the Mediterranean, 1803–1810.* London 1957.
Maine, R.: *Trafalgar. Le Waterloo naval de Napoléon.* Paris 1955. Engl. Ausg. London 1957.
Mahan, A. T.: *Life of Nelson. The Embodiment of the Sea-power of Great Britain.* 2 Bde. London 1897, ^{2}1899.

Mahan, A. T.: *Die Seeschlachten bei Abukir und Trafalgar. Dt. Übertrag. v. W. Scheidt. (= Kriegsgeschichtliche Bücherei. 19).* Berlin 1936.
Masefield, J.: *Sea Life in Nelson's Time.* London 1905.
Matcham, M. E.: *The Nelsons of Burnham Thorpe. A Record of a Norfolk Family.* London 1911.
Moorehouse, E. H.: *Nelson in England.* 1913.
Naish, G. P. B.: *Nelson and Bronte.* London 1958.
Naish, G. P. B.: *Nelson and H. M. S. »Victory«. The Pictorial Story of his Life and his Ships. (= Pride of Britain Series).* London 1965.
Newbolt, Sir H.: *Year of Trafalgar.* 1905.
Oman, C. M. A.: *Nelson (1947).* Repr. London 1948.
Padfield, P.: *Nelson's War. (= British at War).* London 1976.
Plowman, S.: *Nelson. Illustr. by R. Kennedy.* London 1955.
Pocock, T.: *Nelson and his World.* London 1968.
Pocock, T.: *Remember Nelson. The Life of Captain Sir William Hoste.* London 1977.
Pope, D.: *England Expects.* London 1959.
Pope, D.: *The Great Gamble. Nelson at Copenhagen.* London 1972.
Pugh, P. D. G. (Hg.): *Nelson and his Surgeons. Nelson chirurgique. Being an Account of the Illness and Wounds Sustained by Lord Nelson and of his Relationship with the Surgeons of the Day.* Edinburgh/London 1968.
Lon Romeo, E.: *Trafalgar. Papeles de la Campana de 1805. (= Tesis doctorales. 4. Instit. »Fernando el Católico«).* Zaragoza 1950.
Russell, J.: *Nelson and the Hamiltons.* London 1969.
Sichel, W. S.: *Emma, Lady Hamilton.* London 1905.
Thursfield, J. R.: *Nelson and other Naval Studies.* 1932.
Tours, H.: *The Life and Letters of Emma Hamilton.* London 1963.
Turquan, J./d'Auriac, J.: *Une aventurière de haut vol. Lady Hamilton et la révolution de Naples.* Paris 1913.
Engl. Ausg. u. d. T. A Great Adventuress. London 1914.
Vigo, P.: *Nelson a Livorno. Episodio della guerra tra Francia ed Inghilterra sul finire del secolo XVIII.* Siena 1903.
Walder, D.: *Nelson.* London 1978.
Warner, O. M. W.: *A Portrait of Lord Nelson.* London 1958. *Dt. Übertrag. v. E. v. Beulwitz u. d. T. Lord Nelson.* Stuttgart 1965.
Warner, O. M. W.: *Trafalgar. (= British Battles Series).* London 1959.
Warner, O. M. W.: *The Battle of the Nile.* London 1960.
Warner, O. M. W.: *Emma Hamilton and Sir William.* London 1960.
Warner, O. M. W.: *The Glorious First of June.* London 1961.
Warner, O. M. W.: *Nelson's Battles. (= British Battles Series).* London 1965.
Warner, O. M. W.: *Nelson. Introd. by E. Longford.* London 1975.
Wilkinson, C.: *Nelson. 1931. Dt. Übertrag. v. T. Lücke.* Leipzig 1937.

Personen-Register